21世纪高等学校研究生教材

U0659590

哲学专业系列教材

马克思主义哲学文本导读

MAKESI ZHUYI ZHEXUE WENBEN DAODU

（下 册）

杨 耕 仰海峰／编 著

北京师范大学出版集团
BEIJING NORMAL UNIVERSITY PUBLISHING GROUP
北京师范大学出版社

图书在版编目(CIP)数据

马克思主义哲学文本导读／杨耕，仰海峰编著.—北京：
北京师范大学出版社，2013.8
（21世纪高等学校研究生教材）
ISBN 978-7-303-16797-5

Ⅰ.①马… Ⅱ.①杨…②仰… Ⅲ.①马克思主义哲学-
研究生-教材 Ⅳ.① B0-0

中国版本图书馆 CIP 数据核字(2013)第 172879 号

营 销 中 心 电 话　010-58802181 58805532
北师大出版社高等教育分社网　http://gaojiao.bnup.com
电 子 信 箱　gaojiao@bnupg.com

出版发行：北京师范大学出版社 www.bnup.com
　　　　　北京新街口外大街 19 号
　　　　　邮政编码：100875
印　　刷：北京京师印务有限公司
经　　销：全国新华书店
开　　本：170 mm × 230 mm
印　　张：38.25
字　　数：640 千字
版　　次：2013 年 8 月第 1 版
印　　次：2013 年 8 月第 1 次印刷
定　　价：80.00 元（全二册）

策划编辑：祁传华　　　　责任编辑：祁传华
美术编辑：王齐云　　　　装帧设计：高　霞
责任校对：李　菡　　　　责任印制：孙文凯

目录

下　册

第三部分　俄罗斯、苏联的哲学文本

第四部分　西方马克思主义的哲学文本

第二部分

Chapter Three

俄罗斯、苏联的哲学文本

第二十一章　马克思主义哲学的思想史阐释

——《论一元论历史观之发展》

一、写作背景

19 世纪后期，随着俄国资本主义的发展以及马克思主义在俄国的传播，如何理解马克思主义以及如何从马克思主义出发来探讨俄国社会的发展道路，成为俄国马克思主义者需要解决的重大理论问题。民粹派无视俄国资本主义的现实发展，妄想以农村公社来克服资本主义的弊端，这当然是一种乌托邦的空想，是对唯物主义历史观的曲解。1888 年，随着"劳动解放社"的成立以及俄国无产阶级政党的形成，为了进一步宣传马克思主义，批判民粹派的错误思潮，用马克思主义武装无产阶级政党，普列汉诺夫于 1892 年开始写作《论一元论历史观之发展》，并于 1895 年出版。

二、篇章结构

《论一元论历史观之发展》主体内容分五章：第一章"十八世纪的法国唯物主义"，分析了法国唯物主义的意见与环境关系的观点，提出应该发现决定环境发展和意见发展的因素；第二章"复辟时代的法国历史学家"，提出法国复辟时代历史学已经从意见与环境的二律背反中走出来，揭示出经济利益以及由此产生的阶级斗争是社会发展动力的思想；第三章"空想社会主义者"，提出空想社会主义开始从产业中去理解历史，最终以人的智慧的发展去理解劳动工具的变革以致整个人类历史，回到了人性论；第四章德国的唯心主义哲学，提出德国唯心主义抛弃了人的天性的观点，力求揭示社会现象背后的历史规律；第五章现代唯物主义，主要阐释历史唯物主义的基本观点。

三、观点提示

第一，"辩证唯物主义"是唯一能够正确说明马克思哲学的术语。在解释自然和社会发展的问题上，马克思充分吸收了法国唯物主义哲学的成就，同时，充分吸收了德国唯心主义的成就，尤其是辩证的方法，创立了现代唯物主义。"辩证唯物主义是唯物史观的最高发展"，同时又战胜了辩证唯心主义；辩证唯物主义坚持"行动在先"，"全部它的实践哲学归结为行动"，是"行动的哲学"。"辩证唯物主义"体现了马克思哲学的本质特征，因而是"唯一能够正确说明马克思哲学的术语"。

第二，历史唯物主义的理论来源：法国唯物主义、复辟时代历史学、空想社会主义和德国古典哲学。法国唯物主义揭示出社会环境决定人的意识发展；复辟时代历史学揭示出以利益为基础的阶级关系决定着政治观念和宗教运动；空想社会主义进一步揭示出"产业发展的需要"是人类历史发展的动力，但这些学说最终都没有逃出人性论的解释框架。德国古典哲学揭示出人性并不是历史发展的最终动力，历史发展有其内在的规律。正是在批判地继承上述理论成果的基础上，马克思创立了历史唯物主义。历史唯物主义是人类优秀思想的结晶。

第三，生产力是社会发展的决定力量。社会心理、法权关系和政治制度都是受经济生活所制约的，社会经济本身也是变化着的，生产力的发展必然引起生产关系以及经济结构的变化，形成新的习惯、风俗、观点、意图和理想，引起新的"时代精神"；人们争取生存的斗争也是受生产力的特定状态所制约的。人类的历史运动是由引导经济关系的变化的生产力的发展决定的。

第四，实践决定社会的人的理性的发展。人的理性不是历史发展的动力，理性本身是历史的产物，是人类实践的结果，意识形态的上层建筑是在人们的实践中产生的。即使是天才的思想，也是受特定的社会或特定的阶级的实践所决定的。同时，不能简单地以经济生活来解释政治制度与意识形态，需要揭示的是，经济的骨骼怎样被政治形态的血肉包裹着，怎样被意识形态包裹着，经济生活过程又如何对政治形态与意识形态发生作用，从而揭示理性自身的发展规律。

第五，必然是自由的基础。自由与必然联系在一起，人的心理活动服从物质运动的规律，自由以必然为前提，必然会转化为自由。个人的自由行动可能导致意料之外的结果，这就从自由领域转向了必然领域；当个人所没有意识到的行动导致社会的变化，而这种变化正是他们所期望的时候，这就从必然领域转向了自由领域。因此，重要的是研究这种转变的规律，一旦发现了这种规律，才能真正地实现必然中的自由。

《论一元论历史观之发展》从哲学的视角第一次系统考察了近代历史观的演变过程，以及唯物主义历史观与近代历史观的内在关联，并较为系统地阐述了历史唯物主义的基本观点，对理解马克思主义哲学有着重要的意义。列宁称赞这本书是"全部马克思主义的国际文献中最好的东西"，造就了整整一代俄国马克思主义者。在这部著作中，也存着机械决定论的倾向和个别不正确的观点。

四、文本节选

唯物主义是唯心主义的直接对立物。唯心主义企图以精神的这种或那种属性来解释自然界的一切现象和物质的一切属性。唯物主义恰恰相反。它企图以物质的这种或那种属性和人体或者一般动物肢体的这种或那种组织来解释心理现象。所有那些认为物质是第一性的因素的哲学家属于唯物主义者的营垒；而所有那些认为第一性的因素是精神的则是唯心主义者。这就是关于一般的唯物主义，关于"一般哲学意义上的唯物主义"所能说的一切，因为时间在它的基本论点上建立了最为不同的上层建筑，它们使一个时代的唯物主义较之另一时代的唯物主义具有完全不同的面貌。

……

无论如何，大家都知道，法国唯物主义者把人的全部心理活动看作是感觉的变形（sensations transformées）。从这个观点观察心理活动，就是说，认为人的一切表象，一切概念和感觉都是周围环境对他发生作用的结果。法国唯物主义者正是这样观察这个问题的。他们不倦地、很热烈地和十分确定地声言：人及其一切观点与感觉是由他的周围环境造成的，即第一——自然，第二——社会。"L'homme est tout education"（人完全依赖于教育）——爱尔维修这样肯定地说，并且把"教育"一词理解为社会影响的全部总和。这个把人看作是周围环境的产物的观点乃是法国唯物主义者的那些革新要求的主要理论基础。实际上，如果人依赖于他的周围环境，如果人的性格的全部属性是为环境决定的，那末，人的缺点也是为环境所决定的，所以，如果你想和他的缺点斗争，那末你就应该相应地改变他的周围环境，而且正是改变社会环境，因为自然界是不会使人变恶或变善的。将人们放在合理的社会关系中，即放在各人自保的本能不再推动他与别人作斗争的条件下，协调个人的利益和全社会的利益——而德行（vertu）便会自行出现，正如失去支持的石块会自行落地一样。德行不需要说教而要以社会关系的合理制度来准备。由于前一世纪保守派和反动派的轻易判断，法国唯物主义者的道德至今被视为是自私自利的道德。他们自己给道德下的定义却要正确得多，他们说道德在他们那里全部变为政治。

关于人的精神世界乃是周围环境的产物的学说，常常引导法国唯物主义者得出出乎他们自己意外的结论。例如，他们有时说，人的观点对于自己的行为完全没有任何影响，因此，这种或那种思想在社会中的传布丝毫不能改变社会往后的命运。下面我们将指明，这种意见的错误在哪里；现在我们先注意一下法国唯物主义者观点的另一方面。

如果任何一个人的思想为他的周围环境所决定，那末，人类的思想，在其历史发展中就为社会环境的发展，社会关系的历史所决定。所以，如果我们想描画"人类理性进步"的图画，而且假如我们在这里不限于"怎样？"（理性的历史运动是怎样完成了的？）这一个问题，而提出十分自然的问题——"为什么？"（为什么它正是这样地完成了，而不是另一样？）那末，我们应该从环境的历史，从社会关系发展的历史开始。这样，研究的重心，至少在其开始时将转到研究社会发展的规律方面。法国唯物主义者接近了这个任务，然而非但没有能够解决它，而且甚至没有能够正确地提出来。

当他们讲到关于人类的历史发展时，他们忘了自己的一般地对于"人"的感觉论的观点，而和当时所有"启蒙派"一样断言：世界（即人们的社会关系）为意见所支配。十八世纪唯物主义者所犯的基本矛盾就在这里，而它在其拥护者们的议论中又分解为许多次要的、派生的矛盾，正如钞票之换成辅币一样。

命题　人及其一切意见是环境和主要是社会环境的产物。这是从洛克的基本命题：no innate principles（没有先天的观念）中得出来的必然结论。

反命题　环境及其一切属性是意见的产物。这是从法国唯物主义者的历史哲学的基本论点：c'est l'opinion qui gouverne le monde 中得出的必然结论。

……

我们来探讨他们的根本矛盾：人们的意见为环境所决定；环境为意见所决定。关于这个矛盾不得不如康德在谈到"二律背反"时所说，命题与反命题是同样地正确的。实际上，没有丝毫怀疑，人们的意见为他们的周围社会环境所决定。同样无疑的，任何民族亦不会和那与他们全部观点矛盾的社会制度协调：他们将起来反对这种制度，他将按自己的意见改造它。所以，意见支配世界亦是正确的。但是两个本身都是正确的命题怎样能彼此矛盾呢？事情可以很简单地解释。它们之彼此矛盾只因为我们从不正确的观点上去观察它们的缘故：从这个观点上以为——而且必然要以为——如果命题是正确的，那末反命题就是错误的，反之亦然。可是如果你找到了正确的观点，那矛盾就消失了，而烦恼着你的每一个命题都带上了新的面貌：结果是它补充着，更正确些说约束着别一个命题，而完全不是排斥它；假如这个命题是不正确的，那末，那个以前你以为是它的敌对者的另一个命题亦是不正确的。怎样找到这个正确的观点呢？

举例来说：人们常常说（特别是十八世纪），任何一个民族的国家制度是为这个民族的道德风习所约束的。而这是完全正当的。当罗马人的旧的共和的道德风习消失时，共和国让位于君主政体。但是，另一方面，同样常常有人说，某一民族的道德风习是为它的国家制度所约束的。对这一点也是不应有任何怀疑的。实际上，例如在赫里奥加巴尔时代，罗马人从哪里得到共和的道德风习呢？帝国时代罗马人的道德风习应该是旧的共和的道德风习的对立物，难道不是十分明显的吗？而如果这是明显的，那末，我们就得到一般的结论：国家制度为道德风习所约束，道德风习为国家制度所约束。但是这是矛盾的结论啊！也许，我们之所以得到这个结果是因为我们的命题之中有一个是错误的缘故吧。那末是哪个呢？任你怎样绞尽脑汁，你不能发现两者之中任何一个是错误的，它们两者都是无可非难的，因为，真的，某一民族的道德风习影响它的国家制度，而在这个意义上是它的原因；另外一方面，它们为国家制度所约束，而在这个意义上是它的结果。出路在哪里呢？人们对于这类问题，通常满足于发现互相作用：道德风习影响宪法，宪法影响道德风习——一切都明白了，有如青天白日，而不满足于这类明白性的人们就显露了值得一切责备的片面性倾向。在我们这里目前差不多所有知识分子都是这样议论的。他们从互相作用的观点上观察社会生活：生活的每一方面影响一切其他方面，而倒过来受一切其他方面的影响。谁有这样的观点，才值得称为有思想的"社会学者"，而谁（如马克思主义者那样）企图找寻某种社会发展的更深刻的原因，那末他简直就没有看到社会生活复杂到什么程度。法国的启蒙学者，当感觉到需要将自己对社会生活的观点加以整理并解决烦恼着他们的矛盾时亦倾向于这个观点。他们中间最有系统性的头脑（我们此地不说卢梭，他和启蒙学者一般地少有共同之处），也没有走得更远。例如，孟德斯鸠在其名著《Grandeur et Décadence des Romains》和《De l'Esprit des lois》中就保持这种互相作用的观点。而且这当然是正确的观点。互相作用无疑地存在于社会生活的一切方面之间。可惜，这个正确的观点解释得很少很少，只因为这个简单的原因，即他对互相作用着的力量的产生没有给予任何指明。假如国家制度预先要有那种道德风习，它才能影响它们，那末，显然，促使这些道德风习最初出现的就不是国家制度。对于道德风习，亦应该这样说，假如它们预先要有那种它们要加以影响的国家制度，那末，显然，国家制度就不是它们创造的。为了解脱这笔糊涂账，我们应该找到这样一个历史因素，它既产生这个民族之道德风习又产生它的国家制度，而且这样也造成了它们的互相作用的可能。假如我们找到了这样的因素，我们发现了探求着的正确观点，那时我们将毫不费力地解决烦恼着我们的问题。

在应用到法国唯物主义的根本矛盾时，这就是说：当法国唯物主义者，违反他们自己对历史的通常的观点而说思想毫无意义，因为环境就是一切时，他们是大大地错误了。同样错误的是他们这个对历史的通常的观点（c'est l'opinion qui gouverne le monde），即宣布意见为任何一个社会环境存在的主要原因。在意见和环境之间存在着无疑的互相作用。但是科学研究不能停留在承认这个互相作用上，因为互相作用远不能给我们解释社会现象。为着理解人类的历史，也就是说，一方面，人类意见的历史，另一方面，人类在其发展上所经历的那些社会关系的历史，应该要超越于互相作用的观点之上，如果可能的话，应该发现那决定社会环境发展和意见发展的因素。十九世纪社会科学的任务正就是在发现这个因素。

世界为意见所支配。可是意见不是不变的啊。什么东西约束它们的变化呢？拉莫特·列·外叶在十七世纪就回答过："教育的普及。"这是意见支配世界的思想的最表面和最抽象的表现。十八世纪的启蒙学者坚持了这点，有时却补充以忧郁的论调说，可惜教育的前途一般地很少希望。但在他们中间最有天才的人物那里已经可以看到不满于这种观点的意识。爱尔维修指出：知识的发展服从某种规律，因之存在着知识的发展所依赖的某种隐秘的未知的原因。他做了一个极有兴味的至今尚未得到充分估价的尝试，即以人类的物质需要来解释人类的社会的和智慧的发展。这个尝试没有成功，而且由于许多原因亦不能不失败。但是这个尝试宛如一个给那些愿意继续法国唯物主义者事业的下一个世纪的思想家们的遗嘱。

......

法国唯物主义者在彻底地发展自己的感觉论的观点时，达到这个结论，即人及其所有的思想、感觉和意图乃是他的周围社会环境的产物。为着进一步应用唯物主义的观点到论人的学说上去，那末便应该解决这个问题，即究竟什么制约着社会环境的结构，而它的发展的规律是怎样的？法国唯物主义者没有能够回答这个问题，这便迫得他们自己背叛自己，回到旧的、为他们自己所如此厉害地斥责的唯心主义的观点上去：他们说，环境是人们的"意见"所创造的。复辟时代的法国历史家不满足于这个表面的回答，在自己面前提出了分析社会环境的目的。他们的分析的结果，便是那个对于科学极重要的结论：政治结构的根源在社会中，而社会关系是为所有权的状态决定的。跟这个结论一起在科学面前产生了非解决它便不能前进的新问题：所有权状态究竟是取决于什么东西呢？复辟时代的法国历史家没有力量解决这个问题，他们迫得以什么也不能解释的关于人的天性的性质的议论来回避它。与他们同时生活和活动着的德国的伟大的唯心主义者——谢林和黑格尔已经很好地理解人性观点的不能令人满意的性质。黑格尔辛辣地嘲笑了这种观点。他们了解了解释人类历史运动的钥匙应该在人性以外去找。这是他们的极大的功绩，可是要使这个功绩对于科学有完全的效用就应指明，究竟应该到什么地方去找寻这个钥匙。他们在精神的属性中，在绝对理念之逻辑的发展规律中去寻找它。这是伟大的唯心主义者的根本错误，这个错误使他们经过迂回曲折的道路回到人性的观点，因为正如我们所已经知道的，绝对理念只不过是我们思维的逻辑过程的人格化。马克思的天才的发现纠正了唯心主义的这个根本错误，这便给了唯心主义以致命的打击：所有权的状况，以及跟着它，社会环境的全部性质（在关于唯心主义哲学的一章中我们已经看见了，就是黑格尔也被迫地承认"所有权状态"的决定的意义）不是为绝对精神的属性，不是为人性的性质所决定的，决定它的是"在自己生活的生产的社会过程"中、即在争取生存的斗争中人们彼此之间必然发生的互相关系。人们常常将马克思和达尔文比拟，这种比拟在米海洛夫斯基、卡列也夫及其弟兄们看来是可笑的。下面我们将说到应该在什么意义上理解这种比拟，虽然，大概即使我们不说，许多读者也已经看到这点了；现在我们且不来触犯我们主观思想家的情感，而作另一个比拟。

在哥白尼以前，天文学教导道：地球是不动的中心，太阳以及其他的星球围绕着地球旋转。用这种观点不能解释许多天体力学现象。天才的波兰人（哥白尼。——译者）从完全相反的方面去接近问题，他假定，不是太阳绕着地球而转，而是地球绕着太阳转，于是正确的观点便找到了，许多在哥白尼以前不明白的事情明白了。——在马克思以前社会科学上的人物曾从人性的概念出发；由于这，人类发展的最重要的问题没有能够得到解决。马克思的学说给了这件事以完全不同的面貌。马克思说，当人为着保持自己的生存而作用于在他之外的自然时，他改变了自己本身的天性。因之，科学地解释历史发展的事业应该从相反的一端开始：应该弄清楚，人对外间自然的生产作用的过程是怎样完成的。按其对科学的重要性说来，可以大胆地把这个发现同哥白尼的发现以及一般地最伟大的最有效果的科学发现平立。

实在说来，马克思以前的社会科学较之哥白尼以前的天文学更没有坚固的基础。法国人过去和现在都称有关人类社会的科学为 sciences morales et politiques（道德的和政治的科学）以与"sciences"这个词的原来意义上的"科学"相区别，只有后者才被认为是唯一确切的科学。而且应该承认：在马克思以前社会科学没有能够而且亦不能够成为确切的科学。当学者以人性为最高级的审判官时，他们必然地用人们的观点、他们的自觉的活动来解释社会现象；可是自觉的活动乃是人的这样一种活动，它必然被他认为是自由的活动。自由的活动排斥着关于必然性的、即规律性的概念，而规律性乃是任何科学地解释现象的必要的基础。关于自由的表象遮蔽了关于必然性的概念，这便妨害了科学的发展。这种错误直到现在还可以在俄国的"主观的"作家们的"社会学的"著作中，以惊人的鲜明性看到。

……

生产力发展的任何特定的阶段必然地引起在社会生产过程中人们的一定的结合，即一定的生产关系，亦即整个社会的一定的结构。而既然有了社会的结构，就不难了解，它的性质将一般地反映于人们的全部心理之上，反映于他们的一切习惯、风俗、感觉、观点、意图和理想之上。习惯、风俗、感觉、观点、意图和理想必然地应该适应于人们的生活式样，适应于他们的获得食料的方式（用别舍尔的话来说）。社会的心理永远顺从它的经济的目的，永远适合于它，永远为它所决定。这里重复着希腊哲学家在自然中看到的现象：合目的的东西胜利着，其原因很简单，凡不合目的的东西，由于自己的性质而命定地要趋于死亡。在社会的争取生存的斗争中，这种社会的心理适应于社会的经济的情况，对于社会是否有利的呢？很有利的，因为不适合于经济的，和生存条件矛盾的习惯与观点，将妨害这个生存的维护。合目的的心理之有益于社会，正如很好地符合于自己目的的器官之有益于机体一样。可是，说动物的器官应该适合于它们的生存条件，是否就是说，器官对于动物没有意义呢？完全相反。这是说，承认它们的巨大的意义，它们的重大的意义。只有异常贫弱的头脑才会作另一样的理解。先生，这对心理是完全一样的，正是完全一样的。当承认它适应于社会经济时，马克思同时便承认了它的巨大的、什么也不能替代它的意义。

马克思和例如卡列也夫先生之间的区别，在这里归结为：后者虽然有其对"合命题"的爱好，仍旧是最纯粹的二元论者。在他那里，这里是经济，那里是心理；在一个袋子里——灵魂，在另一个袋子里——肉体。在这两个实体之间有着互相作用，可是两者都进行着其独立的存在，这个存在的来源则为不知之暗雾笼罩着。马克思的观点消除了这个二元论。在他那里，社会经济和它的心理乃是人们的"生活的生产"、他们争取生存的斗争这同一现象的两方面，在斗争中人们出于生产力的特定状态而以某种方式结合着。争取生存的斗争创造他们的经济，而在经济的基地上生长他们的心理。经济本身亦是派生的东西，正如心理一样。正因为如此，任何进步着的社会的经济是变化着的：生产力的新的状态引起新的经济结构，同样引起新的心理、新的"时代精神"。从这里便可明白，只有在通俗的演说中才能说经济是一切社会现象的最初的原因。远在成为最初原因之前，它本身是结果，是生产力的"功能"。

……

我们的类人的祖先，正如一切其他动物一样，完全服从于自然。他们的全部发展乃是这么一种完全无意识的发展，它完全为生存斗争中通过自然淘汰对其周围环境的适应所制约。这曾是生理必然性的阴暗的统治。在当时，甚至意识的曙光，从而自由的曙光都尚未燃亮。可是生理必然性却已把人引导到这样的发展阶段，在这阶段上他慢慢地从其余动物世界中区划出来了。他成了制造工具的动物。工具是一种器官，人借助于它作用于自然以达到自己的目的。这是使必然性服从人的意识的器官，虽然在开始的时候只是在很薄弱的程度上，如果可以这样说的话，是只是片断地、点滴地做到达一点。生产力发展的程度决定着人对自然的统治的程度。

生产力发展本身是为环绕着人的地理环境的属性决定的。这样，自然本身给了人以使它自己服从于人的手段。

可是人不是孤单地和自然斗争的，用马克思的话说，和自然斗争的是社会人（der Gesellschaftsmensch），即按其范围说或大或小的社会联合。社会人的属性在每一个特定的时间是为生产力发展的程度决定的，因为，整个社会联合的制度是取决于这些力量发展的程度。这样，归根结底，这个制度是由地理环境的属性决定的，它给予人们以发展他们的生产力的或大或小的可能。可是一旦产生了一定的社会关系，它们的往后发展就按自己本身的内部规律进行，这些规律的作用加速或阻滞生产力的发展，而生产力的发展又制约着人类的历史运动。人对地理环境的依赖从直接的变成间接的了。地理环境经过社会环境影响于人。可是，因为这样，人对周围的地理环境的关系是非常变动不定的了。在生产力发展的每一个阶段上，这种关系都和以前不同。地理环境对于凯撒时代的不列颠人的影响和对现代英国居民的影响大不相同。现代辩证唯物主义这样地解决了十八世纪启蒙学者无论如何也不能解决的矛盾。

社会环境的发展服从着自己本身的规律。这就是说，它的属性既不取决于人们的意志和意识，亦不取决于地理环境的属性。人从生产上作用于自然，产生了人的依属性的新种类，他的奴隶状态的新形态：经济的必然性。而且他对自然的统治愈增长，他的生产力愈发展，这种新的奴隶状况便愈巩固：跟着生产力的发展，在社会生产过程中人们的互相关系就更加复杂起来；这一个过程的进程就完全离开了他们的控制；生产者成了自己本身生产物的奴隶（例如：生产的资本主义无政府状态）。

可是正如包围着人的自然本身给了人以发展他的生产力的第一个可能，因之，亦就给了人从自然的统治下逐渐解放的可能一样——生产关系、社会关系以其发展的本身的逻辑使人意识到经济必然性奴役他的原因。这就给了意识战胜必然性，理性战胜盲目的规律的新的和最后的胜利的可能。

在觉察了他被他自己本身的生产品奴役的原因是生产的无政府状态后，生产者（"社会人"）便组织这个生产，从而使它服从自己的意志。这时候必然性的统治就完结了，自由实现了，自由本身就成了必然性。人类历史的序幕闭幕了，历史开始了。

这样，辩证唯物主义不像它的敌人诬陷它的那样，要企图使人信服：起来反对经济必然性是荒谬的。相反，它第一个指出了怎样对付经济必然性。这样便消除了形而上学的唯物主义所固有的不可免的宿命论的性质。同样地，它也消除了那彻底的唯心主义思维必然要达到的（如我们已经看见的）那种悲观主义的任何根据。个别人物是巨浪表面上的泡沫，人们服从着铁的规律，这规律只能认识它，而不能使它服从人的意志——乔治·毕希纳曾这样说。马克思回答道，不，一旦我们认识了这个铁的规律，那末推翻其桎梏就决定于我们，把必然性变为理性的顺从的奴仆决定于我们。

我是虫豸——唯心主义者说。当我无知的时候，我是虫豸，可是当我知道的时候，我是神，——辩证唯物主义者反对道。Tantum possumus, quantum scimus！

这个理论第一次切实地论证了人的理性的权利，第一次把理性看作不是偶然性的无力的玩具，而是伟大的不可抵抗的力量。可是人们却以似乎是被它侮辱的那同一理性的名义，以似乎是被它轻视的理想的名义起来反对这个理论！人们竟敢非难这个理论为无为主义，指责它企图与周围之东西妥协，几乎是阿谀周围的东西，像马却林（"智慧的悲哀"中的人物。——译者）的阿谀一切比他官爵高的人一样？真正可以说，这里是诿过于人！

辩证唯物主义说：人的理性不能是历史的动力，因为它本身是历史的产物。可是一旦出现了这个产物，它不应该而且按其天性说亦不能服从以前的历史所遗留下来的现实；它必然地要依照自己的式样和类型来改造现实，使它更合理。

辩证唯物主义正如歌德的浮士德一样，说：

Im Anfang war die That!

（行动在先！）

行动（人们在社会生产过程中的合规律的活动）向辩证唯物主义者说明社会

人的理性的历史发展。全部它的实践哲学归结为行动。辩证唯物主义是行动的哲学。

当主观的思想家说："我的理想"——他就是说：盲目必然性的胜利。主观的思想家不会把自己的理想建筑在现实的发展过程上；因此，在他那里在理想的小花园之墙外就开始了偶然性的、因而亦就是盲目必然性的、无限广阔的原野。辩证唯物主义指出那些可以把这整个无限广阔的原野变为理想的花园的方法。它只补充说，为了这个转变所需的手段隐藏于这个原野本身的胸怀中，只要找到它们并善于使用它们。

辩证唯物主义并不如主观主义一样限制人的理性的权利。它知道理性的权利及力量是广阔的和不可限制的。他说：一切在人类头脑中是理性的东西，即一切不是幻想，而是对现实的真实认识的东西，必然地要转入这个现实，必然将自己那一部分的合理性加进现实中去。

从这里可以看到，按辩证唯物主义者的意见，个人在历史上的作用是什么。他们远非把这个作用归之于零，他们在个人面前提出的任务，如果用普通的，虽然不正确的术语说，应该承认是完全的纯粹的理想主义的。因为只有在认识必然性本身的内部规律之后，只有在必然性本身的力量战胜必然性之后，人类的理性才能对盲目的必然性高奏凯歌，所以发展知识，发展人的意识是思想家的最伟大最崇高的任务。Licht, mehr Licht!（光明，更大的光明！）这便是首先需要的。

选自《论一元论历史观之发展》，博古译，生活·读书·新知三联书店 1961 年版，第 3—199 页。

五、进一步阅读的文献

1. ［苏］福米娜：《普列汉诺夫的哲学观点》，生活·读书·新知三联书店 1957 年版。

2. ［苏］米·约夫楚克等：《普列汉诺夫传》，生活·读书·新知三联书店 1980 年版。

3. 王荫庭：《普列汉诺夫新论》，北京出版社 1988 年版。

第二十二章　唯物主义历史观的理论阐述

——《什么是"人民之友"以及他们如何攻击社会民主党人?》

一、写作背景

随着马克思主义在俄国的广泛传播，俄国马克思主义者与民粹派的争论也随之不断展开。虽然普列汉诺夫等人组织了"劳动解放社"，不断刊印马克思、恩格斯的著作，阐述马克思主义的基本原理，但民粹派仍然批评和曲解马克思主义，宣扬主观主义社会学，认为历史唯物主义是经济唯物主义，是一种经济决定论；马克思主义的历史决定论抹杀了个人在历史上的作用；马克思主义的辩证法实际上就是三段论。同时，民粹派无视俄国资本主义的发展，认为俄国可以在农村公社的基础上避开资本主义，直接建设社会主义。这些错误的观点不仅阻碍了马克思主义在俄国的进一步传播，而且阻碍了马克思主义与俄国工人运动的结合。

1893 年，米海洛夫斯基在民粹派机关报《俄国财富》第 2 期上宣称，要进行一场反对俄国马克思主义者或社会主义者、民主主义者的论战，在 1894 年第 1、2 期发表了《文艺和生活》，批评和歪曲马克思主义。针对这一现象，列宁在 1894 年春、夏两季写作了《什么是"人民之友"以及他们如何攻击社会民主党人?》（以下简称《什么是"人民之友"》），同年 6 月、8 月和 9 月分别在俄国刊印。

二、篇章结构

《什么是"人民之友"》由第一编、第三编（第二编已失落）和三个附录组成。第一编论述唯物主义历史观的基本原理，通过论述社会形态概念揭示社会发展的自然历史过程，批判民粹派的主观社会学及其对马克思主义的错误理解；第三编通过考察民粹派的经济、政治纲领和策略，阐明俄国社会民主党人的纲领和策略。附录强调马克思主义的科学性和革命性相统一的特征。

三、观点提示

第一，唯物主义历史观的根本方法：把社会关系归结于生产关系，把生产关系归结于生产力的水平。马克思之所以能够把"各国制度概括为社会形态这个基本概念"，其根本方法就在于，"从社会生活的各种领域中划分出经济领域来，从一切社会关系中划分出生产关系"，并把它作为决定其余一切关系的基本的原始的关系；同时，"把社会关系归结于生产关系，把生产关系归结于生产力的水平"，从而"发现了社会现象中的重复性和常规性"，并有了可靠的根据把社会形态的发展看作是自然历史过程，这就第一次把社会学置于科学的基础之上。

第二，历史必然性思想并不抹杀个人在历史上的作用。决定与选择、历史必然性与个人作用之间并不存在冲突，全部历史正是那些活动着的个人的行为构成的。马克思主义的决定论确认人的行为的必然性，推翻了自由意志作为历史发展动力的神话，但并没有取消人的理性、良心以及人们对行动的评价。相反，只有根据马克思主义的决定论，才能对人的行动作出正确的评价。历史必然性的思想并不抹杀个人的历史性作用，反而为正确评价个人的历史作用提供了理论基础。

第三，马克思主义的辩证法是社会学中的科学方法。马克思主义辩证法是对黑格尔辩证法的批判与改造，而不是以"三段论"为基础的。马克思主义辩证法是社会学中的科学方法，这一辩证方法要求"把社会看作活动着和发展着的活的机体"，并客观地分析该社会形态的生产关系，研究与这种生产关系相适应的上层建筑，研究该社会形态的活动规律和发展规律，从而展现该社会形态"日常生活的方方面面"，说明"整个资本主义社会形态是个活生生的形态"。

　　第四，马克思主义是科学性与革命性的高度统一。马克思主义用准确的科学研究来揭示资本主义社会产生、发展和灭亡的必然性，揭示从一种社会形式过渡到另一种社会形式的规律，提示无产阶级革命的内容、发展进程和条件，为无产阶级革命提供科学的理论根据，从而实现了科学性、批判性和革命性的高度统一。

　　《什么是"人民之友"》彻底批判了俄国民粹派的理论观点和政治纲领，系统论述了唯物主义历史观的基本内容及其方法论意义，体现了马克思主义的科学性与革命性的高度统一，为俄国无产阶级的革命提供了科学的理论基础，是俄国马克思主义发展史上的重要文献。

四、文本节选

　　马克思说："我的观点是：社会经济形态的发展是一种自然历史过程。"

　　只要把序言里引来的这两句话简单地对照一下，就可以看出《资本论》的基本思想就在于此，而这个思想，正像我们听说的那样，是以罕见的逻辑力量严格地坚持了的。说到这里，我们首先要指出两个情况。马克思说的只是一个"社会经济形态"，即资本主义社会经济形态，也就是他说的，他研究的只是这个形态而不是别的形态的发展规律，这是第一。第二，我们还得指出马克思得出他的结论的方法，这些方法，像我们刚才听到米海洛夫斯基先生所说的那样，就是"对有关事实的细心研究"。

　　现在我们来分析《资本论》的这一基本思想，它是我们这位主观哲学家如此狡猾地企图加以回避的。社会经济形态这一概念指的究竟是什么呢？怎样才可以而且必须把这种形态的发展看作是自然历史过程呢？这就是现在摆在我们面前的问题。我已经指出，从旧的（对俄国说来不是旧的）经济学家和社会学家的观点看来，社会经济形态这一概念完全是多余的，因为他们谈论的是一般社会，他们同斯宾塞们争论的是一般社会是什么，一般社会的目的和实质是什么等等。在这种议论中，这些主观社会学家所依靠的是如下这类论据：社会的目的是为社会全体成员谋利益，因此，正义要求有一种组织，凡不合乎这种理想的（"社会学应从某种空想开始"，——主观方法的首创者之一米海洛夫斯基先生的这句话绝妙地说明了他们的方法的实质）组织的制度都是不正常的，应该取消的。例如，米海洛夫斯基先生说："社会学的根本任务是阐明那些使人的本性的这种或那种需要得到满足的社会条件。"可以看出，这位社会学家感兴趣的只是使人的本性得到满足的社会，而完全不是什么社会形态，何况这些社会形态还可能是以少数人奴役多数人这种不合乎"人的本性"的现象为基础的。同样可以看出，在这位社会学家看来，根本谈不上把社会发展看作自然历史过程。（"社会学家既然认为事物有合乎心愿的，有不合乎心愿的，他就应当找到实现合乎心愿的事物，消除不合乎心愿的事物的条件"，即"找到实现如此这般理想的条件"，——这也是同一个米海洛夫斯基先生说的。）不仅如此，甚至谈不上什么发展，而只能谈由于……由于人们不聪明，不善于很好了解人的本性的要求，不善于找到实现这种合理制度的条件而在历史上发生过的种种违背"心愿"的偏向，"缺陷"。显而易见，马克思关于社会经济形态发展的自然历史过程这一基本思想，从根本上摧毁了这种以社会学自命的幼稚说教。马克思究竟是怎样得出这个基本思想的呢？他做到这一点所用的方法，就是从社会生活的各种领域中划分出经济领域，从一切社会关系中划分出生产关系，即决定其余一切关系的基本的原始的关系。马克思自己曾这样描写过他对这个问题的推论过程：

……

社会学中这种唯物主义思想本身已经是天才的思想。当然，这在那时暂且还只是一个假设，但是，是一个第一次使人们有可能以严格的科学态度对待历史问题和社会问题的假设。在这以前，社会学家不善于往下探究像生产关系这样简单和这样原始的关系，而直接着手探讨和研究政治法律形式，一碰到这些形式是由当时人类某种思想产生的事实，就停了下来；这样一来，似乎社会关系是由人们自觉地建立起来的。但这个充分表现在《社会契约论》思想（这种思想的痕迹，在一切空想社会主义体系中都是很明显的）中的结论，是和一切历史观察完全矛盾的。社会成员把他们生活于其中的社会关系的总和，看作一个由某种原则所贯串的一定的完整的东西，这是从来没有过而且现在也没有的事情；恰恰相反，大众是不自觉地适应这些关系的，而且根本不了解这些关系是特殊的历史的社会关系，例如人们在其中生活了很多世纪的交换关系，只是在最近才得到了解释。唯物主义继续深入分析，发现了人的这些社会思想本身的起源，也就消除了这个矛盾；因此，唯物主义关于思想进程取决于事物进程的结论，是唯一可与科学的心理学相容的。其次，这个假设第一次把社会学提高到科学的水平。在这以前，社会学家在错综复杂的社会现象中总是难于分清重要现象和不重要现象（这就是社会学中主观主义的根源），找不到这种划分的客观标准。唯物主义提供了一个完全客观的标准，它把生产关系划为社会结构，并使人有可能把主观主义者认为不能应用到社会学上来的重复性这个一般科学标准，应用到这些关系上来。当他们还局限于思想的社会关系（即通过人们的意识而形成的社会关系）时，他们不能发现各国社会现象中的重复性和常规性，他们的科学至多不过是记载这些现象，收集素材。一分析物质的社会关系（即不通过人们的意识而形成的社会关系：人们在交换产品时彼此发生生产关系，甚至都没有意识到这里存在着社会生产关系），立刻就有可能看出重复性和常规性，把各国制度概括为社会形态这个基本概念。只有这种概括才使人有可能从记载（和从理想的观点来评价）社会现象进而以严格的科学态度去分析社会现象，譬如说，划分出一个资本主义国家和另一个资本主义国家的不同之处，研究一切资本主义国家的共同之处。

最后，这个假设之所以第一次使科学的社会学的出现成为可能，还由于只有把社会关系归结于生产关系，把生产关系归结于生产力的水平，才能有可靠的根据把社会形态的发展看作自然历史过程。不言而喻，没有这种观点，也就不会有社会科学。（例如，主观主义者虽然承认历史现象的规律性，但不能把这些现象的演进看作自然历史过程，这是因为他们只限于指出人的社会思想和目的，而不善于把这些思想和目的归结于物质的社会关系。）

马克思在40年代提出这个假设后，就着手实际地（请注意这点）研究材料。他从各个社会经济形态中取出一个形态（即商品经济体系）加以研究，并根据大量材料（他花了不下25年的工夫来研究这些材料）对这个形态的活动规律和发展规律作了极其详尽的分析。这个分析仅限于社会成员之间的生产关系。马克思一次也没有利用这些生产关系以外的任何因素来说明问题，同时却使人们有可能看到商品社会经济组织怎样发展，怎样变成资本主义社会经济组织而造成资产阶级和无产阶级这两个对抗的（这已经是在生产关系范围内）阶级，怎样提高社会劳动生产率，从而带进一个与这一资本主义组织本身的基础处于不可调和的矛盾地位的因素。

《资本论》的骨骼就是如此。可是全部问题在于马克思并不以这个骨骼为满足，并不仅以通常意义上的"经济理论"为限；虽然他完全用生产关系来说明该社会形态的构成和发展，但又随时随地探究与这种生产关系相适应的上层建筑，使骨骼有血有肉。《资本论》的成就之所以如此之大，是由于"德国经济学家"的这部书使读者看到整个资本主义社会形态是个活生生的形态：有它的日常生活的各个方面，有它的生产关系所固有的阶级对抗的实际社会表现，有维护资本家阶级统治的资产阶级政治上层建筑，有资产阶级的自由平等之类的思想，有资产阶级的家庭关系。

……

米海洛夫斯基先生在这之后关于历史必然性的议论，也是并不乏味的，因为它总算向我们打开了"我国著名社会学家"（这是米海洛夫斯基先生和瓦·沃先生一起在我国"文化界"的自由派人士中间博得的称号）的一部分真正的思想行囊。他谈到"历史必然性的思想和个人活动的作用之间的冲突"时说，社会活动家如以活动家自居，那就大错特错了；其实他们是"被动者"，是"被历史必然性的内在规律从神秘的暗窖里牵出来的傀儡"，——据他说，这就是从历史必然性思想得出的结论，因此，他称这个思想是"没有结果的"和"模糊不清的"。也许不是任何一个读者都明白米海洛夫斯基先生从哪里弄来这套傀儡之类的胡说。原来，关于决定论和道德观念之间的冲突、历史必然性和个人作用之间的冲突的思想，正是主观哲学家喜爱的话题之一。关于这个问题，他写了那么一大堆纸张，说了无数的小市民感伤的荒唐话，想把这个冲突解决得使道德观念和个人作用占上风。其实，这里并没有什么冲突，冲突完全是米海洛夫斯基先生因担心（而且是不无根据的）决定论会推翻他所如此酷爱的小市民道德而捏造出来的。决定论思想确认人的行为的必然性，摒弃所谓意志自由的荒唐的神话，但丝毫不消灭人的理性、人的良心以及对人的行动的评价。恰巧相反，只有根据决定论的观点，才能作出严格正确的评价，而不致把什么都推到自由意志上去。同样，历史必然性的思想也丝毫不损害个人在历史上的作用：全部历史正是由那些无疑是活动家的个人的行动构成的。在评价个人的社会活动时会发生的真正问题是：在什么条件下可以保证这种活动得到成功？有什么保证能使这种活动不致成为孤立的行动而沉没在相反行动的汪洋大海里？这也就是社会民主党人和俄国其他社会主义者解决得各不相同的另一个问题：以实现社会主义制度为目标的活动，应当怎样吸引群众参加才能取得重大的成果？显然，这个问题的解决，直接取决于对俄国社会力量的配置的看法，对构成俄国现实的阶级斗争的看法——而米海洛夫斯基先生又是只围着问题兜圈子，甚至不打算明确提出这个问题并给以一定的解答。

……

　　我当然不会去探究米海洛夫斯基先生是怎样分析三段式的例子的，我重说一遍，因为这无论对科学唯物主义还是对俄国马克思主义，都没有任何关系。但有一个问题值得注意：米海洛夫斯基先生这样曲解马克思主义者对辩证法的态度，究竟有些什么根据呢？根据有二：第一，米海洛夫斯基先生只知其一，不知其二；第二，米海洛夫斯基先生又玩了（或正确些说，从杜林那里剽窃了）一套歪曲捏造的手法。

　　关于第一点，米海洛夫斯基先生在读马克思主义文献时，常常碰见社会科学中的"辩证方法"，碰见社会问题范围（谈的也只是这个范围）内的"辩证思维"等等。由于头脑简单（如果只是简单那还好），他以为这个方法就是按黑格尔三段式的规律来解决一切社会学问题。他只要稍微细心一点看问题，就不能不确信这种看法是荒谬的。马克思和恩格斯称之为辩证方法（它与形而上学方法相反）的，不是别的，正是社会学中的科学方法，这个方法把社会看作处在不断发展中的活的机体（而不是机械地结合起来因而可以把各种社会要素随便配搭起来的一种什么东西），要研究这个机体，就必须客观地分析组成该社会形态的生产关系，研究该社会形态的活动规律和发展规律。辩证方法对形而上学方法（社会学中的主观方法无疑也属于这个概念）的态度，我们在下面将尽力以米海洛夫斯基先生自己的议论为例加以说明。现在我们仅仅指出，凡是读过恩格斯（在同杜林的论战中。俄文版：《社会主义从空想到科学的发展》）或马克思（《资本论》中的各条注解和第 2 版《跋》；《哲学的贫困》）关于辩证方法的定义和叙述的人，都会看出根本没有说到黑格尔的三段式，而全部问题不过是把社会演进看作是社会经济形态发展的自然历史过程。为了证明这一点，我把《欧洲通报》1872 年第 5 期上描述辩证方法的那一段话（短评：《卡·马克思的政治经济学批判的观点》）全部引来，这段话马克思在《资本论》第 2 版《跋》中引证过。马克思在《跋》中说，他在《资本论》中应用的方法被人们理解得很差。"德国的评论家当然大叫什么黑格尔的诡辩。"马克思为要更明白地叙述自己的方法，于是摘引了上述短评中描述这个方法的那一段话。短评说：在马克思看来，有一件事情是重要的，那就是要发现他所研究的那些现象的规律，而在他看来，特别重要的是这些现象的变化和发展的规律，这些现象由一种形式过渡到另一种形式、由一种社会关系制度过渡到另一种社会关系制度的规律。所以马克思竭力去做的只是一件事：通过精确的科学研究来证明一定的社会关系制度的必然性，同时尽可能完全地指出那些作为他的出发点和根据的事实。为了这个目的，他只要证明现有制度的必然性，同时证明另一制度不可避免地要从前一制度中生长出来的必然性就完全够了，而不管人们相信或不相信这一点，不管人们意识到或意识不到这一点。马克思把社会运动看作受一定规律支配的自然历史过程，这些规律不仅不以人的意志、意识和意图为转移，反而决定人的意志、意识和意图。（请那些因为人抱有自觉的"目的"，遵循一定的理想，而主张把社会演进从自然历史演进中划分出来的主观主义者先生们注意。）既然意识要素在文化史上只起着这样从属的作用，那么不言而喻，以这个文化为对象的批判，比任何事情更不能以意识的某种形式或某种结果为依据。换句话说，作为这种批判的出发点的不能是观念，而只能是外部客观现象。批判应该是这样的：不是把一定的事实和观念比较对照，而是把它和另一种事实比较对照；对这种批判唯一重要的是，把两种事实尽量精确地研究清楚，使它们在相互关系上表现为不同的发展阶段，而且特别需要的是同样精确地把一系列已知的状态、它们的连贯性以及不同发展阶段之间的联系研究清楚。马克思所否定的正是这种思想：经济生活规律无论对于过去或现在都是一样的。恰恰相反，每个历史时期都有它自己的规律。经济生活是与生物学其他领域的发展史相类似的现象。旧经济学家不懂得经济规律的性质，他们把经济规律与物理学定律和化学定律相提并论。更深刻的分析表明，各种社会机体和各种动植物机体一样，彼此有很大的不同。马克思认为自己的任务是根据这种观点来研究资本主义的经济组织，因而严格科学地表述了对经济生活的任何精确的研究所应抱的目的。这种研究的科学意义，在于阐明调节这个社会机体的产生、生存、发展和死亡以及这一机体为另一更高的机体所代替的特殊规律（历史规律）。

……

马克思认为他的理论的全部价值在于这个理论"按其本质来说，它是批判的和革命的"。后一性质的确完全地和无条件地是马克思主义所固有的，因为这个理论公开认为自己的任务就是揭露现代社会的一切对抗和剥削形式，考察它们的演变，证明它们的暂时性和转变为另一种形式的必然性，因而也就帮助无产阶级尽可能迅速地、尽可能容易地消灭任何剥削。这一理论对世界各国社会主义者所具有的不可遏止的吸引力，就在于它把严格的和高度的科学性（它是社会科学的最新成就）同革命性结合起来，并且不仅仅是因为学说的创始人兼有学者和革命家的品质而偶然地结合起来，而是把二者内在地和不可分割地结合在这个理论本身中。实际上，这里直接地提出理论的任务、科学的目的就是帮助被压迫阶级去进行他们已在实际进行的经济斗争。

"我们并不向世界说：'停止斗争吧，你的全部斗争都是无谓之举'，而是给它一个真正的斗争口号。"

因而在马克思看来，科学的直接任务就是提出真正的斗争口号，也就是说，善于客观地说明这个斗争是一定生产关系体系的产物，善于了解这一斗争的必然性、它的内容、它的发展进程和条件。要提出"斗争口号"，就必须十分详细地研究这一斗争的每种形式，考察它由一种形式转为另一种形式时的每一步骤，以便善于随时判定局势，不忽略斗争的总性质和总目的——完全地和彻底地消灭任何剥削和任何压迫。

选自《列宁选集》第 1 卷，人民出版社 1995 年版，第 4—83 页。

五、进一步阅读的文献

1. ［苏］普·凯尔任采夫：《列宁传》，生活·读书·新知三联书店 1975 年版。

2. ［俄］别尔嘉耶夫：《俄罗斯思想》，生活·读书·新知三联书店 1995 年版。

3. 顾锦屏等：《列宁哲学思想的产生和发展》，广西师范大学出版社 1987 年版。

第二十三章 辩证唯物主义的理论阐述

——《唯物主义和经验批判主义》

一、写作背景

19 世纪末和 20 世纪初，有两件大事冲击着俄国的思想界：一是世界范围的自然科学革命，如伦琴射线、放射性和电子的发现，普朗克量子假说和狭义相对论的提出，提出了一系列重大而复杂的哲学问题，马赫、彭加勒、阿芬那留斯等一些科学家，标榜站在科学新成果的基础上，歪曲和批判马克思的唯物主义，宣扬唯心主义，并产生了重大影响；二是俄国资产阶级革命失败后，原本是布尔什维克阵营的波格丹诺夫、巴扎罗夫、卢那察尔斯基等人，转向了孟什维克，并以马赫主义作为自己的理论基础，把标榜"超越"唯物主义与唯心主义的"唯一的科学"，即经验批判主义奉为圭臬，企图以马赫主义和新康德主义"修正"和"补充"马克思主义哲学，实际上是否定马克思的唯物主义，宣扬唯心主义，并引起了党内思想的混乱。因此，如何在现代自然科学的基础上，捍卫和发展马克思主义哲学，尤其是辩证唯物主义，成为马克思主义者迫切需要解决的问题。

列宁注意到经验批判主义这一思潮并表达了自己的批判立场。1904 年，列宁写信给波格丹诺夫，对其《经验一元论》中的马赫主义观点表达了自己的批判立场。1906 年，列宁给波格丹诺夫写了一封长达三个笔记本的信，阐述自己对《经验一元论》的批判态度。1907 年，经验批判主义利用革命低潮、党内思想混乱的机会，大量出版宣传马赫主义的著作，在党内产生了重大影响。因此，列宁感到急需对这一思潮进行系统而公开的批判，并于 1908 年 2～10 月，写作了《唯物主义和经验批判主义》。1909 年，《唯物主义和经验批判主义》由莫斯科环节出版社出版。

二、篇章结构

《唯物主义和经验批判主义》除序言、代绪论、结论外，由六章构成：第一章"经验批判主义的认识论和辩证唯物主义的认识论（一）"、第二章"经验批判主义的认识论和辩证唯物主义的认识论（二）"、第三章"经验批判主义的认识论和辩证唯物主义的认识论（三）"，主要对比经验批判主义与辩证唯物主义，揭示经验批判主义的唯心主义本质，阐述辩证唯物主义的物质观和认识论；第四章"作为经验批判主义的战友和继承者的哲学唯心主义"，批判考察经验批判主义的历史，揭示经验批判主义与近代哲学的承接关系；第五章"最近的自然科学革命和哲学唯心主义"，从现代自然科学革命的实质及其哲学意义出发，分析马赫主义与科学革命的关系，批判其唯心主义与神秘主义的实质；第六章"经验批判主义和历史唯物主义"，批判马赫主义在历史观上的唯心主义，重申历史唯物主义的基本原则。

三、观点提示

第一，马克思主义哲学的两个基本前提、两个重要部分。马克思和恩格斯的学说是从费尔巴哈的唯物主义中产生出来的，他们特别注意的不是唯物主义认识论，而是唯物主义历史观；特别强调的是辩证唯物主义，而不是辩证唯物主义；特别坚持的是历史唯物主义，而不是历史唯物主义。一般唯物主义认为客观真实的存在（物质）不依赖于人的意识、经验、感觉；历史唯物主义认为社会存在不依赖于人的社会意识。这是马克思主义哲学的两个基本前提、两个重要部分。

第二，物质是标志客观实在的哲学范畴。物质所标示的客观实在是人通过感觉感知的，它不依赖于我们的感觉而存在，为我们的感觉所复写、摄影、反映。

物质的唯一"特性"就是其客观实在性。在本体论上，物质是一种客观实在，是对世界存在的本体规定；在认识论上，物质作用于我们的感官引起感觉，认识是对物质的能动反映。总之，物质是标志客观实在的哲学范畴。

第三，实践的观点是辩证唯物主义认识论的首要的和基本的观点。认识与实践不可分离，人的认识是实践的产物，同时，只有实践才能检验认识是否正确，因此，实践的观点是辩证唯物主义认识论的首要的和基本的观点。实践标准是确定性与不确定性的统一。实践标准并不能完全证实或驳倒人类的任何表象，正是在这个意义上，它是"不确定的"；同时，只有实践标准才能证实客观真理，在这个意义上，它是"确定的"。

第四，辩证唯物主义认识论的三个重要结论。首先，物是不依赖于我们的意识、我们的感觉而在我们之外存在着的；其次，在现象和自在之物之间决没有也不可能有根本的差别，差别仅仅在于已经认识的东西和尚未认识的东西之间；再次，在认识论和在科学的其他一切领域一样，应该辩证地思考，去分析怎样从不知到知，怎样从不完全的、不确切的知识到比较完全、比较准确的知识。

第五，真理是绝对真理与相对真理的统一。真理是对客观实在的正确反映，在相对真理和绝对真理之间没有不可逾越的鸿沟。我们的知识向客观的、绝对的真理接近的界限是受历史条件制约的，但真理的存在是无条件的，我们向它的接近也是无条件的，绝对真理是由相对真理构成的。由此，真理是绝对真理与相对真理的统一。

《唯物主义和经验批判主义》站在现代自然科学的制高点上，对马克思主义哲学的物质范畴、实践观点、认识论的结论，以及辩证唯物主义和历史唯物主义的关系，都做了深入而全面的阐述，标志着辩证唯物主义发展的新阶段。

四、文本节选

既然这样，那么由此就可以得出三个重要的认识论的结论：

(1) 物是不依赖于我们的意识，不依赖于我们的感觉而在我们之外存在着的。因为，茜素昨天就存在于煤焦油中，这是无可怀疑的；同样，我们昨天关于这个存在还一无所知，我们还没有从茜素方面得到任何感觉，这也是无可怀疑的。

(2) 在现象和自在之物之间决没有而且也不可能有任何原则的差别。差别仅仅存在于已经认识的东西和尚未认识的东西之间。所谓二者之间有着特殊界限，所谓自在之物在现象的"彼岸"（康德），或者说可以而且应该用一种哲学屏障把我们同关于某一部分尚未认识但存在于我们之外的世界的问题隔离开来（休谟），——所有这些哲学的臆说都是废话、怪论（Schrulle）、狡辩、捏造。

（3）在认识论上和在科学的其他一切领域中一样，我们应该辩证地思考，也就是说，不要以为我们的认识是一成不变的，而要去分析怎样从不知到知，怎样从不完全的不确切的知到比较完全比较确切的知。

只要你们抱着人的认识是由不知发展起来的这一观点，你们就会看到：千百万个类似在煤焦油中发现茜素那样简单的例子，千百万次从科学技术史中以及从所有人和每个人的日常生活中得来的观察，都在向人表明"自在之物"转化为"为我之物"；都在表明，当我们的感官受到来自外部的某些对象的刺激时，"现象"就产生，当某种障碍物使得我们所明明知道是存在着的对象不可能对我们的感官发生作用时，"现象"就消失。由此可以得出唯一的和不可避免的结论：对象、物、物体是在我们之外、不依赖于我们而存在着的，我们的感觉是外部世界的映象。这个结论是由一切人在生动的人类实践中作出来的，唯物主义自觉地把这个结论作为自己认识论的基础。与此相反的马赫的理论（物体是感觉的复合）是可鄙的唯心主义胡说。而切尔诺夫先生在他对恩格斯的"分析"中再一次暴露出他的伏罗希洛夫式的品质：恩格斯举的简单例子在他看来竟是"奇怪而又幼稚的"！他认为只有学究的臆说才是哲学，他不能区别教授的折衷主义和彻底的唯物主义认识论。

……

马赫主义者对"独断主义者"即唯物主义者的"陈腐"观点轻蔑地耸耸肩膀，因为唯物主义者坚持着似乎已被"最新科学"和"最新实证论"驳倒了的物质概念。关于物质构造的新物理学理论，我们将另行论述。但是，像马赫主义者那样把关于物质的某种构造的理论和认识论的范畴混淆起来，把关于物质的新类型（例如电子）的新特性问题和认识论的老问题，即关于我们知识的泉源、客观真理的存在等等问题混淆起来，这是完全不能容许的。有人对我们说，马赫"发现了世界要素"。红、绿、硬、软、响、长等等。我们要问：当人看见红，感觉到硬等等的时候，人感知的是不是客观实在呢？这个老而又老的哲学问题被马赫搞乱了。如果你们认为人感知的不是客观实在，那么你们就必然和马赫一起陷入主观主义和不可知论，你们就理所当然地受到内在论者即哲学上的缅施科夫式人物的拥抱。如果你们认为人感知的是客观实在，那么就需要有一个关于这种客观实在的哲学概念，而这个概念很早很早以前就制定出来了，这个概念就是物质。物质是标志客观实在的哲学范畴，这种客观实在是人通过感觉感知的，它不依赖于我们的感觉而存在，为我们的感觉所复写、摄影、反映。因此，如果说这个概念会"陈腐"，就是小孩子的糊涂话，就是无聊地重复时髦的反动哲学的论据。在两千年的哲学发展过程中，唯心主义和唯物主义的斗争难道会陈腐吗？哲学上柏拉图的和德谟克利特的倾向或路线的斗争难道会陈腐吗？宗教和科学的斗争难道会陈腐吗？否定客观真理和承认客观真理的斗争难道会陈腐吗？超感觉知识的维护者和反对者的斗争难道会陈腐吗？

......

从现代唯物主义即马克思主义的观点来看，我们的知识向客观的、绝对的真理接近的界限是受历史条件制约的，但是这个真理的存在是无条件的，我们向这个真理的接近也是无条件的。图画的轮廓是受历史条件制约的，而这幅图画描绘客观地存在着的模特儿，这是无条件的。在我们认识事物本质的过程中，我们什么时候和在什么条件下进到发现煤焦油中的茜素或发现原子中的电子，这是受历史条件制约的；然而，每一个这样的发现都意味着"绝对客观的认识"前进一步，这是无条件的。一句话，任何思想体系都是受历史条件制约的，可是，任何科学的思想体系（例如不同于宗教的思想体系）都和客观真理、绝对自然相符合，这是无条件的。你们会说：相对真理和绝对真理的这种区分是不确定的。我告诉你们：这种区分正是这样"不确定"，以便阻止科学变为恶劣的教条，变为某种僵死的凝固不变的东西；但同时它又是这样"确定"，以便最坚决果断地同信仰主义和不可知论划清界限，同哲学唯心主义以及休谟和康德的信徒们的诡辩划清界限。这里是有你们所没有看到的界限，而且由于你们没有看到这个界限，你们滚入了反动哲学的泥坑。这就是辩证唯物主义和相对主义的界限。

马赫、阿芬那留斯和彼得楚尔特宣称：我们是相对主义者。切尔诺夫先生和一些想当马克思主义者的俄国马赫主义者也随声附和地说：我们是相对主义者。是的，切尔诺夫先生和马赫主义者同志们，你们的错误正在这里。因为，把相对主义作为认识论的基础，就必然使自己不是陷入绝对怀疑论、不可知论和诡辩，就是陷入主观主义。作为认识论基础的相对主义，不仅承认我们知识的相对性，并且还否定任何为我们的相对认识所逐渐接近的、不依赖于人类而存在的、客观的准绳或模特儿。从赤裸裸的相对主义的观点出发，可以证明任何诡辩都是正确的，可以认为拿破仑是否死于 1821 年 5 月 5 日这件事是"有条件的"，可以纯粹为了人或人类的"方便"，在承认科学思想体系（它在一方面是"方便"的）的同时，又承认宗教思想体系（它在另一方面也是很"方便"的），等等。

辩证法，正如黑格尔早已说明的那样，包含着相对主义、否定、怀疑论的因素，可是它并不归结为相对主义。马克思和恩格斯的唯物主义辩证法无疑地包含着相对主义，可是它并不归结为相对主义，这就是说，它不是在否定客观真理的意义上，而是在我们的知识向客观真理接近的界限受历史条件制约的意义上，承认我们一切知识的相对性。

……

生活、实践的观点，应该是认识论的首要的和基本的观点。这种观点必然会导致唯物主义，而把教授的经院哲学的无数臆说一脚踢开。当然，在这里不要忘记：实践标准实质上决不能完全地证实或驳倒人类的任何表象。这个标准也是这样的"不确定"，以便不让人的知识变成"绝对"，同时它又是这样的确定，以便同唯心主义和不可知论的一切变种进行无情的斗争。如果我们的实践所证实的是唯一的、最终的、客观的真理，那么，因此就得承认：坚持唯物主义观点的科学的道路是走向这种真理的唯一的道路。例如，波格丹诺夫同意承认马克思的货币流通理论只是在"我们的时代"才具有客观真理性，而把那种认为这个理论具有"超历史的客观的"真理性的见解叫作"独断主义"（《经验一元论》第 3 卷第Ⅶ页）。这又是一个糊涂观点。这个理论和实践的符合，是不能被将来任何情况所改变的，原因很简单，正如拿破仑死于 1821 年 5 月 5 日这个真理是永恒的一样。但是，实践标准即一切资本主义国家近几十年来的发展进程所证明为客观真理的，是马克思的整个社会经济理论，而不是其中的某一部分、某一表述等等，因此很明显，在这里说什么马克思主义者的"独断主义"，就是向资产阶级经济学作不可宽恕的让步。从马克思的理论是客观真理这一为马克思主义者所同意的见解出发，所能得出的唯一结论就是：沿着马克思的理论的道路前进，我们将愈来愈接近客观真理（但决不会穷尽它）；而沿着任何其他的道路前进，除了混乱和谬误之外，我们什么也得不到。

……

波格丹诺夫把自己的理论跟马克思的结论调和起来，为这些结论牺牲了起码的彻底性。在世界经济中，每一个生产者都意识到自己给生产技术带来了某种变化，每一个货主都意识到他在用一些产品交换另一些产品，但是这些生产者和货主都没有意识到，他们这样做是在改变着社会存在。在资本主义的世界经济中，即使有70个马克思也不能够把握住所有这些错综复杂的变化的总和；至多是发现这些变化的规律，在主要的基本的方面指出这些变化及其历史发展的客观的逻辑。所谓客观的，并不是指有意识的生物的社会（即人的社会）能够不依赖于有意识的生物的存在而存在和发展（波格丹诺夫在自己的"理论"中所强调的仅仅是这些废话），而是指社会存在不依赖于人们的社会意识。你们过日子、经营事业、生儿育女、生产物品、交换产品等等，这些事实形成事件的客观必然的链条、发展的链条，这个链条不依赖于你们的社会意识，永远也不会为社会意识所完全把握。人类的最高任务，就是从一般的和基本的特征上把握经济演进（社会存在的演进）的这个客观逻辑，以便使自己的社会意识以及一切资本主义国家的先进阶级的意识尽可能清楚地、明确地、批判地与它相适应。

……

一般唯物主义认为客观真实的存在（物质）不依赖于人类的意识、感觉、经验等等。历史唯物主义认为社会存在不依赖于人类的社会意识。在这两种场合下，意识都不过是存在的反映，至多也只是存在的近似正确的（恰当的、十分确切的）反映。在这个由一整块钢铸成的马克思主义哲学中，决不可去掉任何一个基本前提、任何一个重要部分，不然就会离开客观真理，就会落入资产阶级反动谬论的怀抱。

……

波格丹诺夫所从事的决不是马克思主义的研究，而是给这种研究早已获得的成果换上一件生物学术语和唯能论术语的新装。这全部企图自始至终都是无济于事的，因为像"选择"、能量的"同化和异化"、能量的平衡等等概念，如果应用于社会科学的领域，就成为空洞的词句。事实上，依靠这些概念是不能对社会现象作任何研究，不能对社会科学的方法作任何说明的。再没有什么事情比给危机、革命、阶级斗争等等现象贴上"唯能论的"或"生物社会学的"标签更容易了，然而，也再没有什么事情比这种勾当更无益、更烦琐和更死板了。问题不在于波格丹诺夫在这里企图把他的全部或者"几乎"全部的成果和结论塞给马克思

（我们已经看到他在社会存在和社会意识的关系问题上所作的"修正"），而是在于他所采用的这种方法，即"社会唯能论"的方法完全是虚伪的，是跟朗格的方法毫无区别的。

……

现代俄国的马赫主义（更确切些说，在一部分社会民主党人中间的马赫主义的流行病）的历史特点是由下述情况造成的。费尔巴哈"下半截是唯物主义者，上半截是唯心主义者"，毕希纳、福格特、摩莱肖特和杜林等人在一定程度上也是这样，不过有一个本质上的差别，所有这些哲学家和费尔巴哈比较起来，都是一些侏儒和可怜的庸才。

马克思和恩格斯的学说是从费尔巴哈那里产生出来的，是在与庸才们的斗争中发展起来的，自然他们所特别注意的是修盖好唯物主义哲学的上层，也就是说，他们所特别注意的不是唯物主义认识论，而是唯物主义历史观。因此，马克思和恩格斯在他们的著作中特别强调的是辩证唯物主义，而不是辩证唯物主义，特别坚持的是历史唯物主义，而不是历史唯物主义。我们那些想当马克思主义者的马赫主义者是在与此完全不同的历史时期接近马克思主义的，这时候资产阶级哲学已经专门从事认识论的研究了，并且片面地歪曲地接受了辩证法的若干组成部分（例如，相对主义），把主要的注意力集中于保护或恢复下半截的唯心主义，而不是集中于保护或恢复上半截的唯心主义。至少，一般实证论特别是马赫主义是在更多地从事对认识论的巧妙的伪造，冒充唯物主义，用似乎是唯物主义的术语来掩盖唯心主义，而对历史哲学却注意得比较少。我们的马赫主义者不理解马克思主义，因为他们可以说是从另一个方面接近马克思主义的，他们接受了——有时候与其说是接受了还不如说是背诵了——马克思的经济理论和历史理论，但并没有弄清楚它们的基础，即哲学唯物主义。因此，应当把波格丹诺夫这一流人叫作颠倒过来的俄国的毕希纳分子和桂林分子。他们想在上半截成为唯物主义者，但他们却不能摆脱下半截的混乱的唯心主义！在波格丹诺夫那里，"上半截"是历史唯物主义，诚然，是庸俗的、被唯心主义严重地糟蹋了的历史唯物主义；"下半截"是唯心主义，是用马克思主义的术语、马克思主义的词句装饰打扮起来的唯心主义。"社会地组织起来的经验"、"集体的劳动过程"等等；这一切都是马克思主义的字眼，然而这一切仅仅是一些掩饰唯心主义哲学的字眼，这种唯心主义哲学宣称物是"要素—感觉"的复合，外部世界是人类的"经验"或"经验符号",物理自然界是"心理的东西"的"派生物",等等。

日益巧妙地伪造马克思主义,日益巧妙地把各种反唯物主义的学说装扮成马克思主义,这就是现代修正主义在政治经济学上、策略问题上和一般哲学(认识论和社会学)上表现出来的特征。

选自《列宁选集》第 2 卷,人民出版社 1995 年版,第 77—226 页。

五、进一步阅读的文献

1. 顾锦屏等:《列宁哲学思想的产生和发展》,广西师范大学出版社 1987 年版。

2. 〔苏〕德波林:《哲学与政治》,李光谟等译,生活・读书・新知三联书店 1965 年版。

3. 〔瑞士〕鲍亨斯基:《苏俄辩证唯物主义》,薛中平译,商务印书馆 1965 年版。

4. 〔美〕莱文:《辩证法内部的对话》,张翼星译,云南人民出版社 1997 年版。

第二十四章　唯物辩证法内在逻辑的理论探索

——《哲学笔记》

一、写作背景

自第二国际以来，黑格尔的辩证法在马克思哲学形成中的作用被不断弱化，甚至被否定。这使得第二国际的一些理论家以及当时的一些社会沙文主义者不能正确看待第一次世界大战，没有看到这场战争的帝国主义根源，纷纷站到了资产阶级立场上，并用诡辩论取代了辩证法。例如，普列汉诺夫认为，无产阶级应该保卫祖国，俄国只有在这场战争中取得胜利才能加速资本主义的发展，从而加速社会主义的到来。考茨基没有公开否认第一次世界大战的帝国主义性质，但他提出这场战争对于统治阶级来说是帝国主义性质的，而对人民来说则是民族性的，并认为得出这一结论的基础就是辩证法。同时，在阅读《马克思恩格斯通信集》等著作过程中，列宁了解到马克思曾有写作辩证法专著的宿愿，使辩证法从黑格尔的神秘形式中解放出来，但这一愿望没有实现。正是这种现实的和理论的原因，促使列宁研读黑格尔、亚里士多德、赫拉克利特等人的著作。从 1914 年 1 月至 1915 年 6 月，列宁研读了数十种哲学著作，写下了大量的摘要、评语、札记和短文，形成了八个笔记本的《哲学笔记》。1925 年，《谈谈辩证法问题》以单行本出版。1931—1932 年，苏联共产党中央列宁研究院首次发表了列宁所写的《哲学笔记本。黑格尔、费尔巴哈及其他》的 8 册笔记，同时还发表了列宁在其他时期写的一些笔记。1933 年，苏联将这些笔记合编成单行本，以《哲学笔记》为名出版。

二、篇章结构

广义的《哲学笔记》是指列宁自 1895 年对马克思、恩格斯《神圣家族》的摘要开始到 1916 年长达 20 年的读书笔记，共 10 个笔记本。根据《列宁全集》俄文第 4 版第 38 卷翻译的《列宁全集》中文第 1 版第 38 卷共收录 46 篇笔记，这一版本主要是按照写作时间顺序编排的。根据《列宁全集》俄文第 5 版第 29 卷翻译的《列宁全集》中文第 2 版第 55 卷，删除了第 1 版第 38 卷中的 6 篇，将另外 5 篇合并为 2 篇，并新增了 2 篇，共收录了 39 篇笔记。这个版本也曾以《哲学笔记》（林利等译，中共中央党校出版社 1990 年出版）为名单独出版。这一版本在编排时打乱了时间顺序，主要是根据专题编排的。

狭义的《哲学笔记》是指列宁在 1914－1915 年在瑞士伯尔尼时期写下的读书笔记，共 8 个笔记本、20 篇笔记，包括："黑格尔《逻辑学》一书摘要"、"黑格尔《哲学史讲演录》一书摘要"、"黑格尔《历史哲学讲演录》一书摘要"、"诺埃尔《黑格尔的逻辑学》一书摘要"、"黑格尔辩证法（逻辑学）的纲要［小逻辑（哲学全书）的目录］"、"拉萨尔《爱非斯的晦涩哲人赫拉克利特的哲学》一书摘要"、"谈谈辩证法问题"、"亚里士多德《形而上学》一书摘要"、"费尔巴哈《对莱布尼茨哲学的叙述、分析和批判》一书摘要"。我们常说的《哲学笔记》就是指由上述 9 篇文献构成的，这是研究列宁辩证法思想的主体文献，也是本书关注的文本。

三、观点提示

第一，对立统一规律是辩证法的实质和核心。一切现象和过程都具有矛盾着的、相互排斥的、对立的倾向，事物是对立面的统一。对立面的统一是相对的，对立面的斗争是绝对的，对立面的斗争和展开推动着事物的发展。只有从对立面的统一出发，才能理解一切现存事物的"自我运动"，才能理解旧事物的灭亡和新事物的产生。统一物之分为两个部分以及对它矛盾着的部分的认识，是辩证法的实质。正因为事物是对立面的总和与统一，所以，"又可以把辩证法简要地规定为关于对立面的统一的学说，这样就会抓住辩证法的核心"。

第二，作为联系环节和发展环节的否定。每个事物都与其他事物联系着，事物的发展过程也是向自身的他者的转化过程，即否定自身的过程。这种否定不是简单地抛弃，而是肯定中的否定，是发展中的保留，是扬弃。因此，辩证法自身包含着否定的因素，否定是事物联系与发展的环节。

第三，逻辑学、辩证法与认识论是同一个东西。逻辑学不仅是关于思维形式的学说，而且是关于世界发展规律的学说，是对世界认识的历史的总和与结论。因此，逻辑学就是认识论，揭示和反映了客观辩证法。在《资本论》中，马克思充分吸收了黑格尔辩证法中的合理内核，形成了唯物主义的逻辑，确立了对资本主义社会的科学认识。正是在这个意义上，"在《资本论》中，唯物主义的逻辑、辩证法和认识论（不必要的三个词：它们是同一个东西）都应用于一门科学"。换言之，唯物辩证法是世界观、逻辑学和认识论的统一。

第四，客观过程的两种形式：自然界的运动和人的有目的的活动。人的意识是对自然界运动过程的反映。人的有目的的实践活动使自然界机械的、化学的运动服务于人的目的，使之成为人的有目的的活动的外部条件。合目的性显示自身的合理性，正是因为它服从客观规律。将客观过程的两种形式割裂开来，或者以一种活动形式取代另一种活动形式，都是错误的。

第五，人的实践活动使逻辑的"式"在意识中固定下来。人在有目的的实践活动中面向客观世界，并从客观世界的规律出发来规定自己的活动。正是在人的反复的实践活动中，客观世界的规律在人脑中沉淀下来，形成了对客观世界的逻辑认识。也正是在实践活动中，才能证明观念、概念、知识、科学的客观真理性。因此，实践的"式"是逻辑的"式"的形成的基础，逻辑的"式"本质上是实践的"式"在人脑中的内化和升华。

第六，实践不仅具有普遍性的品格，而且具有直接现实性的品格。在理论的观念中，概念是作为普遍的、自身没有规定性的东西与客观世界相对立，并从客观世界中汲取一定的内容以充实自己。在实践活动中，主体以概念与现实的东西相对立，在活动中改变外部现实，消灭它的规定性，使之为人服务，实践的结果是对认识的检验，并将观念转变为现实。因此，实践高于理论认识，不仅具有普遍性的品格，而且具有直接现实性的品格。

《哲学笔记》是列宁哲学思想的制高点。在《哲学笔记》中，列宁以实践为基础，揭示了马克思主义哲学中逻辑学、辩证法、认识论三者同一的原则，初步形成了以对立统一规律为核心的辩证法体系，为科学地认识帝国主义、制定无产阶级革命策略，提供了科学的理论基础。

四、文本节选

> 要义：不钻研和不理解黑格尔的全部逻辑学，就不能完全理解马克思的《资本论》，特别是它的第 1 章。因此，半个世纪以来，没有一个马克思主义者是理解马克思的！！

黑格尔：

"对机械性和化学性来说，目的是第三者；它是它们的真理。当目的自身还处在客观性或总体概念的直接性范围内时，它还受到外在性本身的影响，并且同那和它相关的客观世界对立着。从这方面来看，在目的关系也即外在关系中，仍然表现着机械的因果性，后者一般也应包括化学性在内，但机械的因果性是作为从属于这个关系的因果性，作为本身被扬弃了的因果性而表现出来的。"（第 216 — 217 页）

……"由此就显现出客观过程的上述两个形式的从属性；在这两个形

唯物主义辩证法：

区分为机械规律和化学规律的外部世界、自然界的规律（这是非常重要的），乃是人的有目的的活动的基础。

人在自己的实践活动中面向客观世界，以它为转移，以它来规定自己的活动。

从这方面来看，从人的实践的（有目的的）活动方面来看，世界（自然界）的机械的（和化学的）因果性，似乎是外在的什么东西，似乎是次要的，似乎是隐蔽的。

客观过程的两个形式：自然界

式中表现为无限进展的他物，起初是被设定为外在于它们的概念，这概念就是目的；不仅概念是它们的实体，而且外在性对于它们也是本质的、构成它们的规定性的环节。因此，机械的或化学的技术，按其性质它是外在地被规定的，所以它把自身奉献于目的关系，而现在就应当更详细地考察这种关系。"（第 217 页）。

（机械的和化学的）和人的有目的活动。这两个形式的关系。人的目的对于自然界最初似乎是不相干的（"另外的"）。人的意识、科学（"概念"）反映自然界的本质、实体，但同时这个意识对于自然界是外在的（不是一下子简单地和自然界符合）。

机械的和化学的技术之所以服务于人的目的，是因为它的性质（实质）就在于：它为外部的条件（自然规律）所规定。

（（技术和客观世界。技术和目的））

……"它"（目的）"面前有着一个客观的机械的和化学的世界，它的活动和这个世界有关，即和现成的东西有关"*……（第 219—220 页）"它之所以还具有某个真正外在于世界的存在，就是因为上述的客观性和它对立着"*……（第 220 页）

> 事实上，人的目的是客观世界所产生的，是以它为前提的，——认定它是现成的、实有的。但是人却以为他的目的的取得是外在于世界的，是不以世界为转移的（"自由"）。

"目的通过手段和客观性相结合，并且在客观性中和自身相结合。"（第 221 页："手段"这一节）

黑格尔的历史
唯物主义的胚
芽

"目的既然是有限的，它就具有有限的内容；这样一来它就不是一个绝对的东西或一个全然自在自为的合理的东西。可是手段是推理的外在的中项，而推理是目的的实现；因此合理性在手段中呈现出自身之为合理性，它在这个外在的他物中，并且正是通过这个外在性而保存自己。因此，手段是比外在的合目的性的有限目的更高的东西；——犁比由犁所造成的、作为目的的、直接的享受更尊贵些。工具保存下来，而直接的享受却是暂时的、并且会被遗忘的。**人因自己的工具而具有支配外部自然界的力量，然而就自己的目的来说，他却是服从自然界的。**"（第 226 页）

黑格尔和历史
唯物主义

注意

Vorbericht，即书的序言，注的日期是：

1816 年 7 月 21 日，纽伦堡。

这是在《实现了的目的》这一节中

历史唯物主义，是在黑格尔那里处于胚胎状态的天才思想——种子——的一种应用和发展。

注意

如果黑格尔力求——有时甚至极力和竭尽全力——把人的合目的性的活动纳入逻辑的范畴，说这种活动是"推理"（Schluβ），说主体（人）在逻辑"推理"的"式"中起着某一"项"的作用等等，——

那么这不只是牵强附会，不只是游戏。这里有非常深刻的、纯粹唯物主义的内容。要倒过来说：人的实践活动必须亿万次地使人的意识去重复不同的逻辑诸式，以便这些式能够获得公理的意义。这点应注意。

逻辑的范畴
和人的实践

注意

认识论中的实践：

（第 320 页）"它"（概念）"作为主观东西，仍然以某个自在存在着的异在为前提；它是实现自己的冲力，是一个目的，这个目的要在客观世界中通过自身给自己提供客观性和实现自己。在理论的观念中，主观概念是作为普遍的东西，自在自为的无规定的东西来和客观世界相对立，它从客观世界中为自己汲取规定的内容和得到充实。可是在实践的观念中，这个概念是作为现实的东西来和现实的东西相对立的；但主体在其自在自为的规定存在中所具有的对自己的确信，就是对自己的现实性和世界的非现实性的确信"。

……"这种包含在概念中、和概念相等并且自身包括着对个别外部现

换句话说：
人的意识不仅反映客观世界，并且创造客观世界。

作为主观东西的概念（＝人）又以自在存在着的异在（＝不以人为转移的自然界）为前提。这个概念（＝人）是实现自己的冲力，是想在客观世界中通过自己给自己提供客观性和实现（完成）自己的冲力。

在理论的观念中（在理论的领域中），主观概念（认识？）是作为普遍的和自身没有规定性的东西来和客观世界相对立的，它从客观世界中汲取一定的内容并得到充实。

在实践观念中（在实践的领域中），这个概念是作为现实的东西（作用着的东西？）来和现实的东西相对立的。主体（在这里突然代替"概念"）在其自在和自为的存在中，即作为规定的主体，所具有的对自己的确信，就是对自己的现实性和世界的非现实性的确信。

这就是说，世界不会满足人，人决心以自己的行动来改变世界。

实质：
"善"是"对外部现实性的要

实性的要求的规定性，就是善。善是带着绝对物的品格出现的，因为它是概念自己内部的总体性，是客观的东西，这个客观的东西同时具有自由统一的和主观的形式。这种观念比前面考察的认识的观念更高，因为这种观念不仅具有普遍东西的品格，而且具有单纯现实东西的品格"……（第320—321页）

"求"，这就是说，"善"被理解为人的实践＝要求（1）和外部现实性（2）。

实践高于（理论的）认识，因为它不但有普遍性的品格，而且还有直接现实性的品格。

……"因此，目的的活动不是指向自身，不是要把一个现成的规定接受于自身中并同化于自身，倒是为了设定自身的规定，并通过扬弃外部世界的各个规定来使自己获得具有外部现实性形式的实在性"……（第321页）

"目的的活动不是指向自己……

而是为了通过消灭外部世界的规定的（方面、特征、现象）来获得具有外部现实性形式的实在性"……

"行动的推理"……对黑格尔说来，行动、实践是逻辑的"推理"，逻辑的式。这是对的！当然，这并不是说逻辑的式把人的实践作为它自己的异在（＝绝对唯心主义），而是相反，人的实践经过亿万次的重复，在人的意识中以逻辑的式固定下来。这些式正是（而且只是）由于亿万次的重复才有着先入之见的巩固性和公理的性质。

注意

第1个前提：善的目的（主观的目的）对现实（"外部现实"）的关系

注意

第2个前提：外部的手段（工具），（客观的东西）

第3个前提，即结论：主体和客体的一致，对主观观念的检验，客观真理的标准。

……

非常显著，黑格尔有时从抽象到具体（存在［抽象］——现有的存在［具体］——自为的存在）——有时却相反（主观概念——客体——真理［绝对观念］）。这是否就是唯心主义者的不彻底性（马克思称之为黑格尔的神秘观念）呢？或者还有更深刻的道理呢？（例如，存在＝无——变易、发展的观念。）起初有一些印象闪现，而后有某个东西分出，——然后质（物或现象的规定）和量的概念发展起来。然后研究和思索使得思想去认识同一——差别——根据——本质对现象的关系——因果性等等。所有这些认识的环节（步骤、阶段、过程）都是从主体走向客体，受实践的检验，并通过这个检验达到真理（＝绝对观念）。

虽说马克思没有遗留下"逻辑"（大写字母的），但他遗留下《资本论》的逻辑，应当充分地利用这种逻辑来解决这一问题。在《资本论》中，唯物主义（从黑格尔那里吸取了全部有价值的东西并发展了这些有价值的东西）的逻辑、辩证法和认识论 不必要三个词：它们是同一个东西 都应用于同一门科学。

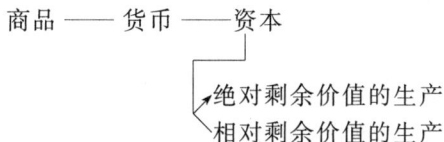

商品 —— 货币 —— 资本

绝对剩余价值的生产
相对剩余价值的生产

资本主义的历史和对于概述资本主义历史的那些概念的分析。

开始是最简单的、普通的、常见的、直接的"存在"：个别的商品（政治经济学中的"存在"）。把它作为社会关系来加以分析。两重分析：演绎的和归纳的，——逻辑的和历史的（价值形式）。

选自《哲学笔记》，中共中央党校出版社 1990 年版，第 198—375 页。

(1) 考察的客观性（不是实例，不是枝节之论，而是自在之物本身）。

(2) 这个事物对其他事物的多种多样的关系的全部总和。

(3) 这个事物（或现象）的发展、它自身的运动、它自身的生命。

(4) 这个事物中的内在矛盾的倾向（和♯方面）。

(5) 事物（现象等等）是对立面的总和与统一。

(6) 这些对立面、矛盾的趋向等等的斗争或展开。

(7) 分析和综合的结合，——各个部分的分解和所有这些部分的总和、总计。

|×(8) 每个事物（现象等等）的关系不仅是多种多样的，并且是一般的、普遍的。每个事物（现象、过程等等）是和其他的每个事物联系着的。

(9) 不仅是对立面的统一，而且是每个规定、质、特征、方面、特性向每个他者（向自己的对立面？）的过渡。

(10) 揭示新的方面、关系等等的无限过程。

(11) 人对事物、现象、过程等等的认识深化的无限过程，从现象到本质、从不甚深刻的本质到更深刻的本质。

(12) 从并存到因果性以及从联系和相互依存的一个形式到另一个更深刻更一般的形式。

(13) 在高级阶段重复低级阶段的某些特征、特性等等，并且

(14) 仿佛是向旧东西的复归（否定的否定）。

(15) 内容对形式以及形式对内容的斗争。抛弃形式、改造内容。

(16) 从量到质和从质到量的过渡。（（15）和（16）是（9）的实例）

◆ 辩证法的要素：

> 可以把辩证法简要地规定为关于对立面的统一的学说。这样就会抓住辩证法的核心，可是这需要说明和发挥。

选自《列宁选集》第 2 卷，人民出版社 1995 年版，第 411—412 页。

统一物之分为两个部分以及对它的矛盾着的部分的认识（参看拉萨尔的《赫拉克利特》一书第 3 篇（《论认识》）开头所引的斐洛关于赫拉克利特的一段话），是辩证法的实质（是辩证法的"本质"之一，是它的基本的特点或特征之一，甚至可说是它的基本的特点或特征）。黑格尔也正是这样提问题的（亚里士多德在其著作《形而上学》中经常为此绞尽脑汁，并跟赫拉克利特即跟赫拉克利特的思想作斗争）。

辩证法内容的这一方面的正确性必须由科学史来检验。对于辩证法的这一方面，通常（例如在普列汉诺夫那里）没有予以足够的注意：对立面的同一被当作实例的总和（"例如种子"；"例如原始共产主义"。恩格斯也这样做过。但这是"为了通俗化"……），而不是当作认识的规律（以及客观世界的规律）。

在数学中，＋和－，微分和积分。

在力学中，作用和反作用。

在物理学中，正电和负电。

在化学中，原子的化合和分解。

在社会科学中，阶级斗争。

对立面的同一（它们的"统一"，也许这样说更正确些？虽然同一和统一这两个术语的差别在这里并不特别重要。在一定意义上二者都是正确的），就是承认（发现）自然界的（也包括精神的和社会的）一切现象和过程具有矛盾着的、相互排斥的、对立的倾向。要认识在"自己运动"中、自生发展中和蓬勃生活中的世界一切过程，就要把这些过程当作对立面的统一来认识。发展是对立面的"斗争"。有两种基本的（或两种可能的？或两种在历史上常见的？）发展（进化）观点：认为发展是减少和增加，是重复；以及认为发展是对立面的统一（统一物之分为两个互相排斥的对立面以及它们之间的相互关系）。

按第一种运动观点，自己运动，它的动力、它的泉源、它的动因都被忽视了

（或者这个泉源被移到外部——移到上帝、主体等等那里去了）；按第二种观点，主要的注意力正是放在认识"自己"运动的泉源上。

第一种观点是僵死的、平庸的、枯燥的。第二种观点是活生生的。只有第二种观点才提供理解一切现存事物的"自己运动"的钥匙，才提供理解"飞跃"、"渐进过程的中断"、"向对立面的转化"、旧东西的消灭和新东西的产生的钥匙。

对立面的统一（一致、同一、均势）是有条件的、暂时的、易逝的、相对的。相互排斥的对立面的斗争是绝对的，正如发展、运动是绝对的一样。

> 注意：顺便说一下，主观主义（怀疑论和诡辩论等等）和辩证法的区别在于：在（客观）辩证法中，相对和绝对的差别也是相对的。对于客观辩证法说来，相对中有绝对。对于主观主义和诡辩论说来，相对只是相对，因而排斥绝对。

马克思在《资本论》中首先分析资产阶级社会（商品社会）里最简单、最普通、最基本、最常见、最平凡、碰到过亿万次的关系：商品交换。这一分析从这个最简单的现象中（从资产阶级社会的这个"细胞"中）揭示出现代社会的一切矛盾（或一切矛盾的萌芽）。往后的叙述向我们表明这些矛盾和这个社会——在这个社会的各个部分的总和中、从这个社会的开始到终结——的发展（既是生长又是运动）。

一般辩证法的阐述（以及研究）方法也应当如此（因为资产阶级社会的辩证法在马克思看来只是辩证法的局部情况）。从最简单、最普通、最常见的等等东西开始；从任何一个命题开始，如树叶是绿的，伊万是人，茹奇卡是狗等等。在这里（正如黑格尔天才地指出过的）就已经有辩证法：个别就是一般（参看亚里士多德《形而上学》，施韦格勒译，第 2 卷第 40 页，第 3 篇第 4 章第 8—9 节："因为当然不能设想：在个别的房屋之外还存在着一般房屋。"这就是说，对立面（个别跟一般相对立）是同一的：个别一定与一般相连而存在。一般只能在个别中存在，只能通过个别而存在。任何个别（不论怎样）都是一般。任何一般都是个别的（一部分，或一方面，或本质）。任何一般只是大致地包括一切个别事物。任何个别都不能完全地包括在一般之中，如此等等。任何个别经过千万次的过渡而与另一类的个别（事物、现象、过程）相联系，如此等等。这里已经有自然界的必然性、客观联系等概念的因素、胚芽了。这里已经有偶然和必然、现象和本质，因为我们在说伊万是人，茹奇卡是狗，这是树叶等等时，就把许多特征作为偶然的东西抛掉，把本质和现象分开，并把二者对立起来。

可见，在任何一个命题中，很像在一个"单位"（"细胞"）中一样，都可以（而且应当）发现辩证法一切要素的胚芽，这就表明辩证法本来是人类的全部认识所固有的。而自然科学则向我们揭明（这又是要用任何极简单的实例来揭明）客观自然界也具有同样的性质，揭明个别向一般的转变，偶然向必然的转变，对立面的过渡、转化、相互联系。辩证法也就是（黑格尔和）马克思主义的认识论：正是问题的这一"方面"（这不是问题的一个"方面"，而是问题的实质）普列汉诺夫没有注意到，至于其他的马克思主义者就更不用说了。

不论是黑格尔（见《逻辑学》），不论是自然科学中现代的"认识论者"、折衷主义者、黑格尔主义的敌人（他不懂黑格尔主义！）保尔·福尔克曼（参看他的《认识论原理》第……页）都把认识看作一串圆圈。

哲学上的"圆圈"：是否一定要以人物的年代先后为顺序呢？

不！

古代：从德谟克利特到柏拉图以及赫拉克利特的辩证法。

文艺复兴时代：笛卡儿对伽桑狄（斯宾诺莎？）。

近代：霍尔巴赫——黑格尔（经过贝克莱、休谟、康德）

黑格尔——费尔巴哈——马克思。

辩证法是活生生的、多方面的（方面的数目永远增加着的）认识，其中包含着无数的各式各样观察现实、接近现实的成分（包含着从每个成分发展成整体的哲学体系），——这就是它比起"形而上学的"唯物主义来所具有的无比丰富的内容，而形而上学的唯物主义的根本缺陷就是不能把辩证法应用于反映论，应用于认识的过程和发展。

注意这个警句 从粗陋的、简单的、形而上学的唯物主义的观点看来，哲学唯心主义不过是胡说。相反地，从辩证唯物主义的观点看来，哲学唯心主义是把认识的某一特征、某一方面、某一侧面，片面地、夸大地、überschwengliches（狄慈根）发展（膨胀、扩大）为脱离了物质、脱离了自然的、神化了的绝对。唯心主义就是僧侣主义。这是对的。但（"更确切些"和"除此而外"）哲学唯心主义是经过人的无限复杂的（辩证的）认识的一个成分而通向僧侣主义的道路。

人的认识不是直线（也就是说，不是沿着直线进行的），而是无限地近似于一串圆圈、近似于螺旋的曲线。这一曲线的任何一个片断、碎片、小段都能被变成（被片面地变成）独立的完整的直线，而这条直线能把人们（如果只见树木不见森林的话）引到泥坑里去，引到僧侣主义那里去（在那里统治阶级的阶级利益就会把它巩固起来）。直线性和片面性，死板和僵化，主观主义和主观盲目性就是唯心主义的认识论根源。而僧侣主义（＝哲学唯心主义）当然有认识论的根源，它不是没有根基的，它无疑是一朵无实花，然而却是生长在活生生的、结果实的、真实的、强大的、全能的、客观的、绝对的人类认识这棵活树上的一朵无实花。

选自《列宁选集》第 2 卷，人民出版社 1995 年版，第 556—560 页。

五、进一步阅读的文献

1. ［苏］凯德洛夫：《列宁〈哲学笔记〉研究》，求实出版社 1984 年版。

2. 黄枬森：《〈哲学笔记〉与辩证法》，北京出版社 1984 年版。

3. 王东：《辩证法科学体系的"列宁构想"》，中国社会科学出版社 1989 年版。

4. 孙正聿：《辩证法研究》，吉林人民出版社 2007 年版。

5. 张一兵：《回到列宁——关于"哲学笔记"的一种后文本学解读》，江苏人民出版社 2008 年版。

第二十五章　马克思主义的思想来源及其特征

——《论马克思主义历史发展中的几个特点》等四篇文章

一、写作背景

1905 年俄国资产阶级革命的失败，使无产阶级革命处于低潮。1910 年，俄国无产阶级重新活跃起来。为了摆脱马克思主义运动的危机，为新的革命高潮提供理论武器，列宁写作了《论马克思主义历史发展中的几个特点》这篇文章，并于 1910 年 12 月首次发表于《明星报》第 2 号。

1913 年，为纪念马克思逝世 30 周年，列宁为《启蒙》杂志撰写了《马克思主义的三个来源与三个组成部分》，并首次发表于 1913 年 3 月《启蒙》杂志第 3 期。《卡尔·马克思》是列宁应格拉纳特兄弟百科辞典出版社之邀撰写的关于马克思的词条。1914 年春，列宁在加里西亚的波罗宁开始写作，1914 年 11 月在瑞士伯尔尼完成，1915 年载于《格拉纳特百科辞典》，1918 年，莫斯科波涛出版社出版单行本。在这篇传记中，列宁全面概述了马克思的基本情况和思想发展进程，集中阐述了马克思主义的基本思想。

1922 年 1 月，《在马克思主义"旗帜"下》杂志在创刊声明中，忽视了社会主义建设中的思想斗争，回避了马克思主义哲学的战斗意义。为了纠正这种思想，列宁写作了《论战斗唯物主义的意义》这篇文章，并于 1922

年 3 月首次发表于《在马克思主义"旗帜"下》第 3 期。

二、篇章结构

《论马克思主义历史发展中的几个特点》主要分两个部分：一是分析产生马克思主义危机的原因；二是论述马克思主义的发展正是在克服危机中实现的。《马克思主义的三个来源和三个组成部分》是由三节构成的论文，分别讨论马克思的哲学唯物主义、以剩余价值学说为基础的政治经济学、批判资本主义社会的科学社会主义学说。《卡尔·马克思》由序言、马克思的学说、马克思的经济学说、社会主义、无产阶级阶级斗争的策略等构成。马克思的学说部分包括哲学唯物主义、唯物主义历史观、辩证法、阶级斗争等四节；马克思的经济学说包括价值与剩余价值两节。《论战斗唯物主义的意义》分两个部分：第一部分讨论唯物主义的批判意义，第二部分论述战斗的唯物主义必须同现代自然科学结成联盟，必须研究辩证法。

三、观点提示

第一，马克思主义的不同方面在不同时期会分别提到首要地位。马克思主义不是死的教条，而是活的行动指南。马克思主义的活的灵魂和根本的理论基础就是辩证法，即关于事物联系和充满矛盾的发展的学说；马克思主义的发展与时代的发展相联系，即与每一次新的历史转变而改变的历史任务相联系。当社会政治形势发生变化时，无产阶级行动的任务也会发生相应的变化，这决定了马克思主义的不同方面就不能不分别提到首要地位。这是马克思主义历史发展的一个重要特征。

第二，马克思主义有三个理论来源与三个组成部分。马克思主义的三个来源是德国古典哲学、英国古典经济学和法国空想社会主义。马克思主义有三个组成部分：马克思用德国古典哲学的成果——辩证法丰富了唯物主义，并把唯物主义对自然界的认识推广到对人类社会的认识，形成了历史唯物主义，从而加深和发展了唯物主义，"马克思主义的哲学就是唯物主义"；马克思主义的经济学说以剩余价值理论为基础，揭示出物与物关系背后的人与人的关系，揭示了资本主义的发展过程及其内在矛盾；马克思的社会主义学说彻底贯彻了阶级斗争学说，找到了创造社会主义的社会力量——无产阶级。这三个组成部分构成一个有机的整体。

第三，辩证法的发展观念比一般的进化观念要全面、丰富。发展是按所谓螺旋式，而不是按直线式进行的，是在更高的基础上的重复；发展是飞跃式的、剧变的、革命的，是渐进过程中的中断，是从量变到质变；对某一物体或在某一现象范围内或在某个社会内部发生作用的各种力量和趋势的矛盾或冲突是发展的内因；现象的一切方面都是相互依存、不可分割地联系在一起的，这种联系形成统一的、有规律的世界运动过程。

第四，唯物主义历史观的创立消除了以往历史理论的两个主要缺点：一是以往历史理论至多考察人们历史活动的思想动机，而没有考察产生这些动机的原因，没有发现社会发展的客观规律，没有揭示出物质生产是社会关系的根源；二是以往的历史理论没有说明人民群众的活动。唯物主义历史观从物质生产出发，科学揭示了社会历史发展的规律，阐明了人民群众是历史的创造者，从而消除了以往历史理论的上述两个缺点。

第五，战斗的唯物主义应同现代自然科学结成联盟。唯物主义哲学家如果不依靠现代物理学、化学、生物学等等的最新成果，就不能对辩证唯物主义进行有效的探讨；对自然科学成果不进行总结概括，就不能进一步地发展马克思主义哲学。同样，自然科学家如果不以唯物主义哲学为指导，就不能正确理解现代自然科学发展的进程。为了坚持对资产阶级世界观的斗争，战斗的唯物主义就应该同现代自然科学结成联盟，从而解答现代自然科学提出的种种哲学问题。

列宁的这四篇文章，系统论述了马克思主义的理论来源、马克思主义的组成部分、马克思主义的理论基础和基本框架，阐述了马克思主义的科学性、批判性和革命性，以及理论和实践相统一的特征，不仅为研究马克思主义提供了理论指导，而且为无产阶级革命提供了科学的理论基础和理论自信。

四、文本节选

◆ 论马克思主义历史发展中的几个特点

恩格斯在谈到他本人和他那位著名的朋友时说过：我们的学说不是教条，而是行动的指南。这个经典性的论点异常鲜明有力地强调了马克思主义的往往被人忽视的那一方面。而忽视那一方面，就会把马克思主义变成一种片面的、畸形的、僵死的东西，就会抽掉马克思主义的活的灵魂，就会破坏它的根本的理论基础——辩证法即关于包罗万象和充满矛盾的历史发展的学说，就会破坏马克思主义同时代的一定实际任务，即可能随着每一次新的历史转变而改变的一定实际任务之间的联系。

正是现在，在那些关心马克思主义在俄国的命运的人们中间，往往有一些人恰恰忽视了马克思主义的这一方面。然而谁都知道，俄国近年来发生的急剧变化异常迅速、异常剧烈地改变了形势，改变了迫切地、直接地决定着行动条件，因而也决定着行动任务的社会政治形势。当然我所说的并不是总的基本的任务，只要各阶级间的根本的对比关系没有改变，这样的任务是不会随着历史出现转折而改变的。非常明显，俄国经济（不仅是经济）演进的总趋势，也像俄国社会各个阶级间的根本的对比关系一样，近几年，比如说近六年来并没有改变。

但是在这一时期，因为具体的社会政治形势改变了，迫切的直接行动的任务也有了极大的改变，因此，马克思主义这一活的学说的各个不同方面也就不能不分别提到首要地位。

……

历史发展的辩证法就是这样：前一时期的迫切任务是在国内生活的各方面实现直接改革，后一时期的迫切任务是总结经验，使更广大的阶层掌握这种经验，使这种经验深入到所谓底层，深入到各阶级的落后群众中去。

正因为马克思主义不是死的教条，不是什么一成不变的学说，而是活的行动指南，所以它就不能不反映社会生活条件的异常剧烈的变化。这种变化的反映就是深刻的瓦解、混乱、各种各样的动摇，总而言之，就是马克思主义运动的极端严重的内部危机。坚决地反对这种瓦解，为捍卫马克思主义基础而进行坚决顽强的斗争，又成为当前的迫切任务了。……

前三年唤起了广大阶层自觉地投入社会生活，这些阶层往往是现在才第一次开始真正认识马克思主义。针对这种情况，资产阶级的刊物炮制了比过去多得多的荒谬言论，而且散布得也更加广泛。在这种条件下，马克思主义运动中的瓦解是特别危险的。因此弄明白目前必然发生这种瓦解的原因，并且团结起来同这种瓦解进行彻底的斗争，的的确确是马克思主义者的时代任务。

选自《列宁选集》第 2 卷，人民出版社 1995 年版，第 278—282 页。

◆ 马克思主义的三个来源和三个组成部分

马克思学说是人类在 19 世纪所创造的优秀成果——德国的哲学、英国的政治经济学和法国的社会主义的当然继承者。……

马克思主义的哲学就是唯物主义。在欧洲全部近代史中，特别是 18 世纪末叶，在同一切中世纪废物，同农奴制和农奴制思想展开决战的法国，唯物主义成了唯一彻底的哲学，它忠于一切自然科学学说，仇视迷信、伪善行为及其他等等。因此，民主的敌人便竭尽全力来"驳倒"、败坏和诋毁唯物主义，维护那些不管怎样总是为宗教辩护或支持宗教的各种哲学唯心主义。

……

但是，马克思并没有停止在 18 世纪的唯物主义上，而是把哲学向前推进了。他用德国古典哲学的成果，特别是用黑格尔体系（它又导致了费尔巴哈的唯物主义）的成果丰富了哲学。这些成果中主要的就是辩证法，即最完备最深刻最无片面性的关于发展的学说，这种学说认为反映永恒发展的物质的人类知识是相对的。不管那些"重新"回到陈腐的唯心主义那里去的资产阶级哲学家的学说怎样说，自然科学的最新发现，如镭、电子、元素转化，都出色地证实了马克思的辩证唯物主义。

马克思加深和发展了哲学唯物主义，而且把它贯彻到底，把它对自然界的认识推广到对人类社会的认识。马克思的历史唯物主义是科学思想中的最大成果。过去在历史观和政治观方面占支配地位的那种混乱和随意性，被一种极其完整严密的科学理论所代替，这种科学理论说明，由于生产力的发展，如何从一种社会生活结构中发展出另一种更高级的结构，例如从农奴制中生长出资本主义。

正如人的认识反映不依赖于它而存在的自然界即发展着的物质那样，人的社会认识（即哲学、宗教、政治等等的不同观点和学说）反映社会的经济制度。政治设施是经济基础的上层建筑。我们看到，例如现代欧洲各国的各种政治形式，都是为巩固资产阶级对无产阶级的统治服务的。

马克思的哲学是完备的哲学唯物主义，它把伟大的认识工具给了人类，特别是给了工人阶级。

……

马克思认为经济制度是政治上层建筑借以树立起来的基础，所以他特别注意研究这个经济制度。马克思的主要著作《资本论》就是专门研究现代社会即资本主义社会的经济制度的。

马克思以前的古典经济学是在最发达的资本主义国家英国形成的。亚当·斯密和大卫·李嘉图通过对经济制度的研究奠定了劳动价值论的基础。马克思继续了他们的事业。他严密地论证了并且彻底地发展了这个理论。他证明：任何一个商品的价值，都是由生产这个商品所消耗的社会必要劳动时间的数量决定的。

凡是资产阶级经济学家看到物与物之间的关系（商品交换商品）的地方，马克思都揭示了人与人之间的关系。商品交换表现着各个生产者之间通过市场发生的联系。货币意味着这一联系愈来愈密切，把各个生产者的全部经济生活不可分割地联结成一个整体。资本意味着这一联系进一步发展：人的劳动力变成了商品。雇佣工人把自己的劳动力出卖给土地、工厂和劳动工具的占有者。工人用工作日的一部分来抵偿维持本人及其家庭生活的开支（工资），工作日的另一部分则是无报酬地劳动，为资本家创造剩余价值，这也就是利润的来源，资本家阶级财富的来源。

剩余价值学说是马克思经济理论的基石。

工人的劳动所创造的资本压迫工人，使小业主破产，造成失业大军。大生产在工业中的胜利是一眼就能看到的，但是在农业中我们也看到同样的现象：资本主义大农业的优势日益扩大，采用机器愈来愈广泛，农民经济纷纷落入货币资本的绞索，由于技术落后而日益衰败和破产。在农业方面，小生产的衰败的形式虽然不同，但是它的衰败也是无可争辩的事实。

……

资本主义制度在使工人愈来愈依赖资本的同时，创造着联合劳动的伟大力量。

……

资本主义在全世界获得了胜利，但是这一胜利不过是劳动对资本的胜利的前阶。……

当农奴制被推翻，"自由"资本主义社会出现的时候，一下子就暴露出这种自由意味着压迫和剥削劳动者的一种新制度。于是反映这种压迫和反对这种压迫的各种社会主义学说就立刻产生了。但是最初的社会主义是空想社会主义。这种社会主义批判资本主义社会，谴责它，咒骂它，幻想消灭它，臆想较好的制度，劝富人相信剥削是不道德的。

但是空想社会主义没有能够指出真正的出路。它既不会阐明资本主义制度下雇佣奴隶制的本质，又不会发现资本主义发展的规律，也不会找到能够成为新社会的创造者的社会力量。

然而，在欧洲各国，特别是在法国，导致封建制度即农奴制崩溃的汹涌澎湃的革命，却日益明显地揭示了阶级斗争是整个发展的基础和动力。

战胜农奴主阶级而赢得政治自由，没有一次不遇到拼命的反抗。没有一个资本主义国家，不是经过资本主义社会各阶级间你死我活的斗争，才在比较自由和民主的基础上建立起来。

马克思的天才就在于他最先从这里得出了全世界历史所提示的结论，并且彻底地贯彻了这个结论。这个结论就是阶级斗争学说。

……

只有马克思的哲学唯物主义，才给无产阶级指明了如何摆脱一切被压迫阶级至今深受其害的精神奴役的出路。只有马克思的经济理论，才阐明了无产阶级在整个资本主义制度中的真正地位。

在全世界，从美洲到日本，从瑞典到南非，无产阶级的独立组织正在不断增加。无产阶级一面进行阶级斗争，一面受到启发和教育，他们逐渐摆脱资产阶级社会的偏见，日益紧密地团结起来并且学习怎样衡量自己的成绩，他们正在锻炼自己的力量并且在不可遏止地成长壮大。

选自《列宁选集》第 2 卷，人民出版社 1995 年版，第 309—314 页。

◆ 卡尔·马克思

马克思主义是马克思的观点和学说的体系。马克思是 19 世纪人类三个最先进国家中的三种主要思潮——德国古典哲学、英国古典政治经济学以及同法国所有革命学说相联系的法国社会主义——的继承者和天才的完成者。马克思的观点极其彻底而严整，这是马克思的对手也承认的，这些观点总起来就构成作为世界各文明国家工人运动的理论和纲领的现代唯物主义和现代科学社会主义。

……

从 1844—1845 年马克思的观点形成时起，他就是一个唯物主义者，首先是路·费尔巴哈的信奉者，就是到后来他还认为，费尔巴哈的弱点仅仅在于他的唯物主义不够彻底和全面。马克思认为费尔巴哈的"划时代的"世界历史作用，就在于他坚决同黑格尔的唯心主义决裂，宣扬了唯物主义，这种唯物主义早"在18世纪，特别是在法国，就不仅是反对现存政治制度的斗争，同时是反对现存宗教和神学的斗争，而且还是……反对一切形而上学（意即与'清醒的哲学'相反的'醉熏熏的思辨'）……的斗争"……马克思写道："在黑格尔看来，思维过程，即他称为观念而甚至把它变成独立主体的思维过程，是现实事物的创造主（创造者、缔造者）……我的看法则相反，观念的东西不外是移入人的头脑并在人的头脑中改造过的物质的东西而已。"……弗·恩格斯在《反杜林论》……一书中完全以马克思的这个唯物主义哲学为依据，并阐述了这个哲学，他写道："……世界的统一性并不在于它的存在，而在于它的物质性，这种物质性……是由哲学和自然科学的长期的和持续的发展来证明的。……运动是物质的存在方式。无论何时何地，都没有也不可能有没有运动的物质和没有物质的运动。……如果要问：究竟什么是思维和意识，它们是从哪里来的，那么就会发现，它们都是人脑的产物，而人本身是自然界的产物，是在他们的环境中并且和这个环境一起发展起来的；不言而喻，人脑的产物，归根到底亦即自然界的产物，并不同自然界的其他联系相矛盾，而是相适应的。""黑格尔是唯心主义者，就是说，在他看来，他头脑中的思想不是现实的事物和过程的多少抽象的反映（Abbilder，意即映象，恩格斯有时还称为'印象'），相反地，在他看来，事物及其发展只是在世界出现以前已经在某个地方存在着的'观念'的现实化的反映。"

　　……

　　马克思和恩格斯认为，"旧"唯物主义，包括费尔巴哈的唯物主义在内（更不要说毕希纳、福格特、摩莱肖特的"庸俗"唯物主义了），其主要缺点是：（1）这种唯物主义"主要是机械的"唯物主义，它没有考虑到化学和生物学（现在还应加上物质的电学理论）的最新发展；（2）旧唯物主义是非历史的、非辩证的（是反辩证法意义上的形而上学的），它没有彻底和全面地贯彻发展的观点；（3）他们抽象地理解"人的本质"，而不是把它理解为"一切社会关系的（一定的具体历史条件下的）总和"，所以他们只是"解释"世界，而问题却在于"改变"世界，也就是说，他们不理解"革命实践活动"的意义。

　　……

　　马克思和恩格斯认为，黑格尔辩证法这个最全面、最富有内容、最深刻的发展学说，是德国古典哲学的最大成就。他们认为，任何其他关于发展的原理、进化的原理的说法，都是片面的、内容贫乏的，只能把自然界和社会的实际发展过程（往往伴有飞跃、剧变、革命）弄得残缺不全。……

马克思接受并发展了黑格尔哲学的这一革命的方面。辩证唯物主义"不再需要任何凌驾于其他科学之上的哲学"。以往的哲学只留下了"关于思维及其规律的学说——形式逻辑和辩证法"。而辩证法，按照马克思的理解，同样也根据黑格尔的看法，其本身包括现在称之为认识论的内容，这种认识论同样应当历史地观察自己的对象，研究并概括认识的起源和发展，从不知到知的转化。

现在，发展观念，进化观念，几乎完全深入社会的意识，但不是通过黑格尔哲学，而是通过另外的途径。不过，这个观念，按马克思和恩格斯依据黑格尔哲学而作的表述，要比一般流行的进化观念全面得多，丰富得多。发展似乎是在重复以往的阶段，但它是以另一种方式重复，是在更高的基础上重复（"否定的否定"），发展是按所谓螺旋式，而不是按直线式进行的；发展是飞跃式的、剧变式的、革命的；"渐进过程的中断"；量转化为质；发展的内因来自对某一物体、或在某一现象范围内或某一社会内发生作用的各种力量和趋势的矛盾或冲突；每种现象的一切方面（而且历史在不断地揭示出新的方面）相互依存，极其密切而不可分割地联系在一起，这种联系形成统一的、有规律的世界运动过程，——这就是辩证法这一内容更丰富的（与通常的相比）发展学说的若干特征。……

马克思认识到旧唯物主义的不彻底性、不完备性和片面性，确信必须"使关于社会的科学同唯物主义的基础协调起来，并在这个基础上加以改造"。既然唯物主义总是用存在解释意识而不是相反，那么应用于人类社会生活时，唯物主义就要求用社会存在解释社会意识。

发现唯物主义历史观，或者更确切地说，把唯物主义贯彻和推广运用于社会现象领域，消除了以往的历史理论的两个主要缺点。第一，以往的历史理论至多只是考察了人们历史活动的思想动机，而没有研究产生这些动机的原因，没有探索社会关系体系发展的客观规律性，没有把物质生产的发展程度看作这些关系的根源；第二，以往的理论从来忽视居民群众的活动，只有历史唯物主义才第一次使我们能以自然科学的精确性去研究群众生活的社会条件以及这些条件的变更。马克思以前的"社会学"和历史学，至多是积累了零星收集来的未加分析的事实，描述了历史过程的个别方面。马克思主义则指出了对各种社会经济形态的产生、发展和衰落过程进行全面而周密的研究的途径，因为它考察了所有各种矛盾的趋向的总和，把这些趋向归结为可以准确测定的、社会各阶级的生活和生产的条件，排除了选择某种"主导"思想或解释这种思想时的主观主义和武断态度，揭示了物质生产力的状况是所有一切思想和各种不同趋向的根源。人们自己创造自己的历史，但人们即群众的动机是由什么决定的，各种矛盾的思想或意向间的冲突是由什么引起的，一切人类社会中所有这些冲突的总和是怎样的，构成人们全部历史活动基础的、客观的物质生活的生产条件是怎样的，这些条件的发展规律是怎样的，——马克思对这一切都注意到了，并且指出了科学地研究历史这一极其复杂、充满矛盾而又是有规律的统一过程的途径。

……

某一社会中一些成员的意向同另一些成员的意向相抵触；社会生活充满着矛盾；我们在历史上看到各民族之间，各社会之间，以及各民族、各社会内部的斗争，还看到革命和反动、和平和战争、停滞和迅速发展或衰落等不同时期的更迭，——这些都是人所共知的事实。马克思主义提供了一条指导性的线索，使我们能在这种看来扑朔迷离、一团混乱的状态中发现规律性。这条线索就是阶级斗争的理论。只有研究某一社会或某几个社会的全体成员的意向的总和，才能科学地确定这些意向的结果。其所以有各种矛盾的意向，是因为每个社会所分成的各阶级的地位和生活条件不同。……从法国大革命以来，欧洲许多国家的历史非常明显地揭示出事变的这种真实背景，即阶级斗争。法国复辟时代就出现了这样一些历史学家（梯叶里、基佐、米涅、梯也尔），他们在总结当时的事变时，不能不承认阶级斗争是了解整个法国历史的锁钥。而当今这个时代，即资产阶级取得了完全胜利、设立了代议机构、实行了广泛的（甚至是普遍的）选举制、有了供群众阅读的廉价的日报等等的时代，已经建立起势力强大的、范围不断扩大的工人联合会和企业主同盟等等的时代，更加清楚地（虽然有时是用很片面的、"和平的"、"立宪的"形式）表明，阶级斗争是事变的推动力。……在一系列历史著作中（见书目），马克思提供了用唯物主义观点研究历史、分析每个阶级以至一个阶级内部各个集团或阶层所处地位的光辉而深刻的范例，透彻地指明为什么和怎么说"一切阶级斗争都是政治斗争"。我们上面引证的一段话清楚地说明，马克思为了测定历史发展的整个合力，分析了多么纷繁复杂的各种社会关系以及从一个阶级到另一个阶级、从过去到将来的各个过渡阶段。

选自《列宁选集》第 2 卷，人民出版社 1995 年版，第 418—428 页。

◆ 论战斗唯物主义的意义

关于《在马克思主义旗帜下》杂志的一般任务，所有要点托洛茨基同志在第 1—2 期合刊上已经谈过了，而且谈得很好。我只想谈几个问题，把杂志编辑部在第 1—2 期合刊的发刊词中所宣布的工作内容和工作计划规定得更确切一些。

这篇发刊词说，团结在《在马克思主义旗帜下》杂志周围的不全是共产党员，然而都是彻底的唯物主义者。我认为，共产党员和非共产党员的这种联盟是绝对必要的，而且正确地规定了杂志的任务。如果共产党员（以及所有成功地开始了大革命的革命家）以为单靠革命家的手就能完成革命事业，那将是他们最大最危险的错误之一。恰恰相反，要使任何一件重大的革命工作得到成功，就必须懂得，革命家只能起真正富有生命力的先进阶级的先锋队的作用，必须善于实现这一点。先锋队只有当它不脱离自己领导的群众并真正引导全体群众前进时，才能完成其先锋队的任务。在各种活动领域中，不同非共产党员结成联盟，就根本谈不上什么有成效的共产主义建设。

《在马克思主义旗帜下》杂志所担负的捍卫唯物主义和马克思主义的工作也是如此。可喜的是俄国先进社会思想中的主要思潮具有坚实的唯物主义传统。且不说格·瓦·普列汉诺夫，只要指出车尔尼雪夫斯基就够了，现代的民粹派（人民社会党人和社会革命党人等）由于一味追随时髦的反动哲学学说，往往离开车尔尼雪夫斯基而倒退，他们被欧洲科学的所谓"最新成就"的假象所迷惑，不能透过这种假象看清它是替资产阶级及其偏见和反动性效劳的不同形式。

……

由此可见，这个要成为战斗唯物主义刊物的杂志，首先应该是一个战斗的刊物，这就是说，要坚定不移地揭露和追击当今一切"僧侣主义的有学位的奴仆"，而不管他们是以官方科学界的代表，还是以"民主主义左派或有社会主义思想的"政论家自命的自由射手的面貌出现。

其次，这个杂志应该是一个战斗的无神论的刊物。我们有些部门，至少有些国家机关是主管这个工作的。但是，这个工作做得非常软弱无力，非常不能令人满意，看来是受到了我们真正俄罗斯式的（尽管是苏维埃式的）官僚主义这种一般环境的压抑。因此，为了弥补有关国家机关工作的不足，为了改进和活跃这一工作，这个要办成战斗唯物主义刊物的杂志必须不倦地进行无神论的宣传和斗争，这一点是非常重要的。要密切注意用各种文字出版的一切有关文献，把这方面一切多少有些价值的东西翻译出来，或者至少摘要介绍。

......

战斗唯物主义为了完成应当进行的工作，除了同没有加入共产党的彻底唯物主义者结成联盟以外，同样重要甚至更重要的是同现代自然科学家结成联盟，这些人倾向于唯物主义，敢于捍卫和宣传唯物主义，反对盛行于所谓"有教养社会"的唯心主义和怀疑论的时髦的哲学倾向。

......

我们必须懂得，任何自然科学，任何唯物主义，如果没有坚实的哲学论据，是无法对资产阶级思想的侵袭和资产阶级世界观的复辟坚持斗争的。为了坚持这个斗争，为了把它进行到底并取得完全胜利，自然科学家就应该做一个现代唯物主义者，做一个以马克思为代表的唯物主义的自觉拥护者，也就是说，应当做一个辩证唯物主义者。为了达到这个目的，《在马克思主义旗帜下》杂志的撰稿人就应该组织从唯物主义观点出发对黑格尔辩证法作系统研究，即研究马克思在他的《资本论》及各种历史和政治著作中实际运用的辩证法，马克思把这个辩证法运用得非常成功，现在东方（日本、印度、中国）的新兴阶级，即占世界人口大多数但因其历史上无所作为和历史上沉睡不醒而使欧洲许多先进国家至今仍处于停滞和腐朽状态的数亿人民日益觉醒奋起斗争的事实，新兴民族和新兴阶级日益觉醒的事实，愈来愈证明马克思主义的正确性。

当然，这样来研究、解释和宣传黑格尔辩证法是非常困难的，因此，这方面的初步尝试不免要犯一些错误。但是，只有什么事也不做的人才不会犯错误。根据马克思怎样运用从唯物主义来理解的黑格尔辩证法的例子，我们能够而且应该从各方面来深入探讨这个辩证法，在杂志上登载黑格尔主要著作的节录，用唯物主义观点加以解释，举马克思运用辩证法的实例，以及现代史尤其是现代帝国主义战争和革命提供得非常之多的经济关系和政治关系方面辩证法的实例予以说明。依我看，《在马克思主义旗帜下》杂志的编辑和撰稿人这个集体应该是一种"黑格尔辩证法唯物主义之友协会"。现代的自然科学家从作了唯物主义解释的黑格尔辩证法中可以找到（只要他们善于去找，只要我们能学会帮助他们）自然科学革命所提出的种种哲学问题的解答，崇拜资产阶级时髦的知识分子在这些哲学问题上往往"跌入"反动的泥坑。

唯物主义如果不给自己提出这样的任务并不断地完成这个任务，它就不能成为战斗的唯物主义。用谢德林的话来说，它与其说是战斗，不如说是挨揍。不这样做，大自然科学家在作哲学结论和概括时，就会和以前一样常常感到束手无策。因为，自然科学进步神速，正处于各个领域都发生深刻的革命性变革的时期，这使得自然科学无论如何离不了哲学结论。

选自《列宁选集》第 4 卷，人民出版社 1995 年版，第 646—653 页。

五、进一步阅读的文献

1. ［苏］罗森塔尔主编：《哲学家列宁》，北京出版社 1985 年版。

2. ［法］阿尔都塞：《列宁与哲学》，台湾远流出版公司 1990 年版。

3. ［美］路易丝·费希尔：《列宁》，国际文化出版公司 2010 年版。

4. 高清海、张树义：《唯物主义辩证法的实质与核心》，上海人民出版社 1959年版。

第二十六章 历史唯物主义的通俗化解释
—— 《历史唯物主义理论》

一、写作背景

"十月革命"之后，苏维埃政权面临的一个重大问题就是，如何用马克思主义统一全党和全国人民的思想，培养社会主义建设所需要的人才。在这种情况下，一方面需要加大对马克思主义基本理论的研究；另一方面需要把马克思主义通俗化，以便人民接受。为了解决这一问题，布哈林于 1921 年写作并发表了《历史唯物主义理论——马克思主义社会学通俗教材》。正如布哈林本人在这部著作的"序言"中所说的，之所以选择历史唯物主义的题材，是因为马克思主义理论的这个"基础的基础"还缺乏系统的论述；之所以写得通俗，是因为这是为寻求马克思主义知识的工人而写的。

二、篇章结构

《历史唯物主义理论》由序言、导论和八章构成。序言说明了写作本书的原因；导论主要说明无产阶级的革命与建设都离不开社会科学的指导，明确提出社会学是社会科学中最一般的科学，历史唯物主义就是马克思主义的社会学；第一章"社会科学中的原因和目的（因果性和目的论）"，第二章"决定论和非决定论（必然和自由意志)"，第三章"辩证唯物主义"构成一个整体，主要阐述社会生活的规律性和物质性特征；第四章"社会"，第五章"社会与自然界之间的平衡"，第六章"社会要素之间的平衡"构成一个整体，主要讨论社会的平衡特性，这是本书的核心思想；第七章"社会平衡的破坏和恢复"，第八章"阶级和阶级斗争"主要阐述社会平衡被打破的原因，以及阶级斗争在建构新的社会平衡中的作用。

三、观点提示

第一，历史唯物主义是马克思主义的社会学。在社会科学中有两门重要的科学，它们不是考察社会生活的某个领域，而是考察整个社会生活，这就是社会学与历史学。社会学研究的是人类发展的一般规律，是社会科学中最抽象、最一般的科学，并为历史学提供指导。资产阶级有自己的社会学，无产阶级也有自己的社会学，即历史唯物主义。历史唯物主义是研究历史的方法，但这并不能抹杀它作为社会学理论的意义。

第二，必然与自由意志的关系。人类社会和自然界一样，也是有规律的。所不同的是，社会规律总与人相关，有着意志自由的个体同样受制于、服从于一定的规律，这就提出了必然与自由意志的关系问题。在没有组织起来的社会中，社会现象是从许多单个的意志、感情、行动等等的交错中产生的；社会现象在任何一个时刻都决定着单个的人的意志，社会现象不仅不反映单个人的意志，而且经常违反并强制地统治着这种意志。在组织起来的社会即共产主义社会中，社会现象是从许多单个人的意志、感情、行动等等的交错中产生的，但这个过程不是自发的，而在决定性的方面是有组织的，社会现象不仅表现人们的意志，而且通过不违反这种意志，人们支配着自己的决定，并不感到社会自发势力的任何压抑。只有在共产主义社会，个人的自由意志才能真正得以表现出来。

第三，社会平衡态的内部结构。社会是"最广泛的、包含人们之间一切持续的相互作用在内的相互作用的体系"，这个体系是通过劳动而形成的。在社会形成过程中，人性、自然环境、人口因素等都是通过生产力的发展水平发生作用的，这是社会与自然之间平衡关系的基础。在社会要素，即在物、人、观念之间，存在着相互制约、相互作用的平衡关系。这个相互制约、相互作用的关系同样以生产力与技术装备为基础，技术装备体系决定着劳动关系的体系，使人的生产机构与物的生产机构之间保持着一种平衡状态。正是这种相互制约、相互作用的关系决定了生产关系以及作为生产关系总和的社会经济结构，并决定和影响着上层建筑与意识形态。

第四，社会发展是从平衡到不平衡再到新的平衡。当生产力与生产关系发生矛盾时，原来的社会平衡态就会被破坏，并在新的组织结构中得到恢复。因此，生产力与生产关系的矛盾并不一定导致社会革命，只有当生产关系已无法容纳日益发展的生产力，生产力与生产关系发生剧烈冲突时，才会发生社会革命。从革命的发生过程来看，首先是社会意识的革命，其次是政治革命，即新的阶级夺取政权，再次是经济革命，最后是技术革命，从而建构新的社会平衡体。

《历史唯物主义理论》是历史唯物主义理论系统化、通俗化的尝试，是"马克思主义社会学的通俗教材"，在一定程度上丰富和发展了历史唯物主义，并对马克思主义的传播起到了重要作用。虽然这部著作存在着机械论的倾向，但它作为第一部通俗的马克思主义理论读物，对当时的社会主义建设和党的建设起到了重大的政治启蒙作用。

四、文本节选

人类社会是一个很复杂的东西；一切社会现象也很复杂而且多种多样。这里面既有种种经济现象、社会的经济制度，也有社会的国家组织，还有道德、宗教、艺术、科学、哲学领域以及家庭关系等等领域。这一切往往通过十分奇异的结合交错而构成社会生活之流。当然，要认识这种复杂的社会生活，就必须从各个方面观察，必须把科学分成好些门。一门科学研究社会的经济生活（经济学），甚或专门研究资本主义经济的一般规律（政治经济学）；另一门科学研究法和国家，而这门科学本身又下分若干专业；再一门科学研究比如说道德，等等。

在每一个领域中，科学又分为两类：一类科学研究某时某地发生过什么事情，这就是历史科学。例如，从法学领域来说，可以深入探讨和详加阐述法和国家是怎样产生，其形式又是如何演变的。这便是法的历史。然而还可以研究和解决一般性问题，如：什么是法，它在什么样的条件下产生，又在什么样的条件下消亡，它的形式取决于什么，等等。这就是法的理论。这样的科学称为理论科学。

社会科学中，有两门重要的科学，它们考察的并不是社会生活的某个领域，而是整个错综复杂的社会生活；换句话说，它们不是考察某一类现象（或是经济方面的，或是法方面的，或是宗教方面的，如此等等），而是研究社会生活全部，考察所有各类社会现象。这样的科学，一门是历史学，另一门是社会学。据上所述，不难看出这两门科学之间的差别。历史学探索和阐述某时某地社会生活之流的经过（例如，从 1700 年到 1800 年间俄国的经济、法、道德、科学以及其他一系列事物的发展；或者从公元前 2000 年到公元 1000 年间中国的情形；或者 1871 年普法战争后德国的情形；或者其他某个时代其他某个国家或某几个国家的情形）。而社会学则提出一般性的问题：社会是什么？社会的发展或衰亡取决于什么？各类社会现象（经济、法、科学，等等）的相互关系如何？它们发展的原因何在？社会的各种历史形态是怎样的？社会形态更替的原因何在？等等，等等。社会学是社会科学中最一般的（抽象的）科学。社会学还往往被人们安上“历史哲学”、“历史过程理论”等等名称。

由此可以看出历史学和社会学相互间是怎样的关系。既然社会学阐明人类发展的一般规律，所以它为历史学提供方法。例如，假定社会学确立这样的一般原则：国家的形式以经济形式为转移，那末历史学家对任何时代就正是要探寻和找出这种联系，并指明这种联系究竟怎样具体地（即在该种场合下）表现出来。历史学为社会学的结论和概括提供材料，因为这些结论并非凭空臆造，而产生于真实的历史事实。社会学则为历史学指明一定的观点、研究的方式或通常所谓的方法。

……

工人阶级有自己的、无产阶级的社会学，它的名称是历史唯物主义。从根本上说，这一理论是马克思和恩格斯创立的。它又叫作历史的唯物主义方法，或简称为“经济唯物主义”。这种最富有独创性的理论是人类思维和认识的最锐利武器。借助于它，无产阶级可以搞清楚社会生活和阶级斗争中一些最复杂的问题。借助于它，共产党人曾经正确地预言过战争、革命和无产阶级专政，预言过不同政党、集团和阶级在人类所经历的伟大变革中的作为。本书就是专门叙述和阐发这一理论的。

……

毫无疑问，社会由单个的人组成，社会现象则由许许多多个人的感觉、情绪、意志、行为构成。换言之，社会现象是个体现象的结果（或者如人们有时所说的，是不同作用的"合量"）。价格的例子可以作为这方面的一个极好例证。市场上来了一些卖主和买主。有的人手里有货，有的人手里有钱。每一个卖主和买主都想达到一定的目的：他们每个人对于货和钱都有一定的估价，都在斟酌，计算，竞争，争吵。经过这样一种市场的熙攘哄乱，形成了市场价格。这已经不是个别的买主或卖主所设想的东西，而是由于各种不同"意志"相互斗争而形成的社会现象了。在价格上出现的这种情况，同样也出现在所有其他社会现象上。我们试举革命时期为例。在革命时期，一些人比较坚定，另一些人则不太坚定；一些人倾向一方面，另一些人则倾向另一方面。从人们的这种斗争中，在"革命胜利"时终于产生出新的制度、新的秩序。马克思写道："……一定的社会关系同麻布、亚麻等一样，也是人们生产出来的。"（马克思：《哲学的贫困》）。

但是这里要区别两种不同的情况，它们各有其重大特点。这两种情况就是：第一，没有组织起来的社会，例如简单商品社会或资本主义社会；第二，组织起来的共产主义社会。我们先来研究一下第一种情况。为此，我们来看一个已经举过的最典型的例子，即价格形成的例子。市场上所形成的价格，与来到市场的每一单个的人所持的那些愿望、估计和要求之间，是一种什么样的关系呢？显而易见，价格与这些愿望是不一致的。对于不少人来说，这个价格简直是灾难性的：有些人"按这个价格"买不起任何东西，只能攥着几文钱饿着肚皮离开市场；还有些人则由于价格对他们来说太低而遭到破产。众所周知，在大工厂主的大量廉价商品充斥市场的情形下，广大的手工业者、小商人、小业主纷纷破产；小本经营无力竞争，经受不起大资本家抛出大量商品造成的低价格的压力而相继倒闭。

前面我们还举过另一个有代表性的例子，即帝国主义战争的例子。不同国家的许多资本家都想掠夺一番，结果造成了大破坏，从破坏中产生了矛头针对资本家的革命；这种革命当然是资本家完全不希望出现的。

这一切说明什么呢？这说明，在没有组织起来的社会里，没有计划生产，存在着互相斗争的阶级，一切都不是按计划而是自发地形成的；在这样的社会里，出现的东西（社会现象）同许多人期望的东西是不一致的。或者如马克思和恩格斯时常所说，社会现象不依赖于人们的意识、感觉和意志。这种"对人们意志的不依赖"，并不意味着社会生活中的各种事件的实现不通过人，而是说在没有组织起来的社会里，在自发发展的条件下，这种（这些）意志的社会后果，跟许多人抱有的目的是不一致的，有时甚至是跟这些目的截然对立的（一个人希望发财致富，而结果却破了产）。

……

因此，综上所述，在没有组织起来的社会里，跟在任何社会里一样，事件的发生不是越过而是经过人的意志的。不过在这里统治着单个人的是一种无意识的自发势力，而它本身则是许多个人意志的产物。

现在让我们来看一下这是怎样一种情况。由个人意志构成的某种社会结果一经形成之后，这种社会结果就决定着个人的行为。这条原理必须强调，因为它非常重要。

让我们还是从前面已经举过两次的例子——价格的形成——开始。假定，一磅胡萝卜在市场上价值若干。很明显，新来到的人，不论是买主和卖主，事先在心目中就已有了这个价格，并在自己估价时大体以此为依据。换句话说，社会的现象（价格）决定着个别的（单个的）现象（估价）。生活中的所有其他方面也都是如此。初出茅庐的艺术家，在他的创作中总是以过去的全部艺术发展为出发点，以周围的社会情感和愿望为出发点。政治家的活动从什么出发呢？从他从事活动的环境出发：他可能想要加强现存制度，可能想要摧毁现存制度。这本身又取决于他站在哪一方面，生活在哪种环境里，依靠哪个社会阶级和依据什么人的社会愿望。这就是说，他的意志也是由社会条件决定的。

从上面我们已经看到，在没有组织起来的社会里，最终出现的东西，并不完全是——有时甚至完全不是——人们所预期的东西。在这里，可以说是"社会结果"（社会现象）统治着人。这还不仅是指社会结果决定人们的行动，而且是指社会结果违反人们的愿望。

总之，对于没有组织起来的社会，我们可以确定这样几条原则：

一、社会现象是从许多单个的意志、感情、行动等等的交错中产生的。

二、社会现象在任何一个时刻都决定着单个的人的意志。

三、社会现象不反映单个的人的意志，而且经常违反这种意志，强制地统治着这种意志，以至单个的人时常感到社会自发势力的压迫（例子：破了产的商人，被革命推翻了的主战的资本家，等等）。

……

现在让我们设想一下，在共产主义社会中将是一种什么样的情况。在那里，没有生产的无政府状态。在那里，没有阶级，没有阶级斗争，没有阶级利益的矛盾，等等。同样，在那里也没有个人利益与社会利益之间的矛盾。在那里有的只是按照计划为自己劳动的生产者之间的友爱协作。

那末这里个人意志又是怎样一个状况呢？十分清楚，这里社会同样也是由人们组成的，社会现象也同样是作为个人意志的合量而形成的。然而这种形成的性质，借以得出这种合量的方法，是跟没有组织起来的社会里的情形完全不一样的。为了更清楚地认识这种区别，让我们再举一个浅近的小例子。假定有一个由若干志同道合的人组成的社团或小组。他们全都抱有共同的目标，共同解决有关的问题，共同研究他们面对的困难，最后，还作出共同的决定并据此采取共同的行动。他们的共同行动，以及他们作出的决定，这已经是一种集体的"成果"。但它并不是违反每个人的愿望的那种外在的、粗暴的自发势力。恰恰相反。在这里，每个人达到自己愿望的可能性都加强了。五个人共同决定要抬起一块石头。他们每个人单独抬起它是不可能的，而五个人一起不用费力就抬起来了。这里的共同决定丝毫不违反每个人的愿望。相反，这种决定帮助了这一愿望的实现。

在共产主义社会里（这里说的共产主义社会，不是指无产阶级专政时期，也不是指共产主义初期，而是指没有阶级残余、没有国家也没有外在的法的规范的发达的、真正共产主义的社会）出现的，就将是上面所说的那种情况，不过规模庞大、形式复杂而已。在这样的社会里，人们之间的一切关系对每一个人来说都是明晰可见的，社会的意志将是组织起来的意志。它将不是一种"不依赖于"个人意志的、自发形成的合量，而是一种自觉地组织起来的社会的决定。因此，在这里也不可能出现在资本主义社会中出现的东西。在这里，"社会成果"并不支配着人，而是人们支配着自己的决定，因为正是人们在作出决定，而且是自觉地作出决定。在共产主义社会里不可能有这种情形：社会现象对于社会的大多数人是有害的和灾难性的。

然而，综上所述决不能得出结论说：在共产主义社会里，社会意志也好，单个人的意志也好，全都不受任何约束；或是说，在共产主义社会中意志自由占统治地位，人突然变成了超自然物，因果律对于他丝毫不起作用。

否。就是在共产主义社会里，人也还是服从普遍因果律的自然界的一部分。事实上，难道每一个人将不依赖他周围的环境吗？当然依赖。但他将不会像中非的野蛮人，或皮尔庞特·摩根公司这种商行的银行家，或帝国主义大战时期的骠骑兵那样去行动。他将作为共产主义社会的成员而行动。这是显而易见、无容赘述的。但这意味着什么呢？这意味着生活环境将决定他的意志。在其他方面也是一样。比如说，大家都能想象到：共产主义社会也要同自然界作斗争，因而这种斗争的条件将决定人们的行为，等等。一句话，对于共产主义社会而言，决定论仍是完全适用的。

总之，对于组织起来的社会，我们可以确定这样几条原则：

一、社会现象是从许多单个的意志、感情、行动等等的交错中产生的，但这个过程不是自发的，而在决定性的方面是有组织的。

二、社会现象在任何一个时刻都决定着单个的人的意志。

三、社会现象表现人们的意志，而且通常不违反这种意志；人们支配着自己的决定，并不感到社会自发势力的任何压迫；取代这种力量的是合理的社会组织。

……

总之，人类社会经历着它的发展或衰落的不同阶段、不同形式。

由此可见，第一，应当按照各自的特点去理解和探讨每一种具体的社会形态。这就是说，不能把一切时代、一切时期和一切社会形态一律看待。不能把农奴、奴隶和工人无产者混为一谈而不加区别。不能看不到希腊的奴隶主、俄国的地主—农奴主和资本主义的工厂主的差别。奴隶制——这是一回事；它有特殊的特点，特殊的标志，特殊的发展过程。农奴制——这是另一种制度。资本主义——则又是一种制度，等等。共产主义——未来的制度——也是一种完全特殊的制度。向共产主义过渡——无产阶级专政时期——也是一种特殊的制度。上述的每一种制度都各有其特殊之点，需要加以研究。只有这样，我们才能了解变化的过程。因为既然每一种形态都有它特殊的特点，那就意味着有它特殊的发展规律、特殊的运动规律。试以资本主义制度为例。马克思在《资本论》中写道，他的主要任务是"揭示资本主义社会的运动规律"。为此，马克思就需要阐明资本主义的全部特点、全部特征。正因为做到这一点，马克思才得以揭示这种"运动规律"，并预言小生产不可避免地为大生产所吞并，无产阶级的成长及其与资产阶级的冲突，工人阶级的革命以及随之向无产阶级专政体系的过渡。资产阶级的历史学家大多数不是这样做的。例如，他们乐于把古代的商人打扮成现代的资本家，把希腊和罗马的寄生的流氓无产者打扮成现代的无产者。资产阶级需要这样做，为的是表明资本主义的生命力，为的是证明：正如罗马的奴隶暴动毫无结果一样，无产阶级的起义也是不会有任何成就的。事实上，罗马的"无产者"与现代的工人没有任何共同之处，而罗马的商人与现代的资本家也很少相同的地方。整个生活制度都不一样。因此，这一生活的变化进程也不一样，就不足为怪了。根据马克思的意见，"……每个历史时期都有它自己的规律。一旦生活经过了一定的发展时期，由一定阶段进入另一阶段时，它就开始受另外的规律支配。"（马克思：《资本论》俄文版第 1 卷第 XIV 页）对于社会学这门最一般的社会科学（它所研究的不是个别的社会形态，而是一般的社会）而言，重要的是应确立上述这个原则，把它当作对各门社会科学的某种命令，因为我们知道，社会学为各门社会科学提供研究的方法。

第二，应当从内部变化过程来研究每一种具体的形态。决不会发生这样的情况：一开始就存在着一种完全不变的社会结构形式，后来它又被另一种、同样也是不变的社会结构形式所取代。在社会中，情绪绝不像这个样子：比如说，存在着这样的资本主义，在其全部生存期间始终一成不变，然后又来了一个同样不变的社会主义。事实上，就在每一形态存在期间，这一形态也是始终都在变化的。我们还是拿资本主义时期来说吧。资本主义总是一个样的吗？绝非如此。我们知道，它本身经历了不同的发展"阶段"：商业资本主义，工业资本主义，金融资本主义及其帝国主义政策，世界大战时期的国家资本主义。但是，在资本主义的每个阶段内，一切就原地不动了吗？否。如果是原地不动的话，那末一个阶段也就无法转化为另一阶段了。事实上，每个较早的阶段都为随后的阶段作了准备。比如说，在工业资本主义时期，就出现了资本集中的过程。后来在这个基础上成长起金融资本主义及其银行和托拉斯。

第三，必须从产生和必然的消失中即从与其他形态的联系中考察每一种具体的社会形态。任何社会形态都不是从天而降的。每个社会形态都是以前的社会状态的必然后果；人们甚至往往很难确切指明哪里是一种社会形态结束、另一种社会形态开始的界限；一个时期与另一个时期是交迭的。总的来说，历史阶段不是什么像物件一样固定不动的东西；历史阶段是过程，是流动的、生动的、不断变化的形态。为了很好地理解任何这样一种形态，就应当追溯它过去的根源，探究它的产生原因、它的全部形成条件、它的发展动力。同样，也必须考察这个形态的必然灭亡的原因，研究促使这个形态必然消失并为新社会制度替代它作好准备的那种运动趋向，或如人们所说，那种"发展趋势（趋势＝目标）"。由此可见，每一个阶段，都是链条上的一环，它的这一端和那一端都与相邻的环节衔接。然而，如果说资产阶级学者有时也懂得这一点（当问题涉及过去的时候），那末，要想让他们同意现存的事物即资本主义注定灭亡，则是绝不可能的。他们还可以欣然同意去探寻资本主义的根源，但是如果说也要探寻一下导致资本主义走向崩溃的条件的话，那末他们连想一想都感到害怕。"比方说，忘记这一点，正是那些证明现存社会关系永存与和谐的现代经济学家的全部智慧所在。"（马克思：《〈政治经济学批判〉导言》）从封建农奴制关系中，经过商品经济的发展，出现了资本主义。资本主义经过无产阶级专政而走向共产主义。我们只有探索资本主义同以往制度的联系以及它向共产主义的必然转变，才能理解这个社会形态。我们研究任何其他一种社会形态时，也同样应当采取这种方式。这也是辩证的方法的要求之一。这也可以叫作历史的观点，因为在这里每一种社会形态不是被当作永恒的、而是被当作历史上暂时的形态来考察的：它在一定的历史时刻出现，也同样在一定的历史时刻消失。

……

任何事物——不管是石头还是生物，是人类社会还是别的什么——，我们都可以看成是由互相联系着的各个部分（要素）组成的某种整体；换句话说，我们可以把这个整体看作是一种体系。每一个这样的事物（体系）都不是存在于真空中；它周围有自然界的其他要素，这些要素对它来说就叫作环境。对于森林中的一棵树来说，所有其他的树木、小河、土地、蕨类、青草、灌木丛等等，连同它们的全部特性，就是环境。对于人来说，他的环境首先是他所生活于其中（"环境"一词即由此而来）的人类社会；对于人类社会来说，外部自然界就是环境，依此类推。在环境和体系之间存在着经常的联系；"环境"作用于"体系"，"体系"反过来又作用于"环境"。我们应当首先向自己提出一个基本问题：环境和体系之间的这些关系是怎样的？如何才能确定它们，它们的形式如何？这些关系对于这种体系的意义如何？

在这里我们立即可以区分这些关系的三种主要类型。

一、稳定的平衡。当环境和体系之间的相互作用表现为不变的状态，或者表现为遭到破坏的旧状态重新恢复原来的形式时，就会出现稳定的平衡。例如：我们假定有某种动物生活在草原上。环境本身没有改变。这种动物的食料数量没有增加也没有减少；附近猛兽的数量依然如故；由微生物散播的各种疾病（要知道这都是"环境"啊！）仍然保持以前的比例。那末结果会怎样呢？整个说来，我们所说的那种动物的数量仍然一样：其中的一些将会死亡，或者被猛兽吃掉，另一些会生出来，但这一物种在这种环境的条件下，将保持原样不变。这里我们就看到了一种停滞的情况。为什么？因为这里体系（一定种类的动物）和环境之间的关系保持不变。这就是稳定平衡的情况。稳定平衡并不总是完全不动的。可能有运动，但在这里继平衡的破坏之后，又在原来的基础上恢复平衡。在这种情况下，环境和体系之间的矛盾经常以同一种量的对比关系重现。

在停滞型的社会中，我们也会看到同样的情形（下面将详细谈到这一点）。假如社会与自然界之间的关系不变，就是说，如果社会通过生产从自然界吸取的能同所消耗的能一样多，那末社会与自然界之间的矛盾也就以先前的形式重现，社会停滞不前，于是我们看到的就是稳定平衡的情况。

二、带正号的动的平衡（体系的发展）。然而现实中往往是没有稳定的平衡的。这只是想象的、只是设想的或者所谓"理想的"情况。实际上环境和体系之间的关系，从来不会以同一个比例重现。换句话说，平衡的破坏在现实中不会导致在和过去丝毫不差的相同基础上恢复平衡，而是在新的基础上造成新的平衡。例如，我们假定（拿我们上面说过的那些可爱的动物为例），吃这些动物的猛兽因为某种原因减少了，而食物的数量却增加了。这样一来，这些动物的数目无疑将会增加。我们的"体系"将会增长起来；新的平衡在更高级的基础上确立起来。这里就出现了发展。换句话说：环境和体系之间的矛盾在数量上就成为另一个样子了。

如果我们不是以动物而是以人类社会为例，并且假定它与自然界之间的关系是这样改变的：社会通过生产从自然界所吸收的能大于所消耗的部分（土壤更肥沃了，或者出现了新的工具，或者两者都有），——于是这个社会将发展起来，而不是停滞不前。新的平衡每一次都将确实是新的。社会与自然界之间的矛盾每一次都将在新的、"更高级的"基础上重现，而且这样的基础将导致体系的增长和发展。这就是我们所说的带正号的动的平衡的情况。

三、带负号的动的平衡（体系的破坏）。然而也可能有完全相反的情况，即新的平衡是在"低级的"基础上确立的。例如，我们假定上述那种动物吃的食物数量减少了，或者因为某种原因猛兽的数量增加了。那时这种物种就将"灭绝"。环境和体系之间的平衡每一次都将在这种体系的一部分的消灭的基础上确立。矛盾将在另一种基础上重现，而带有负号。或者拿社会的情况来谈。我们假定，自然界与社会之间的关系朝这样的方向改变：社会不得不耗费得越来越多，收益越来越少（土壤日益贫瘠，技术每况愈下，等等）。那时，新的平衡每一次都由于社会的一部分毁灭而在降低的基础上确立起来，这将是带负号的运动：社会将是趋于毁灭和瓦解的社会。

一切能设想到的情况都可以归结为这三种情况。我们看到，经常重现的环境和体系之间的矛盾，实际上是运动的基础。

但问题还有另一个方面。我们至今所谈的只是环境和体系之间的矛盾，即外在的矛盾。可是还有内在的、体系本身之内的矛盾。每一个体系都由以这种或那种方式结合起来的各个构成部分（要素）组成。人类社会由人组成，森林由树木和灌木组成，一堆石块由这些石块组成，一群动物由单个动物组成，等等。这里也有一连串的矛盾、不协调、不适应。这里也没有绝对的平衡。严格地说，既然环境和体系之间没有绝对的平衡，那末体系本身的各个要素（部分）之间也没有这种平衡。

以最复杂的体系即人类社会为例，这一点可以看得最清楚。我们在这里不是碰到无数的矛盾吗？阶级斗争是"社会矛盾"的最明显表现，而我们知道，"阶级斗争推动历史前进"。各个阶级之间的矛盾，各个集团之间的矛盾，各种理想之间的矛盾，人们劳动方式和劳动产品分配方式之间的矛盾，生产中的不协调（资本主义的"生产无政府状态"），——一连串数不清的矛盾。所有这些，都是由体系的矛盾着的构造产生出来的体系内部的矛盾（"结构矛盾"）。虽然如此，这些矛盾本身还没有毁灭社会。它们是能够毁灭社会的（例如，在内战中搏斗的两个阶级同归于尽），但也可能暂时不毁灭。

在后一种场合，在社会的各个要素之间应当存在动的平衡。这种平衡是怎么一回事，——这是有待进一步论述的题目。现在对我们来说，重要的是要理解一点：不能像许许多多看不到社会内部的矛盾的资产阶级学者那样荒唐地看待社会。相反地，对社会的科学考察，要求我们从充塞社会的那些矛盾的角度来考察社会。历史的"发展"就是矛盾的发展。

这里我们也应该注意我们在本书中还要一再谈到的这样一种事实。我们看到，矛盾有两种：环境和体系之间的矛盾以及体系本身各个要素之间的矛盾。在这两个现象之间是否有什么联系呢？

只要稍为思考一下这个问题，就可以肯定地回答说：有，这种联系是存在的。

因为非常清楚，体系内部构造（内部平衡）的变化，应当取决于体系和环境之间存在的关系。体系和环境之间的关系是决定因素。因为体系的整个状况，它的运动的基本形式（衰落、发展、停滞）正是由这种关系决定的。

事实正是如此。我们不妨这样提出问题：我们在上面已经看到，社会与自然界之间的平衡的性质，决定着社会运动的基本路线。在这种情况下，内部构造能不能长时期地按反方向发展呢？当然不能。我们假定我们所谈的是一个发展着的社会。在这种情况下，社会的内部构造是否会始终恶化下去呢？当然不会。如果在发展的条件下社会在它的构造方面恶化下去，即它内部的不协调开始加剧，这就意味着出现了新的矛盾：外部平衡与内部平衡之间的矛盾。那时又将怎样呢？那时如果社会要继续向前发展，它就必须改造，也就是说，它的内部结构应当适应外部平衡的性质。所以，内部（结构）平衡是依赖于外部平衡的因素（是这种外部平衡的"函数"）。

……

我们知道，社会变化的过程是与生产力状况的变化相联系的。这种生产力的运动以及与之相联系的各种社会要素的运动和重新组合，不外就是社会平衡的不断破坏及其恢复的过程。事实上我们设想的是一个生产力的渐进运动。这是什么意思呢？这首先是指在社会的技术装备与社会经济之间生长出矛盾：体系失去平衡。生产力已经取得某些增长。由此，人们也应当进行某种重新组合。为什么？因为不这样，就没有任何平衡，也就是说，在这种状况下体系无法长期存在下去。这个矛盾要加以解决。怎样解决呢？这就要求人们的这种重新组合得当：经济要"适应"生产力的状况，"适应"社会的技术装备。但是，人们在经济过程中的重新组合，要求也必须在社会的社会政治结构中进行人们的重新组合（政党的另一种配合，它们的力量的另一种配合，等等）；其次，这一情况还引起改变各种规范（法的规范、道德规范和所有其他的规范）的必要性。因为只有通过这种途径才能解决矛盾，或者说（同样的意思）才能恢复人们的体系和这些规范的体系之间的平衡。对于整个社会心理和社会意识形态来说也是如此。格·瓦·普列汉诺夫对此作过很精彩的表述："意识形态的历史在很大程度上要以观念结合的发生、变更和崩溃来解释，而观念结合的发生、变更和崩溃则是受一定的社会力量组合的发生、变更和崩溃的影响。"（恩·别尔托夫：《论唯物主义的历史观》，载《对我们的批判者的批判》论文集）人们的新的"组合"即配合，同观念的旧的组合（观念的旧的配合）发生冲突。这里，内部的平衡被破坏了。它在新的基础上恢复起来，这时产生观念的新的"组合"，也就是说，社会心理和社会意识形态相互趋于适应，然后平衡又重新遭到破坏，如此循环往复。

选自《历史唯物主义理论》，李光谟等译，东方出版社 1988 年版，第 5—287 页。

五、进一步阅读的文献

1. ［苏］安·米·拉林娜：《布哈林夫人回忆录》，社会科学文献出版社 1992 年版。

2. 陈其人：《布哈林经济思想》，上海社会科学院出版社 1992 年版。

3. 郑异凡：《布哈林论稿》，中央编译出版社 2006 年版。

第二十七章　苏联马克思主义哲学模式的确立

——《论辩证唯物主义和历史唯物主义》

一、写作背景

列宁逝世之后，联共（布）党内对列宁主义出现了不同的理解。一些反对者或者将列宁看作是一个实践家、革命领袖，或者仅仅把列宁主义看作是俄国特殊国情的产物，认为列宁主义只适应农民占多数的国家。同时，在经过了工业化和农业集体化之后，联共（布）党内在一些重大历史与理论问题上存在着分歧。为此，苏联共产党急需统一思想。正是在这种情况下，苏共组织编写并于1938年出版了《联共（布）党史简明教程》，力图统一全党的思想。《论辩证唯物主义和历史唯物主义》就是斯大林为《联共（布）党史简明教程》而写的，是《联共（布）党史简明教程》第四章的第二节，后编入斯大林的《列宁主义问题》一书。

二、篇章结构

《论辩证唯物主义和历史唯物主义》分两大块三部分："两大块"即辩证唯物主义和历史唯物主义；"三部分"即马克思主义的辩证法、马克思主义的哲学唯物主义、历史唯物主义，其中，前两部分构成了辩证唯物主义的内容。

三、观点提示

第一，辩证唯物主义以及历史唯物主义的根本特征。辩证唯物主义是马克思列宁主义党的世界观。这种世界观之所以叫作辩证唯物主义，是因为它研究自然现象的方法是辩证的，它解释自然现象的理论是唯物主义的；历史唯物主义则是辩证唯物主义在社会生活和社会历史领域中的推广与应用。

第二，马克思主义辩证法的基本特征。辩证法把自然界看作是相互联系的统一的整体，各种现象之间相互联系、相互制约；把自然界看作是不断运动、变化和发展的，从这一视角去观察现象的发生和衰亡过程；把发展看作是由量变引起质变、从旧质态到新质态、从低级到高级上升的运动；辩证法的出发点是自然界现象中内含的矛盾，并认为这种对立面的斗争推动着事物的发展。

第三，马克思主义哲学唯物主义的基本特征。马克思的哲学唯物主义认为，世界的本质是物质的，世界上形形色色的现象是运动着的物质的不同形态，按照物质运动规律发展着；物质第一性，意识第二性，意识是对物质的反映，是高度完善的物质，即人脑的产物；世界及其规律是可以被认识的，关于自然界规律的知识经过实践检验后，具有客观真理的意义；世界上没有不可认识的东西，只有还没被认识的、而将来科学和实践的力量会加以揭示和认识的东西。

第四，历史唯物主义的基本特征。社会的物质生活是不依赖于人们的意志而存在的客观实在，社会的精神生活是这一客观存在的反映。社会物质生活条件包括地理环境、人口因素、物质资料的生产方式，其中，物质资料的生产方式决定社会面貌，决定社会制度的性质，决定社会制度的变革与发展。生产方式包括生产力与生产关系，生产方式体现了二者在物质资料生产过程中的统一。生产力是生产中最革命的因素，生产力的变化必然导致生产关系的变化，生产力怎样，生产方式就必须怎样，生产力与生产关系的矛盾运动推动着人类社会的发展。

以"物质"为起点范畴的辩证唯物主义和历史唯物主义的"二分结构"，直接为现实政治服务和现行政策作论证的特殊社会地位，是苏联马克思主义哲学模式的根本特征，这一特征在《论辩证唯物主义和历史唯物主义》中得到自觉、鲜明而集中的反映。因此，这部著作标志着苏联马克思主义哲学模式，即辩证唯物主义与历史唯物主义体系的最终形成。由于当时斯大林在苏联以至整个国际共产主义运动中的特殊地位,《论辩证唯物主义和历史唯物主义》使苏联马克思主义哲学模式在国际共产主义运动中的主导地位得到确立,并对后来的马克思主义哲学的发展产生了持久、广泛而深远的影响。

四、文本节选

辩证唯物主义是马克思列宁主义党的世界观。它所以叫作辩证唯物主义,是因为它对自然界现象的看法、它研究自然界现象的方法、它认识这些现象的方法是辩证的,而它对自然界现象的解释、它对自然界现象的了解、它的理论是唯物主义的。

历史唯物主义就是把辩证唯物主义的原理推广去研究社会生活,把辩证唯物主义的原理应用于社会生活现象,应用于研究社会,应用于研究社会历史。

马克思和恩格斯在说明自己的辩证方法的时候,通常援引黑格尔,认为他是表述了辩证法基本特征的哲学家。但这并不是说,马克思和恩格斯的辩证法同黑格尔的辩证法是一样的。其实,马克思和恩格斯从黑格尔的辩证法中采取的仅仅是它的"合理的内核",而摒弃了黑格尔的唯心主义的外壳,并且向前发展了辩证法,赋予辩证法以现代的、科学的形态。

……

马克思和恩格斯在说明自己的唯物主义的时候,通常援引费尔巴哈,认为他是恢复了唯物主义应有权威的哲学家。但这并不是说,马克思和恩格斯的唯物主义和费尔巴哈的唯物主义是一样的。其实,马克思和恩格斯是从费尔巴哈唯物主义中采取了它的"基本的内核",把它进一步发展成为科学的哲学唯物主义理论,而摒弃了它那些唯心主义的和宗教伦理的杂质。大家知道,费尔巴哈虽然在基本上是唯物主义者,但是他竭力反对唯物主义这个名称。恩格斯屡次说过:费尔巴哈"虽然有唯物主义的基础,但是在这里还没有摆脱传统的唯心主义束缚","我们一接触到费尔巴哈的宗教哲学和伦理学,他的真正的唯心主义就显露出来了"。(《马克思恩格斯全集》俄文第 1 版第 14 卷第 652－654 页)

辩证法来源于希腊文"dialego"一词,意思就是进行谈话,进行论战。在古代,所谓辩证法,指的是以揭露对方论断中的矛盾并克服这些矛盾来求得真理的艺术。古代有些哲学家认为,思维矛盾的揭露以及对立意见的冲突,是发现真理的最好方法。这种辩证的思维方式后来推广到自然界现象中去，就变成了认识自然界的辩证方法，这种方法把自然界现象看作是永恒地运动着、变化着的现象，把自然界的发展看作是自然界中各种矛盾发展的结果，看作是自然界中对立力量互相影响的结果。

辩证法从根本上说来，是同形而上学截然相反的。

（一）马克思主义的辩证方法的基本特征是：

（1）同形而上学相反，辩证法不是把自然界看作彼此隔离、彼此孤立、彼此不依赖的各个对象或现象的偶然堆积，而是把它看作有联系的统一的整体，其中各个对象或现象互相有机地联系着，互相依赖着，互相制约着。

因此，辩证方法认为，自然界的任何一种现象，如果被孤立地、同周围现象没有联系地拿来看，那就无法理解，因为自然界的任何领域中的任何现象，如果把它看作是同周围条件没有联系、与它们隔离的现象，那就会成为毫无意义的东西；反之，任何一种现象，如果把它看作是同周围现象有着不可分割的联系、是受周围现象所制约的现象，那就可以理解、可以论证了。

（2）同形而上学相反，辩证法不是把自然界看作静止不动、停滞不变的状态，而是看作不断运动和变化、不断更新和发展的状态，其中始终有某种东西在产生、在发展，有某种东西在破坏、在衰颓。

因此，辩证方法要求我们观察现象时不仅要从各个现象的相互联系和相互制约的角度去观察，而且要从它们的运动、它们的变化、它们的发展的角度，从它们的产生和衰亡的角度去观察。

在辩证方法看来，最重要的不是现时似乎坚固，但已经开始衰亡的东西，而是正在产生、正在发展的东西，哪怕它现时似乎还不坚固，因为在辩证方法看来，只有正在产生、正在发展的东西，才是不可战胜的。

恩格斯说："整个自然界，从最小的东西到最大的东西，从沙粒到太阳，从原生生物（原始的活细胞。——约·斯大林注）到人，都处于永恒的产生和消灭中，处于不断的流动中，处于无休止的运动和变化中。"

恩格斯说，因此，辩证法"在考察事物及其在头脑中的反映时，本质上是从它们的联系、它们的联结、它们的运动、它们的产生和消失方面去考察的"（《马克思恩格斯全集》俄文第 1 版第 14 卷第 23 页）。

（3）同形而上学相反，辩证法不是把发展过程看作简单的增长过程，量变不引起质变的过程，而是看作从不显著的、潜在的量的变化到显露的变化，到根本的变化，到质的变化的发展，在这种发展过程中，质变不是逐渐地发生，而是迅速地、突然地发生的，表现为从一种状态飞跃式地进到另一种状态，并且不是偶然发生的，而是有规律地发生的，是由许多不明显的逐渐的量变积累而成的。

因此，辩证方法认为，不应该把发展过程了解为圆圈式的运动，了解为过去事物的简单重复，而应该把它了解为前进的运动，了解为上升的运动，了解为从旧质态到新质态的转化，了解为从简单到复杂、从低级到高级的发展。

……

(4) 同形而上学相反，辩证法的出发点是：自然界的对象或自然界的现象含有内在的矛盾，因为它们都有其反面和正面，都有其过去和将来，都有其衰颓着的东西和发展着的东西，而这种对立面的斗争，旧东西和新东西之间、衰亡着的东西和产生着的东西之间、衰颓着的东西和发展着的东西之间的斗争，就是发展过程的内在内容，就是量变转化为质变的内在内容。

因此，辩证方法认为，从低级到高级的发展过程不是通过现象和谐的开展，而是通过对象、现象本身固有矛盾的揭露，通过在这些矛盾基础上活动的对立倾向的"斗争"进行的。

……

简略说来，马克思主义的辩证方法的基本特征就是这样。

不难了解，把辩证方法的原理推广去研究社会生活和社会历史，该有多么巨大的意义；把这些原理应用到社会历史上去，应用到无产阶级党的实际活动上去，该有多么巨大的意义。

……

(二) 马克思主义哲学唯物主义的基本特征是：

(1) 唯心主义认为世界是"绝对观念"、"宇宙精神"、"意识"的体现，而马克思的哲学唯物主义却与此相反，它认为，世界按其本质说来是物质的；世界上形形色色的现象是运动着的物质的不同形态；辩证方法所判明的现象的相互联系和相互制约，是运动着的物质的发展规律；世界是按物质运动规律发展的，并不需要什么"宇宙精神"。

……

(2) 唯心主义硬说，只有我们的意识才是真实存在的，物质世界、存在、自然界只是在我们的意识中，在我们的感觉、表象、概念中存在，而马克思主义的哲学唯物主义却与此相反，它认为，物质、自然界、存在，是在意识以外、不依赖意识而存在的客观实在；物质是第一性的，因为它是感觉、表象、意识的来源；而意识是第二性的，是派生的，因为它是物质的反映，存在的反映；思维是发展到高度完善的物质的产物，即人脑的产物，而人脑是思维的器官；因此，如果不愿意大错特错，那就不能把思维和物质分开。

……

（3）唯心主义否认认识世界及其规律的可能性，不相信我们知识的可靠性，不承认客观真理，并且认为世界上充满着科学永远不能认识的"自在之物"，而马克思主义的哲学唯物主义却与此相反，它认为，世界及其规律完全可以认识；我们关于自然界规律的知识，经过经验和实践检验过的知识，是具有客观真理意义的、可靠的知识；世界上没有不可认识的东西，而只有还没有被认识、而将来科学和实践的力量会加以揭示和认识的东西。

……

简略说来，马克思主义的哲学唯物主义的特征就是这样。

显而易见，把哲学唯物主义原理推广去研究社会生活和社会历史，该有多么巨大的意义；把这些原理应用到社会历史上去，应用到无产阶级党的实际活动上去，该有多么巨大的意义。

既然自然现象的联系和相互制约是自然界发展的规律，那么由此可见，社会生活现象的联系和相互制约也同样不是偶然的事情，而是社会发展的规律。

这就是说，社会生活、社会历史不再是一堆"偶然现象"，因为社会历史成了社会有规律的发展，对社会历史的研究成了一种科学。

……

"社会物质生活条件"究竟是什么，它们的特征究竟怎样？

首先，"社会物质生活条件"这一概念无疑包括社会所处的自然环境，即地理环境，因为地理环境是社会物质生活必要的和经常的条件之一，它当然影响到社会的发展。地理环境在社会发展中的作用怎样呢？地理环境是不是决定社会面貌、决定人们的社会制度的性质、决定从一种制度过渡到另一种制度的主要力量呢？

历史唯物主义对这个问题的答复是否定的。

地理环境无疑是社会发展的经常的和必要的条件之一，它当然影响到社会的发展，——加速或者延缓社会发展进程。但是它的影响并不是决定的影响，因为社会的变化和发展比地理环境的变化和发展快得不可比拟。欧洲在三千年内已经更换过三种不同的社会制度：原始公社制度、奴隶占有制度、封建制度；而在欧洲东部，即在苏联，甚至更换了四种社会制度。可是，在同一时期内，欧洲的地理条件不是完全没有变化，便是变化极小，连地理学也不会提到它。这是很明显的。地理环境的稍微重大一些的变化都需要几百万年，而人们的社会制度的变化，甚至是极其重大的变化，只需要几百年或一两千年也就够了。

由此应该得出结论：地理环境不可能成为社会发展的主要的原因，决定的原因，因为在几万年间几乎保持不变的现象，决不能成为在几百年间就发生根本变化的现象发展的主要原因。

其次，人口的增长，人口密度的大小，无疑也包括在"社会物质生活条件"这一概念中，因为人是社会物质生活条件的必要因素，没有一定的最低限度的人口，就不可能有任何社会物质生活。人口的增长是不是决定人们社会制度性质的主要力量呢？

历史唯物主义对于这个问题的答复也是否定的。

当然，人口的增长对社会的发展有影响，它促进或者延缓社会的发展，但是它不可能是社会发展的主要力量，它对社会发展的影响不可能是决定的影响，因为人口的增长本身并不能说明为什么某种社会制度恰恰被一定的新制度所代替，而不是被其他某种制度所代替；为什么原始公社制度恰恰被奴隶占有制度所代替，奴隶占有制度被封建制度所代替，封建制度被资产阶级制度所代替，而不是被其他某种制度所代替。

如果人口的增长是社会发展的决定力量，那么较高的人口密度就必定会产生出相应的较高类型的社会制度。可是，事实上没有这样的情形。中国的人口密度比美国高三倍，但是从社会发展来看，美国高于中国，因为在中国仍然是半封建制度占统治地位，而美国早已达到资本主义发展的最高阶段。比利时的人口密度比美国高十八倍，比苏联高二十五倍，但是从社会发展来看，美国高于比利时，同苏联相比，比利时更是落后整整一个历史时代，因为在比利时占统治地位的是资本主义制度，而苏联已经消灭了资本主义，在国内确立了社会主义制度。

由此应该得出结论：人口的增长不是而且不可能是决定社会制度性质、决定社会面貌的社会发展的主要力量。

（1）既然如此，那么在社会物质生活条件体系中，究竟什么是决定社会面貌、决定社会制度性质、决定社会从这一制度发展到另一制度的主要力量呢？

历史唯物主义认为，这种力量就是人们生存所必需的生活资料的谋得方式，就是社会生存和发展所必需的食品、衣服、鞋子、住房、燃料和生产工具等等物质资料的生产方式。

要生活，就要有食品、衣服、鞋子、住房和燃料等等，要有这些物质资料，就必须生产它们，要生产它们，就需要有人们用来生产食品、衣服、鞋子、住房和燃料等等的生产工具，就需要善于生产这些工具，善于使用这些工具。

用来生产物质资料的生产工具，以及有一定的生产经验和劳动技能来使用生产工具、实现物质资料生产的人，——所有这些因素共同构成社会的生产力。

但是生产力还只是生产的一个方面，生产方式的一个方面，它所表现的是人们同那些用来生产物质资料的自然对象和力量的关系。生产的另一个方面，生产方式的另一个方面，就是人们在生产过程中的相互关系，即人们的生产关系。人们同自然界作斗争以及利用自然界来生产物质资料，并不是彼此孤立、彼此隔绝、各人单独进行的，而是以一个人群为单位、以社会为单位共同进行的。因此，生产在任何时候和任何条件下都是社会的生产。人们在实现物质资料的生产的时候，在生产内部彼此建立这种或那种相互关系，即这种或那种生产关系。这些关系可能是不受剥削的人们彼此间的合作和互助关系，可能是统治和服从的关系，最后，也可能是从一种生产关系形式向另一种生产关系形式过渡的关系。可是，不管生产关系带有怎样的性质，它们在任何时候和任何制度下，都同社会的生产力一样，是生产的必要因素。

……

可见，生产、生产方式既包括社会生产力，也包括人们的生产关系，而体现着两者在物质资料生产过程中的统一。

（2）生产的第一个特点就是它永远也不会长久停留在一点上，而是始终处在变化和发展的状态中；同时，生产方式的变化又必然引起全部社会制度、社会思想、政治观点和政治设施的变化，即引起全部社会结构和政治结构的改造。在不同的发展阶段上，人们利用不同的生产方式，或者说得粗浅一些，过着不同方式的生活。在原始公社制度下有一种生产方式，在奴隶制度下有另一种生产方式，在封建制度下又有一种生产方式，如此等等。与此相适应，人们的社会制度，他们的精神生活、他们的观点、他们的政治设施也是各不相同的。

社会的生产方式怎样，社会本身基本上也就怎样，社会的思想和理论、政治观点和政治设施也就怎样。

或者说得粗浅一些：人们的生活方式怎样，人们的思想方式也就怎样。

这就是说，社会发展史首先是生产的发展史，是各种生产方式在许多世纪过程中依次更迭的历史，是生产力和人们生产关系的发展史。

这就是说，社会发展史同时也是物质资料生产者本身的历史，即作为生产过程的基本力量、生产社会生存所必需的物质资料的劳动群众的历史。

这就是说，历史科学要想成为真正的科学，就不能再把社会发展史归结为帝王将相的行动，归结为那些蹂躏他国的"侵略者"和"征服者"的行动，而首先应当研究物质资料生产者的历史，劳动群众的历史，各国人民的历史。

这就是说，研究社会历史规律的关键，不应该到人们的头脑中，到社会的观点和思想中去寻求，而要到社会在每个特定历史时期所采取的生产方式中，即到社会的经济中去寻求。

这就是说，历史科学的首要任务是研究和揭示生产的规律，生产力和生产关系发展的规律，社会经济发展的规律。

这就是说，无产阶级政党要想成为真正的党，首先应当掌握生产发展规律的知识，社会经济发展规律的知识。

这就是说，要在政治上不犯错误，无产阶级政党在制定自己的党纲以及进行实际活动的时候，首先应当从生产发展的规律出发，从社会经济发展的规律出发。

（3）生产的第二个特点就是生产的变化和发展始终是从生产力的变化和发展，首先是从生产工具的变化和发展开始的。所以生产力是生产中最活跃、最革命的因素。先是社会生产力变化和发展，然后，人们的生产关系、人们的经济关系依赖这些变化、与这些变化相适应地发生变化。但这并不是说，生产关系不影响生产力的发展，生产力不依赖于生产关系。生产关系依赖于生产力的发展而发展，同时又反过来影响生产力，加速或者延缓它的发展。而且必须指出：生产关系不能过分长久地落后于生产力的增长并和这一增长相矛盾，因为只有当生产关系适合于生产力的性质、状况，并且给生产力以发展余地的时候，生产力才能充分地发展。因此，无论生产关系怎样落后于生产力的发展，但是它们迟早必须适合——也确实在适合——生产力的发展水平，适合生产力的性质。不然，生产体系中的生产力和生产关系的统一就会根本破坏，整个生产就会破裂，生产就会发生危机，生产力就会遭到破坏。

资本主义国家中的经济危机就是生产关系不适合生产力性质的例子，是两者冲突的例子，在那里，生产资料的私人资本主义所有制同生产过程的社会性，同生产力的性质极不适合。这种不适合的结果，就是破坏生产力的经济危机，而这种不适合的情况本身是以破坏现存生产关系、建立适合于生产力性质的新生产关系为使命的社会革命的经济基础。

反之，苏联的社会主义国民经济是生产关系完全适合生产力性质的例子，这里的生产资料的公有制同生产过程的社会性完全适合，因此在苏联没有经济危机，也没有生产力破坏的情形。

所以，生产力不仅是生产中最活跃、最革命的因素，而且是生产发展的决定因素。

生产力怎样，生产关系就必须怎样。

生产力的状况所回答的问题是人们用怎样的生产工具生产他们所必需的物质资料，生产关系的状况所回答的则是另一个问题：生产资料（土地、森林、水流、矿产、原料、生产工具、生产建筑物、交通工具、通信工具等等）归谁所有，生产资料由谁支配——由全社会支配，还是由个人、集团和阶级支配并且被用来剥削其他的个人、集团和阶级。

选自《斯大林选集》下卷，人民出版社 1979 年版，第 424—445 页。

五、进一步阅读的文献

1. 斯大林：《论列宁主义基础》，《斯大林选集》上卷，人民出版社 1979 年版。

2. 斯大林：《马克思主义和语言学问题》，《斯大林选集》下卷，人民出版社 1979 年版。

3. 袁贵仁、杨耕、吴向东主编：《马克思主义哲学教学体系：历史与现状》（上、下），北京师范大学出版社 2011 年版。

第四部分 Chapter Four 西方马克思主义的哲学文本

第二十八章 物化批判与马克思主义发展的新方向

——《历史与阶级意识》

一、写作背景

1923 年，格奥尔格·卢卡奇（Georg Lukács，1885—1971）出版了西方马克思主义的奠基之作《历史与阶级意识——关于马克思主义辩证法的研究》。卢卡奇之所以写作、出版这部著作，是因为第二国际的所谓"正统马克思主义"，以一种经济决定论的框架来解释马克思主义，在这个解释框架中，人成了经济运动规律的旁观者，阶级意识在无产阶级革命中的作用被淡化、被忽视了，这是导致 1918—1919 年欧洲无产阶级革命运动失败的一个原因。这是其一。其二，随着泰勒制的运用与推广，资本主义生产方式发生了重要变化，工人越来越成为机器的附属物，不仅在肉体上，而且在心理上都被整合到劳动过程中。如何面对这一新的社会状态，成为当时许多知识分子所关注的话题。其三，卢卡奇对本人思想发展的总结。卢卡奇看到了经济发展背后人的存在的碎片化，他曾以新康德主义者西美尔、韦伯、李凯尔特等人的思想为基础，探讨生命存在的意义。这些构成了他早年的《近代戏剧发展史》（1907）、《心灵与形式》（1910）等作品的基调。1914 年前后，受新黑格尔主义的影响，卢卡奇开始以黑格尔的辩证法，尤其是总体性思想分析欧洲文化碎片化的原因和现状，以求重新获得总体性，1916

年出版的《小说理论》就是这一思想的表现。正是在这个过程中，卢卡奇开始接受马克思主义，并于1918年加入匈牙利共产党。在1918年到1923年间，卢卡奇一方面反思现代资本主义发展和无产阶级革命失败的原因；另一方面从学理上探讨马克思主义的本质，重申黑格尔哲学在马克思主义阐释中的意义。《历史与阶级意识》就是这一思考的成果。

二、篇章结构

《历史与阶级意识》由8篇论文构成。《什么是正统马克思主义》强调马克思主义在本质上是以总体性为特征的批判方法。《作为马克思主义者的罗莎·卢森堡》通过论述卢森堡对伯恩施坦等人经济思想的批判，表明卢森堡是一个真正的马克思主义者。《阶级意识》提出只有到了资本主义社会，即纯粹经济社会的形成，才出现了明确的资产阶级的阶级意识，而无产阶级的产生使资产阶级的阶级意识陷入一种自我否定之中，使资产阶级意识由虚假意识变成了虚伪意识。无产阶级将形成超越资本主义与资产阶级意识的无产阶级的阶级意识，并在实践中改变现实世界。《物化和无产阶级意识》以马克思关于商品拜物教批判理论为基础，结合泰勒制和现代资本主义发展进程，批判资本主义社会全面物化的现状，并认为资产阶级思想从根本上来说是一种物化意识，只有无产阶级才能超越资产阶级思想的直接性，从总体上把握资本主义社会，成为历史发展中的真正主体。《历史唯物主义的功能变化》强调历史唯物主义是资本主义社会的自我认识，是无产阶级批判资本主义社会的革命方法，同时也是改变资本主义社会的行动。《合法性和非法性》针对十月革命后关于革命与合法性斗争问题的争论，提出无产阶级革命的合法性与非法性问题是策略问题，只要条件具备就可以革命。《对罗莎·卢森堡〈论俄国革命〉的批评意义》是对卢森堡后期的有机论思想的集中批评。卢森堡在《论俄国革命》中关于暴力、制宪议会、苏维埃制度、党的组织化建设等观点被苏俄的革命与社会主义建设实践证明是错误的，过高估计了历史发展的有机性质，对党的建设存在某种偏见。《关于组织问题的方法论》强调党的组织建设的重要性，反对无产阶级革命自发论，认为党必须依靠纪律，把无产阶级的阶级意识从自发水平提高到自觉状态，通过革命实现无产阶级的解放和自由。

三、观点提示

第一，物化理论。在资本主义社会，物化体现在四个方面：（1）人的活动、人的劳动，作为某种客观的、不依赖于人，并通过异于人的自律性来控制人的东西，同人相对立；（2）随着劳动过程的物化，人的意识与心理结构也被物化了，以泰勒制为基础的劳动过程，将劳动划分为一个合理化的、可计算的过程，使单个人的活动成为整个劳动过程中的一环，不仅使人的劳动活动碎片化，而且使人的意识也碎片化了，人只能根据计算的合理性来调整自己的意识，机器的合理性取代了价值的合理性，人同其整体人格相分离；（3）人与人的关系，即社会关系的物化，人与人的关系变成了物与物的关系，这种物的关系具有计算的形式，不仅是对物的物性的消除，而且是对人与人的社会关系的替代；（4）现代资本主义社会是由各不相同、各自独立的领域构成的，各领域内部遵循着物化的、合理化的原则，领域与领域之间处于一种外在的关系中，从而导致社会生活的全面物化。物化理论继承了马克思商品拜物教批判的理论内核，充分阐释了马克思主义哲学的批判精神。

第二，总体性思想。不是经济动机在历史解释中的首要地位，而是总体性的观点使马克思主义同资产阶级科学区别开来。总体性意味着整体对各个部分的全面的、决定性的统治地位，体现为两个层面的规定：一是作为事物存在状态的总体性，这是共时性结构中相对于部分的整体，它消除了现象的片面性，使事物之间处于相互联系的状态；二是相对于有限历史存在的过程全体，这是实现主体—客体历史统一性的过程。总体性也是作为方法的总体性，马克思主义就是以总体性的方法去把握资本主义社会，超越物化意识。总体性是马克思主义辩证法的核心，是对黑格尔思想的批判改造。

第三，主体—客体的历史辩证法。社会生活的物化，带来了总体性图景的消失，造成了人们面对社会时的直观态度，这就是物化意识的最初形式，也是资产阶级思想的起点。这种直观的意识将社会看作是一个个孤立的领域，看作是合理性的存在形式。与这种直观意识相适应的就是反思，这种理性的反思力图把握资本主义社会的总体，但由于其不能超越物化的现实，所以陷入二律背反中，这构成了德国古典哲学的内容及其发展动力，并在新康德主义中再次表现出来。只有无产阶级才能跳出这种物化意识，达到对资本主义社会的总体性理解，并通过实践超越资本主义社会。只有在主体—客体的历史辩证法中，才能理解和把握无产阶级阶级意识的形成。

《历史与阶级意识》以物化、总体性、主体—客体为逻辑构架的经济学—哲学研究，产生了与当时的"正统马克思主义"完全不同的解释思路，对后来的马克思主义研究产生了巨大的影响，成为西方马克思主义的奠基之作。

四、文本节选

我们姑且假定新的研究完全驳倒了马克思的每一个个别的论点。即使这点得到证明，每个严肃的"正统"马克思主义者仍然可以毫无保留地接受所有这种新结论，放弃马克思的所有全部论点，而无须片刻放弃他的马克思主义正统。所以，正统马克思主义并不意味着无批判地接受马克思研究的结果。它不是对这个或那个论点的"信仰"，也不是对某本"圣"书的注解。恰恰相反，马克思主义问题中的正统仅仅是指方法。它是这样一种科学的信念，即辩证的马克思主义是正确的研究方法，这种方法只能按其创始人奠定的方向发展、扩大和深化。而且，任何想要克服它或者"改善"它的企图已经而且必将只能导致肤浅化、平庸化和折衷主义。

……

唯物主义辩证法是一种革命的辩证法。这个定义是如此重要，对于理解它的本质如此带有决定意义，以致为了对这个问题有个正确概念，就必须在讨论辩证方法本身之前，先掌握这个定义。这关系到理论和实践的问题。而且不仅仅是在马克思最初批判黑格尔时所赋予它的"理论一经掌握群众，也会变成物质力量"的意义上。更重要的是需要发现理论和掌握群众的方法中那些把理论、把辩证方法变为革命工具的环节和规定性。还必须从方法以及方法与它的对象的关系中抽出理论的实际本质。否则"掌握群众"只能成为一句空话。群众就会受完全不同的力量驱使，去追求完全不同的目的。那样，理论对群众的运动说来就只意味着一种纯粹偶然的内容，一种使群众能够意识到他们的社会必然的或偶然的行动、而不保证这种意识的产生与行动本身有真正和必然联系的形式。

……

弄明白理论的这种作用也就是认识理论的本质，即辩证的方法。这一点极其重要，由于忽略了它，在辩证方法的讨论中已造成了许多混乱。恩格斯在《反杜林论》中的论述对于后来理论的作用具有决定性的影响。……但是他对最根本的相互作用，即历史过程中的主体和客体之间的辩证关系连提都没有提到，更不要说把它置于与它相称的方法论的中心地位了。然而没有这一因素，辩证方法就不再是革命的方法，不管如何想（终归是妄想）保持"流动的"概念。因为这意味着未能认识到，在一切形而上学中，客体，即思考的对象，必须保持未被触动和改变，因而思考本身始终只是直观的，不能成为实践的；而对辩证方法说来，中心问题乃是改变现实。如果理论的这一中心作用被忽视，那末构造"流动的"概念的优点就会全成问题，成为纯"科学的"事情。那时方法就可能按照科学的现状而被采用或舍弃，根本不管人们对现实的基本态度如何，不管现实被认为能改变还是不能改变。

　　……

自然科学的"纯"事实，是在现实世界的现象被放到（在实际上或思想中）能够不受外界干扰而探究其规律的环境中得出的。这一过程由于现象被归结为纯粹数量、用数和数的关系表现的本质而更加加强。……经济形式的拜物教性质，人的一切关系的物化，不顾直接生产者的人的能力和可能性而对生产过程作抽象合理分解的分工的不断扩大，这一切改变了社会的现象，同时也改变了理解这些现象的方式。于是出现了"孤立"的事实，"孤立的"事实群，单独的专门学科（经济学、法律等），它们的出现本身看来就为这样一种科学研究大大地开辟了道路。因此发现事实本身中所包含的倾向，并把这一活动提高到科学的地位，就显得特别"科学"。相反，辩证法不顾所有这些孤立的和导致孤立的事实以及局部的体系，坚持整体的具体统一性。它揭露这些现象不过是假象，虽然是由资本主义必然产生出的假象。但是在这种"科学的"氛围中，它仍然给人留下只不过是一种任意结构的印象。

　　……

那些似乎被科学以这种"纯粹性"掌握了的"事实"的历史性质甚至以更具破坏性的方式表现出来。它们作为历史发展的产物，不仅处于不断的变化中，而且它们——正是按它们的客观结构——还是一定历史时期即资本主义的产物。所以，当"科学"认为这些"事实"直接表现的方式是科学的重要真实性的基础，它们的存在形式是形成科学概念的出发点的时候，它就是简单地、教条地站在资本主义社会的基础上，无批判地把它的本质、它的客观结构、它的规律性当作"科学"的不变基础。为了能够从这些"事实"前进到真正意义上的事实，必须了解它们本来的历史制约性，并且抛弃那种认为它们是直接产生出来的观点：它们本身必定要受历史的和辩证的考察。

……

只有在这种把社会生活中的孤立事实作为历史发展的环节并把它们归结为一个总体的情况下，对事实的认识才能成为对现实的认识。这种认识从上述简单的、纯粹的（在资本主义世界中）、直接的、自发的规定出发，从它们前进到对具体的总体的认识，也就是前进到在观念中再现现实。

……

这种辩证的总体观似乎如此远离直接的现实，它的现实似乎构造得如此"不科学"，但是在实际上，它是能够在思维中再现和把握现实的唯一方法。因此，具体的总体是真正的现实范畴。但是，这一看法的正确性，只有在我们集中注意力于我们的方法的真正物质基础，即资本主义社会及其生产力和生产关系的内在对抗性时，才完全清楚地表现出来。自然科学的方法、一切反思科学（Reflexionswissenschaft）和一切修正主义的方法论理想，都拒不承认它的对象中有任何矛盾和对抗。如果尽管如此在各理论之间还是出现矛盾，那么这只是表明至今达到的认识还不够完全。似乎相互矛盾的各理论必须在这些矛盾中找到它们的限度，必须相应地加以改造，并被纳入到更一般的理论中，那时这些矛盾就会最终消失。但是我们认为，就社会的现实而言，这些矛盾并不是对现实的科学理解还不完全的标志，而是相反，它们密不可分地属于现实本身的本质，属于资本主义社会的本质。它们在对总体的认识中不会被扬弃，以致停止成为矛盾。完全相反，它们将被视为必然产生的矛盾，将被视为这种生产制度的对立的基础。如果说理论作为对总体的认识，为克服这些矛盾、为扬弃它们指明道路，那是通过揭示社会发展过程的真正趋势。因为这些趋势注定要在历史发展进程中来真正扬弃社会现实中的这些矛盾。

……

因此，如果摈弃或者抹杀辩证法，历史就变得无法了解。这并不是说，没有辩证法的帮助，就无法对特定的人或时代做出比较确切的说明。但是，这的确使得不可能把历史了解为一个统一的过程。……对历史的一个方面的描述同对历史作为一个统一过程的描述之间的对立，不是像断代史同通史之间的区别那样只是范围大小的问题，而是方法的对立，观点的对立。无论是研究一个时代或是研究一个专门学科，都无法避免对历史过程的统一理解问题。辩证的总体观之所以极其重要，就表现在这里。因为一个人完全可能描述出一个历史事件的基本情况而不懂得该事件的真正性质以及它在历史总体中的作用，就是说，不懂得它是统一的历史过程的一部分。西斯蒙第对危机问题的态度是这方面的一个典型例子。他了解生产和分配过程中的固有倾向。但是他最后失败了，因为他虽然尖锐地批判资本主义，但是仍然囿于资本主义的客观形式，也就必然把生产和分配看作两个相互独立的过程，"看不到分配关系只不过是生产关系的另一种表现"。这样他就遭到了蒲鲁东的假辩证法所遭到的同样命运；"他把社会的各个环节变成了同等数量的独立社会"。

我们重说一遍：总体的范畴决不是把它的各个环节归结为无差别的统一性、同一性。只有在这些环节彼此间处于一种动态的辩证的关系，并且能被认为是一个同样动态的和辩证的整体的动态的辩证的环节这层意义上，它们在资本主义生产制度中所具有的表面的独立和自主才是一种假象。

……

但是，我们不能停留在相互作用这个范畴上。如果说相互作用仅仅是指两个一般不变化的客体彼此发生因果关系的影响，那末我们就不会向了解社会有丝毫靠近。庸俗唯物主义者的片面因果联系（或马赫主义者的职能关系等）就是这种情况。毕竟，还有例如一颗静止的弹子被一颗运动着的弹子击中那样的相互作用：前者开始运动，后者由于撞击而改变了原来的方向。我们所说的相互作用必须超出本来不变化的客体之间的相互作用。它必须在它同整体的关系中走得更远：因为这种关系决定着一切认识客体的对象性形式（Gegenstandlichkeitsform）。与认识有关的一切实质变化都表现为与整体的关系的变化，从而表现为对象性形式本身的变化。马克思在他的著作中的许多地方都清楚地表述过这一思想。我只引大家都很熟悉的一个地方："黑人就是黑人。只有在一定的关系下，他才成为奴隶。纺纱机是纺棉花的机器。只有在一定的关系下，它才成为资本。脱离了这种关系，它也就不是资本了，就像黄金并不是货币，沙糖并不是沙糖的价格一样。"所以一切社会现象的对象性形式在它们不断的辩证的相互作用的过程中始终在变。客体的可知性随着我们对客体在其所属总体中的作用的掌握而逐渐增加。这就是为什么只有辩证的总体观能够使我们把现实理解为社会过程的原因。因为只有这种总体观能揭破资本主义生产方式所必然产生的拜物教形式，使我们能看到它们不过是一些假象，这些假象虽然看来是必然的，但终究是假的。它们的直接的概念、它们的"规律性"虽然同样必然地从资本主义的土壤中产生出来，然而却掩盖了客体之间的真正关系。它们都能被看作是资本主义生产制度的代理人所必然具有的思想。因此，它们是认识的客体，但是在它们当中并通过它们被认识的客体不是资本主义生产制度本身，而是它的统治阶级的意识形态。

只有揭去这层面纱，历史的认识才有可能。因为从拜物教的对象性形式得来的这些直接概念，其作用在于使资本主义社会的现象表现为超历史的本质。所以，认识现象的真正的对象性，认识它的历史性质和它在社会总体中的实际作用，就构成认识的统一不可分的行动。这种统一性为假的科学方法所破坏。例如，只有用辩证的方法才能了解对经济学极为重要的不变资本同可变资本的区别。古典经济学无法越过固定资本和流动资本的区别，决非偶然。因为"可变资本不过是劳动者为维持和再生产自己所必需的生活资料基金或劳动基金的一种特殊的历史的表现形式；这种基金在一切社会生产制度下都始终必须由劳动者本身来生产和再生产。劳动基金所以不断以工人劳动的支付手段的形式流回到工人手里，只是因为工人自己的产品不断以资本的形式离开工人。产品的商品形式和商品的货币形式掩饰了这种交易"。

笼罩在资本主义社会一切现象上的拜物教假象成功地掩盖了现实，而且被掩盖的不仅是现象的历史的，即过渡的、暂时的性质。这种掩盖之所以可能，是因为在资本主义社会中人的环境，尤其是经济范畴，以对象性形式直接地和必然地呈现在他的面前，对象性形式掩盖了它们是人和人之间的关系的范畴这一事实。它们表现为物以及物和物之间的关系。所以当辩证方法摧毁这些范畴的虚构的永存性后，它也摧毁了它们的物化性质，从而为认识现实廓清了道路。……在社会发展的每个阶段上，任何经济范畴都揭示人和人之间的一定关系。这种关系变成为有意识的并且形成为概念。因此人类社会运动的内在逻辑便能同时被理解为人本身的产物，以及从人和人的关系中产生出来并且摆脱了人的控制的力量的产物。这样，经济范畴便在双重的意义上变成为动态的和辩证的。它们作为"纯"经济范畴处于经常的相互作用中，因而使我们能够通过社会的发展来了解任何一个历史的横断面。但是由于它们是从人的关系中产生的，并在改造人的关系的过程中起作用，所以能从它们同隐藏在它们的活动背后的现实的相互关系中看到社会发展的真实过程。这就是说，科学想了解的一定的经济总体的生产和再生产，必定变成一定的社会总体的生产和再生产过程。在这个变化过程中，"纯"经济自然被超越，尽管这不是说我们必须求助于任何超验的力量。马克思常常强调辩证法的这个方面。

……

商品结构的本质已被多次强调指出过。它的基础是，人与人之间的关系获得物的性质，并从而获得一种"幽灵般的对象"，这种对象性以其严格的、仿佛十全十美和合理的自律性（Eigengesetzlichkeit）掩盖着它的基本本质、即人与人之间关系的所有痕迹。这个问题的提法对经济学本身多么重要，抛弃这个方法上的出发点对庸俗马克思主义的经济学观点来说导致了何种后果，不属本文讨论的范围。这里只打算以马克思经济学的分析为前提，探讨一下从一方面作为对象性形式、另一方面又作为与之相适应的主观态度的商品拜物教性质中产生出来的那些基本问题。只有理解了这些，我们才能看清资本主义及其灭亡的意识形态问题。

但是，在论述这个问题本身之前，我们必须明白，商品拜物教问题是我们这个时代，即现代资本主义的一个特有的问题。众所周知，商品交换和与此相适应的主观和客观的商品关系在社会很原始的发展阶段上就已经有了。然而，这里重要的是这样一个问题：商品交换及其结构性后果在多大程度上能影响整个外部的和内部的社会生活？因此，商品交换在多大程度上是一个社会进行物质代谢的支配形式的问题，不能——按照在占支配地位的商品形式影响下已经被物化的现代思维习惯——简单地作为量的问题来对待。更确切地说，一个商品形式占支配地位、对所有生活形式都有决定性影响的社会和一个商品形式只是短暂出现的社会之间的区别是一种质的区别。因为有关社会的所有主观现象和客观现象都按照这种区别获得质上不同的对象性形式。

……

商品只有在成为整个社会存在的普遍范畴时，才能按其没有被歪曲的本质被理解。只有在这一联系中，由于商品关系而产生的物化才对社会的客观发展和人对社会的态度有决定性的意义，对人的意识屈从于这种物化所表现的形式，对试图理解这一过程或反抗这一过程的灾难性后果，对试图从这样产生的"第二自然"的这种奴役里解放出来，也有决定性的意义。

……

因此，商品形式的普遍性在主观方面和客观方面都制约着在商品中对象化的人类劳动的抽象。（另一方面，它的历史可能性又受这一抽象过程的实际进行所制约。）在客观方面，只是由于质上不同的对象——就它们自然首先获得自己作为商品的对象性这一方面而言——被理解为形式相同的，商品形式作为相同性的形式、即质上不同的对象的可交换性形式才是可能的。在这方面，质上不同的对象的形式相同性原则只能依据它们作为抽象的（即形式相同的）人类劳动的产物的本质来创立。在主观方面，抽象人类劳动的这种形式相同性不仅是商品关系中各种不同对象所归结为的共同因素，而且成为支配商品实际生产过程的现实原则。当然，在这里粗略地描述这一过程，即现代劳动过程、个别"自由"工人、分工等等的形成，不可能是我们的意图。在这里只要确定，抽象的、相同的、可比较的劳动，即按社会必要劳动时间可以越来越精确测量的劳动，同时作为资本主义生产的产物和前提的资本主义分工的劳动，只是在自己的发展过程中才产生的；因此，它只是在这种发展的过程中才成为一个这样的社会范畴，这个社会范畴对这样形成的社会的客体和主体的对象性形式，对主体同自然界关系的对象性形式，对人相互之间在这种社会中可能有的关系的对象性形式，有决定性的影响。如果我们纵观劳动过程从手工业经过协作、手工工场到机器工业的发展所走过的道路，那么就可以看出合理化不断增加，工人的质的特性、即人的一个体的特性越来越被消除。一方面，劳动过程越来越被分解为一些抽象合理的局部操作，以至于工人同作为整体的产品的联系被切断，他的工作也被简化为一种机械性重复的专门职能。另一方面，在这种合理化中，而且也由于这种合理化，社会必要劳动时间，即合理计算的基础，最初是作为仅仅从经验上可把握的、平均的劳动时间，后来是由于劳动过程的机械化和合理化越来越加强而作为可以按客观计算的劳动定额（它以现成的和独立的客观性同工人相对立），都被提出来了。随着对劳动过程的现代"心理"分析（泰罗制），这种合理的机械化一直推行到工人的"灵魂"里：甚至他的心理特性也同他的整个人格相分离，同这种人格相对立地被客体化，以便能够被结合到合理的专门系统里去，并在这里归入计算的概念。

对我们来说，最重要的是在这里起作用的原则：根据计算、即可计算性来加以调节的合理化的原则。在经济过程的主体和客体方面发生的决定性的变化如下：第一，劳动过程的可计算性要求破坏产品本身的有机的、不合理的、始终由质所决定的统一。在对所有应达到的结果作越来越精确的预先计算这种意义上，只有通过把任何一个整体最准确地分解成它的各个组成部分，通过研究它们生产的特殊局部规律，合理化才是可以达到的。因此，它必须同根据传统劳动经验对整个产品进行有机生产的方式决裂：没有专门化，合理化是不可思议的。统一的产品不再是劳动过程的对象。这一过程变成合理化的局部系统的客观组合，这些局部系统的统一性纯粹是由计算决定的，因而，它们相互之间的联系必定显得是偶然的。对劳动过程的合理—计算的分析，消除了相互联系起来的和在产品中结合成统一体的各种局部操作的有机必然性。作为商品的产品的统一体不再同作为使用价值的产品统一体相一致：在社会彻底资本主义化的情况下，前一种统一体产生的各种局部操作在技术上的独立化，也在经济上表现为各种局部操作的独立化，表现为某一产品在其生产的各个不同阶段上的商品性质越来越具有相对性。在这方面，由于有可能在空间和时间等方面把使用价值的生产分割开来，同时也就经常发生重新与完全不同质的使用价值相联系的局部操作在空间和时间等方面衔接起来的情况。

第二，生产的客体被分成许多部分这种情况，必然意味着它的主体也被分成许多部分。由于劳动过程的合理化，工人的人的性质和特点与这些抽象的局部规律按照预先合理的估计起作用相对立，越来越表现为只是错误的源泉。人无论在客观上还是在他对劳动过程的态度上都不表现为是这个过程的真正的主人，而是作为机械化的一部分被结合到某一机械系统里去。他发现这一机械系统是现成的、完全不依赖于他而运行的，他不管愿意与否必须服从于它的规律。

随着劳动过程越来越合理化和机械化，工人的活动越来越多地失去自己的主动性，变成一种直观的态度，从而越来越失去意志。面对不依赖于意识的、不可能受人的活动影响而产生的、即作为现代的系统而表现出来的一个机械—有规律的过程，直观态度也改变人对世界的直接态度的各种基本范畴：这种态度把空间和时间看成是共同的东西，把时间降到空间的水平上。……这样，时间就失去了它的质的、可变的、流动的性质：它凝固成一个精确划定界限的、在量上可测定的、由在量上可测定的一些"物"（工人的物化的、机械地客体化的、同人的整个人格完全分离开的"成果"）充满的连续统一体，即凝固成一个空间。在这种抽象的、可以准确测定的、变成物理空间的时间里（它作为环境，同时既是科学—机械地被分割开的和专门化的劳动客体生产的前提，又是它的结果），劳动主体也必然相应地被合理地分割开来。一方面，他们的机械化的局部劳动，即他们的劳动力同其整个人格相对立的客体化（它已通过这种作为商品的劳动力的出卖而得以实现）变成持续的和难以克服的日常现实，以至于人格在这里也只能作为旁观者，无所作为地看着他自己的现存成为孤立的分子，被加到异己的系统中去。另一方面，生产过程被机械地分成各个部分，也切断了那些在生产是"有机"时把劳动的各种个别主体结合成一个共同体的联系。在这一方面，生产的机械化也把他们变成一些孤立的原子，他们不再直接—有机地通过他们的劳动成果属于一个整体，相反，他们的联系越来越仅仅由他们所结合进去的机械过程的抽象规律来中介。

……

当然，这样产生的孤立化和原子化只是一种表面现象。在市场上的商品运动，它的价值的形成，一句话，每一个合理计算的现实回旋余地不仅服从于严格的规律，而且要假定所有发生的事情都有一种严格的规律性作为计算的基础。因此，个人的原子化只是以下事实在意识上的反映：资本主义生产的"自然规律"遍及社会生活的所有表现：在人类历史上第一次使整个社会（至少按照趋势）隶属于一个统一的经济过程；社会所有成员的命运都由一些统一的规律来决定。（然而，前资本主义社会的有机统一体却相互完全独立地进行它们的物质代谢）。但是，这种表面现象是一种必然的表面现象；也就是说，个人在实践中和思想上同社会的直接接触，生活的直接的生产和再生产——在这方面，对于个人来说，所有"物"的商品结构和它们的"自然规律性"，却是某种现成碰到的东西，某种不可取消的已有之物——只能以孤立的商品所有者之间合理的和孤立的交换行动这种形式来进行。如已强调过的那样，工人必须作为他的劳动力的"所有者"把自己想象为商品。他的特殊地位在于，这种劳动力是他唯一的所有物。就他的命运而言，对于整个社会结构有典型意义的是，这种自我客体化，即人的功能变为商品这一事实，最确切地揭示了商品关系已经非人化和正在非人化的性质。

这种合理的客体化首先掩盖了一切物的——质的和物质的——直接物性。当各种使用价值都毫无例外地表现为商品时，它们就获得一种新的客观性，即一种新的物性——它仅仅在它们偶然进行交换的时代才不具有，它消灭了它们原来的、真正的物性。……确认下面一点必定就够了：现代资本主义的发展不仅根据自己的需要改变生产关系，而且也改变那些在前资本主义社会中孤立地、同生产相分离地存在着的原始资本主义形式，使它们适应现代资本主义的整个系统，把它们变成使整个社会从现在起彻底资本主义化的统一过程的一些环节。（商业资本，货币作为财富或货币资本起作用等等。）资本的这些形式虽然都客观地从属于资本真正的生命过程，从属于生产中对剩余价值的榨取，因此只能根据工业资本主义的本质来理解，但是，它们在资本主义社会的人的意识中则表现为资本纯粹的、真正的、非伪造的形式。正因为在这些形式中，在直接商品关系中隐藏的人们相互之间以及人们同满足自己现实需要的真正客体之间的关系逐渐消失得无法觉察和无法辨认了，所以这些关系必然成为物化意识的社会存在的真正代表。这时，商品的商品性质，即抽象的、量的可计算性形式表现在这种性质最纯粹的形态中；因此，在物化的意识看来，这种可计算性形式必然成为这种商品性质真正直接性的表现形式，这种商品性质——作为物化的意识——也根本不力求超出这种形式之外；相反，它力求通过"科学地加强"这里可理解的规律性来坚持这种表现形式，并使之永久化。正像资本主义制度不断地在更高的阶段上从经济方面生产和再生产自身一样，在资本主义发展过程中，物化结构越来越深入地、注定地、决定性地沉浸入人的意识里。

……

物化现象同它们存在的经济基础、同它们的真正可理解性的基础的这种分离，由于下面这种情况而变得较为容易：要使资本主义生产完全产生效果的前提成为现实，这种变化过程就必须遍及社会生活的所有表现形式。这样，资本主义的发展就创造了一种同它的需要相适应的、在结构上适合于它的结构的法律、一种相应的国家等等。

……

只有在这种联系中，现代官僚统治的问题才是完全可以理解的。官僚统治意味着使生活方式和劳动方式以及与此有关的还有意识，类似地适应于资本主义经济的一般社会—经济前提，像我们在谈到个别企业中的工人时所确认的那样。法律、国家、管理等等形式上的合理化，在客观上和实际上意味着把所有的社会职能类似地分成它的各个组成部分，意味着类似地寻找这些准确相互分离开的局部系统合理的和正式的规律，与此相适应，在主观上也意味着劳动同劳动者的个人能力和需要相分离产生意识上的类似结果，意味着产生合理的和非人性的类似分工，如我们在企业的技术—机器方面所看到的那样。

……

特殊类型的官僚主义的"真心诚意"和务实态度，个别官僚之必然完全服从于他所属的物的关系系统，以为正是他的荣誉，他的责任感需要这样一种完全的服从，——所有这一切都表明，分工像在实行泰罗制时侵入"心灵领域"一样，这里侵入了"伦理领域"。但是，对于整个社会来说，这并没有削弱作为基本范畴的物化意识结构，而是加强了它。因为只要工人的命运还表现为孤立的命运（像古代奴隶那样），统治阶级的生活就能表现为完全不同的形式。只有资本主义才随同实现整个社会的统一经济结构，产生出一种——正式的——包括整个社会的统一的意识结构。而这种意识结构正好表现在，雇佣劳动中产生的各种意识问题以精致的、超凡脱俗的、然而正因此而更强烈的方式反复出现在统治阶级那里。但是，专门化的"大师"，即他的客体化了的和对象化了的才能的出卖者，不仅成为社会事件的旁观者（现代的管理和审判等等具有上面提到的工厂的本质特性，而不是手工业的本质特性，对此在这里不能作更多的概述），而且对他自己的、客体化了的和对象化了的能力所起的作用也采取直观态度。

……

但是，世界的这种表面上彻底的合理化，渗进了人的肉体和心灵的最深处，在它自己的合理性具有形式特性时达到了自己的极限。这就是说，生活的各个孤立方面的合理化，由此而产生的各种——形式上的——规律，虽然直接地和表面看来归入一个有普遍"规律"的统一系统，但是，看不到这些规律的内容所依据的具体方面，就会使这种规律系统实际上显得缺乏联系，使局部系统的相互联系显得是偶然的，使这些局部系统相互之间表现出——比较——大的独立性。这种缺乏联系的情况十分明显地表现在危机时期。从这种考察的立场来看，危机时期的本质恰恰在于，从一局部系统向另一局部系统转变时，直接的连续性破裂了，而它们相互之间的独立性，它们相互之间的偶然相关性，突然进入所有人的意识里。

……

显然，资本主义生产的整个结构是以下两个方面的相互作用为基础的：一方面，一切个别现象中存在着严格合乎规律的必然性；另一方面，总过程却具有相对的不合理性。……虽然利用的机会，"市场"的规律，在可计算即概率计算的意义上也必然是合理的，但是它们不会像各个个别现象那样在同一种意义上由某种"规律"来支配，它们在任何情况下都不会被合理地完全组织起来。当然，光这一点绝对排除不了有支配整体的某种"规律"。只是这种"规律"一方面必然是相互独立的个别商品所有者独立活动的"无意识的"产物，因此是相互作用的各种"偶然性"的规律，而不是真正合理组织的规律。然而另一方面，这种规律不仅能超脱个人的意志而起作用，而且它也决不是完全地和相应地可被认识的。因为对整体的完全认识，将使这种认识的主体获得这样一种垄断地位，而这种垄断地位就意味着扬弃资本主义的经济。

　　……

　　很清楚，这一体系化的原则和对任何一种"内容"的"事实性"（Tatsachlichkeit）的承认（这一内容——原则上——是不能从形式的原则中推导出来，因此只能被当作事实而加以接受）必定是不能统一的。德国古典哲学的伟大、矛盾和悲剧正在于，它不再——像斯宾诺莎那样——把每一个既定的事实当作不存在的东西，并让它们消失在由知性创造的理性形式的宏伟建筑后面，而是相反，它把握住了概念的既定内容的非理性特征，牢牢地抓住这种特征，超越和克服这种证明，力求建立体系。但是本文至此的论述已经清楚地表明：既定性的问题对理性的体系意味着什么；既定性是不能任其留在它自己的存在和存在方式之中的，因为那样的话，它就必然还是"偶然的"，它必须一无遗漏地被放到知性概念的理性体系中去，乍一看，似乎这儿出现了一种完全不可能解决的两难困境。因为要就是"非理性的"内容一无遗漏地化为概念体系，就是说，这个体系是封闭的，必须被构造成能适用于一切东西，似乎不存在任何内容即既定性的非理性（至多只能作为上述意义上的问题而存在），这样一来，思维就重又跌落到幼稚独断的理性主义水平上：思维无论如何把非理性的概念内容的简单事实性视为不存在了。（这种形而上学也可能用这样的套语来表达自己，即说这种内容对认识来说是"无关紧要的"。）要就是被迫承认：既定性、内容、物质进入形式，进入形式结构，进入形式的相互关系，即肯定地进入体系本身的结构，这样，作为体系的体系就必须被抛弃，体系只能是对事实的尽可能一目了然的记载，一种尽可能条分缕析的描述，然而这些事实之间的关系确实不再是理性的，因而不再是可以加以体系化的了，尽管它们的因素的形式从知性的角度来看是理性的。

在这种抽象的进退两难前止步不前，确实可能是一种肤浅的表现，而德国古典哲学一刻也没有这样做。德国古典哲学把形式和内容的逻辑对立推到了极点，而作为哲学的基础的所有对立都汇合在这一对立之中。德国古典哲学抓住这一对立不放，而且力求系统地加以把握。它就这样超过了它的前辈，奠定了辩证法的方法论基础。它不管清楚地认识到的和抓住不放的概念内（即既定性）的非理性，而力求建立一个体系，这就必须在方法论上沿着使这些对立不断地相对化的方向前进。这时，当然又是近代数学成了方法论的样板。

……

但这里找到的只是方法的样板，而不是方法本身。因为清楚的是，存在的非理性（无论是作为总体，还是作为形式的"最终的"物质基础），物质的非理性与这种我们可以借用迈蒙的说法称作理念的（intelligible）物质的非理性在质上是不同的。当然这一点并不能阻挡哲学试图仿照数学方法（构造、创造的）的样板，用它的形式来把握这种物质。但是决不可忘记的是，内容的不断的"创造"对存在的物质来说，有着截然不同于完全建立在构造基础上的数学世界的意义。在哲学中，"创造"只意味着用知性可以把握事实而已；而在数学中，创造和可把握性完全是同一的。

……

只是这一问题的提出才使近代哲学中的不同途径及随之而来的那些最重要的发展时期变得可以理解。这种非理性学说留下的是哲学"独断主义"（Dogmatismus）时期，或者是——从社会发展史角度来看——资产阶级思想把它的思维形式和现实、和存在简单地等同起来的时期。资产阶级由于其社会存在必须用这些思维形式来思维世界。对这一问题的无条件承认，对其克服的放弃，直接导致各种形式的虚构学说（Fiktionslehre）；导致对任何一种（在关于存在的科学的意义上的）形而上学的拒绝，导致制定这样一种目标，即把握各个极其专门化的部分性领域的现象，其手段是依靠非常适应于这些领域的抽象的预测性的部分性体系，而并不试图以此为出发点，把可知的整体统一地加以把握，甚至把这种尝试当作"非科学"而加以拒绝。某些流派明确表示了加以拒绝（如马赫、阿芬那留斯、彭加勒、瓦兴格等），许多流派则较为含糊。但是人们不应忘记——如同本文第一部分结尾所指出的那样——相互严格分开的，无论从对象，还是从方法来说，相互都是完全独立的各专门学科的形成都意味着是承认这一问题的不可解决：每一学科的"精确性"正是由此获得的。这些学科让最终是其根据的物质基础停留在非理性（"非创造性"、"既定性"）之中，而不加触动，以便在这样形成的、封闭的、从方法论上加以净化的世界中，能不受阻挡地运用可以不成问题地加以运用的知性范畴。这些范畴将被运用于"理念的"物质，而不再运用于（甚至各学科的）真正物质基础。而哲学——自觉地——对各学科的这一做法不加干涉。是的，它把它的这种放弃看作是一种至关重要的进步。但是它的作用因而局限于对各学科形式上的前提条件的考察。对于各学科，哲学既不加干涉，又不加修正。而这些学科所忽视的问题，在哲学中也找不到答案，甚至也不可能被提出。当哲学求助于形式和内容关系的结构前提时，它或者把个别学科的"数学"方法改成为哲学的方法（如马堡学派（Marburger Schule）），或者把物质的非理性，从逻辑意义上，说成是"最终的"事实（如文德尔班、李凯尔特、拉斯克等）。但是在这两种情况下，只要进行体系化的尝试，没有解决非理性问题就以总体问题的形式表现出来。把这里已被创造出来的和能被创造出来的整体融在一起的地平线，在最好的情况下是文化（即资产阶级社会的文化），因为它是不能从别的东西中派生出来的，是绝对地要加以接受的，是古典哲学意义上的"事实性"。

　　对这种放弃把现实把握为整体，把握为存在的不同形式的深入考察，远远地超出了本文的范围。在这儿重要的是要指出什么时候资产阶级社会发展的双重倾向在这一社会的思想中以哲学方式表现出来的：它日益控制着资产阶级社会存在的细节，使它们服从于它所需要的形式，但同时，也日益失去了从思想上控制作为总体的社会的可能性，并因而丧失了领导这个社会的资格。德国古典哲学是这一发展中的一个特殊过渡点：它形成于这个阶级的某个发展阶段，在这个发展阶段上，这一过程已前进到这样的程度，以至于所有这些问题都能被自觉地当作问题。但它同时又是在这样一种环境里形成的，在这种环境里，这些问题只是作为纯思想、纯哲学的问题被意识到。这一方面使它看不到历史环境的具体问题，及摆脱它们的具体途径；另一方面又使它能够彻底地思考资产阶级社会发展的最深刻最重要的问题——当然是作为哲学问题，并把阶级的发展在思想上进行到底，把它的地位的全部矛盾在思想上推到极点，并因而至少以问题的形式看出：从方法论的角度来看，超越人类的这一历史发展阶段是必然的。

　　……

在资本主义社会中，社会存在——按其直接性——对资产阶级和无产阶级来说是同样的，这一命题仍旧未变。但现在可以作这样的补充：由于阶级利益的推动，这同一个存在使资产阶级被禁锢在这种直接性中，却迫使无产阶级超越这种直接性。这是因为历史过程的辩证特性，以及因此每一个因素的中介性质都更加不可阻挡地在无产阶级的社会存在中表现了出来，而每一个因素只有在中介的总体中才能得到自己的真理和真正的对象性。对无产阶级来说，自我意识到自己存在的辩证本质乃是一个生死攸关的问题，而资产阶级却用抽象的反思范畴，如数量化、无限进展等来掩盖日常生活中历史过程的辩证结构，结果在发生突变时就面临着直接的灾难。如同业已指出的那样，这是以如下情况为基础的：对资产阶级来说，历史过程和社会存在的主体和客体始终是以双重形态出现的：从意识上来讲，单个的个体作为认识的主体面对着社会事件的极其巨大的客观必然性，他所能理解的也只是它的一些细枝末节，而在现实中，恰恰是个体的自觉行动居于过程的客体方面，而过程的主体（阶级）却不能达到自觉的意识，个体的自觉行动必然永远超出——表面上的——主体，即个体的意识。因此，社会过程的主体和客体这时已经处在辩证的相互作用关系之中。但由于它们始终一成不变地是两重性的和互相外在的，因此这种辩证法仍旧是不自觉的，而客体就保持它们的双重的、从而是僵化的特性。这种僵化只能用突变来打破，以便能马上让位给另一个同样僵化的结构。

……

对无产阶级来说，它的社会存在并没有这种双重形态，它暂时是作为社会事件的纯粹客体而出现的。在日常生活的一切方面，当单个工人以为自己是自己生活的主体时，他的存在的直接性立刻就把这一幻想撕得粉碎。……由于他出卖他的这个唯一的商品，他就把它（和他自身，这是因为他的商品和他的肉体存在是不可分的）放到了一种已被合理化和机械化的过程之中，他发现这个过程是早已存在着的，是封闭的，而且是没有他也照样运行的，在这个过程中，他是一个被简化为量的数码，是一个机械化了的、合理化了的零件。

这样一来，对工人来说，资本主义社会直接表现形式的物化特征就被推到了极点。如下的说法是正确的：即使对资本家来说，也存在着这种人格双重化，人被分裂为商品运动中的因素和这种运动的（客观的、无能为力的）旁观者。但对资本家的意识来说，这种双重化必然采取一种他这个主体的活动（在客观上当然是一种假象），即作用的形式。对他来说，这种假象掩盖了真正的事实，而对工人来说，内心里是没有这种虚假活动的余地的，他的主体的分裂维持着他——趋向于——受无限制奴役的残酷形式。他因而被迫成了过程的客体，忍受着他的商品化和被简化为纯粹的量。

……

因为一方面工人在其社会存在中，直接地、完全地被置于客体这一边；他觉得他自己直接地就是社会劳动过程的客体，而不是社会劳动过程的主动者。但另一方面，这种客体地位就其本身而言已经不再是纯粹直接的了。这就是说，工人变为生产过程的纯粹客体，虽然客观上是通过资本主义生产方式（和奴隶制、农奴制不同）而实现的，即通过工人被迫违背他的整个人格而把他的劳动力客体化，并把它作为属于自己的商品而出卖。然而因为主体性和客体性之间的分裂恰恰是发生在把自己客体化为商品的人的身上，正因此，他的这种地位就变得可以被意识到了。

……

这时，那些使工人的社会存在和他的意识形式之间的关系辩证化的，并因而超越单纯直接性的因素已经显得更加清楚而具体。只有当工人意识到他自己是商品时，他才能意识到他的社会存在。如同已经指出的那样，他的直接的存在使他作为纯粹的、赤裸裸的客体进入生产过程。由于这种直接性表明自己是形形色色的中介的结果，由于一切都是以这种直接性为前提的这一点开始变得清楚明白，商品结构的拜物教形式也就开始崩溃了：工人认识了自身，认识了在商品中，他自己和资本的关系。只要他实际上还不能够使自己超过这种客体地位，他的意识就是商品的自我意识；或者换言之，就是建立在商品生产、商品交换基础上的资本主义社会的自我认识、自我揭露。

……

但工人认识到自己是商品，已经是一种实践的认识。就是说，这种认识使它所认识的客体发生了一种对象的、结构的变化。劳动作为商品的客观特性，即它的"使用价值"（也就是提供剩余产品的能力）会像每一种使用价值一样，不露痕迹地消失在资本主义等量交换的范畴中。现在，这种特性在这种意识中，并通过这种意识觉醒了，并成了社会的现实。当没有这种意识时，劳动的这种特性就是经济发展中的未被认识的主动轮，现在，通过这种意识，它就客体化了。这种商品的特性就是，它在物的外衣下是一种人与人的关系，在数量化的外衣下是质的活的内核，现在它呈现出来了，因此建立在作为商品的劳动力基础之上的每一种商品的拜物教特征就有可能得到揭示：每一种商品的内核，即人与人的关系，都作为一种因素进入到社会发展之中。

当然这一切都只是隐含在我们在劳动时间问题上所遇到的量和质的辩证对立之中的，这就是说，对立及一切由此产生的规定都只是那个复杂的中介过程的开端，这一中介过程的目标是把社会认识为历史的总体。辩证的方法之不同于资产阶级思想，不仅在于只有它能认识总体，而且在于这种认识是由于整体对部分的关系已变得根本不同于在以反思规定为基础的思想中的关系才成为可能。简言之，辩证方法的本质在于——从这种立场来看——，全部的总体都包含在每一个被辩证地、正确地把握的环节之中，在于整个的方法可以从每一个环节发展而来。人们常常强调——这是有一定正确性的——黑格尔《逻辑学》关系存在、非存在和生成的有名篇章包含了他的全部哲学。人们可以说——也许有着同样多的正确性——《资本论》关于商品拜物教性质的篇章隐含着全部历史唯物主义，隐含着无产阶级的全部自我认识，也就是对资本主义社会的认识（和对以前的社会的认识，以前的社会都是通向这一社会的阶梯）。

选自《历史与阶级意识》，杜章智等译，商务印书馆 1992 年版，第 58—254 页。

五、进一步阅读的文献

1.《卢卡奇早期文选》，张亮等编译，南京大学出版社 2004 年版。

2. 孙伯鍨：《卢卡奇与马克思》，南京大学出版社 1999 年版。

3. 张西平：《历史哲学的重建——卢卡奇与当代西方社会思潮》，生活·读书·新知三联书店 1997 年版。

4. 张一兵：《文本的深度耕犁》第 1 卷，中国人民大学出版社 2004 年版。

5. Michael Löwy, *Georg Lukács: From Romanticism to Bolshevism*, NLB, 1979.

第二十九章 马克思主义哲学批判特性的张显

—— 《卡尔·马克思》

一、写作背景

1923 年，在卢卡奇发表《历史与阶级意识》的同时，柯尔施（Karl Korsch，1886－1961）发表了《马克思主义和哲学》，重申马克思哲学的批判本质，强调在马克思思想中，哲学、政治经济学与科学社会主义是一个有机的整体，对第二国际以来的传统马克思主义提出了尖锐批评。这本书出版之后，受到共产国际的强烈批判，并于1926 年将柯尔施开除出德国共产党。1930 年柯尔施再版了《马克思主义和哲学》，并附上《关于〈马克思主义和哲学〉问题的现状》一文，以维护自己的观点。1934 年初，柯尔施流亡伦敦，应邀为《现代社会学家》丛书撰写评传性著作——《卡尔·马克思》。面对日益兴起的社会学思潮以及将马克思主义社会学化的倾向，柯尔施认为，马克思主义的社会学说与实证化的社会学是根本对立的。实证主义的社会学将资本主义社会当作永恒的存在，并在这一既定前提下进行实证性的研究工作。同年秋，他制定了写作纲要，准备对马克思主义及其发展史展开论述与批判，从哲学、政治经济学、社会学等学科关联中揭示马克思哲学的批判本性。1936 年秋他举家迁往美国，不久就完成了这本书的英文稿，1938 年《卡尔·马克思》在伦敦出版。

二、篇章结构

《卡尔·马克思》主体分为三个部分：第一部分"资产阶级社会学"，主要阐明马克思主义社会学和资产阶级社会学的区别，强调马克思主义思想中的历史性理念，并从中引申出马克思主义的批判性、革命性精神；第二部分"政治经济学"，主要阐明马克思思想发展中的政治经济学批判与哲学批判的内在关系，强调政治经济学批判不仅是一种理论批判，更重要的是一种革命实践的批判；第三部分"历史"，主要讨论唯物主义历史观的哲学变革意义，唯物主义历史观的主要内容，尤其是唯物主义历史观的批判特征。

三、观点提示

第一，马克思社会学说的革命批判特征。对资本主义有三种批判：一是黑格尔式的批判，这是资本主义社会内部的自我批判，也是在资本主义界限之内所能达到的最高意义上的批判，但这种批判没有也不可能找到革命批判的主体，即无产阶级；二是西斯蒙弟式的批判，这是从浪漫主义观点出发，从资本主义外部对资本主义的批判；三是马克思的批判，这是理论批判与革命实践结合、现实存在与未来走向相结合的批判。对于马克思主义社会学说来说，资本主义社会是一个暂时性的、历史性的存在。从历史性原则出发，马克思反对从抽象的人性与自由出发来谈论问题，反对将资本主义社会看作是合乎自然规律的社会，而是把资本主义社会看作一个历史性的发展过程，从中揭示其经济生活、政治生活与思想观念间的内在矛盾，这使得马克思的社会学说有着革命批判的特性。

第二，政治经济学批判的意义。在马克思思想创立过程中，政治经济学批判构成了其哲学思想的重要内容，也是科学社会主义理论的基础，对马克思思想研究要将这三者统一起来，揭示它们之间的内在关系。政治经济学批判并不像李嘉图社会主义者那样，从斯密、李嘉图的理论中合乎逻辑地得出结论，而是一种思维方式的根本转变：一是马克思的政治经济学批判是为了阐明新的阶级意识；二是马克思的政治经济学批判不是对个别结论的批判，而是从前提上颠覆政治经济学的理论前提；三是马克思的批判同时意味着采取与当下现实相对立的立场，以便改变现实。在马克思的政治经济学批判中，"商品拜物教批判"具有特殊的意义。商品拜物教不是一种简单的商品崇拜现象，而是资本主义社会结构特征的体现，只有揭示了商品拜物教之谜，才能揭示资本体现的人与人之间的社会关系；商品拜物教也不是一个经济的事实，而是阶级对立关系的隐匿，只有阐明了这种关系，阐明了剩余价值的来源，才能通过政治经济学批判形成无产阶级的阶级意识。

第三，马克思唯物主义的双重维度。马克思的唯物主义有双重维度：一是体现为《〈政治经济学批判〉序言》中的客观描述，这是以生产力与生产关系、经济基础与上层建筑的矛盾运动来描述客观的社会运动过程；二是体现为《共产党宣言》中通过阶级斗争来描述的历史发展过程，这是从主体视角出发的理论表述。这两个维度需要在特定的社会情境中加以分析。社会革命不仅是生产力与生产关系的矛盾冲突的结果，而且是人们变革这种矛盾的意识的结果。因此，马克思虽然强调对社会历史的具体分析与详细研究，但这种方法并不是实证主义的，而是批判的和革命的，这是马克思主义哲学的根本特征。

《卡尔·马克思》主张从哲学、政治经济学与科学社会主义的融合中去理解马克思的思想，强调马克思思想的批判特征，相比于《马克思主义和哲学》，《卡尔·马克思》对马克思主义的理解更为深入和全面，更具学术价值。本书关于马克思唯物主义双重维度的分析，强调无产阶级革命的客观基础与主体能动性的统一，具有较强的实践意义。

四、文本节选

马克思主义理论同现代社会科学处于怎样的关系？如若人们考虑到由孔德（Comte）创始的和被他首先命名的"社会学"，即作为在已建立的科学体系中的一个特别学科，那末在这里存在的只是陌生和对立。马克思和恩格斯既未注重这个名称，也未注重它所指的事物。孔德的《实证哲学教程》在 30 年代出版之后，由于"对这个家伙英国人和法国人都叫喊得很厉害"，使得马克思获悉这部著作；这时他在谈到"实证主义"和"孔德主义"时说，对这件事他"作为一个有党派的人，是同孔德主义势不两立的，而作为一个学者，我对它的评价也很低"。这种否定在理论与历史上是很有理由的。马克思的理论同由孔德创立的、由穆勒

（Mill）和斯宾塞（Spencer）传播的 19 与 20 世纪的"社会学"，毫无共同之处。更正确地说，人们可以反过来把社会学理解为现代社会主义的反对派。只有由此出发才可能把各种各样的理论与实际倾向（它们在上个世纪在这门科学中获得它们的表现），尽管它们有各种其他差别，理解为统一的现象。正如对与圣西门决裂后的孔德一样，对于迄至今日的后来的社会学家来说问题在于：以另一种对社会主义始初提出的问题在理论与实践上的论争形式，同社会主义的理论并从而同其实践相对立。马克思主义同这些由现代历史发展提上议事日程的问题，与孔德、斯宾塞及其后继者全部所谓"社会学"相比较，处于一种更自然和更直接的关系。

因而在马克思的社会学说同这种现代资本主义社会科学之间，从根本上来说不存在理论上的关系。资产者把无产阶级革命的社会主义理论，称作是理论与政治"非科学的"结合。反过来，社会主义者把整个资产阶级的社会科学称之为纯粹的"意识形态"。

在马克思的理论同 17 与 18 世纪英国和法国资产阶级革命发展时期的社会研究之间，存在着一种完全不同的关系；在此时期里虽然"社会学"（Soziologie）的名称尚未制定出来，但是"社会"（Gesellschaft）作为知识与行动特殊的与独立的领域已经被发现，并且它的完整的意义已经被认识。

按照马克思自己 1859 年的记述，他早在 16 年前以《黑格尔法哲学批判》为开端，阐述他的唯物主义的社会理论。他当时在作为 1842/43 年《莱茵报》主编的实践活动中，"第一次遇到要对所谓物质利益发表意见的难事"。他着手去研究"经济问题"，并且对"法国的社会主义和共产主义"的思想有了不确定的了解。他同黑格尔的论争得出了这样的结论："法的关系正像国家的形式一样，既不能从它们本身来理解，也不能从所谓人类精神的一般发展来理解，相反，它们根源于物质的生活关系，这种物质的生活关系的总和，黑格尔按照 18 世纪的英国人和法国人的先例，称之为'市民社会'，而对市民社会的解剖应该到政治经济学中去寻求。"

人们可以看到，在此期间对于由黑格尔的唯心主义过渡到他自己的唯物主义理论的马克思来说，"市民社会"这一概念获得了决定性意义。由于马克思把他对黑格尔国家理想主义深入的唯心主义批判，奠定在由他在黑格尔那里发现的、不可期待唯心主义哲学家作出的、关于市民社会性质切实确证的基础上，因而马克思通过黑格尔达到了接近于卓越地探讨人的社会本性；在过去的几个世纪里在反对过时的封建的经济与国家制度的斗争中，通过这种探讨首先提出了市民社会这个新概念作为革命的口号，并且在政治经济学这门"新科学"中，剖析了犹如这种新的市民社会形态的骨架的物质基础。

黑格尔的那种切合实际的认识，使得他的法哲学中研究"市民社会"的那一部分，比起这部著作的其余部分显得卓尔不群。他不是独自地从当时极其落后的德国发展状况中获得这种认识，他是现成地从法国的与英国的社会哲学家、政治家和经济学家那里，接受了他的"市民社会"的名称与内容。正如马克思所说，站立在黑格尔后面的是具有对社会结构与运动新的认识的"18世纪的英国人和法国人"。这种新的认识从这方面反映出实际的历史发展；这种发展在自18世纪中叶以来的英国"产业革命"中，和自1789年开始的法国大革命中达到了它的终结。

马克思在创立他新的社会主义和无产阶级的社会科学时，是以资产阶级革命时代的这种（首先他借助于黑格尔著作而了解的）市民社会理论作为出发点。特别是在方法论上他以充分的自觉性钻研了资产阶级的经济学（从配第和布阿吉尔贝尔经过魁奈和斯密到李嘉图），把它当作在大量资产阶级研究者或多或少已经意识到的东西；对市民社会的解剖。他敏锐地反复强调，晚期的资产阶级经济学（被他称作是"庸俗的经济学"），在任何重要点上都没有超越李嘉图，并且在许多点上落后于李嘉图。面对像孔德的"实证主义"这样的现象立即同样敏锐地指出，这种新的社会科学的综合在整体上与黑格尔"无比宏伟"的成就相比，是多么"可悲地"相形见绌。正是这种敏锐性再次表明了，资产阶级经济与社会思想较早阶段的成就对于马克思理论始终保持的伟大意义；在他适应现今独立兴起的无产阶级新的成果（1）与目的而远远超过它们的结果的地方也是如此。就此而言由马克思理论所指引的工人阶级，不仅如弗里德里希·恩格斯所说，是"德国古典哲学的继承者"；它同样是资产阶级古典经济学和社会研究的继承者。作为这样的继承者，它适应变化了的历史状况，发展了资产阶级经典作家的传统理论。

马克思不再是从市民社会最初发展阶段的和同封建中世纪社会（2）相对立的立场，去看待市民社会。使他感兴趣的不仅是它存在的规律。他把市民社会当作按其全部特征而言，是历史的从而也是历史上暂时的社会组织来看待。他研究它的产生与发展的整个历史过程，以及在其中所包含的和导致使其产生革命变革的不断发展趋向。他双重地发现了这些趋向：客观上在市民社会的经济基础之中，主观上在正是从这种经济基础而不是从政治、法律、道德中产生的社会阶级新的对立之中。从而在以前本身是统一的并且只同封建制度相对立的市民社会整体，现在分裂为两个彼此对立的"党派"，马克思把所谓的"文明社会"理解为"资产阶级社会"，即建立在阶级对立基础上的社会，在这个社会里资产阶级对其他社会阶级行使经济的并从而也行使政治的和文化的统治。于是最后在社会认识扩展了的视野里，出现了"越是勤劳的阶级就越加贫困"，马克思的理论认识到，在当前社会中受剥削和受压迫的雇佣劳动者的阶级斗争，是为了废除资产阶级社会的斗争。它作为关于资本主义社会当前发展的唯物主义科学，同时也是无产阶级争取实现无产阶级社会的实际指导。

那种后来人为地使特别的专门学科封闭起来的做法（这个科学起源可追溯到孔德，它同样把早先时期在此领域进行过创造性劳动的最初的伟大思想家视为"先驱者"），只是逃避实际的并同时也是理论的、当前历史时代的任务。马克思新的、社会主义和无产阶级的科学，以适应变化了的历史境况的方式继续发展了社会学说古典创始者的革命理论。马克思的这种新科学是我们时代真正的社会科学。

……

资产阶级的社会理论家错误的、形而上学的发展概念从两个方面都是封闭的，并且在过去与未来一切社会形态中，都基本上只是自身的重现。马克思新的、批判的和唯物主义的发展概念在两个方面都是开放的。马克思把社会经济形态的以往历史时代：亚细亚的、古代的、封建的社会，尤其是在一切成文史之前的原始社会，不只是当作"预备阶段"。从其整体上来看，它们是独立的、从它们自身的范畴可以把握的历史形态。同样他在对通过无产阶级革命产生的社会主义社会和共产主义社会下定义时，不仅把它释义为资产阶级社会继续发展的形式，而且还解释为用资产阶级的范畴基本上不能再理解的新的社会类型。他在批驳空想社会主义时不像某些人那样，设想一种与当前资产阶级社会完全不同的社会主义制度。教条主义的和空想社会主义的缺点在于：它在试图描绘未来的社会主义制度时，只是不自觉地绘制当前现实社会无阴暗面的图样；而在使其具体化和付诸实现时不过是重新把这种旧的资产阶级社会形态再造出来。

……

由马克思的批判科学打破资产阶级发展的形而上学而达到的最重要结果，就在于完全承认历史变化的现实性。马克思把资产阶级社会的一切状况，看作是正在变化，更精确地说由人们的行动改变了状况。从而他同时把一切，也把最普遍的社会科学范畴理解为可变的和应当改变的范畴。他批判了资产阶级的社会理论家和历史学家们的全部范畴。他们以某种方式把当前的社会形态从事物恒久的长河中抽出来：他们或者是把现今的资产阶级状况当作"自然的"，即永远存在的状况来看待，他们或者相反地在过去的社会制度同现今的资产阶级制度之间，划下不可逾越的鸿沟；他们仅仅承认对于迄今历史来说的实际变化，并且以目前已达到的资产阶级制度，结束人类社会的全部历史。资产阶级社会在任何意义上不再具有普遍的本性，即这种本性可能通过某种非历史的称号而成为完全合理的。它只是历史的运动在当前时代达到的、对于这个特定时代暂时有效的、然后将由其他社会取代的阶段。它同时还只是导致社会革命的社会阶级斗争一个早先阶段的当前结果和一个新阶段的出发点。

……

在《〈黑格尔法哲学批判〉导言》中，马克思第一次讲明了无产阶级进行社会革命的使命；在其中他还把英国人和法国人的政治经济学看作一种本身就是革命的进步。他提出合乎时代的形式——"工业以至于整个财富世界"对"政治界"的关系，同当时德国人用以研究"现代主要问题"的那种贫乏的和反动的形式相对比："在法国和英国，问题是政治经济学或社会对财富的控制；在德国却是国民经济学或私有财产对国家的控制。"

但是在此后不久他对（在此时期曾被他称赞为激进的无产阶级革命家）法国的社会主义者蒲鲁东提出指责：他在自己的著作《什么是财产?》中只是"从国民经济学的立场"批判了国民经济学。因而"通过对国民经济学，其中包括对蒲鲁东所了解的国民经济学的批判"，蒲鲁东的著作便被科学地超过了。马克思本人这时站在激进地超越于经济科学的立场上。产生这一时期的经济学哲学手稿在内容上几乎预示了《资本论》全部批判的革命的认识。然而在这个时期他对经济学的超越基本说来（1）还具有哲学的形式。（2）他把经济学的概念（1）同黑格尔哲学的概念相对照。马克思说："黑格尔站在现代国民经济学家的立场上。"他的"国民经济学批判"仍表现为争取"扬弃人的自我异化"旧唯心主义的哲学斗争的（唯物主义转变的）继续。马克思还把他在这个时期对蒲鲁东的批判归结为这样一句话："蒲鲁东只是在国民经济学的异化范围内克服了国民经济学的异化。"（2）马克思在从这种超越国民经济学的哲学形式达到唯物主义的科学立场之前，还经历了较长远的道路：从这种科学立场出发他在后来的著作里实际地超过了政治经济学的界限。

马克思在他随后的发展阶段里借助于全面地批判黑格尔之后的哲学，达到了完全克服他的哲学唯心主义的影响。他这时同弗里德里希·恩格斯开始合作的第一个成果，表现在同他们的来自黑格尔左派以前的朋友（费尔巴哈、布鲁诺·鲍威尔、施蒂纳）以及同"德国的"或"真正的社会主义的"哲学的美文学派别的全面论争。他们在这部著作中阐明了他们自己的、唯物主义科学的观点同德国哲学的思想体系见解的对立，并以此同时最终地清算一下他们"从前的哲学信仰"。在此后不久公开发表的、反对于此期间出版的蒲鲁东的主要经济著作的论战性文章中，马克思从他的新历史观的立场出发，已完全按照唯物主义批判了蒲鲁东经济学一般的哲学方法。他指出，由于蒲鲁东不是把经济范畴看作与物质生产的一定发展阶段相适应的、"历史的生产关系的理论表现"，而是视为"历来存在的、永恒的观念"，因而他在迂回曲折的道路上"又回到资产阶级经济学的立场上去"。相反，马克思在这时对蒲鲁东著作特别是经济学内容的批判，基本上满足于以资产阶级经济学完整的形式即李嘉图的价值理论，去与蒲鲁东的、与资产阶级经济学越改越糟的形式相联系的批判原理相对立。可见这时马克思不再像在以前阶段那样，指责蒲鲁东还没有（在哲学上）超越国民经济学。他这时指责蒲鲁东抱有"思辨哲学的幻想"，还没有站立在实际的（科学的）经济学基地上。（3）由这时开始形成的、独创的政治经济学批判理论，作为无产阶级革命行动的唯物主义的理论基础，在马克思于1847年布鲁塞尔德意志工人协会所作的报告《雇佣劳动与资本》中，获得了首次肯定的表达。它的结构与内容使人不难认识到，在这里我们涉及的，是对那种要全面阐释一切经济关系（它构成当前的阶级斗争和民族斗争的基础）所作的、初步与片断的论述；这种全面阐释经多次完全的重新整理加工后作为《资本论》发表。不过它已带有了这样的区别：在这里的论述不再是在"商品"的一般观点下，而是在"雇佣劳动商品"（"Ware Lohnarbeit"）并由此直接产生雇佣劳动者阶级同资本家阶级相对立的特殊观点下进行的。在这种论述中我们看到了对资本卓越的、在其尖刻性上即便马克思后来的说法都未曾超过的表述，即它不是作为人对自然界的关系，而是作为基于人对自然界的关系而存在于人与人之间的社会关系。这种最初的对资本批判的分析的继续（完全类似于在后来的一个世界历史时期，列宁对"马克思主义关于国家的学说和无产阶级在革命中的任务"的论述），由于二月革命的爆发而遭受"妨碍"。马克思此期间在参加 1848/49 年革命之后在伦敦"完全重新开始"他对当前社会发展的经济基础的研究，自 50 年代以来他才制定出他的唯物主义理论的充分发展的形式。它既是政治经济学，同时也是政治经济学批判。它把完全贯彻资产阶级经济学的古典体系同批判地超越它的一切阶段与形式结合起来。它揭示经济学的、包括其最一般的所有概念和基本原理，是现存社会关系"拜物教式"掩饰的表达方式，仅仅是社会经济形态一定时代历史地有效的规律。它说明了这样的历史过程，即在此过程中由政治经济学阐明为生产力发展形式的资产阶级生产关系变成了生产力发展的桎梏，并且它宣告了通过无产阶级的社会革命而实现的这种生产关系的变革。从这种意义上可以理解，马克思的《资本论》不仅是（资产阶级）古典经济学最后的伟大著作；它作为贯彻到底的资产阶级经济学的理论同无产阶级对资产阶级经济学的革命批判的结合物，同时也是革命的无产阶级的社会科学的第一部伟大著作。

……

正如政治经济学的范畴在理论上的完善是从商品的价值这一概念出发一样，我们从狭义上称作是"政治经济学批判"的东西，即从经济学范畴过渡到在其后面隐藏的历史与社会的联系，则围绕着"商品"：政治经济学把资产阶级的商品生产，看作是最终取得的与对一切时代有效的、理性的与合乎自然的经济制度；它在结束它的理论体系时把一切经济概念溯源于价值，把一切经济规律溯源于价值规律。它把在劳动产品的交换（买与卖）中表现出来的商品的交换价值，解释为不依赖于它特定的有用性（使用价值）、而只取决于为制造商品所耗费的劳动时间的量。它坚持这个定义，在原则上不考虑多方面同它相矛盾的表面现象。但是它并不超出这个范围。正是它最杰出和最彻底的、认清了价值和价值量的经济内容的代表人物（不像那些认识肤浅的人当时所做的那样，把"价值"只看作任意的社会形式），对这样的实际情况，即劳动表现为价值、由它的时间长短来衡量的相对的劳动量表现为劳动产品的价值关系，认为是不言而喻的和无关紧要的。

只有对于在理论与倾向上真正超出资产阶级视野的研究来说才可能做到：把

被资产阶级经济学家已经视为最后总结的范畴继续进行划阶段的概括，并从而把它作为经济学范畴加以扬弃。在马克思批判的理论中表现为最一般的经济学范畴不再是"价值"或由劳动时间衡量的"价值量"，而是商品生产的劳动形式、劳动产品的价值形式或者商品本身的形式。这个最抽象的、资产阶级生产方式的基本形式，在经济学理论范围内实际上构成概括的最后界限；它对于马克思的政治经济学批判来说反过来形成特别的标志，通过这种标志资产阶级的生产方式被历史地评述为社会生产的特别方式，并从而同时表明了它的阶级特性。从一种研究方法向另一种研究方法的过渡，内在地构成马克思全部经济学著作的基础，而这种过渡是明显地在马克思对经济学表态具有决定意义的、《资本论》第 1 卷重要的一节里实现的。这一节甚至带有相当深奥莫测的标题：《商品的拜物教性质及其秘密》。商品的拜物教性质，按其最简单的表述就是：人手的产物虽不是（像古典经济学所认为的那样）自然地，但是，在资产阶级生产方式的特别社会的条件下会具有奇特的性质；这种特性以根本的方式影响着参与的人们的全部行为。劳动产品一旦不再直接为了使用而是为了出卖作为"商品"被制造出来，它便带有这种特性，并被政治经济学家称之为它的"价值"；这种特性既不是产生于劳动产品的质料，也不是产生于它特别的有用性，也还不是产生于为制造它所耗费的劳动的特殊质量。在劳动产品作为商品交换中显示出来的价值关系，根本不表达物的特性或关系，而是表达了在商品生产中进行合作的人们的社会关系。资产阶级社会是特别的社会形式，在这个社会里人们在他们生活的社会生产中所发生的基本关系，在事后正是以这种颠倒的形式使参与者认作物的关系。由于他们使自己有意识的行动取决于这种观念，因而事实上他们像野蛮人仰赖于偶像一样，受到自己双手制作品的统治。商品，以及以更加奇特的形式充当一般的交换手段的特殊商品——货币，此外一切由此派生的资本主义商品生产的形式——资本、雇佣劳动等等，都表现为当前时代社会生产关系的这种拜物教的形式。

马克思在这里称之为"商品世界的拜物教"的东西，只不过是科学地表达了同一事物，即他以前在他的黑格尔—费尔巴哈时期把它称为"人类的自我异化"，并且它实际上还在黑格尔哲学中构成了对于这种特别的、使哲学"观念"在其发展的一定阶段上遭受的困境来说的基础。但是马克思已在当时远比费尔巴哈和其他探究"自我异化"的左派黑格尔分子更加明确地认识到：这个哲学"范畴"在当今社会里所表现出来各种形式，如"财产、资本、金钱、雇佣劳动以及诸如此类的东西",远不是涉及"想象中的幻影",而是涉及"十分实际的、十分具体的"事物。如果说譬如这种"人"的自我异化的结果在当前资产阶级社会里表现为拥有和不拥有的对立,那末在这里所涉及的决不是思维的范畴。"不拥有是最令人绝望的唯灵论,是人的最完全的非现实,人的非人生活的最完全的现实,是极其实际的拥有,即饥饿、寒冷、疾病、罪恶、屈辱、愚钝以及种种违反人性的和违反自然的现象的拥有。"黑格尔"唯心主义的"辩证法只通过思想上的"扬弃其对象性",这就是仅仅对于哲学的思想家的意识来说,扬弃这种异化的对象化的形式。与此相反,唯物主义辩证法家马克思当时讲明,为了扬弃这种在当前资产阶级社会制度中存在的和在资产阶级经济学的"异化的"观念中表达出来的现实的异化,纯粹的思想是不够的,为此首先需要通过社会的行动实际地、具体地扬弃作为基础的现实制度。他还提到必然进行这种彻底变革行动的社会主体:"在曼彻斯特和里昂的工场中做工的人"以及由他们建立的"团体"。

在这种对经济的"自我异化"的哲学批判同后来对同一问题的科学论述之间内容上的最重要的区别在于:马克思在《资本论》(并已在 1859 年《批判》等著作)中,通过把经济学所有其他的异化范畴归结为商品的拜物教性质,而赋予他的经济批判以更深刻和更普遍的意义。虽然对现存资产阶级社会秩序批判地抨击的真正要点,在现今仍然构成对人的自我异化作为在"雇佣劳动与资本"之间关系中人直接的自我外化所采取的最显著形式的揭示;但是在其后面隐藏着资产阶级生产方式的阶级性质的商品劳动力的特殊拜物教,在马克思经济理论的最后表述中仅表现为在商品本身形式中已包含的一般拜物教的派生形式。通过这种方式马克思的抨击由部分地扩展为全面地对在一切经济范畴的拜物教形式中表现出来的资本主义商品生产的,即整个当代资产阶级生产方式和奠立其上的整个社会形态的弊端的抨击。马克思只有通过将全部经济学范畴作为唯一的巨大偶像加以揭露,才能在他新的理论中真正超过资产阶级的经济学和社会理论的一切形式和阶段。资产阶级经济学本身在其较后的发展中,对这种个别的拜物教观念例如原始的货币体系的观念,它"不把金和银看作它们作为货币所表现出来的一种社会生产关系",和重农主义关于"地租由土地而不是由社会产生的幻想"。通过有关这里呈现出来的关系的批判观念已把它们克服了。它在其发展的顶点上(在李嘉图那里),已经把利息归结为利润的一部分,把地租归结为超过平均利润的余额,"以致二者都归结为剩余价值"。然而,甚至它最杰出的代言人仍然拘守于或重新陷于由他们批判地剖析的资产阶级的现象世界之中。这是由于他们从来都未曾达到，借助于派生的形式同时批判地分析经济拜物教最普遍的基本形式；这种形式表现在劳动产品作为"商品"的价值形态和商品本身的价值关系之中。古典政治经济学卓越的理论技能在这里遇到了它的历史的局限制。"劳动产品的价值形式是资产阶级生产方式的最抽象的、但也是最一般的形式，这就使得资产阶级生产方式成为一种特殊的社会生产类型，因而同时具有历史的特征。因此，如果把资产阶级生产方式误认为是社会生产的永恒的自然形式，那就必然会忽略价值形式的特殊性，从而忽略商品形式及其进一步的发展——货币形式、资本形式等等的特殊性。"只有马克思的政治经济学批判才把资产阶级生产方式的这个基本形式，表述为（1）社会关系的特殊形式；这种形式在物质生产一定的历史发展阶段上出现，并且对于资产阶级的意识，从而也对于这种资产阶级意识的科学形式——政治经济学来说，它在表面的商品价值关系（1）中，颠倒地即以拜物教的方式反映出来。就此而言，关于"商品的拜物教性质及其秘密"的研究，不仅包含了马克思的政治经济学批判的核心，从而也同时包括了在《资本论》中含有的全部理论的核心以及对整个唯物主义社会学说的理论与历史的观点最明确和最精辟的表述。

......

马克思的批判使得政治经济学丧失了它言过其实的有效性的要求，并且指明了它历史的与社会的局限性。政治经济学便由无条件的和不受时间限制的科学形式，被解释为由历史与社会条件限定的形式（政治经济学批判的"哥白尼式的转变"正表现于此）。按照马克思的看法，政治经济学是资产阶级的科学，它是从资产阶级生产方式的特殊历史形式中产生的并构成对它的思想补充。从这种政治经济学批判的观点中，产生了由它提出的原理已变化了的作用方式。......

......

马克思对社会研究最重要的贡献在于：他

1. 把社会的生活过程的一切现象溯源于经济；

2. 还从社会角度去理解经济；

3. 历史地判定一切社会现象，也就是说判定为革命的发展，它的客观基础在于人们的物质生产力的发展，而它的主体承担者是社会的阶级。

在此三个一般性结论中已经包括了在理论与实际上特别重要的部分结论，例如 4. 准确地确定经济与政治的关系，和 5. 把一切所谓"精神的"现象——部分是被颠倒的（"意识形态的"），部分是对于一定的历史时代客观上有效的——归结为"社会的意识形态"。详尽地分析这种关系尚有待于作特别的论述。

为了赢得这些结论，马克思利用了部分是从黑格尔那里继承的，部分是在吸收当时一切现存新的文化因素情况下独立阐发的参考资料；他自觉地站在黑格尔唯心主义的反对派立场上把这种参考资料称之为他的唯物主义；并且面对一切可能的迄至当时的唯物主义的其他立场，他适时地使用一个或许多形容词进一步把它表述为历史的、辩证的、批判的、革命的、科学的、无产阶级的唯物主义。

历史唯物主义从其主要倾向来看不再是一种"哲学的"方法，而是一种经验科学的方法。它包含着实际地解决这样的任务的开端，即自然主义的唯物主义和实证主义，通过把自然科学的方法按折衷主义方式搬用于社会科学仅仅表面上解决的任务。取代把由自然科学家经数世纪之久的工作阐发的并与他们的研究领域严格相适应的、而且在大规模的专门研究中有极大差异的方法，完全现成地搬用于社会研究，马克思新的唯物主义把它的任务看作是制定历史社会研究的特别方法——工具论（eines novum organum），它必定使得社会研究者在他们的领域里，在无成见地研究现实的道路上破除迷信，并且"真实于自然科学地探明"在由"思想"掩饰的无限紊乱下隐藏的现实真相。马克思的唯物主义的核心就在于此。

选自《卡尔·马克思》，熊子云等译，重庆出版社 1993 年版，第 1—179 页。

五、进一步阅读的文献

1. ［德］柯尔施：《马克思主义和哲学》，王南湜等译，重庆出版社 1989 年版。

2. 衣俊卿：《西方马克思主义概论》，北京大学出版社 2008 年版。

3. Patrick Goode，*Karl Korsch：A Study in Western Marxism*，The Macmillan Press LTD，1979.

第三十章　实践哲学的政治与文化之维
——《狱中札记》

一、写作背景

　　《狱中札记》是意大利共产党创始人葛兰西（Antonio Gramsci，1891－1937）在被捕入狱后写下的读书与思想札记，集中体现了葛兰西的思想。葛兰西之所以写作《狱中札记》首先是系统研究马克思主义的需要。在当时，对马克思主义的经济决定论解释占据主导地位，深受克罗齐和拉布里奥拉影响的葛兰西认为，这种解释无视人的历史性作用，是一种宿命论，并不能真正体现马克思主义的根本精神。在被捕前，由于忙于具体事务，葛兰西没有时间进行系统性研究，在监狱中，他认为自己反而有时间系统研究马克思主义。其次是重新研究市民社会与国家理论的需要。随着福特主义的推广，资本主义社会的社会结构，特别是市民社会与国家的关系发生了重大的变化，市民社会成为意识形态与政治控制的重要场所，国家管理社会的职能越来越显著和重要，这需要马克思主义者进行新的研究和解释。再次是重新研究意大利的历史与思想史的需要。随着法西斯主义在意大利的兴起，需要重新研究意大利的历史和思想史，从而揭示法西斯主义形成的原因，反思共产党的现行策略，为制定科学的革命策略提供指导。在都灵大学期间，葛兰西就对语言学研究很感兴趣，在狱中，葛兰西也研究了语言学，有关语言学的研究也成为《狱中札记》的重要内容。《狱中札记》完成于 1929 年 2 月到 1935 年 8 月，葛兰西逝世后，意大利共产党曾在 1948－1951 年按专题出版了六卷本的《狱中札记》，1971 年《狱中札记》的英文版出版。

二、篇章结构

《狱中札记》包括 33 个笔记本，其中 29 本是关于哲学、政治、历史、经济、文化等方面的读书笔记和片断札记，4 本是从德文、法文和俄文翻译过来的文学作品和其他文献。《狱中札记》的中译本有两个版本。1983 年，人民出版社根据 1959 年出版的俄文版《葛兰西选集》第三卷（第一卷为《新秩序》，第二卷为《狱中书信》）出版了葆煦译的《狱中札记》，内容包括四个部分："历史唯物主义问题"、"革命问题"、"历史问题和政治问题"、"文化生活问题"。2000 年，中国社会科学出版社出版了曹雷雨等译的《狱中札记》，主要内容为："历史文化问题"、"政治随笔"、"哲学研究"。

三、观点提示

第一，马克思主义哲学是实践哲学。在从经济决定论出发解释马克思主义的框架中，人成了社会运动的旁观者，实际上这是一种机械唯物主义的宿命论。马克思主义哲学是实践哲学，具有如下特征：首先，实践哲学强调人的主体性作用，是对旧唯物主义与唯心主义的超越。其次，实践哲学是绝对历史主义的学说，强调能够在现实生活中得以实现的创造性，并把社会生活当作历史性的存在，即把当下的资本主义社会当作历史性的存在，而不是把它看作永恒的自然性的存在，这正是实践哲学超越传统哲学以及政治经济学的地方。再次，实践哲学本身也具有历史性，因此，马克思主义哲学具有开放性，而不是一个永恒不变的教条体系。实践哲学体现了理论与实践、哲学与政治的统一，马克思与列宁分别代表了实践哲学发展的两个不同阶段，即科学与行动。正是在这种统一中，实践哲学成为无产阶级革命的理论基础，并将大众从常识中提升出来，形成统一的革命意志。

第二，市民社会与国家的关系是相互渗透的关系。福特主义的发展造成了市民社会与国家之间的相互渗透关系，市民社会不仅是经济活动领域，而且也成为政治与文化活动领域，承担了传统观念中的国家的部分职能，而作为上层建筑的资本主义国家也已经把市民社会的内容纳入到自身的结构之中。因此，国家概念具有双重含义：一是狭义的国家概念，即传统观念中的所谓的政治上层建筑；一是广义的国家概念，它不仅包括政治上层建筑内容，而且包括市民社会的相关内容。这种相互渗透的关系使得资本主义社会已经成为一个有着纵深阵地的相对稳固结构，经济、政治与文化越来越成为一个整体。这决定了共产党的革命策略必须发生相应的转变，从过去的运动战转向阵地战，只有这样，才能实现革命。

第三，文化领导权是无产阶级革命战略的重要支点。领导权概念同时具有经济、政治与文化的意义，它不仅强调一种力量上的支配关系，而且强调集体意志与文化道德的认同关系，这种集体意志与文化认同关系在深层上构成了能动的政治行动的动力。在无产阶级还不能获得经济、政治的领导权时，就需要着眼于文化领域，引导大众在日常生活中的思想观念，使之超越常识，上升到实践哲学层面，凝聚成集体意志，形成文化领导权。在这个过程中，无产阶级的政党与知识分子将起到非常重要的作用。在市民社会与国家日益渗透的现代社会，文化领导权成为无产阶级面对资本主义社会的革命战略的重要支点。

《狱中札记》以当时资本主义发展的最新趋势为基础，以新的理论范畴重新阐释马克思主义，丰富和发展了马克思主义的市民社会与国家理论，拓展了马克思主义的意识形态与文化理论，为马克思主义的当代发展提供了新的理论空间。

四、文本节选

造成一定历史时代既有营养又富成果的新的文化的 Weltanschauung（世界观）和在哲学上被最初已经存在的 Weltanschauung 所指导的创作。马克思是 Weltanschauung 的创造者；而在这种场合下，伊里奇起什么样的作用呢？这样的作用是不是纯粹依赖的和从属的呢？说明就在马克思主义本身——科学与行动里面。

从空想到科学和由科学到行动。建立领导阶级（也就是国家）与创造 Weltanschauung（世界观）有同样价值。应该怎样理解德国无产阶级是德国古典哲学的继承者这个说法呢？马克思不想用这个说法指出成为国家领导阶级的阶级理论的自己哲学的历史使命么？对伊里奇来说，这一点实在地发生在一定的领土上了。在另外一个地方，我已经指出了伊里奇所制定的和实现的领导权这一概念和事实本身的哲学意义。实现了的领导权表明对哲学的实在的批评，它的实在的辩证法。

……

实践哲学是现代文化的要素之一，它在一定程度上决定了某些哲学思潮或者使某些哲学思潮富有成效。对于这一非常重要和非常有意义的事实的研究被所谓正统派忽视了，或者他们根本对这事实无知，道理在下面。认为实践哲学与各种不同的唯心主义的倾向发生最具本质的结合这种论断，在基本上与上世纪最后二十五年来文化中特别思潮（实证主义和自然科学主义）相联系的所谓正统派看来是废话，甚至是欺哄人（固然，在普列汉诺夫的《马克思主义的基本问题》一书里对这个事实有一些指示，但是最肤浅地，而且没有任何批判的说明的企图）。因此有必要像安东尼奥·拉布里奥拉试图做的那样重新估价问题的提法。

发生了下列的情况：实践哲学的确受到了双重的修正，也就是成了双重哲学结合的成分。一方面，它的某些因素，明显地或隐蔽地成了某些唯心主义思潮的组成部分（指出柯罗齐、秦梯尔、索勒尔，那同一位柏格森的哲学观，实用主义就足够了）。另一方面，所谓正统派所关心的是要找到一种哲学，根据他们的很狭隘的观点，这种哲学要强似"普通的"对历史的解释，他们基本上把实践哲学与传统的唯物主义等同了起来。另外一种流派返回到康德主义去了（作为实例，除了维也纳的教授玛克斯·阿德勒以外，可以举出两位意大利教授——阿尔弗列多·波吉和阿德尔基·巴拉托诺）。可以指出的是：一般地试图把实践哲学同唯心主义倾向结合起来的流派基本上是由"纯粹的"知识分子来代表的，而正统派却是由一些智力劳动的人们所代表的，他们比较坚决地献身于实践活动，从而更多地与广大人民群众（而且并没有妨碍其中大多数人做出具有不小的历史—政治意义的令人头晕的把戏）相联系（或多或少的表面上的联系）。

这种划分是很重要的。"纯粹的"知识分子作为统治阶级的传布最广的思想体系的作者，作为自己国家里面的知识分子流派的首领不能不多少利用一些实践哲学的成分，以便使自己的软弱无力的主张得以立足，以便用新的理论的历史现实主义来美化过分思辨的哲理，以便用新的武器来充实他们所联系的社会集团的武库。另一方面，正统倾向的代表人物不得不与在广大人民群众中传布得最广的思想体系——宗教的先验论做斗争，并且认为只要用一种平凡而庸俗的唯物主就能够战胜它，而这种唯物主义也是常识的相当重要的形成层之一，这种形成层的存在是得到宗教本身的支持的——其支持的程度比起向来所料想的要大得多——而宗教在人民中间采取着自己的庸俗而鄙陋的迷信和魔术的面貌，在这上面物质起着不小的作用。

拉布里奥拉所不同于这二者的在于他断言（说实在话，并不总是有把握的），实践哲学是一种独立的和独创的哲学，本身具有继续发展的因素，这些因素能够把对历史的解释变为普遍的哲学。正是必须沿着这个方向进行工作，发展安东尼奥·拉布里奥拉的立场。

......

实践哲学担负着两项任务：战胜最精微形式中的现代的思想体系，以便能够组成自己的独立的知识分子集团，并教育具有中世纪文化的人民群众。这第二项任务，是基本的任务，考虑到新哲学的性质，不仅从数量上，而且也从质量上吸收了全部力量。正好是从"教学法的"理由出发，新的哲学形成一种结合，这种结合采取一种文化的形式，这种文化比起平均的人民文化（非常低的）来稍微高一些，但绝不适于与有教养的阶级的思想体系作斗争，而这种新哲学本身的所以产生恰好是为了超越当时文化的最高表现——德国古典哲学——并产生出属于新的社会集团的知识分子来，而这种哲学也就是这个集团的世界观。另一方面，现代文化，特别是唯心主义的文化不能够研究和创造出任何人民的文化来，不能够以道德的和科学的内容来充实自己的学校的教育大纲，这些大纲始终还是一些抽象的理论公式；它只是知识贵族狭小集团的文化，即使对青年也起到影响的话，那只是在有时当它直接成为一种政策的时候。

......

实践哲学历史地考察着自己本身，也就是把自己看成是哲学思想的暂时阶段这一点不仅从这一哲学体系的全部精神中看得出来，而且也公开地包含在一个有名的原理中，即在一定的时期历史的发展将表示由必然性王国向自由的王国的过渡。所有存在到现在的哲学（哲学体系）都是使社会分裂的一些内部矛盾的表现。但是这些哲学体系中的任何一个体系本身也不是这些矛盾的自觉的表现，因为只有彼此之间进行斗争的一切体系的总和才能得出这样的表现。每一个哲学家都坚信，而且也不能不坚信他是在表现人类精神的统一，也就是历史与自然的统一；其实，如果不存在这种坚信的话，人们就不会行动起来，就不会创造出新的历史，哲学就不会成为"思想体系"，就不会在实践中获得具有"物质力量"的能力的"人民成见"的坚固的狂信堡垒。

……

但是假如实践哲学也是历史矛盾的表现，并且是自觉的、因而也是最完善的表现的话，那么这就意味着它也是与"必然性"而不是与"自由"相联系着，因为自由不存在并且在历史上还不能存在。这样看来，假使已经证明矛盾一定要消灭，那么从而证明实践哲学也一定要消灭，也就是一定要被克服：在"自由"的王国中，思想、观念不能再在矛盾的基础上，在斗争的必要性的基础上产生。现在，（实践）哲学家只能提出这种一般的说法，不能更多：在事实上，他不能逃开目前的矛盾的土地，关于没有矛盾的世界的存在他不能说别的，而只能大致地讲一下（以免直接造成空想）。

……

《君主论》的基本特点在于它并不是系统化了的论文，而是一部"活"书，在它里面，政治思想体系和政治学在"神话"的戏剧形式中结合起来了。

它和空想以及烦琐哲学的论文不同，也就是和一直到马基雅维利以前的采取的政治学的那些形式不同，这种叙述性质使他的论点具有幻想的和艺术的形式。于是理论的和唯理性论的原理就体现在形象地和"拟人"地表示"集体意志"的象征的统帅形象之中。

追求一定政治目的的、一定集体意志的形成过程，并不是以对于行动方式的原则和标准加以研究和予以仔细分类的形式来描述的，而是通过具体个人的一定品质、特征、职责和需求来描述的，也就是使得任何一个需要说明的人去运用艺术幻想，并且赋予政治热情以一种更为具体的形式。

我们完全可以把马基雅维利的《君主论》拿来作为索勒尔的"神话"的一个明显的历史实例而加以研究，也就是作为一个政治思想体系的实例而加以研究，这种政治思想体系并不是一种冷冰冰的空想，也并不是一种空论，而是一种对于分散的人民起作用的、使他们产生并组织集体意志的具体的幻想的产物。《君主论》的空想性质在于这个君主并不存在于历史现实之中，并没有作为一个直接的客观实在而出现在意大利人民的面前，而是一种纯粹的理论的抽象，一个领袖、一个理想统帅的象征；但是它那贯穿全书的神话成分和热情与它那种在叙述上非常强烈的戏剧性结合到一起，并且在这书的最后一章，在那向"实行存在的"大公呼吁中成为生气勃勃的东西。

马基雅维利在全书中所探讨的是君主应当怎样领导人民建立新的国家；这部书在叙述上具有逻辑谨严性和科学的独立性，临到结尾，马基雅维利自己成了人民，同人民结合在一起，但不是同"一般的"人民，而是同马基雅维利用自己在前面的叙述予以说明了的人民；这种人民的意识在马基雅维利身上得到表现，他理解到他自己的这项作用，他感觉到自己与人民的同一性。看来，整个"逻辑上的"结构无非是人民本身的反映，在人民的意识中所进行的自己同自己的坦率的谈话，而以情不自禁的热情的呼号告终。由于思索自己而产生的热情又成了"激动"、狂热、对活动的异常渴望。正因为这一点，《君主论》的结论就不是什么表面的、从外面"硬加上去的"、用以修饰文章的东西；必须把它看作是这部作品的必要元素，甚至必须把它看作是阐明全部作品并赋予它一种"政治宣言"形式的元素。

……

现代君主，神适君主，不可能是一个真正的个人，具体的个体；他只能是被承认了的并且在行动中部分确定下来的集体意志已经开始表现自己的那个社会中的有机体，复杂的要素。这个已经由于历史发展产生了的有机体，就是政党。这是第一个细胞，其中集中了力图成为普遍的和无所不包的集体意志的一些萌芽。在现代世界中，只有具备必须采取迅速的、闪电式的步骤特征的直接而必不可免的历史政治行动，才能神话般地体现在具体的个体之中；只有由于巨大的和直接的危险，迅速行动才成为必需的，而这种危险恰好就导致热情和狂信的闪电式的白热化，从而消灭那种能够破坏统帅"神明"性的批评感和辛辣的讽刺（这种情况正好发生于布朗热的冒险行动中）。但是这种直接行动，按它的性质来说，不可能是长期的，不可能具有有机的性质：这种行动几乎经常都是复辟和改组的形式，而不是建立新的国家和新的民族与社会体系过程所固有的那种形式（这一点正是马基雅维利《君主论》的主题，在那里，复辟的方面只不过是一种修辞的要素，这种要素是同在文献上确立的那种认为意大利源于古罗马因而其使命是恢复古罗马的制度和它的威力的观点有联系的）；从其性质来看，这种行动将不是建设的，创造的，而是"防御性的"，在这种情况下，可以设想的是：已经存在的集体意志处于削弱的和分散的状态，陷于一种危险的、危急的、但不是毁灭性的，更不是彻底的衰落，因而必须把它重新加以集中和加强，但已经没有其他的方法，而只能是 ex novo（重新）、创造性地建立集体意志，并把它导向具体的、积极的和合理的目的，但是这种目的的积极性和合理性还没有在会成为尽人皆知的有效的历史实践的基础上得到证实和检验。

……

建立人民的、民族的集体意志的这些相继交替的企图之所以失败，必须在由于城市公社资产阶级解体而产生的某些社会集团的存在中寻求它的原因，必须在反映意大利作为教皇宫廷所在地和神圣罗马帝国传统的保存者等等而担负的国际职能的其他社会集团的特殊性质中去寻求它的原因。这种职能和受此职能制约的地位就决定了国内的局面，这个局面可以称为"经济团体的"局面，也就是在政治方面它是封建社会一切形式中最坏的形式，最少进步的和最为停滞的形式，因为在这种形式之下，有效的雅各宾力量始终缺少并且也不能巩固起来，而这股力量恰好就是在其他国家中能激起并且组织人民的、民族的集体意志，和导致建立现代国家的。归根到底，有没有形成这种意志的条件呢？也就是说，现在这些条件和与它们相敌对的力量之间的对比关系怎样呢？传统的敌对力量是土地贵族，而比较广义地讲，是整个土地所有权以及这种所有权所固有的意大利特点，即特殊的"农村资产阶级"——由于城市公社资产阶级作为一个阶级的解体而遗留给近代的寄生者（"百市"，"沉默的都市"）。

应该把那些在工业生产方面相应发展并且在历史—政治发展上达到一定水平的城市社会集团的存在，视为积极条件。如果广大农民群众不同时加入到政治生活里面去，人民的、民族的集体意志的任何形成仍然是不可能的。马基雅维利认为通过建立民兵的方法可以达到这一点，而雅各宾党人在法国大革命时期恰好实现了这一点；这样来理解事件，也就可以看出走在时代前面的马基雅维利的雅各宾主义，而这也就是他的民族革命观的源泉（或多或少是有成效的）。从 1815 年起，全部历史都证明传统阶级千方百计在预防这种集体意志的形成，在以保持消极均衡为特点的国际体系中维护着"经济—团体"的权势。

在现代君主中应该重视精神和道德的改革问题，也就是宗教问题或世界观问题。在这方面我们也发现在传统上缺少雅各宾主义和对于这个主义的恐惧（在哲学方面这种恐惧的最后表现，是克罗齐对宗教所采取的马尔萨斯主义态度）。现代君主应该是而且也不能不是精神和道德的改革的宣扬者和组织者，这就意味着为达到现代文明最高和无所不包的形式的人民的、民族的集体意志的往后发展，奠立基础。

这两个基本要素——一个是形成人民—民族的集体意志，而这种意志的组织者和积极、认真的表现者就是现代君主，一个是精神和道德的改革，——应该构成全书的骨架。必须把具体的、各项纲领性的条目放在第一部分，也就是说，它们应该"戏剧性地"表达出来，应该来自生动的谈话，而不应该成为冷冰冰的、学究式的一些议论的汇集。

……

人的集体的经济基础是大工厂，泰勒生产方法，合理化等等。但是在过去存在过人的集体没有？用米开尔斯的话来说，它在神意的主使下存在过。这就是说，集体意志是在直接感化的影响下，在"英雄"、代表人物所给予的冲动的影响下建立起来的。但是这种集体意志是受外部因素制约的，因此时而产生时而破灭。相反地，在我们这个时代，人的集体的形成从其实质来看是由下而上，其基础是集体性因素在生产世界中所占据的地位。到了今天，在这种形成的过程中代表人物也仍然起着一定的作用，但是现在这个作用比起过去要小得多，即使没有这种代表人物，也不会引起集体团结的削弱和它的破产。

……

实践哲学在自己发展的初期，除了从论战和批判的立场，证明自己对于以前的思想方式和具体的现有思想（或世界上现有的文化）所具有的优越性，不可能出现。因此，它首先就从批判"常识"（首先利用这种常识作为基础，来证明"大家"都是哲学家，证明问题不是 ex novo 把某一门科学引入"大家"的个人生活里面来，而是在于对已经存在的思想活动加以更新，并且赋予它以批判的方向），然后，再去批判产生哲学史的知识分子的哲学；因为知识分子的哲学是个人的（而这种哲学确实主要是个别独具天赋的个人发展出来的），所以，可以把它看成是常识，至少是社会中最富有教养的阶层的常识、通过他们也是民间的常识。发展中的"顶峰"的一个链条。这就是为什么在怎样研究哲学这一节里，应该概括地说明整个文化发展过程中所发生的问题。而整个文化仅仅部分地反映在哲学史里面，但是，由于缺少常识的历史（由于缺少文献资料而无法编造这种历史），所以哲学史依然是用以批评这些问题，用以证明这些问题的真实价值（假使它们还具有价值的话）或者它们作为在道路上已克服的阶段所具有的意义，用以确定新的当前的问题，或者旧问题的当前的提法的最主要的研究根据。

......

实践哲学的立场是同天主教的立场相反的。实践哲学力图不把"普通人"阻留在他们的原始的常识哲学的水平上,相反地,力图把他们导向更高的认识生活的形式。实践哲学认定必须使知识界同"普通人"接触,这并不是为了限制科学活动和为了在群众的低下水平上保持统一,而恰恰是为了建立一个智力—道德集团,这个集团要使所有群众,而不仅限于狭隘的知识分子小集团,能够在政治上进步。

活动的人——群众的成员在实践中活动,但是他没有明确地从理论上认识他这种活动,其实,这种活动也是在认识世界,因为它在改变世界。不仅如此,他的理论认识,在历史上可能同他的活动相矛盾。也许,可以这样讲,即人——群众的成员有两种理论认识(或一种矛盾的认识):一种——包含在他的活动本身里,并且实在地把他同他那些在实践上改变现实的所有同志联合起来;第二种——在表面上表现出来的,或者口头的,是群众从过去继承下来的,并且不加批判地接受下来的。虽然如此,但这种"口头的"认识不是没有结果的,它附着于一定的社会集团,它影响道德行为,影响意志的方向——这一切都具有或多或少的力量,而这种力量可能达到一点,那时认识的矛盾将不再容许任何行动、任何决定、任何选择而造成道德的和政治的消极状态。因此,批判的理解自己本身是通过政治的"领导权"的斗争实现的,是通过相对立的方向的斗争实现的,开始是在伦理方面,随后是在政治方面,最后形成自己的现实观的最高完成。当你认识到你是一定的领导者力量的一部分的时候(也就是政治的认识)——这就是往后的和进步的自觉的第一阶段。归根到底,理论和实践在这种自觉之中结合起来。这就是说,理论和实践的统一并不作为机械的原始论据而存在,却是作为历史形成的过程而存在的。在这个过程中,这两种概念要经过整个一段路程:由以几乎本能地认识理论与实践彼此之间的"差别"、"破裂"和互不关联为特点的基础的和原始的阶段起,一直到实在地和完全地掌握一套完整的和统一的世界观为止。这就是为什么应该强调,领导权这个政治概念的发展表明巨大的哲学上的进步,而不仅是实际政治行动中的进步,因为这种发展必然引起和暗示智力的统一以及符合那种克服了常识并成为批判的(哪怕暂时还在有限的范围内)现实观的伦理。

......

我们往往把国家和政府等同起来，而这种等同恰好是经济—团体形式的新的表现，也就是混淆市民社会和政治社会的新的表现，因为应该指出的是国家的一般概念中有应该属于市民社会概念的某些成分（在这个意义上可以说：国家＝政治社会＋市民社会。换句话说，国家是披上了强制的甲胄的领导权）。有一种关于国家的学说认为国家注定要结束自己而熔化在被调整了的社会之中，——在这种学说里上述问题占着中心的地位。可以设想，国家强制的一面将由于确立起来了被调整了的社会（即伦理社会或市民社会）的越来越多的因素而逐渐结束自己。

"伦理国家"或"市民社会"的说法似乎应该表明大学问家在政治和法律方面具有这种没有国家之国家的"观念"，因为他们立足于纯粹的科学（就是纯粹的乌托邦，因为乌托邦的基础是假定所有的人都的确彼此平等，从而理智和道德也是程度相等，即能够自由地、自动地接受法律，而不是由于强制的结果，也就是不是由于其他阶级作为一种与意识格格不入的东西强加在头上的结果）。

必须考虑到是拉萨尔把"守夜者"的说法运用到自由国家上面来的。他是教条主义地而不是辩证地观察国家（应该详细地研究拉萨尔的学说，要从这方面研究，也要从它一般地对待国家的态度来研究，要从它与马克思主义对立的观点来研究）。在把国家作为被调整了的社会的学说中，须要从一个阶段转入另一个阶段；在前一阶段中"国家"将类似"政府"，而与"市民社会"等同；在后一阶段中国家将以"守夜者"的身份出现，也就是将成为强制的组织，它保卫被调整了的社会的因素的发展，因而这些因素将不断增多，结果这个组织的权威的和混乱的干涉将逐渐减少。但是这不能作为理由去考虑新的"自由主义"，哪怕是作为根本自由的纪元的开始。

假使任何一种形式的国家都确实不能不通过经济—团体的原始主义的阶段，那么是不是因此就可以认为建立新型国家的新的社会集团的政治领导权的内容，应该主要具有经济性质呢？要知道在这种场合下问题是改造经济结构和改造人同经济世界即生产之间的具体关系。这时上层建筑的因素不能不是在发展上还很薄弱的；这些因素的活动归结为预见和斗争，同时"计划的"原则所起的作用显然是还很不够的；文化计划主要将具有消极的性质，只不过是批判过去的，忘掉并破坏旧的，而积极建设的计划只是最"概括地"制定出来，随时都可以（而且必须）修改，以便使计划符合重新建立起来的经济结构。

……

　　政治斗争却不可估计地更为复杂：在某种意义上可以把它同以往的殖民战争或侵略战争相比，那时战胜了的军队对全部或部分征服的领土建立了（或准备建立）长期的占领。在这种场合下，战败了的军队解除了武装并且解散了，但是斗争却在政治的基础上并以军事"准备"的形式继续下去。

　　例如，印度反对英国人的政治斗争（在一定程度上德国对法国的斗争，或匈牙利对小协约国的斗争亦然）采取了下列三种战争形式：运动战、阵地战和地下战。甘地所领导的消极抵抗运动是一种阵地战，它到一定时机转变为运动战或地下战。抵制是阵地战，罢工是运动战，秘密准备军队和突击人员则是地下战。最后一种战争是"敢死队"运动的形式，但是它在运用上非常小心。

　　……

　　政治斗争除了运动战和包围战（或阵地战）以外，还有其他的形式。真正的"敢死队"运动，也就是现代的"敢死队"运动是阵地战所固有的，这在1914—1918年是看得很清楚的。但是在以往时代的运动战和包围战中也在某种意义上有过"敢死队"：轻重骑兵、狙击兵等，而机动力量一般地都部分地执行了这种突击部队的角色；例如，在战斗誓戒的组织艺术中就包含了现代"敢死队"运动的萌芽。这种运动的萌芽在更大的程度上不是包含在运动战中，而是包含在包围战中；因为它必须组织更广泛的誓戒勤务，特别是它须要组织突然出击和出其不意的冲锋，要有专门选拔出来的人参加。

　　……

　　各阶级的处境使得它们的可能性也根本不同。一个阶级的成员每天不得不劳动若干小时，那么这个阶级就不可能有常备的和专门的突击队伍，可是一个阶级拥有大量的财政资金而且它的成员又不受经常工作的束缚，就有这种可能性。这种具有职业性的突击组织不分昼夜随时都能出其不意地进行坚决的打击。这样看来，突击队伍的战术对某些阶级有作用，但对另外某些阶级就不会有同样的意义；某些阶级必须进行运动战、机动战（因为这对我们是方便的），这种运动战在政治斗争范围内是有用的，而且和使用"敢死队"战术配合使用也是必要的。但是如果依照军事方式去进行，那就是做了愚蠢的事，因为在这种场合下应该把政治措施放在军队本身之上，而且也只有政治才可以造成机动和运动行动的可能。

　　……

在政治艺术中和政治学中也应该做同样的限制，至少对于比较发展的国家应该这样，因为在这些国家里"市民社会"变成了很复杂的结构，能够经受直接经济因素（危机、萧条等等）的灾祸性的"侵袭"：在这种场合下，市民社会的上层建筑所起的作用好像现代战争中的堑壕配系。在这种战争中，看上去一定能够消灭敌人全部防御配系的猛烈的炮击事实上只能破坏它的外部掩蔽工事，因而在冲击和进攻的时候，进攻者所面临的是依然具有威力的防线。在发生严重的经济危机时期，在政治方面也会有同样的现象：尽管危机后果严重，进攻者既不能迅雷不及掩耳地在时间上和空间上把自己的力量组织起来，更不能取得进攻的精神；而被攻击者也不会士气涣散甚至在废墟中也不停止抵御，而且对自己的力量和自己的前途也不失掉信心。当然，情况不会是一成不变的，但是有一点也是事实，那就是所发生的事件的不够迅速，进度不快，没有明显的进展，而在这种场合下政治独裁的战略家大概是希望这样的。

这类政治现象的最后表现是 1917 年事件。它标示了政治艺术史和政治学史中决定性的转变。这样看来，问题在于应该十分深刻地研究市民社会中什么样的因素符合阵地战中的防御配系。我特意强调深刻研究的必要性，因为这些因素固然被研究过了，但都是从肤浅的和庸俗的出发点来研究的。（正如一些服装史专家研究了妇女奇装异服的改变一样），要么就是从"理性论"的观点来研究的，也就是肯定某些现象一经得到"理性论"的解释就会消灭，好像民间的迷信一样（其实，即使它们得到科学的解释也根本不会消灭）。

应该考虑一下那个布朗斯坦的声名狼藉的不断运动的理论。是不是政治上的运动战理论的反映（关于这个问题必须回忆一下哥萨克将军克拉斯诺夫的意见）而归根结底是不是下面这种国家的一般经济—文化—社会条件的反映：这个国家里面的管理国家生活的干部还处于萌芽而微弱的状态，不能起到"堑壕"或"堡垒"的作用。在这种场合下，大可以这样说：布朗斯坦表面看上去是个西欧主义者，而事实上却是个世界主义者，也就是说他只表面上是个民族人物，而他的西欧主义和他的欧洲主义同样是表面的。相反地，伊里奇是个深刻的民族人物，而他的欧洲主义也同样深刻。

……

在东方，国家就是一切，市民社会处于初生而未成形的状态。在西方，国家与市民社会之间存在着调整了的相互关系。假使国家开始动摇，市民社会这个坚固的结构立即出面。国家只是前进的堑壕，在它后面有工事和地堡坚固的链条；当然这个或那个国家都是如此，只是程度大小不同。正是这个问题应用到每一个国家去时要求加以仔细的分析。

……

在考察以这个有些一般的和有条件的标题《美国主义和福特主义》联合起来的一系列问题时，必须注意到一个基本事实，即由于必要而提出并解决这些问题的企图是在现代社会的矛盾的条件下进行的，因而就决定了它们的复杂化，对它们的荒谬的态度，以及往往造成大的灾难的经济和道德危机等。

一般地可以这样说，美国主义和福特主义产生于有可能组织计划经济的内在的必要性，而且这里所考察的各种问题，应该作为正好表明由旧的经济的个人主义向计划经济过渡的一个链条中的环节。这些问题产生于发展过程所碰到的各种不同形式的抵抗。这种抵抗产生于那些包括在 societas rerum（万物的社会）和 societas hominum（人的社会）本质本身里面的困难。这个或那个社会力量出来做一种进步企图的首创者，是要造成决定性的后果的：必须根据新的目的加以"改造"并使之"合理化"的从属力量由于必然性而开始抵抗。但是统治力量本身或者至少他们的同盟者的某些部分也要抵抗。在美国成为发展符合福特主义化工业的新型工作者的必要条件的禁酒法，由于从属的依然落后的抵抗，而当然不是由于工业家或工人等的抵抗而取消了。

下面就是一些在实质上最重要或者最值得注意的问题，尽管骤然看来它们不像头等重要的：（1）以直接建基在工业生产上的财政资本的积累和分配的新机构来代替现在的财阀阶层；（2）性的问题；（3）美国主义能不能构成一个历史"时代"，也就是它能不能决定上一世纪所具有的"消极革命"（这在另外一个地方加以考察）类型的逐步发展，或者相反地，它只不过是那些尔后造成"爆发"，也就是法国类型的变革的因素的逐步积累；（4）欧洲人口成分"合理化"的问题；（5）发展的出发点是不是一定在工业和生产世界的内部，或者发展由于建立可靠的和巩固的形式上的法律上层建筑，而可以从外面得到推动，这种上层建筑可以容许从外面领导生产机构发展的一切必要过程；（6）福特主义化和合理化的工业所支付的所谓"高工资"问题；（7）福特主义是工业为了克服利润率下降的合乎规律的倾向而一贯采取的企图链条中一个最后的环节；（8）精神分析学（它在战后时期流行很广）是国家和社会机关对单独个人所实行的增长了的精神强制的表现，也是这种强制所造成的病态的危机的表现；（9）"扶轮社"和共济会。

……

"知识分子"概念"最大限度"界限是怎样呢？

可不可以找到一种统一的范畴，用以鉴定知识分子活动的所有不同的和单独的形式，同时用以决定这种活动和其他社会集团活动之间的本质的差别呢？

在我看来，最通行的方法论的错误，就是企图在知识分子活动的本质上，而不是相反，在各种关系体系的总和上找寻这种区别的标准，因为知识分子（以及从而他们所代表的集体）处于各种社会关系的一般的总体之中。实际上，例如，工人、无产阶级的显著特点，并不在于他从事手工劳动，而在于他是一定条件下，一定社会关系下，从事这种劳动（我们暂不考虑这种想法，即纯粹的体力劳动并不存在，甚至泰勒关于"驯化猩猩"的说法也是一种譬喻，指明某种方向上的极限；在任何体力工作，甚至最粗笨和最机械的工作中，也存在着最低限度的技术熟练程度，最低限度的创造性智力活动）。上面已经指出，企业家由于他执行的职能本身的性质，在某种程度上应该具有智力性的熟练程度，可是企业家的社会面貌，不是由智力性熟练程度所决定，而是一般的社会关系所决定，也正是社会关系说明了企业家在生产中的地位。

在这个基础上可以肯定说，一切的人都是知识分子，但并不是一切的人都在社会中执行知识分子的职能。

实际上，知识分子与非知识分子之间的差别，仅只在于知识分子职业范畴直接的社会作用方面，即是考虑特殊职业活动所在重心的方向——智力工作还是使用神经—肌肉力量。这就意味着如果可以说知识界，那么就不能说非知识界，因为非知识界并不存在。但是知识—脑力工作和使用神经—肌肉力量的关系本身，并不是常常一样的，因而有特殊智力活动的各种不同的阶段。所有智力干预可以排除的那种人类活动是没有的，homo faber 不能和 homo sapiens 分开。最后，除自己的职业界限外，每个人都在发展某种智力活动，是"哲学家"、艺术家、具有一定兴趣的人，各有一定的世界观，从而对拥护或变更世界观，即是唤起新的思想方式，起着一定的作用。

因此，建立新的知识界阶层的问题，归结起来，是要使某种程度上每人所具有的智力活动予以批判地改造，变更智力活动和神经—肌肉活动的比例关系，在新的水平上规定它们之间的平衡，而且要使神经—肌肉活动本身，成为新的和有目的的世界观的基础。因为神经—肌肉的活动是不断更新体力活动社会界的一般实践活动的要素。传统的和庸俗化的知识分子典型，可以看成文学家、哲学家、艺术家。因此，自认为文学家、哲学家、艺术家的新闻记者，也把自己看成"真正的"知识分子。在现代世界，和工业劳动（哪怕是最原始的和非熟练的工业劳动）关系密切的技术教育，应当形成知识分子新型的基础。

……

由此可见，为实现知识界实际作用历史地形成人们专门化范畴，这是联系一切社会集团，特别是联系其中最重要社会集团形成的，并且要适应居统治地位的社会集团的发展，而加以最广泛和复杂的改造。在建立自己统治地位上发展着的每一集团最显著特征之一，就是它为同化和"意识形态"上战胜传统知识界而斗争，——这个集团同时形成自己有机的知识界越有力，则同化与战胜的完成更加迅速，也更加有效。

选自《狱中札记》，葆煦译，人民出版社 1983 年版，第 65—423 页。

五、进一步阅读的文献

1. ［意］朱塞佩·费奥里：《葛兰西传》，吴高译，人民出版社 1983 年版。

2. ［意］萨尔沃·马斯泰罗内：《一个未完成的政治思索：葛兰西的〈狱中札记〉》，社会科学文献出版社 2000 年版。

3. 毛韵泽：《葛兰西——政治家、囚徒和理论家》，求实出版社 1987 年版。

4. 仰海峰：《实践哲学与霸权——当代语境中的葛兰西哲学》，北京大学出版社 2009 年版。

5. *Gramsci and Marxist Theory*，ed. Chantal Mouffe，London，1979.

第三十一章 技术发展与艺术生产的哲学之思

—— 《机械复制时代的艺术作品》

一、写作背景

瓦尔特·本雅明（Walter Benjamin，1892—1940）的
《机械复制时代的艺术作品》的写作背景是现代技术的发
展与大众艺术的兴起。19 世纪末，摄影已经发展成为一
种新兴的大众艺术，并推动了电影的发展，这使得只有
少数人能够欣赏的艺术越来越被大众所了解和接受。希
特勒上台之后十分重视运用大众艺术来宣传自己的政治
理论，并拍出了一些反映纳粹政治意识形态、具有较高
艺术水准的电影，如《忠诚的胜利》、《意志的胜利》。持
批判立场的马克思主义者由此认为，大众文化是资产阶
级意识形态的工具，而以布莱希特为代表的左派艺术家
则开始思考如何使大众文化服务于左派政治。正是在这
样的历史背景中，本雅明写作了《机械复制时代的艺术
作品》。

《机械复制时代的艺术作品》有两个版本：1936 年发
表于《社会科学研究杂志》（第 5 卷第 1 期）的法文本是
第一个版本；第二个版本是德文本，1955 年收入由阿多
诺编辑出版的两卷本《本雅明著作集》中。阿伦特的《启
迪：本雅明文选》收入的是这个版本的英译本。

二、篇章结构

　　《机械复制时代的艺术作品》的两个版本的主体部分相似，相比于第一个版本来说，第二个版本即德文版逻辑更为清晰，将第一版的十九章（包括"序言"和"后记"）改写为"序言"、"后记"和十五章正文，第一版每章的小标题都被去掉，注释更为详细。"序言"指出要以马克思的历史唯物主义方法来分析现代艺术与大众文化，从而为资本主义的消亡创造条件；第一至第五章主要讨论艺术作品的可复制性，艺术作品复制的两面性，即艺术作品本真性的消失与艺术作品复制所具有的文化解放功能；第六到第十一章主要分析摄影与电影这两种新兴的机械复制的艺术形式，指出机械复制艺术对人的感官认识方式、艺术存在方式的影响；第十二到第十五章主要分析电影的大众艺术特性；后记点明了本文的政治目的，即反对法西斯主义。

三、观点提示

　　第一，机械复制技术的产生与艺术作品存在方式的改变。艺术起源于宗教与神学的崇拜，栖身于仪式中的艺术具有"膜拜"价值；艺术的创作具有此时此地性，这就是艺术的"本真性"。艺术作品的这种存在方式使之具有了"灵韵"（aura），即在一定距离之外但感觉上如此贴近之物的独一无二的显现。正是灵韵保证了艺术作品的权威性。随着现代复制技术的产生，尤其是摄影技术的发展，艺术作品从"仪式"中彻底摆脱出来。艺术作品不再是唯一的，它可以无限地复制出来，原件和赝品具有了平等的地位，这也是现代社会平等意识在艺术作品身上的体现。艺术作品的本真性遭到了破坏，其灵韵消失了。艺术作品的无限复制使之成为大众都可接受的消费品，它从膜拜对象变成了展示对象。艺术特性的这一变化，为其政治功能的发挥铺平了道路。

　　第二，社会生活方式的改变与人类感知方式的变化。人类感知的认识组织不仅受制于自然条件，而且受制于历史条件。人类社会生活方式的变化，也会带来感知方式的变化。以电影为例：在面对传统艺术时，我们需要凝神沉思，而在面对电影画面时，我们恰恰无法做到这一点。在电影院中，观念的每一个感受都与其他观众的反映交织为一个整体，画面的不断变更也使我们无法对某一画面凝神思考，而只是一种客观的"看"，这是从沉思冥想到视觉方式的转变。正是在这种单纯的视觉关系中，现代大众有着要使物在空间上和人性上更易接近的强烈愿望，并力图通过占有复制品来克服艺术作品的独一无二性。这种愿望的背后是对外部世界的客观审视，这正是"看"所表现的意义。因此，人类感知方式的变化与技术发展、生活方式的变更有着直接的关系。

第三，艺术大众化的政治意义。机械复制技术的发展，使艺术作品摆脱了其独一无二性，成为大众能够接纳的消费品。在摄影与电影制作中，对象从其环境中剥离出来，成为机械技术的结果，并被呈现在大众面前，大众的"看"就成为艺术生产和效应的一个重要环节。在艺术大众化的过程中，艺术可以朝向时下尚未被满足的追求，通过引起大众对当下的不满而具有政治意义。正是在这一点上，法西斯主义提出了"崇尚艺术——摧毁世界"的口号，谋求政治审美化，使大众参与到法西斯主义的运动中。共产主义者也应充分利用现代机械复制艺术，使之服务于进步的政治需要，使艺术成为对抗法西斯主义意识形态的重要力量。

《机械复制时代的艺术作品》敏锐地抓住了现代艺术创作方式与存在状态的变化，深刻地分析了现代科学技术的发展对艺术创作的影响，并揭示了大众文化革命化的可能性，这不仅丰富和发展了马克思主义的艺术生产理论以至整个意识形态理论，而且为科学地分析大众文化提供了重要的理论参考价值。

四、文本节选

当马克思着手分析资本主义生产方式时，这种生产方式尚处于初级阶段。马克思努力使他的研究具有预言价值。他揭示了资本主义生产的基本状况，并通过对这种基本状况的描述使人们由之出发能看到资本主义未来发展的东西。于是人们看到，资本主义不仅越来越增强了对无产者的剥削，而且最终还创造出了消灭资本主义本身的条件。

上层建筑的变革要比基础的变革缓慢得多，它用了半个多世纪才使生产条件方面的变化在所有文化领域中得到体现。只是在今天，我们才能确定这一变革以怎样的形态实现。要作出这个说明，就必然会提出某种程度的预言性要求。然而，就符合这个预言性要求的程度而言，有关无产阶级在夺取政权之后的艺术论题就及不上有关现行生产条件下艺术发展倾向的论题，更不要说无阶级社会的艺术论题了。现行生产条件下艺术发展倾向的论题所具有的辩证法，在上层建筑中并不见得就不如在经济结构中那样引人注目。低估这些论题所具有的斗争价值，将是一种错误。这些论题漠视诸如创造力和天才、永恒价值和神秘性等一些传统概念——对这些概念的不如控制的运用（眼下要控制它们是很难的），就会导致用法西斯主义意识处理事实材料。我们在下面重新引入艺术理论中的这些概念与那些较常见的概念不同，它们在艺术理论中是根本不能为法西斯主义服务的；相反，它们对于表述艺术政策中的革命要求却是有用的。

……

在漫长的长河中，人类的感性认识方式是随着人类群体的整个生活方式的改变而改变的。人类感性认识的组织方式——这一认识赖以完成的手段——不仅受制于自然条件，而且也受制于历史条件。在民族大迁徙时代，晚期罗马的美术工业和维也纳风格也就随之出现了，该时代不仅拥有了一种不同于古希腊罗马文化的新艺术，而且也拥有了一种不同的感知方式。维也纳学派的学者里格耳和维克霍夫首次由这种新艺术出发探讨了当时起作用的感知方式，他们蔑视埋没这种新艺术的古典传统，尽管他们的认识是深刻的，但他们仅满足于去揭示晚期罗马时期固有的感知方式的形式特点。这是他们的一个局限。他们没有努力——也许无法指望——去揭示由这些感知方式的变化所体现出来的社会变迁。现在，获得这种认识的条件就有利得多。如果能将我们现代感知媒介的变化理解为光韵的衰竭，那么，人们就能揭示这种衰竭的社会条件。

上面就历史对象提出的光韵概念，值得根据自然对象的光韵概念去加以说明。我们将自然对象的光韵界定为在一定距离之外但感觉上如此贴近之物的独一无二的显现。在一个夏日的午后，一边休憩着一边凝视地平线上的一座连绵不断的山脉或一根在休憩者身上投下绿荫的树枝，那就是这座山脉或这根树枝的光韵在散发，借助这种描述就能使人容易理解光韵在当代衰竭的社会条件。光韵的衰竭来自于两种情形，它们都与当代生活中大众意义的增大有关，即现代大众具有着要使物在空间上和人性上更易"接近"的强烈愿望，就像他们具有着接受每件实物的复制品以克服其独一无二性的强烈倾向一样。这种通过占有一个对象的酷似物、摹本或占有它的复制品来占有这个对象的愿望与日俱增。显然，由画报和新闻影片展现的复制品就与肉眼所亲眼目睹的形象不尽相同，在这种现象中独一无二性和永久性紧密交叉，正如暂时性和可重复性在那些复制品中紧密交叉一样。把一件东西从它的外壳中撬出来，摧毁它的光韵，是这种感知的标志所在。它那"世间万物皆平等的意识"增强到了这般地步，以致它甚至用复制方法从独一无二的物体中去提取这种感觉。因而，在理论领域令人瞩目的统计学所具有的那种愈益重要的意义，在形象领域中也显现了。这种现实与大众、大众与现实互相对应的过程，不仅对思想来说，而且对感觉来说也是无限展开的。

......

一件艺术作品的独一无二性是与它置身于那种传统的联系相一致的。当然，这传统本身是绝对富有生气的东西，它具有极大的可变性。......我们知道，最早的艺术品起源于某种礼仪——起初是巫术礼仪，后来是宗教礼仪。在此，具有决定意义的是艺术作品那种具有光韵的存在方式从未完全与它的礼仪功能分开，换言之，"原真"的艺术作品所具有的独一无二的价值植根于神学，艺术作品在礼仪中获得了其原始的、最初的使用价值。艺术作品的这种礼仪方面的根基不管如何辗转流传，它作为世俗化了的礼仪在对美的崇拜的最普通的形式中，依然是清晰可辨的。世俗的对美的崇拜随着文艺复兴而发展起来，并且兴盛达3个世纪之久，这就使人们从礼仪在此后所遭受的第一次重大震荡那里清楚地看到了礼仪的基础。随着第一次真正革命性的复制方法的出现，即照相摄影的出现（同时也随着社会主义的兴起），艺术感觉到了几百年后显而易见的危机正在迫近，艺术就用"为艺术而艺术"的原则，即用这种艺术神学作出了反应。由此就出现了一种以"纯"艺术观念形态表现出来的完全否定的神学，它不仅否定艺术的所有社会功能，而且也否定根据对象题材对艺术所作的任何界定（在诗歌中，马拉美是始作俑者）。

对机械复制时代艺术作品的考察必须十分公正地对待这些关系，因为这些关系在此给我们准备了一些决定性的看法：艺术作品的可机械复制性在世界历史上第一次把艺术品从它对礼仪的寄生中解放了出来。复制艺术品越来越成了着眼于对可复制性艺术品的复制。例如，人们可以用一张照相底片复制大量的相片，而要鉴别其中哪张是"真品"则是毫无意义的。然而，当艺术创作的原真性标准失灵之时，艺术的整个社会功能也就得到了改变。它不再建立在礼仪的根基上，而是建立在另一种实践上，即建立在政治的根基上。

对艺术作品的接受有着不同方面的侧重，在这些不同侧重中有两种尤为明显：一种侧重于艺术品的膜拜价值，另一种侧重于艺术品的展示价值。艺术创造发端于为膜拜服务的创造物。人们可以认为，在这种创造物中，重要的并不是它被观照着，而是它存在着。

……

由于对艺术品进行复制方法的多样，便如此大规模地增加了艺术品的可展示性，以致在艺术品两极之内的量变像在原始时代一样会突变其本性的质，就像原始时代的艺术作品通过对其膜拜价值的绝对推重首先成了一种巫术工具一样（人们以后才在某种程度上把这个工具视为艺术品）。现在，艺术品通过对其展示价值的绝对推重便成了一种具有全新功能的创造物。在这种全新功能中，我们意识到的这些艺术创造功能，作为人们以后能视之为附带物的功能而凸显出来。现在的照相摄影还有电影提供了达到如上这种认识的最出色的途径，这一点是绝对无疑的。

……

艺术作品的机械复制性改变了大众对艺术的关系。最落后的关系，例如对毕加索，激变成了最进步的关系，例如卓别林。这里，进步行为的特征在于，在行为中进行观照和体验的快感与行家般的鉴赏态度有了直接的密切关联，它是一种重要性的社会标志。艺术的社会意义减少得越多，观众的批判和欣赏态度也就被化解得越多——例加，绘画就鲜明地证实了这一点。习俗的东西就是被人不带批判性地欣赏的，而对于真正创新的东西，人们则往往带着反感去加以批判。在电影院中，观众个人的批判态度和欣赏态度都化解了，这就是说，其主要特点在于，没有何处比得上在电影院中那样，个人的反应会从一开始就以眼前直接的密集化反应为条件的。个人反应的总和就组成了观众的强烈反应。个人的反应正由于表现了出来，因而，个人反应也就被制约了。在此，继续与绘画作一下比较仍然是有意义的。一幅绘画往往具有被某一个人或一些人观赏的特殊要求；而一个庞大的观众群对绘画的共时观赏，就像 19 世纪所出现的情形那样，却是绘画陷入危机的一个早期症状。绘画的危机绝不是孤立地由照相摄影引起的，而是相对独立于照相摄影，由艺术品对大众的要求所引起的。

……

大众是促使所有现今面对艺术作品的惯常态度获得新生的母体。量遂变到质：极其广泛的大众的参与就引起了参与方式的变化。这种参与首先以名声不好的形态出现，这一点不该把观赏者搞糊涂。……我们看到，这根本上属于古老的指责：大众寻求着消遣，而艺术却要求接受者凝神专注。它纯属陈词滥调。剩下的问题是，这种指责是否发表了一种研究电影的观点——这里，需要作深入的考察。消遣和凝神专注作为两种对立的态度可表述如下：面对艺术作品而凝神专注的人沉入到了该作品中，他进入到这幅作品中，就像传说中一位中国画家在注视自己的杰作时一样；与此相反，进行消遣的大众则超然于艺术品而沉浸在自我中。这一点在建筑物中表现得最为明显。自古以来，建筑艺术就提供着一种艺术品的典范，对建筑艺术品的接受就是以消遣方式进行并通过集体方式完成的，它的法则就是最富有教益的法则。

自从人类诞生以来，建筑物就一直陪伴着人类。而许多艺术形式在人类历史长河中却都是昙花一现、转瞬即逝的。悲剧艺术随希腊人产生，但同时又随希腊人消亡，几百年后，只是依照它的一些"准则"才复兴。史诗，产生在各民族的兴盛时期，在欧洲随着文艺复兴时期的终止而消亡。木版画是中世纪的产物，但是它也同样逃脱不了在历史中销声匿迹的命运。可是，人类对居室的需求却是永恒的。建筑艺术从没有被赋闲过。它的历史比任何一种艺术的历史都要长久，它展现自身的方式对任何一种为大众与艺术品的关系进行辩护的尝试都具有意义。建筑物以双重方式被接受：通过使用和对它的感知。或者更确切些说：通过触觉和视觉的方式被接受。如果人们根据旅游者面对著名建筑物常常所作的凝神专注去构想这种接受，那就不会把握这种接受。触觉上与视觉上的凝神专注绝不是对立的。触觉方面的接受不是以聚精会神的方式发生，而是以熟悉闲散的方式发生。面对建筑艺术品，后者甚至进一步界定了视觉方面的接受。这种视觉方面的接受很少存在于一种紧张的专注中，而是存在于一种轻松的顺带性观赏中。这种对建筑艺术品的接受，在有些情形中却具有着典范意义。因为：在历史转折时期，人类感知机制所面临的任务以单纯的视觉方式，即以单纯的沉思冥想是根本无法完成的，它渐渐地根据触觉接受的引导，即通过适应去完成。

然而心不在焉者也是能够去适应的。更有甚者：某些任务就因能在消遣中去完成，才表明完成这些任务对某个人来说已成了习惯。通过艺术所提供的消遣，人们可轻易检验属统觉的新任务在怎样的范围内能被完成。此外，由于对单个人来说存在着逃避这些任务的诱惑，因此，艺术在唤起大众之处触及到了那些最艰难和最重要的任务。目前，电影便展现了这一点。消遣性接受随着日益在所有艺术领域中得到推重而引人注目，而且它成了知觉已发生深刻变化的迹象。这种消遣性接受借助电影便获得了特有的实验工具。电影在它的惊颤效果中迎合了这种接受方式。电影抑制了膜拜价值，这不仅是由于它使观众采取了一种鉴赏态度，而且还由于这种鉴赏态度在电影院中并不包括凝神专注。观众成了一位主考官，但这是一位心不在焉的主考官。

……

现代人日益增长着的无产阶级化和大众联合是同一个事件的两个方面。法西斯主义试图去组织新产生的无产阶级大众，而不去触及他们要求消灭的所有制关系。法西斯主义把大众获得表达（绝不是获得他们的权力）视为其福祉。大众具有着改变所有制关系的权力；而法西斯主义则试图在对所有制关系的维护中对此作出反应。法西斯主义一贯地使政治生活审美化。法西斯主义使对领袖伏地叩拜的大众所遭受的压制，与为法西斯主义创造膜拜价值服务的机器所遭受的压制是相一致的。

为使政治审美化所作的一切努力，在这一点上达到了顶峰，即战争。战争，而且唯有战争，才可能在维护传统所有制关系下赋予最伟大的群众运动以一种目标。因此，这个事实由政治出发就得到了说明。从技术角度看，这个事实就得到了如下表述：只有战争才能在维护所有制关系中动员现时的整个技术手段。显而易见，法西斯主义对战争的神化并没有运用这些论据。

……

这个宣言的优点是明确性。它的命题应为辩证的人所接受。现代战争美学在宣言中表现如下：假如对生产力的自然运用被所有制秩序所遏制，那么，技术代用品、速度、能源的提高就指向了非自然的运用，这个非自然的运用于战争中得到提高。战争用它的摧毁一切表明，社会并没有充分地成熟到使技术仅成为它的手段；而技术也没有充分地把握社会方面的自然力。帝国主义战争在其最恐怖的特征中是由强大的生产手段与其在生产过程中的未充分运用这个矛盾决定的（换言之，是由失业和销售市场的缺乏决定的）。帝国主义战争是技术所发动的一次起义，技术在"人力资源"方面提出要求，社会从这些要求处抽取其自然资源。技术并没有疏浚人流，而是把人流引向了战壕；技术并没有从其飞机中播种，而是向城镇抛掷了燃烧弹，技术在毒气战争中发现了一个用新方式消灭光韵的手段。

"崇尚艺术——摧毁世界",法西斯主义说道,并像马里内蒂所承认的那样,从战争中期待那种由技术改变之意义所感受到的艺术满足。显然,这是为艺术而艺术所达到的完美境界。从前,在荷马那里属于奥林匹克神的观照对象的人类,现在成了为自己本身而存在的人,他的自我异化达到了这样的地步,以致人们把自我否定作为第一流的审美享受去体验。法西斯主义谋求的政治审美化就是如此,而共产主义则用艺术的政治化对法西斯主义的做法做出了反应。

选自《机械复制时代的艺术作品》,王才勇译,中国城市出版社 2002 年版,第 79—133 页。

五、进一步阅读的文献

1. 〔英〕特里·伊格尔顿:《瓦尔特·本雅明,或走向革命批评》,译林出版社 2005 年版。

2. 〔美〕理查德·沃林:《瓦尔特·本雅明:救赎美学》,江苏人民出版社 2008 年版。

3. 刘北成:《本雅明思想肖像》,上海人民出版社 1998 年版。

4. Walter Benjamin, *Theoretical Questions*, Ed. by David S. Ferris, Stanford, Calif. : Stanford University Press, 1996.

第三十二章　法西斯主义意识形态的精神分析

——《法西斯主义群众心理学》

一、写作背景

　　西方马克思主义的兴起，一个重要的方面就是对传统的经济决定论的批判，强调意识的重要作用。卢卡奇、柯尔施等人都是以此为突破口的，但卢卡奇、柯尔施等人的意识理论还处于传统的主体性哲学思路中。弗洛伊德的精神分析学则揭示出，理性意识是无意识受到压抑的结果，而根本的压抑就是对性的压抑，正是这种性压抑决定了人们在生长发育的不同时期具有不同性格，并直接影响到人们的社会意识与行为方式。而在 20 世纪 30 年代，正是法西斯主义一度盛行的时期，如何理解法西斯主义的形成是一个重要的现实问题。正是在这样的知识和历史背景下，深受弗洛伊德影响的赖希（Wilhelm Reich，1897－1957），把弗洛伊德的学说与马克思的学说结合起来，写下了《法西斯主义群众心理学》。这部著作把卢卡奇、柯尔施等人的主体意识理论推进到社会性格的心理层面，提出了社会性格理论，并以此作为分析法西斯主义社会心理的理论基础，提出法西斯主义是群众的非理性性格结构的表现。1933 年，《法西斯主义群众心理学》第一版即德文版问世，1934 年在丹麦出版了第二版，1942 年出版了第三版。

二、篇章结构

《法西斯主义群众心理学》第三版是修订增补版，分三大部分十三章：第一部分就是第一章，即"作为一种物质力量的意识形态"，这是全书主题的提示，论述性压抑的一般理论以及德国社会的经济结构和意识形态情境，为讨论法西斯主义提供基础；第二部分包括第二章"法西斯主义群众心理学上的家族权威主义意识形态"，第三章"种族理论"，第四章"纳粹党徽"，第五章"权威主义家族的性经济前提"，第六章"有组织的神秘主义是一种国际的反性的组织"，第七章"反神秘主义斗争中的性经济"，从下层群众心理与元首意识形态的关系，以及种族理论、神秘主义、家族经济等方面，揭示法西斯主义的大众心理基础；第三部分包括第八章"性政治实践的几个问题"，第九章"群众与国家"，第十章"劳动的生物职能"，第十一章"把责任交给生活必需的劳动"，第十二章"人类自由斗争中的生物学错误估计"，第十三章"论自然的劳动民主"，主要阐述性经济的理论与实践，认为性经济是让人走出法西斯主义意识形态的社会基础。

三、观点提示

第一，社会性格与意识形态的功能。马克思关于社会存在决定社会意识的论断是正确的，但需要弄清楚物质是如何转化为意识的，意识是如何反作用于社会经济过程的，社会性格理论揭示了这一中介过程。人的性格分为三个层次：表层性格，在这一层面，正常人是彬彬有礼、富有同情心、讲道德、有责任感的；中层由残忍、虐待狂、好色、贪婪、妒忌的冲动构成，即弗洛伊德所说的"无意识"或"被压抑的东西"；深层即生物核心，在这一层面，人基本上是诚实、爱合作、与人为善的。这些性格被社会条件改变后变成了社会性格，并以意识形态的形式再生产出社会的社会结构。在这个意义上，意识形态就是一种物质力量。这种物质力量将经济过程植根于大众的性格结构中，谁能洞察到这种社会性格，谁就能充分调动起大众的意识。

第二，法西斯主义的性格结构。法西斯主义的形成有赖于中下层阶级的支持，这些阶层的性格结构与法西斯主义的意识形态相契合。在中下层阶级的家庭结构中，人的性格受家长制的性道德影响，这种性道德以性压抑为手段，父亲占据着权威主义的形象。在现代生产结构中，父亲的权威让位于老板的权威，经济生活与家庭生活的内在联系使权威主义性格构成了大众的内在气质，并通过家庭不断地将这种性格不断地再生产出来。资本主义经济的发展抑制和破坏了中下层阶级的经济生产方式，并冲击着建立在传统生产方式基础上的家庭生活，父亲的权威受到挑战。在这种情况下，受到创伤的权威主义性格总是想重新寻找强有力的父亲形象。由于资本主义在德国发展的时间不长，这种家庭性格又与土地关系和血缘关系交织在一起，形成了荣誉、义务和血统观念，使之具有了"神秘主义"的内涵。这就为法西斯主义的产生提供了心理基础。

第三，性经济与自由的社会性格的生成。法西斯主义建立在性压抑的基础上，为了使人从这种压抑中解放出来，需要实施性经济。性经济的实施以大工业的发展为基础，因为大工业的发展催生了大量的雇佣工人，尤其能够使青少年和妇女从传统家庭中解放出来，这是摆脱性压抑的重要条件。同时，对权威主义的批判能够让群众意识到自身的性压抑，并通过学习摆脱这种压抑而达到自由。要使群众自觉地摆脱压抑，就需要对劳动进行组织，实行劳动民主。劳动民主包括爱情、劳动和认识三个方面。快乐的劳动是人的性能量的自由释放，而性能量的自由释放更能激发人的劳动；当个体的生物能量激发人们的劳动渴望时，既能满足自己的渴望，又能实现和发展自身，并根据非压抑的眼光来认识外部世界。这样，爱情、劳动和认识才能统一，才能消除对人类造成灾难的非理性主义，才能生成自由的社会性格。

《法西斯主义群众心理学》力图把马克思主义与弗洛伊德主义结合起来，并以此为基础分析法西斯主义的形成，将弗洛伊德的精神分析学改造为群众心理学，为分析法西斯主义性格结构提供了基础，打开了西方马克思主义的另一个理论空间。

四、文本节选

因此，我们现在谈论的不是什么新东西，我们不是在修正马克思，正如通常所认为的那样，"所有的人的关系"不仅指作为劳动过程一部分的条件，而且也指人的本能和思想的最隐秘、最切身和最高的表现，即妇女、青少年和儿童的性生活，社会学对这些关系的考察水平及其在新的社会问题上的应用。希特勒正是以某一种这样的"人的关系"，造成了一种不应被嘲笑为不存在的历史局面。马克思未能提出性社会学，因为当时还没有性学。因此，现在出现了一个把纯经济的关系和性经济的关系结合进社会学框架中，并摧毁神秘主义者和形而上学者在这个领域里的霸权的问题。

当一种"意识形态对经济过程有一种反作用"时，这意味着它一定成了一种物质力量。当一种意识形态成为一种物质力量时，只要它能够吸引群众，我们就应该进一步探究：这是如何发生的？一种意识形态因素如何能产生一种物质的结果，也就是说，一种理论如何能产生一种革命效果？对这个问题的回答，也应该是对反动的群众心理问题的回答；换句话说，它应该解释"希特勒的心理变态"。

每一种社会形态的意识形态不仅具有反映这个社会的经济过程的作用，而且更重要的，还具有把这个经济过程深植于作为社会之基础的人民的心理结构中的功能。人以两种方式屈从于他存在的条件：直接通过他的经济和社会地位的影响，间接依靠社会的意识形态结构。换句话说，相应于他的物质地位发挥的影响和社会的意识形态结构发挥的影响之间的矛盾，他的心理结构也不得不产生一种矛盾。例如，工人既屈服于自己的劳动境遇，也屈服于社会的一般意识形态。然而，不管属于什么阶级，既然人不仅是这些影响的对象，而且也在自己的活动中产生这些影响，那么人的思想和行动就一定像它们由之而来的社会一样是矛盾的。但是，只要一种社会意识形态改变了人的心理结构，那么，它就不仅在人身上再生自身，而且更重要的，还会成为人身上的一种积极力量、一种物质力量，而人则发生具体的变化，并因而以一种不同的矛盾的方式来行动。这样而且只有这样，社会意识形态对它由之而来的经济基础的反作用才是可能的。一旦把"反作用"理解成社会上能动的人的性格结构的作用，它也就失去了它表面的形而上学的和心理学的特点。这样一来，它也就成了对性格进行自然的社会考察的对象。因此，那种认为"意识形态"变化的速度慢于经济基础的变化的观点，有明确的说服力。与某种确定的历史状况相一致的性格结构的基本特性，是在童年形成的，而且比技术生产力保守得多。由此可以认为，随着时间的推移，心理结构落后于它们由之而来的社会条件的急剧变化，而且后来会同新的生活方式相冲突。这就是所谓的传统的性质，即旧的社会状况和新的社会状况之间的矛盾的基本特性。

......

我们现在开始认识到，群众的经济状况和意识形态状况之间不一定一致，的确，二者之间可能存在着相当大的裂隙。经济状况不是径直地、直接地转化为政治意识的。如果不是这样的话，那么很早以前就会有社会革命了。根据社会条件和社会意识的这种断裂情况，社会考察应该循着两条线索进行。尽管心理结构来自经济存在，但用来融解经济状况的方法一定不同于用来理解性格结构的方法：前者应在社会经济学上来理解，而后者应在生物心理学上来理解。让我们用一个简单的例子来说明这一点：当忍饥挨饿的工人由于工资被缩减而举行罢工时，他们的行动就是他们经济状况的直接结果。那些因饥饿而偷盗的人也属于这类情况。一个人因饥饿而偷盗，或工人因被剥削而罢工，这不需要任何进一步的心理学证明。在这两种情况下，意识形态和行动是同经济压力相符合的。经济状况和意识形态相一致。反动的心理学根据假定的非理性动机去解释偷盗和罢工；结果总是反动的合理化行为。社会心理学以一种完全不同的眼光来看待这一问题：应该解释的不是饥饿的人去偷盗或被剥削的人去罢工，而是为什么绝大多数饥饿的人不去偷盗，为什么绝大多数被剥削的人不去罢工。因此，社会经济学完全可以说明一种服务于一个合理目的的社会事实，即那种满足一个直接需要并反映和放大经济状况的社会事实。但是，如果一个人的思想和行动与经济状况不一致，也就是说，是非理性的，社会经济学的解释就很难成立了。庸俗的马克思主义者和那些头脑狭隘的不承认心理学的经济学家，面对这种矛盾束手无策。一个社会学家越是倾向于机械主义和经济主义，他就越不了解人的心理结构，他就越是在群众宣传的实践中求助于肤浅的重心理主义。他不是去探索和解决群众个体中的心理矛盾，而是求助于无聊的库埃主义，或者根据"群众精神变态"来解释民族主义运动。因此，探索群众心理的路子恰恰开始于直接的社会经济学解释无的放矢的地方。这是否意味着群众心理学和社会经济学服务的目的相交叉呢？否！因为群众的同直接的社会经济状况相矛盾的思想和行动，即非理性的思想和行动，本身就是以前的更早的社会经济状况的产物。人们靠所谓的传统去解释社会意识的压抑，但不曾去考察确定"传统"的是什么，它塑造了哪些心理因素。头脑狭隘的经济学家一直看不出，最根本的问题不是工人对社会责任的意识（这是不证自明的），而是禁锢这种责任意识的发展的东西。

忽视人民群众的性格结构，探索必将是徒劳的。例如，共产党人说，正是社会民主党人误入歧途的政策使得法西斯主义者掌权成为可能。实际上，这个解释等于什么也没有解释，因为社会民主党人的要害正是散布幻想。一句话，它没有产生一种新的行动方式。那种认为以法西斯主义为形式的政治反动势力"愚弄"、"腐蚀"并"催眠"了群众的观点，像别的解释一样是站不住脚的。只要法西斯主义存在，这就是而且仍将是法西斯主义的职能。这些解释之所以难以站住脚，乃因为它们指不出一条出路。经验告诉我们，这些解释不管怎样一再重复，都不能使群众信服。换句话说，光有社会经济的探索是不够的。探询一下那些不能而且不会辨认出法西斯主义职能的群众中正出现什么东西，难道不更有的放矢吗？说"工人应该相信……"或"我们不理解……"，这无济于事。为什么工人不相信，为什么他们不理解呢？工人运动中的左派和右派之间翻来覆去地讨论的这些问题，也应该被看作是毫无结果的。右派认为，工人天生不想战斗；而左派反驳这种说法，断定工人是革命的，右派言论是对革命思想的背叛。这两种论断由于未能看到问题的复杂性，严格地说都是机械的。必须做出一种现实主义的估价，即普通工人本身具有一种矛盾，也就是说，他既不是截然革命的，也不是截然保守的，而是处在分化点上的。他的心理结构一方面来自社会状况（这为革命态度奠定了基础），另一方面来自权力主义社会的整个气氛——二者不相一致。

承认这种矛盾，并准确了解工人身上反动的东西和进步革命的东西如何互相抵消，这具有决定性的重要意义。自然，这也适用于中层阶级的人。他在危机中反抗"制度"，这很容易理解。然而，从社会经济的角度来看不容易理解的是，尽管他已经处于经济不幸的地步，他却害怕进步，并成为极其反动的。一句话，在他身上也存在着造反情绪同反动的目的及意图之间的矛盾。

……

问题的要害在于，每一社会制度都在它的群众成员中产生一种结构，它需要用这种结构来达到它的主要目的。没有群众的这种心理结构，就不可能有战争。社会的经济结构和作为社会成员的群众的心理结构之间有一种本质联系，这不仅意味着占统治地位的意识形态是统治阶级的意识形态，而且对于解决实际政治问题来说更重要的是，一个社会的经济结构的矛盾也深植在被奴役的群众的心理结构中。否则，一个社会的经济规律只有通过服从于这些规律的群众的活动才能成功地达到具体结果，便是不可思议的。

可以肯定，德国的自由运动了解所谓的"历史的主观因素"（同机械唯物主义相反，马克思把人当作历史的主体，列宁正是立足于马克思主义这一方面之上），所不了解的是非理性的、似乎无目的的行动，也就是说，不理解经济和意识形态之间的脱节。我们应该能解释神秘主义是如何战胜科学社会学的。只有当我们的探索路线能使我们解释自发地产生一种新的行动方式时，这一任务才能完成。如果劳动者既不是截然反动的，也不是截然革命的，而是处在反动的倾向和革命的倾向的矛盾中的，如果我们成功地说明了这种矛盾，那么，结果一定是一种用革命力量抵消保守的心理力量的行动方式。每一种神秘主义都是反动的，而且反动的人都是神秘主义者。嘲笑神秘主义，或极力把神秘主义当作"糊涂"或"精神变态"而不加以注意，并不能产生反神秘主义的纲领。如果正确地理解了神秘主义，那么必然就会有解毒药。但为了完成这一任务，就必须用我们所有的认识手段来彻底理解社会状况和结构形态之间的关系，特别是理解按纯社会经济的依据未能解释的非理性的观念。

......

任何神秘主义者都根据人的永恒的道德天性来解释这种行为，并认为这种道德天性禁止向神圣模式和"国家权威"及其代表造反。庸俗的马克思主义者完全无视这些现象，他既不能理解也不能解释它们，因为从纯经济观点出发是无法解释它们的。弗洛伊德的观点非常接近事情的真谛，因为它承认这种行为是幼年对父亲人物的犯罪感的结果。然而，它未能向我们说明这种行为的社会学根源和功能，因此拿不出实际的解决办法。它还忽略了这种行为同广大群众的性生活的压抑和扭曲之间的联系。

为了进一步说明我们考察群众的这些非理性的心理现象的方式，有必要粗略地看一下性经济的探索路线，这个问题在别的地方还要详谈。

性经济是一个研究领域，很多年前由于机能主义在这一方面的应用从而从关于人类性生活的社会学中产生了它，它已经有了一些新的见解。它从下列前提出发：

马克思发现，社会生活是受经济生产的条件和这些条件在一个确定的历史时刻造成的阶级冲突所支配的。在对被压迫阶级的统治中，社会生产资料的占有者很少求助于野蛮力量；它的主要武器是它对于被压迫者的意识形态权力，因为国家机器的主要支柱正是这种意识形态。我们已经提到，在马克思看来，具有心理和生理性情的活生生的生产者，是历史和政治的第一个前提。能动的人的性格结构，即马克思意义上的所谓的"历史的主观因素"，却没有得到考察，因为马克思是一个社会学家，而不是心理学家，因为当时科学的心理学还不存在。为什么人允许自己被剥削，在道德上被凌辱，一句话，为什么人几千年来都屈服于奴役，并没有得到回答。马克思已确定的东西只是社会的经济过程和经济剥削的机制。

大约半个世纪后，弗洛伊德使用了一种他所说的精神分析学的方法，发现了支配心理生活的过程。他最重要的、对现存的许多观念具有压倒一切的革命影响（起初使他仇视世界）的发现如下：

意识只是心理生活的一小部分；它本身是由无意识地发生的因而不易自觉控制的心理过程支配的。每一种心理体验（不管看起来多么无意义），例如梦、无用的动作、心理疾病和精神错乱的模糊发音，都有一种功能和"意义"，如果人们能成功地追溯出它的病因，它完全是可以理解的。这样一来，曾经完全蜕化为一种大脑物理学（"大脑神话学"）或一种神秘的客观的格式塔理论的心理学，就进入了自然科学的领域。

弗洛伊德的第二个伟大发现是，甚至儿童也有一种活跃的性活动，这种性活动同生殖没有关系，也就是说，性与生殖、性的与生殖器的，不是同一回事。对心理过程的分析解剖进一步证明，性，或毋宁说它的能量，即里比多（身体的里比多），是心理生活的原动力。因此，生活的生物前提和社会条件在头脑里相重合。

第三个伟大发现是，儿童的性活动（父母与孩子关系中最关键的东西，即俄狄浦斯情结，是它的一部分）一般是由于害怕因性行为和性念头受惩罚而被压抑的（"害怕阉割"）；儿童的性活动受到禁止并从记忆中被根除掉。因而，尽管儿童时期的性压抑摆脱了意识的影响，但它并没有减弱性的力量。恰恰相反，压抑强化了它，并使它在头脑的各种病理失调中表现出来。由于在"文明人"中间很少有不符合这个规则的例外，所以弗洛伊德说他把所有人都当作自己的病人。

与此相关的第四个重要发现是，人的道德准则根本没有神圣的起源，而是来自幼年时期父母或父母代理人使用的教育措施。归根到底，这些反对儿童性活动的教育措施是最有影响力的。最初在儿童的欲望和父母对这些欲望的压制之间出现的冲突，后来成了个人身上本能和道德之间的冲突。在成人身上，那些本身无意识的道德准则，不利于理解性和无意识的心理生活的规律；它支持性压抑

（"性阻力"），并要求广泛抵制对儿童时期性活动的"揭示"。

每一个这样的发现（我们只提到了对于我们的主题来说最重要的发现）都通过自身的存在而构成了对反动的道德哲学，特别是宗教形而上学的严重冲击，因为这两种东西都主张永恒的道德价值，认为世界处在一种客观的"力量"支配之下，除了把性限定在生殖功能上而外，还否认儿童时期的性活动。然而，这些发现未能发挥重大影响，因为立于其上的精神分析社会学阻碍了它们以进步的和革命的冲动方式所提出的大部分东西。在这里我们不便证明这一点。精神分析社会学试图像分析一个人那样分析社会，把文明的进程和性满足绝对对立起来，把破坏的本能当作永远支配人类命运的首要的生物学事实，否认原始母权制时期的存在，由于回避自身发现的结果而最终成了一种跛脚的怀疑主义。它敌视根据这些发现而进行的努力，倒退了许多年，它的代表顽固地反对这些努力。但所有这一切丝毫动摇不了我们维护弗洛伊德的伟大发现，反对任何一种不管出自任何缘故的攻击的决心。

性经济社会学的探索路线依据的正是这些发现，这条路线并不是用弗洛伊德来补充、取代或调和马克思，或用马克思来补充、取代或调和弗洛伊德的典型尝试。在上面一段话中，我们提到在历史唯物主义中有一个领域，精神分析学应在这个领域起一种科学的作用，而这种作用是社会经济学不能够完成的，即理解意识形态的结构和动态，而不是理解它的历史基础。由于结合了精神分析学提供的见解，社会学能达到一个更高的标准，并能更好地支配现实；人类性格结构的性质将最终被把握。只有头脑狭隘的政治家才会指责性格分析的结构心理学不能够提出直接的实际建议。而且只有政治上喋喋不休的人才会执意谴责它被一种保守的生活观所扭曲。而真正的社会学家将承认精神分析学对儿童性活动的理解是一种非常有意义的革命行动。

自然而然，建立在马克思社会学基础和弗洛伊德心理学基础上的性经济社会学的科学，同时本质上是一种群众心理学的和性社会学的科学。它拒斥弗洛伊德的文明哲学，它开始于精神分析学的诊断心理学探索路线终结的地方。

精神分析学揭示了性压制和性压抑的结果和机制及其在个人身上的病理后果。性经济社会学进一步探询：出于什么样的社会学原因，性被社会所控制，并被个人所压抑？教会说，是出于要从地狱中获得拯救之缘故；神秘的道德哲学说，这是人的永恒伦理道德的天性的直接结果；弗洛伊德的文明哲学认为，这是为了"文化"的利益。人们难免产生怀疑，禁不住要问儿童的手淫和成年人的性交怎么可能破坏煤气站的建立和飞机的制造。显而易见，要求压制和压抑性活动的并不是文化活动本身，而只是这种活动的目前形式，如果能消除儿童和成年人可怕的灾难，人们愿意牺牲这些形式。所以，这个问题与文化无关，而与社会制度有关。如果人们研究了性压制的历史和性压抑的病因，人们就会发现，不能把它们追溯到文化发展的开端，换句话说，压制和压抑不是文化发展的先决条件。只是到了相对较晚的时候，随着权威主义父权制的建立和阶级分化的产生，性压制才开始表现出来。正是在这个阶段，性兴趣普遍开始服务于少数人对物质利润的兴趣，在家长制婚姻和家庭中，这种状况采取了一种稳固的有组织的形式。随着性的限制和压制，人类感情的性质起了变化；一种性否定的宗教开始出现，并逐渐演变成它的性政治的组织，即有着自己和先驱者的教会，它的目的不过是根除人的性欲以及由此而来的哪怕一丝一毫的幸福。从现在盛行的剥削人类劳动力的角度看，所有这一切都有充分的理由。

为了理解性压制与人类剥削之间的关系，有必要考察一下使得父权制权威主义社会的经济情况和性经济情况交织在一起的社会基本制度。如果不把握这种制度，就不可能理解一个父权制社会的性经济和意识形态过程。对一切时代、一切国家和每一社会阶级的男男女女的精神分析表明：社会经济结构同社会的性结构和社会的结构再生产的交错，是一个人最初的四五年里在权威主义家庭中进行的。后来教会只是继续了这种作用。因此，权威主义国家从权威主义家庭中获得了巨大的利益：家庭成了塑造国家的结构和意识形态的工厂。

我们已经发现了使得权威主义体系的性利益和经济利益结合在一起的社会制度。现在我们应该探询一下这种结合是怎样发生的，怎样起作用的。不言而喻，只有当一个人完全意识到提出这个问题的必要性时，对反动的人（包括工人）的典型性格结构的分析才能有答案。对儿童自然的性活动的道德禁锢（其最后阶段严重损害儿童生殖器的性活动），使儿童感到害怕、羞愧、畏惧权威、顺从，以及权威主义意义上的"善良"和"驯良"。它对人的造反力量起了一种削弱作用，因为人们极为畏惧每一种至关紧要的生命冲动。"既然性是一个被禁止谈论的话题，那么一般的思想和人的批判能力也成了被禁止的。简言之，道德的目的是产生逆来顺受的主体，这些主体不管多么悲伤和蒙耻都要适应权力主义秩序。因此，家庭是小型的权威主义国家，儿童必须学会适应家庭，以便为后来总的适应社会做好准备。人的权威主义结构——这应该是明确确定的——基本上是由于性禁锢和性畏惧嵌入性冲动的生命本质中而造成的。"

……

禁锢自由意志的性道德，以及那些顺从权威主义兴趣的力量，从被压抑的性活动中获得了它们的能量。我们对"意识形态对经济基础的反作用"过程的一个本质部分有了更好的理解：性禁锢大大改变了在经济上受压迫的人的性格结构，以致他的行动、感情和思想都违背了他的物质利益。

……

个人主义的生产方式和权威主义家庭在下中层阶级中的交织，是"大家庭"的法西斯主义意识形态的众多根源之一。以后在另一章中我们还会碰到这个问题。

尽管法西斯主义意识形态宣扬"共同利益重于个人利益"以及"协作观念"，但小商业在经济上的彼此争斗，仍然符合中下层阶级典型的家庭私囊和竞争。法西斯主义意识形态的基本因素，如"元首原则"、"家庭政策"等等，具有一种个人主义的特点。法西斯主义中集体的东西来自群众基础中的社会主义倾向，正像个人主义的因素来自大商业的利益和法西斯主义领导层一样。

从人的自然组织的角度来看，这种经济和家庭状况，如若不是由男女之间的一种特殊关系，即我们所说的父权制以及从这种关系中派生出来的性方式来保证，就会破碎。

在经济上，城市中层阶级人士的地位并不比体力劳动者更好。因此，他基本上要依赖他的家庭和性生活方式来努力同劳动者区别开来。他经济上的损失不得不以一种性道德主义方式来补偿。在职员那里，这种动机是他同统治政权的自居作用的最有效因素。既然一个人没有和上中层阶级平起平坐，却又以上中层阶级自居，那么就不得不用性道德主义意识形态来补偿经济上的限制。从根本上说，性生活方式和依赖于这些性生活方式的文化生活方式，有助于他同下层阶级区别开来。

以一个人的性态度为核心而且通常被叫作"市侩作风"的这些道德主义态度的总和，在荣誉和义务的观念上——我们说的是观念，而不是行为——达到了顶点。应该正确地估价这两个词对下中层阶级的影响，否则我们对它们的研究就没有太大的意思。这两个词在法西斯主义的独裁意识形态和种族理论中一再出现。

实际上，正是下中层阶级的生活方式，它的生意习惯，造成了一种完全相反的行为。不诚实的性格是私人经商生活的一部分。当一个农场主在买一匹马时，他就极力贬低这匹马。而当他一年后再卖这匹马时，他就把这匹马形容得更年幼、更好、更强壮。一个人的"义务"感是由商业利益，而不是由民族性格特点塑造的。自己的商品总是最好的，而别人的商品总是最坏的。贬损自己的竞争者——通常这种贬损一点也不诚实——是一个人"做生意"的基本工具。小商人对顾客的谄媚和恭敬行为，证明了经济生存的强烈压力，长期下去它一定扭曲最好的性格。然而，"荣誉"和"义务"的观念在下中层阶级的生活中起了非常决定性的作用。不能只根据一个人极力想掩盖自己残忍的唯利是图的背景，来解释这一点。因为从"荣誉"和"义务"的观念中产生的狂喜，不管多么虚伪，都是确实无疑的。问题仅仅在于它的来源。

这种狂喜是从无意识的情感生活的根源中产生的。起初人们并不注意这些根源，人们高兴得忘乎所以，忽视了这些根源同上层的意识形态的联系。然而，对下中层阶级人民的分析，使人们对性生活与"义务"和"荣誉"的意识形态之间的关系的重要性确信无疑了。

举例来说，父亲的政治和经济地位反映在他同家庭其他成员的父权制关系上。在每一个家庭中，权威主义国家在父亲这个人物身上找到了它的代表，所以，家庭成了它的权力的最重要工具。

父亲的权威主义地位反映了他的政治作用，并显示了家庭与权威主义国家的联系。在家庭中，父亲占据的地位就像在生产过程中他的老板相对于他而占据的地位一样。父亲在他的子女中，特别是在他的儿子中，再生了他对权威的臣服态度。下中层阶级人士对元首人物的消极的奴隶态度，就是在这些条件下产生的。可以毫不夸张地说，希特勒元首地位就是建立在这种下中层阶级的态度上的。

……

为维护父亲的这种地位实际上必需的东西，是对妇女和儿童最严格的性压制。尽管妇女在下中层阶级的影响下产生了一种顺从态度——一种为被压制的性造反所强化的态度——但儿子除了对权威的服从态度而外，还产生了一种强烈的同父亲的自居作用，这种自居作用构成了情感上同权威的自居作用的基础。一个社会的支持性阶层的心理结构就这样被构造出来，以致它们像一架精密机器的部件那样准确地适合于经济框架并服务于统治政权的目的。这其中的奥妙将长期是一个难解之谜。总而言之，我们描述的一个社会的经济制度在群众心理上的结构再生产，是政治观念形成过程中的基本机制。

……

劳动是人的社会存在的基础。每一种社会理论都强调这一点。然而，在这里，问题并不在于劳动是人类存在的基础。问题在于劳动的性质：它是同人民群众的生物需要相对立的还是相和谐的？马克思的经济理论证明，以经济价值的方式生产的每一种东西都是通过人的活劳动力的消耗，而不是通过死材料的消耗而产生的。

……

苏联废除的是私人利润经济，而不是国家利润经济。它最初的意图是把资本主义的劳动"经济化"改造成社会主义的劳动"经济化"。它解放了国家的劳动生产力，并普遍缩短了劳动时间；这样一来，它成功地渡过了1929—1932年尖锐的经济危机，无失业现象。毫无疑问，苏联的经济化措施起初在某种程度上是社会主义的，它能满足整个社会的需要。然而，真正的民主，即劳动民主的基本问题不单是一个劳动经济的问题。与别的事情不同，它是一件改变劳动的性质，使其不再是一项繁重的义务，而是令人满意地实现需要的事情。

对人类劳动职能的性格分析考察（这个考察绝没有完成）为我们提供了一些线索，这些线索使得有可能以实际的方式解决异化劳动的问题。我们可以以令人满意的准确性区别开人类劳动的两种基本类型：强制性的不产生任何快乐的劳动和自然的快乐的劳动。

为了理解这种区别，我们首先应该摆脱几种机械的关于人类劳动的"科学"观点。经验的心理学只考虑用哪种方法有助于最大限度地利用人类劳动力的问题。当它谈到劳动乐趣时，它指的是一个独立的科学家或艺术家从自己的成就中获得的乐趣。甚至精神分析学的劳动理论也犯了唯一只注重精神成就的模式的错误。从群众心理学角度对劳动的考察，是正确地从劳动者同自己劳动的产品的关系出发的。这种关系具有一种社会经济的背景，与劳动者从自己的劳动中获得的快乐有关。劳动是一种基本的生物活动，这种活动像一般生活一样，依赖于快乐的搏动。

……

当一个人从自己的劳动中获得快乐时，我们把他和劳动的关系叫作"里比多的"。既然劳动和性(无论从这个词的狭义和广义上说都)密切地缠绕在一起,那么,人同劳动的关系也是人民群众性经济的问题。劳动过程的卫生取决于人民群众用来满足自己生物能量的方式。劳动和性出自同样的生物能量。

……

工人的性生活和他的劳动表现之间的关系具有决定性的重要意义。好像劳动也不会妨碍性能量的满足,不会一个人劳动越多,他对性满足的要求也就越少。事情恰恰相反:如果一切外部条件具备的话,一个人的性生活越是满意的,他的劳动就越是有成果的和快乐的。被满足的性能量自发地转化为劳动的兴趣和活动的渴望。与此相反,如果一个人的性需要未被满足,而是被压抑,那么他的工作也就在各方面受到干扰。因此,劳动民主社会的劳动卫生的一个基本原则是:不仅有必要建立最好的劳动外部条件,而且有必要创造内部的生物前提,以便最充分地实现生物的活动渴望。所以,保证劳动群众有完全满意的性生活,是快乐劳动最重要的前提。在任何社会里,劳动扼杀生活乐趣的程度,劳动被当作义务的程度(不管这些幻想是借用"祖国"、"无产阶级"、"民族"的名义,还是借用别的名义),是衡量这个社会的统治阶级反民主特点的确切尺度。"义务"、"国家"、"纪律和秩序"、"牺牲"之类的东西是彼此密切联系在一起的,而"生活的乐趣"、"劳动民主"、"自治"、"快乐的劳动"、"自然的性活动"也是不可分割地结合在一起的。

选自《法西斯主义群众心理学》,张峰译,重庆出版社 1990 年版,第 14—267 页。

五、进一步阅读的文献

1. [匈]卢卡奇:《理性的毁灭》,山东人民出版社 1997 年版。

2. [德]鲍曼:《现代性与大屠杀》,译林出版社 2002 年版。

3. Erich Fromm, *Escape from Freedom*, *Henry Holt and Company*, LLC, New York, 1941.

第三十三章 批判理论的张扬

——《启蒙辩证法》

一、写作背景

1923 年，法兰克福社会研究所成立。1930 年，霍克海默（Max Horkheimer，1895－1973）出任法兰克福研究所第二任所长。针对当时以自然科学方法来研究社会的倾向，霍克海默提出了明确的研究纲领，即"批判理论"。批判理论是相对于传统理论而言的。所谓传统理论指的是以自然科学的方法、特别是数学的方法为指导来建构社会科学，并认为这种科学面对一切对象都是有效的；批判理论关注的是社会生活合理性，强调对社会生活的批判性理解；这种批判是对政治经济学批判地继承，主张从哲学与社会科学的联盟中展开对资本主义社会及其思想观念的批判。法兰克福社会研究所移居美国之后，霍克海默、阿多诺、马尔库塞等人看到，美国资本主义的发展带来了技术支配与大众文化的隐性奴役，启蒙理性已经丧失了在启蒙时代所具有的解放作用，变成了压抑人的工具。如何批判地审视启蒙时代以来的资本主义社会及其思想的发展过程，因此成为法兰克福学派理论建构亟待解决的问题。正是在这样的历史背景下，1938年，霍克海默与阿多诺开始创作《启蒙辩证法》，1944 年《启蒙辩证法》正式出版。

二、篇章结构

《启蒙辩证法》写作分工如下："前言1944/1947"主要由霍克海默所写，阿多诺参与修改；"启蒙的概念"主要由霍克海默写作，阿多诺参与修改，主要分析启蒙的特征以及启蒙是如何变成神话，将人置于控制之下的；"附论1：奥德修斯或神话与启蒙"主要由阿多诺完成，通过解读古希腊神话《奥德塞》的漂泊回乡之旅，揭示牺牲是为了获得控制自然的力量，启蒙的辩证法就是为了实现对自然的支配；"附论2：朱莉埃特或启蒙与道德"由霍克海默完成，通过讲述奥德修斯击败塞壬的神话，揭示启蒙与工具理性关系；"文化工业"由两人合作完成，描述了发达资本主义国家的文化是如何成为文化工业，从而在刺激消费的过程中实现对人的支配与统治的；"反犹主义要素"由阿多诺主笔，霍克海默修改，讨论启蒙所倡导的合理性包含着观念上和实际上自我毁灭的趋势，反犹主义就与这种合理性观念相关。1947年增加的"反犹主义要素"的"第七节"由霍克海默完成；"笔记与札记"由霍克海默完成，这部分有些是论文的提纲，涉及很多有待展开的问题。

三、观点提示

第一，启蒙倒退为神话。启蒙有两个重要的命题：一是培根所说的知识就是力量，用知识代替幻想，用理性战胜迷信；二是知识的本质、技术的目的不是为了生产概念与意象，而是方法，即剥削他人的方法、资本的方法。启蒙的这两个纲领是对世界的祛魅，人们用公式替代概念，放弃了对意义的探求，这是启蒙战胜神话的过程。与此同时，启蒙同时又倒退为神话：（1）神话中命定的必然性成为启蒙的内在原则，启蒙把每一事件都解释成必然性的再现。（2）启蒙强调万物同一，摒弃一切不可度量之物，数量关系成为统治一切的原则，这正是现代市场商品交换的根本法则。（3）启蒙在主体与客体相分离的基础上追求抽象的同一性，占有就是以这种分离为基础的。（4）神话来自于恐惧，并将令人恐惧的事物化为神圣的存在，而启蒙通过理性工具主义的操控摆脱恐惧，以获得自由，这是神话的彻底化。（5）启蒙虽然想以理性取代神话，反对封建迷信，但启蒙本身恰恰以信仰为基础，康德对纯粹理性的批判和对实践理性的强调，揭示的正是这样的问题。（6）启蒙倒退为神话，在直接意义上体现为法西斯主义的民族主义神话，这种神话与理性工具主义结合在一起，成为现代操控的根本形式。

第二，自我保存的努力就是自我同一性的坚守。斯宾诺莎的"自我保存的努力乃是德性的首要基础"这句话，是西方文明的原则。自我保存的努力，从根本上来说就是自我同一性的坚守，这就造成了自我抽象呈现，将自我提升为先验主体和逻辑主体，并以此作为理性的基础和行动的决定性因素。自我保存的理性化，在资本主义经济活动中，就是使个体性的自我纳入到分工体系中，并以技术装置为中介来安置自己，从而产生自我异化。可见，自我保存与理性形而上学处于同构关系中，这种理性变成了自我保存的工具。对人的内部自然与外部自然的征服成为人类自我保存的目的，这是文艺复兴以来的两个重要原则。在启蒙中，自然具有双重含义：一是被支配的自然，自然成为人的理性所支配的对象；一是本真性的自然，这种本真性的自然正是人的理性控制时所要模仿的对象。要实现这种支配与控制，就需要从自然科学的经验出发，这时，形而上学的理性与经验论意义上的理性合流了，这正是工具理性的内涵。因此，启蒙以来的形而上学并不具有超越当下世界的特征，相反，它成为权力支配的合法性证明。

第三，文化工业对个体的操控。文化工业对个体的操控表现为三个方面：一是使个体意识变成文化工业的衍生物。一方面，现代技术的发展使文化能够批量生产出来，使文化日益与大众生活联系在一起；另一方面，大众文化与消费相结合，通过激发人们的欲望使大众自愿进入到文化工业的生产与消费过程中。这时，人们的欲望与意识都逐渐地受制于文化生产过程，文化与艺术所具有的超越维度消失了，人们完全进入到社会体制之中。这是资本的全面胜利。二是随着文化工业的形成，文化产品的创作变成了一种程序化的过程，创作技巧以技术的完善为后盾，思想的独创性不再重要了，重要的是如何创造出一种风格与语言，并引导大众成为这种文化的欣赏者与消费者。三是当个体意识变成了文化工业的产物时，理性所具有的否定性能力也被剥夺了。人们在消费大众文化时，只是想通过消费来摆脱一天的辛劳，寻求一时的快乐，以便在第二天更好地劳动，人成为一个与主体的本质相背离的物化存在。

《启蒙辩证法》是法兰克福学派的代表性作品，体现了法兰克福学派批判理论的主要构想，对西方近代以来的启蒙理性展开了激进的批判，并将现代资本主义社会与意识形态批判延伸到对西方文化之根的批判，揭示了现代理性形而上学与权力控制的同构关系，在西方马克思主义的发展史上具有重要的地位。

四、文本节选

就进步思想的最一般意义而言，启蒙的根本目标就是要使人们摆脱恐惧，树立自主。但是，被彻底启蒙的世界却笼罩在一片因胜利而招致的灾难之中。启蒙的纲领是要唤醒世界，祛除神话，并用知识替代幻想。"经验哲学之父"培根早就归纳了启蒙的主旨。培根蔑视那些所谓的传统大师们，他们最初相信，他人知其所不知，他们又相信自己知其所不知。

......

培根虽然不长于数学，但他的观点却与他身后广为流传的科学观念相辅相成。培根认为，人类心灵与事物本性的和谐一致是可敬的：人类的理智战胜迷信，去支配已经失去魔力的自然。知识就是力量，它在认识的道路上畅通无阻：既不听从造物主的奴役，也不对世界统治者逆来顺受。如同资产阶级经济在工厂里或是在战场上的所有目标一样，出身问题已经不再是企业家们的障碍：商人比国王更能直接地控制技术，技术与它所涉及的经济系统一样也是民主的。技术是知识的本质，它的目的不再是概念和图景，也不是偶然的认识，而是方法，对他人劳动的剥削以及资本。培根认为，知识中"存留着的""许多东西"，其本身也仅仅是一种工具：无线电就是一种精致的印刷术，轰炸机是一种更有威力的火炮，遥控系统则是更为可靠的指南针。人们从自然中想学到的就是如何利用自然，以便全面地统治自然和他者。这就是其唯一的目的。启蒙根本就不顾及自身，它抹除了其自我意识的一切痕迹。这种唯一能够打破神话的思想最后把自己也给摧毁了。如今，面对求实思想的胜利，甚至连培根的唯名论信条都可能被怀疑为一种形而上学的偏见，或者像他曾断言过经院哲学那样，被断定是无稽之谈。权力与知识是同义词。培根与路德都认为，"知识不是满足，也不是像交际花那样去寻求某种快乐，而不考虑有什么结果"。知识并不满足于向人们展示真理，只有"操作"，"去行之有效地解决问题"，才是它的"真正目标"："在我看来，知识的真正目的、范围和职责，并不在于任何貌似有理的、令人愉悦的、充满敬畏的和让人钦慕的言论，或某些能够带来启发的论证，而是在于实践和劳动，在于对人类从未揭示过的特殊事物的发现，以此更好地服务和造福于人类生活。"这里，并没有什么秘密可言，这里，也不会有什么开启秘密的希望。

……

然而，启蒙运动从柏拉图和亚里士多德形而上学的遗产中却发现了某种古老力量，并且对普遍的真理要求顶礼膜拜。启蒙运动认为，在一般概念的权威下，仍存在着对神灵鬼怪的恐惧，通过把自己装扮成神灵鬼怪，人们试图对自然发挥影响。从那时起，物质便摆脱了任何统治或固有权势的幻觉，摆脱了潜在属性的幻觉，而最终得到控制。对启蒙运动而言，任何不符合算计与实用规则的东西都是值得怀疑的。一旦它摆脱了任何外在压迫的阻挠，便会生长发展，一往无前。在这一过程中，启蒙运动始终将其自身的人权观念看成是更为古老的普遍概念。因此，启蒙运动每一次所遭遇到的精神抵抗，都恰恰为它增添了无穷的力量。这表明启蒙始终在神话中确认自身。任何抵抗所诉诸的神话，都通过作为反证之论据的极端事实，承认了它所要谴责的启蒙运动带有破坏性的理性原则。启蒙带有极权主义性质。

……

然而，被启蒙摧毁的神话，却是启蒙自身的产物。科学在计算事实时是不用过去神话解释事实的观点的。神话试图对本原进行报道、命名和叙述，从而阐述、确定和解释本原：在记载和收集神话的过程中，这种倾向不断得到加强。神话早就在叙述中成为说教。每一种仪式都包含着一种发生的观念以及应当受到巫术影响的观念。这种仪式中的理论要素在早期各民族的史诗中就已赢得了独立地位。悲剧诗人们所创作的这些神话，已经显露出被培根推崇为"真正目标"的纪律和权力。代替各地神灵鬼怪而出现的，是天堂和天堂的等级制度；代替巫师和部落的天职而出现的，是分成不同等级的祭礼和以强制性命令为中介的不自由劳动。奥林匹斯诸神们不再与元素直接一致，而就是这些元素。在荷马史诗中，宙斯（Zeus）象征的是苍天云雨，阿波罗（Apollo）是日神，赫利俄斯（Helios）和埃厄斯（Eos）则完全变成了一种隐喻。众神们已与物质元素区别开来，并成为它们的总体性。自此时起，存在就分解为逻各斯（这种逻各斯随着哲学的发展而被归结为单子，归结为单一指谓项）和外部的万事万物。这种对自身存在与实在的区分压倒了其他一切区分。

……

神话变成了启蒙，自然则变成了纯粹的客观性。人类为其权力的膨胀付出了他们在行使权力过程中不断异化的代价。启蒙对待万物，就像独裁者对待人。独裁者了解这些人，因此他才能操纵他们；而科学家熟悉万物，因此他才能制造万物。于是，万物便顺从科学家的意志。事物的本质万变不离其宗，即永远都是统治的基础。这种同一性构成了自然的统一性。……思维把自身客体化为一种不由自主的自我推动过程，客观化成一种机器的化身，这种机器是在这个过程中形成的，以便最后思维能够被这种机器彻底替代。启蒙把对思考思想这一传统需求弃置一边——费希特哲学是其最高表现——因为它想竭力避开费希特自觉遵从的强制实践的箴言。也就是说，数学步骤变成了思维仪式。尽管有着自我限定的公理，数学还是认定自身有着必然性和客观性：它把思想变成了物，变成了工具——他自己也是这样说的。这种将一般思想加以平均化的模仿形式，把现实的事物转变为特有的事物，甚至使无神论自身也陷进了禁止形而上学的观念之中。对于代表着启蒙理性之仲裁法庭的实证主义来说，转向理智世界这一做法已不再被禁止，它只不过是一种无意义的咿呀学语而已。实证主义之所以（侥幸地）没有成为无神论，是因为它的对象化思维方式甚至连问题都提不出来。实证主义检察官们允许已经得以确立的膜拜仪式像艺术一样，自愿地作为社会行动中一种自由认识的特殊领域逃离出来，但他们却决不放弃把自己当作知识的主张。科学主义认为，为了适应现实而逃避实际生活里的特权领域的做法，也就是把思想从具体事务中分离出来的做法，是荒唐至极的，会导致自我毁灭。同样，原始人里的巫师也会认为，想跳出他为招魂仪式所设的巫术圆阵的举动，是荒唐至极的，会导致自我毁灭。

在上述两种情况中，对禁忌的冒犯实际上注定恶人会自食其果。支配自然也有范围，这个范围正是纯粹理性批判所约束的思想范围。康德就把永远无限进步的学说与坚持其固有的缺陷性和永恒的有限性统一起来。康德的这一判断是一个圣谕。世界上不存在任何科学所不能深入的存在，而科学所能深入的又并非就是存在。康德认为，哲学判断的目标是新生事物，但它却不承认任何新生事物，因为它总是去回忆，回忆那些理性常常存留在客体里的东西。但是，哲学也为这样的一种思考方式付出了代价，即依靠各种科学来回避占卜者的梦境：世界对自然的支配反过来与思维主体本身发生了对抗；主体除了拥有必然伴随着自我的所有观念的那个永远相同的我思以外，便一无所有。主体和客体都将变得虚无。为记录和抽象过程作出证明的抽象本身只能对应以抽象材料，而抽象材料除了占有这种实体以外，别无其他特征。只有通过精神和世界的相互限定，才能最终实现精神和世界的等同划一。从思想到数学公式的还原过程，同时也是世界对其自身标准的认定过程：所谓主体理性的胜利都归属于逻辑形式主义的实在，都以理性对既定事物的直接顺从为代价。因此，对既定事物本身的理解，不仅要理顺那些可以恰好把握事实的抽象时空关系，而且要反其道而行之，把这种关系只看作是纯粹表面的东西，看作是只有在社会、历史和人类的发展意义上才能被实现的中介概念因素等，所有这些认识都得放弃。认识的任务不在于单纯的理解、分类和计算，而在于对每一种当下之物加以明确否定。但是，数学形式主义的中介却是数字，是所有非中介的最抽象的形式，相反，它却一直固守着纯粹的非中介性思维。真实性凯旋得胜，认识却被限定在其重复性之中，思想则成了同义反复。思想机器越是拘泥于存在物，便越是盲目地满足于再现这些存在物。这样，启蒙便返回到了神话学中，知道了摆脱神话学的途径。因为神话学形式包含着现存事物的本质：世界的循环、命运和统治都被当成了真理，并且放弃了希望。

　　同样，在丰富的神话图景和明晰的科学公式中，真实的永恒性是被确定了的，纯粹的生存都被表达为它所禁止的意义。世界作为一种宏伟的分析判断，作为科学梦想的仅存结果，就像宇宙神话把春秋的更替同劫持帕耳塞福涅的故事联系起来一样，是在一个模子里造出来的。神话过程的独特性就在于将事实合法化，这是一种欺骗！本质而言，对女神的劫持和自然的死亡是一回事。每年秋天都在重复发生的事件，甚至这种重复性本身，已经不再是分离的结果，而是相同的时间。随着时间意识的确立，过程也在已逝的时间里被固定为一个特定的时间，在每一个新的季节交替过程中，人们求助于那些逝去已远的事情，试图在仪式中抚慰对死亡的恐惧。而分离是无效的，通过对特定过去的确定，这种循环更替具有了不可规避性，在把每一事件都作为过去事实的单纯重复中，恐惧产生了。这种真实性，不管是被纳入到史前时期的传说故事中，还是被纳入到数学的形式主义中，不管是在仪式中把当下事物与神话过程象征性地联系起来，还是在科学中把它与抽象范畴联系起来，都会把新事物表现为被预先决定好的，因此，就其本质来说，一切新事物都不过是旧有事物而已。丧失希望的不是存在，而是知识，因为在图形或数学符号中，知识把存在篡改成一种图式而加以占有。

　　在启蒙世界里，神话已经世俗化了。在其彻彻底底的纯粹性里面，实在虽然清除了鬼魅及其概念派生物,却呈现出了鬼魅在古代世界里的种种特征。就像巫医在神灵的保护伞下是神圣不容侵犯的一样,社会的非正义以它所衍生出来的邪恶事实为幌子被倍加保护地奉若神明。这种支配不仅仅为人与其支配对象相异化付出了代价,而且随着灵魂的对象化,人与人的关系本身,甚至于个体与其自身的关系也被神化了。个人被贬低为习惯反映和实际所需的行为方式的聚集物。泛灵论使对象精神化,而工业化却把人的灵魂物化了。自然而然地,经济机构,甚至在全盘计划之前的经济机构,为商品设定了决定着人类行为的价值。这样,随着自由交换的结束,商品就失去了除了拜物教以外的一切经济特性,而拜物教则将其不良影响扩展到了社会生活的各个方面。凭借大生产及其文化的无穷动力,个体的常规行为方式表现为唯一自然、体面和合理的行为方式。个人只是把自己设定为一个物,一种统计因素,或是一种成败。他的标准就是自我持存,即是否成功地适应他职业的客观性以及与之相应的行为模式。其他一切事情,不管是观念,还是罪行,都受到集体力量,受到从班级一直到工会这些集体力量的监控。但是,连具有威慑性的集体也只有骗人的嘴脸,而它根子里却隐藏着把集体操控为权力工具的权力。这种权力野蛮地把个体拼凑起来,全然不能体现出人的真正性质,就像价值全然不能体现出消费品的真正性质一样。物与人在求助于没有偏见的认识过程中,采用的却是一种可怕的扭曲形式,这恰恰证明了它所具有的支配力量,这正是由鬼怪神灵里的曼纳特别规定的,从巫师和巫医的花招里产生出来的准则。史前时期的人类厄运,即那种不可名状的死亡,如今完全变成了人们不言而喻的真实生存状态。在把自然作为总体的幡然领悟中,人们极度的慌张畏惧,就像当今时代每时每刻都要爆发出来的恐慌一样,人们在期待,这个毫无结果的世界,将被一种总体性置于水深火热之中,人们自身已经成为这种总体性,并且在这种总体性面前他们已显得无能为力。

......

由启蒙带来的神话恐惧与神话本身同出一辙。启蒙对神话的揭示,不仅是用语义学语言批判所认为的那些含混概念和语词,而且也用所有人的表达,而这种表达在其自我持存的目的语境中已经毫无立足之地。斯宾诺莎的"自我持存的努力乃是德性的首要基础"这句绎理,包含了整个西方文明的真正原则。有了这一原则,资产阶级在宗教与哲学上的分歧才没有了。从方法论上把一切神话学意义上的自然足迹都彻底消除之后,自我也就不会再是肉体、血液、灵魂,甚至原始自我，但是自我一旦被提升为先验主体和逻辑主体，它就会构成理性的参照点和行动的决定因素。按照启蒙运动或是新教主义的观点，任何人如若不通过合理地依照自我持存的方式来直接安排自己的生活，就会倒退到史前时期。冲动本身就像迷信一样具有神秘意义。侍奉不是自我设定的上帝，就像酗酒一样也是愚蠢至极的。对于直接的自然存在，无论顶礼膜拜还是同流合污，进步为它们所预设的命运都是一样的；进步也强烈谴责了思想和快乐对自我的遗忘。在资产阶级经济中，每个个体的社会劳动都是以自我原则为中介的；对一部分人而言，劳动所带来的是丰厚的剩余价值，而对另一些人而言，劳动则意味着对剩余劳动的投入。但是自我持存的过程越是受到资产阶级分工的影响，它越是迫使按照技术装置来塑造自己肉体和灵魂的个体产生自我异化。启蒙思想再一次注意到了这种情况：认识的超验主体作为对主体性自身的回忆，最终似乎也被摈弃了，并被自动控制的秩序机器那种更加平稳的运转所代替。为了进一步实行严格的控制，主体性悄悄地把自己转变为所谓中立的游戏规则的逻辑。实证主义，最终没有给思想自身留有任何余地，消除了个体行为与社会规范之间最后的壁垒。主体在取消意识之后将自我客体化的技术过程，彻底摆脱了模糊的神话思想以及一切意义，因为理性自身已经成为万能经济机器的辅助工具。理性成了用于制造一切其他工具的工具一般，它目标专一，与可精确计算的物质生产活动一样后果严重。而物质生产活动的结果对人类而言，却超出了一切计算所能达到的范围。它最终实现了其充当纯粹目的工具的夙愿。逻辑规律的排他性正是在这种特殊的功能意义中，最终在自我持存的强制本性中产生出来的。自我持存在生存还是毁灭的选择中发展到了极致状态，并不断在或真或假这两种对立观念的原则中展现出来。

　　这一原则的形式主义，以及建立这一原则的一切逻辑的形式主义，是从既含混又复杂的社会旨趣里产生出来的，而这些旨趣得以存在的社会里，维持形式和保存个体两者之间也只是偶然协调起来的。思想派生于逻辑的观念已经在课堂上认可了人在工厂和机关里的物化。于是，禁忌主宰了禁忌力量，启蒙主宰了启蒙精神。但是这样一来，自然作为真实的自我持存在这个过程中就获得了解脱，这个过程发誓要将其彻底清除出去，其中，不管是个体还是集体，都会面临着危机和冲突的命运。如果理论还能作为唯一的统一科学的理想规范，那么实践就必然会淹没在势不可当的世界历史进程当中。而只有依靠文明才能被完整领会的自我，变成了一种文明一直在躲避的非人性因素。人们对丧失自我名称的原始恐惧就说明了这一点。

对文明而言，纯粹的自然存在，不管是动物还是植物，都是极端的威胁。行为的模仿模式、神话模式、形而上学模式都先后是各个时代发展过程中的行为模式，回到这些年代一直充满着恐惧，害怕自我会倒退到那种单纯的自然状态，自我历经千辛万苦才脱离了自然状态，却也因此而百遭惊慌失措。在每个时代里，所有人对似水流年——不管是古老的游牧生活，还是所有前父权制社会——的缅怀追忆，都遭到了严厉的惩罚，并在人类意识中被彻底清除掉。启蒙精神用来代替焚身和车磔的烙印，铭刻着所有非理性的特征，因为它带来的是腐化堕落。享乐主义是有限制的，它和亚里士多德一样都反对走向极端。资产阶级的自然理想，已不再是混沌不清的自然，而只是中庸的德性。荒诞无度与禁欲苦行，穷奢极欲与忍饥挨饿，尽管是对立的，但作为消解力量又是完全一致的。少数统治阶层同他们的保护人一起，用满足人们的需要来决定人类整个生活的方法，维护着整个社会的持续稳定。从荷马时代一直到今天，统治精神都力图在斯库拉（Scylla）返回到简单再生产和卡律布狄斯（Charybdis）无限满足需求之间的两难处境中校准方向，它也从来不相信，任何一种指路明星能使它少走弯路。德国新的享乐主义者和战争贩子们就试图再让人们失去欢乐。但他们在数百年的劳动压迫中学会了自我憎恨，因此他们在极权主义肆虐横行的国家里，只有靠粗鄙丑陋和自暴自弃才能获得解脱。自暴自弃深深地扎根在自我持存之中，而后者正是在其培植理性，同时也是在罢黜理性的过程中形成的。从奥林匹亚宗教、文艺复兴、宗教改革，一直到资产阶级无神论这些西方文明的转折关头，如果新生民族和新生阶级更加坚决地压制神话，那么人们对无法企及且又充满威胁的自然，以及自然极端物质化和对象化的结果的恐惧，都会沦落为泛灵论的迷信，对内在自然和外部自然的征服就会成为人类生活的绝对目的。倘若自我持存最终得以生效，那么理性就会遭到那些正式作为财产继承者，现在又害怕不能继续作为财产继承者的生产管理者们的摈弃。

启蒙的本质就是一种抉择，并且不可避免地要对统治进行抉择。人们总是要在臣服自然与支配自然这两者之间作出抉择。随着资产阶级商品经济的发展，神话昏暗的地平线被计算理性的阳光照亮了，而在这阴冷的光线背后，新的野蛮种子正在生根结果。在强制统治下，人类劳动已经摆脱了神话；然而，也正是在这种强制统治下，人类劳动却又总是不断落入神话的魔力之中。

……

这种倒退并不局限于与肉身紧密相连的感性世界经验，但它却影响着想要征服感性世界而脱离感性世界的独断理智。理智作用的同一性是通过控制感觉而得以实现的，这种同一性以及思想对制造一致性的放弃等，都意味着思想和经验的贫困；思想领域和经验领域的分离导致了各自的残缺不全。从狡猾的奥德修斯一直到今天天真的管理者们，都把思想限制在组织和管理的工作范围之中，这必然意味着所有的限制性权力都要由大人物来掌握和限定，一旦它已不再仅仅是操纵一些小人物的事情。精神实际上变成了统治与自我统治的机器，资产阶级哲学向来都误以为是这样的。自从神话时代起，无产者们就已不再具有比沉稳老成的占有者们更多的优越条件，他们总是逆来顺受，眼花耳聋。社会的过度成熟，靠的就是被统治者的不成熟。长期以来，生产系统一直规定身体是为社会机构、经济机构以及科学机构服务所造就的生产系统，这些机构越是复杂和精致，身体所能得到的经验便越是贫乏。通过理性化的劳动方式，消除人的本质以及把人变成单纯的功能等做法从科学领域进入了经验世界。这些做法无非是再一次使人的经验类似于两栖动物的经验。今天，大众的退步表现为他们毫无能力亲耳听到那些未闻之音，毫无能力亲手触摸到那些难及之物，这就是祛除一切已被征服了的神话形式的新的欺骗形式。借助包揽着一切关系和感情这一总体社会的中介，人们再一次变成了与社会进化规律和自我原则相对立的东西，变成了单纯的类存在，他们在强行统一的集体中彼此孤立。桨手们不能彼此交谈，他们相互以同一节奏扭连在一起，就像在工厂、影剧以及集体中的现代劳动者一样。社会的现实工作条件迫使劳动者墨守成规，迫使劳动者对诸如压迫人民和逃避真理这样的事情麻木不仁。让劳动者软弱无力不只是统治者们的策略，而且也是工业社会合乎逻辑的结果；因为工业社会竭力想摆脱本来的命运，最后却还是落入了这一本来的命运。

但是，这种逻辑必然性尚未盖棺定论。它还受到统治的约束。它既是统治的反映，同时也是统治的工具。因此，这种逻辑必然性的真实性是毋庸置疑的，正如它的自明性是不可辩驳的一样。当然，思想总能够把自身模棱两可的性质具体地描述出来。思想不是一个主人随便就能控制得了的奴隶。自从人定居下来，并进入商品经济社会，统治本身被物化为法律和组织，因此，它必然会对自身形成限制。工具赢得了独立性：独立于占有者意志之外的精神中介作用，缓解了经济领域内明显的不公。统治工具应当包括一切，诸如语言、武器、以至于机器等，必然被所有人所掌握。因此，合理化因素本身在统治过程中倒显露出与统治互不相同的一面。工具能够得以普遍运用，是因为它有着对象性特征，这种对象性本身就已经包含了对统治的批判。

思想是作为批判手段出现的。在神话学通往逻辑主义的道路上，思想丧失了自我反思的要素，今天，尽管机器供养了人们，但它使人们变得软弱无力。但是，正是在机器形式中，异化理性正在对社会——这个社会把作为物质和精神机制的固定思想模式同自由、生活和思维调和起来——发生着作用，并把社会本身当成思想的真正主体。因此，思想的特殊根源与普遍观念之间有着密不可分的联系。今天，随着工业所导致的整个世界的转变，思想的普遍观念及其在社会中的现实运用已经影响深远，以至于统治者为了其自身利益不得不否认思想只是一种单纯的意识形态。从领袖的直觉到动态的世界观（Weltanschanung），这些集团的启示与早期资产阶级自我辩护的论调是截然相反的，不再把自己的过错看作是法律的必然结果；但这点恰恰是这些集团居心叵测的体现，而经济必然性最终也体现在这些集团身上。他们为此而使用的有关使命与命运的神话谎言是绝对不能揭示出所有真理的：那些曾经主宰着企业家行为的客观市场规律消失了，迎来的却是一场灭顶的灾难，相反，独裁者所作出的是明智决策，决定了古老的价值规律和资本主义命运，其结果和盲目的价格机制比较起来更具有强制性的力量。

统治者们其实并不相信任何客观必然性，尽管他们有时靠着这种必然性来阐明他们的治国韬略。他们宣称自己是世界历史的总设计师。只有被统治者才接受发展具有毋庸置疑的必然性，这种发展在号称能提高他们生活水平的时候，却使他们会变得越来越软弱无力。只要那些仍旧被雇用来操作机器的人们，只靠为社会统治者工作不多的劳动时间就能保证自己生活的话，那些过多的剩余劳动力和庞大数量的人口就会被训练成为一支后备军，并作为一种附加的物质力量服务于社会体制正在实施和将要实施的宏伟计划。由此，广大群众被驯养成一支失业大军。在广大群众的眼中，他们已经被彻底贬低为管理的对象，预先塑造了包括语言和感觉在内的现代生活的每一个部门，对于广大群众而言，这是一种客观必然性。对于这种客观必然性，他们除了相信之外无能为力。这种作为权力与无力相对应的悲惨境地，连同想要永远消除一切苦难的力量一起得到了无限的扩大和增长。每个人都无法看清在他面前林林总总的集团和机构，在这些集团和机构内，从最高的经济指挥阶层到最低的职业行当都各自维护着各种既存地位。对一个工会领导人来说，更不用说一个经理了，无产者只不过是广大群众多余的一员，而老板们则只是在想到濒临破产的时候才会吓得浑身冷汗。

随着支配自然的力量一步步地增长，制度支配人的权力也在同步增长。这种荒谬的处境彻底揭示出理性社会中的合理性已经不合时宜。社会必然性只是一个幻象，就像企业家的自由一样，最终在无法逃避的争斗和合同中暴露出了它们的强制本性。在这样一种幻象中，被彻底启蒙了的人类丧失了自我，这种幻象是无法用一种作为统治机构的思想来澄清的，因为思想本身也只能被迫在命令和服从之间作出选择。虽然这一思想没有能力摆脱陷于史前时期的窘境，但它仍有能力去识别首尾一致却又自相矛盾的非此即彼的逻辑，它可以借助这种逻辑把自身彻底地从自然中解放出来，成为一种不可救药和自我异化的自然。自然在思想的强制机制中反映出来，并保存下来。而思想本身也不可避免地表现为自我遗忘了的自然，表现为强制机制，这是思想的必然结果。观念只是一件工具。人们在思想中远离自然，目的是要以想象的方式把自然呈现在自己面前，以便按照他们设定的支配方式来控制自然。物质工具在不同的条件下具有同一性，它把世界划分为复杂与熟悉、多元与统一，以及差异与一致；概念也是一样，它作为思想工具，适用于人所能及的一切事物。如果思想一味要去否定诸如划分和对象化这些分离功能的话，那么思想本身也会变得具有虚幻特征。一切神话的统一永远都是欺骗，都是为了避免革命的那些软弱无力的内心痕迹。但是，正由于启蒙针对任何乌托邦的假设维护了它的公正性，并且不断声称其统治具有分裂性，因此，启蒙拒绝掩饰的主客体的分离，就成了其真实和不真实的标志。对迷信的排斥不仅始终指的是统治本身的进步，而且也指对统治揭露的进步。

启蒙绝不仅仅是启蒙，在其异化形式中，自然得到了清楚的呈现。精神作为与自身分裂的自然，在其自我认识中，就像在史前时期一样，自然呼唤着自我，但是不再直接用它的全能之名，把自己唤作曼纳，而只是把自己叫作一种闭目塞听、残缺不全的存在。自然的衰败就在于征服自然，没有这种征服，精神就不会存在。一旦精神承认是统治并隐退于自然，那么，它就会放弃这种能使其成为自然的奴仆的统治观念。人类在逃离必然性的过程中，在进步与文明的状态下，如果不自行放弃知识就不会自我止步，即便如此，人类至少不再会错误地把那座反抗必然性的坚实堡垒，把制度和控制实践看作是未来自由的保障。这些制度和实践在征服自然过程中会对社会产生反作用。文明的每一次进步都和统治一起对平息统治的视角加以更新。然而，真实的历史是由真实的苦难编织而成的，而这苦难并不因为消除苦难的手段的增加而得到相应的减少，统治远景的实现也要求助于概念。因为概念不只是作为科学使人们远离自然，而且还作为科学在盲目经济趋势的束缚过程中所形成的思想的自我关注，对不公正的永恒距离加以测量。

正是因为主体如此深恋着自然，并在其实现的过程中拒不承认藏其背后所有文化的真实性，启蒙便与统治根本对立起来；甚至是回响在瓦尼尼（Vanini）时代的制止启蒙的呼声，也并非产生于对精确科学的惧怕，而是产生于对难以驾驭的观念的憎恨，这种观念来自于对自然的束缚，因为它承认自己只不过是自然对自身的极端恐惧而已。教父们总是为了维护曼纳的尊严而对启蒙先驱施以报复，这些先驱们却经常用一些冠以恐怖之名而让人心惊胆寒的观点来博得曼纳的好感，而启蒙的占卜者们则在其傲慢自恃中与牧师结为一体。启蒙作为资产阶级形式的启蒙，早在杜尔哥（Turgot）和达朗贝尔（d'Alembert）之前，就已经丧失在自己的实证主义环节。启蒙从来没有受到过用自由交换自我持存的影响。概念的悬隔，不管是以进步的名义，还是以文化的名义——进步和文化早就相互秘密结盟来共同反对真理——都为谎言敞开了大门。在这个言之必须有据的世界里，大思想家的卓越贡献被贬低为遭人遗弃的陈词滥调，而谎言与中庸的文化商品的真理也不再有什么区别。

但是，统治被认为是未取得和解的自然，这种统治甚至渗透到了思想自身当中，这就意味着一种必然性的松动，社会主义本身轻率地把这种必然性确定为一种对反常识的认同。社会主义把必然性抬高到未来的基础地位，并且从唯心主义的角度把精神贬损到最低地位，为此，社会主义紧紧抓住了资产阶级哲学的所有遗产。这样，必然王国与自由王国的关系便只有量化意义和机械意义了，而完全被置于异化境地的自然，就像早期的神话一样，不仅具有了极权性质，而且把自由和社会主义一并吞噬掉了。思想用数学、机器和组织等物化形式对那些把它忘在脑后的人们实施了报复，放弃了思想，启蒙也就放弃了自我实现的可能。启蒙对一切个体进行教育，从而使尚未开化的整体获得自由，并作为统治力量支配万物，进而作用于人的存在和意识。但是，真正的革命实践则取决于理论对麻木不仁拒不妥协，后者正是社会使思想发生僵化的原因。

危害上述实践得以实现的，并非是实现的物质前提，也并非是那些获得自由的技术。社会学家们坚持这样认为，为此他们又在寻找着一种救世良方，为了获得这种救世良方，很有可能会采取一种集体主义的措施。问题就在于令人迷惑的社会语境。世间的人们对其不断创造出来的现成事物的神话般地、科学般地尊重，最终变成了一个确凿的事实，一座坚实的城堡，面对这样一个事实和城堡，革命的想象自惭形秽，认为自己不过是一种乌托邦，对待客观历史趋势，最终则是服服帖帖。启蒙作为这种适应机制，作为一种单纯的建构手段，就像它的浪漫主义之敌所责难的那样，是颇具破坏作用的。只有在它摒弃了与敌人的最后一丝连带关系并敢于扬弃错误的绝对者，即盲目统治原则的时候，启蒙才能名副其实。这样一种毫不妥协的理论精神，试图把认定目标不再放松的冷酷的进步精神翻转过来。这种精神的先驱者培根所梦想的许多东西是"君王们用金银财宝买不到，用金科玉律决定不了的，更是他们的密探和媚臣们打听不到的"。正如培根所希望的那样，这些东西降临在那些资产者，那些君主们被启蒙了的子孙的头上。资产阶级经济通过市场的调节作用使权力成倍增长，它同时也使其自身的对象和力量成倍增长，以至于它们的管理者已不再是那些君主，甚至也不再必然是那些中产阶级，而是所有的人。他们最终从事物的权力中学会了放弃权力。只有在实践的近期目标展现为它目前所要达到的终极目标的时候，只有在君主们的"密探和媚臣们打听不到的"范围，即在被占据支配地位的科学一直忽视的自然被看作是发源地的时候，启蒙才能获得自我实现，并最终自我扬弃。

今天，当我们实现了在全球范围内"用行动来支配自然"这一培根式乌托邦的时候，我们才能揭示曾被培根归罪于尚未征服的自然的那种奴役本性。这就是统治本身。培根曾经坚持认为"人的优越性就在于知识"，现在，知识却随着统治力量的消除而发生了变化。然而，正是由于这种可能，启蒙在为现实社会服务的过程中，逐步转变成为对大众的彻头彻尾的欺骗。

······

如果社会学理论认为，客观宗教的基础已经不复存在了，前资本主义社会最后剩下的残渣余孽已经彻底消解，技术和社会层面上的分化和专业化已经确立起来，而所有这些造成了文化混乱的局面，那么，人们通常都会认为这是谎言；因为在今天，文化给一切事物都贴上了同样的标签。电影、广播和杂志制造了一个系统。不仅各个部门之间能够取得一致，各个部分在整体上也能够取得一致。甚至对那些政治上针锋相对的人来说，他们的审美活动也总是满怀热情，对钢铁机器的节奏韵律充满褒扬和赞颂。不管是在权威国家，还是在其他地方，装潢精美的工业管理建筑和展览中心到处都是一模一样。辉煌雄伟的塔楼鳞次栉比，映射出具有国际影响的出色规划，按照这个规划，一系列企业如雨后的春笋突飞猛进地发展起来，这些企业的标志，就是周围一片片灰暗的房屋，而各种商业场所也散落在龌龊而阴郁的城市之中。在钢筋水泥构筑的城市中心的周围，是看起来像贫民窟似的旧房子，而坐落在城市周边地区的新别墅，则以其先进的技术备受称赞，不过，对那些简易房屋来说，过不了多久，它们就会像空罐头盒一样被抛弃掉。城市建房规划是专门为个人设计的，即带有一个小型卫生间的独立单元，然而，这样的设计却使这些个人越来越屈服于他的对手：资本主义的绝对权力。正因为城市居民本身就是生产者和消费者，所以他们为了工作和享受，都搬到了市中心，他们的居住单元，也都聚集成了井井有条的住宅群。宏观和微观之间所形成的这种非常显著的一致性，恰恰反映了人们所具有的文化模式：在这里，普遍性和特殊性已经假惺惺地统一起来了。在垄断下，所有大众文化都是一致的，它通过人为的方式生产出来的框架结构，也开始明显地表现出来。那些高高在上的人不再有意地回避垄断：暴力变得越来越公开化，权力也迅速膨胀起来。电影和广播不再需要装扮成艺术了，它们已经变成了公平的交易，为了对它们所精心生产出来的废品进行评价，真理被转化成了意识形态。它们把自己称作是工业；而且，一旦总裁的收入被公布出来，人们也就不再怀疑这些最终产品的社会效用了。

利益群体总喜欢从技术的角度来解释文化工业。据说，正因为千百万人参与了这一再生产过程，所以这种再生产不仅是必需的，而且无论何地都需要用统一的需求来满足统一的产品。人们经常从技术的角度出发，认为少数的生产中心与大量分散的消费者之间的对立，需要用管理所决定的组织和计划来解决。而且，各种生产标准也首先是以消费者的需求为基础的，正因为如此，人们才会顺顺当当地接受这些标准。结果，在这种统一的体系中，制造与上述能够产生反作用的需求之间便形成了一种循环，而且越演越烈。然而，却没有人提出，技术用来获得支配社会的权力的基础，正是那些支配社会的最强大的经济权力。技术合理性已经变成了支配合理性本身，具有了社会异化于自身的强制本性。汽车、炸弹和电影将所有事物都连成了一个整体，直到它们所包含的夷平因素演变成一种邪恶的力量。文化工业的技术，通过祛除掉社会劳动和社会系统这两种逻辑之间的区别，实现了标准化和大众生产。这一切，并不是技术运动规律所产生的结果，而是由今天经济所行使的功能造成的。

……

　　整个世界都要通过文化工业的过滤。正因为电影总是想去制造常规观念的世界，所以，常看电影的人也会把外部世界当成他刚刚看过的影片的延伸，这些人的过去经验变成了制片人的准则。他复制经验客体的技术越严谨无误，人们现在就越容易产生错觉，以为外部世界就是银幕上所呈现的世界那样，是直接和延续的。自从有声电影迅速崛起以后，这种原则通过机械化再生产得到了进一步的增强。真实生活再也与电影分不开了。有声电影远远超过了幻想的戏剧，对观众来说，它没有留下任何想象和思考的空间，观众不能在影片结构之内作出反应，他们尽管会偏离精确的细节，却不会丢掉故事的主线；就这样，电影强迫它的受害者直接把它等同于现实。对大众媒体消费者来说，想象力和自发性所受到的障碍不必追溯到任何心理机制上去，他应该把这些能力的丧失归因于产品本身的客观属性，尤其要归因于其中最有特点的产品，即有声电影。不可否认的是，有声电影的如此设计，使人们需要借助反应迅速的观察和经验才能全面欣赏它；而电影观赏者如果不想漏掉连续的事件，就不可能保持持续的思想。即使反应是半自动的，但也没有留给他们任何想象的空间。那些被电影世界以及其中的形象、手势和语言深深吸引住的人，不再满足于真正创造世界的东西，不过，他们也不必把生活建立在电影放映的具体机制上。他们所看过的所有影片和娱乐业的产品，教会了他们要期待什么；同时，他们也会自动地作出反应。工业社会的力量留在了人类的心灵中。娱乐制造商知道，即使消费者心烦意乱，仍然会消费他们的产品，因为每一个产品都是巨大的经济机器的模型，这些经济机器无论是在工作的时候，还是在闲置的时候，都会像作品那样，为大众提供有力的支持。没有人会从每一个有声电影或每一个广播节目中推断出社会效果，但是社会效果却是为所有人共同分享的。整个文化工业把人类塑造成能够在每个产品中都可以进行不断再生产的类型。在这一过程中，从制片人到妇女俱乐部，所有机构都在小心谨慎地保证这种心态的简单再生产不会以任何方式得到细致的描绘和扩充。

……

　　因此，作为所有风格中最僵化的风格，文化工业变成了自由主义的目的，而自由主义却被人们谴责为最缺乏风格的。文化工业不仅在范畴和内容上来源于自由主义，如驯服的自然主义、轻歌剧和讽刺剧等，而且现代文化垄断也构成了经济领域及其相应的企业类型，尽管眼下在其他领域正在逐渐解体，但是其经营领域的部分机构还是维持了下来。如果这种机构并不固守于自己的事务，而具有适当的弹性，就很有可能在娱乐业中开辟出一条道路。即使特殊的品牌偏离了行业规范，它也要隶属于该行业，就像土地改革者也隶属于资本主义制度一样。从现实主义的角度来说，不一致之处恰恰是那些新的商业观念的标志。在现代社会的大众之声中，控告几乎是听不到的；如果这样的话，敏感的人就会察觉到那些能够很快调和不同意见的标记。公众与领导之间的差别越是不可测的，每个人获得显赫地位的余地就越大，他可以凭借安排周密的独创性展现自己的高贵地位。因此，在文化工业中，自由的取向可以为那些有能力的人广开门路。今天，市场还依然可以产生这种有效的作用，尽管它已经受到了精确地控制；正因为有了市场的自由，因此在艺术及其他领域的鼎盛时期，那些生性愚笨的人也就有了他们渴求的自由。显而易见，文化工业体系是从更加自由的工业国家，以及诸如电影、广播、爵士乐和杂志等所有富有特色的媒介中形成的，所以它在这些方面也繁荣了起来。当然，文化工业的进步，还离不开资本之普遍法则的根源。

……

其实，早在文化工业出现以前，娱乐和文化工业的所有要素就已经存在了。一直到今天，它们都是自上而下被承袭下来的。文化工业引以为自豪的是，它凭借自己的力量，把先前笨拙的艺术转换成为消费领域以内的东西，并使其成为一项原则，文化工业抛弃了艺术原来那种粗鲁而又天真的特征，把艺术提升为一种商品类型。它越变得绝对，就越会无情地把所有不属于上述范围的事物逼入绝境，或者让它入伙，这样，这些事物就会变得越加优雅而高贵，最终将贝多芬和巴黎赌场结合起来。文化工业取得了双重胜利：它从外部祛除了真理，同时又在内部用谎言把真理重建起来。

……

不过，这里却出现了新的情况：艺术和消遣这两种不可调和的文化因素都服务于同一个目标，都服从于同一套虚假程式：即所谓文化工业的总体性。所有文化工业都包含着重复的因素。文化工业独具特色的创新，不过是不断改进的大规模生产方式而已，这并不是制度以外的事情。这充分说明，所有消费者的兴趣都是以技术而不是以内容为导向的，这些内容始终都在无休无止地重复着，不断地腐烂掉，让人们半信半疑。局外人所崇拜的社会权力，要想更有效地显现出自己的价值，就应该求助于那些注入了技术和技能成分，而且又无所不在的固定模式，而不是那些内容稍纵即逝的已经腐烂掉了的意识形态。

不过，文化工业还依然是保留着娱乐的成分。文化工业对消费者的影响是通过娱乐确立起来的；公开宣布的法令并不会对此产生破坏作用，相反，娱乐规则中所固有的敌意倒会产生这样的作用，因为这种敌意比它针对自己的敌意还要强。既然文化工业的所有趋势都深深扎根于整个社会的公共生活之中，这一地区的市场就会对其产生推动作用。因此，需求还没有被纯粹的服从所代替。众所周知，第一次世界大战之前，制片业大规模重组和扩张的物质前提，就是通过票房纪录来确定满足公众需要的程度，而电影刚刚产生的时候，人们还没有认识到这种做法是极其必要的。甚至在今天，制片业巨头们还持有这样的观点，他们或多或少把流行歌曲当成了一种标准，从来没有诉诸相反的标准，即一种真值判断。商业就是他们的意识形态。毫无疑问，文化工业的权力是建立在认同被制造出来的需求的基础上，而不是简单地建立在对立的基础上，即使这种对立是彻底掌握权力与彻底丧失无力之间的对立。晚期资本主义的娱乐是劳动的延伸。人们追求它是为了从机械劳动中解脱出来，养精蓄锐以便再次投入劳动。然而，与此同时，机械化在人的休闲和幸福方面也会产生巨大作用，它能够对消遣商品生产产生巨大的决定作用，于是，人们的经验就不可避免地变成了劳动过程本身的残余影像。表面上的内容变成了褪了色的前景；而浸入其中的则是标准化操作的自动化过程。人们要想摆脱劳动过程中，在工厂或办公室里发生的任何事情，就必须在闲暇时间里不断接近它们。所有的消遣都在承受着这种无法医治的痛苦。快乐变成了厌烦，因为人们不需要作出任何努力，就可以快乐下去，他们只要按照老掉牙的程序严格操作下去就行了。不要指望观众能独立思考：产品规定了每一个反应，这种规定并不是通过自然结构，而是通过符号作出的，因为人们一旦进行了反思，这种结构就会瓦解掉。文化工业真是煞费了苦心，它将所有需要思考的逻辑联系都割断了。

……

欺骗不在于文化工业为人们提供了娱乐，而在于它彻底破坏了娱乐，因为这种意识形态般的陈词滥调里，文化工业使商业将这种娱乐吞噬掉了。对于人们的道德和品味来说，无拘无束的娱乐完全是一种"幼稚"的东西，因为在唯智主义看来，幼稚的东西就是堕落的东西，不仅要对其进行限制，甚至要限制技术发展的可能性。文化工业彻底腐烂掉了，这并不是因为它变成了一个罪恶的巴比伦，而是因为它始终是追求被升华了的快乐的天主教。

……

今天，文化与娱乐的结合不仅导致了文化的腐化，同时也不可避免会产生娱乐知识化的结果。复制现象的出现，就足以证明这种情形：电影院的图像就是一种复制；电台的录音也同样是一种复制。在自由不断扩张的年代里，娱乐是以对未来产生的不可动摇的信念为基础的，换言之，一切事物不仅可以保持原来的面目，甚至会得到进一步的改进。今天，这样的信念又一次被知识化了；它已经变得非常模糊，看不到任何目标，只有对那些反抗现实的人，它才会露出一丝魔幻般的光亮。同生活一样，它的意义也不过是电影屏幕所着重强调的意义：不管是聪明的小伙子、工程师、无所不能的女孩子，还是伪装出来的冷漠、运动的兴趣，对汽车和香烟表现出来的兴趣，都是如此，甚至在那些并非直接用来推销产品，而是为了宣传整个制度的地方，也是一样。娱乐变身成了一种理想，取代了更高级的东西，它通过一种比广告商贴出来的标语还要僵化的模式，彻底剥夺了大众，剥夺了这些更高级的东西。它从主观出发，对真理进行的内在约束，往往要比想象中的约束更容易受到外在力量的控制。文化工业把娱乐变成了一种人人皆知的谎言，变成了宗教畅销书、心理电影以及妇女系列片都可以接受的胡言乱语，变成了得到人们一致赞同的令人尴尬的装饰，这样，现实生活中的真实情感便可以受到更加牢固的控制了。从这个意义上说，娱乐实现了情感的净化，按照亚里士多德的说法，这就是悲剧的作用，或者用阿德勒的话说，这正是电影所要达到的目的。无论是真理，还是风格，文化工业彻底揭示了它们的宣泄的特征。

……

文化工业的地位越巩固，就越会统而化之地应付、生产和控制消费者的需求，甚至会将娱乐全部剥夺掉：这样一种文化进程势不可挡。不过，这种倾向却内在于娱乐本身的原则之中，在资产阶级的意义上娱乐已经被启蒙了。广义而言，如果人们的娱乐需求是工业生产的结果，而工业则把主体当成了将作品分派给大众的手段，如着色鲜亮的石板画，用蛋糕模子做成的蛋糕等等，那么娱乐所揭示的恰恰是商业的势力、讨价还价以及江湖骗子们的一派胡言。然而，商业和娱乐之间原本就有的亲和性，却表明了娱乐的特殊意涵：即防范社会。快乐意味着点头称是。然而，要想做到这一点，就需要与总体的社会进程隔离开来，需要使自己变得麻木不仁，需要无情地抛弃对所有作品，甚至是那些索然无味的作品的必要苛求，从而在作品的界限之内来反思整体。快乐意味着什么都不想，忘却一切忧伤。根本上说，这是一种孤立无助的状态。其实，快乐也是一种逃避，但并非如人们认为的那样，是对残酷现实的逃避，而是要逃避最后一丝反抗观念。娱乐所承诺的自由，不过是摆脱了思想和否定作用的自由。

……

在文化工业中，个性就是一种幻象，这不仅是因为生产方式已经被标准化。个人只有与普遍性完全达成一致，他才能得到容忍，才是没有问题的。虚假的个性就是流行：从即兴演奏的标准爵士乐，到用卷发遮住眼睛，并以此来展现自己原创力的特立独行的电影明星等，皆是如此。个性不过是普遍性的权力为偶然发生的细节印上的标签，只有这样，它才能够接受这种权力。单个人坚韧不拔或花枝招展的外表，都不过是耶鲁锁这样的大众产品，它们之间的差别是以微米计算的。自我的特性，就是由社会支配的垄断商品；它总是虚假地表现成自然的东西。留着小胡子，带着法国口音，操着低沉的女人腔，带有卢卑奇（Lubitsch）的风格：不过，每个人手里拿着的身份证却都是一样的，每个人的生活和表情也都必须通过普遍性的权力才能发生变化。虚假个性是理解悲剧和消除悲剧影响的前提：由于个人已经不再是他们自己了，他们只是普遍化趋势会集的焦点，只有这样，他们才有可能整个或全部转化为普遍性。

正是通过这种方式，大众文化揭露了所谓资产阶级"个体"的虚假特征，而且只有在这个时候，那些竭力鼓吹普遍与特殊之间的一致性的人们，才暴露出自己不讲道理的一面。个性原则始终充满着矛盾。个性化从来就没有实现过。以阶级形式存在的自我持存，使每个人都停留在类存在的单一层面上。资产阶级的所有特征，尽管有不同的分歧，但也正因为有了这些分歧，才表现出了同样的特征：即你死我活的社会竞争。社会所依凭的每个人，都带上了社会的烙印：他们看似自由自在，实际上却是经济和社会机制的产品。权力本身建立在广泛的权力基础上，而且通过对人们的影响，获得了人们的拥戴。随着资产阶级社会的进步，个人也发展起来了。然而这种发展却违背了领袖们的初衷，技术已经在从儿童到成人的成长过程中彻底改变了人类。不过，个性化的每一次进步，都是以牺牲个性为代价的，尽管它是以个性的名义发展起来的，其实，除了自己的特殊意图之外，个人已经没剩下什么东西了。资产阶级的存在被分割成了商业和私人生活，而私人生活也被分割成了他的公众形象和私下秘密，对这种私下秘密来说，也被分割成暴戾乖张的配偶关系和形影相吊的自我安慰，不管是他自己，还是其他人，都已经变成了十足的纳粹分子，他们一方面热情洋溢，一方面专横跋扈；或者像现代城市居民那样，往往把友谊当成是一种"社会契约"：在与他者的契约关系中，他根本建立不了任何内在联系。这就是文化工业为什么能够成功解决个性问题的关键所在，到了后来，它也成了社会变得非常脆弱的原因。于是，杂志封面上所刊载的私人和电影英雄的形象，已经不再是任人怀疑的假象了，相反，大众化的英雄模式正是从为了实现个性而产生的私下满足中形成的，后来，人们的这种努力被模仿代替了，因为这样可以使人们变得更加心平气和。要想让这种自我矛盾和"人格"分裂不再代代相传下去，要想让社会系统不因为心理分裂而瓦解，要想让个人意志具有欺骗性质的刻板模式不再成为人类无法忍受的东西，所有这些愿望都是徒劳的。这是因为，莎士比亚在《哈姆雷特》中早已指出，人格的统一性不过是一个借口而已。集各种学说之大成的相面术已经说明，今天的人们已经忘记了人生的概念。几个世纪以来，维克多·马图尔（Victor Mature）和米基·鲁尼（Mickey Rooney）就曾为此做过准备。而今天，他们则通过破坏这个概念，实现了它。

选自《启蒙辩证法》，渠敬东、曹卫东译，上海人民出版社 2003 年版，第1—174 页。

五、进一步阅读的文献

1. ［美］马丁·杰：《法兰克福学派史》，广东人民出版社 1996 年版。

2. ［美］理查德·沃林：《文化批评的观念：法兰克福学派、存在主义和后结构主义》，商务印书馆 2000 年版。

3. ［德］魏格豪斯：《法兰克福学派：历史、理论及政治影响》（上、下），上海人民出版社 2010 年版。

4. Zoltán Tar, *The Frankfurt School：The critical theories of Max Horkheimer and Theodor W. Adorno*, New York：Schocken Books, 1985.

第三十四章 人的自我实现与人本主义的 马克思主义的理论主题

——《马克思关于人的概念》

一、写作背景

1961 年，埃里希·弗洛姆（Erich Fromm，1900 — 1980）出版了《马克思关于人的概念》，这也是他为在美国出版的《1844 年经济学哲学手稿》英译本的长篇导论。1932 年，《1844 年经济学哲学手稿》首次发表后，在西方学界引起了较大的反响。当时就有学者以此为依据，批判第二国际以来的所谓的正统马克思主义，并力图以人本主义重新解释马克思主义。20 世纪 50 年代之后，人本主义的马克思主义在发达国家已经成为阐释马克思主义的主导模式。1956 年苏共二十大以及苏联入侵匈牙利事件，进一步推动了人本主义的马克思主义的传播，《1844 年经济学哲学手稿》再次成为从人本主义出发解读马克思主义的重要文本依据。正是在这样的情境中，弗洛姆通过这篇长文，从人本主义出发重新解读马克思，强调个人的无限发展的潜能，强调社会主义就是要消除人的异化、实现人的自由发展。

二、篇章结构

《马克思关于人的概念》由前言、八章正文及一个后记构成。前言提出马克思的哲学是反抗人的异化的哲学，这是马克思思想的一个重要特征；第一章"对马克思的概念的歪曲"批判了对马克思思想的种种误解，指出马克思哲学的目标是将人从经济需要的压迫下解放出来，充分发展人的人性；第二章"马克思的历史唯物主义"指出，马克思的历史唯物主义与那种把"物质的"或"经济的"斗争当作人的根本动力的观念没有共同之处；第三章"关于意识的问题，社会结构和暴力的使用"重申了马克思关于人与环境关系的观点；第四章"人的本性"阐述了马克思关于人性概念和人的自我能动性学说，强调人的潜能的自我实现；第五章"异化"强调社会主义就是将人从异化中解放出来，回到人本身；第六章"马克思关于社会主义的概念"强调社会主义就是存在与本质的同一，实现人的潜能；第七章"马克思的思想的连贯性"强调人是马克思哲学及社会主义学说的基础；第八章"马克思其人"是对马克思的简要介绍；后记介绍了写作本文的目的和希望。

三、观点提示

第一，马克思是一位人本主义的哲学家。马克思主义哲学始终是人本主义，是对"人、现实的和完整的人"的充分肯定，"现实地生活着的人"才是历史的主体。因此，只有一个马克思，即作为人本主义哲学家的马克思。

第二，马克思主义哲学的核心概念是人。人的类特性是"自由的、有意识的活动"，这种意义上的人的本质就是人的潜能，即作为人的本性的自我能动性。人的潜能是人的固有本质，是历史发展的真正内驱力；人的本质是一种生产性的能力；真正生产性的活动是人的自由行动的劳动活动，正是在这种生产活动过程中，人实现了他自己的本质，恢复到自己的本质中去，变成人本身。

第三，异化是生产性的否定。首先，异化是人的存在与其本质相疏远，人没有成为他应该成为的样子；其次，异化是一种体验方式，在异化活动中，人不能体验到自己是行动的主体，异化是人作为与客体相分离的主体被动地、接受地体验世界和自身；再次，异化使人的本质与活动的对象、活动的结果相脱离，人成为内在或外在力量的工具；最后，现代异化的一个重要方面是消费异化。总之，异化形成了偶像崇拜，使人跪拜在自己的创造物面前。

第四，社会主义是人的异化的扬弃。马克思的社会主义概念是从他的异化批判中引申出来的，在社会主义社会中，生产异化被消灭了，消费异化被消除了，社会主义创造出真正的属于人的需要，创造出那些对于实现人的本质来说必不可少的需要，社会主义因此是人的真正自由的发展；社会主义也是对人与自然关系异化的扬弃。在社会主义社会中，人与自身、人与自然之间实现了统一，自然不再是人的奴役对象，而是人的生命自身。

《马克思关于人的概念》是弗洛姆人本主义思想的代表作，虽然他在对马克思思想的深入解读中也存在着一些误解，但他对人本质的重新解读中蕴含着对现代资本主义的强烈批判，推动了人本主义的马克思主义在西方的传播。

四、文本节选

马克思与许多当代的社会学家和心理学家不一样，他不相信不存在像人的本性那样的东西，也不相信人生来就是一张白纸，任由教养在这张白纸上留下它的烙印。马克思跟这种社会学的相对主义正好相反，他以下述思想为出发点。人作为人是一个可认识、可确定的实体，人不仅能够按照生物学、解剖学和生理学来加以规定，而且能够按照心理学来加以规定。

当然，马克思从来不想把"人的本性"跟他自己的那个社会中所盛行的那种人的本性的特殊表现等同起来。

……

人的本性这个概念，对于马克思来说不是一种抽象物，正如对于黑格尔来说也不是一种抽象物一样。人的本性就是人的本质，这跟人的历史上存在的各种形式是显然不同的。正如马克思所说："人的本质并不是单个人所固有的抽象物。"还必须注意，上面引用的"老年马克思"所写的《资本论》中的那句话表明，青年马克思在《经济学—哲学手稿》中所阐述的人的本质的思想在马克思一生的思想中具有连续性。虽然马克思后来不再使用"本质"这个词，因为这个词是抽象的和非历史的，但是，马克思以一种更加符合历史变化的形式，在"人的一般本性"和每个历史时代"变化了的人的本性"之间的区别中，显然保留了关于人的本质的思想。

跟区分一般的人的本性和每一文化中的人的本性的特殊的表现相一致，如我们上面所说，马克思也区分了人的两种类型的倾向和欲望，一种是不变的或固定的，诸如食欲和性欲，这是人的本性的组成部分，它们只能在不同的文化中所采取的形式上和方向上有所改变；另一种是"相对的"欲望，这不是人的本性的组成部分，"它们的起源应归于一定的生产和交换的条件"。

……

马克思认为，人的潜能是一种给定的潜能；人仿佛是人的原材料，因此是不能改变的，正如人脑的结构有史以来就一直保持不变一样。然而，人在历史的过程中确是变化了的；他发展了自己，他改造了自己，他是历史的产物；既然他创造了自己的历史，那么他也就是他自己的产物。历史是人的自我实现的历史；历史无非就是通过人的劳动和生产过程的人的自我创造："全部所谓世界史不外是人通过人的劳动的诞生，是自然界对人说来的生成，所以，在他那里有着关于自己依靠本身的诞生，关于自己的生产过程的显而易见的、无可辩驳的证明。"

……

马克思认为，人是以"运动原则"为其特征的。他在说到这一点的时候引证神秘主义大师雅各·波墨（Jacob Boehme）的话，这是很有意思的。对运动原则决不能作机械的理解，而应把它理解为是一种趋势，一种创造性的活力、精力；马克思认为，人的激情"是一个精神饱满地为自己目标而奋斗的人的本质力量"。

……

马克思所说的"类的特性"是指人的本质；它就是一般的人，它是在通过人的生产活动的历史过程中实现的。

从人的自我实现这一概念出发，马克思进而提出了关于富有和贫困这一新的概念，这个概念不同于政治经济学中的富有和贫困的概念。马克思说："我们知道，丰富的人和丰富的、人的需要如何代替了经济的富有和贫困。丰富的人同时也是需要人的十分完满的生命表现的人，是他自身的实现在自己身上表现为内在的必然性即需要的人。不仅是人的富有，而且人的贫困，在社会主义的前提下也同样地具有人的、因而是社会的意义。贫困是一种受动的纽带，它迫使人感觉到对其他人这种最大的财富的需要。因此，对象性的东西在我身上的统治，我的本质活动的感性的爆发，是在这里进而成为我的本质之活动的情欲。"

……

马克思认为，独立和自由是以自我创造的行动为基础的。……人"仅当他在跟世界所发生的每一个关系中，在他看着、听着、嗅着、尝着、感觉着、思考着、愿望着、恋爱着的时候，肯定他的个体是一个完整的人的时候，简言之，仅当他肯定和表现他的个体的一切器官的时候"，仅当他不仅来而且去都自由的时候，才是独立的。

马克思认为，社会主义的目的就是人的解放，而人的解放同人的自我实现一样处在人跟自然的生产性的相关联、相统一的过程之中。社会主义的目的是使个人的个性得到发展。

……

只有联系到马克思关于劳动的概念，才能充分理解马克思关于人的自我实现这整个概念。首先，必须注意，对于马克思来说，劳动和资本决不仅仅是经济学的范畴；它们是人类学的范畴，在这些范畴中包含着植根于马克思的人道主义立场的价值判断。资本是被积累起来的东西，它代表着过去；而另一方面，劳动则是或者在它是自由的时候应该是生命的表现。马克思在《共产党宣言》中说："在资产阶级社会里是过去支配现在，在共产主义社会里是现在支配过去。在资产阶级社会里，资本具有独立性和个性，而活着的个人却没有独立性和个性。"马克思在这里再一次继承黑格尔的思想，黑格尔把劳动理解为"人的自我创造的活动"。对于马克思来说，劳动是一种活动，而不是一种商品。马克思最初把人的机能称之为"自我能动性"，而不是称之为劳动，并且说"劳动的废除是社会主义的目的"。后来，马克思区分了自由的劳动和异化的劳动，这样他就使用"劳动的解放"这个术语。

……

劳动是人的自我表现，是他的个人的体力和智力的表现。在这一真正的活动过程中，人使自己得到了发展，变成为人自身；劳动不仅是达到目的即产品的手段，而且就是目的本身，是人的能力的一种有意义的表现；因而劳动就是享受。

马克思对资本主义的主要的批评不在于资本主义的财富的分配不公正，而在于资本主义使劳动堕落为被迫的、异化的、无意义的劳动，因而使人变成"残废的怪物"。马克思关于劳动是人的个性的一种表现这一概念，简明地表现在他关于要完全废除那种使人终身只干一种职业的现象的看法中。既然人类发展的目的是使人发展成为一个全面的、普遍的人，因此人必须从专门化的畸形影响下解放出来。马克思写道：在以前的一切社会中，人是"一个猎人、渔夫或牧人，或者是一个批判的批判者，只要他不想失去生活资料，他就始终应该是这样的人。而在共产主义社会里，任何人都没有特定的活动范围，每个人都可以在任何部门内发展，社会调节着整个生产，因而使我有可能随我自己的心愿今天干这事，明天干那事，上午打猎，下午捕鱼，傍晚从事畜牧，晚饭后从事批判，但并不因此就使我成为一个猎人、渔夫、牧人或者批判者。"

......

在马克思看来，异化过程表现在劳动和分工之中。他认为劳动是人和自然的能动关系，是新世界的创造，其中包括人自身的创造（在马克思看来，和手工活动或艺术活动一样，智力活动当然也往往是劳动）。可是，随着私有财产和分工的发展，劳动失去了它作为人的力量的表现这种性质；劳动及其产物僭取了一种与人及其愿望和计划相分离的存在。"劳动所生产的对象，即劳动产品，作为异己的东西，作为不依赖于生产者的独立力量，是同劳动对立的。劳动产品是固定在对象中的、物化为对象的劳动，是劳动的对象化。"劳动发生了异化，因为它不再是劳动者的本性的一部分，"因此，劳动者在自己的劳动中并不肯定自己，而是否定自己，并不感到幸福，而是感到不幸，并不自由地发挥自己的肉体力量和精神力量，而是使自己的肉体受到损伤、遭到精神摧残。因此，劳动者只是在劳动之外才感到自由自在，而在劳动之内则感到爽然若失"。因此，在生产活动中，劳动者与他自己的活动的关系被认作是"劳动者同他自己的活动——某种异己的、不属于他的活动的关系。在这里，活动就是受动；力量就是虚弱；生殖就是去势"。当人这样地与他自身相异化的时候，劳动的产物便变成为"异己的、统治着他的对象关系。这种关系同时也是劳动者同感性的外部世界、同自然物这个与他相敌对的异己世界的关系。"马克思着重指出了两点：一、在劳动过程中，特别是在资本主义条件下的劳动过程中，人和其自己的创造力相疏远；二、人自己的劳动对象变成了异化的存在，最后对他实行统治，变成不以他自己为转移的力量。"在那里，是劳动者为生产过程，不是生产过程为劳动者。"

在这点上，普遍地——甚至在社会主义者中间——存在着一种对马克思的误解。有些人相信，马克思所说的主要是对劳动者的经济剥削，劳动者在产品中所得的份额少于他应得的份额，或者产品应归劳动者所有而不应归资本家所有。可是，正如我在上面所指出的，像苏联那样作为一个资本家的国家，对马克思来说丝毫也不比私人资本家更受欢迎。他主要不是关心收入的平等。他所关心的是使人从那种毁灭人的个性、使人变形为物、使人成为物的奴隶的劳动中解放出来。正如克尔凯郭尔关怀个人的得到拯救一样，马克思也是如此；而他对资本主义社会的批判，不是针对收入的分配方法，而是针对它的生产方式、它的毁灭个性以及它使人沦为奴隶。而人之所以沦为奴隶，不是被资本家所奴役，而是人（包括工人和资本家）被他们自己创造的物和环境所奴役。

马克思继续发挥他的思想。在未异化的劳动中，人不仅作为一个个体、而且作为族类的存在实现着他自身。和黑格尔以及启蒙时期的其他许多思想家一样马克思也认为，每个个体都表现出族类，也就是说，表现出作为整体的人性，人的普遍性：人的发展导致他的全部人性的显露。在劳动过程中，人"不仅像在意识中所发生的那样在精神上把自己化分为二，而且在实践中、在现实中把自己化分为二，并且在他所创造的世界中直观自身。因此，异化劳动从人那里剥夺了他所生产的对象，从而也剥夺了他的类的生活、他的现实的、类的对象性，而把人对动物所具有的那种优点变成缺点，因为人被夺去了他的无机的身体即自然界。

同样地，异化劳动把自我活动、自由的活动贬低为单纯的手段，从而把人的类的生活变成为维持人的肉体生存的手段。

因而，人所具有的类的意识由于异化而改变，以致类的生活对他说来成了手段。"

正如我在前面所指出的，马克思认为劳动的异化在全部历史中一直存在着，在资本主义社会则达到它的顶峰，工人阶级异化得最厉害的阶级。这个假设是建立在这样的思想之上：工人没有参与劳动的指挥，而是作为他所使用的机器的一部分被"雇佣"，从而被变形为依附于资本的物。

……

必须再一次强调指出，马克思的目的不是仅限于工人阶级的解放，而是通过恢复一切人的未异化的、从而是自由的能动性，使人获得解放，并达到那样一个社会，在那里，目的是人而不是产品，人不再是"畸形的"，变成了充分发展的人。马克思关于异化了的劳动产品的概念，在《资本论》里的一个最基本的概念、即他所谓"商品拜物教"中，得到了表现。资本主义生产把人的关系变形为物自身的性质，这种变形构成了资本主义生产中商品的性质。

……

马克思在这里表述了社会主义的一切本质因素。首先，人是以一种联合的方式而不是一种竞争的方式来进行生产的；人是以一种合理的非异化的方式来进行生产的，这意味着他使生产置于自己的控制之下，而不让生产作为一种盲目的力量来统治自己。这显然是跟那种让人受官僚操纵的社会主义的概念不相容的，即使在那种社会里，官僚统治着整个国家经济，而不仅仅是统治着一个大公司。这意味着个人积极地参与制订计划和实行计划；简言之，这意味着实现政治民主和生产民主。马克思期望通过这样一种新的非异化的社会形式，人将成为独立自主的，而不再被生产和消费的异化的模式弄得残缺不全；在这种社会里，人将真正成为他的生活的主人和创造者，因而他能开始使得生活本身成为他的主要活动，而不是以生产谋生手段为主要活动。马克思认为，社会主义决不是那样一种生活的圆满完成，而是保证那样一种生活的圆满完成的条件。当人已经建成了一种合理的、非异化的社会形式的时候，人就有机会开始发展属于生活的目的的东西："发展作为目的本身的人类的能力，开始真正的自由王国"。马克思是一个每年都要通读埃斯库罗斯和莎士比亚的全部著作的人，是一个用人类思想的一切最伟大的著作来丰富自己的一生的人，他做梦也没有想到他关于社会主义的思想竟被歪曲为是以吃得好和穿得好的"福利"国家或"工人"国家为目的。在马克思看来，当人不仅从经济的贫困的锁链中解放出来而且从由异化造成的精神的贫困中解放出来之时，人就已经在历史的进程中创造了一种将自由地发展自己的文化。马克思的这个看法是建立在他对人的信念的基础上的，是建立在他对在历史中已经发展起来的人的本质所固有的、实在的潜力的信念的基础之上的。他把社会主义看作是人的自由和创造性的条件，而不是把它看作构成人的生活的目的本身。

马克思认为，社会主义（或共产主义）不是从人们通过使自己的能力对象化而创造出来的对象世界中逃脱出来或抽取出来，或丧失对象世界。社会主义（或共产主义）不是贫困地复归到一种非自然的、原始的简朴中去。宁愿说，它是作为某种实在的东西的人的本性的第一次真正的出现，真正的实现。马克思认为，社会主义是一个允许人得以通过克服自己的异化而实现自己的本质的社会。社会主义无非就是为真正自由的、理性的、积极向上的和独立的人创造条件；社会主义就是实现这位预言家的目标：摧毁偶像。

……

马克思认为，社会主义是一个为人的需要服务的社会。但是，很多人会问：难道现代资本主义不正是那样的吗？我们的大公司难道不是竭力设法为人的需要服务吗？那些大的广告公司不就是一些侦察队吗？它们竭尽努力，从全面概观到动机分析，力图找出人的需要是什么。的确，如果我们不理解马克思对人的真正的需要和人的虚假的需要之间所作的区分，就不能理解这种社会主义的概念。

正如社会主义的概念是从整个人的概念中推导出来的一样，人的真正的需要也是植根于人的本性的；只有依据于对人的本性的认识，以及依据于认识到真正的人的需要是植根于人的本性的，才能区分真正的需要和虚假的需要。人的真正的需要是指那些对于实现人的本质来说是必不可少的需要。……只有依据一种具体的人的本性的概念，马克思才能区分人的真正的需要和虚假的需要。纯粹主观地看，虚假的需要也被当作像真正的需要一样迫切、一样现实；从纯粹主观的观点来看，就不可能有这种区分真假的标准（用现代的术语来说，人们可以分清精神病态的需要和理性的［健康的］需要）。人往往只意识到他的虚假的需要，而不意识到他的真正的需要。社会的分析学家的任务正是要唤醒人们认识到什么是梦幻的虚假的需要，什么是人的真正的需要。马克思认为，社会主义的重要目的就是要认识和实现人的真正的需要，而只有当生产为人服务，资本家不再创造和利用人的虚假的需要时，才能达到这一目的。

选自《西方学者论〈1844 年经济学哲学手稿〉》，复旦大学哲学系现代西方哲学研究室编，复旦大学出版社 1983 年版，第 39—73 页。

五、进一步阅读的文献

1. 张伟：《弗洛姆思想研究》，重庆出版社 1996 年版。

2. 张一兵：《文本的深度耕犁：西方马克思主义经典文本解读》第 1 卷，中国人民大学出版社 2004 年版。

3. 邓志伟：《弗洛姆新人道主义伦理思想研究》，人民出版社 2011 年版。

第三十五章　存在主义的马克思主义的探索

——《辩证理性批判》

一、写作背景

从 20 世纪 50 年代后期开始，随着西方学者对《1844年经济学哲学手稿》研究的不断深化，从个人出发重新解释马克思主义，成为当时的"显学"，马克思主义变得越来越具有吸引力。在当时的法国，有着存在主义理论背景的许多思想家都纷纷转向马克思主义，如列菲伏尔、梅洛—庞蒂等，都力图从马克思主义出发，重新确立自己的理论方向。在这种情境下，1960 年，让—保罗·萨特（Jean-Paul Sartre，1905—1980）出版了《辩证理性批判》第一卷。在这部著作中，萨特一方面进一步发挥了其早年的存在主义思想，强调个人的自由，另一方面，又批判了从经济决定论出发理解马克思主义的模式，认为在这种解释中存在着"人学的空场"，强调用存在主义来补充马克思主义，实现存在主义与马克思主义的结合。《辩证理性批判》共两卷。第一卷于 1960 年出版，第二卷于 1985 年出版。

二、篇章结构

《辩证理性批判》第一卷题为"关于实践的集合体理论"，共有三个部分：第一部分是"方法问题"，探讨如何实现马克思主义与存在主义的整合；第二部分是对教条辩证法的批判和以批判经验为基础的批判辩证法的探讨；第三部分主要探讨惰性—实践的形成原因及其特征。第二卷题为"历史的可理解性"，主要由两个部分组成：一是阐述共时性的总体化；一是阐述历史性的总体化。从总体上看，《辩证理性批判》在结构上较为松散，在写作过程中，萨特也在不断地修正自己的概念与方法，没有形成一个完整的理论体系。

三、观点提示

第一，存在主义与马克思主义应相互补充。传统的马克思主义是"人学的空场"，需要以存在主义来补充，同时，存在主义只有奠基在马克思主义基础上，才能摆脱其空洞性。在这种相互补充中，既合乎存在主义的哲学理念，即个人存在于变化了的历史之中，也合乎马克思主义的理论，即人在特定的历史条件下创造历史，从而达到对人的历史实践的总体化理解。总体化不同于总体性，总体性是凝固化的结构，而总体化则是一个动态的、展开的过程，是人通过自己的谋划对既定条件的接受与超越的过程。

第二，前进—逆溯法是理解总体化的基本方法。前进法是马克思主义面对历史的基本方法，是对社会结构深层矛盾的总体分析，但这种分析易流于宏大叙事，忽视了对个人活动与生存的微观分析；逆溯法就是对具体事件、对象的真实确认，探索对象的历史特殊性。前进—逆溯法就是在总体化要求下尽可能地进行具体研究，达到对个人生存的微观考察。这是存在主义的马克思主义的基本方法。

第三，匮乏造成社会异化与人的异化。人类历史是一部同匮乏做斗争的历史，匮乏构成了既定社会条件下物质性行动的原初结构，使个体的自由实践转变为外在的惰性物质条件。匮乏具有三层含义：一是作为初始的物质资源的匮乏，指人类生存物质条件的不足；二是在这种初始匮乏下的实践所形成的社会物质条件的匮乏，它使初始意义上的物质资源匮乏变成了社会意义上的匮乏；三是人与人关系的匮乏，人体现为一种异化的种类，造成了人与人之间的敌对状态。这是一种双重的分离：一方面个体与他人相分离，另一方面个体与自己也处于分离之中，造成了人的非人性惰性结构，弱化甚至消减了人的自由创造能力。匮乏是一种惰性，它吸收他人的劳动并使之反对每一个人，从而造成了社会异化与人的异化。

第四，惰性－实践、物的指令与社会关系的物化。惰性－实践是人的创造性活动的反转，它将人类实践的合目的性的力量逆转为惰性的力量，形成一个物化的世界，人变成了自己创造物所支配的对象，人的内在性和相互性被以物为中介的伪相互性关系替代了，物的指令支配着人的活动。物的指令体现在三个方面：一是体现为机器系统的指令，人将物的指令内化，成为机器的代理人；二是在利益中体现为特定社会场域中人同物的关系，利益是对物的占有，将人类的所有物变成个人或特定团体的所有物，个体之间的关系由此体现为被物所控制的他人与他人之间的关系，在这个过程中，人使自己物化以便为物服务；三是体现在"命运"中，机器对工人来说就是一种命运，它决定了工人的存在方式；资本对人来说是一种命运，它控制着每一个人。可以说，惰性－实践使人无法摆脱物的指令的控制，形成了物化的社会关系。由个体构成的系列与集合体，就是物化社会的存在方式。

第五，个体的自由实践与生成性的辩证法。与惰性－实践相对立的是个体的创造性实践。在这种实践中，个体的实践与群体的实践统一起来，并通过不断地总体化使个体与群体有能力控制惰性力量，形成批判经验与辩证理性。以总体化为特征的辩证理性，是生成性辩证法的核心。生成性的辩证法具有四个特征：(1) 强调向直接的、日常的经验开放，它既是事实之间的客观联系，也是认识和确定这些联系的方法；(2) 存在与认识之间不仅存在着相互作用意义上的肯定关系，而且也存在着相互的否定关系，这种否定关系是展现辩证可能性的空间；(3) 辩证法的合理性必须被看作是必然与自由的辩证统一，辩证法体现的是以主体际关系为基础的物质关系结构；(4) 辩证法是一种理性，通过将个体经验总体化而实现个体的创造性自由。

《辩证理性批判》中的人学辩证法是在马克思主义哲学人本化的大背景下产生的，他从存在主义出发的人学辩证法是存在主义的马克思主义化。他关于实践惰性的讨论、关于个体自由辩证法的探索，对于马克思主义的微观化解释，起到了推动作用。

四、文本节选

我不喜欢谈论存在主义。研究工作的特点就是不确定性。把研究的名称说出来、确定下来，就是把一个链环的首尾扣上了；剩下的还有什么呢？只有一种完成的、已经过时的文化形式，就像肥皂商标那样的东西，换句话说，是一种理念。要不是看到这是在一个马克思主义文化的国家里表达当今哲学中的矛盾的一种方法，我就会拒绝我的波兰朋友们的要求了。出于这一目的，我觉得能够围绕一种主要的对立把使哲学分裂的内部冲突集中在一起，这个对立就是存在和知识的对立。但是，如果为了"法国"专刊的协调，我必须首先谈论存在的意识形态，我也许会更加直截了当，因为这家刊物也请马克思主义哲学家亨利·勒费弗尔（Henri Lefebvre）来给那几年法国马克思主义的矛盾和发展"确定地位"。

后来，我将这篇文章重新发表在《现代》（*Les Temps modernes*）杂志上，但作了重大修改，以便符合法国读者的要求。现在发表的就是这个修改稿。文章原名为《存在主义和马克思主义》（*Existentialisme et marxisme*），现改名为《方法问题》。最后，我提出一个问题。只有一个：今天，我们是否有能力建立一种结构的和历史的人类学？这种人类学会在马克思主义哲学内部找到自己的位置，因为——这点大家将会在后面看到——我把马克思主义看作我们时代的不可超越的哲学，因为我把存在的意识形态及其"内涵的"方法看作在使它产生并同时拒绝它的马克思主义中的一块飞地。

存在的意识形态从使它复活的马克思主义那里继承了两种要求，即马克思主义从黑格尔学说中汲取的两种要求：如果某种真理性的内容应该能在人类学中存在，那么这种内容应该已经变异（devenue），应该对自己整体化（totalisation）。不言而喻，这种双重的要求确定了存在和认识（或理解）的运动，即自黑格尔以来被称为"辩证的"运动。因此，我在《方法问题》中把这种整体化看作像永恒的历史和历史真理一样。从这种基本的一致出发，我力图阐明哲学人类学的内部冲突，并在某些情况下——在我所选的方法论的领域中——勾勒出临时解决这些难题的办法。但是，不言而喻，如果历史和真理没有整体化的作用，如果像实证主义者认为的那样存在着一些历史和一些真理，那么矛盾及其综合的超越就会失去任何意义和任何现实性。因此，我在撰写这第一本书时，就感到最终也须涉及基本的问题。是否有一种关于人的真理呢？

从未有人——即使经验论者也没有——只把理性称为我们思想的布局，而不问这种布局是怎样的。一个"理性主义者"认为，这种布局必须再现或构成存在的次序。因此，理性是认识和存在之间的某种关系。从这个角度来看，如果历史的整体化和起整体化作用的真理的关系应该能够存在，如果这种关系是认识和存在的双重运动，那么，把这种变幻不定的关系称为一种理性就将是合情合理的；因此，我的研究目的就是要确定自然科学中的实证主义理性是否正是我们在人类学的发展中重新找到的理性，或者确定人对人的认识和理解是否不仅包含着一些特定的方法，而且包含着一种新的理性，即思想和它的客体之间的一种新的关系。换句话说，是否有一种辩证理性？

实际上，这不是要发现一种辩证法：一方面，辩证思想从十九世纪初开始已历史地意识到自己；另一方面，历史学的或人种学的普通经验足以阐明人类活动中的一些辩证领域。但是，一方面，经验——一般来说——通过自身只能创立一些部分的和偶然的真理；另一方面，辩证思想自马克思以来更多地关心自己的客体而不是关心自己。在这里，我们再次遇到十八世纪末分析理性在需要证明其合理性时所遇到的困难。但是，问题并不那么容易解决，因为批判的唯心主义的解决办法就在我们后面。认识是存在的一种方式，但在唯物主义看来，不能把存在归结为已知的东西。这并不重要：只要我们还没有确定辩证理性和合理性，只要我们还无权在其意指和对发展中的整体化的综合整体参照系列中研究一个人、一群人或一个人类客体，只要我们还未确定这些人或他们的产品的任何部分的或孤立的认识应该朝着整体被超越，或者归结为一种因空虚而产生的错误，那么人类学就仍将是经验论的知识、实证主义的归纳和整体化的解释的大杂烩。因此，我们的尝试将是批判的，因为我们将试图确定辩证理性的有效性和范围，也就是确定这种理性和实证主义的分析理性的对立和联系。但是，我们的尝试还应该是辩证的，因为在涉及辩证问题时，只有辩证法才能解决问题。这并非同义反复：关于这点，我将在以后说明。在本书的第一卷中，我只是勾勒实践整体的理论，也就是作为整体化契机的系列和群体的理论。在以后出版的第二卷中，我将论述整体化本身的问题，即发展过程中的历史和变异中的真理的问题。

……

这样，社会学就更加容易同马克思主义整合，因为社会学认为自己是一种超经验论。社会学如果只有自己一门学科，就会陷入本质论和断裂状态；如果作为一种被监视的经验论的契机，回到历史整体化运动之中，社会学就重新获得自己的深度和活力，但它将保持社会场域的相对的不可还原性，它将在总体运动之中突出地表现为抵抗、制动、模棱两可和含糊不清。另外，还不是要把一种方法添加到马克思主义之中：辩证哲学的发展本身应该使它在同一个行为中产生横向综合和深入的整体化。要是马克思主义拒绝这一点，其他一些方法就会企图代替它这样做。

换句话说，我们指责当代马克思主义在偶然性方面抛弃了人类生活的一切规定性，并且不保留属于历史整体化的任何东西，只保留有其普遍性的抽象轮廓，结果它完全失去了人的含义。……对于我们来说，这并不像人们往往认为的那样，是要"使非理性恢复权利"，而是相反，是要缩小不确定的和无知的部分；这不是以第三条道路或唯心主义的人道主义名义来抛弃马克思主义，而是在马克思主义内部重新恢复人。我们刚才指出，辩证唯物主义如果不融合西方的某些学科，就会使自己变为一副骨架；但是，这只是一种否定的证明：我们所举的例子在这种哲学的中心揭示了一种具体的人类学的空缺位置。

……

当然，人和事件无论如何都会在此之前出现在匮乏的范围内，出现在一个依然无法从自己的需要（即自然）中解放出来，并由此根据其技术和工具而确定的社会内。一个被自己的需要压垮的、受一种生产方式支配的集体的分裂，会在组成这个集体的个人之间产生对抗；事物之间、商品和金钱等的抽象关系掩盖和制约着人们之间的直接关系；这样，工具、商品流通等就确定了经济和社会的变异。没有这些原则，就不会有历史的合理性。但是，没有活生生的人就没有历史。存在主义研究的客体——由于马克思主义者的无能——是在社会场域内、自己的阶级内、集体客体和其他特殊的人们中间的特殊的人，是异化的、物论的、被愚弄的个人，即由分工和剥削所造就的那种个人，他在用变样的工具同异化作斗争，并且不顾一切地、耐心地获得进展。由于辩证的整体化必须包含行为、热情、劳动和需要以及全部经济范畴，所以它必须同时把施动者或事件重新置于历史整体之中，根据变异的方向来确定它们，并确切地规定它们现在的意义。马克思主义的方法是渐进的，因为它是马克思作出大量分析的结果。今天，综合的渐进法是危险的：偷懒的马克思主义者用这种方法来构成先验的实在和各种方式，以便证明已经发生的事应该这样发生，他们用这种纯粹展览的方法不能发现任何东西。所谓证明，即他们预先知道应该找到的东西。我们的方法是启发式的，它教我们学会新东西，因为它既是逆退的又是渐进的。它和马克思主义者一样，首先关心的是把人重新置于他的环境中。我们要求总体历史对我们再现现代社会的结构、它的冲突、它的深刻矛盾，以及由这些深刻矛盾确定的整体运动。这样，我们一开始就对被研究的运动有一种整体化的认识，但是，同我们研究的客体相比，这种认识仍然是抽象的。它与目前的物质生产一同开始，与世俗社会、国家和意识形态一起结束。然而，在这个运动内部，客体已经出现，它受这些因素的制约，是因为它制约着这些因素。这样，它的行动已经铭刻在被研究的整体之中，但对于我们来说依然是暗示的和抽象的。另一方面，我们对客体有某些零碎的认识：例如，我们已经知道罗伯斯庇尔的生平，因为它是一种带有时间性的规定，即一系列确定无疑的事实。这些事实看上去是具体的，因为它们被详细了解，但是它们仍然是缺乏实在性，因为我们还不能把它们同整体化运动联系在一起。这种非能指的对象在人们还不可能理解它时，就已经在自身中包含了整个时代，它在时代中出现的方式和由历史学家复原的时代所包含的这种对象的方式相同。然而，我们的两种抽象认识分别落到了对方之外。人们已经知道，当代马克思主义者在此停止了。他们认为在历史过程中发现了客体，在客体中发现了历史过程。实际上，他们用一整套直接引证原则的抽象论述来取代这两者。相反，存在主义依然希望使用启发式的方法。它只有"双向往复"（va-et-vient）这种方法：在深入了解时代的同时逐渐确定（例如）个人经历，在深入了解个人经历的同时逐渐确定时代。它并不急于把个人经历同时代融为一体，而是将它们维持在分离状况，直至相互包含自行产生，使研究暂时告一段落。

......

这些看法可以使人理解，为什么我们既可以宣称同马克思主义哲学十分一致，又可以暂时保存生存意识的独立性。毫无疑问，马克思主义在今天表现为唯一可能同时是历史的和结构的人类学。同时，唯有这种人类学可以在人的整体性中来研究人，即从他的条件的物质性出发来研究。任何人也不能向它提出另一个出发点，否则就是向它提供另一个人来作为它的研究客体。我们是在马克思主义思想的运动内部发现一种缺陷的，因为马克思主义不由自主地想要取消它研究的提问者，并把被提问者变成一种绝对感知的客体。马克思主义的研究为描述我们的历史社会而使用的概念——剥削、异化、偶像化、物化等——正是同生存的结构有着最直接联系的概念。实践的概念和辩证法的概念不可分隔地联系在一起，同对感知的理智主义观点相矛盾。为了达到主要目的，在其基本结构不是制订计划的情况下，劳动作为人对自己生活的再生产不能保留任何意义。从这种缺陷——它不是与事件有关，而是与学说的原理有关——出发，存在主义在马克思主义内部，从同样一些已知条件、从同一种感知出发，也应该试图——即使是作为试验——对历史作辩证的解释。它不对任何东西提出疑问，除非是一种机械的决定论，这种决定论完全不是马克思主义的，而是从外面引入这种整体哲学之中的。它也想从生产方式和生产关系出发把人定位在他的阶级之中和他同其他阶级对立的冲突之中。但是，它想从生存即理解出发来尝试这种"情景"；它由提问者变成被提问者和问题；它不是像把克尔凯郭尔和黑格尔对立起来那样，把个人的非理性特殊性和普通的感知对立起来。但是，它想要在感知之中和在概念的普遍性之中重新引入人类命运的不可超越的特殊性。

这样，对生存的理解就表现为马克思主义人类学的人的基础。然而，在这个领域中，必须防止一种后果严重的混淆。确实，在感知的范畴中，基本的认识或一幢科学大厦的基础即使出现得——这是通常的情况——比经验论的规定性要晚，也是首先展现出使的；人们从它们中推断出对感知的规定方式，同人们在保证其基础之后建造一幢楼房的方式是相同的。但这是因为基础本身是认识，如果说人们可以从中推断出已经由经验保证的某些命题，那是因为人们已从这些命题出发归纳出作为最普遍的假设的基础。相反，马克思主义的基础作为历史的和结构的人类学，就是研究人本身，因为人类的生存和对人类的理解是不可分离的。从历史上看，马克思主义的感知在其发展的某个时刻产生了自己的基础，这个基础是在被掩盖的情况下出现的：它并不是作为理论的实践基础，而是在原则上以排斥任何理论认识而出现的。这样，生存的特殊性在克尔凯郭尔那里表现为原则上处于黑格尔体系（即整体知识）之外的东西，表现为完全不能自我想象，而只能在信仰的行为中自我体验的东西。在作为基础的知识内未被认识的生存的重新一体化的辩证行动就不能被检验，因为存在的态度——唯心主义的知识、唯灵论的生存——都不能企求具体的实在化。这两个项在抽象中勾勒出未来的矛盾。而人类学认识的发展并未能导致对这些明确的态度的综合：理念的运动——就像社会的运动——首先将马克思主义产生的一种确实具体的认识的唯一可能形式。正如我们在开始时指出的那样，马克思的马克思主义在指出认识和存在的辩证对立时暗含着对理论的存在基础的要求。另外，为了使物化或异化这样一些概念具有自己的全部意义，就必须使提问者和被提问者合二为一。要使人类关系能在某些确定的社会里表现为物之间的关系，那么这些关系可能会是什么呢？如果说人类关系的物化是可能的，那是因为这些关系即使在被物化之后也同物的关系有根本的区别。实践机构用劳动来再现自己的生命，以便使它的劳动以及它的实在性被异化，即回到它那儿并把它作为他人来确定，那么实践机构应该是什么呢？但是，从社会斗争中产生的马克思主义在重新考虑这些问题之前，应该完全接受它的实践哲学的作用，即阐明社会和政治实践的理论。由此导致当代马克思主义内部的一种巨大的匮乏，也就是说对上述概念和其他许多概念的使用同缺乏对人类现实的理解有关。这种匮乏不是——像某些马克思主义者今天宣称的那样——在认识的构建中一个位置确定的空白、一个空洞；它是无法看到而又无处不在的，是一种普遍的贫血。

....

正是这种对人的排斥，把人从马克思主义的知识中排除出去，才使存在主义思想在认识的历史整体化之外复兴起来。人类科学在非人类中固定下来，人类实在力图在科学之外理解自己。但这次的对立属于直接要求对自己进行综合超越的那种对立。马克思主义如不把作为自己基础的人重新纳入自己之中，就将变为一种非人类的人类学。但是，这种只是对生存本身的理解，同时由马克思主义的历史运动和间接阐明这种运动的概念（异化等）来揭示，并由那些产生于社会主义社会的矛盾并（向人）显示他的被遗弃即生存和实践认识的不可通约性的新异化来揭示。它只能用马克思主义的词句来想象自己，只能把自己理解成被异化的生存，理解成只被选择的人类实在。超越这种对立的契机应该把理解重新纳入作为它的非理论基础的认识之中。换句话说，人类学的基础是人本身，人并不是作为实践认识的客体，而是作为将认识产生为它的实践的一个契机的实践机构。作为具体生存的人在一种由他一向支撑的人类学内部的重新一体化，必然表现为哲学的"变异—世界"的一个阶段。从这个意义上说，人类学的基础不会先于人类学（从历史上看或从逻辑上看都是如此）。如果生存在其对自己的自由理解中先于对异化或剥削的认识，那就应该认为实践机构的自由发展在历史上先于它现在的衰弱和屈服（当这点被确定后，这种历史上的领先就不会使我们的理解有所进展，因为对已经消失的社会的回顾性研究，在今天是借助复原技术并通过束缚我们的那些异化来进行的）。或者说，如果人们坚持要一种逻辑上的领先，那就必须认为计划的自由在我们社会的各种异化之下可以重新处于它全部的实在之中，人们可以从包含自身自由的具体生存辩证地转为在现在的社会中歪曲这种生存的各种变化。这种假设是荒谬的。当然，人们想使人成为奴隶，那只是在他自由的时候。但是，对于了解自己和理解自己的历史的人来说，这种实际的自由只能作为奴役的经常性和具体的条件来理解，也就是通过这种奴役，并由于这种奴役，而理解为使奴役变成可能的东西，理解成它的基础。因此，马克思主义的认识注重被异化的人，但如果它不愿使认识偶像化，并使人在对他的异化的认识中解体，那么它就不足以描述资本的过程或殖民化体系。必须使提问者了解被提问者——就是他自己——是怎样使自己的异化存在的，他是怎样超越自己的异化并使自己在这种超越中异化的；必须使他的思想在每时每刻超越使对人—施动者的理解和对人—客体的认识统一起来的内部矛盾，并产生新的概念，即认识的规定性。这些规定性从生存的理解中出现，在辩证活动的基础上调节它们的内容的运动。反过来，理解——作为实践组织的活的运动——只有在一种具体的情势下才会产生，因为理论认识可以认清并辨认这种情势。

因此，对生存的研究的独立性必然产生于马克思主义者的（而不是马克思主义的）否定性。只要这个学说不承认自己的贫血，只要它不把自己的认识建立在对活生生的人的理解的基础上，而是建立在一种教条的形而上学（自然辩证法）的基础上，只要它以非理性主义的名义摈弃那些想把存在和认识区分开来——就像马克思曾做过的那样——的意识，并在人类学中把对人的认识建立在人类生存的基础上，那么存在主义就可以继续自己的研究。这表明存在主义试图用间接的认识（就像我们已看到的那样，用一些逆退地表示生存结构的词语）来阐明认识的已知条件，并在马克思主义的范围内产生一种真正的理解性的认识，这种认识将在社会生活中重新找到人，并在他的实践中，或者说，在从一种确定的情势出发把他投向社会的可能性的计划中注视着他。因此，存在主义将作为落到认识之外的体系的一个片段出现。从马克思主义的研究把人类的维度（即生存的计划）看作人类学认识的基础之日起，存在主义就不再有存在的理由。存在主义在被哲学的整体化运动吸收、超越和保存之后，就不再是一种特殊的研究，而是成为任何一种研究的基础。我们在本文中提出的那些看法，就是旨在用我们的绵薄之力，来加速这种解体时刻的到来。

……

在我们论及的层次上，我们的经验虽然已达到比较丰富的意义，却仍然是抽象的：我们十分清楚，人类世界并非只是这种非人道；必须通过可理解性的其他层面才能达到辩证经验的整体。然而，不管它同经验的其他契机的关系如何，仍然有充分理由可以认为人类世界是真实历史的某种结构的规定性：这就是已定型（matière travaillée）对人的控制。但是，由于我们已经在一个例子上看到这种控制的运动，所以我们就看到作为他的产物的产物（在这一研究层次上，他只是作为他的产物的产物）的人的可怕面目被勾勒了出来。对于他，我们应该在研究时的统一中来加以研究，并同物质性的非人道的人道化紧密地联系起来。我们确实曾经想到过，那些有趣的综合性短语可能有何种可理解性，我们每天使用这些短语，并想理解其含义，而它们在一种不可分隔的整体中把合目的性和必然性、把实践和惰性等等统一起来。我们曾经看到，它们能同样用于人类的行动或已定型物（matière ouvrée）的"行为"，仿佛人作为他的产物的产物和作为被人加工的事物的物，通过逐渐取消原来的一切分化而趋向于一种完全的对等，仿佛这种已经实现的对等能使人用这些概念来指出和考虑面貌不同但本质相同的客体，其中的一个可能是一个人，或一个群体，另一个可能是一个铁路系统或一群机器。实际上，情况并非总是如此：在大部分时间里，在目前的研究层次上，涉的不是会成为相同的一个人类客体和一个无生命的工具，而是作为人道化的物的一种物质整体的不可分隔的共生，和作为非人道化的人的一种相应的人类整体：因此，人们说"工厂"、"企业"，是为了指称用物质来实现其统一的墙围起来的某种工具性组合，或是占用它的全体人员，或是两者兼而有之，并且是在故意的未分化之中。然而，根据我们在这里说的含义，在物和人并非完全对等的情况下，只有当这两者相配时，这种整体化才能产生。确实，如果个体作为他们劳动的产物只是组织物质的一种自由实践（在一个更加表面的层次上他们也是如此），那么内在性联系就将仍然是单义的，我们也就不能谈论在社会场域中作为消极的活动、积极的消极性、实践和命运而表现出来的这种如此有特点的统一。为了使这样构成的社会客体有一种存在，人和他的产物就必须在生产之中交换他们的优点和他们的地位。我们很快就会看到原始的社会客体的存在；我们现在应该研究的，是作为由已定型物控制的人。

······

群体产生于集合体或多或少深刻的解体之上和共同实践的统一性之中。要想确定这个实践的客体，只有根据另一些群体是否被一些系列中介，根据一个惰性集合是否被另一些群体中介，根据一种材料是否被一些系列和群体中介定型。

但是，如果使群体从其中产生的集合体至少在表面上带有起自我分解作用的实践的标记，那么反过来，共同行动的结果必然地成为——不管它的其他特征如何——对集合体和已定型的材料的规定；因此从某种意义上看，群体的客观真实性（即它的实践的对象化）就是集合体和无机性。换句话说，如果在群体之外，在它的客观化的超验领域中审视群体的实践，我们将观察到，这个实践同时通过三种主要特征而自我确定：第一，它在构成自己实践场域的社会的和自然的物质性中从实践角度实现新的真实统一；它直接地在自己周围的各种联盟或对抗群体中，间接地通过自己在远距离变革的共同场域（即由感应的和隔离的各群体，通过场域的整体变革而承担的调整的共同场域——因为共同场域对不同层次上的每个共同体来说都是实践场域）内的出现，仅仅造成某些既是承受的又是在内部调整期间重新承担的变化。确实，由于场域是实践整体化的综合统一，所以对每个群体来说，作为一切多样得不能再被整体化（和在一种流失的、可怕的自治中相互整体化的制约）的另一个整体化群体在远距离的出现，便会引起（至少以不能实现的意义之名义）一种所有从内部指称的根本变质对制度的持久威胁，并由于这种变质而引起被重新整体化的整体化过程自身的变化。如果目前这些实践结果的整体代表一次部分的失败或者一次成功，这都无关紧要。很清楚，实践具有一种直接与自己的具体目标相连的有效性，而它在这里实施的各种不同行动全都在共同场域内，由所有现存的群体同经验的所有层次统一起来了。

第二，这些综合结果必然被异化，尽管异化出现的时刻并非必然是对象化自我实现的时刻，孤立的自由实践的异化——由于它产生于实践—惰性场域内——必然是迅即的，因为这种伪孤立通过自身就已经是被无机的中介实现的一种无能。但是，共同实践的对象化能够即刻完全成功地实现：由于群体是对无能的否定，它的成功就会受到在场的各种力量关系的制约。一支军队能够消灭敌方军队，并彻底占领被征服的国家。然而，如果这种对象化在整体化过程内部最终变成了一个惰性客体和一种特殊的真实性，那么，它势必被窃取、被异化。占领实践场域的——甚至是战败的——所有群体足以在这个场域本身上弄虚作假，足以向它提供一种多元价值，并且去掉一切客观上单一的和有争议的含义。或者，被造成的客体自身就是多向度的，它对什么都不保证，这些不同的含义也不会是矛盾。此外，我们还知道，它们作为不能实现的含义出现在群体，又转移到一个别处。客体通过一种间接的和对抗的相互性，在引起了整体化群体在整体化过程时的注意，然后又返回自身，作为多向度不安全的共同场域而充当客体和群体之间的中介；但是由于群体的真实性就在自己的客体中，被实现的各种客观维度的实践多元就又回到主动共同体上，以便轮到自己来改变它，条件是自己的胜利已经改变了其他所有的共同体。这一点并不是说明它几乎又回到了历史怀疑论，事实上恰恰相反。但是我们必须明白，这些多元含义的一体化只可能根据允许它融入所有共同场域内的群体和它的所有实践规定的观点，即根据一种历史的观点来实行。

除此之外，在任何情况下，即使群体在实践的这次成功后还能幸存，即使它组织起来，维持原状，也必须放弃这种思想：在和"第一批人"一起开始的同一暂时化过程中，人类归入历史，而历史将与"最后一批人"同归于尽。辩证经验证明，还是在这个问题上，由于缺乏时间的特殊超有机体，我们已经为历时性整体化（totalisation diachronique）提供了一个个体自由的暂时化外形。人类作为一个人而被思考：这就是已构成的辩证法的幻想。事实上，这里有一些同暂时性有关的问题；我在这里谈的是这些历时性的多元，即世世代代。每一代都是上代的自然的、社会的产物；但每一代都从上一代中摆脱，并作为它的实践的物质条件而超越上一代实践的客观化，即上一代的存在，因为这种存在通过这个超越本身而变成了需要调整的惰性客体。这样，当人越远离实现它的实践时，由群体赋予生命的客观过程的时间发展就越完全避开它：它成了新实践的一个条件，随后在客体的实践内部成为这个条件的物质条件。这肯定不是说明后代能通过适当的实践，为它指定一种含义和一种随意的功能，但这可以说明它的客观特征，为了保证自身的严格性，它将只在一种辩证发展的各种不同环境的整体性综合过程中获得意义。由于这种发展是辩证的，所以必须是不能改变的，并且根据第一代的情况来看，是完全不可预测的（至少在某一段时间内随环境而变化）。暂时性的多元化和时间的统一化（通过前后的综合统一，通过环境里新的众多性目前的重新统一）事实上构成一个历时性群体的实践，即已构成的辩证法的时间观的人类演化。历时性群体为了一个共同目标，成为同时发生的众多性的统一化劳动。历时性群体是在时间上追溯往事的统一化的结果；因此譬如说，作为被铸成的统一和已构成的辩证法，一个民族的时间性处于一代人中所有个体的现存的暂时化，就像共同实践处于有机的自由实践中一样，我们回头再谈这一点。可以肯定，由本源的群体（即在这个机会中并非绝对的第一个）获得的结果，对以后构成的群体来说，是一种逐步过渡到无机客体的整体惰性准客体；同样，使它得以构成的现存暂时化（或者更确切地说，是暂时化的被中介的相互性）通过新来者能超越的实践，而自我改造为惰性的和由暂时性（作为被制成的过程和历时的统一性）构建的规定性。

……

上述问题最终又使我们触及历史学的真正问题。如果最后这个问题确实必须在事实上是对所有实践多元性及其所有斗争的整体化，那么，这些如此不同的多元性的冲突和合作的复杂产物，本身就必须在它们的综合实在中是可理解的，亦即，它们必须能够被理解为一种整体实践的综合产物。这又等于在说，如果人们能够在历史暂时化的一段时间内发现和确定，所有不同的实践最终通过一种可理解的整体化，而且无可挽回地在它们的对立本身中，在它们的多样性中，表现为部分整体化，表现为相连接和融合，那么历史就是可理解的。我们就是在寻找历史的结果和遗迹之可理解性的条件之同时，将首次触及这种整体化的基础本身中不起整体化作用的整体化问题，即它的动力和它的非循环方向的整体化问题。这样，批判研究的逆退式运动使我们发现了实践结构之可理解性，以及联系实践结构之间活跃的多元性的各种不同形式的辩证关系。但是，一方面，我们曾经研究过历时整体化，而我们却没有看出实践的暂时化的历时深度；另一方面，这一探索在一个问题上终结了：这说明，它必须由综合演进来作补充，这种综合演进将试图上升到共时的和历时的双重运动，通过它，历史会不断地自行整体化。直至现在，我们一直在尝试追溯原初的形式结构，同时我们也确定了一种结构主义人类学的辩证基础。现在，应该让这些结构自由地生存，并在它们之间相互对立和组合了。对这种仍然属于形式探索之反省研究将成为本书第二卷的目的。如果实在在它不断增长的内在性多样化中必须是单一的话，那么，在回答由探索性研究提出的最后问题的同时，我们将发现历史的辩证理性的深刻意指。

选自《辩证理性批判》，林骧华等译，安徽文艺出版社 1998 年版，第 1—1015 页。

五、进一步阅读的文献

1. ［法］贝尔纳·亨利·列维：《萨特的世纪——哲学研究》，商务印书馆 2005 年版。

2. 黄忠晶编：《萨特自述》，河南人民出版社 2000 年版。

3. 杜小真：《萨特引论》，商务印书馆 2007 年版。

4. Mark Poster，*Existential Marxism in Postwar France*：*From Sartre to Althusser*，Princeton University Press，1975.

第三十六章　结构主义的马克思主义的理论构架

——《保卫马克思》

一、写作背景

20世纪中叶，在对马克思主义人本化的解释中，形成了两种代表性的观点：一是将青年马克思和《资本论》中的马克思对立起来，认为成熟时期的马克思是对其青年时期哲学思想的背叛，变成了一个实证意义上的经济学家，为了经济学而牺牲了哲学，为了科学而牺牲了伦理学，为了历史而牺牲了人，因此，必须以青年马克思取代晚年马克思；二是从青年马克思出发来解释马克思的思想，力图建构一个所谓统一的马克思。在法国，一方面，萨特与梅洛-庞蒂等存在主义者开始向马克思主义靠拢；另一方面，西方马克思主义者列菲伏尔和"西方马克思学"代表人物吕贝尔都强调马克思思想的人本主义特征，人本主义在法国共产党内逐渐泛滥开来。

正是在这样的情境下，路易·阿尔都塞（Louis Al-thusser，1918－1990）充分吸收了法国结构主义的基本观念，以巴歇拉尔的"认识论断裂"和拉康的精神分析学说为基础，对当时流行的把马克思主义哲学人本主义化的思潮展开了激烈的批判，形成了马克思主义的结构主义解释思路，建构了一种结构主义的马克思主义。1965年出版的论文集《保卫马克思》就是阿尔都塞这一思想的写照。

二、篇章结构

《保卫马克思》包括序言、关于术语和论文出处的说明和八篇论文。题为"今天"的序言，说明了写作原因以及为什么要反对人本主义的马克思主义；《费尔巴哈的"哲学宣言"》发表于 1960 年 12 月的《新评论》，指出马克思与费尔巴哈人本主义的决裂在于他采纳了新的总问题；《论青年马克思（理论问题）》发表于 1961 年 3、4 月的《思想》，从政治、理论、历史三个方面研究马克思青年时期的著作，批判了传统的马克思主义研究的方法论；《矛盾与多元决定（研究笔记）》发表于 1962 年 12 月的《思想》，认为马克思与黑格尔的真正区别在于，马克思的辩证法强调矛盾是多元决定的；《卡尔·马克思的〈1844 手稿〉（政治经济学和哲学）》发表于 1963 年 2 月的《思想》，认为这部著作对研究青年马克思的思想很有意义，但此时的马克思在总体上处于人本主义影响之中；《关于唯物辩证法（论起源的不平等）》发表于 1963 年 8 月的《思想》，强调马克思的辩证法是对实践的理论指引，是对特殊性的研究；《马克思主义和人道主义》以及《关于"真正的人道主义"的补记》，再次重申马克思主义是理论的反人道主义，确立了新的总问题。

三、观点提示

第一，从总问题入手把握马克思思想。在当时的马克思主义思想研究中，存在着主观主义的研究方法，这主要表现在三个方面：（1）分析性前提。根据这一前提，任何思想结构都可以被还原为不同的组成部分，并对每个部分进行单独研究，同时，可以把这一部分与另一个体系的相似部分进行比较。在这种还原论中，原本丰富的思想被简单化为观点与结论，至于这种观点与其他思想观念之间的内在关系，以及思想的流动过程不见了。（2）目的论前提。在这种目的论视角中，马克思从一开始就注定要成为马克思主义者，马克思的思想发展过程变成了一个连续的量变过程，其理论结构的任何一个部分都可以在目的论模式中加以判定。（3）在前两个前提的作用下，马克思的思想过程实际上变成了一种观念化的进程，而马克思思想的具体发展过程与其生活过程的内在关系不见了。

与这种主观主义的研究方法不同，正确的研究方法应当从总问题入手来把握马克思的思想及其发展过程：（1）每种思想都是一个真实的整体并由自己的总问题从内部统一起来，因而只要从中抽出一个成分，整体就不能不改变其意义。（2）每个独特的思想整体（这里指的是某个具体个人的思想）的意义并不取决于该思想同某个外界真理的关系，而是取决于它同现有的意识形态环境，同作为意识形态环境的基地并在这一环境中得到反映的社会问题和社会结构的关系；每个独特的思想整体的发展，其意义并不是取决于这一发展同被当作其真理的起点或终点的关系，而是取决于该思想的变化同整个意识形态环境的变化，同构成意识形态环境基地的社会问题和社会关系的变化的关系。（3）推动每个独特思想整体发展的主要动力不在该思想的内部，而在它的外部，在这种思想的此岸，即作为具体个人出现的思想家，以及在这一个人发展中根据个人同历史的联系而得到反映的真实历史。研究马克思的思想，就是要揭示马克思思想中的总问题，只有这样，才能揭示马克思思想发展中的深层逻辑。

第二，马克思思想发展中存在着"认识论断裂"。马克思思想发展中存在着"认识论断裂"，即从早期人本主义的意识形态向后来的科学的历史理论的转变，这也是总问题的根本转换。马克思的思想发展过程中存在着两个大的阶段，即1840—1845年受费尔巴哈的人本主义问题式影响的青年时期和1845年思想断裂之后的理论时期。在这两个大的阶段中，又存在着不同的历史时段。青年马克思的思想发展过程可以分为两个阶段：一是1840—1842年为《莱茵报》撰文的理性自由主义的阶段，这一时期存在着一个康德和费希特类型的总问题；二是1842—1845年的理性共产主义阶段，这一时期的思想建立在费尔巴哈人本主义总问题的基础上。《关于费尔巴哈的提纲》和《德意志意识形态》为断裂时期的著作，在这里第一次出现了新的总问题。1845年之后，马克思的思想发展又可以进一步划分为成长时期（1845—1857）和成熟时期（1857—1883）。按照这一划分，只有到了《资本论》之后，马克思的科学历史理论才真正形成。

第三，马克思主义是理论上的反人本主义。人本主义的总问题有两个核心构件：一是存在着一种普遍的人的本质；二是这个本质从属于"孤立的个体"，这些"孤立的个体"是人真正的主体。"普遍的人的本质"是一种本质的唯心主义，同时，这种"普遍的人的本质"必须通过个体的主体展现出来，这又是一种主体的经验主义，正是这种主体的经验主义构成了传统唯物主义的本质。因此，在人本主义的问题式中，本质的唯心主义与主体的经验主义是相辅相成的，这种人本主义正是资本主义意识形态的核心，也是早年马克思思想的核心。从 1845 年起，马克思同早期那种将一切政治和历史都归结为人的本质的理论彻底决裂，这种决裂主要体现在《关于费尔巴哈的提纲》和《德意志意识形态》中。在这一阶段，马克思以一种新的总问题代替了旧的总问题，这就是马克思自己所说的"历史科学"。马克思思想发展中的这一断裂表现为三个不可分割的理论方面：（1）制定出社会形态、生产力、生产关系、上层建筑、意识形态、经济起最终决定作用等这些崭新概念，并在此基础上建构出新的历史理论和政治理论。（2）彻底批判任何哲学人本主义的理论要求。（3）确定人本主义为意识形态。因此，从根本上来说，马克思主义是反人本主义的。

第四，历史是一个无主体的多元决定过程。主体是一种意识形态的想象，科学的历史理论不再从主体出发来解释历史，而是从生产方式出发来解释历史。由支配性的生产方式决定的社会总结构决定着区域结构，因此，历史发展不是受某一因素所决定的过程。在归根到底的意义上，经济所起的决定作用在真实的历史中恰恰是通过经济、政治、理论等交替起第一位作用而实现的，这就是多元决定论。历史唯物主义不是经济决定论，而是以生产方式为基础的多元决定论。只有从这种多元决定论出发，才能解释历史整体的不平衡特征，才能在整体的不平衡发展中寻找发生决定作用的根本力量。

《保卫马克思》在人本主义的马克思主义大受追捧的时代，冷静地看到了这种解释模式中的深层逻辑问题，提出了马克思思想发展中的思想断裂学说，从理论深层上揭示人本主义的逻辑，并对马克思的历史理论提出了新的解释框架，对于加深马克思主义思想史的研究，无疑具有重要的理论借鉴意义。

四、文本节选

正是为了研究马克思青年时期的著作，我才开始阅读费尔巴哈的著作，后来又出版了他在 1839 至 1845 年期间最重要的理论著作。由于同样的理由，我很自然地开始从他们各自使用的概念的细微差别中去研究黑格尔哲学同马克思哲学的关系的性质。因此，关于马克思哲学的特殊差异性问题，在形式上就变成了以下的问题：在马克思的思想发展中，是否存在一种认识论的断裂，以标志出新的哲学观的出现，还有关于断裂的确切位置这个连带产生的问题。正是在这个问题的范围内，研究马克思青年时期的著作便具有了决定性的理论意义（是否存在断裂？）和历史意义（断裂的位置何在？）。

当然，为了肯定断裂的存在和确定它的位置，我们只能把马克思用以说明和指出这一断裂发生在 1845 年的《德意志意识形态》而说过的那句话（"把我们从前的哲学信仰清算一下"），当作是一个需要经过检验才能加以肯定或否定的声明。而为了检验这个声明，就必须有一种理论和一个方法——必须把据以思考一般的现实理论形态（哲学意识形态、科学）的马克思主义理论概念运用于马克思本身。没有关于理论形态史的理论，就不能弄清和认识用以区分两种不同理论形态的特殊差异性。为此，我以为可以借用雅克·马丁关于总问题的概念，以指出理论形态的特殊统一性以及这种特殊差异性的位置。我以为还可以借用加斯东·巴歇拉尔关于认识论断裂的概念，以研究由于新科学的创立而引起的理论总问题的变化。我们说要创造一个概念和借用一个概念，这决不意味着这两个概念是武断的或从外面凭空加给马克思的；相反，我们可以证明它们在马克思的科学思想中都存在着和活动着，即使在大多数情况下，它们的存在处于实践的状态。这两个概念给我提供了必不可少的最起码的理论依据，使我对青年马克思的理论转变过程能作出恰如其分的分析，并且得出几个确切的结论。

这里请允许我以十分简略的方式概括一下我多年研究所取得的一些成果，本书所发表的文章只是这些成果的部分见证。

一、在马克思的著作中，确确实实有一个"认识论断裂"；据马克思自己说，这个断裂的位置就在他生前没有发表过的、用于批判他过去的哲学（意识形态）信仰的那部著作：《德意志意识形态》。总共只有几段话的《关于费尔巴哈的提纲》是这个断裂的前岸；在这里，新的理论信仰以必定是不平衡的和暧昧的概念和公式的形式，开始从旧信仰和旧术语中表露出来。

二、这种"认识论断裂"同时涉及两种不同的理论学科。在创立历史理论（历史唯物主义）的同时，马克思同自己以往的意识形态哲学信仰相决裂，并创立了一种新的哲学（辩证唯物主义）。我特地用了约定俗成的术语（历史唯物主义、辩证唯物主义）来指出这一断裂的双重成果。而且，我还要提出在这种特殊条件下所出现的两个重要问题。既然新哲学的诞生是与一门新科学的创立同时发生的，而这门新科学又是历史理论，这就自然会产生一个带根本性的理论问题：

根据什么必然的原理，历史理论科学的创立必定会在哲学中引起和推动一场理论革命？此外，这种情况还会造成一个不可忽视的实际后果：由于新哲学同新科学有着如此密切的关系，新哲学就很可能会和新科学相混同。正如我们所看到的，《德意志意识形态》把哲学或者当作实证主义的泛泛空谈，或者当作科学的暗淡影子，从而明白地承认了这种混同。这个实际后果是马克思主义哲学从产生至今天的独特历史的一个关键。

关于这两个问题，我以后再谈。

三、这种"认识论断裂"，把马克思的思想分成两个大阶段：1845 年断裂前是"意识形态"阶段，1845 年断裂后是"科学"阶段。第二阶段本身又可以分成两个小阶段，即马克思的理论成长阶段和理论成熟阶段。为了便于我们今后的哲学工作和历史工作，我建议用几个临时术语来记录这种分期法。

1. 我建议把马克思第一个大阶段的著作，即从他的博士论文到 1844 年手稿，《神圣家族》也包括在内，叫作马克思青年时期的著作，这种叫法已经得到了公认。

2. 我建议用"断裂时的著作"这个新词来称谓 1845 年断裂时的著作，即《关于费尔巴哈的提纲》和《德意志意识形态》；在这两篇著作里，第一次出现了马克思的新的总问题，但这个总问题往往还部分地以否定的形式和强烈地以论战和批判的形式而出现。

3. 我建议用成长时期的著作这个新词来称谓 1845 年至 1857 年期间的著作。虽然我们可以确定划分意识形态阶段（1845 年前）和科学阶段（1845 年后）的断裂就在 1845 年这个关键的日期（当时的著作是《关于费尔巴哈的提纲》和《德意志意识形态》）我们不应该忘记，这个转变并不能一下子就以完美无缺的形式，产生出它在历史理论中和哲学理论中开创的新的总问题。《德意志意识形态》实际上是对马克思所抛弃的形形式式的意识形态总问题所作的评论，这个评论往往表现为对这些总问题的否定和批判。马克思必须进行长期正面的理论思考和理论创造，才能够产生、形成和确立一整套适用于他的革命理论计划的术语和概念。新的总问题是要逐渐取得其最终形式的。为此，我建议把 1845 年后和撰写《资本论》初稿前那个时期（1855 年至 1857 年左右）的著作，即《共产党宣言》、《哲学的贫困》、《工资、价格和利润》等，叫作马克思理论成长时期的著作。

4. 我建议把 1857 年以后的所有著作一概叫作成熟时期的著作。

由此，我们将得出以下的分期法：

1840－1844：青年时期著作。

1845：断裂时的著作。

1845－1857：成长时期著作。

1857－1883：成熟时期著作。

四、马克思青年时期的著作（1840 至 1845 年），即马克思的意识形态著作，也可以分作两个小阶段：

1. 为《莱茵报》撰文的理性自由主义的阶段（1842 年前）。

2.1842 至 1845 年间的理性共产主义阶段。

我在《马克思主义和人道主义》一文中扼要地指出，第一阶段的著作意味着存在一个康德和费希特类型的总问题。相反，第二阶段的著作则建立在费尔巴哈的人本学总问题的基础上。受黑格尔的总问题影响的著作只有一部，即《1844 年经济学哲学手稿》，严格地说，这部著作实际上是要用费尔巴哈的假唯物主义把黑格尔的唯心主义"颠倒"过来。由此产生了一个奇怪的结果：除了他的意识形态哲学时期的最后一部著作外，青年马克思实际上（学生时代的博士论文不算在内）从来不是黑格尔派，而首先是康德和费希特派，然后是费尔巴哈派。因此，广为流传的所谓青年马克思是黑格尔派的说法是一种神话。相反，种种事实表明，青年马克思在同他"从前的哲学信仰"决裂的前夕，却破天荒地向黑格尔求助，从而产生了一种为清算他的"疯狂的"信仰所不可缺少的、奇迹般的理论"逆反应"。在这以前，马克思一直同黑格尔保持距离；马克思在大学期间曾学习过黑格尔著作，他后来转到了康德和费希特的总问题，接着又改宗费尔巴哈的总问题，这个转变只能说明，马克思不但不向黑格尔靠拢，而是离他越来越远。依靠康德和费希特的帮助，马克思倒退到了十八世纪末；依靠费尔巴哈的帮助，他退到了十八世纪理论历史的中心，因为费尔巴哈确实可算是十八世纪的"理想"哲学家，是感觉论唯物主义和伦理历史唯心主义的综合，是狄德罗和卢梭的真正结合。人们不禁会问，马克思通过《1844 年经济学哲学手稿》在最后关头突然完全回到黑格尔那儿去，他对费尔巴哈和黑格尔所作的这一天才综合，是否就像把分别处在理论磁场两极的物体放在一起而引起的一场爆炸，而马克思就在这场极其严峻的经历中，就在"颠倒"黑格尔这一为前人没有从事过的最彻底的考验中，就在马克思从没有发表的这部著作里，实际上体验了和完成了他的转变？谁要对这一奇妙转变的逻辑有一定的认识，他就必须看到《1844年经济学哲学手稿》理论内容的丰富，并首先要懂得，从理论上讲，这部可以比作黎明前黑暗的著作偏偏是离即将升起的太阳最远的著作。

五、断裂时的著作。根据它们在马克思思想的理论形成中的位置，这些著作提出了一些微妙的解释问题。《关于费尔巴哈的提纲》的闪光使所有接近它的哲学家惊叹不已，但大家都知道，闪电的光只能眩目，而不能照明；对于划破夜空的闪光，再没有比确定它的位置更困难的事情了。总有一天应该把这十一条提纲的谜解开。至于《德意志意识形态》，它确实向我们介绍了一个正在同自己的过去决裂的思想，这个思想对自己以往的全部理论前提——首先是黑格尔和费尔巴哈——，以及意识哲学和人本学哲学的各种形式，一概进行了无情的批判。然而，这个新的思想，虽然它在对意识形态错误的批判中是何等坚定和明确，却很难给自己下一个毫不含糊的定义。要同过去的理论观点相决裂，这不是一下子就能办到的：为了不用一些词和概念，就得用另一些词和概念来代替，只要新的词还没有被找到，往往就由旧的词担负起决裂的使命。《德意志意识形态》正是在概念领域中为我们表演了重新入伍的退役军官代替正在训练中的新军官的一幕戏……人们判断这些旧概念，自然就看它们的外貌，看用的是什么词。这样做很容易得出错误的认识，很容易把马克思主义或者当作是实证主义（一切哲学的终结），或者当作是个人主义和人道主义（历史的主体是"具体的、真实的人"）。人们还可能在分工问题上受骗，因为分工在《德意志意识形态》中起着第一位的作用，而在马克思青年时期的著作中，则是异化起着这个作用，因为分工对于整个意识形态理论和整个科学理论具有决定的意义。所有这些都表明，断裂就发生在《德意志意识形态》的那个时候，正因为如此，这部著作本身就需要写整整一本书来评论，以便把某些概念的理论职能同这些概念本身区分开来。这个问题我以后再谈。

六、确定断裂的位置在1845年，不仅对于马克思与费尔巴哈的关系，而且对于马克思与黑格尔的关系，都有重要的理论后果。的确，马克思对黑格尔进行系统的批判不仅在1845年以后，而且从青年时期的第二阶段就已经开始了，这在《黑格尔法哲学批判》（1843年手稿）、《〈黑格尔法哲学批判〉导言》、《1844年经济学哲学手稿》和《神圣家族》中都是可以看到的。可是，对黑格尔进行的这一批判，就其理论原则而言，无非是费尔巴哈对黑格尔多次进行的杰出批判的重复、说明、发挥和引申。这是一次对黑格尔哲学的思辨和抽象所进行的批判，一次根据人本学的异化总问题的原则而进行的批判，一次需要从抽象和思辨转变到具体和物质的批判，一次企图从唯心主义总问题得到解放，但依旧受这个总问题奴役的批判，因而也理应属于马克思在 1845 年与之决裂的理论总问题的一次批判。

……

在阅读青年马克思的文章时，人们往往满足于把各种观念随意地联结起来，或者对各种术语作简单的比较，而对文章本身却缺少历史的分析。我们无疑可以承认，这种阅读方法虽然能得出一些理论成果，但这些成果仅仅是真正理解原著的先导。例如，在阅读马克思的博士论文时，人们可以把其中的术语同黑格尔的思想进行比较；在阅读《黑格尔法哲学批判》时，可以把其中的原则或者同费尔巴哈相比较，或者同成熟时期的马克思相比较；在阅读《1844 年手稿》时，可以把它的原理同《资本论》的原理相比较。这种比较既可以是肤浅的，也可以是深刻的。它可能会造成一些误解，而误解本身毕竟是错误的。另一方面，它也能够打开一些有益的新境界。但是，这种比较并不始终是正确的。

因为，如果人们满足于理论成分的拼凑，即使拼凑得十分得体，人们还是脱不出在大学里颇为流行的那一套老观点；这套观点主张对理论成分作对照和比较，其最高表现就是所谓源泉论或提前论，其实二者是一码事。就是说，熟悉黑格尔的读者在读 1841 年的博士论文时，甚至在读《1844 年手稿》时，"将会想到黑格尔"。熟悉马克思的读者在读《黑格尔法哲学批判》时，"将会想到马克思"。

但是，人们也许没有充分注意到，无论叫源泉论或叫提前论，这套老观点就其朴素的直接含义而言，都是以始终在这套观点中悄悄地起作用的三个理论前提为基础的。第一个前提是分析性前提：根据这个前提，任何理论体系，任何思想结构都能够还原为名自的组成部分；在这个条件下，人们就可以对理论体系中的某一个成分单独进行研究，也可以把它与属于另一个体系的另一个类似成分相比较。第二个前提是目的论前提：这个前提建立了一个历史的秘密法庭，对交给它审理的观念作出判决，它甚至还可以把（其他）体系分析为组成部分，确认它们作为成分的资格，然后根据自己的真理性标准去衡量它们。最后，第三个前提是前两个前提的基础，它把观念的历史看作自己的组成部分；它认为，历史上发生的一切归根结底无不是观念历史的产物，观念世界本身就是观念自己的认识原则。

　　……

　　人们往往就这样去看待青年马克思的著作：似乎这些著作属于一个可以把"根本问题"避开不谈的领域，而其唯一的理由就是它们必定会发展成为马克思主义……似乎只有在这些著作所包含的成分被吸收到马克思主义的整体中去的时候，才能对这些著作的意义下定论，而在作总结以前，由于整体性已被破坏，关于这些著作的整体意义的问题也就根本不能成立。这个结论是荒谬透顶的，它充分暴露了分析目的论的秘密：这个不停在作出判决的方法，却对不同于自己的整体不能作出任何判决。这岂不等于承认：分析目的论只是在自我判决，只是通过它所研究的对象重新认识自己；它永远不能离开自己，它所要研究的发展，归根结底是研究自己在自己内部的发展。对于以上极而言之地用逻辑推理所叙述的方法，如果有人说它恰恰是辩证法的话，我将回答说：是的，这可算是辩证法，但这是黑格尔的辩证法。

　　……

　　因此，不同分析目的论的方法（这种方法，无论是自发的还是深思熟虑的，总是或多或少地受到黑格尔原则的影响）一刀两断，就不能对青年马克思的著作（以及由此产生的各种问题）进行马克思主义的研究。为此，必须彻底同这一方法的前提相决裂，并运用马克思关于思想发展的理论原则去研究我们的课题。

　　这些原则完全不同于前面阐述过的那些原则。它们认为：

　　1. 每种思想都是一个真实的整体并由其自己的总问题从内部统一起来，因而只要从中抽出一个成分，整体就不能不改变其意义。

　　2. 每个独特的思想整体（这里指的是某个具体个人的思想）的意义并不取决于该思想同某个外界真理的关系，而取决于它同现有意识形态环境，以及同作为意识形态环境的基地并在这一环境中得到反映的社会问题和社会结构的关系；每个独特思想整体的发展，其意义不取决于这一发展同被当作其真理的起点或终点的关系，而取决于在这一发展过程中该思想的变化同整个意识形态环境的变化，以及同构成意识形态环境基地的社会问题和社会关系的变化的关系。

　　3. 推动独特思想发展的主要动力不在该思想的内部，而在它的外部，在这种思想的此岸，即作为具体个人出现的思想家，以及在这一个人发展中根据个人同历史的复杂联系而得到反映的真实历史。

……

思想整体究竟是什么呢？为了用一个例子来回答问题，我们回过头来再谈费尔巴哈，但这里是为了提出当马克思开始同费尔巴哈发生关系时马克思思想的内在整体这个问题。关于这一关系的性质，由于众说纷纭，论文集的大多数作者在评论时显然感到为难。为难的原因并非由于大家对费尔巴哈的著作恰好不太熟悉（不熟悉也不要紧，可以去读费尔巴哈的著作）。问题是人们往往不去深究文章的内在整体性和思想的内在本质，也就是说，不去深究费尔巴哈的总问题。马克思虽然没有直接应用过这个术语，但它在马克思成熟时期对意识形态的分析中（尤其在《德意志意识形态》中），却是一个十分活跃的思想。我建议采用这个概念，因为它最能把握住事实，而不致陷入黑格尔关于总体的含糊其辞中去。因为，说一种思想是一个（有机的）总体，这仅仅就叙述而言是正确的，而就理论而言则不然，因为这种叙述一旦被改变为理论，就有可能使我们只想到毫无内容的空洞整体，而想不到整体的特定结构。相反，如果用总问题的概念去思考某个特定思想整体（这个思想直接以一个整体而出现，它明确地或不明确地被人们作为一个整体或一个"总体化"动机而"体验"），我们就能够说出联结思想各成分的典型的系统结构，并进一步发现该思想整体具有的特定内容，我们就能够通过这特定内容去领会该思想各"成分"的含义，并把该思想同当时历史环境留给思想家或向思想家提出的问题联系起来。

我们再用 1843 年手稿（《黑格尔法哲学批判》）这个具体例子来说明问题。按照论文集作者们的解释，我们在手稿中可以找到一系列费尔巴哈的论题（关于主谓的颠倒、对思辨哲学的批判、类存在的理论，等等），但也有一些在费尔巴哈著作中所找不到的分析（政治、国家与私有制三者之间的关系，社会各阶级的现实，等等）。如果我们的评论停留于组成成分，我们就会走进前面谈到过的分析目的论的死胡同，并陷入术语与含义、趋向与意识那一套虚假的答案中去……必须把我们的研究更加深入一步，我们要考虑，手稿虽然包括了某些费尔巴哈所没有（或几乎没有）分析过和谈到过的问题，但这是否足以成为根据，从而把马克思划分为费尔巴哈的成分和非费尔巴哈的成分（即已经是马克思主义的成分）。可是，人们不能指望从成分本身取得问题的答案。因为一个人所谈到的问题并不直接就等于是他的思想。我不能相信，马克思以前的著作家，只要他们曾经谈到过社会阶级和阶级斗争，即只要他们曾经研究过马克思后来才考虑的问题，人们单凭这一条理由就可以把他们看作是马克思主义者。确定思想的特征和本质的不是思想的素材，而是思想的方式，是思想同它的对象所保持的真实关系，也就是作为这一真实关系出发点的总问题。我并不是说，思想的素材在某种条件下不能改变思想的方式，但这是另一个问题（我们后面再谈）。总之，思想方式的这种改变，思想总问题的这种重新组合，可以通过许多其他途径，而不一定要通过对象同思考的直接关系。假如真的要朝这个方向进一步提出组成成分的问题，人们就要承认，一切都取决于总问题的性质，因为总问题是组成成分的前提，只有从总问题出发，组成成分才能在特定的文章里被思考。在我们的例子中，问题将以下面的形式而出现：马克思对社会阶级、对私有制与国家的关系等新对象进行的思考是否在《黑格尔法哲学批判》中使费尔巴哈的理论前提发生了动摇，使它们变成了毫无意义的空话？或者这些新对象也是从费尔巴哈的理论前提出发而被思考的？这个问题之所以成立，恰恰因为一个思想的总问题并不限于作者所考察的对象的范围，因为总问题并不是作为总体的思想的抽象，而是一个思想以及这一思想所可能包括的各种思想的特定的具体结构。例如费尔巴哈的人本学不仅能成为宗教的总问题（《基督教的本质》），而且能成为政治的总问题（《论犹太人问题》），甚至能成为历史和经济的总问题（《1844年手稿》），而在本质上它依旧是人本学的总问题，即使费尔巴哈的"词句"已经被抛弃和扬弃。人们可以认为，从宗教人本学过渡到政治人本学，最后过渡到经济人本学，这是政治上的一件大事，而且在1843年的德国，人本学代表着一种先进的意识形态形式；对此，我也完全同意。但是，这种判断本身意味着，人们首先已经了解到所考察的思想的本质，也就是说，已经确定了该思想的真实总问题。

我要补充的是，一种思想的最后意识形态本质与其说取决于思考对象的直接内容，还不如说取决于提出问题的方式。这个总问题并不是轻而易举地就能为历史学家所抓住的，其理由十分简单：哲学家一般并不思考总问题本身，而是在总问题范围内进行思考；哲学家的"推理顺序"同他的哲学的"推理顺序"不相吻合。人们可以认为，意识形态（这里就严格的马克思主义含义而言，根据这种含义，马克思主义不是意识形态）的特征恰恰在于以下的事实，即它自己的总问题不是自我意识。马克思反复告诉我们，不要把思想的自我意识当作思想的本质，他这句话的意思是，在思想没有意识到它所回答的（或避免回答的）现实问题以前，思想首先没有意识到"理论前提"，也就是说，没有意识到业已存在但未被承认的总问题，而这个总问题却在思想的内部确定着各具体问题的意义和形式，确定着这些问题的答案。因此，一般说来，总问题并不是一目了然的，它隐藏在思想的深处，在思想的深处起作用，往往需要不顾思想的否认和反抗，才能把总问题从思想深处挖掘出来。我想，如果人们真正愿意这样做，那就必须不再把某些唯物主义者（首先是费尔巴哈）的唯物主义宣言同唯物主义本身混为一谈。人们有充分的理由可以相信，这将使某些问题得到澄清，某些虚假的问题被撇开。只有这样做，马克思主义本身将通过自己的历史著作，更加正确地认识自己的总问题，也就是说，将获得更加正确的自我意识；总而言之，这是马克思主义应该做到的事，这是它应尽的义务。

我想把以上的看法概括一下。为了认识一种思想的发展，必须在思想上同时了解这一思想产生和发展时所处的意识形态环境，必须揭示出这一思想的内在整体，即思想的总问题。要把所考察的思想的总问题同属于意识形态环境的各思想的总问题联系起来，从而断定所考察的思想有什么特殊的差异性，也就是说，是否有新意义产生。当然，真实的历史也在这一复杂过程中经常起作用。不过，在一篇文章里，是不能说得面面俱到的。

……

从 1845 年起，马克思同一切把历史和政治归结为人的本质的理论彻底决裂。这一决裂包括三个不可分割的理论方面：

1. 制定出建立在崭新概念基础上的历史理论和政治理论，这些概念是：社会形态、生产力、生产关系、上层建筑、意识形态、经济起最终决定作用以及其他特殊的决定因素等等。

2. 彻底批判任何哲学人道主义的理论要求。

3. 确定人道主义为意识形态。

在这一新的概念体系中，整个思路也一环紧扣一环，但这一体系的结构和以往不同：受到批判的人的本质（2）被确定为意识形态（3），而意识形态的范畴属于社会的和历史的新理论（1）。

马克思同一切哲学人本学和哲学人道主义的决裂不是一项次要的细节，它和马克思的科学发现浑然一体。

它意味着，马克思把抛弃以往哲学的旧假设和采用一种新假设这两件事一气呵成。以往的唯心主义哲学（资产阶级的哲学），其全部领域和阐述（"认识论"、历史观、政治经济学、伦理学和美学等等）都建立在人性（或人的本质）这个总问题的基础上。这个总问题在几个世纪里曾经是个不证自明的原则，任何人都想不到对它提出异议，虽然这个总问题在其内部不断有所调整。

这个总问题决不是含糊和松散的东西；相反，它是由精确的概念紧密结合而成的连贯的体系。它包括两个互为补充的假定，马克思在《关于费尔巴哈的提纲》第六条中对它们作了这样规定：1. 存在着一种普遍的人的本质；2. 这个本质从属于"孤立的个体"，而他们是人的真正主体。

这两个假定是互为补充和不可分割的。然而，它们的存在和统一却是以经验主义和唯心主义的全部世界观为前提的。为了使人的本质具有普遍的属性，必须有具体的主体作为绝对已知数而存在：这就意味着主体的经验主义。为了使这些经验的个体成为人，他们每个人都必须具有人的全部本质（即使不能在事实上，至少也要在法律上）：这就意味着本质的唯心主义。由此可见，主体的经验主义和本质的唯心主义是相辅相成的。这种关系可以在其"对立面"中互相颠倒：概念的经验主义，主体的唯心主义。这种颠倒保持着总问题的根本结构固定不变。

在这个典型结构中，人们不仅可以看到社会理论（从霍布斯到卢梭）、政治经济学（从配第到李嘉图）和伦理学（从笛卡儿到康德）的原则，而且可以看到马克思以前的唯心主义和唯物主义"认识论"（从洛克到康德，再到费尔巴哈）原则。人的本质或经验主体的内容可以变化（例如从笛卡儿到费尔巴哈）；主体可以从经验主义转为唯心主义（例如从洛克到康德）。但是，以上术语及其相互关系只是在不变的同一个典型结构内部发生变化，而这个典型结构就是总问题本身：只要有一种本质的唯心主义，就始终有一种主体的经验主义与之相适应（或者，有了主体的唯心主义，就一定有本质的经验主义）。

马克思不再把人的本质当作理论基础，因而也就摒弃了两个假定的全部有机体系。他把主体、经验主义、观念本质等哲学范畴从它们统治的所有领域里驱逐出去。这些领域不仅有政治经济学（破除了关于经济的人的神话，就是说，作为古典经济学的主体而具有特定功能和特定需要的个人），历史学（破除了社会原子说和政治伦理的唯心主义），伦理学（破除康德的伦理观念），而且还有哲学本身，因为马克思的唯物主义排除主体的经验主义（以及它的反面：先验的主体）和概念的唯心主义（以及它的反面：概念的经验主义）。

这场包罗万象的理论革命之所以有权推翻旧概念，是因为它用新概念代替了旧概念。马克思确立了一个新的总问题，一种系统地向世界提问的新方式，一些新原则和一个新方法。这项发现立即被包括在历史唯物主义的理论之中，马克思的历史唯物主义不仅提出了关于社会历史的新理论，同时还含蓄地，但又必然地提出一种涉及面无限广阔的新"哲学"。例如，马克思在历史理论中用生产力、生产关系等新概念代替个体和人的本质这个旧套式的同时，实际上就提出了一个新的"哲学"观。他取消了主体的经验主义和唯心主义以及本质的经验主义和唯心主义这两个旧假定（它们不仅是唯心主义的基础，而且是马克思以前的唯物主义的基础），而代之以实践的辩证唯物主义和历史唯物主义，也就是说，人类实践的各特殊方面（经济实践，政治实践，意识形态实践，科学实践）在其特有联结中的理论，这个理论的基础就是：人类社会既是统一的，但在其各联结点上又是特殊的。用一句话来说，马克思提出了一种关于特殊差异的具体观点，这种观点能够确定每个独特的实践在社会结构的特殊差异中所占的地位；马克思正是用这个观点去代替费尔巴哈关于"实践"的意识形态概念和普遍概念。

……

我所以如此强调这种"反映"，并建议称之为"多元决定"，这是因为我们必须把这种"反映"孤立起来，确定其地位，并赋予它一个名称，然后才能根据马克思主义的理论实践和政治实践对我们的要求，从理论上说明这一"反映"的现实。下面我们就来确定这个概念的含义。多元决定在矛盾中具有以下的基本品质：它是矛盾的存在条件在矛盾中的反映，也就是说，是矛盾在复杂整体主导结构中的地位在矛盾中的反映。这不是单一意义上的"地位"。它既不单是"原则"地位（矛盾在因素梯级中和决定性因素相比所占的地位，例如某个矛盾在社会中和经济相比所占的地位），又不单是"事实"地位（矛盾在特定阶段中究竟占主导地位还是占辅助地位），而是"事实"地位同"法律"地位的关系，也就是使"事实"地位具有主导结构的"可变性"和总体的"不变性"的那种关系。

既然如此，我们就必须承认，矛盾不再具有单一的含义（各个范畴的作用和含义不再一成不变），因为矛盾本身和矛盾的本质反映着矛盾同复杂整体不平衡结构的关系。但必须补充的是，矛盾虽然不再具有单一含义，它并不因此而变得"模棱两可"，从而成为任何经验多元论的产物，就像诗人的灵感那样随风飘荡，听从环境和"偶然"的支配。相反，矛盾在不再具有单一含义以后，它的定义、作用和本质就得到了严格的规定；根据有结构的复杂整体赋予矛盾的职能，矛盾从此就有了复杂的、有结构的和不平衡的规定性。请读者原谅我用这一长串修饰词，不过我承认，我更喜欢用一个较短的词：多元决定。

……

因此，根据马克思主义理论，如果说矛盾是动力，那也就是说：矛盾在复杂整体结构中的某些确定的地点引起了真实的斗争和冲突；冲突的地点可能根据当时各矛盾在主导结构中的关系而有所变化；斗争在某个战略地点的凝聚同主导因素在矛盾中的转移具有不可分割的联系；转移和压缩这些有机现象就是"对立面的同一"的存在，直到这些现象产生出突变或质的飞跃的可见形式为止，那时就正式到了改组整体的革命阶段了。从这里出发，我们才可能在政治实践中对过程的各个独立阶段作出根本的区分，它们是："非对抗"阶段、"对抗"阶段和"爆炸"阶段。列宁说，矛盾在任何一个阶段里始终在起作用。因此，这三个阶段无非是矛盾的三种存在形式。我更进一步认为，第一个阶段的特点是矛盾的多元决定主要以转移的形式而存在（这个"借喻的"形式与历史学或理论中通用的术语"量变"是同一个意思）；在第二个阶段里，矛盾的多元决定主要以压缩的形式而存在（在社会中表现为尖锐的阶级冲突，在科学中表现为理论危机，等等）；最后一个阶段即革命爆发的阶段，其特点是矛盾的压缩出现不稳定性，从而导致整体的分解和重新组合，也就是说，在质的新基础上全盘改组整体的结构。因此，单纯"累积"的形式（只要这种"累积"仅仅是量的"累积"）就表现为辩证法的次要形式（因为累积只是作为例外才具有辩证的性质）。

……

马克思主义矛盾的特殊性在于它的"不平衡性"或"多元决定性"，而不平衡性本身又是矛盾的存在条件的反映，换句话说，始终既与的复杂整体的特殊不平衡结构（主导结构）就是矛盾的存在。根据这种理解，矛盾是一切发展的动力。建立在矛盾多元决定基础上的转移和压缩，由于它们在矛盾中所占的主导地位，规定着矛盾的阶段性（非对抗阶段、对抗阶段和爆炸阶段），这些阶段构成了复杂过程的存在，即"事物的发展"。

选自《保卫马克思》，顾良译，商务印书馆 1984 年版，第 12—189 页。

五、进一步阅读的文献

1. ［日］今村仁司：《阿尔都塞：认识论的断裂》，河北教育出版社 2001 年版。

2. 张一兵：《问题式、症候阅读与意识形态：关于阿尔都塞的一种文本学解读》，中央编译出版社 2003 年版。

3. Alex Callinicos，*Althusser's Marxism*，London：Pluto，1976.

第三十七章　发达资本主义社会的意识形态批判
—— 《单向度的人》

一、写作背景

20 世纪 60 年代之后，以美国为代表的发达资本主义社会出现了整体化的趋势：一方面经济的高速发展使以美国为代表的发达资本主义进入丰裕社会；另一方面政治与文化日益保守，批判性思维日益受到压抑，人们日益陷入单向度的思维中，日益成为单向度的人。这种理性的工具化与人的单向度化，为资本主义社会主流意识形态的合法性提供了证明。与此同时，青年学生在民权运动与反战运动等社会运动的激励下，对丰裕社会以及技术的操控日益不满，新左派的激进批判运动也日益高涨。正是在这种情况下，赫伯特·马尔库塞（Herbert Marcuse，1898－1979）在 1964 年出版了他最具影响的著作《单向度的人——发达工业社会意识形态研究》，对发达资本主义国家的单向度的社会结构、单向度的意识形态进行了深入的批判。

二、篇章结构

《单向度的人》共分为三章：第一章"单向度的社会"，包括"控制的新形式"、"政治领域的封闭"、"不幸意识的征服：压抑性的俗化趋势"、"话语领域的封闭"等四节，阐述单向度社会的形成原因及其表现；第二章"单向度的思想"，包括"否定性的思维：被击败了的抗议逻辑"、"从否定性思维到肯定性思维：技术合理性和统治的逻辑"、"肯定性思维的胜利：单向度的哲学"等三节，阐述单向度思想的形成原因及其意识形态意义；第三章"替代性选择的机会"，包括"哲学的历史承诺"、"解放的大变动"、"结论"等三节，探讨"否定性"思维及其解放的意义。

三、观点提示

第一，技术发展导致社会的单向度化。技术发展是导致社会单向度化的重要原因：（1）机械化发展使劳动中体力的量与力度都在下降，工人日益被整合到自动化过程中；（2）技术的发展使得工人的职业分层发生了变化，白领工人日益增多，其政治意识与国家政治意识日趋一致；（3）上述变化使工人乐于参与到技术结构的变革中，并想通过技术变革提高生活水平，工人与资本家在日常生活中也日益平等；（4）技术的发展削弱了工人阶级的否定性能力，使工人日益成为技术发展与社会进步的奴隶。当技术与政治、社会日益成为一个整体并发挥作用时，技术也就日益成为统治人的工具，并成功地压制了反对派及反对意见，发达工业社会因此日益成为单向度的社会。

第二，否定性思维的消解导致思想的单向度化。传统的理性具有双重性，即肯定性与否定性，这种否定性保证了思想的批判性张力。然而在发达工业社会，思想的否定性维度被消解了，实证的、科学的真理变成了真理的唯一标准。当思想单向度化时，现象与现实、事实与要素、本质与表象之间的区别开始消失，表达思想的语言也随之单向度化了，功能化的、统一化的语言成为语言的准则；在功能化的语言中，操作的合理性没有给历史理性留下任何空间。思想与语言的单向度化，使实证性思维取得了根本性的胜利，思想的否定性维度消失了，完全认同现实的肯定性思维取得了统治地位，单向度的意识形态为资本主义社会的合法性提供了证明。

第三，面对社会与思想的单向度化，需要重申价值判断的标准。人类生活是有意义的，这是社会理论的前提。在既定的社会中，存在着改善人类生活的现实可能性，批判分析必须证明这些判断的客观有效性，并置于经验的基础上。重申价值判断就是重申否定性思维，重新获得批判性的张力，寻找替代性方案。在单向度社会中，思想已经完全单向度化，只有在"大拒绝"的基础上，才能真正重申否定性思维，实现对发达资本主义社会意识形态的批判。

《单向度的人》对发达资本主义社会的单向度结构、单向度意识形态进行了深入的批判，是法兰克福学派批判理论的激进形态的表现。《单向度的人》的出版不仅有助于批判理论的传播，而且推动了当时西方激进运动特别是 1968 年"五月风暴"的产生和发展。

四、文本节选

在发达的工业文明中盛行着一种舒服、平稳、合理、民主的不自由现象，这是技术进步的标志。的确，以社会必要的但痛苦的操作机械化来压抑个性，以更有效更多产的公司来集中个人企业，调节装备上不平等的经济主体之间的自由竞争，剥夺掉那些妨碍国际资源组织的特权和民族主权，这可能再合理不过了。这种技术秩序还涉及一种政治和思想的协调，这也许是令人遗憾然而前途可观的发展。

那些在工业社会初始和早期阶段作为生死攸关的因素和根本的权利和自由，屈从于这个社会的更高阶段：它们正在丧失它们系统的存在理由和内容。思想、言论和良心的自由——正像它们助长和保护的自由企业一样——曾在本质上是批判的观念，旨在用一种更丰富更合理的文化来取代一种过时的物质的和精神的文化。这些权利和自由一旦被制度化，就开始分担它们已作为其每个内在部分的社会的命运。结果取消了前提。

就自由来自要求而言，一切自由的具体实质正变成一种现实可能性，而那些依附于生产力较低的状态的自由，正丧失它们以前的内容。思想的独立、自主和政治反对权，在一个日渐能通过组织需要的满足方式来满足个人需要的社会里，正被剥夺它们基本的批判功能。这样的社会可以正当地要求人们接受它的原则和政策，并把对立降低到在维持现状的范围内讨论和赞助可供选择的政策上。在这方面，是靠独裁主义体系还是靠非独裁主义体系来日益满足需求，这似乎没有什么差别。在生活标准不断提高的情况下，任何同这一体系背道而驰，在社会上都是无用的，特别是当它造成有形的经济和政治的劣势并威胁着整体的平稳运行时，更是如此。的确，至少就生活必需品而言，没有任何理由认为应通过个人自由的竞争共存来进行商品和服务的生产与分配。

……

这是发达工业文明的力所能及的一个目标，技术合理性的"目的"。然而，在事实上，相反的趋势在起作用：设备把它的防御和扩张的经济和政治要求强加于劳动时间和自由时间，强加于物质文化和精神文化。凭借它组织自己的技术基础的方式，当代社会倾向于成为极权主义的。因为"极权主义"不仅是社会的一种恐怖主义的政治协调，而且也是一种非恐怖主义的经济—技术协调，这种协调靠既得利益来操纵需求。因此，它就排除了一个反对整体的有效的反对派的出现。不仅特定的政府或政党形式有助于极权主义，而且特定的生产和分配体系也有助于极权主义，这种体系可以同政党、报纸、"抗衡力量"等的"多元化"和睦相容。

今天，政治权力表现在它对机械过程、对设备的技术组织的权力上。已发达的和正在发达的工业社会的政府，只有当它成功地动员、组织和开发适合工业文明的技术的、科学的和机械的生产力时，它才能维持和保护自身。而且这种生产力使整个社会动员起来，凌驾于任何特殊的个人或集团的利益之上。机器的物质的（只是物质的？）力量超过了个人的力量和任何特殊的个人集团的力量，这一残酷的事实在任何其基本组织是机械过程的组织的社会里，使机器成了最有效的政治手段。但这一政治趋向是可以倒转的；本质上，机器的力量只是人的储备起来并投射出来的力量。就劳动世界被当作一架机器并因而被机械化而言，它成了人的新的自由的潜在基础。

……

政治的制造者和他们的大众信息供应商系统地助长了单向度的思想。他们的言论领域充斥着自行生效的假设，这些假设不停地而且垄断性地一再重复，成了催眠性的定义或命令。例如，"自由"是在自由世界的各国中起作用的（和被操纵的）制度；其他超越这个范围的自由方式，按照定义，要么是无政府主义、共产主义，要么是宣传。"社会主义"是由非私人企业（或政府契约）从事的对私人企业的侵犯，如普遍而全面的健康保险，或保护自然免受压倒一切的商业化危害，建立可以损害私人利益的公共服务业。这一关于既成事实的极权主义逻辑在东方有它的对立物。在那里，自由是靠共产主义政权建立的生活方式，其他一切超越这个范围的自由方式要么是资本主义的或修正主义的，要么是极左宗派主义。在这两个阵营中，非操作的观念是非行为的和颠覆性的。思想的运动停留在作为理性之界限的栅栏之内。

这种思想限制肯定不是新的。正在上升的现代理性主义，以其思辨的和经验的形式，显示出科学和哲学方法上的极端的批判激进主义同对现存的起作用的社会制度的非批判的寂静教态度之间的强烈对照。因此，笛卡儿的我思根本未触及到"伟大的共和体"，而且霍布斯主张，"现状总应受到偏爱、维护，并被当作最好的"。康德同意洛克的意见，只有当革命成功地组织整体并防止颠覆之时，才能证明革命合理。

然而，这些随和的理性概念，总是同"伟大的共和体"的明显不幸和不公平、同那种有效的或多或少自觉的造反相矛盾的。存在着一些社会条件，这些条件引起并且允许同既定事态真正决裂。出现了一种个人的和政治的向度，在其中这种决裂能发展成有效的对抗，证明它的力量和它的目标的有效性。

随着这一向度被社会逐渐封闭，思想的自我限制具有更大的重要意义。科学——哲学的过程同社会的过程、理论理性同实践理性之间的相互关系，躲藏在科学家和哲学家的"背后"。社会禁止一切敌对性的操作和行为；结果，这些操作和行为所拥有的概念成了幻想的或无意义的。历史的超越表现为形而上学的超越，不被科学和科学思维所接受。在很大程度上作为一种"思维习惯"来实践的操作主义和行为主义观点，成了既定的言论和行动、需求和渴望领域的观点。"理性的狡诈"像它以前经常做的那样，迎合现存的权力来起作用。坚持操作的和行为的概念，进而反对那些使思想和行为摆脱既定现实并拥护被压制的替代品的企图。理论理性和实践理性、学术的行为主义和社会的行为主义在共同的基础上结合起来：发达社会使科学技术进步成为一种统治工具。

……

科学和技术的成就使现状发挥效力，它增长的生产力证明现状合理，所以现状公然蔑视一切超越性行为。成熟的工业社会面对着在它的技术和思想成就基础上安定生活的可能性，使自身封闭起来反对这种替代品。在理论和实践上，操作主义成了遏制性的理论和实践。在其明显的动态背后，这个社会是一个完全静态的生活体系：自行推进它的压制性生产力和富有效益的协作。对技术进步的遏制，同它按既定方向增长，并行不悖。尽管有现状强加的镣铐，技术越是能为安定创造条件，人的心身则越能组织起来反对这种替代品。

……

诚然，劳动一定先于劳动强度的减轻，工业化一定先于人类需求和满足的发展。但由于一切自由都取决于征服异己的必然性，所以自由的实现取决于这种征服的技术。最高级的生产力能用来使劳动永久存在下来，最有效的工业化能有助于限制和操纵需求。

如果达到了这一点，统治（以富裕和自由为伪装）便扩展到一切私人的和公共的生活领域，使一切真正的对立达到一体化，同化一切替代品。随着技术合理性成为更好的统治的巨大载体，便创造了一个真正极权主义的世界，使社会和自然、心和身为维护这个世界而处于长期动员状态，技术合理性也就显示出它的政治特点。

……

马克思主义经典理论认为，资本主义向社会主义的转变是一场政治革命。无产阶级要摧毁资本主义的政治机器，但保留其技术设备，并使之为社会化服务。革命当中有连续性：从不合理的束缚和破坏下解放出来的技术合理性，在新社会里将继续下去，并达到尽善尽美。

……

在发达资本主义国家，技术的应用尽管是不合理的，但在生产设备中还是体现了技术的合理性。这不仅适用于机械化的工厂、工具和资源开发，而且也适用于"科学管理"所安排的适合机器操作程序的劳动方式。国有化或社会化本身并没有改变技术合理性的这种物质体现。相反，后者仍然是社会主义发展一切生产力的前提。

诚然，马克思主张，"直接生产者"对生产设备的组织与指导将在这种技术的连续性中引起质的变化，也就是说，生产将趋于满足自由发展的个人需求。但是，既定的技术设备在社会的一切领域吞没了公共生活和私人生活，也就是说，它成为把各劳动阶级组合在一起的政治世界里的控制和凝聚中介，这样一来，这种质的变化将牵涉到技术结构本身的变化。而且这种变化预先决定于劳动阶级在根本生存上同这个世界相异化，他们的意识是对他们完全不可能在这个世界中继续生存下去这一状况的意识，以致对这种质变的需要竟成为生死攸关的事情。因此，否定性先于这种质变本身而存在，那种认为自由的历史力量在现存社会内部发展的观点，乃是马克思理论的一块基石。

今天，社会所禁止的恰恰是这种意识，这种"内部空间"，亦即超越性的历史实践的空间。在这个社会里，主体和客体成了总体中的工具，而总体以其极为强大的生产力的成就获得了它的存在理由。这个社会的最高承诺，就是为日益增多的人们提供更为舒适的生活，而这些人们，严格地说，想象不出有一个性质不同的言论和行动世界，因为遏制和操纵颠覆性想象力和行动的能力，是现存社会的一个组成部分。那些生活在富裕社会的地狱里的人，因使中世纪和近代早期的做法死灰复燃的残暴行为而被迫循规蹈矩。对其较少丧失特权的人来说，社会关心自由的要求，满足了那些使奴役变得轻快甚至不引人注意的要求，而且社会是在生产过程中做到这一点的。在这种影响之下，发达的工业文明地区的劳动阶级，正经历着一场决定性的转变。这种转变已成为广泛的社会学研究的课题。这种转变的重要因素，列举如下：

（1）机械化使花费在劳动中的体力的数量和强度日益减少。这种演变对马克思的工人（无产者）概念有很大影响。

……

在发达资本主义国家，虽然仍维持着剥削，但日臻完善的劳动机械化改变了被剥削者的态度和境况。在技术组合内部，由自动化和半自动化的反应占据了大部分（如果不是全部的话）劳动时间的机械化劳动，作为终生职业，仍然是耗费精力、愚昧头脑的非人的奴役——由于控制机器操作者（而不是产品）的速度加快和劳动者的彼此孤立，更使得精力消耗殆尽。

……

标准化和程式化，使生产性工作与非生产性工作同化了。资本主义初期的无产者，的确是负重的牛马，以自己的体力劳动获取生存的必需品和奢侈品，同时又生活在肮脏和贫困中。因此，他们曾经是他们社会的活生生的否定力量。相反，在技术社会的先进地区，被组织起来的工人身上的这种否定性却非常不明显了，像社会劳动分工的其他人类对象一样，他们也被结合进被管理的民众的技术共同体中。而且，在自动化最成功的地方，某种技术共同体看来已经把工作岗位上的每个人，都融为一体了。

……

技术领域的机械化过程，泄露了最深处的自由隐私，以一种下意识的、均匀单调的自动性，把性生活同劳动联系起来——这是一个与各种职业的同化过程相同步的过程。

（2）在职业分层中进一步显示出这种同化趋势。在关键的工业体制里，"蓝领"工人的劳动力相对于"白领"工人来说正在衰减；非生产性工人的数量在增加。

......

（3）劳动特点和生产工具的这些变化，改变了劳动者的态度和意识。这一点明显地表现在广泛讨论的劳动阶级同资本主义社会的"社会的和文化的一体化"上。这仅仅是意识上的变化吗？马克思主义者通常给予的肯定性回答，看来有着惊人的矛盾。不假定在"社会存在"方面也有相应的变化，能理解意识上的这种根本变化吗？即使承认意识形态的高度独立性，这种变化与生产过程的转变之间的联系也不利于作出这种理解。需求和愿望上的同化，生活标准上的同化，闲暇活动上的同化，政治上的同化，均来自工厂自身即物质生产过程的一体化。

......

（4）这样，新技术的劳动世界迫使工人阶级的否定立场日益衰弱：它不再表现为同现存社会活生生的矛盾。这一趋势因生产的技术组织对另一方，即对经理和指挥的影响，而强化了。统治让位于行政管理。资本主义的老板和所有者正在失去作为责任总管的身份；他们在公司机器中正发挥着官僚的职能。行政人员和管理委员会的庞大等级制度，远远超出了个别机构而进入科学实验室和研究所、国家政府和国民活动中，剥削的有形根源消失在客观合理性的伪装背后。仇恨和破坏失去了其特定的目标，技术的面纱掩盖了不平等和奴役的再生产。在人隶属于他的生产设备的意义上，不自由随着作为它的工具的技术进步，以众多自由和舒适的形式被永恒化和强化。新的特点是，在这种不合理的企业中有压倒一切的合理性，以及那种塑造个人的个别冲动和激情，并模糊真假意识之区别的深刻的先决条件。

......

辩证思维首先把"是"和"应该"之间的批判的紧张状态理解为一种本体论的条件，从属于存在本身的结构。然而，承认这种存在状态（它的理论），从一开始就意味着一种具体的实践。

......

除非思维超越自身而投入实践，否则思维没有力量产生这样的变化；哲学一旦脱离它起源于的物质实践，哲学思维便带有了抽象的和意识形态的性质。

……

当历史的内容进入辩证的概念中，并在方法论上决定着它的发展和功能时，辩证思维就达到了把思维的结构同现实的结构连接起来的具体性。逻辑的真理成为历史的真理。本质和现象、"是"和"应该"之间的本体论的张力，成为历史的张力，对象—世界的"内在否定性"被理解成历史主体——同自然和社会进行斗争的人——的作用。理性成为历史的理性。它同人和万物的现存秩序相矛盾，代表着那些揭示现存秩序不合理特点的现存社会力量——因为"合理的"是那种力图减少无知、破坏、残酷和压迫的思想和行动方式。

本体论辩证法向历史辩证法的这种转变，获得了作为批判的否定性思维的哲学思想的双向度性。但此时，本质和现象、"是"和"应该"在社会的各种实际力量和能力之间的冲突中互相对抗。它们不是作为理性和非理性、正确和错误互相对抗的，因为二者都是同一个既定世界的一部分，都具有理性和非理性、正确和错误。奴隶能够废除主人，能和主人合作；主人能够改善奴隶的生活并改进对奴隶的剥削。理性的观念从属于思维和行动的运动。它是一种理论上的迫切需要，也是一种实践上的迫切需要。

……

社会批判理论在其起源时代，正视了现存社会中（客观的和主观的）现实力量的出现，社会通过消除现存进步的障碍而趋向（或能被导向）更合理更自由的制度。这些现实力量是批判理论立足其上的经验基础，而且从这些经验基础中派生出解放内在可能性的观念，即发展（否则就是封闭和歪曲）物质和精神生产力、才能和需求。如果不能对这些现实力量作出证明，那么，尽管对社会的批判仍然是有效的合理的，但它不能把它的合理性转化成历史的实践。结论是什么呢？"解放内在可能性"不再能充分表达这一历史的替代目标。

发达工业社会引人注目的可能性是：大规模地发展生产力，扩大对自然的征服，不断满足数目不断增多的人民的需求，创造新的需求和才能。但这些可能性的逐渐实现，靠的是那些取消这些可能性的解放潜力的手段和制度，而且这一过程不仅影响了手段，而且也影响了目的。生产和进步的工具，被组合进极权主义体系中，不仅决定着实际的利用，而且也决定着可能的利用。

在其最发达的阶段，统治起到了行政管理的作用，在大众消费过于发达的地区，被管理的生活成了整体的健全生活，为了维护它而把对立面统一起来。这是纯粹的统治形式。反过来，它的否定也表现为纯粹的否定形式。一切内容似乎都归结为一种抽象的结束统治的要求，这是唯一真正革命的迫切要求，是将使工业文明的成就发挥效力的事件。这种否定，面对着它的现存体系的有力对手，便表现在"绝对拒绝"这一重要政治形式上——现存体系越是发展它的生产力并减轻生活负担，这种拒绝也就越显得似乎没有理由。

……

即使这种拒绝的抽象特点是全盘物化的结果，但进行拒绝的具体基础仍然一定存在，因为物化是一种幻觉。由于同样原因，以技术合理性为中介的对立面统一，在其现实性上，一定是一种幻觉的统一，它既排除不了不断增长的生产力与其压抑性的用途之间的矛盾，也排除不了解决这个矛盾的根本要求。

争取解决这个矛盾的斗争，已经壮大起来，超出了传统形式。单向度社会的极权主义趋势，使得传统的抗议方式和手段成了无效的，甚至危险的，因为这些方式和手段保留着民众统治的幻想。这种幻想遏制着某种真理：以前作为社会变革酵素的"人民"已经"上升"为社会凝聚力的酵素。在这里，而不是在财富的再分配和各阶级的平等中，出现了作为发达工业社会特征的新的分层。

无论如何，在保守的大众基础之下，有一些亚阶层，如被遗弃者和被排斥在外者，被剥削被迫害的其他种族和有色人种，失业者和不能就业者。他们全都是在民主过程之外存在的；他们的生活最直接最现实地要求结束不可容忍的条件和制度。因此，即使他们的意识不是革命的，他们的敌对行为也是革命的。他们的敌对行为从外部击中了社会制度，因而不会被社会制度所扭曲；这是一种违犯比赛规则的基本力量，同时又揭露了这种比赛是被操纵的比赛。当他们汇聚一起赤手空拳而毫无保护地走到大街上，要求最起码的公民权时，他们知道他们面对着的是狗、石块、炸弹、监狱、集中营、甚至死亡。他们的力量掩盖在每一种对法律和秩序的罪行的政治证明背后。他们开始拒绝参加比赛，这一事实也许标志着一个时代行将结束。

任何东西也不能证明，这将是一个好的结局。现存社会的经济和技术能力非常强大，足以调节和容纳倒霉者，它们训练有素、装备精良的武装力量足以应付紧急情况。然而，在发达社会的边界之内和之外，幽灵又出现了。同威胁文明帝国的野蛮人并行不悖的历史发展，预先断定了这个结局；第二个野蛮时期也许是继续下去的文明帝国本身。但有可能在这一时期，历史的两极汇合在一起：最先进的人道意识，和它的最受剥削的力量。这只不过是一种可能。社会批判理论并不拥有能弥合现在与未来之间裂缝的概念，不作任何许诺，不显示任何成功，它只是否定。因此，它想忠实于那些毫无希望地已经献身和正在献身于大拒绝的人们。

在法西斯主义时代开始时，沃尔特·本杰明写道。

只是为了那些毫无希望给我们以希望的人。

选自《单向度的人》，张峰等译，重庆出版社 1988 年版，第 3—216 页。

五、进一步阅读的文献

1. ［美］麦金太尔：《马尔库塞》，中国社会科学出版社 1989 年版。

2. ［美］沃林：《海德格尔的弟子：阿伦特、勒维特、约纳斯和马尔库塞》，江苏教育出版社 2005 年版。

3. Douglas Kellner, *Herbert Marcuse and the Crisis of Marxism*, University of California Press, 1984.

第三十八章　日常生活批判的理论探索
——《现代世界的日常生活》

一、写作背景

19 世纪末 20 世纪初，西方资本主义开始了从自由竞争的资本主义向组织化的资本主义的转变，特别是在第二次世界大战之后，随着西方社会经济的恢复与发展，人们的日常生活被纳入到资本主义的经济规划之中，人们的日常交往、居家生活，甚至最为隐私的两性关系都成为大众文化控制下的产物。西方社会的这种变化，曾引起胡塞尔、海德格尔等人的反思。在这种情况下，曾经从存在主义出发解释马克思主义的列菲伏尔（Henri Lefebvre，1901—1991）日益感到，哲学要发挥其批判的功能，就必须放弃将哲学与日常生活隔离开来的观念，深入到日常生活批判中，并通过价值重设使日常生活理想化。正因为如此，列菲伏尔把自己的哲学研究从早期的重新理解马克思主义转向了日常生活与现代性批判。1946 年，列菲伏尔出版了《日常生活批判》第 1 卷，1961 年出版了《日常生活批判》第 2 卷，1967 年出版了《日常生活批判》第 3 卷的核心内容《现代世界的日常生活》，系统地阐述其日常生活批判理论。

二、篇章结构

《现代世界的日常生活》共有五章：第一章"探索与

发现"，阐述了日常生活概念的内涵、现代社会日常生活的转变和日常生活批判的方法论等问题；第二章"消费被控制的官僚社会"，将日常生活与消费社会批判结合起来，指出现代社会是由日常生活实践、社会想象所投射的符号世界、意识形态及其技术组织体系三个层次构成，这是一个通过控制消费来实现控制社会的社会；第三章"语言现象"，揭示了与消费社会及其意识形态需要相适应的语言与符号学系统；第四章"恐怖主义与日常生活"，是对现代资本主义社会存在的全方位隐性统治与现代世界日常生活异化的批判；第五章"走向一种持久的文化革命"，提出了全书的核心理念，即将日常生活变成艺术品，实现对资本主义现代世界的批判与改造。

三、观点提示

第一，哲学应实现对日常生活的批判与价值重构。这里的日常生活特指现代工业社会特别是 20 世纪 60 年代之后的日常生活，它与技术的发展、消费社会的兴起紧密相关。首先，日常生活与生计、衣服、家居等物质文化相关，是对物质文化进行数字计算与货币衡量的世界；其次，日常生活具有重复性、琐碎性，是一个意义被遮蔽的世界；最后，日常生活已经全面异化，是一个通过抽象符号体系、影像世界驱使人消费的世界，正是在日常生活中，现代资本主义的意识形态确证了自身的合法性。在日常生活被全面控制的时代，哲学不能将存在、深度与本质放在一边，将事情、外表与肤浅放在另一边，应该从黑格尔—马克思的理性实践批判与尼采的价值重估出发，实现对日常生活的批判与价值重构。

第二，现代社会是消费被控制的官僚社会。现代社会由组织严密的各种次体系组成，它通过控制人们的消费来确立自身存在的合法性。这是一种社会生活方式与行为习惯的控制，这种控制不是通过强制的方式来限制人们的消费行为，而是通过让人自愿和放任消费的方式来实现的控制。在现代电子媒介引导的消费社会中，风格的消失、指涉的消失和元语言的确立，使社会意义消失了，人们沉迷于日常消费行为中，并通过消费来确认自身存在的意义与价值，人们的欲望、意识等都被纳入到既定的社会组织中，遭受着匿名的统治，人变成了自我强迫者，而欲望的永难满足造成了消费社会永远躁动不安的特征。这正是消费被控制的官僚社会的含义。

第三，让日常生活成为艺术品。传统马克思主义过于强调资本主义工业化的历史意义及其局限性，而没能将之与都市化区别开来并看到都市化的革命意义。在现代社会，革命不只是经济革命与政治革命，而是政治—经济—文化的总体性革命，这是一场持久的文化革命。其中，都市革命是总体性革命的核心内容，只有都市革命才能真正深入到日常生活的变革中，并通过质疑现有日常生活而重新发现日常生活，使日常生活成为艺术品。性的变革与革命、都市变革与革命、节日的重新发现与推崇，能够创造出一种全新的生活风格，真正实现对资本主义社会的根本改造。也只有在这种全新的社会中，才能形成总体性的个人。

《现代世界的日常生活》抓住了现代资本主义的历史变化和思想变迁，将西方马克思主义的批判理论发展为日常生活批判理论，丰富了西方马克思主义的社会批判理论；同时开创了都市与空间研究这一新的理论领域，推动了马克思主义的日常生活批判理论和都市空间批判理论的发展。

四、文本节选

我们将从哲学这一新视角来审视日常生活。十九世纪，思想的轴心由沉思转向经验的、实践的现实主义，马克思著作的诞生和社会学的出现，形成了这一转向的标志。在自由竞争的资本主义社会框架中，马克思从生产力和幻觉的克服这一双重视角出发，主要关注工人阶级的日常存在。

……

就与哲学的关系而言，日常生活是非哲学的，就其与理想的关系而言，它又是现实的。……人们认为哲学的生活优越于日常生活，而当哲学去解决现实之谜时，它只能证明非现实性实质上蕴含于哲学的本性中。哲学批判现实主义不能像自己一样超越现实。从事哲学的人和普通的常人不能共同存在，从哲学家的观点看，他自己就是"一切"，只有经过他的思考，世界和人才能现实化；从常人的观点看，因为哲学将赠与他们正确的良心和证据，从表层和根基处批判日常生活。

……

哲学真的能够从日常生活中独立出来并同日常生活相分离吗？日常性真的是揭示真理的障碍、无法避免的浅薄、存在的颠倒和真理的滥用，以致成为存在与真理的另一面？要么哲学是无意义的，要么哲学以日常生活为出发点，改变非哲学的现实以及这种现实所具有的全部浅薄性和陈腐性。

这种解决方式力图对日常生活进行哲学分析，通过这种分析来揭示日常生活的二重性——它的衰退和繁荣，它的贫乏和丰富——通过这些非正统的方法，揭示日常生活所具有的创造力。

我们必须同时试图克服哲学家和非哲学家的缺点，非哲学家缺乏意识的明晰性，他的拙笨的近视和狭窄的眼界，为了模仿哲学的术语和它的一些更详细的概念，将它们从理论体系中孤立出来，并直接运用于研究日常生活。日常性是一个哲学概念，它不能从哲学之外来理解，它必须由哲学来思考，非哲学在其他语境中是难以思考这个概念的。日常性是一个既不属于日常生活、也不反映日常生活的概念，但在哲学的意义上，更能揭示日常生活的可能性转变。况且，它也不是纯粹哲学思辨的产物，而是来自于直接面向非哲学领域的哲学思考，它的主要成就在于这种自我超越。

日常生活作为微不足道的行动及其结果的总和，作为与其他生命（自然中的植物、动物等）不同的生命活动的结果的总和，更能避开自然的、神圣的和人性的神话。它能表现意的低级领域，在这里创造力被贮藏起来，以准备新的创造吗？这个场所，既不能被还原为哲学的主观界定，也不能被还原为各类物体的客观表现，如衣服、食物、家具等，因为它不只是这些？它不是一个裂缝，一个屏障，或一个缓冲地带，而是田地和道路旁的一间房屋，一处休息的地方，一个跳板，一个由各种时刻构成的时刻（欲望、劳动、娱乐——产品和作品——被动性和创造性——方法和结果——等等），为了实现这种可能性，我们必须以辩证的相互作用作为出发点。

什么是日常生活？那就是一切都被计算。任何事物都被数字化了：货币、分钟、米、公斤、卡……不仅物而且活生生的和有思维的人也是如此，因为动物和人的人口统计学，就像对物体进行统计一样来计算人和动物。虽然人出生、生活和死亡，他们的身体或者健康或者生病，但他们生活于日常生活中，或者成功或者失败地谋求生存，要不就在宽泛的意义上生存，要不就死去，或者仅能生存下来或者生存得很好。正是在日常生活中，正是在此时此刻，他们快乐着和痛苦着。

……日常生活和现代性，相互建构、相互隐匿，相互揭示、相互遮蔽。日常生活，由无意义组成，这个概念既是对现代性做出反应，同时又与现代性相适应，现代性是由符号构成的，通过符号，我们的社会表现自己，为自己确立合法根据，这些构成了这个社会的意识形态部分。你会支持科学工作者而否定现代性吗？我们认为，你最好在肯定科学的同时也肯定现代性，并且把科学当作现代性的具体形态。我们反对这种否定意见的根据在于：日常性和现代性，这两种相互依赖的"现实"同时出现，在它们被语言和思想意识到之前，两者就像无意识一样发挥着作用。因此，日常性和现代性的各自界定及其相互关系，以及身处其中的人们和他们所说的话，都必须加以检查。这些现实是本质的吗？它们是含蓄的或直接的意义体系，或者在占有语言和思想之前，它们是无意义事实的概括？重点是要强调它们的同时性和它们的联系。日常性是那些粗俗而坚固的东西，是一种想当然的东西，在日常性中，所有的东西都在这种规律中依次出现，在一种从不改变的连续性中，这些东西从不质疑它们的结果。这种日常性没有具体的日期，也毫无意义，虽然它存在并且先验存在，在无声地实践着，它就是支持着习惯的伦理学和熟知事物的美学。在这一点上，日常性与现代性重叠了。现代性代表着新奇的、好看的、自相矛盾的东西，并且打上了技术性的和世界性的烙印。正是这种（明显的）胆大妄为和变幻无常，现代性宣告着自己的主动精神，并认为这种精神就是为它而在。现代性是艺术和唯美主义——这在所谓的现代景观中无法区别，在景观中，现代世界为自身而构成自身。日常性和现代性相互指涉、相互遮蔽、相互提供着合法性、相互维系着平衡。今天，这种普遍的日常性，根据布洛赫（Ernst Bloch）的说法，正是现代性的反面，正是我们时代的精神。……

如果我们希望理解日常生活，我们必须首先理解社会，这是日常生活得以生活的地方，在这里日常性和现代性生根发芽。我们需要理解社会的变化和前景，从明显无意义的现象中区分出重要的东西，并使两者相互对应。日常性不仅仅是一个概念，而且是可以理解"社会"的导线。把日常性引入到一般领域中：国家、技术和技术性、文化（或其他领域），这似乎是解决问题的最好出路，也是理解社会并在深层上界定社会的最合理的程序。……

这样，我们的研究与其他关于物质生活的文化思考之间的区别从一开始就体现出来。对于不满足于日常事件的历史学家而言，知道人们如何穿衣服，知道他们在什么样的社区、阶级、国家和地域居住是非常重要的，他们对家具和习俗的历史有着极大的兴趣。但我们更关心这一事实，即农民的碗柜有着特定的风格（在农民有碗柜的地方），或者关心这样一个事实，即家庭用具——罐、锅、盘——从一个地方到另一个地方，从一个阶级到另一个阶级都在发生变化，或者说，我们的研究关注对这些事物间相互关系的理解，以及对这些事物的形式、功能和结构间区别的理解。

……

在20世纪60年代，形势变得更加清楚，日常生活不再是非人的生活区域、专业化行为的贫乏关系。在法国和其他地方，新资本主义的领导者已经意识到这个事实，即殖民地比起它们的价值来更有麻烦，这就要求改变策略。新的前景已经打开了，如在国家领域内的投资以及家庭商业的组织化（这并不排除为了人权和原材料以及投资市场的目的对"发展中国家"的剥削——但它们不再成为主要的目的）。这些领导者做了些什么呢？所有处于资本主义政治决策与经济集中的中心之外的地区，都被看作是半殖民地并施以剥削，这些地区包括城市郊区、乡村、农业生产地区和所有边远的行政区，并主要通过剥削雇员、技术人员和手工劳动者来实现。这样无产阶级的身份变得普遍化了，导致了阶级区分和"价值"意识形态的模糊。这个完全组织化的社会剥削包括消费剥削，而不仅仅对生产进行约束。在要求人们"适应"现代环境的同时，资本主义已经适应了环境。从前，工业领袖盲目地生产出存在问题的市场，有限的家庭商业关系被统治阶级用来增加资产阶级的人数，以共同赞美商业的奇迹、质量的奇迹、深深爱着的劳动的奇迹。在欧洲，经过战争之后，一些有天才和智慧的人（他们是谁，这并不是我们关心的）看到通过组织日常生活来剥削消费的可能性。日常生活被连根拔起，并被重新放到一起加以设计，就像解决一个个的谜一样，每个谜都依靠一些组织和制度，每个方面——工作生活、私人生活、休闲——都被合理地开发着（包括最近的商业和半规划的休闲组织）。

……

从前面的论述中可以得出以下结论：

A）在法国，正如在其他新资本主义国家一样，社会实践中的变化没有消除日常生活，我们没有机会在现代性与日常生活间进行选择。但日常性的概念已经发生了变形，通过这些变形它的重要性更加突出：它已经丧失了自身的一些含义，例如在需求与丰裕之间、在正常与极端之间的明显对立，但除此之外它没有被改变什么，甚至被巩固了。在现代世界，日常生活已经不再是具有丰富主体性的"主体"，它已经成为社会组织的"客体"，虽然这还不是作为反映的主体的消失，但是（如果革命运动已经占优势时，这种主体就不可能消失），与过去相比，我们更要对这种主体加以保护。

B）前面提到的用来说明我们的社会的所有定义，已经证明是不能接受的。已经揭示出来的这些明显特征，应该如何来概括和说明呢？我们提出下面这个术语：消费被控制的官僚社会。这个概念更能概括这个社会的理性特征，并对这个社会的合理性（官僚主义）加以限制，其组织的客体（消费替代了生产）以及它运行与依赖的层面是：日常生活。这个定义比起其他术语来，更有科学性和精确性，况且，这个术语既不来自于文学，也不来自于与社会现实无关的"社会哲学"。

……

过去几年最大的事件是，工业化对表面上变化了的资本主义社会生产与所有权的影响已经产生了它们的结果：通过相应的都市规划控制日常生活。这个过程被传统城市的解体与现代都市的扩张所支持，通过土地的分配、有效的制度以及为了特殊目的的都市扩张（指向办公室，控制积累与信息），控制论威胁着城市。

……日常生活的历史至少要包括三个方面：A）风格；B）风格的死亡和（十九世纪）文化的诞生；C）日常生活的建立与巩固。这个研究将揭示日常生活在过去的一百年里是如何产生的，或如何在同相继失败的革命的联系中更加具体化。日常生活既是这些失败的原因也是其结果：说它是革命失败的原因，是因为在每次震荡之后，社会存在都被重新组织在日常性周围，日常生活本身构成了革命的障碍；说它是革命失败的结果，是因为在连续的失败之后，压力与强制会更大——这就是解放的最重要的意义。

……

我们已经看到，这个社会正经历着不可思议的扩张（经济的、数量的，以吨与公里来计量）和受到限制的发展。在基本的阶级关系（结构了的——正在形成为结构的）上很少有变化，在生产与所有制的关系上也是如此，通过这种关系，除了阶级策略的考虑之外（日常生活的冲突），一个阶级（资产阶级）占有全部行政的权力。阶级策略并不是为了发展，而是为了扩张中的"平衡"与"调和"。只有这种发展，才能使社会关系复杂化、丰富化，这包括城市生活中的社会关系，这些关系现在被留给了"文化"，并被行政化。结果，对物质经验进行的技术控制，无法与人类对其自身的个人经验、他的身体、需要、时间与空间的适应平衡。扩张与发展之间的差异，反映了操控与适应之间的更为基本的差异。只有在我们将他们的术语精确化之后，这些熟悉的主张才能获得意义：扩张指工业化的过程，发展指都市化。根据我们的理论（这种理论在前面已经描述过，在后面将进一步加以发展），都市化赋予工业化以意义，在经过几十年从属于工业化之后，都市化将构成了工业化的基础，但如果情况发生了颠倒，阶级策略仍然保持着这种从属性，就会引起无法容忍的情境，在那里城市危机被添加到所有其他持续的危机之中。

工业化的局限性是这个社会的一个组成部分，这是被资本主义生产所强加的局限性。但在任何层面和任何意义上，我们都不能接受和认可经济主义，经济主义是错误的，因为这种观点忽视了社会的基本要素。然而，没有任何借口可以用哲学的和社会学的理论来补充经济主义，因为这些理论同样是短见的。

……

这是一个有着合理的目的和借口的社会，它以目的性原则作为自己的重要前提，并有着全方位、全天候的组织，这些组织结构计划和规划着一切。科学主义支撑着工具主义（只要存在着计算机、电脑、IBM计算器和编程，不管它如何以及在什么意义上仅仅是细节部分），科学的发现终结了一切神秘化，如果人们把自己看作一个专家，他就受到欢迎与尊敬。正是在这里，非理性产生和发展起来。如果我们探究这个社会成员的私人生活，我们就会发现他们在许多情况下都是算命卜卦者、巫师、江湖骗子、占星术士。实际上，人们只能去阅读报纸，在他们的日常生活中，除了广告之外，没有任何东西给予他们以意义、方向，所以他们堕入到神话与巫术活动中。也许他们希望以这种迂回的方法适应他们的欲望，发现并规定着欲望的方向。这样，经济主义与技术主义的合理性生产出自己的对立面，作为它们的"结构的"构成要素，并且揭示出自己受到理性主义限制的局限性，非理性主义侵入到日常生活中，与理性主义相互对立相互反映。

……

社会希望去整合它的社区成员、个人、原子、分子，将它们整合到自身，虽然社会不再被称为"主体"。这是社会自身的问题，也是存在于社会中的一个重要矛盾。倒不是社会缺少整合力，虽然这些整合力主要存在于商业和消费领域，但主要还在文化层面起作用。然而日常生活整合那些接受它的人，甚至整合那些对日常生活并不满意的人。这些追求事情更完满的人，仍然很快地被日常生活全面吞没，对他们来说，最令人信服的反抗的例子，听起来仅像是噪声。这个充斥着唯美主义的社会，不是已经整合了从前的浪漫主义、超现实主义、存在主义甚至于马克思主义的观点吗？通过商业，社会已经真正变成了商品形式！昨天遭到咒骂的东西，今天已成为文化消费品，消费就这样吞没着准备赋予意义与方向的东西。最好是放弃意义，思考寻求意义的荒谬性，最好是把荒谬看作真实的和合理的，横沟——一个哲学家勇敢面对的横沟变得越来越宽，但正是凭借这一点，我们的社会——它没有其他的意识形态支柱——剥夺了它的整合力。因为文化——关于经济与技术要求的抽象翻译——是无效的，一旦悖论经常被讨论，但又仅仅是对社会——它的功能在于整合与参与——的肤浅的分析时，文化并不能成功地整合任何一个团体，它不能整合青少年、知识分子、区域、城市、商品或妇女。这种令人印象深刻而又软弱无力的社会类型就是美国。当法国和欧洲资产阶级拥有意识形态（普遍理性）和社会实践（民族性的创造）时，他们整合了权力，但是将这种普遍化的意识形态引入到技术和国家理性中，就已经使意识形态从以前的战略力量降低到虚无，结果是，在文化领域尤其是整合领域不存在任何力量。

　　在这种情况下，就非常需要新的意识形态，并且要尽快地找到。生活于 20 世纪五六十年代的美国，寻求新的意识形态是不可能的。反意识形态化的增强同紧张感的放松与阶级的消失相和谐。"意识形态的终结！"是美国进攻的战斗口号，这种破坏性的攻击，这种炮火使欧洲古代的堡垒失去了作用，而许多当地的专家（社会学家、心理学家和其他人）却在这种攻击中清醒了。结果怎样呢？现在欧洲不再有哲学家与理论家的战场，只有孤立的、受到攻击的城堡或要塞仍然在坚守着（马克思主义，历史性）。美国的进攻同斯大林主义的教条主义失败相一致，现在，在美国与欧洲都强烈要求更精致的意识形态，以致重新界定意识形态概念非常必要。我们认为，今天这个概念一方面包括宣称自己是非意识形态的和"严肃的"理论；另一方面，也包括大量被广告所培植（这倾向于成为既是意识形态的也是经验的）的社会想象。今天，意识形态不再是这样的东西，即它不再诉诸易冲动的感情，不再忠诚于某种领导权，它在科学的幌子下，模仿某种精神心理分析或神秘主义，并非常愚蠢地以非理性为赌注。

　　……

　　只有将日常生活看作是完全一致的体系，意识形态过去的能力（拥有掌握、解放和整合的权力，从前这被看作是理性主义的特征）才能保留下来。但这种观点是不可能的。这种体系首先必须被经验所证明，因为如果日常生活被看作是一个体系，这个体系就必须被构建起来并自我封闭。对于这种理论来说，非常不幸的是，一旦日常性被表述为一个体系（意义的概括），这个体系便崩溃了并且毫无意义，但我们却在尽力为这种毫无意义的体系添加意义。实际上，只有当日常生活变成比日常生活具有更多的东西时，日常生活的无意义才能变得有意义。换言之，不可能建构一种理论的和实践的体系，在这个体系中和通过这个体系，日常生活的细节将会变得有意义。进一步说，不存在任何体系，因为正如我们看到的，存在的只是大量的次体系，它们并不存在于单一的体系中，而是存在于现实的不同层面，它们之间的缝隙和横沟填着漂浮的薄雾。

……

我们分析的要点可以概括如下：

1）马克思主义理论非常重要，它提供了分析工业生产力的语言、概念和方向，认为在工业的产生与终结中，都内在地具有一种创造性的活力。马克思完成了他的历史使命，发展了伟大的英国经济学家斯密与李嘉图的理论，以及圣西门的理论；他采纳了黑格尔哲学的方法和概念，但通过重新改造它们来反对黑格尔主义，他反对这个"颠倒的世界"，并在一般意义上获得了成功；最后他强调并且分析了这个事实，即工业能够把握自然，能够改变现实的物质与社会的世界。

2）在《资本论》第1卷出版100年之后的今天，我们能够从教条的马克思主义的缺陷中，挑选出马克思主义的成功内容。一旦马克思强调生产的两个方面（事物与关系的生产，作品与产品的生产），他就会继续强调生产的生产——资本主义国家中工业生产的关键的、特殊的方面，这样，就可能（虽然这不是他的意图）对他的理论、对科学与社会现实作出一种单方面的解释。此外，都市化——虽然与工业化相关联，但这是一个独特的过程——在马克思的时代还几乎没有开始，所以他不可能抓住都市主义的意义或它与工业化的关系，马克思没有也不可能意识到城市的生产，是工业生产的终结、目标与意义。由于把工业看作维持自己的意义、合理性与目的，使他的理论具有更大的局限性和更多的误解。今天，当社会实际上停滞于工业化和城市化之间的非人性地域时，这个社会已经获得了物力论的声誉，在城市化中，作为目的和真正目标的工业和经济扩张被看作是意外与偶然。

在《资本论》中，马克思辩证地（批判地）分析了资本主义生产方式。他揭示了（在斯密和李嘉图之后，但进一步深化了）商品价值的形式，以消费物作为这种生产方式的理论和历史的基础。通过回到更早些的理论，马克思宣布在商品价值与货币以及它们的权力的无限扩展中所具有的危险。通过思考"商品"形式、逻辑与语言的"世界"，他预见到这个世界的力量，这种力量既是解构的也是创造性的。一方面，这个世界造成了严重的后果，另一方面，社会的力量可以控制这种威胁性的暴政，控制市场及其规则，并且使对自然的控制从属于人类对其自身自然和社会存在的适应。

3）马克思的警告没有引起人们的重视，尤其是没有引起那些把马克思的理论当作指南的政党的重视（一方面是经济主义，在这里组织、计划和工业合理性占有优势；另一方面是政治主义，强调制度与意识形态的第一性作用，这两者都处于历史的哲学主义或物质现实性的保护中）。交换理论，商品价值及其规律的理论，以及克服它们的理论，失去了其明确性，恶化为乌托邦式的左派主义（它通过整体的革命行动实现对交换与价值规律的超越）或敌对的右派主义，这种右派采纳了经济主义理论的大部分内容。从这种观点出发，适应的观念被马克思的后继者们彻底抛弃了。工人阶级的主要使命现在被看作是政治的（国家制度的改变）或经济的（生产的扩张，包括商业的扩张），这样，限制商业扩张的必要性被忽视了，同样，这种限制的方法和社会的与思维的范围也被忽视了。因此，需要从马克思和《资本论》中吸取教训，但这却成为一种聋子的耳朵，社会意识、意识形态与理论对马克思和《资本论》无动于衷。

4）资本主义生产的条件没有改变，实际上由于马克思主义的失败，这些条件已经被巩固，并得到了推动技术发展的历史事件的支持，这些事件让社会付出了极大代价——两次世界大战以及可以看到的第三次世界大战。在这个世界的一半地方，这些条件现在已稳固地建立起来，重重地压在其他一半地方的身上。这种情境已经导致了对创造能力的严重挪用。工人阶级应该（也能够）自己承担起实现工业生产中内在的可能性这一任务，但是他们还没有承担起这一使命，存在的只有动机、理由、替代、取代、置换和转换。为了理解这一复杂过程，必须要有新的分析方法和新的思维方法。因缺乏这种分析方法，人们可能认为在我们的社会中、实际上在所有社会中，隐藏着无法理解的结构。实际上，如果这个过程不能让"行动者"承担责任，分析就不会发现一种阶级的策略，凭着这种策略，创造的能动性被沉思的被动性所代替，并被各种符号消费、展示消费、产品消费甚至艺术品的消费所代替，只要这些东西是过去那个时代的组成部分。……

5) 因此，日常生活——这个消费被控制的社会和场所，这个被动接受恐怖的领域与场所——被建立起来并受到规划。作为一个社会领域，日常生活容易被人认同，但经过分析，日常生活显示出隐藏于理性之下的潜在的非理性、隐藏于意识形态一致性之下的非一致性，以及只有通过言说才能连在一起的次体系或分离的领域。问题是："这个社会是如何运行的？为什么它没有解体？"答案是："它通过语言与元语言，通过言谈保持着活力。"这一领域看起来非常坚固，但它并不能坚固到可以防止地震，绝对不能！马克思从未把经济当作决定性的因素，或理解为一种经济决定论，但他把资本主义理解为一种生产方式，在这个社会里，经济占有优势，因此，不得不加以控制的正是经济。今天，日常生活已经代替了经济，正是日常生活作为普遍化的阶级策略（经济的、政治的、文化的）的结果占据着优势。因此，需要控制的正是日常生活，这正是我们宣传的策略，这种策略就是包含着经济与政治的文化革命。

6) 革命的概念——甚至是总体性的革命概念——仍然是站得住脚的，此外，革命只能是总体的。如果这个概念已经变得模糊不清，这就是简化的过错，是非批判地接受和教条化的过错。当革命的观念被保留下来并具有其全部含义时，必须区分出三个层面：第一，经济层面。在这里革命的策略使自己的目标明确化。工业生产的增长及其规划是必要的，但这并不是全部。目标与方向（或方向与目的）是这样被界定的：通过全面的自动化，实现经济富足，增加工业生产，使之与社会需要（不再是个人的被规划的要求）相适应，这些需要正被看作为早期都市社会的要求；但生产的自动化决不包括消费的自动化，因为消费的自动化是普遍神秘化的症状。当革命活动被局限于经济平面时，它就会陷入泥潭，失去其真正的目标。第二，政治层面。在这里革命策略的目标在过去的这个世纪中没有改变——从这个观点看，也没有理由去改变、修正和补充马克思的理论——国家的消亡仍然是革命的目标和指向。但仅仅局限于政治层面，革命就会生产出斯大林主义，生产出作为偶像的国家，并把这些当作目的。如果这些目标和指向都没有被描述出来，没有依据策略的目的和在技术的层面上建构出自身的社会实践的话，没有任何相关的国家与政治结构有资格自称是马克思主义的。缺少这些，就不可能（理论化地，在理论上）谈到革命，谈到马克思主义的学说或策略，谈到直接改变世界、存在与社会的行动。况且，只有当人们达到国家权力的最高层，这个国家对他来说才是真实的，在这里，辩证法似乎失去了它的权力，因为在这里似乎权力能够压制进步，忽视矛盾并将这些矛盾固定下来。然而进步总在持续着，历史的进步必须被权力所认可，因为权力推动着这种进步。第三，文化层面。这条通道被对马克思学说的经济主义的、政治化的和哲学化的解释所阻塞。人们认为，一旦革命活动颠覆了经济基础和政治上层建筑，意识形态、习惯，一句话文化就会随之发生改变，然而这个平面已经重新获得或取得了它的特殊性。当革命在其他平台上遭遇到障碍和阻力时，文化革命的重要性才被认识到。在 20 世纪 20 年代，在取得政权之后不久，列宁就意识到需要对苏维埃工人阶级进行"文化"改造，这一改造将有助于他们管理这个国家和工业、掌握技术、吸收或超越西方的科学与理性。今天，对文化层面的规划，已被证明是正当的。当公开的意识形态危机、制度自身的危机发生时，当恐怖不足以控制人类社会时，如果没有发生正式的文化危机，才有可能再次超越国家和制度，重新改变文化制度，使之走向非恐怖主义的目标。只有文化才能逃避经济主义的强制力、经济合理性的强制力、规划的强制力和受限制的合理性形式，这种合理性并不能看到自身的局限性，这些强制力并不能根据自身的规划成功地封闭回路、成功地将整个社会系统化；结构的裂缝和进步中无法预料的要求所具有的优势会产生出来，推动着"现实"和都市现实。

……

我们已尽力证明，"文化革命"是一个概念。在马克思那里，这个概念是含蓄的，而在列宁与托洛茨基那里，这个概念是清晰的，在中国，这个概念由毛泽东在特定语境中复活了。作为一个概念，它同马克思主义学说相关联：在基础、建筑与上层建筑之间，在理论与实践之间，在意识形态、知识和策略行为之间有什么样的关系？这种关系是固定的还是变化的？是结构的还是偶然的？

……

我们的文化革命不能被想象为美学的。它不是建立于文化基础上的革命，文化也不是它自身的目标或动机。当我们的文化变成了碎片，分解为道德主义、唯美主义和技术意识形态时，我们不能希望将文化注入到社会现实与经验中。这种情势将更加明显，文化革命不是为了清晰地界定恐怖主义的"文化"角色，在这种文化中，只有哲学还站立着，只有在这种条件下，哲学才被赋予方向。我们的文化革命的目标与方向是，创造一种不是制度的而是生活风格的文化，它的基本特征是在哲学精神中实现哲学。……理论的革命，这是走向文化革命的第一步，它奠基于哲学经验的基础上。

艺术和艺术意义的复兴，具有实践的而不是"文化的"目标。实际上，我们的文化革命没有纯粹的"文化的"目标，而是使文化走向经验，走向日常生活的改变。这个革命将改变存在，而不仅仅是改变国家和财产的分配，因为我们并不把这些当作目的。我们的目标也可以表述如下："让日常生活成为艺术品！让每一种技术手段都被用来改变日常生活！"从精神的观点来看，"创造"这个术语将不再被限制于艺术品的创造，而且将意指自觉的活动、自觉的思考，再生产出自己的条件，适应这些条件及其现实（身体、欲望、时间、空间），这是自我创造。从社会意义上看，创造这个术语支持集体性的活动，这种活动对自身的社会功能与命运负责——或者说，它支持自治。表面上看来，北京与贝尔格莱德是分离的，或者在自治和文化革命上是矛盾的，但这种政治的对比在概念的语境与意义中是无效的，自治在其自身的构成中包含着特定的冲突，这些冲突是文化冲突。这样，自治决不拒绝文化革命，文化革命构成了自治的一个特征。虽然文化革命并不解决由自治提出来的问题，但这个事实使对它们的精确描述成为可能。

让我们对这一革命过程的某些方面与要素加以概括：

1）性别变革与革命。这里所考虑的变化并不只关心"男人—女人"的关系，契约与婚约中的公正与政治上的平等，也不只关心两性间的去封建化和民主化的关系，这种变革必须改变性与社会之间的（情感的和意识的）关系。压抑的社会和性别恐怖主义，必须通过理论的与实践的全部可行方式加以清算和处理。性压抑必须不再是制度关心的事（实际上，主要关心的事），这种压抑必须被根除。压抑越多，对性行为的恐怖控制就越无限制，而且将控制延伸到人类的所有能力与潜能领域。这不是废除所有对性行为的控制，实际上，彻底的无控制，通过将欲望转化为直接的需要，可能导致欲望的消失与退化。欲望不能无控制的存在，虽然建立在控制基础上的压抑扼杀欲望或使之反常化。控制应该由那些有爱心的人所掌握，而不是被制度所加强，而且不要与伦理和恐怖的方法结合在一起。

2）都市变革与革命。在这一点上不应产生误解。都市主义将从革命中出现，而不是相反，虽然在实际中，都市经验和为了城市的特殊斗争（为了城市的保存与复兴，为了城市的自由），为众多革命行动提供了框架和目标。只有到了工业计划的理性经历了根本的改变，工业管理被重新组织时，生产才能适合于都市存在以及这种都市社会的要求。因此，这个战斗要在生产领域中来解决，正是在这里革命策略必须确立自己的目标。都市社会的现实实现既包括政治的规划（覆盖着整个社会，整个领域），也包括经济的控制。

进一步说，今天，都市变革能够承担这一角色和意义，半个世纪里，这一角色和意义是由农业变革所承担的（在某些地区仍然如此）。新资本主义所有制、规律与意识形态的结构，将被这种革命性的变革所改变。新资本主义以及消费被控制的官僚社会，并不想制止都市存在的衰退，不想推动新的发展并使发展普遍化，或帮助和促进都市社会的胚胎的发展。当把游戏当作艺术，把城市当作游戏时，就会束缚甚至是最有文化的资产阶级的想象力，他们不可能为变革和革命提供必需的时空条件。

3）通过克服日常生活和节日间的冲突，节日将会重新发现并受到推崇，使这些术语与都市生活相融洽，这是革命计划的最后结果。这一详细说明使我们回到了我们开始的地方，回到了适应（appropriation）的概念，将它放在正确的位置中，置于对物质现实的把握和人们普遍接受的实践概念之上。

圣鞠斯特说过，幸福的观念对法国人而言是全新的观念，对世界而言也是如此。同样可以说，不幸福的观念，对法国人以及对世界而言，也是全新的观念，因为意识到不幸福就假定了某些别的东西是可能的，一种从不幸福中解放出来的不同条件是可能的。也许，今天"幸福—不幸福"的冲突或"意识到可能的幸福—意识到现实的不幸福"的冲突，已经代替了传统的命运观念。这可能是我们普遍感到精神不爽的秘密所在。

选自《现代世界的日常生活》，仰海峰译，New Brunswick & London 出版社 1984 年版。

五、进一步阅读的文献

1. 刘怀玉：《现代性的平庸与神奇：列菲伏尔日常生活批判哲学的文本学解读》，中央编译出版社 2006 年版。

2. Bud Burhard, *French Marxism between the Wars*, *Henri Lefebvre and the "Philophies"*, Humanity Books, 2000.

3. Stuart Elden, *Understanding Henri Lefebvre：Theory and the Possible*, Continuum Intl Pub Group, 2004.

第三十九章 西方马克思主义的逻辑终结

—— 《否定的辩证法》

一、写作背景

1966 年，阿多诺（Theodor W. Adorno，1903－1969）出版了代表晚期法兰克福学派哲学思想的《否定的辩证法》。这部著作既是对法兰克福学派批判理论的逻辑总结，也是对当时社会发展的哲学反省。从理论逻辑看，批判理论一方面揭示了传统哲学的主体—客体辩证法的局限及其控制特性；另一方面面临着如何在否定性基础上重新探索哲学理念，重新规划新的社会发展方向及其思想观念等问题，《否定的辩证法》就是对新的哲学理念和新的社会发展方向的探索。从社会发展的视角看，批判理论关注的一个重要主题是反思法西斯主义的统治，并由此揭示西方文化的控制本质，《否定的辩证法》就是从这一视角来揭示以主体—客体为核心的总体辩证法的文化控制特性的。虽然《否定的辩证法》并没有直接涉及当时的人本主义与结构主义的论争，但其对总体性辩证法的反思与批判，实际上对论战的双方都具有反思的意义。

二、篇章结构

《否定的辩证法》由导论和三个部分的正文构成："导

论"论述了"否定的辩证法"的立场、方法和主题；第一部分"与本体论的关系"分为"本体论的需要"、"存在与实存"两章，以海德格尔哲学为批判对象，批判了当时德国盛行的本体论；第二部分"否定的辩证法：概念与范畴"对"否定的辩证法"进行正面阐发，指出否定的辩证法就是要把非同一性、存在物、事实设定为真正的原因，批判主体、同一性的总体辩证法，并提出否定的辩证法的模型是"星丛"；第三部分"模式"分为"自由：实践理性总批判"、"世界精神与自然历史——有关黑格尔的题外话"、"关于形而上学的深思"三章，指出在资本主义社会，自由是市场经济的自发产物，是内在的服从；黑格尔的绝对精神体现了资本主义社会的总体性；近代以来的形而上学强调同一性，这正是奥斯威辛集中营的意识形态基础。

三、观点提示

第一，走出同一性哲学的禁锢。同一性有四种含义：一是标志着个人意识统一性的同一性，这是任何主体存在的标志，也是主体思维的基础，笛卡儿所谓的"我"思故我在，就是这种同一性；二是指一切合法的同时也是合理的存在，即思想作为普遍逻辑的同一性，这是思想对象与自身的同一性，即 A＝A；三是指主体与客体和谐一致的同一性，这主要体现在黑格尔以及谢林式的哲学思考中，追求这种一致性，即一种有差异的一致性，构成了康德之后德国古典哲学的主题；四是海德格尔式的同一性，这是消除实存、强调空洞性存在的同一性。近代以来的同一性哲学体现了商品交换的逻辑，同一性哲学是资本主义社会的必然结果与表现形式。同一性哲学强调人对自然的控制，并成为人控制人的思想基础，这种控制的最高表现形式就是奥斯威辛集中营。哲学要从精神上走出物化的奴役，就需要走出同一性哲学的禁锢。

第二，哲学是一种非体制化的异质性经验。要走出同一性哲学，就需要将哲学建立在非体制化的异质性经验基础上。经验的异质性源自于客体与主体的非同一性，哲学的经验归根到底是主体对非同一化客体的经验，这决定了主体不能体系化地吞噬客体，而是公正地面对客体的质的要素，甚至要服从于客体。但是，这种服从客体与实证主义回到客体不同，后者将客体转化为量的可计算化过程，客体变成了无差别的被规划的对象，这正是近代以来工具理性的特征。因此，非同一性才是哲学的真正目标，因为非同一性体现了解放。

第三，否定的辩证法是另一种哲学理念。否定的辩证法以非同一性为内核，主体与客体、主体与主体、主体与类、意识与存在、概念与经验、技术与价值等原本处于二元对立之中的关系，转变为一种平等的、非奴役的"星丛"关系。"星丛"不能被还原为一种本质，原初的存在也不能还原为某个绝对主体的表象。"星丛"关系表现为三个方面：一是主体与客体的"星丛"关系，主体与客体不再处于二元对峙状态，而是处于相互建构的关系中；二是本质与现象的"星丛"关系，现象与本质处于平等的地位，不能以本质来删除现象；三是中介的客观性，即主体与客体、本质与现象的"星丛"关系并不是直接的，而是中介性地联结在一起。"星丛"标志着一种无中心、无等级的非架构状态，这是对另一种哲学理念的探索。

《否定的辩证法》将法兰克福学派工具理性批判上升到对整个西方哲学构架的反思，将包括卢卡奇在内的人本主义的马克思主义所强调的主体—客体辩证法置于审判席上，对总体性的哲学观念展开了深入的批判，并通过"星丛"概念探索一种无中心、无等级的新哲学理念。可以说，《否定的辩证法》是西方马克思主义批判理论的逻辑终结，开启了后马克思主义的理论空间。

四、文本节选

这种辩证法的概念使人们怀疑它的可能性。不管怎样变化，矛盾中都有自始至终的运动。这种期望似乎在宣扬一种精神总体——即我们刚才认为不可操作的同一性命题。我们听说，无休止地反思事物本身矛盾的精神如果不得不以矛盾的形式组织起来的话，它就必须是事物本身，那种在唯心主义辩证法中打算超越被视为虚假片面的每一特殊的真理是整体的真理；如果不这样预先设想的话，辩证法的步骤就没有动机和方向。我们不得不回答说：精神经验的对象是一个自在的、非常现实的对抗性体系——不能和它在其中重新发现自身的认识主体相调停。唯心主义向主体和精神领域投射的实在性强制状态必须从这个领域中再译成原文。唯心主义还剩下的东西是：精神的客观决定因素即社会既是个体的一个缩影，又是主体的否定。在社会中，主体是不可知的和残缺不全的，因此它是极其客观的概念，以致被唯心主义误当作某种实证的东西。

体系不是绝对精神的体系，而是一些人的最受制约的精神的体系。这些人具有它却又不知道它在多大程度上属于他们。社会物质生产过程——根本不同于它的理论构造——的主观预想是未被解决的部分，也是与主体未调和的部分。它自身的理性像先验的主体一样是无意识的，想靠物物交换来建立同一性，同它将其还原为公分母的主体是不可比较的：是作为主体敌人的主体。先前的一般性既真实又不真实。真实，是因为它形成了黑格尔叫作精神的"以太"；不真实，是因为它的理由也不是理由，它的普遍性是特殊兴趣的产物。这就是对同一性的哲学批判要超越哲学的原因。但这种乌托邦未表达的东西是：如果即使在风靡一时的生产环境中也还值得继续生活的话，那么，拒不归属于同一性的东西——用马克思主义的术语说是"使用价值"——也仍然是必不可少的。这种乌托邦发展到了发誓仇视自身现实化的程度。面对具体的乌托邦的可能性，辩证法是事物的虚假状态的本体论，而事物的正确状态却不受它支配：既不是一个体系也不是一个矛盾。

……

哲学、包括黑格尔哲学招致了一种普遍的异议，说它由于不可避免地为它的材料而使用概念，因而预示着一种唯心主义的决策。事实上，任何哲学、甚至极端的经验主义都不能对残酷的事实牵强附会，像解剖学上的病例或物理学上的实验那样展现它们；任何哲学都不能把这个别粘贴在文本中，虚构出诱人的图画。但它的论证却以其形式的一般性采取了一种完全拜物教的概念观，好像概念在它自身的领域中朴实地解释了自身：不论在哪一种情况下，概念都被当作一种自给自足的总体，哲学思想没有支配它的权力。实际上，一切概念、甚至哲学的概念都涉及非概念物。因为概念本身是现实的要素，现实首先为了支配自然而需要概念的形态。对沉思概念的人来说，概念化表面上来自内部——它的领域的优势，无此便什么也不能认识——但不应被误解为是自在的。自在的存在这种外表给了概念一种动机，使它免除套在它身上的现实性。

必然性迫使哲学运用概念。但这种必然性不应该变成概念先验性的美德——反过来说，对这种美德的批评也不能变成对哲学的总裁决。另一方面，哲学的概念知识也不是哲学的绝对者——这种见解就其不可逃避性来说，又归因于概念的性质。这种见解不是一个教条的命题，更不是一个朴素的实在论的命题。起初，像"存在"这样的概念在黑格尔的《逻辑学》中一开始着重意味着非概念性，如拉斯克所说，它们"意味着超越自身"。对自己的概念性不满意是概念意义的一部分。尽管由于把非概念作为它们的意义包括进来，使非概念性在倾向上成了它们的平等物，因而使它们作茧自缚。概念的实质对概念自身来说是内在的，即精神的，同时又是先验的，即本体的。意识到这一点，就能摆脱概念拜物教。哲学的反思要确保概念中的非概念物。否则，根据康德的名言，概念就是空洞的，最终由于不再是任何事物的概念而成了虚无。

哲学使我们知道了这一点，清除了概念的自给自足性，从我们的眼睛上揭下了障眼物。诚然，概念即使在涉及存在的事物时也是概念，但这并不改变这样一个事实：概念本身和一个非概念的整体纠缠在一起的。唯一使它同这个整体相分离的东西是它的物化——那种把它当作概念而确立起来的东西。像其他因素一样，概念是辩证逻辑中的一个因素。概念中包含着这样一个事实：非概念性靠自己的意义而成为它的中介，这样意义反过来又奠定了它的概念性。指称非概念物——因为根据传统的认识论，概念的每一定义最终都需要有非概念、直证的因素——是概念的特点，所以就恰恰相反；作为归类于概念之下的实体的抽象同一体将脱离这本体之物。改变概念性的这个方向，使它趋于非同一性，是否定的辩证法的关键。对概念中的非概念物的基本特性的洞见将结束这种概念所产生的（除非被反思所终止）强制性同一。概念对自身意义的反思将不再把概念的自在存在的外表当作意义同一体。

......

最近，在存在主义的名义下进行了摆脱概念拜物教——摆脱学院哲学，同时又不放弃对责任的要求——的尝试。像存在主义由于政治义务而与之决裂的基础本体论一样，存在主义仍然受唯心主义束缚。此外，与哲学的结构相比，存在主义保持着一种可被相反的政治所代替的偶然格调，假如只有政治能满足存在主义的形式特点的话。双方各有自己的党徒，但并不存在来自决策论的理论分界线。存在主义的唯心主义成分也是一种政治功能。作为社会批评家，萨特和他的朋友们不愿意使自己限于理论的批评。萨特全力强调统治的实践不再宽容的要素——从哲学上说，强调自发性。社会权力分配留给自发性的客观机会越少，萨特就越唯一地主张克尔凯郭尔的决定性范畴。克尔凯郭尔从其归宿、即基督学中抽取决定性这一范畴的意义，萨特则使这一范畴成了它一度应服务的对象——绝对。

尽管萨特持有极端的唯名论，但他的哲学在最起作用的时期是根据唯心主义的主体自由行动的范畴组织起来的。对存在主义来说，如同对费希特来说一样，任何客观性都是无关紧要的事情。其结果，社会关系和条件在萨特的著作中至多成为有关时事的附属品；在结构上，它们差不多只是作为行动的时机。从萨特哲学的客观性来看，注定不合理的是这位冷酷无情的启蒙者最不肯定地指出的东西。绝对的选择自由的观念像世界由之而出的绝对的自我的观念一样是虚幻的。至于作为英勇选择之陪衬而建立起来的境遇，少许政治经验便使它们像舞台支柱一样颤动起来。在具体的历史关头，甚至这种至上的选择也不能以剧作艺术方式被假定。一个统帅，正如他以前乐于从事暴行是不合理的一样，他决心不再允许干任何暴行也是不合理的；如果他解除了对一个因倒戈而归顺于他的城市的包围，并建立了一个乌托邦共同体，那么，甚至在喜剧性的、浪漫的德国文艺复兴时期这样的野蛮时代他也会被他的叛变的士兵或他的上级指派的人所杀死。

　　恰恰与此完全相符合的是，格茨像那个至少因光明之城的大屠杀而对自己的自由行为有所领悟的内斯特罗伊的霍罗芬奈斯一样爱自夸，任凭自己被一个有组织的人民运动所左右，萨特则靠这个运动透明的外表而充分表现了他的绝对自发性。的确——只是现在显然有了哲学的福祐——文艺复兴者显然重犯了自己曾如此自由地断然抛弃的种种暴行。这个绝对的主体摆脱不了它的缠绕物；这种拘缚着它的镣铐、即统治的镣铐和绝对的主体性原则是一码事。应使萨特感到荣耀的是，这一点已在他的剧本中并违背他的主要哲学著作而表现出来。这些剧本不承认它们自己出卖其论点的哲学。然而，政治的存在主义的蠢行有一种哲学的理由，正像非政治的德国存在主义的术语有一种哲学的理由一样。存在主义把人的不可避免的命运、纯粹的定在抬高成一种思想品质，个人必须去选择它，但又没有选择的确定理由，而且实际上他也没有别的选择。如果存在主义的言论不再是这种同义反复，那么它便和作为唯一物质存在物的自为地存在的主体性联起手来。

　　那些出于其策略而从拉丁语"存在"一词中引出派生词的学派会援引对异化的专门科学不利的具体经验的现实性。由于害怕物化，这些学派便避开实物。它们不知不觉地使实物成了实例；它们归入 $\delta\iota o\chi\eta$（时代）之下的东西，将通过在哲学背后、在哲学认为不合理的决定中行使自己的权力而为自己报仇。一种被清洗掉实物的思维并不比一种丧失概念的专门科学更优越，这种思维的各种变种将堕落为它们为了哲学的生死攸关的利益而与之战斗的那种形式主义。此后，它将被添补上主要来自心理学的意外借款。存在主义的意图至少在其彻底的法国形态中不会通过与实物保持距离而又威胁性地接近实物而得以实现。主体和客体的分离是不能靠还原于人类、甚至还原于绝对孤立的人来消除。今天流行的人的问题、直至源于卢卡奇的马克思主义的人的问题都是意识形态的，因为它的纯形式规定着始终不变的可能的回答，即使这种不变性是历史性本身。

人应该成为的样子不过是曾经是的样子：他被拴在了它过去的岩石上。他不仅是他过去和现在所是的样子，而且同样也是他能成为和期望成为的样子，任何定义都不能充分形容的样子。这些围绕着存在而形成的学派、甚至十足的唯名论的学派都不能够达到它们在通向个人存在的路途中渴望的自我放弃，它们承认，由于它们不能以一般概念从哲学上思考那种未融化进它们概念中，即与它们的概念相反的事物便不去思考这种事物。它们用生存条件来说明存在本身。

……

本体论的需要很少能够保证得到它所欲求的东西，犹如饥饿的折磨不能担保得到食物一样。但对这种保证的盲目信任却折磨着一种未曾预料到的哲学运动。为此，这种哲学运动也特别陷入了不真实的肯定。"遮暗世界决不会使我们得到存在之光"，范畴是产生基础本体论的回声的原因。为此，基础本体论要么否认范畴，要么使之升华，以致它们不再适用于任何不友好的对立。从每一范畴中可以看出，范畴完全是一种匮乏而不是生产的印迹，它们是这种匮乏的补充的意识形态。然而，对存在的崇拜、或至少存在这个词被当作优等物而产生的吸引力靠的是这样一个事实：在现实中，正如一度在认识论中一样，功能概念越来越排挤实体概念。社会已成为自由主义一度所想象的完全功能的关联域；存在，就是相对于其他东西的、与自身无关的存在。在这一事实面前的惊恐、对主体丧失自己实体性的这种初萌的意识使主体预知到了这样的申明：存在，被看作与这种实体性同样不明说的存在永远比功能关联域活得更久。

本体论哲学的魔法力图唤醒的东西却被现实的过程所破坏：被社会生活的生产和再生产所破坏。那种从理论上证明"人"、"存在"、"时间"是第一现象的努力不能够阻挡复活的观念的命运。那些其基础在历史上已完结的概念一直被无可辩驳地当作教条的本质受到批判，甚至在专门哲学的领域里——例如，康德在他关于不合逻辑的推论的章节里批判经验灵魂的先验性、即定在一词的先兆；在他关于反映概念的两重性的章节里批判对存在的直接求助。但新本体论的倡导者并没有使康德的这种批判成为他们自己的批判。他们没有通过反思把这种批判向前推进，相反，他们好像认为这种批判属于一种理性主义的意识，在其缺陷中真正的思想就像在洗礼中一样不得不被清洗掉了。

尽管如此，为了套住批判的哲学，新本体论的倡导者直接给批判哲学加上了一种本体论的内容。海德格尔对康德的反主观主义的因素和"先验的"因素的识别不是完全没有根据的。在《纯粹理性批判》的序言中，康德的确有计划地强调他提问题方式的客观特征，而且在他进行纯粹知性概念的演绎时对此毫不怀疑。在通常的哲学史上记录的这场哥白尼式的转变并没有使他筋疲力尽，在纯粹的认识发生中，在以经验主义的风格对意识的剖析中，客观兴趣仍然保持着对主观兴趣的优先权。然而，无论如何我们不能把这种客观兴趣等同于一种隐蔽的本体论。反对这种等同的论据，不仅是康德对理性主义本体论的批判——如果需要的话，这种批判可以考虑另一种空间——而且还有理性批判的思路本身。循着这种思路，我们发现，客观性、即知识的客观性以及已知万物总体的客观性是在主观上促成的，它使得我们可以超越主体—客体对立性而假定一种"自在"。但这种客观性有意使这种假定成为如此不确定的，以致任何一种解释都不能从中抽象出一种本体论。如果康德打算拯救受到向主体的转变所抨击的宇宙知识论（Kosmos noetikos），因而在他著作中有一种本体论因素的话，那么这只不过是一种因素而已，而且还不是核心的因素。他的哲学企图凭靠那种对他想拯救之物构成威胁的东西来实现这种拯救。

……

有一个客观上支持复活本体论的事实的确是和本体论的观念最不和谐地共存的。这个事实是：主体在很大程度上要成为一种意识形态以掩盖社会客观的功能关联域并为主体在社会中的苦难进行辩解。在这种意义上——不单是今天——非我急剧地走到了我的前面。在海德格尔的哲学中绕开了这一事实，但又理会到了这一事实。在他的手中，这种历史的第一性成了"存在"绝对地对一切实体的和现实的事物的本体论在先性。他明智地忍住而不去简单地看待一切，不去颠倒哥白尼式的转变、即向观念的转变。他热衷于使他的本体论观点摆脱客观主义，使他的反唯心主义立场摆脱实在论，不管这种实在论是批判的还是朴素的。毫无疑问，不能按照学术争论的战线把本体论的需要降低到一种反唯心主义的水平。然而，出于这种需要所产生的最持久的冲动也许是不承认唯心主义。

人类中心说的生活意识已被动摇了。可以说，处在哲学的自我反思中的主体已使过去几个世纪对地球中心说的批判成了对它自身的批判。这种动机不单是一种世界观的事情，不管这种动机多么容易表露为一种世界观。哲学的发展和自然科学的发展之间的过分综合当然是可憎的，因为这些综合忽视了物理、数学日渐独立的形式语言，这种语言早已不能恢复为直观形象或任何别的可与人的意识直接相对应的范畴。尽管如此，近代宇宙学的结果还是广泛传播开来，一切想使宇宙类似于主体或引申出它以便设定主体的观念都已被贬低为一种可与愚钝者或偏执狂的天真相比的天真，这些人把他们的村庄当作世界的中心。哲学唯心主义的基础对自然的支配已失去了它的无限威力的确定性，这既是因为它在20世纪前半叶大规模地扩张，也是因为人类意识一瘸一拐地落在后面，听任人类事务的秩序继续不合理，最终是因为已达到的伟大与达不到的东西相比其成就微不足道。有一种普遍的感觉、一种普遍的畏惧：我们在支配自然上的进步或许正日益促成那种据说这种进步会保护人类免遭的灾难，或许正在编织社会粗鄙地长成的第二自然。

本体论和存在哲学是反应的模式，意识希望以这些模式——和其他更粗糙的模式一起——来逃避上述麻烦。但本体论和存在哲学本身包含着一种命定的辩证法，那种把人排除在创造的中心之外并使人意识到自己无能为力的真理将像一种主观的行为方式一样证明这种无能为力的感觉，使人们与它相一致，因而强化了第二自然的魔法。对存在的信仰、一种从批判的预感中派生的模糊的世界观正如海德格尔有一次轻率地确定的那样，实际上已退化成一种存在的奴役。面对面地感觉万物，持这种信仰者便不去费尽心血墨守任何特殊。因为只有万物能强有力地使主体相信自己的弱点。主体在与主体本身相关联而产生的灾难面前乐于畏缩，这是对他们想跳出他们的主体性囚室的无用愿望的惩罚。这种哲学的跳跃、克尔凯郭尔最初的姿态正是主体梦想通过自己对存在的服从而可以避免的专横。

用黑格尔的语言说，只有在主体"在场"的地方才能解除这种魔法：这种魔法永远存在于主体的任何直接的他者之中，如同隐蔽的神仙永远带有神话神仙的某种不合理的特点一样。人们用这种装饰性世界观的过时的异国情调就像用令人惊讶地可消费的禅宗思想一样来认识今天的修补的哲学。像禅宗一样，这种异国情调假装作一种思维姿态，而这种姿态是在主体中积蓄的历史不可能采取的。把精神限制在它的历史的、开放的、可达到的经验阶段上是自由的一个因素，无概念的异想天开代表着自由的反面。那些掉以轻心地从主体跑向宇宙的学说、包括存在哲学比起主体对自身及其现实能力的微不足道的反思来更容易和世界的僵化的条件、和世界中的成功机会相一致。

……

本体论的普遍成功哺育了一种幻想：直接意向的状态是完全可以被一种充满了唯名论和主观主义沉积物的意识所选择的，而只有通过自我反思，这种意识才成为现实的东西。当然，海德格尔看穿了这种幻想。他凭靠那种在直接意向和间接意向之外，在主体和客体之外、在概念和实体之外而盛行的存在学说绕开了这个选择。存在是至高无上的概念——因为说"存在"的人说出的不是存在本身，而是这个词——也可以说它有居于一切概念之上的特权，因为思想家根据"存在"一词所考虑的要素、抽象地获得概念的同一性标记的要素并没有穷尽。

……

支配"实存之物"概念的——海德格尔偏爱这个已被本体论化的名词 existentialia（作为存在的定在）——是这样一种观念：真理的尺度不是它的客观性（不管是哪种客观性），而是思想家的纯粹的如此存在和如此表现。实证主义者的主观理性因失去了它的合理因素而崇高起来。在这一方面，雅斯贝尔斯直接仿效了克尔凯郭尔。海德格尔的客观主义很难同意那种认为主观性是真理的命题，然而《存在与时间》中对 existentialia 的分析却流露出这个命题的独特陪音。它贡献给它的德国大众的是把激进的意义及神圣的音调和一种指导人格的真诚且刚毅的意识形态结合起来——真诚和刚毅是有特权精神的个人以愚笨的狡诈为自身保留的品质。如果主观性在其天性上——康德把它叫作功能的——解除了预先规定的坚固的实质，那么，它的本体论的确证就平息了对这些实质的畏惧。主观性、即功能概念 $\kappa\alpha\tau'\epsilon\xi o\chi\eta\nu$ 成了一种绝对坚固的东西——顺便说，正如在康德的先验同一性学说中已经勾画的那样。但真理，即主体和客体在其中彼此渗透的星丛，既不能还原于主观性，也不能还原于存在、即海德格尔打算模糊其同主观性的辩证关系的存在。

主体中真实的东西表现在与非主体本身的东西的关系中，决不表现在对主体方式的自夸的确证中。黑格尔知道这会使恢复原状的学派感到讨厌。假如真理是主观性，假如思想只不过是主体的重复，那么，思想就是无价值的和贫乏的。存在主义对主体的拔高旨在为了讨好主体而清除对主体来说可以明白的东西。这种拔高因此听从于它认为比其优越的相对主义并把主体降低到一种不透明的偶然性，这种不合理的存在主义的倡导者将挺起他的胸膛向知识分子鼓动，声称他也是一个知识分子："但哲学家却冒险去空谈，不知道真正的、独创的哲学说法和空洞的唯理智论之间有何客观分界线。科学人士对自己的结果一直有普遍有效的标准，并从它们的不可避免的效果中获得满足；而哲学家却对自己老是空谈的那种将唤起实存的论调永远只有主观的标准。科学上的理论努力的激情和哲学上理论努力的激情是根本不同的。"

实存如果缺乏它的他者、缺乏它使之成为外部的东西而断定自己是思想的标准，那么，实存就独裁地使它的纯粹法令生效了，如同一个独裁者在政治实践中使当时的意识形态生效一样。被思想者向思想者的这种还原阻碍了思想的进步，它使思想不再成为被思想的东西，使主观性唯一赖以生存的东西停顿下来。作为真理的坚实基础，主观性被物化了。在样式陈旧的"人格"一词的声音中反响出所有这一切。思维成了思想者从一开始就是的东西，成了一种同义反复，成了意识的一种退化形式。

毋宁说，这种空想的思想潜能被理性当作体现在个体主体中的东西来中介并去突破别的思想者的狭隘性。最优秀的思想力量是脆弱的和易误的思想家所把握不了的。但这种力量被实存的真理概念弄瘫痪了——自克尔凯郭尔出于蒙昧主义的目的以来。止疼被宣扬成追求真理的力量，靠这种力量实存崇拜在一切国家的领域兴旺起来。

……

本体论早就抛弃了实存概念过去对唯心主义的抵制。存在物的一度被召来驳斥人们制造的、观念的神圣性现在被装备上了更模糊的存在本身的神圣性。这个他者一开始就使存在物崇高起来，以与物质存在的条件相对照——物质存在的条件是"现代"的克尔凯郭尔在把观念与实存相对照时所意指的东西。由于实存概念被吸收进存在之中，甚至由于它在哲学上被加工成一个适合讨论的一般概念，历史便又被变了戏法——克尔凯郭尔根本没有考虑黑格尔左派的观点，他把历史引进思辨中，归在一种自相矛盾的时间性和永恒性相联系的神学符号之下。存在学说的矛盾心理是：它既论及存在物，同时又使它本体论化——换言之，通过恢复存在物的形式特点来剥夺存在物的一切非概念性——这种矛盾心理也决定着这一学说和历史的关系。

一方面，当历史被变换成历史性的实存之物时，历史的风趣就成了干巴巴的。由于这种变换，那种认为一切第一哲学应是关于不变因素的学说的断言便扩展到可变因素；历史性把历史固定在非历史的领域，不注意支配主体和客体的内在构成和星丛的历史条件。于是，这导致对社会学做出了裁决。正如以前心理学在胡塞尔那里所遭遇的，社会学也被曲解成一种外在于事物的相对主义。这种相对主义损害了思维的坚实工作；仿佛现实的历史没有在每一可能的认识对象的核心中积贮起来；仿佛每一种严肃地抵制物化的认识没有使僵化的事物流动起来并因而使人们意识到历史。

另一方面，历史的本体论化使得人们不加审视地把存在的力量归于历史的力量，从而证明服从历史的形势是合理的，仿佛这种服从是由存在本身所命令的。

……

历史是被忽视还是被蔑视取决于环境，这是存在哲学的一个实际的政治结论。时间本身以及短暂性被存在本体论的力量绝对化并改造成永恒的。实存的概念作为短暂的本质性、暂存事物的暂存性，通过它的命名而避开了实存。实存一旦被当作一种现象学问题的标题，便被整合了。这是哲学安慰的最近类型、神话的浮华词句的类型；这是一种虚假地复兴的信仰、即人们可以通过安慰性地复制自然的魔法来破除这种魔法。

实存的思维爬进了早就过时的模仿的洞穴。在这一过程中，实存接纳了来自它曾将其当作一个多余的雇员而解雇的哲学史的最命定的偏见、即柏拉图的偏见：不灭的一定是善的——不过是说，在长期的战争中强者总是对的。然而，如果说柏拉图的教学法培养了军事美德的话，那么按照《高尔吉亚篇》，这些美德还不得不在最高的理念、即正义的理念面前进行答辩。但在存在学说的黑暗夜空中，不再有闪烁的星星。实存用不着神圣化的因素便被神圣化了。存在物应具有的或受其制约的永恒观念只剩下了关于存在物的赤裸裸的证明：对权力的赞同。

……

在一种涉及整体的矛盾中，在一种不能按部就班地作为特殊矛盾来解决的矛盾中，显然要同黑格尔告别了。黑格尔批评康德把形式和内容相分离，他想要一种不带有可分开的形式、不带有独立于事物而被运用的方法的哲学，同时又按方法来行事。实际上，在"辩证法"这个词的朴素意义上，辩证法既不是一种纯方法，也不是一种现实。它不是方法：因为未被调和的事物——恰恰缺乏被思想所代替的同一性——是矛盾的，从而抵制任何一致性解释的企图。正是事物、而不是思想的组织动力把人们带向了辩证法。辩证法也不是简单的现实：因为矛盾性是一个反思范畴，是概念和事物在思想上的对立。辩证的演进意味着在矛盾中思维，既支持在事物一度经验到的矛盾，又反对矛盾。现实中的矛盾在于它是一种反对现实的矛盾。

但这种辩证法是不能再与黑格尔和好的。它的运动不是倾向于每一客体和其概念之间的差异中的同一性，而是怀疑一切同一性；它的逻辑是一种瓦解的逻辑：瓦解认识主体首先直接面对的概念的、准备好的和对象化的形式。概念和主体的同一性是不真实的，现象的主观先定形态以这种不真实性走在了现象中的非同一物前面，走在了说不出的原子前面。同一规定性的总体性适合传统哲学的理想，适合先验结构及其拟古主义的后期形式——本体论。然而在任何特定内容面前，这种结构——由于被抽象地坚持——在最简单的意义上是否定的，是被精神化的强制。这种否定性的力量直到今天还起支配作用。而别的东西尚未开始。

这影响着一切个别的规定性。每一种表现为非矛盾性的规定性都像本体论的"存在"和"实存"模式一样证明是矛盾的。从哲学中我们得不到任何与其结构相同一的肯定的东西。在非神话化的过程中，对于那种实现非神话化的工具理性来说，肯定性必须自始至终都被否定。调和的观念禁止把自身肯定地安置在概念中。尽管如此，对唯心主义的批判并没有忽略一度靠其结构而从概念中得到的见解，也没有忽略一度在概念的指导下而从方法中所得到的活力。只有在仍描绘其形象的思想中，不遵循其自身演绎方法来命名并靠展开其概括来证明总体的可分性和非真理性的思想中，唯心主义的魔圈才能被超越。纯粹的同一性是主体设定的、因而是从外部带来的东西，因此，非常自相矛盾的是，从内部批判它也意味着从外部批判它。主体必须补救它对非同一性所干的坏事。只有这样，才能使主体从它的绝对自为存在的外表中解放出来。反过来说，这种外表又是同一性思想的一个产物——同一性思想越是把事物贬低成它的种或类的实例，它也就越是错误地认为自己是没有主观的、附加的东西。

　　……

由于思想沉浸于它首先面对的东西，沉浸于概念中，由于思想维护它内在地自相矛盾的特点，思想便倾向于关于某种超矛盾的东西的观念。思想和思想的异质物的对立在思想自身中作为它的内在矛盾而再生出来。普遍和特殊的相互批判，关于概念是否公平对待它包含的东西、特殊是否满足它的概念的同一性判断行为，构成了关于特殊和概念的非同一性的思维的中介。

这不单是思维的中介。如果人类想摆脱同一化形式实际上对人们的强制，人们就必须同时达到与其概念的同一性。在这一点上，一切相关的范畴都起作用。交换原则把人类劳动还原为社会平均劳动时间的抽象的一般概念，因而从根本上类似于同一化原则。商品交换是这一原则的社会模式，没有这一原则就不会有任何交换。正是通过交换，不同一的个性和成果成了可通约的和同一的。这一原则的扩展使整个世界成为同一的，成为总体的。但如果人们抽象地否定了这一原则，如果人们为了不可还原的质的更高荣誉而断定对等不再是理想的原则，那就是为倒退回古代的不公平寻找借口。自古以来，等价物交换的主要特点是在不同等的事物以其名义来交换时，剩余劳动价值会被占用。假如可比较性作为一个尺度范畴而被简单地取消了，那么，内在于交换原则中的合理性——当然是作为意识形态，但也是作为一个前提——就会让位于直接占有，让位于暴力，在今天就是让位于垄断集团赤裸裸的特权。

当我们把交换原则当作思想的同一性原则来批判时，我们想实现自由和公平交换的理想。迄今这种理想只是一个借口。但只有它的实现才会超越商品交换。批判理论已经揭露了那种说平等又不平等的交换，所以我们对平等中的不平等的批判也旨在平等，因为我们对仇恨的怀疑深入进那种不宽容任何质的差异的资产阶级法权理想。如果没有人更多地抵制一部分活劳动，那么合理的同一性就会是一个事实，社会就会超越这种同一性思维方式。这非常接近黑格尔。与黑格尔的分界线很难靠个别区别来划出，毋宁说是靠意图来划出的——即在意识中、理论上以及实践后果中，我们是把同一性当作最终的、绝对的东西来维护和巩固，还是把它体验为普遍的强制机制。但我们最终也需要摆脱这种普遍的强制，正如自由只有通过强制的文明、而不是靠"回到自然"而成为现实的一样。

总体性由于被证明和它自身不同一——它根据自身的概念而否认的不同一——而受到反对。因此，否定的辩证法在开始时是和同一性哲学的最高范畴连在一起的。就此而言，根据同一性逻辑，否定的辩证法仍然是虚假的，仍然是使它遭到反对的事物。它必须在它的批判过程中纠正自身——这个过程影响了一些概念，否定的辩证法曾在形式上将这些概念看作对它来说是"第一性"的东西。有两种不同的情况：一种是思想被封闭在任何东西也逃不脱的形式的困境中，原则上顺从而内在地却否定由传统哲学断言的结论性结构；另一种情况是思想渴望自身有这种结论性形式，带有想使自身成为"第一性"的意图。

在唯心主义中，最高形式的同一性原则由于其形式化而具有一种肯定的实质。术语学清白地说明了这一点。简单的论断性句子被叫作"肯定的"。系动词说：它是如此而不是别的样子。系动词代表的综合行为标明"它"不应是别的样子——否则这种行为就不会实现。同一性的意志在每一综合中都起作用。作为思想的一种先验任务，一种内在于思想的任务，同一性似乎是肯定的和可欲望的：综合的基础因而被认为是和我相和谐的，所以是善的。它不假思索地允许了一种道德的考虑——主体不管怎样把原因理解为它自身的原因都应服从与它相异质的东西。

同一性是意识的首要形式，我们把它当作适当性而让它压制的东西来享用。适当性总要服从统治的目的，就此而言，也就是服从它自身的矛盾。在它以不可言说的努力而肯定给人类造成了甚至不利于它自身的同一性的首要性之后，它欢呼并尽情享受它的胜利，因为它把这种胜利变成了被征服的事物的规定性；它必须把对它发生的事情呈现为它的"内在"。意识形态把它对启蒙的抵抗力归因于它和同一性思想或一般思想的同谋关系。思想证实了它的意识形态的方面，即非我最终是我的论断是决不会兑现的：自我越是把握思想，自我就越完全发现自身被贬值为一种客体。同一性成了一种调整学说的权力机关，在这种学说中，客体——主体被认为与之并驾齐驱——报答了主体为它做的事情。

主体要寻找反对它的理由的理由。因此，意识形态的批判不是某种边缘性的和科学内部的事情，不是某种限于客观精神或限于主观精神的产物的东西，而是哲学的核心的事情：对基本的意识本身的一种批判。

……

意识的力量延伸到意识的幻觉中。被释放的、自我逃避的合理性在哪里发生错误，它就在哪里成为真正的神话。这是可合理地认识的。理性一旦在它的必然过程中不能认识到它基础——不管多么薄弱——的消失是它自身的结果、它自身抽象的产物，它也就退缩进了非理性之中。当思维无意识地遵循它的运动规律时，它反对它自身的意义，反对被思考的东西，反对那种制止主观意图逃跑的东西。它闭关自守的命令使人们的思维注定成为空洞的；最终，在主观上，这种思维的空洞性成了愚蠢性和原始性。意识的倒退是它缺乏自我反思的产物。人们可以看透同一性原则，但没有同一性人们就不能思维。任何规定性都是同一化。

但规定性也接近客体本身作为非同一物所是的东西；规定性在给客体打上它的标记时，也想让客体给它打上标记。非同一性是同一化的秘密目标，它是解救的目标；传统思维的错误在于把同一性当作目标。消除同一性现象的力量是思维本身的力量："它是"的用法从根本上破坏了同一性现象的形式，但这种形式同样又是不可分割的。辩证地看，非同一性的认识还在于它的同一恰恰不单是、而且不同于同一性思维。非同一性的认识想说出某物是什么，而同一性思维则说某物归在什么之下、例示或表现什么以及本身不是什么。同一性思维越是无情地围攻它的对象，它偏离它的对象的同一性也就越远。在它的批判下，同一性并没有消失，而是经历了一场质的变化。客体与其思想的亲和性因素生存在同一性之中。

把同一性定义为自在之物与其概念的符合，这是罪孽。但不应简单地抛弃同一性的理想。在那种认为事物不应与概念相统一的指责中也存在着概念想和事物相同一的渴望。非同一性的意识就是这样包含了同一性。甚至在形式逻辑中，同一性的假定也的确是纯思想的意识形态因素；但隐藏在其中的还有意识形态的真理要素，即规定不应有矛盾，也不应有对抗。在简单的同一性判断中，实用主义的、控制自然的因素已经和一种乌托邦的因素结合起来。"A"应是它尚未是的东西。这种希望自相矛盾地关联着对论断的同一性的形式的突破。哲学传统有了一个表示这种突破的词："观念"。这些观念既不是分离地，也不是空洞的声音，而是否定的记号。任何已达到的同一性的非真理性都是真理的反面。观念生存在要求事物所是的样子和它们实际上所是的样子之间的空场中。乌托邦是既凌驾于同一性又凌驾于矛盾之上的，是多样性的一种组合。

为了乌托邦的缘故，正如语言是在逻辑之外使用"同一化"这个词一样，同一化反映的不是关于一个客体的同一，而是关于和人们以及事物的同一。只有辩证法可以平息古希腊的争执：是同类识同类，还是同类被非同类所识。如果那种认为只有同类具有这种能力的命题使我们意识到一切认识和一切人类实践中都有抹不去的模仿因素的话，那么当这种亲和性——是抹不去的，但同时又是走得无限远的——本身被设定为肯定的时候，这种意识便成了虚假的，在认识论上不可避免地导致一个虚假的结论：客体是主体。传统哲学相信，当它使非同类类似自身时它就认识了非同类。但这样一来，传统哲学又只是真正认识自身，一种改变了的哲学的观念将靠把同类规定为它的非同类来理解同类。

……

　　思维在同一性上的混乱导致思维向不可分解之物投降，思维把客体的不可分解性变成了对主体的一种禁忌。主体非理性主义地或唯科学地自我满足，不去接触任何和它不同一的东西。它是要向流行的认识理想投降，甚至表示效忠。

　　这种思维姿态决不会偏离这种理想。这种理想始终要把一种合并的欲望和一种对不能被合并的东西、需要被认识的东西的厌恶结合起来。的确，理论在个别性面前的顺从起了维护现状的作用，这种作用并不亚于一种贪婪的干劲——它向现状提供了思想的费解性和严格性的光环和权威。个别的实存者并不和它的总括性的一般实存概念相一致，但它也不是认识徒劳地想消灭的另一种不可解释的"最终之物"。按照黑格尔逻辑的最持久的结论，个人并非绝对是自为的，而是个人自身之中就有他的他者并且和其他个人相联系。

　　具体存在的要多于抽象存在的。这个"多"不是强加于具体存在的，而是它内在的，如同从它之中被排除的东西。在这个意义上，非同一物就是事物自身的、反对它的同一化物的同一性。客体的最内在的核心证明同时是外在于它的，是它的隐居的现象，即一种同一化、稳定化方式的反映。这就是思维的一致性引导我们关注个人的地方：他代表的是他的本质而不是普遍性。和他人的交流在个人身上具体化了，他人作为中介服务于个人的生存。事实上，正如胡塞尔所承认的，普遍寓于个别的核心之中；普遍的构成并不要求把一个个别事物和其他事物相比较，因为绝对的个别性是为了普遍性之缘故而开始的抽象过程的产物。个别不能从思想中推演出来，然而个别性的核心可以比作那些完全被个别化的艺术作品，这些艺术作品唾弃一切图式，但对它们的分析将重新揭示它们的极端个别化中的普遍要素——参与者不自觉地参与的那种典型性。

　　……

　　没有否定之否定，统一的要素也可以生存下来，但它用不着委身于那种作为至上原则的抽象。统一的要素之所以生存，不是靠从概念到更一般的总括性概念的一步步递进，而且因为概念进入了一个星丛。这个星丛阐明了客体的特定性，这种特定性对一种分类方法来说既不是一件无关紧要的事情，也不是一种负担。

　　语言的行为表达了这种模式。语言没有为认识功能提供任何纯粹的符号体系。在语言本质上表明为语言的地方，在它成为一种表现形式的地方，语言并不定义它的概念。它通过使概念进入一种关系、集中注意一个事物来为概念提供客观性。因此，语言的意图是使概念完整地表达它意指的东西。星丛只是从外部来表达被概念在内部切掉的东西：即概念非常严肃地想成为但又不能成为的"更多"。概念聚集在认识的客体周围，潜在地决定着客体的内部，在思维中达到了必然从思维中被割去的东西。

黑格尔的"具体的"一词的用法注意到了这一点——根据这种用法，事物本身是它的关联，不是它的纯自我；不管人们怎样批评推理逻辑，它都不忽视推理逻辑。尽管"辩证法"在最纯粹字面的意义上以语言为前提，但黑格尔的辩证法却是一种没有语言的辩证法。就此而言，黑格尔仍然是流行的科学的信徒。更值得强调的是，黑格尔并不需要语言，因为每一事物、甚至无言语的和不透明的事物对他来说都应是精神，而且这种精神就是关联。这个命题是无可挽救的。相反，在事先认为的关联中不可分解的东西作为自身非同一物而完全超越了它的封闭性，它和它借助于概念而与之分离的东西进行交流。只是对同一性的总体性要求来说，这种不可分解的东西才是不透明的，它抵制同一性的总体性要求的压力。但这样一来，它就要成为有声音的，它通过语言来摆脱它的自我的魔法。在其概念上不让被定义的非同一的东西都要超越它的个别存在，只有在和概念的对立中，在凝视概念中，这种非同一的东西才浓缩成个别存在。在非同一物的内部有它和它不是的东西的联系，这种东西也就是它的被操纵的、冻结的同一性对它隐瞒的东西，非同一物的实现仅仅在于放弃自身而不是巩固自身——我们可以从黑格尔那里了解到这一点，用不着向他的放弃论的三要素让步。

客体向一种单子论的主张敞开内心，向对它置身其中的星丛的意识敞开内心。对内部的专心的可能性需要这种外在性。但个别事物的这种内在的一般性像积淀的历史一样是客观的。这个历史既在个别事物之中又在它之外，是个别在其中找到自己位置的包围性的东西。对事物身处其中的星丛的意识相当于对这个星丛的译解，这个星丛一经出现，它便在自身中带有个别。反过来说，外部和内部的合唱是受历史制约的。客体中的历史只能靠一种知识来拯救，这种知识留意客体在它同其他事物关系中的历史的地位价值、即某种已被意识的并被知识改造的东西的现实化和浓缩化。在客体的星丛中，对客体的认识是对客体自身中积淀的过程的认识。作为一个星丛，理论思维围着它想打开的概念转，希望像对付一个严加保护的保险箱的锁一样把它突然打开：不是靠一把钥匙或一个数字，而是靠一个数字组合。

……

客体何以能被它们的星丛开启？这个问题与其说要到对物质不感兴趣的哲学中去了解，不如说应到重要的科学考察中去了解。科学的工作经常跑在对它的哲学理解、即唯科学主义的前头。按照像本杰明的"德国悲剧的根源"那样的形而上学要求，把真理概念视为星丛，我们肯定不需要从一部作品自身的内容出发，我们必须回到一个像马克斯·韦伯那样的有实证主义倾向的学者那里。他完全在主观主义认识论的意义上把"理想的类型"理解为接近客体的辅助手段，不具有任何内在固有的实质性并且能被任意液化。但如同在唯名论那里一样，不管唯名论怎样认为它的概念多么无意义，事物的某种性质还是要突破并超出思维实践的优越性——根本不是我们批判一种非反思的唯名论的动机！所以，韦伯的资料工作比我们期待的西南德国学派的方法论更着眼于客体。

实际上，如果对一个社会客体的探索限定于这一客体的领域内的从属性、即那种为这一客体奠定基础的从属性，如果忽略了总体性对它的决定作用，那么，这种探索就至少是虚假的。就此而言，概念是事物的充足理由。没有被摆在上方的概念，这些从属性就会掩盖最现实的从属性、即对社会的从属性。这种从属性是不能被概念所包括的个别事件的适应补偿的，然而它又只能通过个别来表现，因而概念在被决定的认识中又起了变化。当韦伯在他关于新教伦理和资本主义精神的著作中提出定义资本主义的问题时，他和流行的科学做法相反，他非常清楚地意识到了像他以前的哲学家康德、黑格尔、尼采那样去定义历史概念所碰到的困难。他明确反对定界的定义程序、即固守"种加属差"的图式，而是要求社会学的概念必须从"来自历史现实的个别部分中逐渐谱写成，最终的概念理解因此不能是在探索的开端，而只能是在探索的终点"。

是否必须在终点做出这种定义，或者说，如果没有一种形式上可定义的结果，韦伯所说的"谱写"还能否是他最终向往的认识论目标，这仍然是未确定的。定义不像庸俗的唯科学主义认为的那样，它不是认识的一切；但也不应把它排除掉。思维如果不能定义它的过程，不能随时用简洁的语言表达事物，那么它就像一种满足于语词定义的思维一样是不结果实的。然而，更本质的是韦伯叫作"谱写"的东西，正统的唯科学主义者认为这个名称是不可接受的。他的确注意到了主观的方面和认识的程序。但这里说的"谱写"很像它们的类似物音乐谱曲，二者遵循着相似的规则。这些谱写是主观上产生的，但它们成功地把主观的生产否没在它们之中。主观地造成的关联——"星丛"——成了像客观性的符号一样可阅读的：精神实质的符号。

这些星丛的类似于写作的东西是通过语言来使那种被主观地思考并征集的东西向客观性皈依。这一因素不是马克斯·韦伯的一个主题，但是他的甚至受到传统科学理想和科学理论约束的做法也不乏这样的因素。他的最成熟的著作、特别是《经济与社会》似乎有时也苦于过多地从法理学借来的语词定义。但仔细观察一下便会发现，这些语词定义不单是如此。它们不仅是概念的固定化，而且还是一种尝试——通过围绕一个被探求的核心概念而聚集概念，试图表达这一概念针对的东西，而不是把它限制于操作的目的。例如，对于在每一方面都很关键的资本主义概念，韦伯以类似于马克思的方式，用像收益或利润动机这样的孤立的和主观的范畴来加以揭示。韦伯说，在资本主义中，通常所说的利润动机必须从赚钱性原则、从市场机会中获得它的意义，它必须进行资本和利益的计算。由于资本主义的劳动形式是自由劳动的形式，家务和经营相分离，资本主义需要有经营簿记和理性主义的法律制度与资本主义的支配一切的一般合理性原则相符合。

这个清单的完善性仍是值得怀疑的。尤其值得问一下，韦伯对合理性的强调、对通过等价交换来再生自身的阶级关系的忽视难道不正是通过这种方法而把资本主义完全等同于它的"精神"——尽管离开了合理性，等价交换及其疑难性肯定是不可思议的。资本主义制度的日益增强的一体化趋势、它的诸因素盘绕成越来越完善的功能关联，这些恰恰就是使古老的关于原因的问题——与星丛相反——越来越不确定的原因。我们无需用认识论的批判来追求星丛，对星丛的追求是现实的历史过程强加于我们的。在韦伯那里，星丛取代了分类学的位置，人们喜欢指责他缺乏分类学，以此证明他的思维不是在实证主义和唯心主义二者之间进行选择，而是走第三条道路。

……

在否定的辩证法中，甚至本质和现象、概念和事物的中介也不再是它过去的样子：客体中的主观性因素。把事实中介起来的东西与其说是预先形成并理解事实的主观机制，不如说是与主体相异质的客观性，是隐藏在主体可以经验之物背后的客观性。这种客观性拒绝委身于原始的、主观的经验领域。对于这个领域来说，这种客观性是被预先规定的。按流行的说法，凡对目前历史阶段的判断太主观的地方，主体大都自动地、机械地重复公议。主体只要给客体以它应有的东西，而不是满足于虚假的摹写，主体就不得不抵抗这种客观性的平均价值，把自身当作一个主体而解放出来。客观性今天所依赖的正是这种解放，而不是对主体的贪得无厌的压抑。客观化在主体中占了优势不仅会妨碍主体成为主体，同样也会阻止对客观性的认识。这就是成为过去常常叫作"主观因素"的东西。现在被中介的是主观性而不是客观性，这种中介比传统的中介更需要进行分析。

主观的中介机制延长了客观性的中介机制，每一个主体、包括先验的主体都被套上了这种客观性的中介机制。前主观的秩序留心以这种方式而不是别的方式并按它们的要求来感知感觉材料，前主观的秩序进而从根本上构成了那种对认识论来说是组成因素的主观性。在康德的范畴演绎中最终按康德自己的表白而依然是偶然的、"既定的"东西——理性可以任意支配这些概念，而不是别的基本概念——可以说是范畴按照康德的愿望想促成的东西。但中介的普遍性并不要求我们把天地间的一切事物都还原到它的水平上，仿佛直接性的中介和概念的中介是同样的。对概念来说，中介是本质的，概念本身按其本性直接就是中介；但某种直接性的中介则是一种反思规定性，这种规定性只有相关于它的对立面、即直接的事物才有意义。不被中介的东西是没有的。然而，正如黑格尔所强调的，这种中介总要涉及某种被中介的东西，没有这种东西就不会有任何中介；相反，没有中介就没有被中介的东西却带有一种纯粹私人的和认识论的特点：说明没有中介我们就无法定义事物，差不多等于是说，思考某物就是思考。

相反，没有"某物"就没有中介。中介牵涉到某种会被中介的直接的东西，但直接性却不牵涉到在这种意义上的被中介。黑格尔忽略了这一差别。对某种直接的东西的中介涉及它的形式：涉及它的知识，涉及这种知识的界限。直接性不是形式，不是对一种意识的"如何"的纯粹规定性。它是客观的：它的概念，直接性的概念指向不能被某物自身的概念清除掉的东西。中介决不提出穷尽一切事物的要求，而是设定，被它中介的东西是不被穷尽的；相反，直接性本身代表着一种不需要认识——或中介——的因素，和需要认识的直接性不是同义的。

只要哲学家运用"直接"和"间接"的概念——眼下他们不能放弃这些概念——他们的语言就表达了被唯心主义的辩证法观所否认的事实。这种唯心主义的辩证法观忽视了看起来微不足道的差别，从而使它显得貌似有理。它成功地发现直接性完全是被中介的，但它用这种发现残暴地欺凌被中介物，并且轻率地达到任何非概念物都不能阻止的概念的总体性、即主体的绝对统治。

然而，在辩证法中，总的同一化并不是定论，因为辩证法使人们认识到了曾被神秘地拐走的差别。辩证法可以毫不教条地从外部破除同一化的符咒，从而和一种所谓的唯心主义的命题形成对照。同一化的圆圈——它最终只是使自身同一——是由一种不宽容自身之外的任何东西的思维画出的。监禁思维的是它自身的作品。这种极权的因而特殊的合理性在历史上是受威胁性的自然所操纵的。这是这种合理性的局限性。这种同一化的思维在畏惧中使自然的奴役长存下去，这种思维使每一种不等同的事物相等同。轻率、莽撞的合理性面对每一种将逃避它的统治的东西盲目到了瞎跑的程度。因此，理性是病态的，只有得到治愈后才是合理的。甚至异化理论这一辩证法的酵素也把走向他治的因而不合理的世界的需要——用诺瓦利斯的话说，"普遍的自由自在"——与古代的野蛮状态（思慕的主体不能去爱异己的和不同的东西）以及对并吞及迫害的贪婪混淆起来。假如异己之物不再受到贬谪，就很难再有异化。

　　……

　　说到底，对同一性的批判是对客体的优先性的探索。不管怎样否认，同一性思维都是主观主义的。对这种思维的修正——把同一性看作不真实的——并没有使主体和客体达到一种平衡，也没有把功能概念提高为认识中的唯一统治角色：甚至在我们仅仅是限制主体时，我们也剥夺了主体的权力。主体自身的绝对性是一种尺度，根据这种尺度，非同一性的最微不足道的残余在主体看来也像是一种绝对的威胁。最低限度也会把主体全盘弄糟，因为主体自称是整体。

　　在主观性不能靠自身来演进的关联中，主观性改变了自己的性质。由于中介概念内在的这种不平等性，主体以完全不同于客体进入主体的方式进入了客体之中。客体虽然只能靠主体来思考，但仍总是某种不同于主体的东西；而主体在天性上一开始也就是一种客体。即使作为一种观念，我们也不能想象一个不是客体的主体；但我们可以想象一个不是主体的客体。主体也是一种客体，这是主观性的一部分意义；但客体成为主体却不是客体性的一部分意义。

　　我是一个存在物，这甚至暗含在"我思考那种应能伴随我的一切概念的东西"的逻辑意思中，因为时间的次序是我的可能性的一个条件；而且，除非作为一种时间性，否则便不会有任何时间的次序。代名词"我的"意指着一种作为诸客体中的一个客体的主体，没有这个"我的"，便不会有任何"我思"。和主体同义，这种定在的表达暗示着这种事实陈述。我是一个主体，出自客观性、即给主体本身一点客观性；拉丁词 subiectum（在下的）并非偶然地使我们想起了被哲学的技术语言叫作"客观的"那种东西。另外，在我们反思"客体"一词的规定性的可能性之前，它并不和主观性相关联。

这并不意味着客观性是某种直接的东西，我们可以忘记对素朴实在论的批判。客体的优先地位意味着同那些本身是被中介的东西划出进一步的质的区别，意味着辩证法中的一个要素——没有超越辩证法，而是在辩证法中表达出来的。康德拒绝说出客观性的优先地位的要素。在《纯粹理性批判》中，他运用一种客观的意图来指导对认识能力的主观分析，固执地维护先验的自在之物。对康德来说，显而易见的是，自在的存在并没有同一个客体的概念直接相矛盾，客体概念的主观的中介与其说归于客体的理念，不如说归于主体的不充分性。对康德来说，客体也不能超越自身，但他并没有牺牲另一者的理念。没有另一者，认识就会退化成同义反复，被认识的东西就会是认识本身。对康德的沉思来说，这显然比自在之物的不适合性更令人讨厌——自在之物是现象的未知原因，即使在他的理性批判中因果性范畴在主体方面终结了。

先验主体性的建构是一种极其自相矛盾的和易误的努力。它力图在相反一极上来统治客体，但也正是在这方面，为实现那种肯定的、唯心的辩证法仅仅断言的东西而需要对这种建构进行批判。就本体论批判地剥夺主体简练的基础作用，同时又不用第二直接性中的客体来代替主体而言，是需要有一种本体论的因素。只是对主观的反思来说，对主体的反思来说，客体的优先地位才是可达到的。事实陈述很难和流行的逻辑的规则相一致，而且在其抽象的表现上是荒谬的。只需考虑一下，一个人可以写一部主体的原始史——正如在《启蒙的辩证法》中所概括的——但不能写一部客体的原始史，这点便能够理解。任何这样的历史都要对付特定的客体。

意识的本体论的至上性也不是来自这样一个相反论点：没有认识的主体就一点也不能认识客体。每一陈述的大意是：主体性的"是"无论如何都包含着一种客观性，这种客观性是主体靠其绝对的存在而要求建立的。只是因为主体是被中介的，因为它不是为使客体合法化而应有的激进的另一者，它才能够把握客观性。主观的中介与其说是客观性的组成部分，不如说是客观性的一个障碍。因为它不能吸收存在物，而客观性本质上就是存在物。在发生学上，那种已达到了独立性的意识、即认识成就中的活动的缩影已经从类本质的力比多能量中分岔出来。人性对此不是漠不关心的。人性肯定没有像胡塞尔认为的那样规定一个"绝对起源的领域"。意识是活着的主体的一种功能，它的概念是按主体的形象塑造的。任何魔法都不能把主体从意识这一概念的意义中驱除出来。

有种异议认为，这样一来，主观性的经验的要素会和它的先验的或本质的要素混合起来。这种异议是软弱无力的。如不联系到一种经验的意识，不联系到活生生的我，便不会有任何先验的、纯粹精神的意识，有关主体的发生的类似的反思就会毫无意义。客体的中介意味着它不应被静态地、教条地实在化；相反，客体只有在和主观性纠缠在一起时才能被认识，主体的中介意味着没有客观性的要素主体便是十足的无。标志客体优先地位的是精神的软弱无力——不仅是在时至今日的现实性的组织中，而且也是在精神的所有判断中。精神不仅在同一化上失败了，而且在调和上也失败了，它的至上性已流产了。这一否定的事实成了使精神清醒起来的原动力。

人类精神既是真实的，又是一种幻景：它之所以真实，乃因为任何东西都不能免除它获得其纯粹形式的那种统治；它之所以不真实，乃因为与统治相联系，它相信的并要求成为的根本不是精神。因此，启蒙超出了自身的传统的自我理解：启蒙是非神话化。它不再仅仅是人性的复归，而是一种复归的人，一种关于自称为绝对的主体的幻想的见解。主体是神话的后期形式，然而也是神话的最古老形式的相似物。

选自《否定的辩证法》，张峰译，重庆出版社 1993 年版，第 8—184 页。

五、进一步阅读的文献

1. ［美］马丁·杰：《阿多诺》，湖南人民出版社 1988 年版。

2. ［美］杰姆逊：《晚期马克思主义》，南京大学出版社 2008 年版。

3. 张一兵：《无调的辩证想象——阿多诺〈否定的辩证法〉的文本学解读》，生活·读书·新知三联书店 2001 年版。

4. 张亮：《"崩溃的逻辑"的历史建构——阿多诺早中期哲学思想的文本学解读》，中央编译出版社 2003 年版。

5. Brian O'Connor, *Adorno's Negative Dialectic*：*Philosophy and the Possibility of Critical Rationality*, Cambridge, Mass.：MIT Press, 2004.

第四十章　西方马克思主义的理论转向
——《交往行为理论》

一、写作背景

　　20 世纪 70 年代之后，法兰克福学派面临着研究范式的转型。从理论逻辑看，《启蒙辩证法》与《否定的辩证法》虽然极其深刻，但它们都无法提供一种建设性的思考；从社会发展来看，随着发达资本主义国家从组织化社会向后组织化社会的转变，与批判理论相呼应的社会激进运动走向式微，革命的理想越来越具有乌托邦的色彩。如何继承批判理论并充分吸收当时的理论成果，重新构建一种面对资本主义新阶段的理论范式，这是法兰克福学派所面临的一个理论难题。正是在这样一种背景下，哈贝马斯（Jürgen Habermas，1929—　）重新审视了法兰克福学派的批判理论，力图重返批判理论的早期传统，通过整合哲学、社会学、心理学、语言学等成果，将激进的批判理论转变为带有建设性功能的批判理论，1981 年出版的《交往行为理论》就是哈贝马斯这一思考的代表性成果。

二、篇章结构

　　《交往行为理论》由两卷八章组成。第一卷"行为合理性与社会合理性"包括"序言"和四章：第一章"导论：对合理性问题的理解"，通过反思现有合理性理论，重新界定交往行为理论中的合理性概念；第二章"马克斯·韦伯的合理化批判"，论述韦伯合理性理论的主要内容及其局限；第三章"第一卷的中间考察：社会行为，目的行为以及交往"，从语用学视角对交往概念进行阐述；第四章"从卢卡奇到阿多诺：作为物化的合理性"，以物化与合理性的关系为中心，揭示了从卢卡奇到阿多诺的思想发展逻辑及其局限。第二卷"论功能主义理性批判"包括四章：第五章"米德和涂尔干的范式转变：从目的行为到交往行为"，通过区分目的行为与交往行为，阐述米德与涂尔干交往行为理论的意义；第六章"第二阶段的中间考察：系统与生活世界"，将交往行为理论与生活世界联系起来，揭示二者的关系；第七章"塔尔科特·帕森斯：社会理论的结构问题"，阐述帕森斯行为理论对交往行为理论的意义；第八章"最后的反思：从帕森斯、韦伯到马克思"，阐述目的行为的系统整合和生活世界的交往行为的区别与联系，提出以交往行为理论为基础重建批判理论。

三、观点提示

第一，从意识哲学到交往哲学的范式转换。在意识哲学中，主体—客体的辩证关系成为哲学的核心范式，使人的活动过程简化为目的—工具行为，理性主体支配客体的工具。自卢卡奇到法兰克福学派都没有摆脱意识哲学这一传统，韦伯的合理性思想、法兰克福学派的批判理论都是在这一逻辑中展开的。意识哲学及其主体—客体辩证法虽然具有强烈的批判性，但不能提供一种建设性的理论范式，批判理论需要摆脱意识哲学的局限，从主体—客体关系范式转向主体际关系范式，即交往哲学的范式。只有在交往哲学中，才能摆脱主体—客体的认识论模式，从更为广阔的社会视野来重新讨论社会合理化过程，实现交往行为的合理化。

第二，交往行为与世界的关系。可以把世界划分为客观世界、社会世界和主观世界，客观世界是指自然和文化混合形式中的自然，社会世界是指人际交往与活动的世界，主观世界是指人与自身关系的世界。就行为与世界的关联而言，可以把行为划分为四类：一是目的（策略）行为，涉及一个行为者与一个实际存在的事态世界之间的关系，其核心在于行为者对世界的有目的干预；二是规范行为，涉及行为者与社会世界和客观世界的关系，涉及行为主体与社会群体成员共同的价值取向；三是戏剧行为，涉及行为者与主观世界和客观世界（包括社会对象）的关系，也是互动参与者在对象面前表现自己的行为；四是交往行为，涉及至少两个以上具有言语和行为能力的主体之间的互动，他们使用口头的或口头外的手段建立起一种人际关系。只有交往行为才能将三个世界整合为一个整体，并将之设定为一个可以达成沟通的解释框架。交往合理性是语言性的、主体际的、程序性的、开放的，交往行为的合理性与生活世界的合理化相关联。

第三，生活世界与系统的区分。生活世界是交往行为的"背景"，在生活世界中，交往者遵循共同的规范，并在语言解释中建构出共同遵循的规范。生活世界构成行为者的前反思性知识，其象征性结构保证了知识的整体性，并为行为主体提供一种安全感。与生活世界相对立的是"系统"。生活世界与意义关联，系统则与物质生产相关联，目的行为就发生于系统内。现代资本主义发展的一个重要的方面，就体现为系统与生活世界的分离，合理化的系统向生活世界的殖民，人的生活世界越来越受权力与货币的支配，越来越成为目的行为支配的领域。这是现代资本主义面临的最大威胁。

《交往行为理论》看到了建立在意识哲学基础上的法兰克福学派批判理论的局限，通过交往行为理论建构出一种新的理论范式，推动着法兰克福学派批判理论的逻辑转向，将激进的批判转化为立足于现实的批判性重建，这对于重建批判理论具有启发意义。但在目的行为主导的时代，建立在世界生活基础上的交往理性能否复兴马克思主义的批判理论，还有待于做进一步的探索。

四、文本节选

世界就是客观存在的总体性；而所谓客观存在，则可以用真实命题的形式加以确定。从这样一种一般的世界概念出发，波普尔通过事态的存在方式，把第一世界、第二世界以及第三世界区别了开来。由于各自分属的世界不同，客观存在也就具有各自独特的存在方式：它们分别是物理对象和事件，内心状况以及符号结构的内涵和意义。尼古拉·哈特曼区分了客观化的精神和客观精神，同样，波普尔则把在语音系统和符号系统、颜色或石头乃至机器当中已经表现出来的外在意义与尚未"揭示"出来的内在意义区别了开来，所谓尚未揭示出来，是说这些意义还没有在第一世界的客体身上反映出来，而只是隐藏在已经表现出来的意义里面。

……

贾维借用了波普尔的第三世界概念，来描述社会关系以及社会机制。因此，他必定要把创立理论和解决问题的科学家当作榜样，根据他们来设想社会行为主体；在生活世界中，各种日常理论相互竞争，就像研究者交往共同体中的科学理论一样。

……

我认为，贾维运用波普尔三个世界理论的策略是有启发意义的，因为它揭示了社会学行为概念深处的本体论前提。但是，如果想避开贾维观点中的薄弱环节，就必须对奠定其基础的三个世界理论加以修正。当然，文化客观化既不能被还原为具有认知、言语和行为能力的主体的创造性活动，也不能被还原为物和事之间的时空关系和因果关系。因此，波普尔认为，符号结构的语义学内涵是"第三世界"的实体。这样，波普尔就把这个概念当作适用于一切实体的本体论世界概念的基础。但是，在把世界概念有效地运用到行为理论之前，必须对上述三个方面加以修正。

关于 a)：首先，我想用构成论的世界概念采取代本体论的世界概念，并把"世界"和"生活世界"这对概念结合起来。如果社会化主体参与到共同的解释过程之中，那么，悄悄运用世界概念的就是他们本人。这样，波普尔所说的作为"人类精神产物"的文化传统就承担了不同的作用，关键要看它是作为文化知识的储备，供互动参与者从中得出他们的解释，还是本身就是知识加工的对象。在第一种情况下，一个共同体所共有的文化传统对于生活世界具有构成意义，而单个成员可以从这个生活世界找到解释的内涵。这种主体间共有的生活世界构成了交往行为的背景。因此，现象学家，如舒茨，认为，生活世界是附带给出的视界，在这个视界范围内，交往参与者如果想与世界中的事物明确建立某种联系的话，就必须共同行动。在第二种情况下，文化传统本身的各个组成部分是问题的关键。因此，在通常情况下，有了文化解释模式，才能进行解释，而面对这些解释模式，参与者必须采取一种反思的立场。这样一种立场变化意味着，主要解释模式失去了其有效性，相应的知识也成了问题；与此同时，立场的变化还使文化传统中成问题的内容处于一种事态的范畴之下，而人们和这种事态可以建立起客观的联系。波普尔的第三世界理论澄清了文化意义内涵和符号对象为何会被认为是世界中的事物，同时也分别被认为是在更高层次上的（可以观察到的）物理事件和（可以体验到的）心灵事件。

关于 b)：此外，我想用根据不同的有效性要求而区分开来的文化知识概念，来取代被认知主义搞得片面化的"客观精神"概念。波普尔的第三世界包括通过反思立场可以进入的更高层次上的实体，与主观精神相比，这种实体具有相对的独立性，因为它们在真实性关系的基础上，建立起一个可供深入探讨的意义关系网络。用新康德主义的话说，就是第三世界是一个独立的有效性领域。具有真实性的第三世界实体，与第一世界之间存在着一种特殊的关系。属于第三世界的问题、理论以及论据最终是用来描述和解释第一世界中的事件的。而两者之间的中介则又是主观精神世界，是认知和行为。在此过程中，文化中的非认知部分处于真正的边缘地位。但正是这些部分对于社会学行为理论具有重要的意义。从行为理论角度来看，人类精神活动勉强可以归结为面对外部自然的认知—工具行为；社会行为是以文化价值为取向的，但与真实性之间没有关系。

于是，就出现了下列可能性：要么，我们否定文化传统中非认知内容具有第三世界实体由于进入有效性关系领域才获得的地位，并从经验主义的角度把它们划定为主观精神的外在表现形式；要么，我们为所缺乏的真实性联系寻找替代物。

……

关于 c)：这个问题促使我们把世界概念从它的有限的本体论内涵中解脱出来。为了在客观世界内部划清存在空间，波普尔引入了不同的世界概念。在后来的著作中，波普尔强调的就不是不同的世界，而是一个世界的不同标识：1，2 以及 3。

相反，我坚持使用三个世界（它们本身必须与生活世界区别开来）。它们当中只有一个，即客观世界可以说是一切真实命题的相关物；只有这个概念还保持了一切实体所具有的严格意义上的本体论意义。相反，这些世界一同构成了交往过程中共同设定的关系系统。有了这个关系系统，参与者就可以确定沟通究竟如何才会成为可能。交往参与者相互就某事达成沟通，他们不仅仅与客观世界建立起了联系，经验主义占据主导地位的前交往模式已经说明了这一点。他们也不仅仅与客观世界中存在或能够表现以及被创造出来的事物发生联系，而且也和社会世界或主观世界中的事物发生联系。言语者和听众所使用的是一个具有相同来源的世界系统。这就意味着，通过不同的言语命题，它们不仅达到了一定的水平，并足以把事态表现出来，波普尔对语言功能高低的划分就说明了这一点；而且，所有这三种功能，即表现功能、召唤功能和表达功能都处于同一个进化层次上。

……

交往行为概念中所出现的是另外一个语言媒介前提，它所反映的是行为者自身与世界之间的关联。在这样一个概念构成水平上，合理性难题就进入了行为者自己的视野当中。到目前为止，合理性问题只进入了社会科学家的视野。我们必须澄清，在何种意义上，语言沟通可以被当作是一种行为的协调机制。策略行为模式也可以这样来理解，即：互动参与者的行为虽然受到了以自我为中心的利益算计的左右，并且被不同的利益阵营协调起来，但它们还是以言语行为为中介的。对于规范调节的行为和戏剧行为，甚至必须设定在交往参与者之间存在着一种共识结构，而这种共识结构就其本质而言是语言意义上的。但这三种行为模式分别用不同的方式片面地理解了语言。

目的行为模式把语言当作是众多媒介中的一种。通过语言媒介，各自追求自身目的的言语者相互施加影响，以便促使对手形成或接受符合自身利益的意见或意图。这种语言概念的出发点是间接沟通的临界状态，它奠定了意向语义学的基础。规范行为模式认为，语言媒介传承文化价值，树立起了一种共识，而这种共识不过是随着沟通行为的每一次进行而不断反复出现。这样一种文化主义的语言概念在文化人类学和内容比较具体的语言科学中有着广泛的影响。戏剧行为模式认为，语言是一种自我表现媒介；陈述部分的认知意义以及以言行事部分的人际意义，与其表现功能比较起来都大打折扣。语言被等同于有特色的审美表达形式。只有交往行为模式把语言看作是一种达成全面沟通的媒介。在沟通过程中，言语者和听众同时从他们的生活世界出发，与客观世界、社会世界以及主观世界发生关联，以求进入一个共同的语境。这种解释性的语言概念是各种不同的形式语用学研究的基础。

除了交往行为模式的语言概念之外，三种其他语言概念的片面性表现在：它们各自所代表的交往类型都是交往行为的临界状态，具体而言，第一种是间接沟通，参与者眼里看到的只是自己的目的；第二种是共识行为，参与者只是把已有的规范共识付诸实现罢了；第三种是与观众相关的自我表现。它们都只是分别揭示了语言的一种功能，即或发挥以言表意效果，或建立人际关系，或表达经验。相反，交往行为模式贯穿于由米德的符号互动论、维特根斯坦的语言游戏概念、奥斯汀的言语行为概念以及伽达默尔的解释学等共同开创的不同的社会科学传统，并且充分注意到了语言的各种不同功能。正如人类学方法论以及哲学解释学所表明的，这里存在着这样一种危险，即社会行为被还原为交往参与者的解释活动，行为与言语以及互动与会话混为一谈。事实上，语言沟通只是协调行为的机制，它把参与者的行为计划以及参与的目的融合成为一种互动。

我在这里想暂时导入交往行为概念。但我仅限于阐明：

（a）独立行为（selbständige Handlungen）的特征；

（b）行为者在交往过程中与世界之间的反思关系。

……

我所说的行为只是这样一些符号表达，依靠它们，行为者至少与一个世界（但一般都是与客观世界）之间建立起一种联系，这一点在我们上面讨论的目的行为、规范调节行为以及戏剧行为中看得很清楚。我把行为与身体活动以及操作活动区分开来，因为身体活动和操作活动只是行为的连带现象，具有次要意义，也就是说，它们可以通过进入一种游戏实践或学习实践而获得行为的独立性。这一点在身体活动中很容易就可以看出来。

从世界中可以观察到的变化角度来看，行为表现为一个有机体的身体活动。这种受到神经中枢控制的身体活动是行为的基础。通过活动，行为者改变着世界中的事物。当然，我们可以把一个主体进入世界的活动（工具行为），与一个主体表现意义的活动（交往行为）区别开来。无论是哪种情况，身体活动都在世界中带来物理上的变化；一种是因果性的变化，一种是具有语义学意义的变化。行为者具有因果性意义的身体活动包括：直起身子，张开双手，抬起胳膊，伸展双腿等；具有语义学意义的身体活动则有：喉、舌、唇等在发声时的活动；演奏钢琴时摇头、耸肩以及手指的活动；写作和绘画时手的活动等等。

……

行为在一定意义上可以通过身体活动而付诸实现，但这仅仅限于：当行为者遵守技术行为规则或社会行为规则的时候，才能连带完成一些行为。连带完成意味着，行为者的意图是实现一种行为计划，而不是其行为得以实现所依赖的身体活动。身体活动是行为的一个因素，但不是行为本身。

作为非独立行为，维特根斯坦用他的规则概念和服从规则概念所阐明的操作活动（Operation）与身体活动的地位是相似的。

思想活动和言语活动永远都只能在其他行为中连带完成。它们至多可以在行为的准备实践中获得独立——比如，一位拉丁语教师在课堂上用主动态的例句，来讲解被动态的转型。

这也说明，社会游戏模式具有特殊的启迪作用；维特根斯坦主要是用象棋来解释其操作规则的。当然，他没有发现，这种模式的价值十分有限。我们完全可以把计算或言说看作是一种实践，而且是通过算术规则或（各种语言的）语法构成的，这就和下象棋用公认的游戏规则是一样的。但是，它们之间是有区别的，这就和连带完成的胳膊活动与依靠同样的胳膊活动而完成的体操运动有所不同是一样的。我们用算术规则或语法规则，建立起符号对象，比如演算或命题；但它们是不能独立存在的。通常情况下，我们是用演算或命题来完成其他的行为，比如完成家庭作业或发出命令。通过一定的操作活动而形成的东西多少是具体的，可以用是否符合规则或是否完整来加以评判；但和行为不同，它们不能用真实性、有效性以及正确性等来加以判断；它们由于只是作为其他行为的基础，所以才与世界建立起一种联系。操作活动与世界毫无关系。

此外，这一点还表现在：操作规则可以用来确定一个通过操作而形成的结构在多大程度上已经具备完整形状，这就是说，它可以让人们理解这样一个结构，但无法解释这个结构究竟是如何形成的。操作规则可以告诉人们随手涂写的符号是命题，测量还是计算，一定情况下还可以告诉人们计算的是什么。一个人在计算，而且算得很准确，但这并不能说明他为什么要这样计算。如果想回答这个问题，就必须搞清楚行为规则，比如说，学生写这个纸条的目的是要解答数学作业。运用数学的演算规则，我们可以证明 1，3，6，10，15…21，28 这个数列是可以成立的，但我们无法解释他为什么要把这个数列写在纸条上。我们所解释的是符号结构的意义，但不能对其事件做出合理的解释。操作规则没有解释力量；因为，和遵守行为规则不同，遵守这些操作规则并不意味着，行为者与世界中的事物建立起了联系，并且把和推动行为的理由紧密相关的有效性要求当作行为的指南。

……

以上考察应当可以阐明，我们为何不能像对待语法命题那样，来分析对于交往行为具有构成意义的沟通活动，而沟通活动正是依靠语法命题才得以完成的。对于交往行为模式来说，语言只有在语用学的层面上才具有如下意义，即：言语者为了运用命题达成沟通，而与世界建立起联系，但不是通过直接的方式，而是通过反思的方式，这一点和目的行为、规范调节行为以及戏剧行为都有所不同。言语者把三个世界概念整合成一个系统，并把这个系统一同设定为一个可以用于达成沟通的解释框架。而在其他行为模式中，三个世界概念要么单独出现，要么成双出现。言语者不再是直接与客观世界、社会世界或主观世界中的事物发生联系，而是用其表达的有效性可能会遭到其他行为者的质疑这一点来对自己的表达加以限制。沟通充当的是协调行为的机制，但这仅仅表现在，互动参与者通过他们所要求的有效性，即他们相互提出并相互认可的有效性要求达成一致。为了让一个可以批判检验的要求生效，言语者通过他的"表达"至少与一个"世界"发生关联，并利用如下事实来要求对方拿出合理的立场：即行为者与世界之间的关系基本上是可以得到客观评价的。交往行为概念把语言设定为沟通过程的媒介，在沟通过程中，参与者通过与世界发生关联，并且彼此提出有效性要求，它们可能被接受，也可能被拒绝。

这种行为模式设定，互动参与者可以把我们迄今为止所分析的行为者与世界之间三种关联中潜藏的合理性力量动员起来，以便实现相互共同追求的沟通目标。撇开符号表达的完整性不谈，一个追求沟通的行为者必须和他的表达一起提出三种有效性要求，即：

——所作陈述是真实的（甚至于只是顺便提及的命题内涵的前提实际上也必须得到满足）；

——与一个规范语境相关的言语行为是正确的（甚至于它应当满足的规范语境自身也必须具有合法性）；

——言语者所表现出来的意向必须言出心声。

也就是说，言语者要求其命题或实际前提具有真实性，合法行为及其规范语境具有正确性，主体经验的表达具有真诚性。从中我们很容易就可以再次看到行为者与世界之间的三种关联，它们和社会科学家迄今所提出的行为概念是联系在一起的，并且又和交往行为概念一起被纳入到言语者听众自己的视角当中。行为者本身在寻求共识，衡量真实性、正确性和真诚性，而且依据的是言语行为与行为者通过表达而与之建立联系的三个世界之间是否吻合（fit-misfit）来加以衡量。这样一种关系分别存在于表达与：

——客观世界（作为一切实体的总体性并使真实的表达成为可能）之间；

——社会世界（作为一切正当人际关系总体性）之间；

——以及主观世界（作为只有言语者才特许进入的经验的总体性）之间。

任何一种沟通过程都发生在文化前理解的背景上。整个背景知识都是没有问题的；只有互动参与者用于解释而使用并表现出来的部分知识才要接受检验。参与者自身可以通过协商，对语境加以明确，因此，就新语境所展开的每一次协商，同时也明确了关于生活世界的表现内容。

对语境的明确造就了一种秩序。依靠这种秩序，交往参与者对三个世界中行为语境的不同因素进行归整，并把它们与先前分析的生活世界中的实际行为语境结合起来。一个特殊的问题在于：对方语境的明确与自身语境的明确是有一定的距离的；因为在合作解释过程中，没有哪个参与者能垄断解释权。对于双方来说，解释的任务在于，把他者的语境解释包容到自己的语境解释当中，以便在修正的基础上用"世界"对"我们的生活世界"背景下的"他者的"生活世界和"自我的"生活世界加以确定，从而尽可能地使相互不同的语境解释达成一致。当然，这并不意味着，任何一种解释在常规情况下都必定会带来十分肯定或明确的结论。肯定性和明确性在日常交往实践中实际上是例外。比它们更加具有现实意义的是人种学方法论所描述的交往图景，其中充满了疑问不清，需要反复加以修正，而且只有在瞬间才能实现沟通。在此沟通过程中，参与者所依靠的前提是不明确的，因而值得提出疑问，他们不断地尝试着一个又一个偶然获得的共同性。

为了防止出现误解，我想重复一下，交往行为模式并没有把行为和交往等同起来。语言是一种交往媒介，它用于沟通，而行为者通过相互沟通现实行为的协调一致，追求各自的目标。因此，目的论结构是一切行为概念的基础。但是，社会行为概念之间的差别在于，它们着手协调所有参与者的目的行为的方式各不一样：要么是以自我为中心相互介入，算计得失（这种情况下冲突和合作随着利益格局的变化而交替出现）；要么根据文化传统和社会化，在社会一体化层面上就价值和规范达成共识；要么是在公众与表演者之间建立起一种信任关系；再就是在协作解释过程中达成沟通。不论如何，目的行为结构的前提都在于，行为者具有确立目标和实施目的行为的能力，对完成其行为计划也充满了兴趣。不过，只有策略行为满足于单纯解释目的行为的特征，相反，其他的行为模式关注的则是：行为者追求一定目的的条件，实际上就是他者能够把他的行为与自我"联系"起来的合法性条件、自我表现条件或通过交往达成共识的条件。

在交往行为中，解释工作是协作过程的基础，也是协调行为的机制；交往行为并非源于通过解释而实现的沟通活动。如果选择 S 所完成的言语行为作为一个分析单位，而对于这个言语行为，至少有一位互动参与者会采取肯定或否定的态度，那么，我们就可以阐明交往行为的协调条件，为此，我们规定好了，一位听众理解言语内容的涵义究竟意味着什么。但是，交往行为表现了一种互动，这种互动可以用言语行为来加以协调，但不能把它们混为一谈。

……

正如我们在前面所指出的，对韦伯行为理论的批判尽管可以在韦伯自己的文本中找到根据，但这种批判使我面临着一种选择，也就是说，它迫使我在范式上从目的行为（teleologisches Handeln）转向交往行为（kommunikatives Handeln）。韦伯当时根本不可能预见到这种范式转型，更不用说去完成这种范式转型了。作为在意识哲学传统中成长起来的新康德主义者，韦伯对于交往理论的基本概念"意义"（Sinn）显然是闻所未闻，对于社会合理化概念同样也是如此。社会合理化概念可以从交往行为这样一个抽象的角度加以阐明，它所涉及的是作为共同背景知识，并且对于实际行为不构成任何问题的生活世界（Lebenswelt）。

因此，社会合理化并不意味着目的理性行为的扩张和从交往行为领域向目的理性行为亚系统的转型。相反，扎根在言语有效性当中的合理性潜能才是核心之所在。这种合理性潜能永远不会完全枯竭；它可以在不同的层面上表现出来，关键要看世界图景知识的合理化程度。只要社会行为依靠理解来加以协同，任意一种具有合理动机的共识的形式前提都会确定互动参与者相互之间的关系如何才能获得合理化的具体方法。就其根本而言，只有当能够支持某种共识的肯定或否定抉择从参与者自身的解释过程中产生出来的时候，参与者相互之间的关系才是合理的。同样，只有当一种生活世界允许互动——主宰这种互动的不是靠强制所达成的共识，而是直接或间接靠交往达成的沟通——存在的时候，它才是合理的。

正如前面所指出的，韦伯认为现代性转型的特征在于，价值领域和意识结构发生了分化，从而使得我们能够从批判的角度根据各自不同的有效性要求对传统知识加以转换。对于知识系统和学习过程相应的分化机制而言，这是一个必要条件。沿着这条路线：（a）一种科学生产机制建立起来了，其中，经验科学问题独立于神学学说，也和道德实践的基本问题分离开来，可以根据内在的真理标准加以处理；（b）一种艺术生产机制建立起来了，其中，艺术生产逐步摆脱了宗教仪式—宗教机制以及宫廷的约束，由读者、观众和听众等组成的欣赏艺术的公众对艺术的接受把正规化的艺术批评当作了中介；（c）最终，伦理学问题、国家学说问题以及法学问题由法学系、法律系统或法律公共机构中的专业知识分子来处理。

根据认知、规范和审美等有效性要求而各自获得专业化的知识的生产机制，渗透到了日常交往层面当中，并且取代了传统知识主宰互动的功能。正是在这个意义上，导致了一种日常生活实践的合理化，这种合理化只有从交往行为的角度才能够解释清楚——亦即导致了一种生活世界的合理化，相对于经济和国家等行为系统而言，韦伯忽视了这种生活世界的合理化。在合理化的生活世界当中，交往的需求越来越不依靠对传统解释的批判坚持而获得满足；在彻底分化的世界观层面上，共识的需求越来越多地要依靠一种由于动机合理，因而充满风险的共识来加以满足——可能是直接通过参与者所提供的解释，也可能是间接通过专家的规范专业知识。这样，交往行为中就充满了共识期待和异议风险，它们向作为行为协同机制的交往提出了很高的要求。众多现象表明，意见、义务以及需求等的主观性在不断增强，时间观念越来越充满反思性，空间意识则越来越灵活多变。宗教信仰私人化了。随着市民家庭的兴起和社区宗教观念的分化，形成了一种新的内在领域，它建立在深层的反思文化和情感文化当中，改变了社会化的前提。同时还出现了一种由私人组成的政治公共领域（politische Öffentlichkeit），作为固定的批判媒介，它改变了政治统治的合法性前提。生活世界合理化的结果是充满矛盾的：有人为个人主义机制而欢欣鼓舞，比如帕森斯（Parsons），有人则对此深恶痛绝，认为这是一种主观主义，它埋葬了传统机制，夸大了个体的抉择能力，引发了一种危机意识，从而对社会团结构成了威胁，比如盖伦。

因此，从交往行为这样一个抽象角度来看，合理化主要表现为生活世界的结构转型，表现为一个知识系统的分化对日常交往的影响过程，因此，它既包括文化再生产的形式，也包括社会一体化和社会化的形式。在这样一种背景下，目的行为这一亚系统的形成就具有了一种不同于韦伯研究语境的特殊意义。韦伯也把行为理论层面上的一般合理化过程描述成社会行为取代共同体行为的一种趋势。但是，只有当我们在"社会行为"中把以理解为取向的行为和以目的为取向的行为区分开来的时候，日常行为的交往合理化和经济行为、管理行为等目的理性行为亚系统的形成才可以说是成为一种互补关系。尽管二者都表现了整个合理性机制，但是朝着相反的趋势。

把规范语境和交往行为从传统制度中解放出来，也就是说，从共识义务中解放出来，这就给交往机制（额外）增加了越来越多的团结要求。另一方面，在两个核心行为领域中，一种新型的"机构"和组织取代了制度：这种新型的"机构"和组织是在交往媒介的基础上形成的。交往媒介把行为和交往过程脱离开来，用金钱和权力等一般的工具价值对行为加以协调。这些控制媒介取代了作为行为协调机制的语言。它们把社会行为与一种经过价值共识而获得的整合隔离开来，使之转化为受媒介控制的目的合理性。由于韦伯的行为理论过于褊狭，因此他没有发现金钱和权力也是交往媒介，它们取代了语言，从而使得目的行为这一亚系统能够分化出来。正是这些媒介，而非目的行为取向本身，需要在制度和动机层面上落实到生活世界里。法律秩序的合法性和经过法律组织起来的行为领域的道德实践基础是一些关键环节，它们把经过金钱而分化出来的经济系统和经过权力而分化出来的行政系统与生活世界联系到了一起。韦伯从这两个复杂的制度出发，认为现代化过程是一个自身内部就存在着矛盾的合理性过程。韦伯这样认为是有其道理的。

但是，只有在有了交往行为概念之后，我们才能看到，社会合理化过程从一开始就充满着种种矛盾，而且矛盾双方分别为日常交往的合理化与目的行为亚系统不断增长的复杂性。日常交往的合理性和生活世界的主体间性结构是联系在一起的，而在目的行为亚系统中，协调行为的是控制媒介，比如金钱和权力。因此，冲突并不在于交往行为和目的行为这两种类型之间，而在于社会整合的不同原则之间：即在于语言交往机制与非语言控制媒介之间。语言交往机制在生活世界合理化过程中表现得越来越突出，越来越纯粹，并且以有效性要求为取向。而非语言的控制媒介则使目的行为系统分化了开来。因此，韦伯所说的合理化悖论可以抽象地概括如下：生活世界合理化使得一种系统整合成为可能，这种系统整合与理解的整合原则之间存在着冲突，在一定的条件下自身可以对生活世界产生非整合性的影响。

当然，我不想从外部来解释韦伯的这个主题，而想从理论史自身的论证过程中获得这个主题。在马克思那里，枯燥劳动与灵活劳动之间的辩证法观念，与社会合理化的辩证法观念之间已经建立起了一种相应的关系。《资本论》的历史章节说明，马克思所研究的是，资本的积累过程是如何彻底破坏只能把他们的劳动力作为商品出让的生产者的生活世界的。马克思追踪了经济系统自我解构过程中社会合理化的矛盾过程。经济系统在雇佣劳动的基础上把商品生产作为创造交换价值的过程而组织起来，进而从非整合的角度直接干预参与这些交换过程的阶级的生活关系。对于马克思来说，社会主义是随着资本主义传统生活方式的解体而被错过的生活世界合理化的出路。韦伯与马克思之间的关系虽然重要，但我不想详细论述，我在这里想要着重论述的是，西方马克思主义的代表人物，诸如卢卡奇、霍克海默以及阿多诺等对韦伯合理化理论的接受，以及对黑格尔和马克思所探讨的关于枯燥劳动与灵活劳动、系统与道德的辩证法的进一步发挥。

　　这一条传统有两个问题，直到今天对社会理论依然具有十分重要的意义。一个是关于目的行为概念的扩展问题，以及根据理解模式模式对目的行为的限制问题；理解模式不仅是意识哲学向语言哲学转型的前提，也是交往理论把语言分析自身进一步推向前进和推向彻底的前提。在扩展行为理论命题之外，就是行为理论与系统理论的整合问题。如果能够把生活世界的合理化与社会亚系统明确地区分开来，行为理论与系统理论的整合，就不会导致系统理论对行为理论的吞并，这一点在帕森斯那里表现得非常清楚。行为理论认为，合理化是生活世界结构分化的结果，而系统理论则认为，合理化是行为系统复杂性增加所造成的。系统理论和行为理论是辩证法总体性概念的一个片段（disjecta membra），马克思和卢卡奇虽然都使用过这个概念，但他们并没有用相应的概念对此加以重构。所谓相应的概念，就是说，它们能够成为黑格尔唯心主义逻辑学的基本概念的等价物。

　　……

　　韦伯早就从西美尔（G. Simmel）的《货币哲学》关于场景变化的论述中得到启发，认为一旦自发的交往关系"被转变为货币这种普遍语言"，那么，场景也就发生了变化。卢卡奇则从西美尔进一步追溯到马克思的分析，目的是想从资本主义交换价值中捕捉到社会合理化的基本现象，而对于韦伯来说，资本主义交换价值不过是一种一般过程的经验表达。与马克思以及韦伯比较起来看，卢卡奇的真正贡献在于，他能够同时从物化和合理化双重角度来考察社会劳动领域与生活世界语境的分离过程。由于行为主体以交换价值为取向，他们的生活世界也就萎缩成为客观世界：他们对待自己以及他人，所采取的都是目的行为的客观立场，并因此而使自己成为其他行为者的处理对象。正如马克思在上述引文之后接着指出的，物化"正是他们（生产者）作为独立的私人同时又发生某种社会关系的条件"。对于作为法学家的马克思来说，私法主体从目的理性的角度追逐其自身的利益，因此，他是通过交换关系而社会化的行为主体的模范。所以，在卢卡奇看来，马克思和韦伯的分析之间的联系没有任何牵强的地方："对我们来说，最重要的是在这里起作用的原则：根据计算、即可计算性来加以调节的合理化原则"。当工人不是让规范和价值，而是让非语言的交换价值媒介来协调他们之间互动的时候，生活世界语境也就出现了物化，卢卡奇把这种物化看作是其行为取向合理化的另一面。这样他也就从行为理论的角度揭示出了交换价值媒介所制造的社会化的系统效果。

我们将会看到，在系统理论中，货币也是一种模式，可以用来阐明控制媒介概念。媒介理论可以用一种温和的方式来把握卢卡奇所说的物化和合理化这两个方面。这里，从语言交往到货币媒介的行为趋向的转换，也就意味着"自由特征的一种变化"：在急剧扩大的选择范围内，形成了一种相互制约的机制，它与共识的形成过程毫不相干。

……

只要理性的同一性只是一种辩证法的设想，只有在理论当中才能得到落实，那么，超越了形式合理性限制的哲学同样也在重复一种物化的意识结构，它阻止人们对它自身所创造的世界加以沉思。因此，和《德法年鉴》时期的马克思一样，卢卡奇所关注的是黑格尔最初通过推理所把握的理性生活关系在实践当中如何成为可能。黑格尔理论的客观主义在于它的沉思性质，也就是说，在于想把分裂的理性环节重新用理论联合起来，并且坚持哲学是抽象总体性进行和完成调解的场域，是其调解概念得以落实的场域。卢卡奇认为，黑格尔这样认为，也就忽略了历史实践层面，而只有在这个层面上，哲学认识的批判内涵才能行之有效。

但是，马克思对于理论与实践关系的确定在关键问题上还很模糊。在卢卡奇对它们的解释中，模糊问题也就看得很清楚了。卢卡奇首先考虑的是马克斯·韦伯的主要观点。现代的特征在于形式合理性具有了一定的动机和具体的制度。而形式合理性的基础在于理性的实质同一性的瓦解，以及理性分裂成为一开始就互不相容的抽象环节（有效性层面以及价值领域等），这样，用理论在哲学思想层面上也就无法复制出客观理性来。因此，卢卡奇针对韦伯提出反对观点，认为理性的各个环节在合理的行为系统中互不相容的原因并不一定在于，在文化解释系统中，理性的各个环节无法通过论证组成一个总体，也就是说，无法构成世界观的抽象基础。相反，在资本主义社会里，决定合理化模式的是：复杂的认知工具理性以牺牲实践理性为代价而贯彻开来，从而使交往生活关系变得物化了。因此，这样的问题也就十分重要了：即难道不正是对合理化（表现为物化）的片面性的批判，才揭示出认知—工具理性与道德—实践理性和审美—表现理性之间的互补关系，是实践概念所固有的尺度；而所谓实践概念，可以说就是交往行为。这种理性在形而上学世界观中具有实质同一性；但是，客观理性概念最终还是属于世界观的合理化范畴。这里，从马克思批判黑格尔的核心概念"理论"意义上讲，一切打着理性旗号的调和，不管具有怎样的辩证法特征，都只是一种虚构。在不同的理性环节中，仅仅还存在一种形式上的联系，即论证程序的同一性。因此，"理论"上所表现出来的形式联系，即文化解释系统中所表现出来的形式联系，无论如何，在"实践"中，在生活世界中，也能得到实现。打着"哲学实践化"的口号，马克思把青年黑格尔派的"行动哲学"观念吸收了过来。

但是，有一个致命性的错误，马克思可能会犯，但避免了，而卢卡奇却未能幸免。这就是：他把"实践化"（Praktischwerden）又一次理论化了，并且把它想象成哲学在革命中的实现。因此，卢卡奇必然会认为理论还大有可为，甚至远远超出形而上学自身的要求。这就意味着，哲学不仅要在被设定为世界秩序的总体性思想方面有所作为，而且也要在世界历史进程以及这种总体性在历史上的发挥方面大显身手；总体性在历史上是通过具有自我意识的实践而发挥作用的；从事这种实践的人，通过哲学能够对自己在理性的自我实现过程中所发挥的积极作用有所认识。卢卡奇为世界革命先锋派的启蒙工作所要求的知识，与韦伯对客观理性没落的严格认识在两个方面互不相容。进入辩证历史哲学的形而上学不仅要拥有抽象的视角，由此来认识理性的各个环节之间的同一性，而且还要相信自己能够落实创造这种同一性的主体，并为他们指明方向。由于这个原因，卢卡奇用阶级意识理论来补充他的物化理论。

这种阶级意识理论所追求的是，从整体上肯定无产阶级阶级意识作为历史的主体—客体所占据的首要地位。卢卡奇并不害怕得出斯大林暴政时期所暴露出来的工具主义后果，这些后果是从革命斗争组织问题的历史客观主义中产生出来的。

……

阿多诺是在尝试走出同一性思想的阴影，摆脱具体化思想。后来，当阿多诺试图放弃启蒙辩证法的时候，他又回过头来，继续他先前的努力，想以此把启蒙辩证法推向极端。《否定辩证法》只能说是一次操练和预习。通过再一次反思辩证法思想，否定辩证法向人们展现了我们所能看到的内容，即非同一性概念的困难。这决不意味着，"美学比与概念密切相关的否定辩证法更加远离其对象的真理内涵"。相反，由于批判与概念是联系在一起的，因此，批判只能检验出，脱离了理论的真理为何在现代先锋派艺术作品中找到了栖身之地。当然，没有"美学理论"，我们也无法把真理从中挖掘出来。

……

我们如果根据阿多诺晚期的作品回过头来重新考察批判理论当初的意旨，会认真衡量工具理性批判面对困窘所要付出的代价。哲学沿着话语思路会勾起"对自然的回忆"，但哲学在操练过程中为了发出能够唤醒人们的力量，所付出的代价是偏离了理论认识的目标，因而也偏离了"跨学科的唯物主义"纲领，而批判理论在（20世纪）三十年代初期就是凭着这样一个纲领登上历史舞台的。早在（20世纪）四十年代初期，霍克海默和阿多诺就已经放弃了这个目标，而且还不承认他们不再关注社会科学所带来的实际后果——否则，他们在战后就无法重建社会研究所。尽管如此，正如《启蒙辩证法》前言明确所说，他们已经放弃了兑现批判理论早期承诺的希望。

相反，我坚持认为，早期批判理论纲领的失败并非偶然，而是由于意识哲学的范式已经衰竭。我想指出的是，向交往理论的范式转型实际上是回过头来从工具理性批判终止的地方重新开始；这就允许我们把社会批判理论未能完成的使命重新承担起来。接下来我想具体阐明意识哲学的局限性以及霍克海默和阿多诺笔下已经超越了这种局限性的主题。

……

客观化的思想和目的理性行为，都是用来从事"生命"的再生产的，这种生命的特征在于，具有认识能力和行为能力的主体把盲目而又不及物的自我捍卫当作唯一的"目的"：

……

工具理性批判坚持的依然还是主体哲学的前提，它表现为一种缺憾，对此，它自身是无法解释的，因为它缺少足够灵活的概念来归纳被工具理性摧毁的一切。不过，霍克海默和阿多诺倒是找到一个名称，这就是模仿（Mimesis）。即便他们无法给出一种关于模仿的理论，这个名称也唤起了人们的理想，而且是带有一定的目的：模仿表示的是人与人之间的一种关系，在这种关系当中，一方紧紧依赖另一方，并与对方认同，把自己全身心地投入到对方身上。这层关系表明，把他者当作榜样，不会给自己带来损失，而只会带来收获，让自己变得更加丰富。由于模仿能力源于主体与客体之间抽象的认知—工具关系，因此，它正好构成了理性的对立面，构成了冲动。阿多诺并没有否定这种模仿能力所潜藏的认识功能。阿多诺在其美学中试图阐明，艺术作品依靠模仿的解释力量究竟获得了什么内容。但是，如果我们用语言哲学的范式（即主体间的沟通或交往），来取代意识哲学的范式（即反映客体并作用于客体的主体），把认知—工具理性放到更加具有包容性的交往理性当中，那么，我们就可以揭示出模仿活动内部所包含的合理因素。

　　……

　　阿多诺无法用与工具理性之间的抽象矛盾来阐明这种模仿能力。阿多诺只是暗示出了理性的结构，如果调和和自由的观念被解释成乌托邦性质的主体间性的符号，那么，理性的结构就必须用分析来揭示。有了主体间性，个体之间才能自由交往，个体才能通过与自我进行自由交流而找到自己的认同，也就是说，才可以在没有强制的情况下实现社会化。这一方面意味着行为理论范式的转变：从目的行为转向交往行为；另一方面则意味着策略的改变，即重建现代理性概念策略的改变，要想重建现代理性概念，就必须使世界观非中心化。需要解释的现象，已不再是对客观自然的认识和征服，而是可以达到沟通的主体间性——不管是在人际关系层面上，还是在内心层面上。研究的焦点也因此而从认知—工具理性转向了交往理性。交往理性的范式不是单个主体与可以反映和掌握的客观世界中的事物的关系，而是主体间性关系，当具有言语和行为能力的主体相互进行沟通时，他们就具备了主体间性关系。交往行为者在主体间性关系中所使用的是一种自然语言媒介，运用的则是传统的文化解释，同时还和客观世界、共同的社会世界以及各自的主观世界建立起联系。

　　和"反映"以及"认识"不同，"沟通"更加不需要附加以"强制"，因为这里所使用的是一种规范的表达概念。从参与者角度来看，"沟通"不是一个带来实际共识的经验过程，而是一个相互说服的过程，它把众多参与者的行为在动机的基础上用充足的理由协调起来。沟通就是旨在有效达成共识的交往。正因如

此，我们才可以寄希望于：通过阐明交往行为的形式特征而建立一种交往理性概
念；不管我们是在文化价值领域、各种论证或日常交往实践中寻找现代理性的环
节，它都体现了这些理性环节之间的关系。

如果我们的出发点在于：社会生活的再生产不仅仅与（个别或多个主体）外
在自然的认知—工具关系的前提密切相关，也不仅仅与个体和集体相互之间的认
知—策略关系密切相关；如果我们的出发点在于：社会化同样也离不开互动参与
者的沟通主体间性这个前提，那么，我们就必须对自然主义的自我捍卫概念加以
修正，而且也不能像亨利希在与布卢门贝格（Hans Blumenberg）以及其他人争论
过程中所提倡的那样加以修正。

……

如果我们的出发点在于：人类是通过其成员的社会协调行为而得以维持下来
的，这种协调又必须通过交往，在核心领域中还必须通过一种目的在于达成共识
的交往而建立起来，那么，人类的再生产就同样也必须满足交往行为内部的合理
性条件。这些条件在现代社会中是可以以把握住的——伴随着的是世界观的解中
心化和不同的普遍有效性要求的分化。宗教—形而上学世界观失去了其可信性，
同样，自我持存的概念发生变化的不仅只是布卢门贝格所强调的内容：它所失去
的不仅仅是对客观目的的目的论取向，从而使得一种不及物的自我持存能够提升
到作为认知和目的行为的最高目的的地位。日常生活的常规整合已经变得松散起
来，从这个意义上讲，概念也获得了一种普遍主义和个体主义的取向。自我持存
的过程必须满足交往行为的合理性前提，并且依赖于主体所作出的解释。而主体
则用可以批判检验的有效性要求来协调他们的行为。因此，最能反映现代意识地
位的不是自我持存和自我意识的同一性，而是资产阶级社会哲学和历史哲学所表
达出来的关系：即社会生活关系是通过其成员受媒介控制的目的理性行为以及通
过扎根在每个人交往实践过程中的共同意志而获得再生产的。

交往理性所决定的主体性反对自我为了自我捍卫而非自然化。和工具理性不
同，交往理性不能简单地被归结为一种盲目的自我捍卫。交往理性所涉及的不是
一个自我捍卫的主体——该主体通过想象和行为而与客体发生联系，也不是一个
与周围环境隔离开来的永久的系统，而是一种由符号构成的生活世界，其核心是
其成员所做出的解释，而且只有通过交往行为才能得到再生产。因此，交往理性
并不是简单地为某个主体或某个系统找到持存的可能，而是直接介入到它应当加

以捍卫的结构化过程当中。带有调和和自由色彩的乌托邦视角扎根于个体交往社会化的前提之中，并且已经包含在类的语言再生产机制当中。

另一方面，社会的自我捍卫命令不仅贯彻于它的各个成员的行为目的当中，而且也反映在行为整体效果的功能联系里面。社会成员的整合是通过交往过程而实现的，其临界点不仅在于不同利益的对抗力量，而且在于系统捍卫命令的力度，从客观意义上来看，系统捍卫命令的力度具体表现为对相关行为者行为趋向的直接干预。因此，物化问题与其说是源于为了自我捍卫而走向极端的目的理性，与其说是源于已经失去控制的工具理性，不如说是源于以下方面：即已经释放出来的功能主义理性对交往社会化过程中所固有的理性要求视而不见，从而使生活世界的合理化流于空泛。

从卢卡奇到阿多诺对韦伯合理化理论的接受当中，可以清楚地看出，社会合理化始终被认为是意识的物化。但由此而导致的悖论又说明，用意识哲学的抽象概念并不能妥善地处理这个主题。在重新接手讨论物化问题，并用交往行为概念以及控制媒介的亚系统结构来重新表述物化问题之前，我想从理论历史的角度，先来阐述一下这些基本概念。尽管合理化问题和物化问题贯穿在"德国"社会理论思想路线当中，这条路线的基础是康德和黑格尔，并从马克思延伸到韦伯、卢卡奇，一直到批判理论（Kritische Theorie）。但是，我所关注的范式转型却发生在乔治·赫伯特·米德（George Herbert Mead）和埃米尔·涂尔干（Emile Durkheim）那里。和韦伯（1864—1920）一样，米德（1863—1931）和涂尔干（1858—1917）也属于现代社会学的奠基者。他们两位阐述了韦伯合理化理论所接受的基本概念，并且摆脱了意识哲学的困境：米德奠定了社会学的交往理论基础，涂尔干则建立了一套社会团结（gesellschaftliche Solidatität）理论，把社会整合和系统整合联系在了一起。

选自《交往行为理论》第 1 卷，曹卫东译，上海人民出版社 2004 年版。

我想解释生活世界的概念，并且按照这个目的重新研究我们的交往理论考虑的线索。目的不在于，进一步对交往行动做形式实用主义的研究；更确切地说，我想通过这个概念，在他直到目前的分析中，提出和研究问题，生活世界，作为交往行动者"一直已经"在其中运动的视野，通过社会的结构变化整个地受到约束和变化。

我顺带，并且按照一种重建的研究展望，引进了生活世界的概念。它构成了交往行动的一种补充的概念。形式实用主义的分析的目的，类似晚期的胡塞尔的现象学的生活世界分析，或者晚期的维特根斯坦的生活形式分析（总之不是按照体系意图进行的），在于结构，这些结构与部分生活世界和生活形式的历史表现相比是不变的。在第一步时，我们使形式与内容分离。只要我们坚持一种形式实用主义的研究展望，我们就可以采取直到目前在先验哲学范围内所研究的问题提法，就是说在这里要注意一般生活世界的结构。

我首先想澄清，生活世界是怎样与其他三种世界发生关系的，因为为理解所进行的行动主体，是使其他三种世界作为他们共同状况规定的基础的（1）。在交往行动中作为关系表现出来的生活世界的概念，应该按照现象学生活世界分析的线索，进行研究，并且涉及迪尔凯姆的集体意识概念（2）。当然，这个概念完全是适合经验分析的。在理解的社会学中普遍的生活世界概念，与日常实践的观点是相联系的，这些日常实践的观点最初只是为历史事件和社会关系的庸俗阐述服务的（3）。对交往行动维持一种结构上不同的生活世界所采取的职能的研究，是根据这种视野进行的。根据这种职能，可以澄清生活世界合理化的必要条件（4）。在这里，我们接触到了理论原理的界限，借助生活世界来同一化社会；因此我将建议，把社会同时作为体系和生活世界来加以构思（5）。

（1）在导言中，我根据目的论的行动，规范调节的行动和戏剧行动的本体论的前提，划分了三种不同的行动者世界关系，即一个主体对一种世界上的某种事物所能采取的三种不同的行动者世界关系，就是说对一种客观世界中所发生的或者所能引起的某种事物的关系；对一个集体的所有成员所参与的社会世界中作为应该承认的某种事物的关系；或者与其他行动者从属于自己，即发言者特殊适合的主观世界的某种事物的关系。行动者世界关系又回归到为理解所进行的行动的纯粹类型。根据语言运用的模式可以澄清，什么意味着，一个发言者，当他进行一种标准的语言活动时，进入了一种实用主义的关系。

——对客观世界中的某种事物（作为实在的总体，可能是关于真实的论断）；或者

——对社会世界中的某种事物（作为合法调节的个人内部的关系的总体）；或者

——对主观世界中的某种事物（作为特殊适应的经历的总体，即发言者能够对一个公众真实地表达的经历和总体）所采取的态度，在这里，语言行动的报告者，对于发言者来说，表现为某种客观的东西，规范的东西，或者主观的东西。

在引入交往行动概念时，我曾指出，为理解所进行的行动的纯粹类型只是表现出了界限状况。事实上，不同世界关系中交往表达，总是同时表现出来的。交往行动是以一种合作化的意义过程为基础的，在这种意义过程中，参与者同时与客观世界、社会世界和主观世界发生关系，即使他们在他们的表达中在论题上只是强调指出这三种因素中的一种因素。在这里，发言者和听众把三种世界的关系体系运用作为解释的范围，在这种解释范围内，他们制定了他们行动状况的共同规定。他们不是直接地与一个世界中的某种事物发生关系，而是相对地把他们的表达依据于这种表达的运用受另外一个行动者驳斥的可能性。理解意味着交往参与者对一种表达的适用性的赞同；意见一致意味着主体内部对发言者对一种表达的适用性所提出的运用要求的认可。即使一种表达只是单纯地包含一种交往模式，并且明确地论断了一种相应的运用要求，交往模式和交往模式相应的运用要求仍然处于一种相互不损害的表现关系中。因此，在交往行动中运用了规则，即一个赞同所论断的运用要求的听众，也认可其他两个隐含提出的运用要求；在另外的情况下，他必须解释他的不同意见。如果一个听众接受了一种论断的真实性，但是同时怀疑发言者的真实性，或者他的表达的规范适合性，那么一种意见一致的情况就不可能产生；在另外一种情况下也是如此，例如如果一个听众接受了一种命令的规范适用性，但是却不相信所表达意志的真实性，或者怀疑所命令行动的预先假设的存在（从而怀疑命令的可实行性）。

……

行动状况构成参与者生活世界的中心；行动状况具有一种运动的视野，因为它是通过生活世界的复杂性表现出来的。在一定方式下，生活世界，即交往参与者所属的生活世界，始终是现实的；但是只是这种生活世界构成了一种现实的活动的背景。一旦这样一种表现联系涉及一种状况，成为一种状况的组成部分，它就丧失了它的平庸性和明确的联合性。如果新的同事对避免劳动事故有所保证，这种事态忽然在一个主题范围的有关领域中发生了，那么，他就会明确地通过语言表达，并且是通过不同的非语言的作用，就是说，一个发言者可以确定P，他可以惋惜或者可以神秘化P；他可以谴责P等等。一旦他成为状况组成部分，这种事变就能成为事实，成为规范内容，被意识为经历内容，而变成难题。在他成为状况关系以前，这种状态只能在一种生活世界自我理解的模式中出现，有关者可以直观地对这种生活世界的自我理解进行研究，而不用考虑一种难题化的能力。如果知识由于它可以被论证和批驳而得到说明，那么他就不会以严格的意义"意识"到。只有涉及一种状况视野的生活世界的有限的步骤，才构成一种具有主题化能力的为理解所进行的行动的关系，并且在知识范畴下出现。从状况有关的展望中，生活世界表现为自我理解力或不可动摇的信念的储蓄库，交往的参与者为了合作的解释过程可以利用这些自我理解力和坚定的信念。各个因素，一定的自我理解力但是只有当它们对于一定的状况成为重要的时候，它们才会成为一种意见一致的并且同时是有问题的知识。

如果我们现在放弃胡塞尔借以研究生活世界难题的意识哲学基本概念，我们就可以通过一种文化传统和语言组织的对解释模式的储存代表性地思考生活世界。然后，语言就需要一种证明联系，这种证明联系使状况组成部分相互连接起来，并使状况与生活世界联结在一起，而不再从一种现象学和知觉心理学的范围加以解释。更确切地说，证明联系可以理解为意义联系，这种意义联系是存在于一定的交往表达，直接的关系与它们的意义视野之间的。证明联系回归为一种语言组织化的，知识储存的因素之间的文法调节关系。

如果我们，如回溯到洪堡的传统的一般现象，注意生活世界的结构与语言世界观的结构之间的一种内在联系，那么与语言和文化传统相对的一切，即可以成为一种状况的组成部分，会采取一种在某种方式下先验的立场。语言和文化既与形式的世界概念，即交往参与者借以共同规定他们的状况的形式的世界概念不一致，也不表现为某种内部世界的东西。语言和文化是对生活世界本身构思的。它们既不构成交往参与者的状况组成部分所从属的一种形式世界，也不能作为某种在客观世界、社会世界或者甚至主体世界中的东西对待。当交往参与者进行或理解一种语言行动时，他们进行着运动，并且是在语言行动之内进行的，他们进行一种现实的表达时，不是作为"某种主体内部的东西"，像他们作为某种客观的东西的事件，像他们对待某种规范的东西的行动要求，或者像他们对待一种愿望，一种作为某种主观的东西的感情所经历的那样，可以以同样的方式进行。理解的媒体固定为一种特殊的半先验的。只要交往参与者坚持他们的形式的态度，现实利用的语言就是他们的背景。发言者针对他们就不能采取非现实的态度。同样的情况适合于在这种语言中传统的文化解释模式。按照语义学的角度，语言对语言现实的世界观具有一种特殊的作用。自然的语言保持传统的内容，这些内容只是以象征的形式，并且在大多数情况下是通过语言体现出来的。在这里，文化也有语言的影响；因为一种语言的语义学的能力，必须符合储蓄的文化的内容，解释的模式，价值模式，和表达模式的复合性。

这种知识储存为成员提供了顺利的共同保证的背景信念；并且根据这种背景信念，构成了理解过程的关系，在这种理解过程中，参与者利用保证的状况规定，或者进行新的商谈。交往参与者发现客观世界，社会世界在主观世界之间的联系，他们面对这种联系，已经在内容方面做了解释。如果他们超越了一种已存的状况的视野，他们就不会进入空虚的境界；他们同时会发现另外一种领域，虽然是现实化的领域，但是仍然是文化自我理解的预先解释的领域。在交往的日常实践中，没有绝对不了解的状况。也有新的状况潜伏在一种生活世界中的，这种生活世界是由一种向来已经知道的文化知识储存组成的。与这种生活世界相对立，交往行动者就像面对语言作为理解过程的媒体，即面对通过其生活世界表现出来的语言，是很难采取一种非现实的态度的。由于他们利用了一种文化的传统，所以他们也继续了这种文化传统。

就是说，生活世界的范畴具有一种与到目前为止研究的形式世界观不同的另外的状况。这些形式的世界观与可批判的运用要求相联系，构成范畴的结构，这种范畴的结构是有问题的，就是说，需要联合的状况，安排入内容方面已经解释过的生活世界。借助形式的世界观，发言者和听众可以这样地确定他们的语言行动的可能的报告，就是说，他们可以涉及某种客观的东西，规范的东西或者主观的东西。相反地，生活世界不允许类似的安排；借助生活世界的帮助，发言者和听众不能涉及"某种主体内部的"某种东西。交往行动者总是在他们的生活世界的视野内运动，他们不能脱离这种视野。作为解释者，他们本身与他们的语言行动同属于生活世界，但是他们不能像涉及事实、规范或者经历那样，以同样方式涉及"生活世界中的某种事物"。生活世界的结构确定了可能理解的内部主观性的形式。交往参与者依仗它们可以对他们相互理解的内部世界的东西采取非现实的态度。生活世界类似发言者和听众所遇到的先验的地方，在这种地方，他们可以相互提出要求，就是说，他们的表达与世界（客观世界，社会世界或者主观世界）相适应；并且在这里，他们可以批判和证实这些运用要求，排除意见不一致，取得意见一致。总之，参与者对语言和文化实际上不能像对可能理解的事实、规范或经历的总体一样，采取同样的情况。

……

我曾经通过一种方法论生活世界的对象化的途径，引入了社会体系观点，并且借助与这种对象化联系在一起的参与者，展望转变为观察者展望联系在一起的这种转变，进行了行动理论式的论证。正如价值理论一样，这种论证具有一种概念解释的形式；这种论证应该解释，生活世界的象征性再生产意味着什么，即如果交往行动脱离了媒体控制的内部活动，如果行动协调化借助其职能得以进行的语言被货币和权力媒体所代替，生活世界的象征性再生产意味着什么。但是，在这里并不意味着，具体劳动是怎样转变为抽象劳动的，即自行物化的效益。转变为行动协调的另一个机制，从而转变为另一个社会化原则，更确切地说，只是一种物化，就是说，如果生活世界不能回归为相应的职能，如果它不具有这样的职能，不如在物质再生产时的那种情况，即在媒体控制的行动体系那里能无痛苦地表现出来的那样，只是以一种病态的由生活世界的交往的下属结构的形式化。通过这种方式，物化现象就丧失了事实的可怀疑的状况，而这些事实仅仅是借助语义学的转变，就可以从关于价值关系的经济论断中推论出来的；"现实抽象"这样更确切地说，就构成了一种可以经验地研究的对象领域。它们将成为一种研究纲领的对象，而价值理论或者一种类似的翻译工具就不再被要求了。

资本主义现代化的一种理论，即借助一种交往行动理论的手段所进行的理论肯定，得出了与马克思典型完全不同观点的结论。它不仅批判地对待同时代的社会科学，而且批判地对待社会实在，即社会科学应该概括的社会实在。针对发达的社会的实在，它是批判的，因为这种实在没有吸取它在文化上支配的学习潜力，并且没有对没控制的复合性的提高提供产品。正如我们所看到的，在这里接触到了增长的体系复合性，作为自然增长的权力进入了非改造性的状态——它不仅引起了传统的生活形式，而且触及了使交往下属结构进一步合理化的生活世界。但是，那种理论也批判地对待那些社会科学原理即不可能包含社会合理化的荒谬理论的那些社会科学原理，因为它们只是按照各种抽象的观点把复杂的社会体系提高为对象，而不（按照反思的社会学的意义）考虑它的对象领域的历史状况。批判的社会理论当然并不是以竞争者的态度对待确立的研究方向的；因为它是以现代社会形成观点为出发点的，它试图解释，特殊的局限存在于哪里，以及那种原理的相应法律是什么。

……

（1）社会研究院的工作，直到 40 年代开始，自从我在纽约脱离同事团体以后，在西方研究占统治地位的是六个论题。研究注意中心反映在《社会研究杂志》主要部分的理论上具有指导意义的文章中。当时问题主要涉及（a）后自由社会的统一形式，（b）家庭社会化和自我发展，（c）群众媒体和群众文化，（d）沉默的抗议的社会心理学，（e）艺术的理论，以及（f）实证主义批判和科学批判。在这种特殊论题中反映了霍克海默的关于一种内部纪律的社会科学的纲领性观点。在这个阶段，中心问题是，我在上面在合理化作为物化的标题下所说明的，借助不同社会科学原则的不同手段所研究的问题。在《工具性理性批判》又把物化过程重作为历史哲学的一个论题以前，霍克海默以及他的同伴已把"实在抽象"作为经验研究的对象。按照这个理论观点，可以容易地揭露所述这些论题中的统一性。

（a）在自由资本主义深刻变化以后，首先要求一种专门化物化的观点。首先国家社会主义的秩序促使研究经济与国家的变化了的关系，以回答这样的问题，是否随着魏玛共和国过渡为极权国家也形成了一种新的社会组织原则，是否法西斯主义与西方资本主义社会有密切的类似性，或者，由于它的极权政治宪法，表明了与斯大林主义有更多的共同处。波洛克和霍克海默有趋势具有这样的观点，即认为借助国家社会主义政府，类似借助苏联政府，建立起来了一种国家资本主义的秩序，在这种国家资本主义秩序中，私人占有生产资料只是还具有一种形式的性质，而控制整个经济市场过程过渡到通过计划的官僚政治进行，在这里大的康采因管理与党派精华和管理精华融合在一起。按照这个观点，与极权国家相适应的，是一种极权管理的社会。社会统一的形式是通过一种，至少从意愿上看来，集中控制的行政管理统治的目的合理的实施决定的。

与这种国家资本主义的理论相矛盾，诺伊曼和基希海默提出了这样的论题，即认为极权国家只表现出了一种幸免下来的垄断资本主义的极权的外表，在这种外表下市场机制仍旧发生作用。按照这种观点，发展的法西斯主义也没有消除对国家的经济命令第一性。经济精华，党派精华与管理的精华之间的妥协是在一种私人资本主义的经济体系的基础上进行的。从这个方面来看，在发达的资本主义社会之间出现了结构上的类似，不管这种类似是政治的在一种极权的政府的形式上表现出来的，还是在一种群众民主的形式上表现出来的，都是非常明显的，因为极权的国家不是作为权力中心表现出来的，所以社会统一也不完全，或者主要通过一种工艺学的普遍化的行政管理的合理性的形式进行的。

(b) 和（c）经济行动体系与行政管理行动体系之间的关系是这样区别的，即社会是怎样统一的，个人生活联系从属于什么合理性的形式的。仅仅是社会化的个人从属于社会控制的统治模式，即物化过程本身，必须从另外一个地方去研究，就是说在家庭中，家庭使成年人作为社会化的行动者准备听从企业体系的命令，并且在政治文化公众社会中，在这里群众文化通过群众媒体对政治机制产生结果。国家资本主义的理论只能解释社会统一的类型。艾里希·弗罗姆在弗洛伊德左派的传统中，用来与马克思主义的社会理论相联结的分析社会心理学，应该解释这些过程，即通过它们个人的意识，将适合一种由垄断经济和极权国家联系发展出来的体系的职能要求。

研究院的成员研究的一方面是资产阶级小家庭的结构变化，这种结构变化导致父亲的极权地位的丧失职能和削弱职能，同时使家庭已有的空间变成附属的了，并使成年人越来越多地放弃对家庭外部机构的社会化参与；在另一方面是一种文化工业的发展，这种文化工业并不包含文化，剥夺了文化的理性内容，为了操纵意识控制的目的而改变了职能。在此同时，正如在卢卡奇那里一样，物化仍然是意识哲学的一个范畴；它将从个人的立场和行动方式表现出来。当然，物化意识的现象应该是经验的，并且是借助心理分析的个性理论得以解释。极权的、容易被操纵的，自我软弱的性格是以时代典型的表现形式表现出来的；相应的超我形态将归结为一种复杂的社会结构和欲望命运的共同活动。

又表现出两种解释路线。霍克海默、阿多诺和马尔库塞坚持弗洛伊德的欲望理论，并且借助一种内在本性的动力，这种内在本性的动力虽然对社会压力发生作用，但是对社会化权力在核心上还是仍然抵抗的。相反地，弗罗姆接受了自我心理学的激励，并且把自我发展的过程，置于欲望活动的自然实体渗透和结构化的社会内部活动的媒体之中。在阿多诺为一方面，本杰明为另一方面之间关于群众文化的意识形态性质的问题的争论方面，形成了另一条战线。阿多诺（勒文塔尔和马尔库塞一起）主张真实的艺术的经验内容与文化消费不可调和地相对立，本杰明则坚定地坚持对世俗光彩的希望，他认为，这种世俗的光彩能够从一种揭露它们的影响作用的群众艺术出发。

（d）在 30 年代的过程中，在研究院成员比较狭窄的范围内，因此在三个论题上发展了一种巩固的坚定立场，就是说，巩固了对极权社会的独立的观点；与此相应发展一种压制的、排除内部本性的社会化模式以及一种渗透一切，通过群众交往的渠道进行的社会控制。与此相对立，诺伊曼和基希海默的立场，与弗罗姆和本杰明的立场不容易联合到一起；但是，他们共同的地方是在后自由社会及家庭社会化和群众文化的统一形式方面的复杂和矛盾的性质上有不同的评价。仅仅这些相互竞争的原理就可以为一种分析提供出发点，就是说，这种分析可以具有反对意识物化的潜力。总之，德国流亡者在 30 年代的时代视野中所能具有的经验、更是有理由地促进以下观点，即要对解释抗议潜力沉默下来的机制加以研究。因此，在这个方向下的研究就趋向了工人和职员的政治意识，特别是反犹太主义的偏见的形成，这些研究，当研究院还在德国时就进行了，后来到美国，直到 40 年代后期还进一步的进行。

（e）和（f）意识物化的过程，只有在价值理论失去了它的论证职能以后，才会提高为一种广泛设置的经验研究纲领的对象。当然，这样一来，合理的自然法在价值理论中保存的规范内容才会提供出来。正如我们所看到的，然后，通过卢卡奇所介绍的社会合理化的理论才具有这个地位。物化的观点的规范内容，必须这样获得现代文化的合理的潜力。因此，批判的理论，在它的经典时期，就与资产阶级时代的艺术和哲学保持了一种完全积极的关系。艺术——在勒文塔尔和马尔库塞那里首先是经典的德国文学，在本杰明和阿多诺那里是文学的和音乐的先锋——都是一种意识形态批判的杰出对象，这种意识形态批判都是对先验的、不管是空想的还是批判的内容的、关于资产阶级理想的积极的、意识形态上需要的因素的真实艺术进行的。因此，哲学、作为这种资产阶级的理想保护者，就具有了一种中心的意义，即马尔库塞在他那篇补充霍克海默的批判理论针对传统理论的纲领性界限的论文中谈到："理性是哲学思维的基本范畴，这种基本范畴是唯一的通过哲学思维与人类命运联系在一起的范畴。"他并且进一步谈道："理性，精神，道德，认识，幸福不只是资产阶级哲学的范畴，而且是人类的机会。去保存这些本身，也就是获得了新的东西。如果批判的理论研究哲学学说，即研究人们所谈论的哲学学说，那么它首先就得研究人们在资产阶级阶段所涉及的发现和错误解释"。

当然，意识形态方面与传统的争论，只是因此涉及哲学概念和问题的真实内容，涉及掌握它们的体系内容，因为批判是通过理论假设所指导的；当时批判理论还以马克思主义的历史哲学为基础，就是说，深信生产力发展了一种客观突破的力量。只有按照这种前提，批判才能局限于"有意识地利用可能性，即历史状况本身所促成的可能性"。

没有历史理论，就不可能有一种内在的、对客观精神内容进行的批判，就不可能区别"人和事物可以成为的东西，与他们事实成为的东西"，——它必须历史地根据一种时代的那种尺度来提供东西，30年代的研究纲领是随着历史哲学的研究而出现和落入一种资产阶级文化的理性潜力的，这种理性潜力在发达的生产力的压制下自由地设置于社会运动中。但是，霍克海默、马尔库塞和阿多诺正好是以讽刺的方式，通过他们的意识形态批判著作，强调指出，文化在后自由社会中损害了它的独立自主，并且通过非从属的群众文化的形式从属于经济—行政管理体系的领域的。生产力的发展，甚至批判的思维本身，都越来越通过展望模糊地同化为他们的对立面。正如在极权的社会中，只有变成极权的工具性理性才体现出来，转变一切为现实抽象，但是这样使理解和变为抽象的一切，必须脱离经验的干预。

根据历史哲学基础的破裂，人们可以解释，为什么一种以内部纪律的形式贯彻批判社会理论的尝试必然会失败，以及为什么霍克海默和阿多诺把这种通过思辨的考察"启蒙辩证法"的纲领又回转过来了。关于生产力与生产关系的辩证关系的历史唯物主义观点，变成了通过伪规范的论断关于历史的一种客观的目的论的论断。这种论断成了一种在资产阶级理想中有双重意义的理性的实现。批判理论只能从历史哲学角度证明它的规范基础。这个基础是不适于一种经验的研究纲领的。

这也表明，一种清楚区别的客观领域，如生活世界的交往日常实践，即在其中体现了合理性结构的地方，以及物化的过程可以同一化的地方，是缺乏的。批判理论的基本概念，是把个人的意识直接地与只要求内部、即从属心理的社会统一机制相对立。与此相对立，人类学里深刻设置结构的具有理性内容的交往行动理论，可以通过一种首先是重建的，就是说非历史地设置的分析进行证明。这种分析描述行动和理解的结构，即描述在现代社会有权限的成员的直观知识上表现出来的理解。从这里开始是没有道路返回一种不是很明显地在发展逻辑与发展动力之间问题分离的历史理论。

　　借助这种提法，我试图使历史唯物主义摆脱它的历史哲学负担。就是说，要求两种抽象——认识结构的发展从事件的历史动力的抽象，和社会演变从生活形式的历史具体的抽象。两种抽象都排除历史哲学思维所依仗的那种基本概念的混乱状况。这样一种理论不再能根据具体的，所提供的生活形式内部包含的理想进行设置；它必须根据学习过程的可能性，即借助一种历史上已经达到的学习水平所开启的学习过程为方向。它必须放弃整个批判判断，和规范安排全部，生活形式和文化，即整个生活联系和时代的批判判断和规范安排生活形式和文化。但是它还是可以吸取一些意图，对于这些意图，旧的批判理论的内部纪律的研究纲领仍然是有教益的。

　　（2）在复杂地研究交往行动理论的基本特征的结尾时，这种证明不能作为约定的笔记，加以理解。它不包含作为一种猜测的乞诺。为了使这些证明不成为完全设论证的，我想按照上述论题的系列补充几点说明。因此，我下决心做这些明确的说明，是因为我想强调指出一种社会理论原理的完全公开的性质和联结能力，这种社会理论原理的效益，仅仅从分析的社会科学和哲学的研究中就可看出。社会理论本身所能做出的成就，就像一个取火于凸镜的焦点的力量。只有当社会科学不再发挥思想时，社会理论的时间才会丧失。

　　关于 a）后自由社会的统一形式。西方理性主义是在资产阶级资本主义社会范围内形成的。因此，我和马克思、马克斯·韦伯一起研究了这个类型的社会的现代化的出发条件，并且按照资本主义发展道路进行了研究。在后自由社会中使这种道路分岔了；现代化在一种方向下是通过内生的经济积累过程的问题而提出来的，在另外一方面，是通过国家合理化努力的问题而向前推进的。通过组织化的资本主义的发展道路，社会国家的群众民主的政治秩序得以形成；在经济危机的压力下，由社会非统一的结果所威胁的生产方式，总之只能在一些地方暂时地以极权的或法西斯的秩序得以维持。通过官僚主义社会主义的发展道路，国家政党专政的政治秩序得以形成。斯大林的强制统治在其中斯大林后相应的政府中做了让步；一种民主工人运动的原理，以及在政党内部的一种民主意愿的形成，只是暂时在波兰表现出来了。不管是法西斯主义的分枝，还是民主的分枝的统治模式，显然都是强烈地具有国家特征，特别是依赖于这些国家的政治文化的。总之，分枝是要求有历史特殊性的，而且这种情况是在社会统一和相应的社会病态的普遍方面表现出来的。

如果我们只局限于这两方面后自由社会的统治变种的理想类型的简化，并且这样出发，就是说，异化现象作为体系归结的生活世界的非形态表现出来的，那么，就可以为社会组织原则，危机趋势的形式，和社会病态的形式的比较分析做出一些进展。

按照我们的观点，进一步合理化的生活世界属于现代化过程的出发点条件。货币和权力必须作为媒体与生活世界相联系，就是说，可以与积极法律的手段机制化。如果这种固定的条件兑现了，就可以区分经济体系与管理体系，这些体系是相互补充的，并且通过控制媒体与周围世界相互交换。在体系区别的这个水平上，现代社会形成了，首先形成了资本主义社会，后来形成了与资本主义社会不同的，官僚主义的社会主义社会。一旦经济体系发展了一种独特的增长动力，就会开启一种现代化的资本主义道路，并且出现它内生的问题，就是说，对整个社会采取了演变论的优先地位。如果行政管理的行动体系，在基础之上进一步发展的国家化生产资料，和机制化的一党统治都要求对经济体系实行一种类似的独立自主，那么，现代化的道路就与此不同。

正如这些组织原则贯彻，同样地，形成了两种职能上交错的下属体系与媒体所依赖的生活世界的社会因素之间的交换关系。脱离了物质再生产任务的生活世界，可以一方面区分为它们的象征性结构和特殊意义的文化现代的发展；另一方面私有领域和公众社会也被作为体系世界。各按经济体系或国家机制表现出演变的优先地位，然后私人的家务就会更早地，或者政治上有关的成员就会更早地成为从下属体系落入生活世界的危机的进口。生活世界的物质再生产的潮流，在现代化的社会采取了体系不平衡的顽固形式，这些潮流或者直接以危机发生作用；或者引起生活世界的病态。

对控制的危机，首先应该按照市场经济体系的形势周期加以研究；但是在官僚主义社会主义中形成的危机趋势，是与另一方面对积累过程的内部发生的破裂相类似的方式，对计划管理的自我封锁的机制发生作用的。计划合理性的似乎荒谬的结果，可以如交换合理性的似乎荒谬的结果一样以类似的方法加以解释，就是说，合理的行动方向对于不是有意的体系效益与本身陷于矛盾。如果这些危机趋势不仅是通过部分体系，即它们从中形成的部分体系，而且也通过它们从中可以得到补充的行动体系加以研究，情况就不同了。正如资本主义经济表现在国家组织成就上，社会主义计划的官僚政治也表现在经济的自我控制成就上。发达的资本主义动摇于"市场自我拯救的力量"的集中政治，与国家干预主义之间。更加突出的是另一方面的双关性结构，在那里，在越来越强的中心计划与非集中化现象之间，在投资方向与消费方向的经济纲领之间都发生了无出路的振动。

当然，这些体系的不平衡作为危机，如果经济和国家的成就仍然是在一种创立的要求水平之下宣布的，并且注意到了生活世界的象征性再生产，它们就会发生作用，因为它们在那里引起了冲突和反抗的作用。在那里直接涉及了生活世界的社会因素。在这些冲突危及社会统一的核心领域前，它们就将转移到外围，就是说，在反常的状况出现以前，丧失合法性或丧失动员的现象以前，它们就转移到外围。但是，如果达到了控制危机，就是说，通过反过来干预生活世界的财力，感觉物质再生产的潮流，那么就会形成生活世界的病态。生活世界的财力是作为对文化再生产，社会统一和社会化的贡献表现出来的。对于经济和国家的存在来说，在中间部分所说的财力为维持社会是重要的，就是说，在这里，在生活世界的机制秩序中，下属体系最后是相依赖的。

这样，人们可以通过生活世界的病态这样表述对控制危机的代替，就是说，避免类似的情况，并且靠牺牲和剥夺其余的财力，来保证为机制秩序而存在的重要的合法化和动员。文化和个性将在有利于一种克服危机的社会稳定的情况下进行干预。这种稳定化的结果，就是说，代替类似的现象（代替类似而出现的丧失合法性的丧失和动员的丧失）出现了集体同一性异化和不安全的现象。我把这些现象归结为生活世界的开拓化，并且把它标志为交往日常实践的物化。

总之，生活世界的非形态化只是在资本主义社会中才采取一种交往关系物化的形式，就是说，在那里，危机通过私人家务的进口延伸到了生活世界。在这里，问题不涉及一种唯一的媒体的泛滥，而涉及工作者和消费者，国家公民和国家官僚政治的委托律师保护法益者的行动领域的货币化和官僚主义化。在危机通过政治上重要的成员的参与渗入生活世界的社会中，生活世界的非形态化采取了另外一种形式。在这里，即在官僚主义社会主义社会中，表现在社会统一上的行动领域也改装在体系统一的机制上。但是在交往关系物化的地方，出现了在官僚主义的、干瘪的、一种伪政治交往的、强制的人道主义化的领域内的交往关系的反映。这种伪政治化与一定方面的物化的私有化有体系的联系。生活世界不是直接地与体系，就是说，与法律化的、形式组织化的行动领域同化了；更确切地说，体系独立化的国家机制和经济的组织虚幻地归结为生活世界的一种迷惑的视野中。由于体系作为生活世界被装饰起来了，所以生活世界就被体系所吸收。

选自《交往行为理论》第 2 卷，洪佩郁等译，重庆出版社 1994 年版，第 165—495 页。

五、进一步阅读的文献

1. ［英］埃德加：《哈贝马斯：关键概念》，江苏人民出版社 2009 年版。

2. ［英］怀特编：《哈贝马斯》（英文版），生活·读书·新知三联书店 2006 年版。

3. 童世骏：《批判与实践——论哈贝马斯的批判理论》，生活·读书·新知三联书店 2007 年版。

敬启著译者

为保证《马克思主义哲学文本导读》所选文本的完整性和权威性，本书选取了相关领域的一些重要作品。但因条件所限，时至今日，本书所收内容中尚有少数作品的著译者未能与之取得联系。为保护原作者的著作权益，北京师范大学出版社真诚敬启：凡拥有本书所选作品著作权的著译者，请与北京师范大学出版社联系，我们将依照国家的有关规定及时付酬。在此也特别感谢各位对我们的理解和支持。

真诚感谢您的合作。

联系人/电话：北京师范大学出版社

祁传华　010—58802695

21世纪高等学校研究生教材

哲学专业系列教材

马克思主义哲学文本导读

MAKESI ZHUYI ZHEXUE WENBEN DAODU

（上　册）

杨　耕　仰海峰／编　著

北京师范大学出版集团
BEIJING NORMAL UNIVERSITY PUBLISHING GROUP
北京师范大学出版社

图书在版编目(CIP)数据

马克思主义哲学文本导读／杨耕，仰海峰编著.—北京：
北京师范大学出版社，2013.8
（21世纪高等学校研究生教材）
ISBN 978-7-303-16797-5

Ⅰ.①马…　Ⅱ.①杨…②仰…　Ⅲ.①马克思主义哲学－
研究生－教材　Ⅳ.①B0-0

中国版本图书馆 CIP 数据核字(2013)第 172879 号

营 销 中 心 电 话	010-58802181 58805532
北师大出版社高等教育分社网	http://gaojiao.bnup.com
电 子 信 箱	gaojiao@bnupg.com

出版发行：北京师范大学出版社 www.bnup.com
　　　　　北京新街口外大街 19 号
　　　　　邮政编码：100875
印　　刷：北京京师印务有限公司
经　　销：全国新华书店
开　　本：170 mm × 230 mm
印　　张：38.25
字　　数：640 千字
版　　次：2013 年 8 月第 1 版
印　　次：2013 年 8 月第 1 次印刷
定　　价：80.00 元（全二册）

策划编辑：祁传华	责任编辑：祁传华
美术编辑：王齐云	装帧设计：高　霞
责任校对：李　菡	责任印制：孙文凯

序　言

　　作为观念形态的文化，其精华往往集中体现在它的经典著作中。哲学以及马克思主义哲学也是如此。叔本华告诉我们："只有从那些哲学思想的首创人那里，人们才能接受哲学思想。因此，谁要是向往哲学，就得亲自到原著那肃穆的圣地去找永垂不朽的大师。"恩格斯明确指出：对于马克思主义哲学，要"根据原著来研究这个理论"，"对于那些希望真正理解它的人来说，最重要的却正好是原著本身"。"原著"，即马克思、恩格斯的哲学文本是马克思主义哲学的"原生形态"，是马克思主义哲学最集中、最生动的体现。形象地说，通过学习原著，我们既能见"真佛"，又能见"真经"。文本解读是学习和研究马克思主义哲学的基础。对马克思主义哲学文本的写作背景、出版情况加以介绍，对文本中的基本思想、历史意义加以提炼，既有助于我们捕捉文本中的重要信息，又能引导我们正确解读文本。因此，我们编写了这部《马克思主义哲学文本导读》。

　　解读马克思主义哲学文本，我们会深刻体会到，马克思主义哲学本质上是批判的和革命的。马克思主义哲学不是"学院派"。马克思并不是先写好了教科书来创立马克思主义哲学，而是为了适应无产阶级和人类解放的实际需要，在形而上学批判、意识形态批判和资本批判的过程中创立马克思主义哲学的。马克思主义哲学既是解释世界的哲学，又是改变世界的哲学，其理论主题就是无产阶级和人类解放、人的自由而全面发展。马克思主义哲学文本生动而完整地体现了马克思主义哲学的科学性、批判性和革命性。正如马克思在《资本论》中所说："辩证法，在其合理形态上，引起资产阶级及其空论主义的代言人的恼怒和恐怖，因为辩证法在对现存事物的肯定的理解中同时包含对现存事物的否定的理解，即对现存事物的必然灭亡的理解；辩证法对每一种既成的形式都是从不断的运动中，因而也是从它的暂时性方面去理解；辩证法不崇拜任何东西，按其本质来说，它是批判的和革命的。"在《德意志意识形态》中，马克思明确指出："对实践的唯物主义者即共产主义者来说，全部问题都在于使现存世界革命化，实际地反对并改变现存的事物。"我们不能从西方传统哲学、"学院哲学"的视角去理解马克思主义哲学，而应从形而上学批判、意识形态批判和资本批判这三重批判，从解释世界和改变世界这双重世界观的视野去理解马克思主义哲学，从而真正理解马克思主义哲学是"为历史服务的哲学"，是"实践的唯物主义"。

解读马克思主义哲学文本，需要考虑马克思主义的全部文本。除了博士论文《德谟克利特的自然哲学和伊壁鸠鲁的自然哲学的差别》外，马克思并没有给我们留下专门论述马克思主义哲学的"纯粹"的哲学著作。马克思主义哲学或者蕴含、体现在短论和读书札记中，如《〈科隆日报〉第179号的社论》《历史法学派的哲学宣言》《〈黑格尔法哲学批判〉导言》《〈政治经济学批判〉导言》《〈政治经济学批判〉序言》；或者蕴含、体现在提纲、笔记和书信中，如《关于费尔巴哈的提纲》《历史学笔记》《人类学笔记》《致帕·瓦·安年科夫的信》《致维·伊·查苏利奇的信》；或者蕴含、体现在手稿和论战性著作中，如《1844年经济学哲学手稿》《1857—1858年经济学手稿》《神圣家族》《德意志意识形态》《哲学的贫困》；或者蕴含、体现在资本批判、政治批判、历史研究的著作中，如《雇佣劳动与资本》《资本论》《法兰西内战》《路易·波拿巴的雾月十八日》，尤其是《资本论》具有重大的哲学意义。与马克思不同，晚年恩格斯倒是写下一系列哲学著作，如《反杜林论（哲学编）》《家庭、私有制和国家的起源》《路德维希·费尔巴哈和德国古典哲学的终结》《自然辩证法》。所以，马克思逝世后，人们主要是通过恩格斯的哲学文本去理解马克思主义哲学的。

马克思主义哲学集中体现在马克思、恩格斯的文本中，但其中任何一个单独文本又不能等同于马克思主义哲学，马克思主义哲学是贯穿马克思主义全部文本中的哲学理念、哲学观点和哲学方法。在马克思主义体系中，哲学理论同经济学理论、社会主义理论之间，在理论上和逻辑上是一贯的、严密的、完整的。从历史角度看，把某一个文本从马克思主义哲学发展的某一阶段孤立出来；从逻辑角度看，把某一个文本同马克思主义的整体割裂开来，就会"肢解"马克思，曲解马克思主义哲学。因此，解读马克思主义哲学文本应当系统而全面。

要了解马克思的深刻思想，根本的方式就是去解读他的文本；要了解马克思的历史影响，最好的方式就是去解读后继者阐释马克思哲学的文本，从中去了解后继者在何种意义上坚持、发展了马克思的哲学思想，在何种意义上修正、变更了马克思的哲学思想。从一定意义上说，马克思主义哲学的世界性影响，不仅是通过马克思、恩格斯的理论活动和实践活动实现的，而且是通过其后继者的理论活动和实践活动实现的。在这个过程中，又往往因为对马克思主义哲学文本的不同解读而形成不同的研究范式、理论倾向和思想流派，如第二国际马克思主义哲学模式、苏联马克思主义哲学模式、西方马克思主义哲学模式。在第二国际马克思主义中，有考茨基的"唯物主义历史观"、卢森堡的资本积累理论、拉法格的经济决定论，以及奥地利马克思主义学派等；在苏联马克思主义中，有本体论主义与认识论主义，以及辩证法学派与机械论学派等；在西方马克思主义中，又形成了存在主义马克思主义、弗洛伊德主义马克思主义、结构主义马克思主义、实证主义马克思主义、分析马克思主义、生态马克思主义，以及法兰克福学派等。这些不同的研究范式、理论倾向和思想流派从不同角度对马克思主义哲学作了新的探索，为我们提供了一个多维视野中的马克思。其意义不仅表明，在马克思主义阵营内部对马克思主义哲学的理解存在着不同的观点和流派，而且表明，对马克思主义哲学的研究存在着不同的途径和方法，存在着广阔的语义空间。

因此，这部《马克思主义哲学文本导读》不仅选择了马克思、恩格斯的重要文本，而且选择了第二国际时期、俄罗斯和苏联时期、西方马克思主义时期研究马克思主义哲学的重要文本。马克思主义哲学史的一个重要时期，即中国化的马克思主义文本已经放到其他教材中，因而没有收入；后马克思主义文本因其逻辑矛盾甚至相互对立，加上篇幅的限制，因而没有收入。在马克思主义哲学史上，人物众多，文本浩繁，我们力图在全面把握马克思主义哲学发展历程的基础上，结合国内外的研究成果，精选马克思主义哲学创始人及其后继者的重要文本，并从"写作背景"、"篇章结构"、"观点提示"、"文本节选"和"进一步阅读的文献"五个方面展开对这些文本的导读，从而引导我们进一步发现马克思主义哲学在不同发展阶段的问题域，进一步把握马克思主义哲学的内在逻辑和历史形态。

这部《马克思主义哲学文本导读》是为马克思主义哲学专业、马克思主义理论专业以及哲学系研究生编写的教材。它犹如一张导游图，能够引导我们走向不同的理论景点，但不能使我们走进理论景点的深处。因此，这部"导读"只是一本研究马克思主义哲学的入门书。为了更好地利用这部"导读"，以便深入而全面地把握马克思主义哲学，需要关注总体性方法。

马克思主义思想来源和理论内容的复杂性，要求我们从总体上把握这些思想来源和理论内容之间的内在关系，进而正确理解马克思主义哲学。列宁曾把马克思主义的思想来源和理论内容概括为"三个来源和三个组成部分"，即德国古典哲学、英国古典政治经济学和英法空想社会主义；哲学、政治经济学和科学社会主义。根据这一概括，人们把马克思主义划分为三个学科进行研究。这种学科划分虽然有助于从某一方面了解马克思主义，但也带来一个重大缺陷，即无法从"三个来源"和"三个组成部分"的总体关系中理解马克思，把握马克思主义哲学。在马克思的思想发展过程中，哲学思想的发展离不开经济学研究，哲学—经济学思想又是同对社会主义的探讨联系在一起的，这三方面的内容始终处于一种互动之中。可以说，马克思主义实际上是哲学、政治经济学与社会主义理论同时变革的产物，这是一种思想的总体转型与重建。

马克思哲学的意义只有在同马克思资本批判理论的关联中才能显示出来，反之，马克思的资本批判理论只有在马克思哲学这一更大的概念背景下才能得到真正理解，只有在无产阶级和人类解放这一更大的意识形态背景下才能得到真正理解。研究马克思的哲学思想不去研究其经济学思想，就会陷入形而上学的玄思之中；研究马克思的经济学思想而不从哲学上反思经济学的前提，就无法真正理解马克思是如何超越古典政治经济学的；而不把马克思哲学—经济学思想与其社会主义思想结合为一个整体，就无法真正理解马克思的哲学—经济学批判的理论意义。如何从总体上把握马克思主义的"三个来源和三个组成部分"，从而从理论深层上理解马克思，把握马克思主义哲学，这是解读马克思主义哲学文本时需要解决的难题。

马克思主义哲学的理论内容和理论主题的特殊性，要求我们把马克思的哲学思想与当时的社会生活作为一个总体来理解。任何一个哲学家的思想都不是思想史的单纯的逻辑延伸。哲学家运用的是一些超历史的、形而上的语言，面对的却是当时的社会生活，所要解决的问题都有其历史的定位。例如，黑格尔哲学在直接层面表现为一种思想的逻辑，其晦涩的论述要解决的是思想史上的难题，但实际上，黑格尔哲学所要解决的是德国当时的历史难题，即面对英、法等资本主义强国，德国如何选择自己的发展道路。正如黑格尔本人所说，"就个人来说，每个人都是他那时代的产儿。哲学也是这样，它是被把握在思想中的它的时代"。"每一哲学都是它的时代的哲学，它是精神发展的全部锁链里面的一环，因此它只能满足那适合于它的时代的要求或兴趣。"黑格尔对英国经验论与大陆唯理论的批判，对经济学的研究，对市民社会、国家理性的探讨，无不是用形而上的语言来表述当时德国社会生活中的现实问题。如果不能把黑格尔的哲学与他所处的历史情境联系起来，作为一个总体来看待，我们就只能看到一个思想史逻辑中的黑格尔，而无法真正理解黑格尔哲学的历史意义。

解读马克思主义哲学文本同样要遵循这种总体性原则。马克思主义哲学是19世纪中叶西方社会发展的必然产物，英国的工业革命及其后果、法国政治革命及其后果、世界历史的形成及其后果，这三者是资产阶级历史性创造活动的主要成果，这些成果及其引起的规模宏伟、具有现代形式的社会矛盾，以及人类历史向何处去的这一现实问题，是推动马克思创立马克思主义哲学的根本原因。离开这一当时社会生活的现实逻辑，我们无法真正理解马克思主义哲学的理论逻辑。实际上，总体性方法是马克思面对思想史的一个基本理念。马克思在分析劳动价值论的形成时认为，从重商主义把商业劳动作为财富的源泉，重农主义把农业劳动作为财富的源泉，到亚当·斯密"抛开创造财富的活动的一切规定性"，创立劳动价值论，不仅体现了理论逻辑的提升，而且体现了现实社会的发展。

按照马克思的观点，从理论逻辑来说，这一转变体现了从特殊劳动向一般劳动的提升；从社会发展来说，这一转变表明人类社会已经从农业社会转向工业社会，从自然经济转向商品经济，从封建社会转向资本主义社会。"在这种社会形式中，个人很容易从一种劳动转到另一种劳动，一定种类的劳动对他们说来是偶然的，因而是无差别的。这里，劳动不仅在范畴上，而且在现实中都成了创造财富一般的手段，它不再是同具有某种特殊性的个人结合在一起的规定了。"这就是说，只有在现代社会形式中，人们才能对不同种类的劳动"同样看待"，才能形成"劳动一般"这一范畴，才能创立劳动价值论。"在这里，'劳动'、'劳动一般'、直截了当的劳动这个范畴的抽象，这个现代经济学的起点，才成为实际上真实的东西。"在马克思的这种分析中，我们不仅看到了思想历史的逻辑进程，而且看到了社会历史的实际进程，同时看到了思想历史逻辑进程和社会历史实际进程的内在关系。因此，把思想和历史当作一个总体，不仅是理解马克思主义哲学的重要原则，也是我们从马克思主义哲学出发面对当代社会和思想的重要原则。

马克思主义哲学理论内容和理论体系的开放性，要求我们把马克思主义哲学研究与当代社会和思想研究作为一个总体来看待。哲学解释学已经揭示，任何理论研究都无法完全摆脱源于当下社会和思想的视域，研究的过程实际上是将当下的视域与研究对象的视域相融合的过程。这表明，对前人思想的研究离不开对当下社会和思想的深入考察，它们之间构成了一种总体性的相互关联。只有走进当代社会和思想的深处，我们才能在解读马克思主义文本时更好地理解马克思主义哲学，并揭示马克思主义哲学走向当代的途径。例如，卢卡奇关于物化与阶级意识的理论，就体现了他对资本主义社会发展新阶段的思考。随着19世纪末20世纪初的科学技术革命及其在生产领域中的应用，技术对人的支配与控制越来越明显，这种控制不仅体现在人的身体的层面，而且体现在人的心灵的深处，卢卡奇由此提出了"物化"批判理论。这种针对泰勒制的"物化"批判理论，不仅承袭了马克思《资本论》及其手稿中的重要思想，而且受到了韦伯、西美尔等当代思想家的重要影响。看不到这种当代社会和思想的变化，不仅难以正确把握卢卡奇物化理论与马克思异化理论的关系，而且难以找到从马克思主义哲学走向当代的内在逻辑和现实途径。

哲学家个人的思想生命远远超过其自然生命。个人的自然生命是生物学的，受生物规律支配；个人的思想生命是社会学的，受社会规律支配。只要哲学家的思想对思想史有新的贡献，只要其思想有社会存在的需要和根据，其思想就会长久发生作用并具有永久的魅力。这是思想史的规律。所以，我们今天仍然在解读孔子、孟子、庄子，仍然在解读亚里士多德、康德、黑格尔……哲学思想不同于新闻报道，"读"书不是"看"报。我们之所以看新报而不看旧报，是因为从新报中能获得新闻，在旧报中只能得到旧闻。除非为了寻找资料，否则，我们不会看旧报，而寻找资料已经进入思想研究的范围了。真理性的思想没有什么"新闻"与"旧闻"之分。老的未必就是假的，新的未必就是真的。可以有"老"的重复千年的真理，也可能有"新"的时髦一时的谬论。所以，我们今天不需要看旧闻，却需要读经典著作这些"旧作"。

新闻报道追求的是新，哲学思想追求的是真。马克思主义哲学仍然是我们时代的真理和良心。在当代，无论是对肯定、信仰马克思主义的人来说，还是对否定、反对马克思主义的人来说，马克思主义都是一座绕不过去的思想高山。"马克思彻底改变了我们对人类历史的理解，这是连马克思主义最激烈的批评者也无法否认的事实。就连反社会主义思想家路德维希·冯·米塞斯也认为，社会主义是'有史以来影响最深远的社会改革运动；也是第一个不限于某个特定群体，而受到不分种族、国别、宗教和文明的所有人支持的思想潮流'。"（特里·伊格尔顿语）系统阅读、深入研究马克思主义哲学文本，真正理解、全面把握马克思主义哲学，既是精神需求，又是现实需要。

我们应该做一个"精致读书人"，反复阅读马克思主义哲学文本。"故书不厌百回读，熟读深思子自知。"（苏轼语）我们应该怀着一种对哲学、真理的"敬畏之情"，深入解读马克思主义哲学文本。"在哲学里面正像在海洋里面一样，既没有坚冰，也没有水晶，一切都是运转、流动、生气勃勃，每一点都同样的渊深；在哲学里面正像熔炉里面一样，熔解着落在它的无始无终循环之中的一切坚硬的、石化了的东西，但同时，却又像海洋一样，它的表面光辉、平静、明亮、一望无际，并倒映着青天。由于这个视错觉，华而不实的人就勇猛地走上前去，对真理毫无敬畏之情，对于工作了约三千年才达到目前发展的人类劳动毫无敬意。"（赫尔岑语）

杨　耕　仰海峰

2013 年 7 月于北京

上 册

第一部分 马克思、恩格斯的哲学文本

第二部分　第二国际的哲学文本

下　册

目录

上　册

第一部分　马克思、恩格斯的哲学文本

第二部分　第二国际的哲学文本

第一部分

Chapter One

马克思、恩格斯的哲学文本

第一章　马克思唯物主义的初始状态

——《论犹太人问题》与《〈黑格尔法哲学批判〉导言》

一、写作背景

19世纪40年代，给犹太人政治上的平等权利是德国资产阶级反封建斗争的重要组成部分。1843年，青年黑格尔派代表人物鲍威尔发表了《犹太人问题》和《现代犹太人和基督徒获得自由的能力》，认为犹太人问题是从属于宗教与国家关系的问题，反对把基督教作为普鲁士国家的思想支柱，主张犹太人的解放应服从于一般的政治解放，即从他们的宗教中获得解放；犹太人的解放并不是要认同基督教，否则，就是承认普遍奴役制度。马克思认为，鲍威尔的观点不仅过于抽象，而且落后于时代要求。为此，马克思在1843年10月写作了《论犹太人问题》，批判了鲍威尔的思想，提出了政治解放与人的解放问题。1843年10月到12月马克思又写下了《〈黑格尔法哲学批判〉导言》，进一步论证了人类解放的问题，并明确提出无产阶级是人类解放的现实力量。1844年，《论犹太人问题》和《〈黑格尔法哲学批判〉导言》首次发表于《德法年鉴》。

在完成这两个文本之前，马克思于1843年3月至9月间写下了《黑格尔法哲学批判》。正是在这部手稿中，马克思结合《克罗茨纳赫笔记》的研究成果，在吸收费尔巴哈人本唯物主义的基础上，提出市民社会是政治国家的基础，对市民社会的解剖需要到政治经济学中去寻求。但由于此时马克思还未展开政治经济学研究，所以，马克思借用费尔巴哈的人本学异化理论，以卢格的政治异化理论为中介，提出市民社会实际上是人的异化领域，并认为人的解放、人的本质的实现，有赖于从市民社会中摆脱出来。《黑格尔法哲学批判》是马克思讨论犹太人问题，以及政治解放与人类解放问题的理论基础。

二、篇章结构

《论犹太人问题》由两个部分组成：第一部分批判鲍威尔的《犹太人问题》，指出鲍威尔仅从政治解放视角讨论犹太人解放的错误；第二部分批判鲍威尔的《现代犹太人和基督徒获得自由的能力》，批判鲍威尔关于犹太教与基督教关系观点的错误。

《〈黑格尔法哲学批判〉导言》分为两个部分：第一部分分析了现实批判、法的批判、政治批判与德国革命的关系；第二部分论述了无产阶级的历史使命，以及无产阶级革命与"彻底的革命、全人类的解放"的关系。

三、观点提示

在《论犹太人问题》中，马克思主要论述了两个观点：

第一，对政治解放本身必须进行批判。犹太人的解放首先是要从宗教中解放出来，以获得政治解放，这是犹太人走向解放的重要一步。但是，仅仅停留在这一点上是不够的，"只有对政治解放本身的批判，才是对犹太人问题的最终批判，也才能使这个问题真正变成'当代的普遍问题'"。

第二，政治解放并不等于人类解放。在当时的德国，政治解放只是让市民社会摆脱宗教神学与封建制度的束缚，使犹太人成为市民社会的成员，成为利己的人，成为法人。实际上，这是资本主义市民社会中的人，是合乎资本主义要求的人，并没有使人摆脱异化与奴役。换言之，资产阶级的政治解放只是将人变成了市民社会中的公民，只是将人的宗教异化转变为政治异化，政治解放只是将人从封建制度中解放出来，从宗教中解放出来，还不是人本身的自我解放。只有在人类解放的意义上，犹太人才能得到真正解放。

在《〈黑格尔法哲学批判〉导言》中，马克思主要阐述了以下观点：

第一，宗教是人的本质在幻想中的实现。宗教里的苦难既是现实苦难的表现，又是对这种现实苦难的抗议。因此，历史的任务就是要确立现实世界的真理，将对天国的批判变成对尘世世界的批判，对宗教的批判变成对法的批判，对神学的批判变成对政治的批判，从而揭示人的自我异化，这是"为历史服务的哲学的迫切任务"。

第二，人是人的最高本质。"德国唯一实际可能的解放是以宣布人是人的最高本质这个理论为立足点的解放"，人不是抽象的蛰居于世界之外的存在物，人就是人的世界，就是国家、社会，而这个国家、这个社会、这个世界本身就是一个"颠倒的世界"。

第三，无产阶级是推翻现存制度、实现人类解放的现实力量。在无产阶级身上集中体现了使人成为被侮辱、被奴役、被遗弃和被蔑视的东西的一切关系。因此，无产阶级的解放意味着现存制度的实际解体，意味着人类解放。哲学从理论上批判了现存制度的不合理，无产阶级则从行动上宣告了现存制度的解体。因此，哲学是无产阶级的精神武器，无产阶级是哲学的物质武器；人类解放的"头脑"是哲学，"心脏"是无产阶级。

《论犹太人问题》和《黑格尔法哲学批判》，提出了人类解放、无产阶级解放与人类解放的关系问题，标志着马克思从民主主义转向共产主义、从唯心主义转向唯物主义，标志着马克思的唯物主义的初始状态。此时的马克思还只是从哲学的意义上来论证人类解放，没有找到实现人类解放的现实途径。

四、文本节选

◆ 论犹太人问题

只是探讨谁应当是解放者？谁应当得到解放？这无论如何是不够的。批判还应当做到第三点。它必须提出问题：这里指的是**哪一类解放**？人们所要求的解放的本质要有哪些条件？只有对**政治解放**本身的批判，才是对犹太人问题的最终批判，也才能使这个问题真正变成**"当代的普遍问题"**。

鲍威尔并没有把问题提到这样的高度，因此陷入了矛盾。他提供了一些条件，这些条件并不是**政治解放**本身的本质引起的。他提出的是一些不包括在他的课题以内的问题，他解决的是一些没有回答他的问题的课题。……鲍威尔的错误在于：他批判的**只是**"基督教国家"，而不是"国家本身"，他没有探讨**政治解放对人的解放的关系**，因此，他提供的条件只能表明他毫无批判地把政治解放和普遍的人的解放混为一谈。

……

完成了的政治国家，按其本质来说，是人的同自己物质生活**相对立**的**类生活**。这种利己生活的一切前提继续存在于国家范围**以外**，存在于**市民社会**之中，然而是作为市民社会的特性存在的。在政治国家真正形成的地方，人不仅在思想中，在意识中，而且在**现实**中，在**生活**中，都过着双重的生活——天国的生活和尘世的生活。前一种是**政治共同体**中的生活，在这个共同体中，人把自己看作**社会存在物**；后一种是**市民社会**中的生活，在这个社会中，人作为**私人**进行活动，把他人看作工具，把自己也降为工具，并成为异己力量的玩物。政治国家对市民社会的关系，正像天国对尘世的关系一样，也是唯灵论的。政治国家与市民社会也处于同样的对立之中，它用以克服后者的方式也同宗教克服尘世局限性的方式相同，即它同样不得不重新承认市民社会，恢复市民社会，服从市民社会的统治。人在其**最直接的**现实中，在市民社会中，是尘世存在物。在这里，即在人把自己并把别人看作是现实的个人的地方，人是一种**不真实的**现象。相反，在国家中，即在人被看作是类存在物的地方，人是想像的主权中虚构的成员；在这里，他被剥夺了自己现实的个人生活，却充满了非现实的普通性。

……

政治解放同时也是同人民相异化的国家制度即统治者的权力所依据的旧社会的**解体**。政治革命是市民社会的革命。旧社会的性质是怎样的呢？可以用一个词来表述。**封建主义**。旧的市民社会**直接**具有**政治**性质，就是说，市民生活的要素，例如，财产、家庭、劳动方式，已经以领主权、等级和同业公会的形式上升为国家生活的要素。它们以这种形式规定了单一的个体对**国家整体**的关系，就是说，规定了他的政治关系，即他同社会其他组成部分相分离和相排斥的关系。因为人民生活的这种组织没有把财产或劳动上升为社会要素，相反，却完成了它们同国家整体的**分离**，把它们建成为社会中的**特殊社会**。因此，市民社会的生活机能和生活条件还是政治的，虽然指从封建意义上讲是政治的，就是说，这些机能和条件使个体同国家整体分隔开来，把他的同业公会对国家整体的**特殊**关系变成他自己对人民生活的普遍关系，使他的特定的市民活动和地位变成他的普遍的活动和地位。国家统一体，作为这种组织的结果，也像国家统一体的意识、意志和活动即普遍国家权力一样，必然表现为一个同人民相脱离的统治者及其仆从的**特殊事务**。

政治革命打倒了这种统治者的权力，把国家事务提升为人民事务，把政治国家组成为**普遍**事务，就是说，组成为现实的国家；这种革命必然要摧毁一切等级、同业公会、行帮和特权，因为这些是人民同自己的共同体相分离的众多表现。于是，政治革命**消灭了市民社会的政治性质**。它把市民社会分割为简单的组成部分：一方面是**个体**，另一方面是构成这些个体的生活内容和市民地位的**物质要素和精神要素**。它把似乎是被分散、分解、溶化在封建社会各个死巷里的政治精神激发出来，把政治精神从这种分散状态中汇集起来，把它从与市民生活相混合的状态中解放出来，并把它构成为共同体、人民的**普遍**事务的领域，在观念上不依赖于市民社会的上述**特殊**要素。特定的生活活动和特定的生活地位降低到只具有个体意义。它们已经不再构成个体对国家整体的普遍关系。公共事务本身反而成了每个个体的普遍事务，政治职能成了他的普遍职能。

可是，国家的唯心主义的完成同时就是市民社会的唯物主义的完成。摆脱政治桎梏同时也就是摆脱束缚住市民社会利己精神的枷锁。政治解放同时也是市民社会从政治中得到解放，甚至是从一种普遍内容的**假象**中得到解放。

封建社会已经瓦解，只剩下了自己的基础——**人**，但这是作为它的真正基础的人，即利己的人。

因此，这种人，市民社会的成员，是**政治**国家的基础、前提。他就是国家通过人权予以承认的人。

但是，利己的人的自由和承认这种自由，更确切地说，是承认构成他的生活内容的那些精神要素和物质要素的**不可阻挡**的运动。

因此，人没有摆脱宗教，他取得了信仰宗教的自由。他没有摆脱财产。他取得了占有财产的自由。他没有摆脱行业的利己主义，他取得了行业的自由。

政治国家的建立和市民社会分解为独立的**个体**——这些个体的关系通过**法制**表现出来，正像等级制度中和行帮制度中的人的关系通过**特权**表现出来一样——是通过**同一种行为**实现的。但是，人，作为市民社会的成员，即**非**政治的人，必然表现为**自然人**。*Droits de l'homme*［人权］表现为 *droits naturels*［**自然权利**］，因为有**自我意识**的活动集中于**政治行为**。利己的人是解体社会的**被动的**、只是**现成**的结果，是有**直接确定性**的对象，因而也是**自然**的对象。**政治革命**把市民生活分解成几个组成部分，但没有**变革**这些组成部分本身，没有加以批判。它把市民社会，也就是把需要、劳动、私人利益和私人权利等领域看作**自己持续存在的基础**，看作无须进一步论证的**前提**，从而看作自己的**自然基础**。最后，人，正像他是市民社会的成员一样，被认为是**本来意义上的**人，与 *citoyen*［公民］不同的 *homme*［人］，因为他是具有感性的、单个的、**直接存在**的人，而**政治**人只是抽象的、人为的人，**寓意**的人，**法人**。现实的人只有以利己的个体形式出现才可予以**承认**，**真正的人只有以抽象的** *citoyen*［公民］形式出现才可予以承认。

……

任何解放都是使人的世界和人的关系回归于人自身。

政治解放一方面把人归结为市民社会的成员，归结为**利己的、独立的**个体，另一方面把人归结为**公民**，归结为法人。

只有当现实的个人把抽象的公民复归于自身，并且作为个人，在自己的经验生活、自己的个体劳动、自己的个体关系中间，成为**类存在物**的时候，只有当人认识到自身"固有的力量"是**社会力量**，并把这种力量组织起来因而不再把社会力量以**政治**力量的形式同自身分离的时候，只有到了那个时候，人的解放才能完成。

选自《马克思恩格斯全集》第 3 卷，人民出版社 2002 年版，第 167—189 页。

◆《**黑格尔法哲学批判**》**导言**

就德国来说，对**宗教的批判**基本上已经结束；而对宗教的批判是其他一切批判的前提。

谬误在**天国**为神祇所作的雄辩［oratio pro aris et focis］一经驳倒，它在**人间**的存在就声誉扫地了。一个人，如果想在天国这一幻想的现实性中寻找超人，而找到的只是他自身的**反映**，他就再也不想在他正在寻找和应当寻找自己的真正现实性的地方，只去寻找他自身的**映象**，只去寻找非人了。

反宗教的批判的根据是：**人创造了宗教**，而不是宗教创造人。就是说，宗教是还没有获得自身或已经再度丧失自身的人的自我意识和自我感觉。但是，**人不**

是抽象的蛰居于世界之外的存在物。人就是**人的世界**，就是国家，社会。这个国家、这个社会产生了宗教，一种**颠倒的世界意识**，因为它们就是**颠倒的世界**。宗教是这个世界的总理论，是它的包罗万象的纲要，它的具有通俗形式的逻辑，它的唯灵论的荣誉问题〔Point－d'honneur〕，它的狂热，它的道德约束，它的庄严补充，它借以求得慰藉和辩护的总根据。宗教是人的本质**在幻想中的实现**，因为**人的本质**不具有真正的现实性。因此，反宗教的斗争间接地就是反对以宗教为精神抚慰的**那个世界**的斗争。

宗教里的苦难既是现实的苦难的**表现**，又是对这种现实的苦难的**抗议**。宗教是被压迫生灵的叹息，是无情世界的心境，正像它是无精神活力的制度的精神一样。宗教是人民的**鸦片**。

废除作为人民的**虚幻**幸福的宗教，就是要求人民的**现实**幸福。要求抛弃关于人民处境的幻觉，就是**要求抛弃那需要幻觉的处境**。因此，对宗教的批判就是**对苦难尘世**——宗教是它的**神圣光环**——的批判的胚芽。

……

因此，**真理的彼岸世界**消逝以后，**历史的任务**就是确立**此岸世界的真理**。人的自我异化的**神圣形象**被揭穿以后，揭露具有**非神圣形象**的自我异化，就成了历史服务的**哲学的迫切任务**。于是，对天国的批判变成对尘世的批判，**对宗教的批判变成对法的批判，对神学的批判变成对政治的批判**。

……

试问：德国能不能实现有原则高度的〔à la hauteur des principes〕实践，即实现一个不但能把德国提高到现代各国的**正式水准**，而且提高到这些国家最近的将来要达到的**人的高度**的革命呢？

批判的武器当然不能代替武器的批判，物质力量只能用物质力量来摧毁；但是理论一经掌握群众，也会变成物质力量。理论只要说服人〔ad hominem〕，就能掌握群众；而理论只要彻底，就能说服人〔ad hominem〕。所谓彻底，就是抓住事物的根本。但是，人的根本就是人本身。德国理论的彻底性从而其实践能力的明证就是：德国理论是从坚决**积极**废除宗教出发的。对宗教的批判最后归结为**人是人的最高本质**这样一个学说，从而也归结为这样的**绝对命令：必须推翻**那些使人成为被侮辱、被奴役、被遗弃和被蔑视的东西的一切关系……

就是说，革命需要**被动**因素，需要**物质**基础。理论在一个国家实现的程度，总是决定于理论满足这个国家的需要的程度。但是，德国思想的要求和德国现实对这些要求的回答之间有惊人的不一致，与此相应，市民社会和国家之间以及和市民社会本身之间是否会有同样的不一致呢？理论需要是否会直接成为实践需要呢？光是思想力求成为现实是不够的，现实本身应当力求趋向思想。

……

那么，德国解放的**实际**可能性到底在哪里呢？

答：就在于形成一个被戴上**彻底的锁链**的阶级，一个并非市民社会阶级的市民社会阶级，形成一个表明一切等级解体的等级，形成一个由于自己遭受普遍苦难而具有普遍性质的领域，这个领域不要求享有任何**特殊的权利**，因为威胁着这个领域的不是**特殊的不公正**，而是**一般的不公正**，它不能再求助于**历史的权利**，而只能求助于**人的权利**，它不是同德国国家制度的后果处于片面的对立，而是同这种制度的前提处于全面的对立，最后，在于形成一个若不从其他一切社会领域解放出来从而解放其他一切社会领域就不能解放自己的领域，总之，形成这样一个领域，它表明人的**完全丧失**，并因而只有通过**人的完全回复**才能回复自己本身。社会解体的这个结果，就是**无产阶级**这个特殊等级。

德国无产阶级只是通过兴起的**工业运动**才开始形成；因为组成无产阶级的不是**自然形成的**而是**人工制造的**贫民，不是在社会的重担下机械地压出来的而是由于社会的**急剧解体**、特别是由于中间等级的解体而产生的群众，虽然不言而喻，自然形成的贫民和基督教日耳曼的农奴也正在逐渐跨入无产阶级的行列。

无产阶级宣告**迄今为止的世界制度的解体**，只不过是揭示**自己本身的存在的秘密**，因为它就**是**这个世界制度的**实际解体**。无产阶级要求**否定私有财产**，只不过是把社会已经提升为**无产阶级的原则**的东西，把未经无产阶级的协助就已作为社会的否定结果而体现在**它身上**的东西提升为**社会的原则**。这样一来，无产者对正在生成的世界所享有的权利就同**德国国王**对已经生成的世界所享有的权利一样了。德国国王把人民称为**自己的人民**，正像他把马叫作**自己的**马一样。国王宣布人民是他的私有财产，只不过表明私有者就是国王。

哲学把无产阶级当作自己的**物质**武器，同样，无产阶级也把哲学当作自己的**精神武器**；思想的闪电一旦彻底击中这块素朴的人民园地，**德国人**就会解放成为人。

我们可以作出如下的结论：

德国唯一**实际**可能的解放是以宣布人是人的最高本质**这个**理论为立足点的解放。在德国，只有同时从对中世纪的**部分**胜利解放出来，才能从**中世纪**得到解放。在德国，不摧毁**一切**奴役制，**任何一种**奴役制都不可能被摧毁。彻底的德国不从**根本上**进行革命，就不可能完成革命。**德国人的解放**就是人的解放。这个解放的**头脑**是**哲学**，它的**心脏**是**无产阶级**。哲学不消灭无产阶级，就不能成为现实；无产阶级不把哲学变成现实，就不可能消灭自身。

一切内在条件一旦成熟，**德国的复活日**就会由**高卢雄鸡**的**高鸣**来宣布。

选自《马克思恩格斯全集》第 3 卷，人民出版社 2002 年版，第 199—214 页。

五、进一步阅读的文献

1. ［英］麦克莱伦：《青年黑格尔派与马克思》，商务印书馆 1982 年版。
2. ［日］城塚登：《青年马克思的思想》，求实出版社 1988 年版。
3. 陈先达：《马克思早期思想研究》，北京出版社 1982 年版。

第二章 从人本主义出发与从现实社会出发的双重逻辑
——《1844 年经济学哲学手稿》

一、写作背景

《莱茵报》时期的实践与对黑格尔法哲学的批判，使马克思意识到政治国家根源于市民社会。对市民社会的剖析需要借助于政治经济学批判来实现，但在《黑格尔法哲学批判》中，马克思还没有深入到政治经济学中。1843 年 10 月，马克思移居巴黎之后开始政治经济学研究，并写下了七个笔记本，《1844 年经济学哲学手稿》就是由其中的三个手稿构成的。因此，《1844 年经济学哲学手稿》是《黑格尔法哲学批判》的延续，标志着马克思开始从政治经济学的视角来研究市民社会，从对国家和法的批判进到对市民社会本身的批判，从哲学批判进到政治经济学批判。当马克思从法权角度批判市民社会时，恩格斯对政治经济学已经展开了批判，并完成了《国民经济学批判大纲》；同时，赫斯把费尔巴哈的人本异化理论改造成经济异化理论，批判经济生活。这构成了马克思《1844 年经济学哲学手稿》的理论前提。

《1844 年经济学哲学手稿》大约写于 1844 年 5 月底 6 月初至 8 月，1932 年这份手稿的部分内容以《〈神圣家族〉的预备著作》为题编入。同年，这份手稿的全文编入《马克思恩格斯全集》历史考证第 1 版（MEGA1）第 1 部分第 3 卷，题为《1844 年经济学哲学手稿。国民经济学批判。附关于黑格尔哲学的一章》。

二、篇章结构

《1844 年经济学哲学手稿》由序言和三个笔记本的手稿组成：第一部分分别就工资、资本、地租问题进行了摘录和评注，随后是异化劳动的内容；第二部分主要批判私有财产关系；第三部分是对第二手稿相关内容的补充，主要论述了"私有财产与劳动"、"私有财产与共产主义"以及"对黑格尔的辩证法和整个哲学的批判"、"私有财产和需要"、"分工"、"货币"等内容。

三、观点提示

第一，资产阶级所论证的财富实际上是异化劳动的结果。异化劳动有四重表现，即劳动产品与劳动者相异化、劳动过程与劳动者相异化、人的类本质与人相异化和人与人的异化。异化劳动构成了私有财产的本质。

第二，人类历史是人通过人的劳动而诞生的过程。实践是人的改造自然界的对象性活动，人的本质力量、社会发展是在劳动中得以展现出来的，物质生产的规律支配宗教、道德、科学、艺术、法和国家等社会要素，生产劳动是人区别于动物的根本特征，整个人类历史是人通过人的劳动而诞生的历史。

第三，作为推动原则和创造原则的否定性辩证法。否定之否定是黑格尔建构其客观唯心主义哲学体系的支柱。黑格尔把人的自我产生看作一个过程，把对象化看作失去对象，看作外化和这种外化的扬弃，这实际上是对人类自我创造活动和人类历史矛盾运动的"抽象的、逻辑的、思辨的表达"。在黑格尔的辩证法中，作为否定之否定的肯定，是包含着发展过程丰富内容的肯定，而否定是一种能动的创造。因此，黑格尔的辩证法是作为推动原则和创造原则的否定性的辩证法，蕴含着辩证法的批判性和革命性。

第四，共产主义是私有财产即人的自我异化的积极扬弃。私有财产是人的生命异化的物质的表现。私有财产运动集中表现为劳动与资本的对立，劳动与资本的对立一旦达到极限，就必然促使私有财产的灭亡。在扬弃私有制、全面占有人的本质的共产主义社会，人与自然之间、人与人之间的矛盾，存在与本质、对象化与自我确证、自由与必然、个体与类之间的矛盾得到了真正解决。这是在保存了以往发展的全部财富的基础上，"人向自身、向社会的（即人的）人的复归"。所以，共产主义是私有财产即人的自我异化的积极扬弃。

《1844 年经济学哲学手稿》是马克思从人本唯物主义出发批判政治经济学的成果，第一次将哲学、政治经济学与社会主义理论作为一个整体来探索，并以此批判资本主义制度。马克思通过"对黑格尔的辩证法和整个哲学的批判"，通过对《精神现象学》的批判性考察，真正理解了劳动的意义，意识到黑格尔哲学的政治经济学意蕴，哲学批判与政治经济学批判在这里不再是一种外在的嫁接，而是内在理路的贯通。这一思考理路，直接影响到马克思后来的思想发展。在《1844 年经济学哲学手稿》中，人本主义的逻辑得到了充分体现，同时，从现实社会出发的逻辑也开始呈现出来。在马克思后来的思想发展中，从现实出发的逻辑摆脱了人本主义逻辑的束缚，这是马克思所实现的哲学变革中的深层问题。

四、文本节选

国民经济学从私有财产的事实出发。它没有给我们说明这个事实。它把私有财产在现实中所经历的**物质**过程，放进一般的、抽象的公式，然后把这些公式当**作规律**。它不**理解**这些规律，就是说，它没有指明这些规律是怎样从私有财产的本质中产生出来的。国民经济学没有向我们说明劳动和资本分离以及资本和土地分离的原因。例如，当它确定工资和资本利润之间的关系时，它把资本家的利益当作最终原因；就是说，它把应当加以阐明的东西当作前提。同样，竞争到处出现，对此则用外部情况来说明。至于这种似乎偶然的外部情况在多大程度上仅仅是一种必然的发展过程的表现，国民经济学根本没有向我们讲明。我们已经看到，交换本身在它看来是偶然的事实。**贪欲**以及**贪欲者之间的战争即竞争**，是国民经济学家所推动的仅有的车轮。

……

我们且从**当前的**经济事实出发。

工人生产的财富越多，他的产品的力量和数量越大，他就越贫穷。工人创造的商品越多，他就越变成廉价的商品。物的世界的**增值**同人的世界的**贬值**成正比。劳动生产的不仅是商品，它生产作为**商品**的劳动自身和工人，而且是按它一般生产商品的比例生产的。

这一事实无非是表明：劳动所生产的对象，即劳动的产品，作为一种**异己的存在物**，作为**不依赖于生产者的力量**，同劳动相对立。劳动的产品是固定在某个对象中的、物化的劳动，这就是劳动的**对象化**。劳动的现实化就是劳动的对象化。在国民经济学假定的状况中，劳动的这种现实化表现为工人的**非现实化**，对象化表现为**对象的丧失和被对象奴役**，占有表现为**异化、外化**。

劳动的现实化竟如此表现为非现实化，以致工人非现实化到饿死的地步。对象化竟如此表现为对象的丧失，以致工人被剥夺了最必要的对象——不仅是生活的必要对象，而且是劳动的必要对象。甚至连劳动本身也成为工人只有通过最大的努力和极不规则的中断才能加以占有的对象。对对象的占有竟如此表现为异化，以致工人生产的对象越多，他能够占有的对象就越少，而且越受自己的产品即资本的统治。

这一切后果包含在这样一个规定中：工人对**自己的劳动的产品**的关系就是对一个**异己的**对象的关系。因为根据这个前提，很明显，工人在劳动中耗费的力量越多，他亲手创造出来反对自身的、异己的对象世界的力量就越强大，他自身、他的内部世界就越贫乏，归他所有的东西就越少。宗教方面的情况也是如此。人奉献给上帝的越多，他留给自身的就越少。工人把自己的生命投入对象；但现在这个生命已不再属于他而属于对象了。因此，这种活动越多，工人就越丧失对象。凡是成为他的劳动的产品的东西，就不再是他自身的东西。因此，这个产品越多，他自身的东西就越少。工人在他的产品中的外化，不仅意味着他的劳动成为**对象**，成为**外部的**存在，而且意味着他的劳动作为一种与他相异的东西不依赖于他而**在他之外**存在，并成为同他对立的独立力量；意味着他给予对象的生命是作为敌对的和相异的东西同他相对立。

[XXIII] 现在让我们来更详细地考察一下**对象化**，工人的生产，并且考察对象即工人产品在对象化中的**异化、丧失**。

没有**自然界**，没有**感性的外部世界**，工人什么也不能创造。它是工人的劳动得以实现、工人的劳动在其中活动、工人的劳动从中生产出和借以生产出自己的产品的材料。

但是，自然界一方面在这样的意义上给劳动提供**生活资料**，即没有劳动加工的对象，劳动就不能**存在**，另一方面，也在更狭隘的意义上提供**生活资料**，即维持**工人**本身的肉体生存的手段。

因此，工人越是通过自己的劳动**占有**外部世界、感性自然界，他就越是在两个方面失去**生活资料**：第一，感性的外部世界越来越不成为属于他的劳动的对象，不成为他的劳动的**生活资料**；第二，感性的外部世界越来越不给他提供直接意义的**生活资料**，即维持工人的肉体生存的手段。

因此，工人在这两方面成为自己的对象的奴隶：首先，他得到**劳动的对象**，也就是得到**工作**；其次，他得到**生存资料**。因此，他首先是作为**工人**，其次是作为**肉体的主体**，才能够生存。这种奴隶状态的顶点就是：他只有作为**工人**才能维持自己作为**肉体的主体**，并且只有作为**肉体的主体**才〔**能**〕是工人。

（按照国民经济学的规律，工人在他的对象中的异化表现在：工人生产得越多，他能够消费的越少；他创造价值越多，他自己越没有价值、越低贱；工人的产品越完美，工人自己越畸形；工人创造的对象越文明，工人自己越野蛮；劳动越有力量，工人越无力；劳动越机巧，工人越愚笨，越成为自然界的奴隶。）

国民经济学由于不考察**工人**（劳动）同产品的直接关系而掩盖劳动本质的异化。当然，劳动为富人生产了奇迹般的东西，但是为工人生产了赤贫。劳动生产了宫殿，但是给工人生产了棚舍。劳动生产了美，但是使工人变成畸形。劳动用机器代替了手工劳动，但是使一部分工人回到野蛮的劳动，并使另一部分工人变成机器。劳动生产了智慧，但是给工人生产了愚钝和痴呆。

劳动对它的产品的直接关系，是工人对他的生产的对象的关系。有产者对生产对象和生产本身的关系，不过是这前一种关系的**结果**，而且证实了这一点。对问题的这另一个方面我们将在后面加以考察。因此，当我们问劳动的本质关系是什么的时候，我们问的是**工人**对生产的关系。

以上我们只是从一个方面，就是从工人**对他的劳动产品的关系**这个方面，考察了工人的异化、外化。但是，异化不仅表现在结果上，而且表现在**生产行为**中，表现在**生产活动**本身中。如果工人不是在生产行为本身中使自身异化，那么工人活动的产品怎么会作为相异的东西同工人对立呢？产品不过是活动、生产的总结。因此，如果劳动的产品是外化，那么生产本身必然是能动的外化，活动的外化，外化的活动。在劳动对象的异化中不过总结了劳动活动本身的异化、外化。

那么，劳动的外化表现在什么地方呢？

首先，劳动对工人来说是**外在的东西**，也就是说，不属于他的本质；因此，他在自己的劳动中不是肯定自己，而是否定自己，不是感到幸福，而是感到不幸，不是自由地发挥自己的体力和智力，而是使自己的肉体受折磨、精神遭摧残。因此，工人只有在劳动之外才感到自在，而在劳动中则感到不自在，他在不劳动时觉得舒畅，而在劳动时就觉得不舒畅。因此，他的劳动不是自愿的劳动，而是被迫的**强制劳动**。因此，这种劳动不是满足一种需要，而只是满足劳动以外的那些需要的一种**手段**。劳动的异己性完全表现在：只要肉体的强制或其他强制一停止，人们会像逃避瘟疫那样逃避劳动。外在的劳动，人在其中使自己外化的劳动，是一种自我牺牲、自我折磨的劳动。最后，对工人来说，劳动的外在性表现在：这种劳动不是他自己的，而是别人的；劳动不属于他；他在劳动中也不属于他自己，而是属于别人。在宗教中，人的幻想、人的头脑和人的心灵的自主活动对个人发生作用不取决于他个人，就是说，是作为某种异己的活动，神灵的或魔鬼的活动发生作用，同样，工人的活动也不是他的自主活动。他的活动属于别人，这种活动是他自身的丧失。

因此，结果是，人（工人）只有在运用自己的动物机能——吃、喝、生殖，至多还有居住、修饰等等——的时候，才觉得自己在自由活动，而在运用人的机能时，觉得自己只不过是动物。动物的东西成为人的东西，而人的东西成为动物的东西。

吃、喝、生殖等等，固然也是真正的人的机能。但是，如果加以抽象，使这些机能脱离人的其他活动领域并成为最后的和唯一的终极目的，那它们就是动物的机能。

我们从两个方面考察了实践的人的活动即劳动的异化行为。第一，工人对**劳动产品**这个异己的、统治着他的对象的关系。这种关系同时也是工人对感性的外部世界、对自然对象——异己的与他敌对的世界——的关系。第二，在**劳动**过程中劳动对**生产行为**的关系。这种关系是工人对他自己的活动——一种异己的、不属于他的活动——的关系。在这里，活动是受动；力量是无力；生殖是去势；工人**自己的**体力和智力，他个人的生命——因为，生命如果不是活动，又是什么呢？——是不依赖于他、不属于他、转过来反对他自身的活动。这是**自我异化**，而上面所谈的是**物**的异化。

［XXIV］我们现在还要根据在此以前考察的**异化劳动**的两个规定推出它的第三个规定。

人是类存在物，不仅因为人在实践上和理论上都把类——他自身的类以及其他物的类——当作自己的对象；而且因为——这只是同一种事物的另一种说法——人把自身当作现有的、有生命的类来对待，因为人把自身当作**普遍**的因而也是自由的存在物来对待。

无论是在人那里还是在动物那里，类生活从肉体方面来说就在于人（和动物一样）靠无机界生活，而人和动物相比越有普遍性，人赖以生活的无机界的范围就越广阔。从理论领域来说，植物、动物、石头、空气、光等等，一方面作为自然科学的对象，一方面作为艺术的对象，都是人的意识的一部分，是人的精神的无机界，是人必须事先进行加工以便享用和消化的精神食粮；同样，从实践领域来说，这些东西也是人的生活和人的活动的一部分。人在肉体上只有靠这些自然产品才能生活，不管这些产品是以食物、燃料、衣着的形式还是以住房等等的形式表现出来。在实践上，人的普遍性正是表现为这样的普遍性，它把整个自然界——首先作为人的直接的生活资料，其次作为人的生命活动的对象（材料）和工具——变成人的**无机**的身体。自然界，就它自身不是人的身体而言，是人的**无机的身体**。人靠自然界**生活**。这就是说，自然界是人为了不致死亡而必须与之处于持续不断的交互作用过程的、人的**身体**。所谓人的肉体生活和精神生活同自然界相联系，不外是说自然界同自身相联系，因为人是自然界的一部分。

异化劳动，由于（1）使自然界，（2）使人本身，使他自己的活动机能，使他的生命活动同人相异化，也就使**类**同人相异化；对人来说，它把**类生活**变成维持个人生活的手段。第一，它使类生活和个人生活异化；第二，把抽象形式的个人生活变成同样是抽象形式和异化形式的类生活的目的。

因为，首先，劳动这种**生命活动**、这种**生产生活**本身对人来说不过是满足一种需要即维持肉体生存的需要的一种**手段**。而生产生活就是类生活。这是产生生命的生活。一个种的整体特性、种的类特性就在于生命活动的性质，而自由的有意识的活动恰恰就是人的类特性。生活本身仅仅表现为**生活的手段**。

动物和自己的生命活动是直接同一的。动物不把自己同自己的生命活动区别开来。它就是**自己的生命活动**。人则使自己的生命活动本身变成自己意志的和自己意识的对象。他具有有意识的生命活动。这不是人与之直接融为一体的那种规定性。有意识的生命活动把人同动物的生命活动直接区别开来。正是由于这一点，人才是类存在物。或者说，正因为人是类存在物，他才是有意识的存在物，就是说，他自己的生活对他来说是对象。仅仅由于这一点，他的活动才是自由的活动。异化劳动把这种关系颠倒过来，以致人正因为是有意识的存在物，才把自己的生命活动，自己的**本质**变成仅仅维持自己**生存**的手段。

通过实践创造**对象世界**，**改造**无机界，人证明自己是有意识的类存在物，就是说是这样一种存在物，它把类看作自己的本质，或者说把自身看作类存在物。诚然，动物也生产。它为自己营造巢穴或住所，如蜜蜂、海狸、蚂蚁等。但是，动物只生产它自己或它的幼仔所直接需要的东西；动物的生产是片面的，而人的生产是全面的；动物只是在直接的肉体需要的支配下生产，而人甚至不受肉体需要的影响也进行生产，并且只有不受这种需要的影响才进行真正的生产；动物只生产自身，而人再生产整个自然界；动物的产品直接属于它的肉体，而人则自由地面对自己的产品。动物只是按照它所属的那个种的尺度和需要来构造，而人懂得按照任何一个种的尺度来进行生产，并且懂得处处都把内在的尺度运用于对象；因此，人也按照美的规律来构造。

因此，正是在改造对象世界中，人才真正地证明自己是**类存在物**。这种生产是人的能动的类生活。通过这种生产，自然界才表现为他的作品和他的现实。因此，劳动的对象是**人的类生活的对象化**：人不仅像在意识中那样在精神上使自己二重化，而且能动地、现实地使自己二重化，从而在他所创造的世界中直观自身。因此，异化劳动从人那里夺去了他的生产的对象，也就从人那里夺去了他的**类生活**，即他的现实的类对象性，把人对动物所具有的优点变成缺点，因为从人那里夺走了他的无机的身体即自然界。

同样，异化劳动把自主活动、自由活动贬低为手段，也就把人的类生活变成维持人的肉体生存的手段。

因此，人具有的关于自己的类的意识，由于异化而改变，以致类生活对他来说竟成了手段。

这样一来，异化劳动导致：

（3）**人的类本质**——无论是自然界，还是人的精神的类能力——变成对人来说是**异己**的本质，变成维持他的**个人生存的手段**。异化劳动使人自己的身体，同样使在他之外的自然界，使他的精神本质，他的**人**的本质同人相异化。

（4）人同自己的劳动产品、自己的生命活动、自己的类本质相异化的直接结果就是**人同人相异化**。当人同自身相对立的时候，他也同**他人**相对立。凡是适用于人对自己的劳动、对自己的劳动产品和对自身的关系的东西，也都适用于人对他人、对他人的劳动和劳动对象的关系。

总之，人的类本质同人相异化这一命题，说的是一个人同他人相异化，以及他们中的每个人都同人的本质相异化。

人的异化，一般地说，人对自身的任何关系，只有通过人对他人的关系才得到实现和表现。

因此，在异化劳动的条件下，每个人都按照他自己作为工人所具有的那种尺度和关系来观察他人。

［XXV］我们的出发点是经济事实即工人及其产品的异化。我们表述了这一事实的概念：**异化的**、**外化的**劳动。我们分析了这一概念，因而我们只是分析了一个经济事实。

......

（3）**共产主义是私有财产即人的自我异化的积极的扬弃，因而是通过人并且为了人而对人的本质的真正占有**；因此，它是人向自身、向**社会的**即合乎人性的人的复归，这种复归是完全的，自觉的和在以往发展的全部财富的范围内生成的。这种共产主义，作为完成了的自然主义＝人道主义，而作为完成了的人道主义＝自然主义，它是人和自然界之间、人和人之间的矛盾的**真正**解决，是存在和本质、对象化和自我确证、自由和必然、个体和类之间的斗争的真正解决。它是历史之谜的解答，而且知道自己就是这种解答。

......

我们知道，只有当对象对人来说成为**人的**对象或者说成为对象性的人的时候，人才不致在自己的对象中丧失自身。只有当对象对人来说成为**社会的**对象，人本身对自己来说成为社会的存在物，而社会在这个对象中对人来说成为本质的时候，这种情况才是可能的。

因此，一方面，随着对象性的现实在社会中对人来说到处成为人的本质力量的现实，成为人的现实，因而成为人**自己的**本质力量的现实，一切**对象**对他来说也就成为他自身的**对象化**，成为确证和实现他的个性的对象，成为**他的**对象，这就是说，对象成为**他自身**。对象如何对他来说成为他的对象，这取决于**对象的性质**以及与之相适应的**本质力量**的性质；因为正是这种关系的**规定性**形成一种特殊的、**现实的**肯定方式。**眼睛**对对象的感觉不同于**耳朵**，眼睛的对象是不同于**耳朵**

的对象的。每一种本质力量的独特性，恰好就是这种本质力量的**独特的本质**，因而也是它的对象化的独特方式，它的**对象性的**、**现实的**、活生生的**存在**的独特方式。因此，人不仅通过思维，[VIII] 而且以**全部**感觉在对象世界中肯定自己。

另一方面，即从主体方面来看：只有音乐才激起人的音乐感；对于没有音乐感的耳朵来说，最美的音乐毫无意义，**不是**对象，因为我的对象只能是我的一种本质力量的确证，就是说，它只能像我的本质力量作为一种主体能力自为地存在着那样才对我而存在，因为任何一个对象对我的意义（它只是对那个与它相适应的感觉来说才有意义）恰好都以**我的**感觉所及的程度为限。因此，社会的人的**感觉**不同于非社会的人的感觉。只是由于人的本质客观地展开的丰富性，主体的、**人的**感性的丰富性，如有音乐感的**耳朵**、能感受形式美的**眼睛**，总之，那些能成为人的享受的感觉，即确证自己是**人的**本质力量的**感觉**，才一部分发展起来，一部分产生出来。因为，不仅五官感觉，而且连所谓精神感觉、实践感觉（意志、爱等等），一句话，人的感觉、感觉的人性，都是由于**它的**对象的存在，由于**人化的**自然界，才产生出来的。

……

我们看到，主观主义和客观主义，唯灵主义和唯物主义，活动和受动，只是在社会状态中才失去它们彼此间的对立，从而失去它们作为这样的对立面的存在；//我们看到，**理论的**对立本身的解决，**只有通过实践**方式，只有借助于人的实践力量，才是可能的；因此，这种对立的解决绝对不只是认识的任务，而是**现实生活的任务**，而**哲学**未能解决这个任务，正是因为哲学把这**仅仅**看作理论的任务。——//

//我们看到，**工业**的历史和工业的已经生成的**对象性**的存在，是一本**打开了的关于人的本质力量**的书，是感性地摆在我们面前的人的**心理学**；对这种心理学人们至今还没有从它同人的**本质**的联系来理解，而总是仅仅从外在的有用性这种关系来理解，因为在异化范围内活动的人们仅仅把人的普遍存在，宗教，或者具有抽象普遍本质的历史，如政治、艺术和文学等等，[IX] 理解为人的本质力量的现实性和**人的类**活动。在通常的、物质的工业中（人们可以把这种工业理解为上述普遍运动的一部分，正像可以把这个运动本身理解为工业的一个**特殊**部分一样，因为全部人的活动迄今为止都是劳动，也就是工业，就是同自身相异化的活动），人的**对象化的本质力量**以感性的、**异己的**、有用的**对象**的形式，以异化的形式呈现在我们面前。如果**心理学**还没有打开这本书即历史的这个恰恰最容易感知的、最容易理解的部分，那么这种心理学就不能成为内容确实丰富的和**真正的**科学。// 如果科学从人的活动的如此广泛的丰富性中只知道那种可以用"**需要**"、"**一般需要！**"的话来表达的东西，那么人们对于这种**高傲地**撇开人的劳动的这一巨大部分而不感觉自身不足的科学究竟应该怎样想呢？——

自然科学展开了大规模的活动并且占有了不断增多的材料。而哲学对自然科学始终是疏远的，正像自然科学对哲学也始终是疏远的一样。过去把它们暂时结合起来，不过是**离奇的幻想**。存在着结合的意志，但缺少结合的能力。甚至历史学也只是顺便地考虑到自然科学，仅仅把它看作是启蒙、有用性和某些伟大发现的因素。然而，自然科学却通过工业日益**在实践上**进入人的生活，改造人的生活，并为人的解放作准备，尽管它不得不直接地使非人化充分发展。**工业**是自然界对人，因而也是自然科学对人的**现实的**历史关系。因此，如果把工业看成人的**本质力量**的公开的展示，那么自然界的**人的**本质，或者人的**自然的**本质，也就可以理解了；因此，自然科学将失去它的抽象物质的方向或者不如说是唯心主义的方向，并且将成为**人的**科学的基础，正像它现在已经——尽管以异化的形式——成了真正人的生活的基础一样；说生活还有**别的**什么基础，**科学**还有别的什么基础——这根本就是谎言。// 在人类历史中即在人类社会的形成过程中生成的自然界，是人的**现实的**自然界；因此，通过工业——尽管以**异化**的形式——形成的自然界，是真正的、**人本学**的自然界。

……

但是，因为对社会主义的人来说，**整个所谓世界历史**不外是人通过人的劳动而诞生的过程，是自然界对人来说的生成过程，所以关于他通过自身而**诞生**、关于他的**形成过程**，他有直观的、无可辩驳的证明。因为人和自然界的**实在性**，即人对人来说作为自然界的存在以及自然界对人来说作为人的存在，已经成为实际的、可以通过感觉直观的，所以关于某种**异己的**存在物、关于凌驾于自然界和人之上的存在物的问题，即包含着对自然界的和人的非实在性的承认的问题，实际上已经成为不可能的了。**无神论**，作为对这种非实在性的否定，已不再有任何意义，因为无神论是**对神的否定**，并且通过这种否定而设定**人的存在**；但是，社会主义作为社会主义已经不再需要这样的中介；它是从把人和自然界看作**本质**这种**理论上和实践上的感性意识**开始的。社会主义是人的不再以宗教的扬弃为中介的

积极的自我意识，正像**现实生活**是人的不再以私有财产的扬弃即**共产主义**为中介的积极的现实一样。共产主义是作为否定的否定的肯定，因此，它是人的解放和复原的一个**现实的**、对下一段历史发展来说是必然的环节。**共产主义**是最近将来的必然的形式和有效的原则。但是，共产主义本身并不是人的发展的目标，并不是人的社会的形式。——

　　……

　　但是，因为黑格尔根据否定的否定所包含的肯定方面把否定的否定看成真正的和唯一的肯定的东西，而根据它所包含的否定方面把它看成一切存在的唯一真正的活动和自我实现的活动，所以他只是为历史的运动找到**抽象的、逻辑的、思辨的**表达，这种历史还不是作为一个当作前提的主体的人的**现实**历史，而只是人的**产生的活动**、人的**形成的历史**。——我们既要说明这一运动在黑格尔那里所采取的抽象形式，也要说明这一运动在黑格尔那里同现代的批判即同费尔巴哈的《基督教的本质》一书所描述的同一过程的区别；或者更正确些说，要说明这一在黑格尔那里还是非批判的运动所具有的**批判的**形式。——

　　……

　　因为黑格尔的《**哲学全书**》以逻辑学，以**纯粹的思辨的思想**开始，而以**绝对知识**，以自我意识的、理解自身的哲学的或绝对的即超人的抽象精神结束，所以整整一部《哲学全书》不过是哲学精神的**展开的本质**，是哲学精神的自我对象化；而哲学精神不过是在它的自我异化内部通过思维理解即抽象地理解自身的、异化的宇宙精神。——**逻辑学**是精神的**货币**，是人和自然界的思辨的、**思想的价值**——人和自然界的同一切现实的规定性毫不相干地生成的因而是非现实的本质，——是**外化的**因而是从自然界和现实的人抽象出来的**思维**，即**抽象思维**。——**这种抽象思维的外在性就是……自然界**，就像自然界对这种抽象思维所表现的那祥。自然界对抽象思维来说是外在的，是抽象思维的自我丧失；而抽象思维也是外在地把自然界作为抽象的思想来理解，然而是作为外化的抽象思维来理解。——最后，**精神**，这个回到自己的诞生地的思维，在它终于发现自己和肯定自己是**绝对知识**因而是绝对的即抽象的精神之前，在它获得自己的自觉的、与自身相符合的存在之前，它作为人类学的、现象学的、心理学的、伦理的、艺术的、宗教的精神，总还不是自身。因为它的现实的存在是**抽象**……——

　　……

[XXII]（见第 XVIII 页）因此，黑格尔的《**现象学**》及其最后成果——辩证法，作为推动原则和创造原则的否定性——的伟大之处首先在于，黑格尔把人的自我产生看作一个过程，把对象化看作非对象化，看作外化和这种外化的扬弃；可见，他抓住了**劳动**的本质，把对象性的人、现实的因而是真正的人理解为他**自己的劳动**的结果。人同作为类存在物的自身发生**现实的**、**能动的**关系，或者说，人作为现实的类存在物即作为人的存在物的实现，只有通过下述途径才有可能：人确实显示出自己的全部**类力量**——这又只有通过人的全部活动、只有作为历史的结果才有可能——并且把这些力量当作对象来对待，而这首先又只有通过异化的形式才有可能。

　　……

　　且让我们先指出一点：黑格尔站在现代国民经济学家的立场上。他把**劳动**看作人的**本质**，看作人的自我确证的本质；他只看到劳动的积极的方面，没有看到它的消极的方面。劳动是**人**在**外化**范围之内的或者作为**外化**的人的**自为的生成**。黑格尔唯一知道并承认的劳动是**抽象的精神**的劳动。因此，黑格尔把一般说来构成哲学的**本质**的那个东西，即**知道自身的人的外化**或者**思考自身的、外化的**科学，看成劳动的本质；因此，同以往的哲学相反，他能把哲学的各个环节加以总括，并且把自己的哲学描述成**这种**哲学。其他哲学家做过的事情——把自然界和人类生活的各个环节看作自我意识的而且是抽象的自我意识的环节——黑格尔则**认为是哲学所做的事情**。因此，他的科学是绝对的。

　　选自《马克思恩格斯全集》第 3 卷，人民出版社 2003 年版，第 266—320 页。

五、进一步阅读的文献

1. ［法］阿尔都塞：《保卫马克思》，商务印书馆 1983 年版。

2. 复旦大学编：《西方学者论〈1844 年经济学哲学手稿〉》，复旦大学出版社 1983 年版。

3. ［苏］奥伊则尔曼：《马克思的〈经济学—哲学手稿〉及其解读》，人民出版社 1981 年版。

4. ［苏］拉宾：《马克思的青年时代》，生活·读书·新知三联书店 1982 年版。

5. 杨适：《马克思〈经济学－哲学手稿〉评述》，人民出版社 1982 年版。

6. 孙伯鍨：《探索者道路的探索》，安徽人民出版社 1985 年版。

第三章 物质生产是人类历史的真正发源地
——《神圣家族》

一、写作背景

　　《神圣家族》全名为《神圣家族，或对批判的批判所做的批判。驳布鲁诺·鲍威尔及其伙伴》，写于 1844 年 9 月至 11 月，1845 年 2 月出版。这是马克思和恩格斯合作的第一部著作。在《论犹太人问题》中，马克思已经批判了鲍威尔政治解放理论的错误。在移居巴黎不久，马克思读到了《文学总汇报》，鲍威尔等人以此为阵地，宣扬思辨唯心主义。1844 年 8、9 月，恩格斯到巴黎拜访了马克思，两人在一些重要问题上达成共识，并认为有必要批判鲍威尔的思想，宣传自己的哲学主张。为此，马克思、恩格斯写作了《神圣家族》。《神圣家族》的原名为《对批判的批判所做的批判。驳布鲁诺·鲍威尔及其伙伴》。后来正式出版时，马克思在标题上又加上了"神圣家族"这几个字。"神圣家族"本来是意大利画家曼泰尼雅一幅画的画名，画面上是圣母玛利亚怀抱耶稣，旁边是玛利亚的丈夫约瑟，还有一些天使和神甫。马克思以此讽刺以鲍威尔为首的青年黑格尔派。

二、篇章结构

　　《神圣家族》由序言、结语和九章构成。其中，序言

为马克思和恩格斯合写；第一、二、三章、第四章第 1、2 部分、第六章第 2 节的
a 小节、第七章第 2 部分的 b 小节由恩格斯撰写，篇幅较小；马克思完成了该书
的主体部分。在第一至第三章，恩格斯对鲍威尔等人的晦涩的文风、肤浅的思想
以及轻视工人的创造性提出了批评，并揭示了鲍威尔等人对黑格尔哲学的拙劣模
仿；在第四至第七章，马克思批判了鲍威尔兄弟及施里加的观点，同时正面阐述
了自己的观点。

三、观点提示

第一，揭示黑格尔思辨哲学的秘密。思辨唯心主义的哲学结构是由下列三步
完成的：首先是从现实的个别事物中抽象出一般观念，把事物观念化；其次是把
观念实体化，认为观念是一种存在于我之外的本质性实体；最后把实体主体化，
认为实体是一种能动的绝对主体。这是思辨唯心主义的秘密。

第二，建立"和人道主义相吻合的唯物主义"。根据法国的唯物主义思想，
既然人的性格是由环境造成的，那么，就必须使环境合乎人的人性，使社会合乎
人性；既然人只有在社会中才能发展自己的天性，那么，就应当以整个社会的力
量为准绳来判断人的天性。因此，唯物主义是社会主义学说的逻辑基础，唯物主
义应当和人道主义"相吻合"，建立一种"为思辨本身的活动所完善化并和人道
主义相吻合的唯物主义"。

第三，物质生产是历史的发源地。物质生产在人类历史中具有基础地位和决
定作用，从历史运动中排除掉人对自然界的理论关系和实践关系，就无法真正认
识人类历史；只有认识某一历史时期的工业和生活本身的直接的生产方式，才能
真正认识这个历史时期。物质生产才是人类历史的真正的发源地。

第四，历史活动是群众的事业。人的活动与利益密切相关，关注现实的人，
就必须把现实的人与社会条件结合起来；历史不过是追求着自己目的的人的活
动，历史活动是群众的事业，随着历史活动的深入，必将是群众队伍的扩大；人
们将在自己的实践活动中推翻私有制。

《神圣家族》发现了物质生产在人类历史运动中的决定作用，从"抽象的人"
开始转向"现实的人"，使马克思、恩格斯的唯物主义思想获得了新进展。马克
思、恩格斯开始扬弃异化史观，力图将对资本主义的批判建立在唯物主义的基础

上，为即将到来的哲学变革提供了一定的思想基础。

四、文本节选

对"巴黎的秘密"所做的批判的叙述的秘密，就是**思辨的黑格尔结构**的秘密。施里加先生把"文明中的野蛮"和"国家中的无法纪"说成秘密，也就是把它们消溶在"秘密"这个范畴之中，接着就迫使"秘密"开始自己的思辨的**生命历程**。要指出这种思辨结构的**总的**特点，只要几句话就够了。施里加先生对"巴黎的秘密"的论述就是对思辨结构的**各个细节**方面的运用。

如果我从现实的苹果、梨、草莓、扁桃中得出"**果实**"这个一般的观念，如果再进一步**想像**我从现实的果实中得到的"果实"〔《die Frucht》〕这个抽象观念就是存在于我身外的一种本质，而且是梨、苹果等等的**真正的**本质，那末我就宣布（用**思辨的话说**）"**果实**"是梨、苹果、扁桃等等的"**实体**"，所以我说：对梨说来，决定梨成为梨的那些方面是非本质的，对苹果说来，决定苹果成为苹果的那些方面也是非本质的。作为它们的本质的并不是它们那种可以感触得到的实际的定在，而是我从它们中抽象出来又硬给它们塞进去的本质，即我的观念中的本质——"**果实**"。于是我就宣布：苹果、梨、扁桃等等是"**果实**"的简单的存在形式，是它的**样态**。诚然，我的有限的、基于感觉的理智辨别出苹果不同于梨，梨不同于扁桃，但是我的思辨的理性却说这些感性的差别是非本质的、无关重要的。思辨的理性在苹果和梨中看出了**共同的东西**，在梨和扁桃中看出共同的东西，这就是"**果实**"。具有不同特点的现实的果实从此就只是**虚幻**的果实，而它们的真正的本质则是"**果实**"这个"**实体**"。

用这种方法是得不到内容特别**丰富的规定**的。如果有一位矿物学家，他的全部学问仅限于说一切矿物实际上都是"矿物"，那末，这位矿物学家不过是**他自己想像中的**矿物学家而已。这位思辨的矿物学家看到任何一种矿物都说，这是"矿物"，而他的学问就是天下有多少种矿物就说多少遍"矿物"这个词。

思辨的思维从各种不同的现实的果实中得出一个抽象的"果实"——"一般果实"，所以为了要达到某种现实内容的假象，它就不得不用这种或那种方法从"**果实**"、从**实体**返回到现实的**千差万别**的平常的果实，返回到梨、苹果、扁桃等等上去。但是，要从现实的果实得出"**果实**"这个抽象的观念是很容易的，而要从"**果实**"这个抽象的观念得出各种现实的果实就很困难了。不但如此，要从抽象转到抽象的**直接对立面**，不抛弃抽象是绝对不可能的。

因此，思辨哲学家抛弃了"**果实**"这个抽象，但是，他是用一种**思辨的、神秘的**方法来抛弃的，就是说，使人看来好像他并**没有抛弃**抽象似的。因此他事实上也只是在表面上越出了抽象的圈子而已。他的议论大抵是这样：

如果说苹果、梨、扁桃、草莓实际上不外是"一般实体"、"一般果实"，那末，试问，这个"一般果实"又怎么会忽而表现为苹果，忽而表现为梨，忽而又表现为扁桃呢？和我关于**统一体**、关于"一般实体"、关于"一般果实"的思辨观念显然相矛盾的**多种多样的外观**又是从何而来的呢？

思辨哲学家答道：这是因为"一般果实"并不是僵死的、无差别的、静止的本质，而是活生生的、自相区别的、能动的本质。普通果实的千差万别，不仅对**我**的感性的理智，而且对"一般果实"本身，对思辨的理性都是有意义的。通常的**千差万别**的果实是"**统一的果实**"的生命的不同表现，它们是"一般果实"本身所形成的一些结晶。因此，比如说，在苹果中"一般果实"让自己像苹果一般存在，在梨中就让自己像梨一般存在。因此，我们就不能根据我们从实体观念得出的看法再说梨是"**果实**"，苹果是"**果实**"，扁桃是"**果实**"；相反地应该说"**果实**"确定自己为梨，"**果实**"确定自己为苹果，"**果实**"确定自己为扁桃；苹果、梨、扁桃相互之间的差别，正是"**果实**"的自我差别，这些差别使各种特殊的果实正好成为"一般果实"生活过程中的千差万别的环节。这样，"**果实**"就不再是无内容、无差别的统一体，而是作为**总和**、作为各种果实的"**总体**"的统一体，这些果实构成一个"**被有机地划分为各个环节的系列**"。在这个系列的每一个环节中"**果实**"都使自己得到一种更为发展、更为显著的定在，直到它最后作为一切果实的"**概括**"，同时成为活生生的**统一体**。这统一体把单个的果实都消溶于自身中，又从自身生出各种果实，正如人体的各部分不断消溶于血液，又不断从血液中生出一样。

可见，基督教认为只有一个上帝的化身，而思辨哲学却认为有多少事物就有多少化身，譬如在现在这个例子里，在思辨哲学看来，每一个单个的果实就都是实体的，即绝对果实的特殊化身。所以思辨哲学家最感兴趣的就是把现实的、普通的果实的存在制造出来，然后故弄玄虚地说：苹果、梨、扁桃、葡萄存在着。但是我们在思辨的世界里重新得到的这些苹果、梨、扁桃和葡萄却最多不过是**虚**

幻的苹果、梨、扁桃和葡萄，因为它们是"一般果实"的生命的各个环节，是**理智所创造的抽象本质**的生命的各个环节，因而本身就是**理智**的抽象产物。我们在思辨中感到高兴的，就是重新获得了各种现实的果实，但这些果实已经是具有更高的神秘意义的果实，它们不是从物质的土地中，而是从我们脑子的以太中生长出来的，它们是"一般果实"的化身，是**绝对主体**的化身。因此，我们从抽象，从"一般的果实"这一**超自然**的理智的本质回复到现实的**天然的**果实，却反而使这些天然的果实具有了一种超自然的意义，把它们变成了纯粹的抽象。所以，现在我们应该注意的主要正是证明"一般果实"在它的一切生活表现中——在苹果、梨、扁桃等等中的**统一性**，也就是证明这些果实的**神秘的相互联系**，证明"一般果实"怎样在这些果实的每一种中**渐次地**实现自身，并怎样**必然地**从自己的一种存在形式转到另一种形式，例如，从葡萄转到扁桃。因此，通常的果实的意义现在**已经不**在于它们的**天然**属性，**而**在于使它们在"**绝对果实**"的生命过程中取得一定地位的**思辨**属性。

一个普通人说苹果和梨存在着的时候，他并不认为自己说出了什么特殊的东西。但是，如果哲学家用思辨的术语说出这些存在的东西，那他就是说出了**不平凡的东西**。他完成了一个**奇迹**：他从"一般果实"这个非现实的、**理智的本质**造出了现实的**自然的实物**——苹果、梨等等，就是说，他从他**自己的抽象的理智**（即他以为在他身外的一种绝对主体，在我们的例子中就是"一般果实"）中**创造出**这些果实。每当思辨哲学家宣布这些或那些实物存在时，他就是进行了一次创造。

显而易见，思辨哲学家之所以能完成这种不断的创造，只是因为他把苹果、梨等等东西中为大家所知道的、实际上是有目共睹的属性当作他自己**发现**的规定，因为他把现实事物的**名称**加在只有抽象的理智才能创造出来的东西上，即加在抽象的理智的公式上，最后，因为**他把自己从苹果的观念推移到梨的观念这种他本人的**活动，说成"一般果实"这个绝对主体的**自我活动**。

这种办法，用思辨的话来说，就是把**实体**了解为**主体**，了解为**内部的过程**，了解为**绝对的人格**。这种了解方式就是黑格尔方法的基本特征。

……

黑格尔历史观的前提是**抽象的或绝对的精神**，这种精神正在以下面这种方式发展着：人类仅仅是这种精神的有意识或无意识的承担者，即**群众**。因此，**思辨**

的、奥秘的历史在**经验的**、明显的历史中的发生是黑格尔一手促成的。人类的历史变成了**抽象的东西**的历史，因而对现实的人说来，也就是变成了人类的**彼岸精神**的历史。

……

黑格尔的过错在于双重的不彻底性：（1）他宣布哲学是绝对精神的定在，同时又不肯宣布**现实的哲学家**就是**绝对精神**；（2）他仅仅**在表面上**把作为绝对精神的绝对精神变成历史的创造者，既然绝对精神只是 *post festum*［事后］才通过哲学家**意识**到自身这个具有创造力的世界精神，所以它的捏造历史的行动也只是发生在哲学家的意识中、见解中，观念中，只是发生在思辨的想像中。布鲁诺先生取消了黑格尔的这种不彻底性。

……

然而，到底是谁揭露了"体系"的秘密呢？是**费尔巴哈**。是谁摧毁了概念的辩证法即仅仅为哲学家们所熟悉的诸神的战争呢？是**费尔巴哈**。是谁不是用"**人的意义**"（好像人除了是人之外还有什么其他的意义似的！）而是用"**人**"本身来代替包括"无限的自我意识"在内的破烂货呢？是**费尔巴哈**，而且仅仅是**费尔巴哈**。他所做的事情比这还要多。他早已摧毁了现今正被"**批判**"乱用的那些范畴："人类关系的真正丰富性、历史的无穷尽的内容、历史的斗争、群众和精神的斗争"等等。

在认识到人是全部人类活动和全都人类关系的本质、基础之后，唯有"**批判**"才能够发明出**新的范畴**来，并像它正在做的那样，重新把**人**本身变成某种范畴，变成一系列范畴的原则。当然，这样"批判"就走上了唯一的生路，但这条路仍然处在惊惶不安和遭受迫害的**神学**的非人性的控制之下。**历史什么事情**也没有做，它"并不拥有**任何无穷尽的丰富性**"，它并"**没有在任何战斗中作战**"！创造这一切、拥有这一切并为这一切而斗争的，不是"**历史**"，而正是**人**，现实的、活生生的人。"历史"并不是把人当作达到**自己**目的的工具来利用的某种特殊的人格。历史**不过是**追求着自己目的的人的活动而已。

……

现在我们就扼要地把法国唯物主义的批判的历史跟法国唯物主义的世俗的群众的历史做一个对比。我们将毕恭毕敬地承认，在实际演变的历史与按照"**绝对的批判**"（它既创造新东西，同样也创造旧东西）的命令而演变的历史之间存在着一条鸿沟。最后，我们将遵照**批判**的指示，把批判的历史的"为什么？"，"来自何处？"，"去向何方？"这三个问题作为"顽强地研究的对象"。

"**确切地和在散文的意义上说**"，18 世纪的法国启蒙运动，特别是**法国唯物主义**，不仅是反对现存政治制度的斗争，同时是反对现存宗教和神学的斗争，而且还是反对 17 **世纪的形而上学**和反对**一切形而上学**，特别是反对**笛卡儿、马勒伯朗士、斯宾诺莎和莱布尼茨**的形而上学的**公开而鲜明**的斗争。人们用**哲学**来对抗**形而上学**，这正像费尔巴哈在他向**黑格尔**作第一次坚决进攻时以**清醒的哲学**来对抗**醉熏熏的思辨**一样。被法国启蒙运动特别是 18 世纪的**法国唯物主义**所击败的 17 世纪的形而上学，在**德国哲学**中：特别是在 19 世纪的**德国思辨哲学**中，会有过**胜利的和富有内容的复辟**。在**黑格尔**天才地把 17 世纪的形而上学同后来的一切形而上学及德国唯心主义结合起来并建立了一个形而上学的包罗万象的王国之后，对**思辨的形而上学**和**一切形而上学**的进攻，就像在 18 世纪那样，又跟对神学的进攻再次配合起来。这种形而上学将永远屈服于现在为思辨本身的活动所完善化并和**人道主义**相吻合的**唯物主义**。**费尔巴哈**在**理论**方面体现了和**人道主义**相吻合的**唯物主义**，而法国和英国的**社会主义**和**共产主义**则在**实践**方面体现了这种唯物主义。

"**确切地和在散文的意义上说**"，法国唯物主义有**两个派别**，一派起源于**笛卡儿**，一派起源于**洛克**。后一派**主要**是**法国有教养的分子**，它直接导向**社会主义**。前一派是**机械唯物主义**，它成为真正的法国**自然科学**的财产。这两个派别在发展过程中是相互交错的。我们没有必要来详细考察直接起源于**笛卡儿**的法国唯物主义，同样，我们也没有必要来详细考察法国的**牛顿**学派和法国一般自然科学的发展。

因此，我们只指出如下的几点：

笛卡儿在其**物理学**中认为**物质**具有独立的创造力，并把**机械**运动看作是物质生命的表现。他把他的**物理学**和他的**形而上学**完全分开。在他的物理学的范围内，**物质**是唯一的**实体**，是存在和认识的唯一根据。

法国的**机械唯物主义**附和**笛卡儿**的**物理学**而同他的形而上学相对立。他的学生的职业是**反形而上学者**，即**物理学家**。

医师勒卢阿为这一学派奠定了基础，**医师卡巴尼斯**是该学派的极盛时代的代表人物，**医师拉美特利**是该学派的中心人物。当笛卡儿还在世的时候，勒卢阿就已经把笛卡儿关于**动物结构**的学说用到人体上来（18 世纪**拉美特利**曾这样做过），并宣称灵魂是**肉体的样态，思想是机械运动**。勒卢阿甚至还认为笛卡儿隐瞒了自己的真正的见解。笛卡儿提出了抗议。18 世纪末，**卡巴尼斯在他的著作"人的肉体和精神的关系"**中完成了笛卡儿的唯物主义。

　　法国直到现在还存在着**笛卡儿派**的唯物主义。它在**机械**的**自然科学**方面获得了卓越的成就。而这种自然科学却是最不能——**"确切地和在散文的意义上说"，——被指责有浪漫主义**色彩的。

　　在法国以**笛卡儿**为主要代表的 17 世纪的**形而上学**，从诞生之日起就遇上了**唯物主义这一对抗者**。唯物主义通过**伽桑狄**（他恢复了**伊壁鸠鲁**的唯物主义）来反对笛卡儿。法国和英国的唯物主义始终同**德谟克利特**和**伊壁鸠鲁**保持着紧密的联系。笛卡儿的形而上学所遇见的另一个反对者是**英国的唯物主义者霍布斯**。伽桑狄和霍布斯正是在他们的敌人已经作为官方势力统治着法国的一切学派的时候战胜这个敌人的，而这已是他们去世以后很久的事了。

　　伏尔泰指出，18 世纪法国人对耶稣会派和扬逊派的争论的漠不关心，与其说是由哲学造成的，还不如说是由**罗**的财政投机造成的。而实际上，17 世纪的形而上学的衰败可以说是由 18 世纪唯物主义理论的影响造成的，这正如同这种理论运动本身是由当时法国生活的实践性质所促成的一样。这种生活趋向于直接的现实，趋向于尘世的享乐和尘世的利益，趋向于尘世的世界。和它那反神学、反形而上学的唯物主义实践相适应的，必然是反神学、反形而上学的唯物主义理论。形而上学**在实践上**已经威信扫地。在这里我们只需要大略地指出这种进化的**理论**过程。

　　17 世纪的形而上学（想想笛卡儿、莱布尼茨等人）还是有**积极的**、世俗的内容的。它在数学、物理学以及与它有密切联系的其他精密科学方面都有所发现。但是在 18 世纪初这种表面现象就已经消失了。实证科学脱离了形而上学，给自己划定了单独的活动范围。现在，正当实在的本质和尘世的事物开始把人们的全部注意力集中到自己身上的时候，形而上学的全部财富只剩下想像的本质和神灵的事物了。形而上学变得枯燥乏味了。在 17 世纪最后两个伟大的法国形而上学者马勒伯朗士和阿尔诺逝世的那一年，**爱尔维修和孔狄亚克**诞生了。

　　使 17 世纪的形而上学和一切形而上学**在理论上威信扫地**的人是**比埃尔·培尔**。他的武器是用形而上学本身的符咒锻铸成的**怀疑论**。他本人起初是一个笛卡儿派的形而上学者。反对思辨神学的斗争之所以把**费尔巴哈**推向反对**思辨哲学**的斗争，正是因为他看出思辨是神学的最后支柱，从而不得不迫使神学家从虚幻的科学返回到**粗野的、可恶的信仰**；同样，对宗教的怀疑引起了培尔对作为这种信仰的支柱的形而上学的怀疑。因此，他批判了形而上学的整个历史发展过程。他为了编纂形而上学的灭亡史而成了形而上学的历史学家。他主要是驳斥了**斯宾诺莎**和**莱布尼茨**。

比埃尔·培尔不仅用怀疑论摧毁了形而上学，从而为在法国掌握唯物主义和健全理智的哲学打下了基础，他还**证明**，由清一色的无神论者所组成的社会是**可能存在的**，无神论者**能够**成为可敬的人，玷辱人的尊严的不是无神论，而是迷信和偶像崇拜，并从而宣告了注定要立即开始存在的**无神论社会**的来临。

用一位法国作家的话来说，比埃尔·培尔"对 17 **世纪说来，是最后一个形而上学者，而对 18 世纪说来，则是第一个哲学家**"。

除了否定神学和17世纪的形而上学外，还需要有**肯定的、反形而上学**的体系。人们感到需要一部能够把当时的生活实践归结为一个体系并从理论上加以论证的书。这时，**洛克**关于人类理性的起源的著作很凑巧地在英吉利海峡那边出现了，它像一位久盼的客人一样受到了热烈的欢迎。

试问：**洛克**不是**斯宾诺莎**的学生吗？"尘世的"历史可以回答这个问题：

唯物主义是**大不列颠**的**天生**的产儿。大不列颠的经院哲学家**邓斯·司各脱**就曾经问过自己："**物质能不能思维**？"

为了使这种奇迹能够实现，他求助于上帝的万能，即迫使**神学**本身来宣扬**唯物主义**。此外，他还是一个**唯名论者**。唯名论是**英国**唯物主义者理论的主要成分之一，而且一般说来它是唯物主义的**最初表现**。

英国唯物主义和整个**现代实验科学**的真正始祖是**培根**。在他的眼中，自然科学是真正的科学，而以感性经验为基础的**物理学**则是自然科学的最重要的部分。**阿那克萨哥拉**连同他那无限数量的原始物质和**德谟克利特**连同他的**原子**，都常常被他当作权威来引证。按照他的学说，**感觉**是完全可靠的，是一切知识的**泉源**。科学是**实验的科学**，科学就在于用**理性方法**去整理感性材料。归纳、分析、比较、观察和实验是理性方法的主要条件。在**物质**的固有的特性中，**运动**是第一个特性而且是最重要的特性，——这里所说的运动不仅是**机械的**和**数学的**运动，而且更是**趋向、生命力、紧张**，或者用雅科布·伯麦的话来说，是物质的**痛苦**

[Qual]。物质的原始形式是物质内部所固有的、活生生的、**本质的力量**，这些力量使物质获得个性，并造成各种特殊的差异。

唯物主义在它的第一个创始人**培根**那里，还在朴素的形式下包含着全面发展的萌芽。物质带着诗意的感性光辉对人的全身心发出微笑。但是，用格言形式表述出来的学说本身却反而还充满了神学的不彻底性。

唯物主义在以后的发展中变得**片面**了。霍布斯把**培根**的唯物主义**系统化**了。感性失去了它的鲜明的色彩而变成了**几何学家**的抽象的感性。**物理**运动成为**机械运动**或**数学运动**的牺牲品；**几何学**被宣布为主要的科学。唯物主义变得**敌视人**了。为了在自己的领域内克服**敌视人**的、**毫无血肉**的精神，唯物主义只好抑制自己的情欲，当一个**禁欲主义者**。它变成**理智的东西**，同时以无情的彻底性来发展理智的一切结论。

霍布斯根据培根的观点论断说，如果我们的感觉是我们的一切知识的泉源，那末观念、思想、意念等等，就不外乎是多少摆脱了感性形式的实体世界的幻影。科学只能给这些幻影冠以名称。同一个名称可以适用于许多幻影。甚至还可以有名称的名称。但是，如果一方面认为感性世界是一切观念的泉源，而另一方面又硬说一个词的意义不只是一个词，除了我们想像的永远单一的存在物之外，还有某种普遍的存在物，那就矛盾了。**无形体的实体**也像**无形体的物体**一样，是一个矛盾。**物体、存在、实体**是同一种**实在**的观念。决不可以把思维同那思维着的物质分开。物质是一切变化的主体。假如"**无限的**"这个词不表示我们的精神能够无限地添加某一数量，那末这个词就**毫无意义**。既然只有物质的东西才是可以觉察到的，才是可以认识的，那末对神的存在就**丝毫**不能有所知了。只有我自己的存在才是确实可信的。人的一切情欲都是正在结束或正在开始的机械运动。追求的对象就是我们谓之幸福的东西。人和自然都服从于同样的规律。强力和自由是同一的。

霍布斯把培根的学说系统化了，但他没有更详尽地论证培根关于知识和观念起源于感性世界的基本原则。

洛克在他论人类理性的起源的著作中，论证了培根和霍布斯的原则。

霍布斯消灭了培根唯物主义中的**有神论**的偏见，而柯林斯、多德威尔、考尔德、哈特莱、普利斯特列等人则铲除了洛克感觉论的最后的神学藩篱。自然神论——至少对唯物主义者来说——不过是摆脱宗教的一种简便易行的方法罢了。

我们已经提到过，洛克的著作的出现对于法国人是多么的凑巧。洛克论证了bon sens 的哲学，即健全理智的哲学，就是说，他间接地说明了，哲学要是不同于健全人的感觉和以这种感觉为依据的理智，是不可能存在的。

曾经**直接**受教于洛克和**在法国**解释洛克的**孔狄亚克**立即用洛克的感觉论去反对 17 世纪的**形而上学**。他证明法国人完全有权把这种形而上学当作幻想和神学偏见的不成功的结果而予以抛弃。他公开驳斥了**笛卡儿、斯宾诺莎、莱布尼茨和马勒伯朗士**等人的体系。

他在他的著作"关于人类知识的起源的经验"中发展了洛克的观点，他证明，**经验和习惯**的事情不仅是灵魂，而且是感觉，不仅是创造观念的艺术，而且是感性知觉的艺术。因此，人的全都发展都取决于**教育**和**外部环境**。把孔狄亚克从法国各学派中排挤出去的正是**折衷主义哲学**。

法国唯物主义和**英国**唯物主义的区别是与这两个民族的区别相适应的。法国人赋予英国唯物主义以机智，使它有血有肉，能言善辩。他们给它以它过去所没有的气概和优雅风度。他们使它**文明化**了。

爱尔维修也是以洛克的学说为出发点的，他的唯物主义具有真正法国的性质。爱尔维修也随即把他的唯物主义运用到社会生活方面（爱尔维修"论人"）。感性的印象和自私的欲望、享乐和正确理解的个人利益，是整个道德的基础。人类智力的天然平等、理性的进步和工业的进步的一致、人的天性的善良和教育的万能，这就是他的体系中的几个主要因素。

拉美特利的著作是笛卡儿唯物主义和英国唯物主义的结合。拉美特利利用了笛卡儿的物理学，甚至利用了它的每一个细节。他的"人是机器"一书是模仿笛卡儿的动物是机器写成的。在霍尔巴赫的**"自然体系"**中，论述物理学的那一部分也是法国唯物主义和英国唯物主义的结合，而论述道德的部分实质上则是以爱尔维修的道德论为依据。还和形而上学保持着最密切联系并为此受到黑格尔赞许的法国唯物主义者**罗比耐**（"自然论"），和**莱布尼茨**的学说有非常明显的关系。

我们一方面说明了法国唯物主义的两重起源，即起源于笛卡儿的物理学和英国的唯物主义，另一方面又说明了法国唯物主义同 17 世纪的**形而上学**，即笛卡儿、斯宾诺莎、马勒伯朗士和莱布尼茨的形而上学的对立，所以我们就没有必要再来叙述沃尔涅、杜毕伊、狄德罗等人的以及重农学派的观点。德国人只是在他们自己开始同**思辨的形而上学**进行斗争以后，才觉察出这种对立的。

笛卡儿的唯物主义成为**真正自然科学**的财产，而法国唯物主义的另一派则直接成为**社会主义**和**共产主义**的财产。

并不需要多大的聪明就可以看出，关于人性本善和人们智力平等，关于经验、习惯、教育的万能，关于外部环境对人的影响，关于工业的重大意义，关于享乐的合理性等等的唯物主义学说，同共产主义和社会主义之间有着必然的联系。既然人是从感性世界和感性世界中的经验中汲取自己的一切知识、感觉等等，那就必须这样安排周围的世界，使人在其中能认识和领会真正合乎人性的东西，使他能认识到自己是人。既然正确理解的利益是整个道德的基础，那就必须使个别人的私人利益符合于全人类的利益，既然从唯物主义意义上来说人是不自由的，就是说，既然人不是由于有逃避某种事物的消极力量，而是由于有表现本身的真正个性的积极力量才得到自由，那就不应当惩罚个别人的犯罪行为，而应当消灭犯罪行为的反社会的根源，并使每个人都有必要的社会活动场所来显露他的重要的生命力。既然人的性格是由环境造成的，那就必须使环境成为合乎人性的环境。既然人天生就是社会的生物，那他就只有在社会中才能发展自己的真正的天性，而对于他的天性的力量的判断，也不应当以单个个人的力量为准绳，而应当以整个社会的力量为准绳。

诸如此类的说法，甚至在最老的法国唯物主义者的著作中也可以几乎一字不差地找到。在这里没有篇幅来对他们加以评论。对唯物主义的社会主义倾向具有代表性的，是洛克的英国早期学生之一**孟德维尔对恶习的辩护**。他证明，在**现代**社会中恶习是**必然的**和**有益的**。这决不是替现代社会辩护。

傅立叶是直接从法国唯物主义者的学说出发的。**巴贝夫主义者**是粗鲁的、不文明的唯物主义者，但是成熟的共产主义也是**直接**起源于**法国唯物主义**的。这种唯物主义正是以**爱尔维修**所赋予的形式回到了它的祖国**英国**。**边沁**根据爱尔维修的道德学建立了他那**正确理解的利益**的体系，而**欧文**则从**边沁**的体系出发去论证英国的共产主义。亡命英国的法国人**卡贝**受到了当地共产主义思想的鼓舞，当他回到法国时，他已经成了一个最有声望然而也是最肤浅的共产主义的代表人物。比较有科学根据的法国共产主义者**德萨米**、**盖伊**等人，像欧文一样，也把**唯物主义学说**当作**现实的人道主义**学说和**共产主义**的逻辑基础加以发展。

……

施特劳斯和**鲍威尔**关于**实体**和**自我意识**的争论，是在**黑格尔**的思辨范围之内的争论。在**黑格尔**的体系中有三个因素：**斯宾诺莎的实体**，**费希特的自我意识**以及前两个因素在**黑格尔**那里的必然的矛盾的**统一**，即**绝对精神**。第一个因素是形而上学地改了装的、**脱离**人的**自然**。第二个因素是形而上学地改了装的、**脱离**自然的**精神**。第三个因素是形而上学地改了装的以上两个因素的统一，即**现实的人**和现实的**人类**。

施特劳斯和鲍威尔两人十分彻底地把**黑格尔**的体系应用于神学。前者以**斯宾诺莎主义**为**出发点**，后者则以**费希特主义**为**出发点**。他们两人都就上述两个因素之中的每一个因素在黑格尔那里由于另一个因素的渗入而**被歪曲**这一点**批判**了黑格尔，可是他们使每一个因素都获得了**片面的**、因而是彻底的发展。因此，他们两人在自己的批判中都超出了黑格尔哲学的**范围**，但同时他们两人都继续停留在黑格尔思辨的**范围**内，而他们之中无论哪一个都只是代表了黑格尔体系的**一个方面**。只有**费尔巴哈**才是从**黑格尔**的观点出发而结束和批判了**黑格尔**的哲学。费尔巴哈把形而上学的**绝对精神**归结为"**以自然为基础的现实的人**"，从而完成了对**宗教的批判**。同时也巧妙地拟定了**对黑格尔的思辨**以及**一切形而上学的批判的基本要点。**

……

批判合情合理地把研究"**自然**"和"**工业**"这种令人不快的强加于人的要求同下面这种妙不可言的修辞学上的感叹对立起来：

"难道（！）您以为**对历史**现实的认识**已经完结**了吗？难道（！）您能说出一个已经被**真正认识**了的历史时期吗？"

难道批判的批判以为，只要它从历史运动中排除掉人对自然界的理论关系和实践关系，排除掉自然科学和工业，它就能达到即使是才**开始**的对历史现实的认识吗？难道批判的批判以为，它不去认识（比如说）某一历史时期的工业和生活本身的直接的生产方式，它就能真正地认识这个历史时期吗？诚然，唯灵论的、**神学的**批判的批判仅仅知道（至少它在自己的想像中知道）历史上的政治、文学和神学方面的重大事件。正像批判的批判把思维和感觉、灵魂和肉体、自身和世界分开一样，它也把历史同自然科学和工业分开，认为历史的发源地不在尘世的粗糙的**物质**生产中，而是在天上的云雾中。

选自《马克思恩格斯全集》第 2 卷，人民出版社 1957 年版，第 71—191 页。

五、进一步阅读的文献

1. ［波］罗森：《布鲁诺·鲍威尔和卡尔·马克思——鲍威尔对马克思思想的影响》，中国人民大学出版社 1984 年版。

2. ［苏］马利宁、申卡鲁克：《黑格尔左派批判分析》，社会科学文献出版社 1987 年版。

3. ［法］科尔纽：《马克思恩格斯传》，生活·读书·新知三联书店 1963、1964、1980 年版。

4. 陈先达：《走向历史的深处》，上海人民出版社 1987 年版。

第四章　新唯物主义的初始建构

——《关于费尔巴哈的提纲》

一、写作背景

在完成《神圣家族》的写作后，马克思意识到需要从现实的人及其生存条件出发来考察历史，并以此为基础进一步批判政治经济学与哲学。1845 年 3 月，马克思写下了《评弗里德里希·李斯特的著作〈政治经济学的国民体系〉》，强调要从矛盾着的社会物质活动中来废除私有制。问题在于，一旦从物质活动出发来研究历史，那么，费尔巴哈的人本唯物主义就不能满足马克思的理论要求。因此，马克思决定批判费尔巴哈哲学，以便重新审视自己的理论基础。《关于费尔巴哈的提纲》正是在这样的情境中写成的。

《关于费尔巴哈的提纲》是马克思在 1845 年夏写的"1844—1847 年笔记"中的一段笔记，在此段笔记的上端写着"1. 关于费尔巴哈"。1888 年，恩格斯对这段笔记进行修改后，把它作为《路德维希·费尔巴哈和德国古典哲学的终结》一书附录发表，题为《马克思论费尔巴哈》。在《路德维希·费尔巴哈和德国古典哲学的终结》的序言中，恩格斯又称这段笔记是"十一条关于费尔巴哈的提纲"。《关于费尔巴哈的提纲》这个标题是苏共中央马克思列宁主义研究院根据《路德维希·费尔巴哈和德国古典哲学的终结》的序言加上的。

二、篇章结构

《关于费尔巴哈的提纲》由 11 条笔记构成。第 1、2、3、8 条主要探讨新唯物主义的基本观点；第 4、5、6、7、9 条批判费尔巴哈人本唯物主义，确立探讨现实的人的新思路；第 10、11 条强调新唯物主义的价值指向。

三、观点提示

第一，从实践出发，从主体—客体的统一出发去理解"对象、现实、感性"。旧唯物主义与唯心主义的共同缺陷，就是都不理解作为感性活动的实践。因此，旧唯物主义只是从客体的或者直观的形式去理解"对象、现实、感性"，而唯心主义则抽象地发展了主体的能动方面。新唯物主义所理解的实践，是一种革命的、批判性的活动。

第二，人应该在实践中证明自己思维的真理性。人的思维是否具有客观的真理性，本质上是实践的问题，离开实践去谈论思维的真理性，是纯粹的经院哲学。

第三，人的本质是社会关系的总和。人的本质不是单个人所固有的抽象物，不是把个人自然地联系起来的普遍性，在其现实性上，是一切社会关系的总和。因此，必须从现实的社会关系出发考察人。"人的本质是社会关系的总和"并不是给人的本质下一个定义，而是确立一种新的研究方法和理论视域。

第四，全部社会生活在本质上是实践的。对社会的理解不能从先验的人的本质出发，相反，人的本质只有在社会关系中才能得到理解。社会关系生成于人的实践活动中，社会存在就是人们的实际生活过程，人们在生产自己的生活资料的同时也就在生产自己的物质生活本身。因此，全部社会生活在本质上是实践的。

第五，哲学家们只是用不同的方式解释世界，问题在于改造世界。这里的"哲学家们"指青年黑格尔派以及近代以来批判资本主义世界的哲学家；"世界"指资本主义世界，或者说是市民社会的世界。虽然"哲学家们"的理论旨趣是批判资本主义世界，但由于他们没有真正地理解革命的、实践批判的意义，没能真正找到改变世界的现实力量，因而导致他们对现实世界的批判变成了对现实世界的另一种解释。新唯物主义的目标则是改变世界，"并在实践中使之革命化"。

《关于费尔巴哈的提纲》是马克思天才世界观的"萌芽"，是马克思新唯物主义的诞生地。通过批判考察旧唯物主义与唯心主义的共同缺陷，马克思确立了科学的实践观，为新唯物主义奠定了科学的基础。正是在《关于费尔巴哈的提纲》以及《德意志意识形态》、《哲学的贫困》等著作中，马克思创立了新唯物主义，实现了哲学变革。

四、文本节选

◆ 一

从前的一切唯物主义（包括费尔巴哈的唯物主义）的主要缺点是：对对象、现实、感性，只是从**客体**的或者**直观**的形式去理解，而不是把它们当作**感性的人的活动**，当作**实践**去理解，不是从主体方面去理解。因此，和唯物主义相反，**能动的**方面却被唯心主义抽象地发展了，当然，唯心主义是不知道现实的、感性的活动本身的。费尔巴哈想要研究跟思想客体确实不同的感性客体：但是他没有把人的活动本身理解为**对象性的**［gegenständliche］活动。因此，他在《基督教的本质》中仅仅把理论的活动看作是真正人的活动，而对于实践则只是从它的卑污的犹太人的表现形式去理解和确定。因此，他不了解"革命的"、"实践批判的"活动的意义。

◆ 二

人的思维是否具有客观的［gegenständliche］真理性，这不是一个理论的问题，而是一个**实践**的问题。人应该在实践中证明自己思维的真理性，即自己思维的现实性和力量，自己思维的此岸性。关于思维——离开实践的思维——的现实性或非现实性的争论，是一个纯粹**经院哲学**的问题。

◆ 三

关于环境和教育起改变作用的唯物主义学说忘记了：环境是由人来改变的，而教育者本人一定是受教育的。因此，这种学说一定把社会分成两部分，其中一部分凌驾于社会之上。

环境的改变和人的活动或自我改变的一致，只能被看作是并合理地理解为**革命的实践**。

◆ 四

费尔巴哈是从宗教上的自我异化，从世界被二重化为宗教世界和世俗世界这一事实出发的。他做的工作是把宗教世界归结于它的世俗基础。但是，世俗基础使自己从自身中分离出去，并在云霄中固定为一个独立王国，这只能用这个世俗基础的自我分裂和自我矛盾来说明。因此，对于这个世俗基础本身应当在自身中、从它的矛盾中去理解，并在实践中使之革命化。因此，例如，自从发现神圣家族的秘密在于世俗家庭之后，世俗家庭本身就应当在理论上和实践中被消灭。

◆ 五

费尔巴哈不满意**抽象的思维**而喜欢**直观**；但是他把感性不是看作**实践的**、人的感性的活动。

◆ 六

费尔巴哈把宗教的本质归结于**人**的本质。但是，人的本质不是单个人所固有的抽象物，在其现实性上，它是一切社会关系的总和。

费尔巴哈没有对这种现实的本质进行批判，因此他不得不：

（1）撇开历史的进程，把宗教感情固定为独立的东西，并假定有一种抽象的——**孤立的**——人的个体。

（2）因此，本质只能被理解为"类"，理解为一种内在的、无声的、把许多个人**自然地**联系起来的普遍性。

◆ 七

因此，费尔巴哈没有看到，"宗教感情"本身是社会的产物，而他所分析的抽象的个人，是属于一定的社会形式的。

◆ 八

全部社会生活在本质上是**实践的**。凡是把理论引向神秘主义的神秘东西，都能在人的实践中以及对这个实践的理解中得到合理的解决。

◆ 九

直观的唯物主义，即不是把感性理解为实践活动的唯物主义至多也只能达到对单个人和市民社会的直观。

◆ 十

旧唯物主义的立脚点是市民社会，新唯物主义的立脚点则是人类社会或社会的人类。

◆ 十一

哲学家们只是用不同的方式**解释**世界，问题在于**改变**世界。

选自《马克思恩格斯选集》第 1 卷，人民出版社 1995 年版，第 54—57 页。

五、进一步阅读的文献

1. ［德］费尔巴哈：《关于哲学改造的临时纲要》，载《费尔巴哈哲学著作选集》（上卷），生活·读书·新知三联书店 1959 年版。

2. ［俄］普列汉诺夫：《论一元论历史观之发展》，生活·读书·新知三联书店 1961 年版。

3. 杨耕：《为马克思辩护》，中国人民大学出版社 2010 年版。

第五章 物质生产基础地位的确立 与历史唯物主义理论体系的建构

—— 《德意志意识形态》

一、写作背景

《德意志意识形态》是马克思、恩格斯从 1845 年秋到 1846 年 5 月间合写的著作，全名为《德意志意识形态。对费尔巴哈、布·鲍威尔和施蒂纳所代表的现代德国哲学以及各式各样先知所代表的德国社会主义的批判》。1932 年，《德意志意识形态》第一次发表于《马克思恩格斯全集》历史考证第 1 版第 1 部分第 5 卷，1955 年收入俄文版《马克思恩格斯全集》第 2 版第 3 卷。

写作《德意志意识形态》，首先是马克思、恩格斯"清算以前的哲学信仰"的需要。从哲学层面来说，当时的青年黑格尔派仍有较大的影响，但其理论已经远远落后于现实，无法真正实现对现实社会的批判。同时，当时一些社会主义者从费尔巴哈的人本学出发，以人与人的情爱关系为基础阐述社会主义，使社会主义变成了一种"爱"的宣言，形成了"真正的社会主义"。通过《神圣家族》、《关于费尔巴哈的提纲》等著作的写作，马克思、恩格斯感到需要进一步"清算自己以前的哲学信仰"，并"批判黑格尔以后的哲学形式"，划清同青年黑格尔派的界限，具体阐明新唯物主义基本思想，从而为社会主义提供坚实的理论基础。而在此时，马克思已经能够从经济学批判的视角来透视哲学问题，同时，《关于费尔巴哈的提纲》已经确立了批判费尔巴哈的哲学基础。换言之，马克思此时已经具有从哲学—经济学出发来面对社会主义问题，以及从新唯物主义的基本原则出发批判旧哲学的能力。

《维干德季刊》的出版，为马克思、恩格斯写作《德意志意识形态》提供了契机。1845 年 2 月《维干德季刊》出版，在当年 3 月刊上，发表了鲍威尔、施蒂纳批判费尔巴哈哲学的文章。此时，马克思、恩格斯既不同意费尔巴哈的人本唯物主义思想，也不同意施蒂纳等人从利己主义视角对费尔巴哈哲学的批判，因此，马克思、恩格斯决定对青年黑格尔派，尤其是对施蒂纳的《唯一者及其所有物》展开批判。《德意志意识形态》最重要的第一部分，即关于费尔巴哈的部分就是在写完对鲍威尔、施蒂纳等人的批判之后完成的。

二、篇章结构

《德意志意识形态》由两卷构成。第 1 卷批判费尔巴哈、鲍威尔及施蒂纳的唯心主义历史观。其中，第一部分《费尔巴哈》由四个手稿构成：第 I 手稿主要论述分工与所有制在社会发展不同阶段的相互关系，强调现实的个人是观念、思想的主体与生产者；第 II 手稿批判费尔巴哈的直观唯物主义，强调人的物质实践活动是"整个现存的感性世界的基础"，明确提出实践的唯物主义就是要使现存世界革命化；第 III 手稿主要论述了统治阶级的思想在每一时代都是占统治地位的思想；第 IV 手稿主要论述社会发展的根本动力，即生产力与交往形式的矛盾。第 2 卷批判当时流行于德国的"真正的社会主义"。

三、观点提示

第一，历史的第一个前提是现实的个人，即处于物质生产活动中的人。物质生产是人类的第一个历史活动，也是每日每时必须进行的基本活动。当人们开始生产生活资料的时候，人就开始把自己和动物区别开来。人本身的状况同他们的生产状况是一致的，既和他们生产什么一致，又和他们怎样生产一致。更重要的是，物质生活的生产和社会关系的生产是一致的。以一定的方式进行生产活动的一定的个人，结成了一定的社会关系和政治关系。

第二，实践是现存世界的根据和基础。现存世界，即人类世界、属人世界是人化自然和人类社会的统一，而人化自然、人类社会都是在实践活动中生成和发展的，实践因此成为现存世界的根据和基础，是历史的自然和自然的历史得以形成与存在的基础。对实践的唯物主义者即共产主义者来说，全部问题都在于使现存世界革命化。

第三，意识在任何时候都只能是被意识到了的存在。意识的生产最初是直接与人们的物质活动、物质交往和现实生活的语言交织在一起的，是人们物质活动的直接产物，尔后成为人们物质活动的"必然升华物"。意识在任何时候都只能是被意识到的存在，而人们的存在就是他们的现实生活过程。在阶级社会中，占统治地位的意识就是统治阶级的意识，其实质就是以思想的形式表现出来的占统治地位的物质关系。因此，唯物主义历史观始终站在现实历史的基础上，从物质实践出发解释观念。

第四，一切历史冲突都根源于生产力与交往形式间的矛盾。物质生产活动蕴含着双重关系，即人与自然的关系和人与人的交往关系。在这双重关系中，生产力决定交往关系。交往形式的联系就在于，已成为桎梏的旧的交往关系被适应生产力发展的新的交往关系所代替，这种新的交往关系又会变成桎梏并为更新的交往关系所代替。生产力的发展必然带来交往形式的变革。生产力与交往形式间的冲突发展到一定程度就会引发革命，并引起不同阶级之间的冲突、意识矛盾、思想斗争、政治斗争以至整个社会的冲突。因此，一切历史冲突都根源于生产力与交往形式之间的矛盾。

第五，生产力的发展推动历史向世界历史转变。大工业的发展开创了世界历史，"因为它使每个文明国家以及这些国家中的每一个人的需要的满足都依赖于整个世界，因为它消灭了各国以往自然形成的闭关自守的状态"。世界历史的形成，使单个人的活动受到异己的、归根到底表现为世界市场的力量的支配，同时使单个人摆脱种种民族局限和地域局限，从而同整个世界的生产包括精神生产发生实际联系，形成了普遍交往。这样，地域性的个人才能为世界历史性的、经验上普遍的个人所代替。无产阶级只有在世界历史意义上才能存在，就像共产主义只有作为世界历史性的存在才有可能实现一样。

第六，确立有个性的个人。共产主义革命就是以生产力的巨大增长和高度发展为前提、以人们的普遍交往为基础，消除私有制，消除旧式分工，消除异化，

"推翻国家",使社会力量"受联合起来的个人的支配",从而实现无产阶级解放,"确立有个性的个人"。

《德意志意识形态》确立了物质生产的基础性地位,建构了历史唯物主义的理论体系,并以之作为论述共产主义社会的理论基础,是体现马克思哲学的核心文本,标志着马克思主义哲学基本形成。

四、文本节选

德国的批判,直至它最近所作的种种努力,都没有离开过哲学的基地。这个批判虽然没有研究过自己的一般哲学前提,但是它谈到的全部问题终究是在一定的哲学体系即黑格尔体系的基地上产生的。不仅是它的回答,而且连它所提出的问题本身,都包含着神秘主义。对黑格尔的这种依赖关系正好说明了为什么在这些新出现的批判家中甚至没有一个人试图对黑格尔体系进行全面的批判,尽管他们每一个人都断言自己已经超出了黑格尔哲学。他们和黑格尔的论战以及他们相互之间的论战,只局限于他们当中的每一个人都抓住黑格尔体系的某一方面,用它来反对整个体系,也反对别人所抓住的那些方面。起初他们还是抓住纯粹的、未加伪造的黑格尔的范畴,如"实体"和"自我意识",但是后来却用一些比较世俗的名称如"类"、"唯一者"、"人"等等,使这些范畴世俗化。

从施特劳斯到施蒂纳的整个德国哲学批判都局限于对**宗教**观念的批判。他们的出发点是现实的宗教和真正的神学。至于什么是宗教意识,什么是宗教观念,他们后来下的定义各有不同。其进步在于:所谓占统治地位的形而上学观念、政治观念、法律观念、道德观念以及其他观念也被归入宗教观念或神学观念的领域;还在于:政治意识、法律意识、道德意识被宣布为宗教意识或神学意识,而政治的、法律的、道德的人,总而言之,"**一般人**",则被宣布为宗教的人。宗教的统治被当成了前提。一切占统治地位的关系逐渐地都被宣布为宗教的关系,继而被转化为迷信——对法的迷信,对国家的迷信等等。到处涉及的都只是教义和对教义的信仰。世界在越来越大的规模内被圣化了,直到最后可尊敬的圣麦克斯完全把它宣布为圣物,从而一劳永逸地把它葬送为止。

老年黑格尔派认为,只要把一切归入黑格尔的逻辑范畴,他们就**理解**了一切。青年黑格尔派则通过以宗教观念代替一切或者宣布一切都是神学上的东西来

批判一切。青年黑格尔派同意老年黑格尔派的这样一个信念，即认为宗教、概念、普遍的东西统治着现存世界。不过一派认为这种统治是篡夺而加以反对，另一派则认为这种统治是合法的而加以赞扬。

既然这些青年黑格尔派认为，观念、思想、概念，总之，被他们变为某种独立东西的意识的一切产物，是人们的真正枷锁，就像老年黑格尔派把它们看作是人类社会的真正镣铐一样，那么不言而喻，青年黑格尔派只要同意识的这些幻想进行斗争就行了。既然根据青年黑格尔派的设想，人们之间的关系、他们的一切举止行为、他们受到的束缚和限制，都是他们意识的产物，那么青年黑格尔派完全合乎逻辑地向人们提出一种道德要求，要用人的、批判的或利己的意识来代替他们现在的意识，从而消除束缚他们的限制。这种改变意识的要求，就是要求用另一种方式来解释存在的东西，也就是说，借助于另外的解释来承认它。青年黑格尔派玄想家们尽管满口讲的都是所谓"震撼世界的"**词句**，却是最大的保守派。如果说，他们之中最年轻的人宣称只为反对"词句"而斗争，那就确切地表达了他们的活动。不过他们忘记了：他们只是用词句来反对这些词句；既然他们仅仅反对这个世界的词句，那么他们就绝对不是反对现实的现存世界。这种哲学批判所能达到的唯一结果，是从宗教史上对基督教作一些说明，而且还是片面的说明。至于他们的全部其他论断，只不过是进一步修饰他们的要求：想用这样一些微不足道的说明作出具有世界历史意义的发现。

这些哲学家没有一个想到要提出关于德国哲学和德国现实之间的联系问题，关于他们所作的批判和他们自身的物质环境之间的联系问题。

……

我们开始要谈的前提不是任意提出的，不是教条，而是一些只有在想象中才能撇开的现实前提。这是一些现实的个人，是他们的活动和他们的物质生活条件，包括他们已有的和由他们自己的活动创造出来的物质生活条件。因此，这些前提可以用纯粹经验的方法来确认。

全部人类历史的第一个前提无疑是有生命的个人的存在。因此，第一个需要确认的事实就是这些个人的肉体组织以及由此产生的个人对其他自然的关系。当然，我们在这里既不能深入研究人们自身的生理特性，也不能深入研究人们所处的各种自然条件——地质条件、山岳水文地理条件、气候条件以及其他条件。任何历史记载都应当从这些自然基础以及它们在历史进程中由于人们的活动而发生的变更出发。

可以根据意识、宗教或随便别的什么来区别人和动物。一当人开始**生产**自己的生活资料的时候，这一步是由他们的肉体组织所决定的，人本身就开始把自己和动物区别开来。人们生产自己的生活资料，同时间接地生产着自己的物质生活本身。

人们用以生产自己的生活资料的方式，首先取决于他们已有的和需要再生产的生活资料本身的特性。这种生产方式不应当只从它是个人肉体存在的再生产这方面加以考察。它在更大程度上是这些个人的一定的活动方式，是他们表现自己生活的一定方式、他们的一定的**生活方式**。个人怎样表现自己的生活，他们自己就是怎样。因此，他们是什么样的，这同他们的生产是一致的——既和他们生产**什么**一致，又和他们**怎样**生产一致。因而，个人是什么样的，这取决于他们进行生产的物质条件。

……

由此可见，事情是这样的：以一定的方式进行生产活动的一定的个人，发生一定的社会关系和政治关系。经验的观察在任何情况下都应当根据经验来揭示社会结构和政治结构同生产的联系，而不应当带有任何神秘和思辨的色彩。社会结构和国家总是从一定的个人的生活过程中产生的。但是，这里所说的个人不是他们自己或别人想象中的那种个人，而是**现实中的**个人，也就是说，这些个人是从事活动的，进行物质生产的，因而是在一定的物质的、不受他们任意支配的界限、前提和条件下活动着的。

思想、观念、意识的生产最初是直接与人们的物质活动，与人们的物质交往，与现实生活的语言交织在一起的。人们的想象、思维、精神交往在这里还是人们物质行动的直接产物。表现在某一民族的政治、法律、道德、宗教、形而上学等的语言中的精神生产也是这样。人们是自己的观念、思想等等的生产者，但这里所说的人们是现实的、从事活动的人们，他们受自己的生产力和与之相适应的交往的一定发展——直到交往的最遥远的形态——所制约。意识在任何时候都只能是被意识到了的存在，而人们的存在就是他们的现实生活过程。如果在全部意识形态中，人们和他们的关系就像在照相机中一样是倒立呈像的，那么这种现象也是从人们生活的历史过程中产生的，正如物体在视网膜上的倒影是直接从人们生活的生理过程中产生的一样。

德国哲学从天国降到人间；和它完全相反，这里我们是从人间升到天国。这就是说，我们不是从人们所说的、所设想的、所想象的东西出发，也不是从口头说的、思考出来的、设想出来的、想象出来的人出发，去理解有血有肉的人。我们的出发点是从事实际活动的人，而且从他们的现实生活过程中还可以描绘出这一生活过程在意识形态上的反射和反响的发展。甚至人们头脑中的模糊幻象也是他们的可以通过经验来确认的、与物质前提相联系的物质生活过程的必然升华物。因此，道德、宗教、形而上学和其他意识形态，以及与它们相适应的意识形式便不再保留独立性的外观了。它们没有历史，没有发展，而发展着自己的物质生产和物质交往的人们，在改变自己的这个现实的同时也改变着自己的思维和思维的产物。不是意识决定生活，而是生活决定意识。前一种考察方法从意识出发，把意识看作是有生命的个人。后一种符合现实生活的考察方法则从现实的、有生命的个人本身出发，把意识仅仅看作是**他们的**意识。

这种考察方法不是没有前提的。它从现实的前提出发，它一刻也不离开这种前提。它的前提是人，但不是处在某种虚幻的离群索居和固定不变状态中的人，而是处在现实的、可以通过经验观察到的、在一定条件下进行的发展过程中的人。只要描绘出这个能动的生活过程，历史就不再像那些本身还是抽象的经验论者所认为的那样，是一些僵死的事实的汇集，也不再像唯心主义者所认为的那样，是想象的主体的想象活动。

在思辨终止的地方，在现实生活面前，正是描述人们实践活动和实际发展过程的真正的实证科学开始的地方。关于意识的空话将终止，它们一定会被真正的知识所代替。对现实的描述会使独立的哲学失去生存环境，能够取而代之的充其量不过是从对人类历史发展的考察中抽象出来的最一般的结果的概括。这些抽象本身离开了现实的历史就没有任何价值。它们只能对整理历史资料提供某些方便，指出历史资料的各个层次的顺序。但是这些抽象与哲学不同，它们绝不提供可以适用于各个历史时代的药方或公式。相反，只是在人们着手考察和整理资料——不管是有关过去时代的还是有关当代的资料——的时候，在实际阐述资料的时候，困难才开始出现。这些困难的排除受到种种前提的制约，这些前提在这里是根本不可能提供出来的，而只能从对每个时代的个人的现实生活过程和活动的研究中产生。这里我们只举出几个我们用来与意识形态相对照的抽象，并用历史的例子来加以说明。

……

实际上，而且对**实践的唯物主义者**即**共产主义者**来说，全部问题都在于使现存世界革命化，实际地反对并改变现存的事物。如果在费尔巴哈那里有时也遇见类似的观点，那么它们始终不过是一些零星的猜测，而且对费尔巴哈的总的观点的影响微乎其微，以致只能把它们看作是具有发展能力的萌芽。费尔巴哈对感性世界的"理解"一方面仅仅局限于对这一世界的单纯的直观，另一方面仅仅局限于单纯的感觉。费尔巴哈设定的是"**一般人**"，而不是"现实的历史的人"。"**一般人**"实际上是"德国人"。在前一种情况下，在对感性世界的**直观**中，他不可避免地碰到与他的意识和他的感觉相矛盾的东西，这些东西扰乱了他所假定的感性世界的一切部分的和谐，特别是人与自然界的和谐。为了排除这些东西，他不得不求助于某种二重性的直观，这种直观介于仅仅看到"眼前"的东西的普通直观和看出事物的"真正本质"的高级的哲学直观之间。他没有看到，他周围的感性世界决不是某种开天辟地以来就直接存在的、始终如一的东西，而是工业和社会状况的产物，是历史的产物，是世世代代活动的结果，其中每一代都立足于前一代所达到的基础上，继续发展前一代的工业和交往，并随着需要的改变而改变它的社会制度。甚至连最简单的"感性确定性"的对象也只是由于社会发展、由于工业和商业交往才提供给他的。大家知道，樱桃树和几乎所有的果树一样，只是在数世纪以前由于**商业**才移植到我们这个地区。由此可见，樱桃树只是**由于**一定的社会在一定时期的这种活动才为费尔巴哈的"感性确定性"所感知。

此外，只要这样按照事物的真实面目及其产生情况来理解事物，任何深奥的哲学问题——后面将对这一点作更清楚的说明——都可以十分简单地归结为某种经验的事实。人对自然的关系这一重要问题（或者如布鲁诺所说的（第110页），"自然和历史的对立"，好像这是两种互不相干的"事物"，好像人们面前始终不会有历史的自然和自然的历史），就是一个例子，这是一个产生了关于"实体"和"自我意识"的一切"高深莫测的创造物"的问题。然而，如果懂得在工业中向来就有那个很著名的"人和自然的统一"，而且这种统一在每一个时代都随着工业或慢或快的发展而不断改变，就像人与自然的"斗争"促进其生产力在相应基础上的发展一样，那么上述问题也就自行消失了。工业和商业、生活必需品的生产和交换，一方面制约着分配，不同社会阶级的划分，同时它们在自己的运动形式上又受着后者的制约。这样一来，打个比方说，费尔巴哈在曼彻斯特只看见一些工厂和机器，而一百年以前在那里只能看见脚踏纺车和织布机；或者，他在罗马的坎帕尼亚只发现一些牧场和沼泽，而在奥古斯都时代在那里只能发现罗马资本家的葡萄园和别墅。费尔巴哈特别谈到自然科学的直观，提到一些只有物理学家和化学家的眼睛才能识破的秘密，但是如果没有工业和商业，哪里会有自然科学呢？甚至这个"纯粹的"自然科学也只是由于商业和工业，由于人们的感性活动才达到自己的目的和获得自己的材料的。这种活动、这种连续不断的感性劳动和创造、这种生产，正是整个现存的感性世界的基础，它哪怕只中断一年，费尔巴哈就会看到，不仅在自然界将发生巨大的变化，而且整个人类世界以及他自己的直观能力，甚至他本身的存在也会很快就没有了。当然，在这种情况下，外部自然界的优先地位仍然会保持着，而整个这一点当然不适用于原始的、通过自然发生的途径产生的人们。但是，这种区别只有在人被看作是某种与自然界不同的东西时才有意义。此外，先于人类历史而存在的那个自然界，不是费尔巴哈生活其中的自然界；这是除去在澳洲新出现的一些珊瑚岛以外今天在任何地方都不再存在的、因而对于费尔巴哈来说也是不存在的自然界。

诚然，费尔巴哈比"纯粹的"唯物主义者有很大的优点：他承认人也是"感性对象"。但是，他把人只看作是"感性对象"，而不是"感性活动"，因为他在这里也仍然停留在理论的领域内，没有从人们现有的社会联系，从那些使人们成为现在这种样子的周围生活条件来观察人们——这一点且不说，他还从来没有看到现实存在着的、活动的人，而是停留于抽象的"人"，并且仅仅限于在感情范围内承认"现实的、单个的、肉体的人"，也就是说，除了爱与友情，而且是观念化了的爱与友情以外，他不知道"人与人之间"还有什么其他的"人的关系"。他没有批判现在的爱的关系。可见，他从来没有把感性世界理解为构成这一世界的个人的全部活生生的感性活动，因而比方说，当他看到的是大批患瘰疬病的、积劳成疾的和患肺痨的穷苦人而不是健康人的时候，他便不得不求助于"最高的直观"和观念上的"类的平等化"，这就是说，正是在共产主义的唯物主义者看到改造工业和社会结构的必要性和条件的地方，他却重新陷入唯心主义。

当费尔巴哈是一个唯物主义者的时候，历史在他的视野之外；当他去探讨历史的时候，他不是一个唯物主义者。在他那里，唯物主义和历史是彼此完全脱离的。这一点从上面所说的看来已经非常明显了。

我们谈的是一些没有任何前提的德国人，因此我们首先应当确定一切人类生存的第一个前提，也就是一切历史的第一个前提，这个前提是：人们为了能够"创造历史"，必须能够生活。但是为了生活，首先就需要吃喝住穿以及其他一些东西。因此第一个历史活动就是生产满足这些需要的资料，即生产物质生活本身，而且这是这样的历史活动，一切历史的一种基本条件，人们单是为了能够生活就必须每日每时去完成它，现在和几千年前都是这样。即使感性在圣布鲁诺那里被归结为像一根棍子那样微不足道的东西，它仍然必须以生产这根棍子的活动为前提。因此任何历史观的第一件事情就是必须注意上述基本事实的全部意义和全部范围，并给予应有的重视。大家知道，德国人从来没有这样做过，所以他们从来没有为历史提供**世俗**基础，因而也从来没有过一个历史学家。法国人和英国人尽管对这一事实同所谓的历史之间的联系了解得非常片面——特别是因为他们受政治思想的束缚——，但毕竟作了一些为历史编纂学提供唯物主义基础的初步尝试，首次写出了市民社会史、商业史和工业史。

第二个事实是，已经得到满足的第一个需要本身、满足需要的活动和已经获得的为满足需要而用的工具又引起新的需要，而这种新的需要的产生是第一个历史活动。从这里立即可以明白，德国人的伟大历史智慧是谁的精神产物。德国人认为，凡是在他们缺乏实证材料的地方，凡是在神学、政治和文学的谬论不能立足的地方，就没有任何历史，那里只有"史前时期"；至于如何从这个荒谬的"史前历史"过渡到真正的历史，他们却没有对我们作任何解释。不过另一方面，他们的历史思辨所以特别热衷于这个"史前历史"，是因为他们认为在这里他们不会受到"粗暴事实"的干预，而且还可以让他们的思辨欲望得到充分的自由，创立和推翻成千上万的假说。

一开始就进入历史发展过程的第三种关系是：每日都在重新生产自己生命的人们开始生产另外一些人，即繁殖。这就是夫妻之间的关系，父母和子女之间的关系，也就是**家庭**。这种家庭起初是唯一的社会关系，后来，当需要的增长产生了新的社会关系而人口的增多又产生了新的需要的时候，这种家庭便成为从属的关系了（德国除外）。这时就应该根据现有的经验材料来考察和阐明家庭，而不应该像通常在德国所做的那样，根据"家庭的概念"来考察和阐明家庭。此外，不应该把社会活动的这三个方面看作是三个不同的阶段，而只应该看作是三个方面，或者，为了使德国人能够了解，把它们看作是三个"因素"。从历史的最初时期起，从第一批人出现时，这三个方面就同时存在着，而且现在也还在历史上起着作用。

这样，生命的生产，无论是通过劳动而达到的自己生命的生产，或是通过生育而达到的他人生命的生产，就立即表现为双重关系：一方面是自然关系，另一方面是社会关系；社会关系的含义在这里是指许多个人的共同活动，至于这种活动在什么条件下、用什么方式和为了什么目的而进行，则是无关紧要的。由此可见，一定的生产方式或一定的工业阶段始终是与一定的共同活动方式或一定的社会阶段联系着的，而这种共同活动方式本身就是"生产力"；由此可见，人们所达到的生产力的总和决定着社会状况，因而，始终必须把"人类的历史"同工业和交换的历史联系起来研究和探讨。但是，这样的历史在德国是写不出来的，这也是很明显的，因为对于德国人来说，要做到这一点不仅缺乏理解能力和材料，而且还缺乏"感性确定性"；而在莱茵河彼岸之所以不能有关于这类事情的任何经验，是因为那里再没有什么历史。由此可见，一开始就表明了人们之间是有物质联系的。这种联系是由需要和生产方式决定的，它和人本身有同样长久的历史；这种联系不断采取新的形式，因而就表现为"历史"，它不需要有专门把人们联合起来的任何政治的或宗教的呓语。

只有现在，在我们已经考察了原初的历史的关系的四个因素、四个方面之后，我们才发现：人还具有"意识"。但是这种意识并非一开始就是"纯粹的"意识。"精神"从一开始就很倒霉，受到物质的"纠缠"，物质在这里表现为振动着的空气层、声音，简言之，即语言。语言和意识具有同样长久的历史；语言**是**一种实践的、既为别人存在因而也为我自身而存在的、现实的意识。语言也和意识一样，只是由于需要，由于和他人交往的迫切需要才产生的。凡是有某种关系存在的地方，这种关系都是为我而存在的；动物不对什么东西发生"**关系**"，而且根本没有"关系"；对于动物来说，它对他物的关系不是作为关系存在的。因而，意识一开始就是社会的产物，而且只要人们存在着，它就仍然是这种产物。当然，意识起初只是对**直接的**可感知的环境的一种意识，是对处于开始意识到自身的个人之外的其他人和其他物的狭隘联系的一种意识。同时，它也是对自然界的一种意识，自然界起初是作为一种完全异己的、有无限威力的和不可制服的力量与人们对立的，人们同自然界的关系完全像动物同自然界的关系一样，人们就像牲畜一样慑服于自然界，因而，这是对自然界的一种纯粹动物式的意识（自然宗教）；但是，另一方面，意识到必须和周围的个人来往，也就是开始意识到人总是生活在社会中的。这个开始，同这一阶段的社会生活本身一样，带有动物的性质；这是纯粹的畜群意识，这里，人和绵羊不同的地方只是在于：他的意识代替了他的本能，或者说他的本能是被意识到了的本能。由于生产效率的提高，需要的增长以及作为二者基础的人口的增多，这种绵羊意识或部落意识获得了进一步的发展和提高。与此同时分工也发展起来。分工起初只是性行为方面的分工，后来是由于天赋（例如体力）、需要、偶然性等等才自发地或"自然形成"分工。分工只是从物质劳动和精神劳动分离的时候起才真正成为分工。从这时候起意识**才能现实地想象**：它是和现存实践的意识不同的某种东西；它不用想象某种现实的东西就能**现实地**想象某种东西。从这时候起，意识才能摆脱世界而去构造"纯粹的"理论、神学、哲学、道德等等。但是，如果这种理论、神学、哲学、道德等等和现存的关系发生矛盾，那么，这仅仅是因为现存的社会关系和现存的生产力发生了矛盾。不过，在一定民族的各种关系的范围内，这也可能不是因为在该民族范围内出现了矛盾，而是因为在该民族意识和其他民族的实践之间，亦即在某一民族的民族意识和普遍意识之间出现了矛盾（就像目前德国的情形那样）——既然这个矛盾似乎只表现为民族意识范围内的矛盾，那么在这个民族看来，斗争也就限于这种民族废物，因为这个民族就是废物本身。但是，意识本身究竟采取什么形式，这是完全无关紧要的。我们从这一大堆赘述中只能得出一个结论：上述三个因素即生产力、社会状况和意识，彼此之间可能而且一定会发生矛盾，因为**分工**不仅使精神活动和物质活动、享受和劳动、生产和消费由不同的个人来分担这种情况成为可能，而且成为现实，而要使这三个因素彼此不发生矛盾，则只有再消灭分工。此外，不言而喻，"怪影"，"枷锁"，"最高存在物"、"概念"、"疑虑"显然只是孤立的个人的一种唯心的、思辨的、精神的表现，只是他的观念，即关于真正经验的束缚和界限的观念；生活的生产方式以及与此相联系的交往形式就在这些束缚和界限的范围内运动着。

分工包含着所有这些矛盾，而且又是以家庭中自然形成的分工和以社会分裂为单个的、互相对立的家庭这一点为基础的。与这种分工同时出现的还有**分配**，而且是劳动及其产品的**不平等**的分配（无论在数量上或质量上）；因而产生了所有制，它的萌芽和最初形式在家庭中已经出现，在那里妻子和儿女是丈夫的奴隶。家庭中这种诚然还非常原始和隐蔽的奴隶制，是最初的所有制，但就是这种所有制也完全符合现代经济学家所下的定义，即所有制是对他人劳动力的支配。

其实，分工和私有制是相等的表达方式，对同一件事情，一个是就活动而言，另一个是就活动的产品而言。

其次，随着分工的发展也产生了单个人的利益或单个家庭的利益与所有互相交往的个人的共同利益之间的矛盾；而且这种共同利益不是仅仅作为一种"普遍的东西"存在于观念之中，而首先是作为彼此有了分工的个人之间的相互依存关系存在于现实之中。

正是由于特殊利益和共同利益之间的这种矛盾，共同利益才采取**国家**这种与实际的单个利益和全体利益相脱离的独立形式，同时采取虚幻的共同体的形式，而这始终是在每一个家庭集团或部落集团中现有的骨肉联系、语言联系、较大规模的分工联系以及其他利益的联系的现实基础上，特别是在我们以后将要阐明的已经由分工决定的阶级的基础上产生的，这些阶级是通过每一个这样的人群分离开来的，其中一个阶级统治着其他一切阶级。从这里可以看出，国家内部的一切斗争——民主政体、贵族政体和君主政体相互之间的斗争，争取选举权的斗争等等，不过是一些虚幻的形式——普遍的东西一般说来是一种虚幻的共同体的形式——，在这些形式下进行着各个不同阶级间的真正的斗争（德国的理论家们对此一窍不通，尽管在《德法年鉴》和《神圣家族》中已经十分明确地向他们指出过这一点）。从这里还可以看出，每一个力图取得统治的阶级，即使它的统治要求消灭整个旧的社会形式和一切统治，就像无产阶级那样，都必须首先夺取政权，以便把自己的利益又说成是普遍的利益，而这是它在初期不得不如此做的。

正因为各个人所追求的**仅仅**是自己的特殊的、对他们来说是同他们的共同利益不相符合的利益，所以他们认为，这种共同利益是"异己的"和"不依赖"于他们的，即仍旧是一种特殊的独特的"普遍"利益，或者说，他们本身必须在这种不一致的状况下活动，就像在民主制中一样。另一方面，这些始终**真正地**同共同利益和虚幻的共同利益相对抗的特殊利益所进行的**实际**斗争，使得通过国家这种虚幻的"普遍"利益来进行**实际的**干涉和约束成为必要。

最后，分工立即给我们提供了第一个例证，说明只要人们还处在自然形成的社会中，就是说，只要特殊利益和共同利益之间还有分裂，也就是说，只要分工还不是出于自愿，而是自然形成的，那么人本身的活动对人来说就成为一种异己的、同他对立的力量，这种力量压迫着人，而不是人驾驭着这种力量。原来，当分工一出现之后，任何人都有自己一定的特殊的活动范围，这个范围是强加于他的，他不能超出这个范围：他是一个猎人、渔夫或牧人，或者是一个批判的批判者，只要他不想失去生活资料，他就始终应该是这样的人。而在共产主义社会里，任何人都没有特殊的活动范围，而是都可以在任何部门内发展，社会调节着整个生产，因而使我有可能随自己的兴趣今天干这事，明天干那事，上午打猎，下午捕鱼，傍晚从事畜牧，晚饭后从事批判，这样就不会使我老是一个猎人、渔夫、牧人或批判者。社会活动的这种固定化，我们本身的产物聚合为一种统治我们、不受我们控制、使我们的愿望不能实现并使我们的打算落空的物质力量，这是迄今为止历史发展的主要因素之一。受分工制约的不同个人的共同活动产生了一种社会力量，即扩大了的生产力。因为共同活动本身不是自愿地而是自然形成的，所以这种社会力量在这些个人看来就不是他们自身的联合力量，而是某种异己的、在他们之外的强制力量。关于这种力量的起源和发展趋向，他们一点也不了解；因而他们不再能驾驭这种力量，相反地，这种力量现在却经历着一系列独特的、不仅不依赖于人们的意志和行为反而支配着人们的意志和行为的发展阶段。

这种"异化"（用哲学家易懂的话来说）当然只有在具备了两个**实际**前提之后才会消灭。要使这种异化成为一种"不堪忍受的"力量，即成为革命所要反对的力量，就必须让它把人类的大多数变成完全"没有财产的"人，同时这些人又同现存的有钱有教养的世界相对立，而这两个条件都是以生产力的巨大增长和高度发展为前提的。另一方面，生产力的这种发展（随着这种发展，人们的**世界历史性的**而不是地域性的存在同时已经是经验的存在了）之所以是绝对必需的实际前提，还因为如果没有这种发展，那就只会有**贫穷**、极端贫困的普遍化；而在**极端贫困**的情况下，必须重新开始争取必需品的斗争，全部陈腐污浊的东西又要死灰复燃。其次，生产力的这种发展之所以是绝对必需的实际前提，还因为：只有随着生产力的这种普遍发展，人们的普遍交往才能建立起来；普遍交往，一方面，可以产生一切民族中同时都存在着"没有财产的"群众这一现象（普遍竞争），使每一民族都依赖于其他民族的变革；最后，地域性的个人为**世界历史性的**、经验上普遍的个人所代替。不这样，（1）共产主义就只能作为某种地域性的东西而存在；（2）交往的**力量**本身就不可能发展成为一种**普遍的**因而是不堪忍受的力量：它们会依然处于地方的、笼罩着迷信气氛的"状态"；（3）交往的任何扩大都会消灭地域性的共产主义。共产主义只有作为占统治地位的各民族"一下子"同时发生的行动，在经验上才是可能的，而这是以生产力的普遍发展和与此相联系的世界交往为前提的。

共产主义对我们来说不是应当确立的**状况**，不是现实应当与之相适应的**理想**。我们所称为共产主义的是那种消灭现存状况的**现实的**运动。这个运动的条件是由现有的前提产生的。

此外，许许多多人**仅仅**依靠自己劳动为生——大量的劳力与资本隔绝或其至连有限地满足自己的需要的可能性都被剥夺，——从而由于竞争，他们不再是暂时失去作为有保障的生活来源的工作，他们陷于绝境，这种状况是以**世界市场**的存在为前提的。因此，无产阶级只有**在世界历史意义上**才能存在，就像共产主义——它的事业——只有作为"世界历史性的"存在才有可能实现一样。而各个人的世界历史性的存在，也就是与世界历史直接相联系的各个人的存在。

……

在过去一切历史阶段上受生产力制约同时又制约生产力的交往形式，就是**市民社会**。从前面已经可以得知，这个社会是以简单的家庭和复杂的家庭，即所谓部落制度作为自己的前提和基础的。关于市民社会的比较详尽的定义已经包括在前面的叙述中了。从这里已经可以看出，这个市民社会是全部历史的真正发源地和舞台，可以看出过去那种轻视现实关系而局限于言过其实的历史事件的历史观何等荒谬。

到现在为止，我们主要只是考察了人类活动的一个方面——人**改造自然**。另一方面，是人**改造人**……

国家的起源和国家同市民社会的关系。

历史不外是各个世代的依次交替。每一代都利用以前各代遗留下来的材料、资金和生产力；由于这个缘故，每一代一方面在完全改变了的环境下继续从事所继承的活动，另一方面又通过完全改变了的活动来变更旧的环境。然而，事情被思辨地扭曲成这样：好像后期历史是前期历史的目的，例如，好像美洲的发现的根本目的就是要促使法国大革命的爆发。于是历史便具有了自己特殊的目的并成为某个与"其他人物"（像"自我意识"、"批判"，"唯一者"等等）"并列的人物"。其实，前期历史的"使命"、"目的"、"萌芽"、"观念"等词所表示的东西，终究不过是从后期历史中得出的抽象，不过是从前期历史对后期历史发生的积极影响中得出的抽象。

　　各个相互影响的活动范围在这个发展进程中越是扩大，各民族的原始封闭状态由于日益完善的生产方式、交往以及因交往而自然形成的不同民族之间的分工消灭得越是彻底，历史也就越是成为世界历史。例如，如果在英国发明了一种机器，它夺走了印度和中国的无数劳动者的饭碗，并引起这些国家的整个生存形式的改变，那么，这个发明便成为一个世界历史性的事实；同样，砂糖和咖啡是这样来表明自己在 19 世纪具有的世界历史意义的：拿破仑的大陆体系所引起的这两种产品的匮乏推动了德国人起来反抗拿破仑，从而就成为光荣的 1813 年解放战争的现实基础。由此可见，历史向世界历史的转变，不是"自我意识"、宇宙精神或者某个形而上学怪影的某种纯粹的抽象行动，而是完全物质的、可以通过经验证明的行动，每一个过着实际生活的、需要吃、喝、穿的个人都可以证明这种行动。

　　单个人随着自己的活动扩大为世界历史性的活动，越来越受到对他们来说是异己的力量的支配（他们把这种压迫想象为所谓宇宙精神等等的圈套），受到日益扩大的、归根结底表现为**世界市场**的力量的支配，这种情况在迄今为止的历史中当然也是经验事实。但是，另一种情况也具有同样的经验根据，这就是：随着现存社会制度被共产主义革命所推翻（下面还要谈到这一点）以及与这一革命具有同等意义的私有制的消灭，这种对德国理论家们来说是如此神秘的力量也将被消灭；同时，每一个单个人的解放的程度是与历史完全转变为世界历史的程度一致的。至于个人的真正的精神财富完全取决于他的现实关系的财富，根据上面的叙述，这已经很清楚了。只有这样，单个人才能摆脱种种民族局限和地域局限而同整个世界的生产（也同精神的生产）发生实际联系，才能获得利用全球的这种全面的生产（人们的创造）的能力。各个人的**全面的**依存关系、他们的这种自然形成的**世界历史性**的共同活动的最初形式，由于这种共产主义革命而转化为对下述力量的控制和自觉的驾驭，这些力量本来是由人们的相互作用产生的，但是迄今为止对他们来说都作为完全异己的力量威慑和驾驭着他们。这种观点仍然可以被思辨地、唯心地、即幻想地解释为"类的自我产生"（"作为主体的社会"），从而把所有前后相继、彼此相联的个人想象为从事自我产生这种神秘活动的唯一的个人。这里很明显，尽管人们在肉体上和精神上**互相**创造着，但是他们既不像圣布鲁诺胡说的那样，也不像"唯一者"、"被创造的"人那样创造自己本身。

　　最后，我们从上面所阐述的历史观中还可以得出以下的结论：（1）生产力在其发展的过程中达到这样的阶段，在这个阶段上产生出来的生产力和交往手段在现存关系下只能造成灾难，这种生产力已经不是生产的力量，而是破坏的力量（机器和货币）。与此同时还产生了一个阶级，它必须承担社会的一切重负，而不能享受社会的福利，它被排斥于社会之外，因而不得不同其他一切阶级发生最激烈的对立；这种阶级形成全体社会成员中的大多数，从这个阶级中产生出必须实行彻底革命的意识，即共产主义的意识，这种意识当然也可以在其他阶级中形成，只要它们认识到这个阶级的状况；（2）那些使一定的生产力能够得到利用的条件，是社会的一定阶级实行统治的条件，这个阶级的由其财产状况产生的社会权力，每一次都在相应的国家形式中获得**实践的**观念的表现，因此一切革命斗争都是针对在此以前实行统治的阶级的；（3）迄今为止的一切革命始终没有触动活动的性质，始终不过是按另外的方式分配这种活动，不过是在另一些人中间重新分配劳动，而共产主义革命则针对活动迄今具有的**性质**，消灭**劳动**，并消灭任何阶级的统治以及这些阶级本身，因为完成这个革命的是这样一个阶级，它在社会上已经不算是一个阶级，它已经不被承认是一个阶级，它已经成为现今社会的一切阶级、民族等等的解体的表现；（4）无论为了使这种共产主义意识普遍地产生还是为了实现事业本身，使人们普遍地发生变化是必需的，这种变化只有在实际运动中，在**革命**中才有可能实现；因此，革命之所以必需，不仅是因为没有任何其他的办法能够推翻**统治**阶级，而且还因为**推翻**统治阶级的那个阶级，只有在革命中才能抛掉自己身上的一切陈旧的肮脏东西，才能成为社会的新基础。

由此可见，这种历史观就在于：从直接生活的物质生产出发阐述现实的生产过程，把同这种生产方式相联系的、它所产生的交往形式即各个不同阶段上的市民社会理解为整个历史的基础，从市民社会作为国家的活动描述市民社会，同时从市民社会出发阐明意识的所有各种不同理论的产物和形式，如宗教、哲学、道德等等，而且追溯它们产生的过程。这样当然也能够完整地描述事物（因而也能够描述事物的这些不同方面之间的相互作用）。这种历史观和唯心主义历史观不同，它不是在每个时代中寻找某种范畴，而是始终站在现实历史的**基础**上，不是从观念出发来解释实践，而是从物质实践出发来解释观念的形成，由此还可得出下述结论：意识的一切形式和产物不是可以通过精神的批判来消灭的，不是可以通过把它们消融在"自我意识"中或化为"幽灵"、"怪影"、"怪想"等等来消灭的，而只有通过实际地推翻这一切唯心主义谬论所由产生的现实的社会关系，才能把它们消灭；历史的动力以及宗教、哲学和任何其他理论的动力是革命，而不是批判。这种观点表明：历史不是作为"产生于精神的精神"消融在"自我意识"中而告终的，而是历史的每一阶段都遇到一定的物质结果，一定的生产力总和，人对自然以及个人之间历史地形成的关系，都遇到前一代传给后一代的大量生产力、资金和环境，尽管一方面这些生产力、资金和环境为新的一代所改变，但另一方面，它们也预先规定新的一代本身的生活条件，使它得到一定的发展和具有特殊的性质。由此可见，这种观点表明：人创造环境，同样，环境也创造人。每个个人和每一代所遇到的现成的东西：生产力、资金和社会交往形式的总和，是哲学家们想象为"实体"和"人的本质"的东西的现实基础，是他们神化了的并与之斗争的东西的现实基础，这种基础尽管遭到以"自我意识"和"唯一者"的身分出现的哲学家们的反抗，但它对人们的发展所起的作用和影响却丝毫也不因此而受到干扰。各代所遇到的这些生活条件还决定着这样的情况：历史上周期性地重演的革命动荡是否强大到足以摧毁现存一切的基础；如果还没有具备这些实行全面变革的物质因素，就是说，一方面还没有一定的生产力，另一方面还没有形成不仅反抗旧社会的个别条件，而且反抗旧的"生活生产"本身、反抗旧社会所依据的"总和活动"的革命群众，那么，正如共产主义的历史所证明的，尽管这种变革的**观念**已经表述过千百次，但这对于实际发展没有任何意义。

迄今为止的一切历史观不是完全忽视了历史的这一现实基础，就是把它仅仅看成与历史过程没有任何联系的附带因素。因此，历史总是遵照在它之外的某种尺度来编写的；现实的生活生产被看成是某种非历史的东西，而历史的东西则被看成是某种脱离日常生活的东西，某种处于世界之外和超乎世界之上的东西。这样，就把人对自然界的关系从历史中排除出去了，因而造成了自然界和历史之间的对立。因此，这种历史观只能在历史上看到政治历史事件，看到宗教的和一般理论的斗争，而且在每次描述某一历史时代的时候，它都不得不赞同**这一时代的幻想**。

……

统治阶级的思想在每一时代都是占统治地位的思想。这就是说，一个阶级是社会上占统治地位的**物质**力量，同时也是社会上占统治地位的**精神**力量。支配着物质生产资料的阶级，同时也支配着精神生产资料，因此，那些没有精神生产资料的人的思想，一般地是隶属于这个阶级的。占统治地位的思想不过是占统治地位的物质关系在观念上的表现，不过是以思想的形式表现出来的占统治地位的物质关系；因而，这就是那些使某一个阶级成为统治阶级的关系在观念上的表现，因而这也就是这个阶级的统治的思想。此外，构成统治阶级的各个人也都具有意识，因而他们也会思维；既然他们作为一个阶级进行统治，并且决定着某一历史时代的整个面貌，那么不言而喻，他们在这个历史时代的一切领域中也会这样做，就是说，他们还作为思维着的人，作为思想的生产者进行统治，他们调节着自己时代的思想的生产和分配；而这就意味着他们的思想是一个时代的占统治地位的思想。例如，在某一国家的某个时期，王权、贵族和资产阶级为夺取统治而争斗，因而，在那里统治是分享的，那里占统治地位的思想就会是关于分权的学说，于是分权就被宣布为"永恒的规律"。

……

然而，在考察历史进程时，如果把统治阶级的思想和统治阶级本身分割开来，使这些思想独立化，如果不顾生产这些思想的条件和它们的生产者而硬说该时代占统治地位的是这些或那些思想，也就是说，如果完全不考虑这些思想的基础——个人和历史环境，那就可以这样说：例如，在贵族统治时期占统治地位的概念是荣誉、忠诚，等等，而在资产阶级统治时期占统治地位的概念则是自由、平等，等等。总之，统治阶级自己为自己编造出诸如此类的幻想。所有历史编纂学家，主要是 18 世纪以来的历史编纂学家所共有的这种历史观，必然会碰到这样一种现象：占统治地位的将是越来越抽象的思想，即越来越具有普遍性形式的思想。因为每一个企图取代旧统治阶级的新阶级，为了达到自己的目的不得不把自己的利益说成是社会全体成员的共同利益，就是说，这在观念上的表达就是：赋予自己的思想以普遍性的形式，把它们描绘成唯一合乎理性的、有普遍意义的思想。进行革命的阶级，仅就它对抗另一个**阶级**而言，从一开始就不是作为一个阶级，而是作为全社会的代表出现的；它俨然以社会全体群众的姿态反对唯一的统治阶级。它之所以能这样做，是因为它的利益在开始时的确同其余一切非统治阶级的共同利益还有更多的联系，在当时存在的那些关系的压力下还不能够发展为特殊阶级的特殊利益。因此，这一阶级的胜利对于其他未能争得统治地位的阶级中的许多个人来说也是有利的，但这只是就这种胜利使这些个人现在有可能升入统治阶级而言。当法国资产阶级推翻了贵族的统治之后，它使许多无产者有可能升到无产阶级之上，但是只有当他们变成资产者的时候才达到这一点。由此可见，每一个新阶级赖以实现自己统治的基础，总比它以前的统治阶级所依赖的基础要宽广一些；可是后来，非统治阶级和正在进行统治的阶级之间的对立也发展得更尖锐和更深刻。这两种情况使得非统治阶级反对新统治阶级的斗争在否定旧社会制度方面，又要比过去一切争得统治的阶级所作的斗争更加坚决、更加彻底。

只要阶级的统治完全不再是社会制度的形式，也就是说，只要不再有必要把特殊利益说成是普遍利益，或者把"普遍的东西"说成是占统治地位的东西，那么，一定阶级的统治似乎只是某种思想的统治这整个假象当然就会自行消失。

把占统治地位的思想同进行统治的个人分割开来，主要是同生产方式的一定阶段所产生的各种关系分割开来，并由此作出结论说，历史上始终是思想占统治地位，这样一来，就很容易从这些不同的思想中抽象出"**一般**思想"、观念等等，并把它们当作历史上占统治地位的东西，从而把所有这些个别的思想和概念说成是历史上发展着的**一般**概念的"自我规定"。在这种情况下，从人的概念、想象中的人、人的本质、**一般**人中能引伸出人们的一切关系，也就很自然了。思辨哲学就是这样做的。黑格尔本人在《历史哲学》的结尾承认，他"所考察的仅仅是**一般**概念的前进运动"，他在历史方面描述了"**真正的神正论**"（第 446 页）。现在又可以重新回复到"概念"的生产者，回复到理论家、玄想家和哲学家，并作出结论说：哲学家、思维着的人本身自古以来就是在历史上占统治地位的。这个结论，如我们所看到的，早就由黑格尔表述过了。这样，证明精神在历史上的最高统治（施蒂纳的教阶制）的全部戏法，可以归结为以下三个手段：

第一，必须把进行统治的个人——而且是由于种种经验的原因、在经验的条件下和作为物质的个人进行统治的个人——的思想同这些进行统治的个人本身分割开来，从而承认思想或幻想在历史上的统治。

第二，必须使这种思想统治具有某种秩序，必须证明，在一个承继着另一个而出现的占统治地位的思想之间存在着某种神秘的联系，而要做到这一点就得把这些思想看作是"概念的自我规定"（所以能这样做，是因为这些思想凭借自己的经验的基础，彼此确实是联系在一起的，还因为它们被**仅仅**当作思想来看待，因而就变成自我差别，变成由思维产生的差别）。

第三，为了消除这种"自我规定着的概念"的神秘外观，便把它变成某种人物——"自我意识"；或者，为了表明自己是真正的唯物主义者，又把它变成在历史上代表着"概念"的许多人物——"思维着的人"、"哲学家"、玄想家，而这些人又被看作是历史的制造者、"监护人会议"、统治者。这样一来，就把一切唯物主义的因素从历史上消除了，就可以任凭自己的思辨之马自由奔驰了。

要说明这种曾经在德国占统治地位的历史方法，以及说明它为什么主要在德国占统治地位的原因，就必须从它与一切玄想家的幻想，例如，与法学家、政治家（包括实际的国务活动家）的幻想的联系出发，必须从这些家伙的独断的玄想和曲解出发。而从他们的实际生活状况、他们的职业和分工出发，是很容易说明这些幻想、玄想和曲解的。

在日常生活中任何一个小店主都能精明地判别某人的假貌和真相，然而我们的历史编纂学却还没有获得这种平凡的认识，不论每一时代关于自己说了些什么和想象了些什么，它都一概相信。

［……］从前者产生了发达分工和广泛贸易的前提，从后者产生了地域局限性。在前一种情况下，各个人必须聚集在一起，在后一种情况下，他们本身已作为生产工具而与现有的生产工具并列在一起。因此，这里出现了自然形成的生产工具和由文明创造的生产工具之间的差异。**耕地**（水，等等）可以看作是自然形成的生产工具。在前一种情况下，即在自然形成的生产工具的情况下，各个人受自然界的支配，在后一种情况下，他们受劳动产品的支配。因此在前一种情况下，财产（地产）也表现为直接的、自然形成的统治，而在后一种情况下，则表现为劳动的统治，特别是积累起来的劳动即资本的统治。前一种情况的前提是，各个人通过某种联系——家庭、部落或者甚至是土地本身，等等——结合在一起；后一种情况的前提是，各个人互不依赖，仅仅通过交换集合在一起。在前一种情况下，交换主要是人和自然之间的交换，即以人的劳动换取自然的产品，而在后一种情况下，主要是人与人之间进行的交换。在前一种情况下，只要具备普通常识就够了，体力活动和脑力活动彼此还完全没有分开；而在后一种情况下，脑力劳动和体力劳动之间实际上应该已经实行分工。在前一种情况下，所有者对非所有者的统治可以依靠个人关系，依靠这种或那种形式的共同体［Gemeinwesen］；在后一种情况下，这种统治必须采取物的形式，通过某种第三者，即通过货币。在前一种情况下，存在着小工业，但这种工业决定于自然形成的生产工具的使用，因此这里没有不同的个人之间的分工；在后一种情况下，工业只有在分工的基础上和依靠分工才能存在。

到现在为止我们都是以生产工具为出发点，这里已经表明了在工业发展的一定阶段上必然会产生私有制。在采掘工业［industrie extractive］中私有制和劳动还是完全一致的；在小工业以及到目前为止的整个农业中，所有制是现存生产工具的必然结果；在大工业中，生产工具和私有制之间的矛盾才是大工业的产物，这种矛盾只有在大工业高度发达的情况下才会产生。因此，只有随着大工业的发展才有可能消灭私有制。

……

在 17 世纪，商业和工场手工业不可阻挡地集中于一个国家——英国。这种集中逐渐地给这个国家创造了相对的世界市场，因而也造成了对这个国家的工场手工业产品的需求，这种需求是旧的工业生产力所不能满足的。这种超过了生产力的需求正是引起中世纪以来私有制发展的第三个时期的动力，它产生了大工业——把自然力用于工业目的，采用机器生产以及实行最广泛的分工。这一新阶段的其他条件——国内的自由竞争，理论力学的发展（牛顿所完成的力学在 18 世纪的法国和英国都是最普及的科学）等等——在英国都已具备了。（国内的自由竞争到处都必须通过革命的手段争得——英国 1640 年和 1688 年的革命，法国 1789 年的革命。）竞争很快就迫使每一个不愿丧失自己的历史作用的国家为保护自己的工场手工业而采取新的关税措施（旧的关税已无力抵制大工业了），并随即在保护关税之下兴办大工业。尽管有这些保护措施，大工业仍使竞争普遍化了（竞争是实际的贸易自由；保护关税在竞争中只是治标的办法，是贸易自由**范围内**的防卫手段），大工业创造了交通工具和现代的世界市场，控制了商业，把所有的资本都变为工业资本，从而使流通加速（货币制度得到发展）、资本集中。大工业通过普遍的竞争迫使所有个人的全部精力处于高度紧张状态。它尽可能地消灭意识形态、宗教、道德等等，而在它无法做到这一点的地方，它就把它们变成赤裸裸的谎言。它首次开创了世界历史，因为它使每个文明国家以及这些国家中的每一个人的需要的满足都依赖于整个世界，因为它消灭了各国以往自然形成的闭关自守的状态。它使自然科学从属于资本，并使分工丧失了自己自然形成的性质的最后一点假象。它把自然形成的性质一概消灭掉，只要在劳动的范围内有可能做到这一点，它并且把所有自然形成的关系变成货币的关系。它建立了现代的大工业城市——它们的出现如雨后春笋——来代替自然形成的城市。凡是它渗入的地方，它就破坏手工业和工业的一切旧阶段。它使城市最终战胜了农村。它的 ［……］是自动化体系。［它造］成了大量的生产力，对于这些生产力来说，私有制成了它们发展的桎梏，正如行会成为工场手工业的桎梏和小规模的乡村生产成为日益发展的手工业的桎梏一样。在私有制的统治下，这些生产力只获得了片面的发展，对大多数人来说成了破坏的力量，而许多这样的生产力在私有制下根本得不到利用。一般说来，大工业到处造成了社会各阶级间相同的关系，从而消灭了各民族的特殊性。最后，当每一民族的资产阶级还保持着它的特殊的民族利益的时候，大工业却创造了这样一个阶级，这个阶级在所有的民族中都具有同样的利益，在它那里民族独特性已经消灭，这是一个真正同整个旧世界脱离而同时又与之对立的阶级。大工业不仅使工人对资本家的关系，而且使劳动本身都成为工人不堪忍受的东西。

当然，在一个国家里，大工业不是在一切地域都达到了同样的发展水平。但这并不能阻碍无产阶级的阶级运动，因为大工业产生的无产者领导着这个运动并且引导着所有的群众，还因为没有卷入大工业的工人，被大工业置于比在大工业中做工的工人更糟的生活境遇。同样，大工业发达的国家也影响着或多或少非工业的国家，因为非工业国家由于世界交往而被卷入普遍竞争的斗争中。

这些不同的形式同时也是劳动组织的形式，从而也是所有制的形式。在每一个时期都发生现存的生产力相结合的现象，因为需求使这种结合成为必要的。

生产力和交往形式之间的这种矛盾——正如我们所见到的，它在迄今为止的历史中曾多次发生过，然而并没有威胁交往形式的基础，——每一次都不免要爆发为革命，同时也采取各种附带形式，如冲突的总和，不同阶级之间的冲突，意识的矛盾，思想斗争，政治斗争，等等。从狭隘的观点出发，可以从其中抽出一种附带形式，把它看作是这些革命的基础，而且因为革命所由出发的各个人都根据他们的文化水平和历史发展的阶段对他们自己的活动本身产生了种种幻想，这样做就更容易了。

因此，按照我们的观点，一切历史冲突都根源于生产力和交往形式之间的矛盾。此外，不一定非要等到这种矛盾在某一国家发展到极端尖锐的地步，才导致这个国家内发生冲突。由广泛的国际交往所引起的同工业比较发达的国家的竞争，就足以使工业比较不发达的国家内产生类似的矛盾（例如，英国工业的竞争使德国潜在的无产阶级显露出来了）。

……

共产主义和所有过去的运动不同的地方在于：它推翻一切旧的生产关系和交往关系的基础，并且第一次自觉地把一切自发形成的前提看作是前人的创造，消除这些前提的自发性，使它们受联合起来的个人的支配。因此，建立共产主义实质上具有经济的性质，这就是为这种联合创造各种物质条件，把现存的条件变成联合的条件。共产主义所造成的存在状况，正是这样一种现实基础，它使一切不依赖于个人而存在的状况不可能发生，因为这种存在状况只不过是各个人之间迄今为止的交往的产物。这样，共产主义者实际上把迄今为止的生产和交往所产生的条件看作无机的条件。然而他们并不以为过去世世代代的意向和使命就是给他们提供资料，也不认为这些条件对于创造它们的个人来说是无机的。有个性的个人与偶然的个人之间的差别，不是概念上的差别，而是历史事实。在不同的时期，这种差别具有不同的含义，例如，等级在 18 世纪对于个人来说就是某种偶然的东西，家庭或多或少地也是如此。这种差别不是我们为每个时代划定的，而是每个时代本身在它所发现的各种不同的现成因素之间划定的，而且不是根据概念而是在物质生活冲突的影响下划定的。一切对于后来时代来说是偶然的东西，对于先前时代来说则相反，亦即在先前时代所传下来的各种因素中的偶然的东西，是与生产力发展的一定水平相适应的交往形式。生产力与交往形式的关系就是交往形式与个人的行动或活动的关系。（这种活动的基本形式当然是物质活动，一切其他的活动，如精神活动、政治活动、宗教活动等取决于它。当然，物质生活的这样或那样的形式，每次都取决于已经发达的需求，而这些需求的产生，也像它们的满足一样，本身是一个历史过程，这种历史过程在羊或狗那里是没有的（这是施蒂纳顽固地提出来**反对**人的主要论据），尽管羊或狗的目前形象无疑是历史过程的产物——诚然，不以它们的意愿为转移。）个人相互交往的条件，在上述这种矛盾产生以前，是与他们的个性相适合的条件，对于他们来说不是什么外部的东西；它们是这样一些条件，在这些条件下，生存于一定关系中的一定的个人独力生产自己的物质生活以及与这种物质生活有关的东西，因而这些条件是个人的自主活动的条件，并且是由这种自主活动产生出来的。这样，在矛盾产生以前，人们进行生产的一定条件是同他们的现实的局限状态，同他们的片面存在相适应的，这种存在的片面性只是在矛盾产生时才表现出来，因而只是对于后代才存在。这时人们才觉得这些条件是偶然的桎梏，并且把这种视上述条件为桎梏的意识也强加给先前的时代。

选自《马克思恩格斯选集》第 1 卷，人民出版社 1995 年版，第 64—123 页。

五、进一步阅读的文献

1. ［日］广松涉编注：《文献学语境中的〈德意志意识形态〉》，南京大学出版社 2005 年版。

2. ［苏］梁赞诺夫：《梁赞诺夫版〈德意志意识形态〉》，南京大学出版社 2008 年版。

3. 韩立新编：《新版〈德意志意识形态〉研究》，中国人民大学出版社 2008 年版。

4. 张一兵：《回到马克思》，江苏人民出版社 1999 年版。

第六章 唯物主义历史观核心观点的科学概述

——《致安年科夫的信》与《哲学的贫困》

一、写作背景

1846 年，蒲鲁东出版了《经济体系的矛盾，或贫困的哲学》（简称《贫困的哲学》），借助黑格尔的辩证法说明经济范畴体系，认为建立以个人所有为基础的互助制社会和由劳动人民入股的"人民银行"，是无产阶级不受剥削的唯一途径。蒲鲁东的这些思想在法国工人运动中产生了较大的影响，直接干扰了无产阶级对资本主义制度的认识。这是马克思批判蒲鲁东的重要原因。同年 11 月，俄国文学家巴·瓦·安年科夫致信马克思，询问对《贫困的哲学》的看法。马克思于 12 月 28 日写了回信，对蒲鲁东的哲学—经济学思想进行了简要的批判，《致安年科夫的信》实际上成为《哲学的贫困》一书的纲要。《哲学的贫困》全书名为《哲学的贫困。答蒲鲁东先生的"贫困的哲学"》，写于 1847 年 1～4 月，同年 7 月在布鲁塞尔和巴黎出版。

二、篇章结构

《致安年科夫的信》没有分章节，主要是从唯物主义历史观及其方法论视角批判蒲鲁东。《哲学的贫困》由两章构成：第一章主要批判《贫困的哲学》中的经济学思想；第二章主要批判《贫困的哲学》中的形而上学方法论；在完成了主要章节之后，马克思写了一个简短的序言，置于篇首。

三、观点提示

第一，确切规定了生产关系的内涵，认为生产关系是包括生产、分配、交换和消费四个环节在内的有机总体，并对生产关系与所有制的关系作出了科学规定。人们按照物质生产的发展建立相应的社会关系，在此基础上建立相应的所有制形式。

第二，确切规定了生产力与生产关系的关系，认为生产力的变化引起生产关系的变化，随着新生产力的获得，人们改变着自己的生产方式，随着生产方式即保证自己生活的方式的改变，人们随之会改变自己的一切社会关系。手工磨产生的是封建主为首的社会，蒸汽磨产生的是工业资本家为首的社会。

第三，确切规定了阶级斗争的历史作用，认为生产力的状况决定阶级状况，阶级斗争是文明社会发展的直接动力，阶级斗争最终必然导致"全面的革命"。

第四，确切规定了人与历史的关系，明确提出人是历史的"剧中人"和"剧作者"，并认为只有把人同时当作历史的"剧中人"和"剧作者"，才能发现真实的历史，才能达到历史研究的"真正的出发点"。

第五，确切规定了"历史性"思想，认为人们借以进行生产、交换与分配的经济形式及其观念表现，都是历史性的、暂时的产物，不存在支配社会的永恒规律，"整个历史也无非是人类本性的不断改变"。

《哲学的贫困》在马克思主义哲学史上的特殊地位就在于，它对唯物史观中"有决定意义的论点""第一次作了科学的、虽然是论战性的概述"；更重要的是，《哲学的贫困》于1847年公开出版，标志着马克思主义哲学的公开问世。

四、文本节选

◆ 致安年科夫的信

社会——不管其形式如何——是什么呢？是人们交互活动的产物。人们能否自由选择某一社会形式呢？决不能。在人们的生产力发展的一定状况下，就会有一定的交换〔commerce〕和消费形式。在生产、交换和消费发展的一定阶段上，就会有相应的社会制度、相应的家庭、等级或阶级组织，一句话，就会有相应的市民社会。有一定的市民社会，就会有不过是市民社会的正式表现的相应的政治国家。这就是蒲鲁东先生永远不会了解的东西，因为，当他从诉诸国家转而诉诸社会，即从诉诸社会的正式表现转而诉诸正式社会的时候，他竟认为他是在完成一桩伟业。

这里不必再补充说，人们不能自由选择**自己的生产力**——这是他们的全部历史的基础，因为任何生产力都是一种既得的力量，是以往的活动的产物。可见，生产力是人们应用能力的结果，但是这种能力本身决定于人们所处的条件，决定于先前已经获得的生产力，决定于在他们以前已经存在、不是由他们创立而是由前一代人创立的社会形式。后来的每一代人都得到前一代人已经取得的生产力并当作原料来为自己新的生产服务，由于这一简单的事实，就形成人们的历史中的联系，就形成人类的历史，这个历史随着人们的生产力以及人们的社会关系的越益发展而越益成为人类的历史。由此就必然得出一个结论：人们的社会历史始终只是他们的个体发展的历史，而不管他们是否意识到这一点。他们的物质关系形成他们的一切关系的基础。这种物质关系不过是他们的物质的和个体的活动所借以实现的必然形式罢了。

蒲鲁东先生混淆了思想和事物。人们永远不会放弃他们已经获得的东西，然而这并不是说，他们永远不会放弃他们在其中获得一定生产力的那种社会形式。恰恰相反。为了不致丧失已经取得的成果，为了不致失掉文明的果实，人们在他们的交往〔commerce〕方式不再适合于既得的生产力时，就不得不改变他们继承下来的一切社会形式。——我在这里使用"commerce"一词是就它的最广泛的意义而言，就像在德文中使用"Verkehr"一词那样。例如：各种特权、行会和公会的制度、中世纪的全部规则，曾是唯一适应于既得的生产力和产生这些制度的先前存在的社会状况的社会关系。在行会制度及各种规则的保护下积累了资本，发展了海上贸易，建立了殖民地，而人们如果想把这些果实赖以成熟起来的那些形式保存下去，他们就会失去这一切果实。于是就爆发了两次霹雳般的震动，即1640年和1688年的革命。一切旧的经济形式、一切和这些形式相适应的社会关系、曾经是旧社会的正式表现的政治国家，当时在英国都被破坏了。可见，人们借以进行生产、消费和交换的经济形式是**暂时的和历史性的**形式。随着新的生产力的获得，人们便改变自己的生产方式，而随着生产方式的改变，他们便改变所有不过是这一特定生产方式的必然关系的经济关系。

……

把机器说成一种同分工、竞争、信贷等等并列的经济范畴，这根本就是极其荒谬的。

机器不是经济范畴，正像拉犁的牛不是经济范畴一样。现代**运用**机器一事是我们的现代经济制度的关系之一，但是利用机器的方式和机器本身完全是两回事。火药无论是用来伤害一个人，或者是用来给这个人医治创伤，它终究还是火药。

当蒲鲁东先生按照这里列举的次序在自己的头脑中发展出竞争、垄断、税收或警察、贸易平衡、信贷和所有制的时候，他真是在大显身手。在英国，几乎全部信贷事业都在机器发明以前的 18 世纪初就发展起来了。公债不过是增加税收和满足资产阶级掌握政权所造成的新需要的一种新方式。

最后，**所有制**形成蒲鲁东先生的体系中的最后一个范畴。在现实世界中，情形恰恰相反：蒲鲁东先生的分工和所有其他范畴都是社会关系，这些关系的总和构成现在称之为**所有制**的东西；在这些关系之外，资产阶级所有制不过是形而上学的或法学的幻想。另一时代的所有制，封建所有制，是在完全不同的社会关系中发展起来的。蒲鲁东先生把所有制规定为独立的关系，就不只是犯了方法上的错误：他清楚地表明自己没有理解把**资产阶级**生产所具有的各种形式结合起来的纽带，他不懂得一定时代中生产所具有的各种形式的历史的和暂时的性质。蒲鲁东先生看不到现代种种社会体制是历史的产物，既不懂得它们的起源，也不懂得它们的发展，所以他只能对它们作教条式的批判。

……

这样，蒲鲁东先生主要是由于缺乏历史知识而没有看到：人们在发展其生产力时，即在生活时，也发展着一定的相互关系；这些关系的性质必然随着这些生产力的改变和发展而改变。他没有看到：**经济范畴**只是这些现实关系的**抽象**，它们仅仅在这些关系存在的时候才是真实的。这样他就陷入了资产阶级经济学家的错误之中，这些经济学家把这些经济范畴看作永恒的规律，而不是看作历史性的规律——只是适于一定的历史发展阶段、一定的生产力发展阶段的规律。所以，蒲鲁东先生不把政治经济学范畴看作实在的、暂时的、历史性的社会关系的抽象，而神秘地颠倒黑白，把实在的关系只看作这些抽象的体现。这些抽象本身竟是从世界开始存在时起就已安睡在天父心怀中的公式。

……

蒲鲁东先生很清楚地了解，人们生产呢子、麻布、丝绸——了解这么点东西确是一个大功劳！可是，蒲鲁东先生不了解，人们还按照自己的生产力而生产出他们在其中生产呢子和麻布的**社会关系**。蒲鲁东先生更不了解，适应自己的物质生产水平而生产出社会关系的人，也生产出**各种观念、范畴**，即恰恰是这些社会关系的抽象的、观念的表现。所以，范畴也和它们所表现的关系一样不是永恒的。它们是历史性的和暂时的产物。而在蒲鲁东先生看来却刚刚相反，抽象、范畴是始因。根据他的意见，创造历史的，正是抽象、范畴，而不是人。**抽象、范畴就本身来说**，即把它们同人们及其物质活动分离开来，自然是不朽的、不变的、不动的。它不过是一种纯理性的存在，这干脆就是说，抽象就其本身来说是抽象的。多么美妙的**同义反复**！

这样，当作范畴来看的经济关系，对于蒲鲁东先生说来，是既无起源、又无发展的永恒的公式。

换个方式说：蒲鲁东先生不是直接肯定**资产阶级生活**对他说来是**永恒的真理**。他间接地说出了这一点，因为他神化了以观念形式表现资产阶级关系的范畴。既然市民社会的产物被他想象为范畴形式、观念形式，他就把这些产物视为自行产生的、具有自己的生命的、永恒的东西。可见，他并没有超出资产阶级的视野。由于他谈到资产阶级的观念时，认为它们是永恒真理，所以他就寻找这些观念的综合，寻求它们的平衡，而没有看到，现在它们达到平衡的方式是唯一可能的方式。

其实，他所做的是一切好心的资产者所做的事情。他们都说，竞争、垄断等等在原则上，即如果把它们看作抽象的观念，是生活的唯一的基础，但是它们在实践中还得大加改善。他们全都希望有竞争而没有竞争的悲惨后果。他们全都希望有一种不可能的事情，即希望有资产阶级的生活条件而没有这些条件的必然后果。他们全都不了解，资产阶级生产方式是一种历史性的和暂时的方式，也正像封建方式的情形一样。

选自《马克思恩格斯选集》第 4 卷，人民出版社 1995 年版，第 532—539 页。

◆ **哲学的贫困**

一切存在物，一切生活在地上和水中的东西，只是由于某种运动才得以存在、生活。例如，历史的运动创造了社会关系，工业的运动给我们提供了工业产品，等等。

正如我们通过抽象把一切事物变成逻辑范畴一样，我们只要抽去各种各样的运动的一切特征，就可得到抽象形态的运动，纯粹形式上的运动，运动的纯粹逻辑公式。如果我们把逻辑范畴看作一切事物的实体，那么我们也就可以设想把运动的逻辑公式看作是**一种绝对方法**，它不仅说明每一个事物，而且本身就包含每个事物的运动。

关于这种绝对方法，黑格尔这样说过：

"方法是任何事物所不能抗拒的一种绝对的、唯一的、最高的、无限的力量；这是理性企图在每一个事物中发现和认识自己的意向。"（《逻辑学》第 3 卷）

既然把任何一种事物都归结为逻辑范畴，任何一个运动、任何一种生产行为都归结为方法，那么由此自然得出一个结论，产品和生产、事物和运动的任何总和都可以归结为应用的形而上学。黑格尔为宗教、法等做过的事情，蒲鲁东先生也想在政治经济学上如法炮制。

那么，这种绝对方法到底是什么呢？是运动的抽象，运动的抽象是什么呢？是抽象形态的运动。抽象形态的运动是什么呢？是运动的纯粹逻辑公式或者纯理性的运动。纯理性的运动又是怎么回事呢？就是设定自己，自己与自己相对立，自相结合，就是把自身规定为正题、反题、合题，或者就是它自我肯定、自我否定和否定自我否定。

理性怎样进行自我肯定，把自己设定为特定的范畴呢？这就是理性自己及其辩护人的事情了。

但是理性一旦把自己设定为正题，这个正题、这个与自己相对立的思想就会分为两个互相矛盾的思想，即肯定和否定，"是"和"否"。这两个包含在反题中的对抗因素的斗争，形成辩证运动。"是"转化为"否"，"否"转化为"是"。"是"同时成为"是"和"否"，"否"同时成为"否"和"是"，对立面互相均衡，互相中和，互相抵消。这两个彼此矛盾的思想的融合，就形成一个新的思想，即它们的合题。这个新的思想又分为两个彼此矛盾的思想，而这两个思想又融合成新的合题。从这种生育过程中产生出思想群。同简单的范畴一样，思想群也遵循这个辩证运动，它也有一个矛盾的群作为反题。从这两个思想群中产生出新的思想群，即它们的合题。

正如从简单范畴的辩证运动中产生出群一样，从群的辩证运动中产生出系列，从系列的辩证运动中又产生出整个体系。

把这个方法运用到政治经济学的范畴上面，就会得出政治经济学的逻辑学和形而上学，换句话说，就会把人所共知的经济范畴翻译成人们不大知道的语言，这种语言使人觉得这些范畴似乎是刚从纯理性的头脑中产生的，好像这些范畴仅仅由于辩证运动的作用才互相产生、互相联系、互相交织。请读者不要害怕这个形而上学以及它那一大堆范畴、群、系列和体系。尽管蒲鲁东先生费了九牛二虎之力想爬上**矛盾体系**的顶峰，可是他从来没有超越过头两级即简单的正题和反题，而且这两级他仅仅爬上过两次，其中有一次还跌了下来。

在这以前我们谈的只是黑格尔的辩证法。下面我们要看到蒲鲁东先生怎样把它降低到极可怜的程度。黑格尔认为，世界上过去发生的一切和现在还在发生的一切，就是他自己的思维中发生的一切。因此，历史的哲学仅仅是哲学的历史，即他自己的哲学的历史。没有"与时间次序相一致的历史"，只有"观念在理性中的顺序"。他以为他是在通过思想的运动建设世界；其实，他只是根据绝对方法把所有人们头脑中的思想加以系统的改组和排列而已。

......

经济范畴只不过是生产的社会关系的理论表现，即其抽象。真正的哲学家蒲鲁东先生把事物颠倒了，他认为现实关系只是一些原理和范畴的化身。这位哲学家蒲鲁东先生还告诉我们，这些原理和范畴过去曾睡在"无人身的人类理性"的怀抱里。

经济学家蒲鲁东先生非常明白，人们是在一定的生产关系中制造呢绒、麻布和丝织品的。但是他不明白，这些一定的社会关系同麻布、亚麻等一样，也是人们生产出来的。社会关系和生产力密切相联。随着新生产力的获得，人们改变自己的生产方式，随着生产方式即谋生的方式的改变，人们也就会改变自己的一切社会关系。手推磨产生的是封建主的社会，蒸汽磨产生的是工业资本家的社会。

人们按照自己的物质生产率建立相应的社会关系，正是这些人又按照自己的社会关系创造了相应的原理、观念和范畴。

所以，这些观念、范畴也同它们所表现的关系一样，不是永恒的。它们是**历**

史的、暂时的产物。

生产力的增长、社会关系的破坏、观念的形成都是不断运动的，只有运动的抽象即**"不死的死"**才是停滞不动的。

……

每一个社会中的生产关系都形成一个统一的整体。蒲鲁东先生把种种经济关系看作同等数量的社会阶段，这些阶段互相产生，像反题来自正题一样一个来自一个，并在自己的逻辑顺序中实现着无人身的人类理性。

这个方法的唯一短处就是：蒲鲁东先生在考察其中任何一个阶段时，都不能不靠所有其他社会关系来说明，可是当时这些社会关系尚未被他用辩证运动产生出来。当蒲鲁东先生后来借助纯粹理性使其他阶段产生出来时，却又把它们当成初生的婴儿，忘记它们和第一个阶段是同样年老了。

因此，他要构成被他看作一切经济发展基础的价值，就非有分工、竞争等等不可。然而当时这些关系在**系列**中、在蒲鲁东先生的**理性**中以及**逻辑顺序**中根本还不存在。

谁用政治经济学的范畴构筑某种思想体系的大厦，谁就是把社会体系的各个环节割裂开来，就是把社会的各个环节变成同等数量的依次出现的单个社会。其实，单凭运动、顺序和时间的唯一逻辑公式怎能向我们说明一切关系在其中同时存在而又互相依存的社会机体呢？

……

现在我们看一看蒲鲁东先生在把黑格尔的辩证法应用到政治经济学上去的时候，把它变成了什么样子。

蒲鲁东先生认为，任何经济范畴都有好坏两个方面。他看范畴就像小资产者看历史伟人一样：**拿破仑**是一个大人物；他行了许多善，但是也作了许多恶。

蒲鲁东先生认为，**好的方面**和**坏的方面**，**益处**和**害处**加在一起就构成每个经济范畴所固有的**矛盾**。

应当解决的问题是：保存好的方面，消除坏的方面。

奴隶制是同任何经济范畴一样的经济范畴。因此，它也有两个方面。我们抛开奴隶制的坏的方面不谈，且来看看它的好的方面。自然，这里谈的只是直接奴隶制，即苏里南、巴西和北美南部各州的黑人奴隶制。

同机器、信用等等一样，直接奴隶制是资产阶级工业的基础。没有奴隶制就没有棉花；没有棉花就没有现代工业。奴隶制使殖民地具有价值，殖民地产生了世界贸易，世界贸易是大工业的条件。可见，奴隶制是一个极重要的经济范畴。

没有奴隶制，北美这个进步最快的国家就会变成宗法式的国家。如果从世界地图上把北美划掉，结果看到的是一片无政府状态，现代贸易和现代文明十分衰落的情景。消灭奴隶制就等于从世界地图上抹掉美洲。

因为奴隶制是一个经济范畴，所以它总是存在于各民族的制度中。现代各民族只是在本国内把奴隶制掩饰一下，而在新大陆却不加掩饰地推行奴隶制。

蒲鲁东先生将用什么办法挽救奴隶制呢？他提出的**问题**是：保存这个经济范畴的好的方面，消除其坏的方面。

黑格尔就不需要提出问题。他只有辩证法。蒲鲁东先生从黑格尔的辩证法那里只借用了用语。而蒲鲁东先生自己的辩证运动只不过是机械地划分出好、坏两面而已。

我们暂且把蒲鲁东先生当作一个范畴看待，看一看他的好的方面和坏的方面，他的长处和短处。

如果说，与黑格尔比较，他的长处是提出问题并且自愿为人类最大幸福而解决这些问题，那么，他也有一个短处：当他想通过辩证的生育过程生出一个新范畴时，却毫无所获。两个相互矛盾方面的共存、斗争以及融合成一个新范畴，就是辩证运动。谁要给自己提出消除坏的方面的问题，就是立即切断了辩证运动。我们看到的已经不是由于自己的矛盾本性而设定自己并把自己与自己相对立的范畴，而是在范畴的两个方面中间转动、挣扎和冲撞的蒲鲁东先生。

这样，蒲鲁东先生就陷入了用正当方法难以摆脱的困境，于是他用尽全力一跳便跳到一个新范畴的领域中。这时在他那惊异的目光面前便出现了**理性中的系列**。

他抓住第一个到手的范畴，随心所欲地给它一种特性：把需要清洗的范畴的缺陷消除。例如，如果相信蒲鲁东先生的话，税收可以消除垄断的缺陷，贸易差额可以消除税收的缺陷，土地所有权可以消除信用的缺陷。

这样，蒲鲁东先生把经济范畴逐一取来，把一个范畴用作另一个范畴的**消毒剂**，用矛盾和矛盾的消毒剂这二者的混合物写成两卷矛盾，并且恰当地称为《经济矛盾的体系》。

……

当蒲鲁东先生谈到**理性中的系列即范畴的逻辑顺序**的时候，他肯定地说，他不是想论述**与时间次序相一致的历史**，即蒲鲁东先生所认为的范畴在其中**出现**的历史顺序。他认为那时一切都在**理性的纯粹以太**中进行。一切都应当通过辩证法从这种以太中产生。现在当实际应用这种辩证法的时候，理性对他来说却不存在了。蒲鲁东先生的辩证法背弃了黑格尔的辩证法，于是蒲鲁东先生只得承认，他用以说明经济范畴的次序不再是这些经济范畴相互产生的次序。经济的进化不再是理性本身的进化了。

那么，蒲鲁东先生给了我们什么呢？是现实的历史，即蒲鲁东先生所认为的范畴在时间次序中**出现**的那种顺序吗？不是。是在观念本身中进行的历史吗？更不是。这就是说，他既没有给我们范畴的世俗历史，也没有给我们范畴的神圣历史！那么，到底他给了我们什么历史呢？是他本身矛盾的历史。让我们来看看这些矛盾怎样行进以及它们怎样拖着蒲鲁东先生走吧。

在未研究这一点（这是第六个重要说明的引子）之前，我们应当再作一个比较次要的说明。

让我们和蒲鲁东先生一同假定：现实的历史，与时间次序相一致的历史是观念、范畴和原理在其中出现的那种历史顺序。

每个原理都有其出现的世纪。例如，权威原理出现在 11 世纪，个人主义原理出现在 18 世纪。因而不是原理属于世纪，而是世纪属于原理。换句话说，不是历史创造原理，而是原理创造历史。但是，如果为了顾全原理和历史我们再进一步自问一下，为什么该原理出现在 11 世纪或者 18 世纪，而不出现在其他某一世纪，我们就必然要仔细研究一下：11 世纪的人们是怎样的，18 世纪的人们是怎样的，他们各自的需要、他们的生产力、生产方式以及生产中使用的原料是怎样的；最后，由这一切生存条件所产生的人与人之间的关系是怎样的。难道探讨这一切问题不就是研究每个世纪中人们的现实的、世俗的历史，不就是把这些人既当成他们本身的历史剧的剧作者又当成剧中人物吗？但是，只要你们把人们当成他们本身历史的剧中的人物和剧作者，你们就是迂回曲折地回到真正的出发点，因为你们抛弃了最初作为出发点的永恒的原理。

至于蒲鲁东先生，他还在思想家所走的这条迂回曲折的道路上缓慢行进，离开历史的康庄大道还有一大段路程。

……

经济学家们的论证方式是非常奇怪的。他们认为只有两种制度：一种是人为的，一种是天然的。封建制度是人为的，资产阶级制度是天然的。在这方面，经济学家很像那些把宗教也分为两类的神学家。一切异教都是人们臆造的，而他们自己的宗教则是神的启示。经济学家所以说现存的关系（资产阶级生产关系）是天然的，是想以此说明，这些关系正是使生产财富和发展生产力得以按照自然规律进行的那些关系。因此，这些关系是不受时间影响的自然规律。这是应当永远支配社会的永恒规律。于是，以前是有历史的，现在再也没有历史了。以前所以有历史，是由于有过封建制度，由于在这些封建制度中有一种和经济学家称为自然的、因而是永恒的资产阶级社会生产关系完全不同的生产关系。

封建主义也有过自己的无产阶级，即包含着资产阶级的一切萌芽的农奴等级。封建的生产也有两个对抗的因素，人们称为封建主义的**好的方面**和**坏的方面**，可是，却没想到结果总是坏的方面压倒好的方面。正是坏的方面引起斗争，产生形成历史的运动。假如在封建主义统治时代，经济学家看到骑士的德行、权利和义务之间美妙的协调、城市中的宗法式的生活、乡村中家庭手工业的繁荣、各同业公会、商会和行会中所组织的工业的发展，总而言之，看到封建主义的这一切好的方面而深受感动，抱定目的要消除这幅图画上的一切阴暗面——农奴制度、特权、无政府状态，那么结果会怎样呢？引起斗争的一切因素就会灭绝，资产阶级的发展在萌芽时就会被窒息。经济学家就会给自己提出把历史一笔勾销的荒唐问题。

资产阶级得势以后，也就谈不到封建主义的好的方面和坏的方面了。资产阶级把它在封建主义统治下发展起来的生产力掌握起来。一切旧的经济形式、一切与之相适应的市民关系以及作为旧日市民社会的正式表现的政治制度都被粉碎了。

这样，为了正确地判断封建的生产，必须把它当作以对抗为基础的生产方式来考察。必须指出，财富怎样在这种对抗中间形成，生产力怎样和阶级对抗同时发展，这些阶级中一个代表着社会上坏的、有害方面的阶级怎样不断地成长，直到它求得解放的物质条件最后成熟。这难道不是说，生产方式，生产力在其中发展的那些关系，并不是永恒的规律，而是同人们及其生产力的一定发展相适应的东西，人们生产力的一切变化必然引起他们的生产关系的变化吗？由于最重要的是不使文明的果实——已经获得的生产力被剥夺，所以必须粉碎生产力在其中产生的那些传统形式。从此以后，革命阶级将成为保守阶级。

资产阶级从一开始就有一个本身是封建时期无产阶级残存物的无产阶级相伴

随。资产阶级在其历史发展过程中不可避免地要发展它的对抗性质，起初这种性质或多或少是掩饰起来的，只是处于隐蔽状态。随着资产阶级的发展，在它的内部发展着一个新的无产阶级，即现代无产阶级。无产阶级同资产阶级之间展开了斗争，这个斗争在双方尚未感觉到，尚未予以注意、重视、理解、承认并公开宣告以前，最初仅表现为局部的暂时的冲突，表现为一些破坏行为。另一方面，如果说现代资产阶级的全体成员由于组成一个与另一个阶级相对立的阶级而有共同的利益，那么，由于他们互相对立，他们的利益又是对立的，对抗的。这种利益上的对立是由他们的资产阶级生活的经济条件产生的。资产阶级借以在其中活动的那些生产关系的性质决不是单一的、单纯的，而是两重；在产生财富的那些关系中也产生贫困；在发展生产力的那些关系中也发展一种产生压迫的力量；这些关系只有不断消灭资产阶级单个成员的财富和产生出不断壮大的无产阶级，才能产生**资产者的财富**，即资产阶级的财富；这一切都一天比一天明显了。

这种对抗性质表现得越明显，经济学家们，这些资产阶级生产的学术代表就越和他们自己的理论发生分歧，于是在他们中间形成了各种学派。

……

在每个历史时代中所有权是以各种不同的方式、在完全不同的社会关系下面发展起来的。因此，给资产阶级的所有权下定义不外是把资产阶级生产的全部社会关系描述一番。

要想把所有权作为一种独立的关系、一种特殊的范畴、一种抽象的和永恒的观念来下定义，这只能是形而上学或法学的幻想。

虽然蒲鲁东先生表面上似乎讲的是一般的所有权，其实他所谈论的不过是**土地所有权，地租**而已。

"租和所有权一样，其起源可以说是在经济之外：它根源于同财富生产极少关系的心理上和道德上的考虑。"（第 2 卷第 269 页）

这样，蒲鲁东先生就是承认自己在了解租和所有权产生的经济原因上是无能的。他承认这种无能使他不得不求助于心理上和道德上的考虑；这些考虑的确同财富生产极少关系，但是同他那狭隘的历史眼光却大有关系。蒲鲁东先生断言，所有权的起源包含有某种**神秘的**和**玄妙的**因素。但是，硬使所有权的起源神秘化也就是使生产本身和生产工具的分配之间的关系神秘化，用蒲鲁东先生的话来说，这不是放弃对经济科学的一切要求了吗？

……

被压迫阶级的存在就是每一个以阶级对抗为基础的社会的必要条件。因此，被压迫阶级的解放必然意味着新社会的建立。要使被压迫阶级能够解放自己，就必须使既得的生产力和现存的社会关系不再能够继续并存。在一切生产工具中，最强大的一种生产力是革命阶级本身。革命因素之组成为阶级，是以旧社会的怀抱中所能产生的全部生产力的存在为前提的。

这是不是说，旧社会崩溃以后就会出现一个表现为新政权的新的阶级统治呢？不是。

劳动阶级解放的条件就是要消灭一切阶级；正如第三等级即市民等级解放的条件就是消灭一切等级一样。

劳动阶级在发展进程中将创造一个消除阶级和阶级对立的联合体来代替旧的市民社会；从此再不会有原来意义的政权了。因为政权正是市民社会内部阶级对立的正式表现。

在这以前，无产阶级和资产阶级之间的对抗仍然是阶级反对阶级的斗争，这个斗争的最高表现就是全面革命。可见，建筑在阶级**对立**上面的社会最终将导致剧烈的**矛盾**、人们的肉搏，这用得着奇怪吗？

不能说社会运动排斥政治运动。从来没有哪一种政治运动不同时又是社会运动的。

只有在没有阶级和阶级对抗的情况下，**社会进化**将不再是**政治革命**。而在这以前，在每一次社会全盘改造的前夜，社会科学的结论总是：

"不是战斗，就是死亡；不是血战；就是毁灭。问题的提法必然如此。"（乔治·桑）

选自《马克思恩格斯选集》第 1 卷，人民出版社 1995 年版，第 138—195 页。

五、进一步阅读的文献

1. ［德］蒲鲁东：《贫困的哲学》（第一、二卷），商务印书馆 1998 年版。
2. ［英］李嘉图：《政治经济学与财税原理》，商务印书馆 1962 年版。
3. 杨耕：《危机中的重建》，武汉大学出版社 2011 年版。

第七章 唯物主义历史观与工人运动的结合

——《共产党宣言》

一、写作背景

《共产党宣言》是"共产主义者同盟"委托马克思、恩格斯撰写的政治纲领。"共产主义者同盟"的前身是"正义者同盟"。正义者同盟是德国流亡者在巴黎建立的国际性组织,其指导思想是空想社会主义,实践原则是宗教主义的密谋。1847 年 1 月,正义者同盟领导人再次邀请马克思、恩格斯加入正义者同盟,并帮助正义者同盟进行根本改组。马克思、恩格斯接受了邀请。1847 年 6 月,正义者同盟在伦敦召开第一次代表大会。在马克思、恩格斯指导下,大会对正义者同盟进行了根本改组,将正义者同盟更名为共产主义者同盟,用"全世界无产者,联合起来!"这个新口号取代了"四海之内,人人皆兄弟"这个旧口号。1847 年 11 月,共产主义者同盟第二次代表大会委托马克思、恩格斯起草一个"周详的理论和实践的党纲"。1848 年 1 月,马克思、恩格斯完成了这一政治纲领——《共产党宣言》。1848 年 2 月《共产党宣言》在伦敦公开出版。

二、篇章结构

除七篇序言外,《共产党宣言》的正文由四章构成:

第一章"资产者与无产者"，论证了除原始社会外，一切社会的历史都是阶级斗争的历史，阐述了资产阶级的灭亡与无产阶级的胜利同样是不可避免的；第二章"无产者和共产党人"，揭示了资本主义的剥削关系及其实质，提出了共产党人的目标是消灭私有制，阐述了未来共产主义的特征；第三章"社会主义的和共产主义的文献"，批判了三种错误的社会主义学说；第四章"共产党人对各种反对党派的态度"，强调在革命运动中的共产党人既要与其他党派联合，又要同各种错误思潮做斗争。

三、观点提示

第一，除原始社会外，一切社会的历史都是阶级斗争的历史。自由民与奴隶、贵族与平民、领主与农奴、行会师傅与帮工、资产阶级与无产阶级，一句话，压迫者与被压迫者，始终处在相互对立的地位，进行不断的、有时隐蔽有时公开的斗争。每一斗争的结局，不是整个社会受到革命改造，就是斗争的各阶级同归于尽。阶级斗争是阶级社会发展的直接动力。

第二，资本主义社会的产生是一次社会结构的全面转型。资本主义本身就是生产方式和交换方式一系列变革的产物，同时，资本主义社会的产生又使人类社会发生了一次彻底而全面的社会转型，它不仅使生产力得到巨大增长，而且使生产关系根本变革。生产的不断变革，全部社会关系的不断变革，这是资产阶级时代不同于过去各个时代的地方。正是资本主义的世界扩张，使一切国家的生产和消费都是成为世界性的，资产阶级按照自己的面貌为自己创造出一个世界。

第三，资产阶级的灭亡和无产阶级的胜利同样是不可避免的。资产阶级在历史上起过非常革命的作用，然而，随着生产力的进一步发展，资本主义的生产关系又阻碍了生产力的发展。同时，资本愈发展，无产阶级也就愈发展，无产阶级的力量就日益增加。生产的社会化与生产资料私有制的矛盾，以及无产阶级与资产阶级的矛盾，成为资本主义社会本身无法解决的矛盾，这一矛盾发展到一定程度，必然导致社会主义革命。因此，社会主义必然取代资本主义，资产阶级的灭亡和无产阶级的胜利同样是不可避免的。

第四，每个人的自由发展是一切人的自由发展的条件。资产阶级生存和统治的根本条件，是财富在私人手里的积累，是资本的形成和增殖；在资本主义社会，资本具有独立性和个性，而活动着的个人却没有独立性和个性。因此，共产主义革命就是要废除资本主义所有制，消灭私有制。代替资本主义旧社会的，是这样一个联合体，在那里，"每个人的自由发展是一切人的自由发展的条件"。

《共产党宣言》核心的基本思想是唯物主义历史观，它是马克思、恩格斯从唯物主义历史观出发阐释科学社会主义思想的重要文献，是"全部社会主义文献中传播最广和最具有国际性的著作"，是"所有国家的千百万工人共同的纲领"，为无产阶级革命提供了科学的理论基础和革命纲领。《共产党宣言》的发表，开辟了无产阶级革命的新时代。

四、文本节选

至今一切社会的历史都是阶级斗争的历史。

自由民和奴隶、贵族和平民、领主和农奴、行会师傅和帮工，一句话，压迫者和被压迫者，始终处于相互对立的地位，进行不断的、有时隐蔽有时公开的斗争，而每一次斗争的结局都是整个社会受到革命改造或者斗争的各阶级同归于尽。

在过去的各个历史时代，我们几乎到处都可以看到社会完全划分为各个不同的等级，看到社会地位分成多种多样的层次。在古罗马，有贵族、骑士、平民、奴隶，在中世纪，有封建主、臣仆、行会师傅、帮工、农奴，而且几乎在每一个阶级内部又有一些特殊的阶层。

从封建社会的灭亡中产生出来的现代资产阶级社会并没有消灭阶级对立。它只是用新的阶级、新的压迫条件、新的斗争形式代替了旧的。

但是，我们的时代，资产阶级时代，却有一个特点：它使阶级对立简单化了。整个社会日益分裂为两大敌对的阵营，分裂为两大相互直接对立的阶级：资产阶级和无产阶级。

从中世纪的农奴中产生了初期城市的城关市民；从这个市民等级中发展出最初的资产阶级分子。

美洲的发现、绕过非洲的航行，给新兴的资产阶级开辟了新天地。东印度和中国的市场、美洲的殖民化、对殖民地的贸易、交换手段和一般商品的增加，使商业、航海业和工业空前高涨，因而使正在崩溃的封建社会内部的革命因素迅速发展。

以前那种封建的或行会的工业经营方式已经不能满足随着新市场的出现而增加的需求了。工场手工业代替了这种经营方式。行会师傅被工业的中间等级排挤掉了；各种行业组织之间的分工随着各个作坊内部的分工的出现而消失了。

但是，市场总是在扩大，需求总是在增加。甚至工场手工业也不再能满足需要了。于是，蒸汽和机器引起了工业生产的革命。现代大工业代替了工场手工业；工业中的百万富翁，一支一支产业大军的首领，现代资产者，代替了工业的中间等级。

大工业建立了由美洲的发现所准备好的世界市场。世界市场使商业、航海业和陆路交通得到了巨大的发展。这种发展又反过来促进了工业的扩展，同时，随着工业、商业、航海业和铁路的扩展，资产阶级也在同一程度上得到发展，增加自己的资本，把中世纪遗留下来的一切阶级排挤到后面去。

由此可见，现代资产阶级本身是一个长期发展过程的产物，是生产方式和交换方式的一系列变革的产物。

资产阶级的这种发展的每一个阶段，都伴随着相应的政治上的进展。它在封建主统治下是被压迫的等级，在公社里是武装的和自治的团体，在一些地方组成独立的城市共和国，在另一些地方组成君主国中的纳税的第三等级；后来，在工场手工业时期，它是等级君主国或专制君主国中同贵族抗衡的势力，而且是大君主国的主要基础；最后，从大工业和世界市场建立的时候起，它在现代的代议制国家里夺得了独占的政治统治。现代的国家政权不过是管理整个资产阶级的共同事务的委员会罢了。

资产阶级在历史上曾经起过非常革命的作用。

资产阶级在它已经取得了统治的地方把一切封建的、宗法的和田园诗般的关系都破坏了。它无情地斩断了把人们束缚于天然尊长的形形色色的封建羁绊，它使人和人之间除了赤裸裸的利害关系，除了冷酷无情的"现金交易"，就再也没有任何别的联系了。它把宗教虔诚、骑士热忱、小市民伤感这些情感的神圣发作，淹没在利己主义打算的冰水之中。它把人的尊严变成了交换价值，用"一种"没有良心的贸易自由代替了无数特许的和自力挣得的自由。总而言之，它用公开的、无耻的、直接的、露骨的剥削代替了由宗教幻想和政治幻想掩盖着的剥削。

资产阶级抹去了一切向来受人尊崇和令人敬畏的职业的神圣光环。它把医生、律师、教士、诗人和学者变成了它出钱招雇的雇佣劳动者。

资产阶级撕下了罩在家庭关系上的温情脉脉的面纱，把这种关系变成了纯粹的金钱关系。

资产阶级揭示了，在中世纪深受反动派称许的那种人力的野蛮使用，是以极端怠惰作为相应补充的。它第一个证明了，人的活动能够取得什么样的成就。它创造了完全不同于埃及金字塔、罗马水道和哥特式教堂的奇迹；它完成了完全不同于民族大迁徙和十字军征讨的远征。

资产阶级除非对生产工具，从而对生产关系，从而对全部社会关系不断地进行革命，否则就不能生存下去。反之，原封不动地保持旧的生产方式，却是过去的一切工业阶级生存的首要条件。生产的不断变革，一切社会状况不停的动荡，永远的不安定和变动，这就是资产阶级时代不同于过去一切时代的地方。一切固定的僵化的关系以及与之相适应的素被尊崇的观念和见解都被消除了，一切新形成的关系等不到固定下来就陈旧了。一切等级的和固定的东西都烟消云散了，一切神圣的东西都被亵渎了。人们终于不得不用冷静的眼光来看他们的生活地位、他们的相互关系。

不断扩大产品销路的需要，驱使资产阶级奔走于全球各地。它必须到处落户，到处开发，到处建立联系。

资产阶级，由于开拓了世界市场，使一切国家的生产和消费都成为世界性的了。使反动派大为惋惜的是，资产阶级挖掉了工业脚下的民族基础。古老的民族工业被消灭了，并且每天都还在被消灭。它们被新的工业排挤掉了，新的工业的建立已经成为一切文明民族的生命攸关的问题；这些工业所加工的，已经不是本地的原料，而是来自极其遥远的地区的原料；它们的产品不仅供本国消费，而且同时供世界各地消费。旧的、靠本国产品来满足的需要，被新的、要靠极其遥远的国家和地带的产品来满足的需要所代替了。过去那种地方的和民族的自给自足和闭关自守状态，被各民族的各方面的互相往来和各方面的互相依赖所代替了。物质的生产是如此，精神的生产也是如此。各民族的精神产品成了公共的财产。民族的片面性和局限性日益成为不可能，于是由许多种民族的和地方的文学形成了一种世界的文学。

资产阶级，由于一切生产工具的迅速改进，由于交通的极其便利，把一切民族甚至最野蛮的民族都卷到文明中来了。它的商品的低廉价格，是它用来摧毁一切万里长城、征服野蛮人最顽强的仇外心理的重炮。它迫使一切民族——如果它们不想灭亡的话——采用资产阶级的生产方式；它迫使它们在自己那里推行所谓的文明，即变成资产者。一句话，它按照自己的面貌为自己创造出一个世界。

资产阶级使农村屈服于城市的统治。它创立了巨大的城市，使城市人口比农村人口大大增加起来，因而使很大一部分居民脱离了农村生活的愚昧状态。正像它使农村从属于城市一样，它使未开化和半开化的国家从属于文明的国家，使农民的民族从属于资产阶级的民族，使东方从属于西方。

资产阶级日甚一日地消灭生产资料、财产和人口的分散状态。它使人口密集起来，使生产资料集中起来，使财产聚集在少数人的手里。由此必然产生的结果就是政治的集中。各自独立的、几乎只有同盟关系的、各有不同利益、不同法律、不同政府、不同关税的各个地区，现在已经结合为一个拥有**统一的**政府、**统一的**法律、**统一的**民族阶级利益和**统一的**关税的**统一的**民族。

资产阶级在它的不到一百年的阶级统治中所创造的生产力，比过去一切世代创造的全部生产力还要多，还要大。自然力的征服，机器的采用，化学在工业和农业中的应用，轮船的行驶，铁路的通行，电报的使用，整个整个大陆的开垦，河川的通航，仿佛用法术从地下呼唤出来的大量人口，——过去哪一个世纪料想到在社会劳动里蕴藏有这样的生产力呢？

……

我们已经看到，至今的一切社会都是建立在压迫阶级和被压迫阶级的对立之上的。但是，为了有可能压迫一个阶级，就必须保证这个阶级至少有能够勉强维持它的奴隶般的生存的条件。农奴曾经在农奴制度下挣扎到公社成员的地位，小资产者曾经在封建专制制度的束缚下挣扎到资产者的地位。现代的工人却相反，他们并不是随着工业的进步而上升，而是越来越降到本阶级的生存条件以下。工人变成赤贫者，贫困比人口和财富增长得还要快。由此可以明显地看出，资产阶级再不能做社会的统治阶级了，再不能把自己阶级的生存条件当作支配一切的规律强加于社会了。资产阶级不能统治下去了，因为它甚至不能保证自己的奴隶维持奴隶的生活，因为它不得不让自己的奴隶落到不能养活它反而要它来养活的地步。社会再不能在它统治下生存下去了，就是说，它的生存不再同社会相容了。

资产阶级生存和统治的根本条件，是财富在私人手里的积累，是资本的形成和增殖；资本的条件是雇佣劳动。雇佣劳动完全是建立在工人的自相竞争之上的。资产阶级无意中造成而又无力抵抗的工业进步，使工人通过结社而达到的革命联合代替了他们由于竞争而造成的分散状态。于是，随着大工业的发展，资产阶级赖以生产和占有产品的基础本身也就从它的脚下被挖掉了。它首先生产的是它自身的掘墓人。资产阶级的灭亡和无产阶级的胜利是同样不可避免的。

……

共产党人同全体无产者的关系是怎样的呢？

共产党人不是同其他工人政党相对立的特殊政党。

他们没有任何同整个无产阶级的利益不同的利益。

他们不提出任何特殊的原则，用以塑造无产阶级的运动。

共产党人同其他无产阶级政党不同的地方只是：一方面，在无产者不同的民族的斗争中，共产党人强调和坚持整个无产阶级共同的不分民族的利益；另一方面，在无产阶级和资产阶级的斗争所经历的各个发展阶段上，共产党人始终代表整个运动的利益。

因此，在实践方面，共产党人是各国工人政党中最坚决的、始终起推动作用的部分；在理论方面，他们胜过其余无产阶级群众的地方在于他们了解无产阶级运动的条件、进程和一般结果。

共产党人的最近目的是和其他一切无产阶级政党的最近目的一样的：使无产阶级形成为阶级，推翻资产阶级的统治，由无产阶级夺取政权。

共产党人的理论原理，决不是以这个或那个世界改革家所发明或发现的思想、原则为根据的。

这些原理不过是现存的阶级斗争、我们眼前的历史运动的真实关系的一般表述。废除先前存在的所有制关系，并不是共产主义所独具的特征。

一切所有制关系都经历了经常的历史更替、经常的历史变更。

例如，法国革命废除了封建的所有制，代之以资产阶级的所有制。

共产主义的特征并不是要废除一般的所有制，而是要废除资产阶级的所有制。

但是，现代的资产阶级私有制是建立在阶级对立上面、建立在一些人对另一些人的剥削上面的产品生产和占有的最后而又最完备的表现。

从这个意义上说，共产党人可以把自己的理论概括为一句话：消灭私有制。

有人责备我们共产党人，说我们要消灭个人挣得的、自己劳动得来的财产，要消灭构成个人的一切自由、活动和独立的基础的财产。

好一个劳动得来的、自己挣得的、自己赚来的财产！你们说的是资产阶级财产出现以前的那种小资产阶级的、小农的财产吗？那种财产用不着我们去消灭，工业的发展已经把它消灭了，而且每天都在消灭它。

或者，你们说的是现代的资产阶级的私有财产吧？

但是，难道雇佣劳动，无产者的劳动，会给无产者创造出财产来吗？没有的事。这种劳动所创造的是资本，即剥削雇佣劳动的财产，只有在不断产生出新的雇佣劳动来重新加以剥削的条件下才能增殖的财产。现今的这种财产是在资本和雇佣劳动的对立中运动的。让我们来看看这种对立的两个方面吧。

做一个资本家，这就是说，他在生产中不仅占有一种纯粹个人的地位，而且占有一种社会的地位。资本是集体的产物，它只有通过社会许多成员的共同活动，而且归根到底只有通过社会全体成员的共同活动，才能运动起来。

因此，资本不是一种个人力量，而是一种社会力量。

因此，把资本变为公共的、属于社会全体成员的财产，这并不是把个人财产变为社会财产。这里所改变的只是财产的社会性质。它将失掉它的阶级性质。

现在，我们来看看雇佣劳动。

雇佣劳动的平均价格是最低限度的工资，即工人为维持其工人的生活所必需的生活资料的数额。因此，雇佣工人靠自己的劳动所占有的东西，只够勉强维持他的生命的再生产。我们决不打算消灭这种供直接生命再生产用的劳动产品的个人占有，这种占有并不会留下任何剩余的东西使人们有可能支配别人的劳动。我们要消灭的只是这种占有的可怜的性质，在这种占有下，工人仅仅为增殖资本而活着，只有在统治阶级的利益需要他活着的时候才能活着。

在资产阶级社会里，活的劳动只是增殖已经积累起来的劳动的一种手段。在共产主义社会里，已经积累起来的劳动只是扩大、丰富和提高工人的生活的一种手段。

因此，在资产阶级社会里是过去支配现在，在共产主义社会里是现在支配过去。在资产阶级社会里，资本具有独立性和个性，而活动着的个人却没有独立性和个性。

而资产阶级却把消灭这种关系说成是消灭个性和自由！说对了。的确，正是要消灭资产者的个性、独立性和自由。

……

当阶级差别在发展进程中已经消失而全部生产集中在联合起来的个人的手里的时候，公共权力就失去政治性质。原来意义上的政治权力，是一个阶级用以压迫另一个阶级的有组织的暴力。如果说无产阶级在反对资产阶级的斗争中一定要联合为阶级，如果说它通过革命使自己成为统治阶级，并以统治阶级的资格用暴力消灭旧的生产关系，那么它在消灭这种生产关系的同时，也就消灭了阶级对立的存在条件，消灭了阶级本身的存在条件，从而消灭了它自己这个阶级的统治。

代替那存在着阶级和阶级对立的资产阶级旧社会的，将是这样一个联合体，在那里，每个人的自由发展是一切人的自由发展的条件。

选自《马克思恩格斯选集》第 1 卷，人民出版社 1995 年版，第 272—294 页。

五、进一步阅读的文献

1. ［意］拉布里奥拉：《纪念〈共产党宣言〉》，载《关于历史唯物主义》，人民出版社 1984 年版。

2. ［德］洛尔夫·德鲁贝克、雷纳特·麦科尔：《马克思恩格斯论社会主义社会和共产主义社会》，河南人民出版社 1990 年版。

3. ［美］麦克尔·哈特、［意］安东尼奥·奈格里：《帝国——全球化的政治秩序》，江苏人民出版社 2003 年版。

4. 庄福龄主编：《马克思主义史》第 1 卷，人民出版社 1996 年版。

第八章 从生产逻辑到资本逻辑的理论提升

——《1857－1858 年经济学手稿》与《〈政治经济学批判〉序言》

一、写作背景

　　1856 年，英国出现了以金融货币危机为特征的经济危机的征兆，马克思当时相信，一场更大的金融危机最迟会在 1857 年年底爆发。从理论上搞清楚这场危机的基本原因是马克思写作《1857－1858 年经济学手稿》的直接原因。同时，写作《1857－1858 年经济学手稿》也是马克思进一步深化政治经济学研究、批判资本主义社会的理论要求。自 1844 年开始研究经济学，马克思就一直没有间断经济学研究，1844 年完成了 7 本"巴黎笔记"；1845 年完成了 7 本"布鲁塞尔笔记"，9 本"曼彻斯特笔记"；1850－1853 年，又完成了 24 本"伦敦笔记"。在此期间，马克思还写作了一些经济学的论著。面对日益逼近的资本主义经济危机，马克思力图通过总结自己的理论成果，进一步阐释历史唯物主义、完善自己的资本主义社会批判理论。

　　《1857－1858 年经济学手稿》写于 1857 年 10 月到 1858 年夏，是一个理论研究性、思想总结性的笔记，主要由七个笔记本构成。1939 年，苏共中央马克思列宁主义研究院首次以德文全文发表了这一手稿，标题为《政治经济学批判大纲（草稿）1857－1858 年》；1968－1969 年，《马克思恩格斯全集》俄文版第 46 卷收入这一手稿，并将之定名为《政治经济学批判（1857—1858 年草稿）》；1976、1981 年《马克思恩格斯全集》历史考证第二版（MEGA2）第二部分第一卷收入这一手稿时将之取名为《政治经济学批判大纲》。《马克思恩格斯全集》中文第一版第 46 卷将这一手稿取名为《经济学手稿（1857—1858 年）》。国内学者一般将这一手稿称为《1857—1858 年经济学手稿》。

　　1859 年，马克思完成并出版了《政治经济学批判》第 1 分册。《政治经济学批判》第 1 分册完稿之后，马克思为这部著作写了一篇"序言"，简要描述了马克思研究政治经济学的经过和唯物主义历史观的理论构架。这就是 1859 年的《〈政治经济学批判〉序言》。

二、篇章结构

　　《1857—1858 年经济学手稿》主要由七个笔记本构成，内容是"价值"章、"货币"章和"资本"章，批判了小资产阶级和资产阶级政治经济学的错误观点，对剩余价值理论进行了初步的描述，为批判资本主义社会奠定了理论基础。此外，《1857—1858 年经济学手稿》还编入了马克思的另外几本笔记：（1）写于 1857 年 8 月底的《巴师夏与凯里》；（2）写于 1857 年 8 月底的《导言》；（3）写于 1856 年 6 月的《七个笔记本的索引》；（4）写于 1858 年 8—10 月的《〈政治经济学批判。第一分册〉第二章初稿片断和第三章开头部分》；（5）写于 1859 年春或 1861 年夏的《资本章计划草稿》；（6）写于 1860 年 1 到 2 月的《引文笔记索引》；（7）写于 1861 年 6 月到 7 月的《我自己的笔记本的提要》等。《〈政治经济学批判〉序言》主要阐述了马克思政治经济学的方法，以及生产、分配、交换、消费之间的关系。《〈政治经济学批判〉序言》主要由两部分内容构成：一是马克思叙述了自己从事政治经济学研究的经历；一是简要概括唯物主义历史观的基本内容与理论构架。

三、观点提示

　　第一，认识过程的两条道路。认识事物有两条道路，"在第一条道路上，完整的表象蒸发为抽象的规定；在第二条道路上，抽象的规定在思维行程中导致具体的再现"。具体之为具体，就在于它是许多规定的综合和多样性的统一，因而在思维中表现为综合过程，表现为结果。从抽象到具体是通过各种关系的历史发展来把握具体、并在思维中再现具体的方法。同时，从抽象到具体只是从思维上来把握具体、并将之作为思想具体再现出来的方式，而不是具体本身的产生过程，不能将之等同为实在具体本身。即使在理论方法上，现实社会"也必须作为前提浮现在表象面前"。

第二，"从后思索"的认识方法。"人体解剖对于猴体解剖是一把钥匙"，低等动物身上表露的高等动物的征兆，反而只有在高等动物本身被认识之后才能理解。"在人类历史上存在着和古生物学中一样的情形"。资本主义社会是最发达和最多样性的历史的生产组织，已经覆灭的社会形态的各种关系，或者以"残片"、"萎缩"的形式，或者以"变形"、"发展"的形式，存在于资本主义社会中。因此，通过资本主义社会可以"透视一切已经覆灭的社会形式的结构和生产关系"。《资本论》将这一方法概括为"从后思索法"。对于历史认识来说，"从后思索"是根本的认识方法。

第三，资本逻辑的确立。要理解人类历史的发展过程，需要从后思索，从资本主义生产方式出发去解剖前资本主义社会的物质生产过程，只有在资本主义生产占主导的时代，才能提出"生产一般"的概念，才能理解前资本主义生产过程。资本是一种普照的光，只有在资本逻辑的视野中才能理解一般意义上的物质生产过程。也只有在资本逻辑的批判中，才能产生历史唯物主义，展现历史唯物主义的批判精神。

第四，社会关系的物化与人的发展的历史形态。从总体上看，人的发展有三大历史形态：人的依赖关系、以物的依赖关系为基础的人的独立性和人的自由个性的全面发展。在资本主义社会，由于商品交换和资本生产的普遍化，人与人的关系被异化为物与物之间的关系，物化的社会关系成为统治人的一种异己的力量。同时，只有在这种社会关系的全面物化中，才能形成普遍的社会物质变换、全面的关系、多方面的需要以及全面的能力体系，才能为自由个性的发展创造条件。在未来社会，劳动不再以交换为中介，单个人的劳动将被设定为社会劳动，个人的关系受他本身控制，实现自由个性与人的全面发展。

第五，社会结构的矛盾运动。人们在生产过程中结成不以人的意志为转移的生产关系，这些生产关系的总和构成社会的经济结构，即有法律的和政治的上层建筑竖立其上并有一定的社会意识形式与之相适合的现实基础。社会物质生活过程制约着整个社会生活、政治生活和精神生活的过程。生产力与生产关系的矛盾推动着社会的变革，必须从社会物质生活的矛盾、从生产力与生产关系的矛盾运动中解释社会意识。亚细亚的、古代的、封建的和现代资产阶级的生产方式可以被看作社会形态演进的几个时代。只有解决了资产阶级社会的对抗问题，人类社会的史前时期才得以告终。

在《1857－1858 年经济学手稿》和《〈政治经济学批判〉序言》中，马克思制定了研究政治经济学批判的哲学方法，简单描述了唯物主义历史观的基本内容和理论构架，提出了社会关系异化为社会权力，以及资本主义社会自我再生产的思想，确立了资本逻辑批判的维度，从而在新的逻辑层面进一步深化了唯物主义历史观。

四、文本节选

◆ **1857－1858 年经济学手稿**

（a）摆在面前的对象，首先是**物质生产**。

在社会中进行生产的个人，——因而，这些个人的一定社会性质的生产，当然是出发点。被斯密和李嘉图当作出发点的单个的孤立的猎人和渔夫，属于 18 世纪的缺乏想象力的虚构。这是鲁滨逊一类的故事，这类故事决不像文化史家想象的那样，仅仅表示对过度文明的反动和要回到被误解了的自然生活中去。同样，卢梭的通过契约来建立天生独立的主体之间的关系和联系的"社会契约"，也不是以这种自然主义为基础的。这是假象，只是大大小小的鲁滨逊一类故事所造成的美学上的假象。其实，这是对于 16 世纪以来就作了准备、而在 18 世纪大踏步走向成熟的"市民社会"的预感。在这个自由竞争的社会里，单个的人表现为摆脱了自然联系等等，而在过去的历史时代，自然联系等等使他成为一定的狭隘人群的附属物。这种 18 世纪的个人，一方面是封建社会形式解体的产物，另一方面是 16 世纪以来新兴生产力的产物，而在 18 世纪的预言家看来（斯密和李嘉图还完全以这些预言家为依据），这种个人是曾在过去存在过的理想；在他们看来，这种个人不是历史的结果，而是历史的起点。因为按照他们关于人性的观念，这种合乎自然的个人并不是从历史中产生的，而是由自然造成的。这样的错觉是到现在为止的每个新时代所具有的。斯图亚特在许多方面同 18 世纪对立并作为贵族比较多地站在历史基础上，从而避免了这种局限性。

我们越往前追溯历史，个人，从而也是进行生产的个人，就越表现为不独立，从属于一个较大的整体：最初还是十分自然地在家庭和扩大成为氏族的家庭中；后来是在由氏族间的冲突和融合而产生的各种形式的公社中。只有到 18 世纪，在"市民社会"中，社会联系的各种形式，对个人说来，才表现为只是达到他私人目的的手段，才表现为外在的必然性。但是，产生这种孤立个人的观点的时代，正是具有迄今为止最发达的社会关系（从这种观点看来是一般关系）的时代。人是最名副其实的政治动物，不仅是一种合群的动物，而且是只有在社会中[M—2] 才能独立的动物。孤立的一个人在社会之外进行生产——这是罕见的事，在已经内在地具有社会力量的文明人偶然落到荒野时，可能会发生这种事情——就像许多个人不在**一起**生活和彼此交谈而竟有语言发展一样，是不可思议的。在这方面无须多说。18 世纪的人们有这种荒诞无稽的看法是可以理解的，如果不是巴师夏、凯里和蒲鲁东等人又把这种看法郑重其事地引进最新的经济学中，这一点本来可以完全不提。蒲鲁东等人自然乐于用编造神话的办法，来对一种他不知道历史来源的经济关系的起源作历史哲学的说明，说什么亚当或普罗米修斯已经有了现成的想法，后来这种想法就被实行了等等。再没有比这类想入非非的陈词滥调更加枯燥乏味的了。

因此，说到生产，总是指在一定社会发展阶段上的生产——社会个人的生产。因而，好像只要一说到生产，我们或者就要把历史发展过程在它的各个阶段上一一加以研究，或者一开始就要声明，我们指的是某个一定的历史时代，例如，是现代资产阶级生产——这种生产事实上是我们研究的本题，可是，生产的一切时代有某些共同标志，共同规定。**生产一般**是一个抽象，但是只要它真正把共同点提出来，定下来，免得我们重复，它就是一个合理的抽象。不过，这个**一般**，或者说，经过比较而抽出来的共同点，本身就是有许多组成部分的、分为不同规定的东西。其中有些属于一切时代，另一些是几个时代共有的。[有些] 规定是最新时代和最古时代共有的。没有它们，任何生产都无从设想；但是，如果说最发达的语言和最不发达的语言共同具有一些规律和规定，那么，构成语言发展的恰恰是有别于这个一般和共同点的差别。对生产一般适用的种种规定所以要抽出来，也正是为了不致因为有了统一（主体是人，客体是自然，这总是一样的，这里已经出现了统一）而忘记本质的差别。那些证明现存社会关系永存与和谐的现代经济学家的全部智慧，就在于忘记这种差别。例如，没有生产工具，哪怕这种生产工具不过是手，任何生产都不可能。没有过去的、积累的劳动，哪怕这种劳动不过是由于反复［M－3］操作而积聚在野蛮人手上的技巧，任何生产都不可能。资本，别的不说，也是生产工具，也是过去的、客体化了的劳动。可见资本是一种一般的、永存的自然关系；这样说是因为恰好抛开了正是使"生产工具"、"积累的劳动"成为资本的那个特殊。因此，生产关系的全部历史，例如在凯里看来，是历代政府的恶意篡改。

如果没有生产一般，也就没有一般的生产。生产总是一个个**特殊的**生产部门——如农业、畜牧业、制造业等，或者生产是**总体**。可是，政治经济学不是工艺学。生产的一般规定在一定社会阶段上对特殊生产形式的关系，留待别处（后面）再说。

最后，生产也不只是特殊的生产，而始终是一定的社会体即社会的主体在或广或窄的由各生产部门组成的总体中活动着。科学的叙述对现实运动的关系，也还不是这里所要说的。生产一般。特殊生产部门。生产的总体。

……

关于第一点。一切生产都是个人在一定社会形式中并借这种社会形式而进行的对自然的占有。在这个意义上，说财产（占有）是生产的一个条件，那是同义反复。但是，可笑的是从这里一步就跳到财产的一定形式，如私有财产。（而且还以对立的形式即**无财产**作为前提条件。）历史却表明，共同财产（如印度人、斯拉夫人、古克尔特人等等那里的共同财产）是原始形式，这种形式还以公社财产形式长期起着显著的作用。至于财富在这种还是那种财产形式下能更好地发展的问题，还根本不是这里所要谈的。可是，如果说在任何财产形式都不存在的地方，就谈不到任何生产，因此也就谈不到任何社会，那么，这是同义反复。什么也不占有的占有，是自相矛盾。

关于第二点。对既得物的保护等等。如果把这些滥调还原为它们的实际内容，它们所表示的就比它们的说教者所知道的还多。就是说，每种生产形式都产生出它所特有的法的关系、统治形式等等。粗率和无知之处正在于把有机地［M－5］联系着的东西看成是彼此偶然发生关系的、纯粹反思联系中的东西。资产阶级经济学家只是感到，在现代警察制度下，比在例如强权下能更好地进行生产。他们只是忘记了，强权也是一种法，而且强者的权利也以另一种形式继续存在于他们的"法治国家"中。

当与生产的一定阶段相应的社会状态刚刚产生或者已经衰亡的时候，自然会出现生产上的紊乱，虽然程度和影响有所不同。

总之：一切生产阶段所共有的、被思维当作一般规定而确定下来的规定，是存在的，但是所谓一切生产的**一般条件**，不过是这些抽象要素，用这些要素不可能理解任何一个现实的历史的生产阶段。

……

我们得到的结论并不是说，生产、分配、交换、消费是同一的东西，而是说，它们构成一个总体的各个环节，一个统一体内部的差别。生产既支配着与其他要素相对而言的生产自身，也支配着其他要素。过程总是从生产重新开始。交换和消费不能是起支配作用的东西，这是不言而喻的。分配，作为产品的分配，也是这样。而作为生产要素的分配，它本身就是生产的一个要素。因此，一定的生产决定一定的消费、分配、交换和**这些不同要素相互间的一定关系**。当然，生产**就其单方面形式来说**也决定于其他要素。例如，当市场扩大，即交换范围扩大时，生产的规模也就增大，生产也就分得更细。随着分配的变动，例如，随着资本的积聚，随着城乡人口的不同的分配等等，生产也就发生变动。最后，消费的需要决定着生产。不同要素之间存在着相互作用。每一个有机整体都是这样。

……

当我们从政治经济学的角度考察某一国家的时候，我们从该国的人口，人口的阶级划分，人口在城乡、海洋、在不同生产部门的分布，输出和输入，全年的生产和消费，商品价格等等开始。

从实在和具体开始，从现实的前提开始，因而，例如在经济学上从作为全部社会生产行为的基础和主体的人口开始，似乎是正确的。但是，更仔细地考察起来，这是错误的。如果我，例如，抛开构成人口的阶级，人口就是一个抽象。如果我不知道这些阶级所依据的因素，如雇佣劳动、资本等等，阶级又是一句空话。而这些因素是以交换、分工、价格等等为前提的。比如资本，如果没有雇佣劳动、价值、货币、价格等等，它就什么也不是。因此，如果我从人口着手，那么，这就是关于整体的一个混沌的表象，并且通过更切近的规定我就会在分析中达到越来越简单的概念；从表象中的具体达到越来越稀薄的抽象，直到我达到一些最简单的规定。于是行程又得从那里回过头来，直到我最后又回到人口，但是这回人口已不是关于整体的一个混沌的表象，而是一个具有许多规定和关系的丰富的总体了。

第一条道路是经济学在它产生时期在历史上走过的道路。例如，17世纪的经济学家总是从生动的整体，从人口、民族、国家、若干国家等等开始；但是他们最后总是从分析中找出一些有决定意义的抽象的一般的关系，如分工、货币、价值等等。这些个别要素一旦多少确定下来和抽象出来，从劳动、分工、需要、交换价值等等这些简单的东西上升到国家、国际交换和世界市场的各种经济学体系就开始出现了。

后一种方法显然是科学上正确的方法。具体之所以具体，因为它是许多规定的综合，因而是多样性的统一。因此它在思维中表现为综合的过程，表现为结果，而不是表现为起点，虽然它是现实的起点，因而也是直观和表象的起点。在第一条道路上，完整的表象蒸发为抽象的规定；在第二条道路上，抽象的规定在思维行程中导致具体的再现。

因此，黑格尔陷入幻觉，把实在理解为自我综合、自我深化和自我运动的思维的结果，其实，从抽象上升到具体的方法，只是思维用来掌握具体、把它当作一个精神上的具体再现出来的方式。但决不是具体本身的产生的过程。举例来说，最简单的经济范畴，如交换价值，是以人口即在一定关系中进行生产的人口为前提的；也是以［M—15］某种家庭、公社或国家等为前提的。交换价值只能作为一个具体的、生动的既定整体的抽象的单方面的关系而存在。相反，作为范畴，交换价值却有一种洪水期前的存在。因此，在意识看来（而哲学意识就是被这样规定的：在它看来，正在理解着的思维是现实的人，而被理解了的世界本身才是现实的世界），范畴的运动表现为现实的生产行为（只可惜它从外界取得一种推动），而世界是这种生产行为的结果；这——不过又是一个同义反复——只有在下面这个限度内才是正确的：具体总体作为思想总体、作为思想具体，事实上是思维的、理解的产物；但是，决不是处于直观和表象之外或驾于其上而思维着的、自我产生着的概念的产物，而是把直观和表象加工成概念这一过程的产物。整体，当它在头脑中作为思想整体而出现时，是思维着的头脑的产物，这个头脑用它所专有的方式掌握世界，而这种方式是不同于对于世界的艺术精神的，宗教精神的，实践精神的掌握的。实在主体仍然是在头脑之外保持着它的独立性；只要这个头脑还仅仅是思辨地、理论地活动着。因此，就是在理论方法上，主体，即社会，也必须始终作为前提浮现在表象面前。

但是，这些简单的范畴在比较具体的范畴以前是否也有一种独立的历史存在或自然存在呢？要看情况而定。例如，黑格尔论法哲学，是从占有开始，把占有看作主体的最简单的法的关系，这是对的。但是，在家庭或主奴关系这些具体得多的关系之前，占有并不存在。相反，如果说存在着还只是**占有**，而没有**所有权**的家庭和部落整体，这倒是对的。所以，同所有权相比，这种比较简单的范畴，表现为比较简单的家庭团体或部落团体的关系。它在比较高级的社会中表现为一个发达的组织的比较简单的关系。但是那个以占有为关系的比较具体的基础总是前提。可以设想有一个孤独的野人占有东西。但是在这种情况下，占有并不是法的关系。说占有在历史上发展为家庭，是错误的。占有倒总是以这个"比较具体的法的范畴"为前提的。但是，不管怎样总可以说，简单范畴是这样一些关系的表现，在这些关系中，较不发展的具体可以已经实现，而那些通过较具体的范畴在精神上表现出来的较多方面的联系或关系还没有产生；而比较发展的具体则把这个范畴当作一种从属关系保存下来。在资本存在之前，银行存在之前，雇佣劳动等等存在之前，货币能够存在，而且在历史上存在过。因此，从这一方面看来，可以说，比较简单的范畴可以表现一个比较不发展的整体的处于支配地位的关系或者一个比较发展的整体的从属关系，这些关系在整体向着以一个比较具体的范畴表现出来的方面发展之前，在历史上已经存在。在这个限度内，从最简单上升到复杂这个抽象思维的进程符合现实的［M—16］历史过程。

另一方面，可以说，有一些十分发展的、但在历史上还不成熟的社会形式，其中有最高级的经济形式，如协作、发达的分工等等，却不存在任何货币，秘鲁就是一个例子。就在斯拉夫公社中，货币以及作为货币的条件的交换，也不是或者很少是出现在各个公社内部，而是出现在它们的边界上，出现在与其他公社的交往中，因此，把同一公社内部的交换当作原始构成因素，是完全错误的。相反地，与其说它起初发生在同一公社内部的成员间，不如说它发生在不同公社的相互关系中。其次，虽然货币很早就全面地发生作用，但是在古代它只是在片面发展的民族即商业民族中才是处于支配地位的因素。甚至在最文明的古代，在希腊人和罗马人那里，货币的充分发展——在现代的资产阶级社会中这是前提——只是出现在他们解体的时期。因此，这个十分简单的范畴，在历史上只有在最发达的社会状态下才表现出它的充分的力量。它决没有历尽一切经济关系。例如，在罗马帝国，在它最发达的时期，实物税和实物租仍然是基础。那里，货币制度原来只是在军队中得到充分发展。它也从来没有掌握劳动的整个领域。

可见，比较简单的范畴，虽然在历史上可以在比较具体的范畴之前存在，但是，它在深度和广度上的充分发展恰恰只能属于一个复杂的社会形式，而比较具体的范畴在一个比较不发展的社会形式中有过比较充分的发展。

劳动似乎是一个十分简单的范畴。它在这种一般性上——作为劳动一般——的表象也是古老的。但是，在经济学上从这种简单性上来把握的"劳动"，和产生这个简单抽象的那些关系一样，是现代的范畴。例如，货币主义把财富看成还是完全客观的东西，看成自身之外的物，存在于货币中。同这个观点相比，重工主义或重商主义把财富的源泉从对象转到主体的活动——商业劳动和工业劳动，已经是很大的进步，但是，他们仍然只是把这种活动本身理解为局限于取得货币的活动。同这个主义相对立的重农主义把劳动的一定形式——农业——看作创造财富的劳动，不再把对象本身看作裹在货币的外衣之中，而是看作产品一般，看作劳动的一般成果了。这种产品还与活动的局限性相应而仍然被看作自然规定的产品——农业的产品，主要是土地的产品。

［M—17］亚当·斯密大大地前进了一步，他抛开了创造财富的活动的一切规定性，——干脆就是劳动，既不是工业劳动，又不是商业劳动，也不是农业劳动，而既是这种劳动，又是那种劳动。有了创造财富的活动的抽象一般性，也就有了被规定为财富的对象的一般性，这就是产品一般，或者说又是劳动一般，然而是作为过去的、对象化的劳动。这一步跨得多么艰难，多么巨大，只要看看连亚当·斯密本人还时时要回到重农主义，就可想见了。这也许会造成一种看法，好像由此只是替人——不论在哪种社会形式下——作为生产者在其中出现的那种最简单、最原始的关系找到了一个抽象表现。从一方面看来这是对的。从另一方面看来就不是这样。

对任何种类劳动的同样看待，以各种现实劳动组成的一个十分发达的总体为前提，在这些劳动中，任何一种劳动都不再是支配一切的劳动。所以，最一般的抽象总只是产生在最丰富的具体发展的场合，在那里，一种东西为许多东西所共有，为一切所共有。这样一来，它就不再只是在特殊形式上才能加以思考了。另一方面，劳动一般这个抽象，不仅仅是各种劳动组成的一个具体总体的精神结果。对任何种类劳动的同样看待，适合于这样一种社会形式，在这种社会形式中，个人很容易从一种劳动转到另一种劳动，一定种类的劳动对他们说来是偶然的，因而是无差别的。这里，劳动不仅在范畴上，而且在现实中都成了创造财富一般的手段，它不再是同具有某种特殊性的个人结合在一起的规定了。在资产阶级社会的最现代的存在形式——美国，这种情况最为发达。所以，在这里，"劳动"、"劳动一般"、直截了当的劳动这个范畴的抽象，这个现代经济学的起点，才成为实际上真实的东西。所以，这个被现代经济学提到首位的、表现出一种古老而适用于一切社会形式的关系的最简单的抽象，只有作为最现代的社会的范畴，才在这种抽象中表现为实际上真实的东西。人们也许会说，在美国表现为历史产物的东西——对任何劳动同样看待——，例如在俄罗斯人那里，就表现为天生的素质。但是，首先，是野蛮人具有能被使用于一切的素质，还是文明人自动去从事一切，是大有区别的。其次，在俄罗斯人那里，实际上同对任何种类劳动同样看待这一点相适应的，是传统地固定在一种十分确定的劳动上，他们只是由于外来的影响才从这种状态中解脱出来。

[M—18] 劳动这个例子令人信服地表明，哪怕是最抽象的范畴，虽然正是由于它们的抽象而适用于一切时代，但是就这个抽象的规定性本身来说，同样是历史条件的产物，而且只有对于这些条件并在这些条件之内才具有充分的适用性。

资产阶级社会是最发达的和最多样性的历史的生产组织。因此，那些表现它的各种关系的范畴以及对于它的结构的理解，同时也能使我们透视一切已经覆灭的社会形式的结构和生产关系。资产阶级社会借这些社会形式的残片和因素建立起来，其中一部分是还未克服的遗物，继续在这里存留着，一部分原来只是征兆的东西，发展到具有充分意义，等等。人体解剖对于猴体解剖是一把钥匙。反过来说，低等动物身上表露的高等动物的征兆，只有在高等动物本身已被认识之后才能理解。因此，资产阶级经济为古代经济等等提供了钥匙。但是，决不是像那些抹杀一切历史差别、把一切社会形式都看成资产阶级社会形式的经济学家所理解的那样。人们认识了地租，就能理解代役租、什一税等等。但是不应当把它们等同起来。

其次，因为资产阶级社会本身只是发展的一种对立的形式，所以，那些早期形式的各种关系，在它里面常常只以十分萎缩的或者完全歪曲的形式出现。公社所有制就是个例子。因此，如果说资产阶级经济的范畴适用于一切其他社会形式这种说法是对的，那么，这也只能在一定意义上来理解。这些范畴可以在发展了的、萎缩了的、漫画式的种种形式上，总是在有本质区别的形式上，包含着这些社会形式。所说的历史发展总是建立在这样的基础上的：最后的形式总是把过去的形式看成是向着自己发展的各个阶段，并且因为它很少而且只是在特定条件下才能够进行自我批判，——这里当然不是指作为崩溃时期出现的那样的历史时期，——所以总是对过去的形式作片面的理解。基督教只有在它的自我批判在一定程度上，可说是在可能范围内完成时，才有助于对早期神话作客观的理解。同样，资产阶级经济学只有在资产阶级社会的自我批判已经开始时，才能理解封建的、古代的和东方的经济。在资产阶级经济学没有用编造神话的办法把自己同过去的经济完全等同起来时，它对于以前的经济，特别是它曾经还不得不与之直接斗争的封建经济的批判，是与基督教对异教的批判或者新教对旧教的批判相似的。

　　[M—19] 在研究经济范畴的发展时，正如在研究任何历史科学、社会科学时一样，应当时刻把握住：无论在现实中或在头脑中，主体——这里是现代资产阶级社会——都是既定的；因而范畴表现这个一定社会即这个主体的存在形式、存在规定、常常只是个别的侧面；因此，这个一定社会**在科学上**也决不是在把它**当作这样一个社会**来谈论的时候才开始存在的。这必须把握住，因为这对于分篇直接具有决定的意义。

　　例如，从地租开始，从土地所有制开始，似乎是再自然不过的了，因为它是同土地，即同一切生产和一切存在的源泉结合着的，并且它又是同一切多少固定的社会的最初的生产形式即同农业结合着的。但是，这是最错误不过的了。在一切社会形式中都有一种一定的生产决定其他一切生产的地位和影响，因而它的关系也决定其他一切关系的地位和影响。这是一种普照的光，它掩盖了一切其他色彩，改变着它们的特点。这是一种特殊的以太，它决定着它里面显露出来的一切存在的比重。

　　以游牧民族为例（纯粹的渔猎民族还没有达到真正发展的起点）。他们偶尔从事某种形式的耕作。这样就规定了土地所有制。它是共同的，这种形式按照这些民族保持传统的程度而或多或少地保留下来，斯拉夫人中的公社所有制就是个例子。在从事定居耕作（这种定居已是一大进步），而且这种耕作像在古代社会和封建社会中那样处于支配地位的民族那里，连工业、工业的组织以及与工业相应的所有制形式都多少带着土地所有制的性质；或者像在古代罗马人中那样工业完全附属于耕作；或者像在中世纪那样工业在城市中和在城市的各种关系上模仿着乡村的组织。在中世纪，甚至资本——不是指纯粹的货币资本——作为传统的手工工具等等，也具有这种土地所有制的性质。

在资产阶级社会中情况则相反。农业越来越变成仅仅是一个工业部门，完全由资本支配。地租也是如此。在土地所有制处于支配地位的一切社会形式中，自然联系还占优势。在资本处于支配地位的社会形式中，社会、历史所创造的因素占优势。不懂资本便不能懂地租。不懂地租却完全可以懂资本。资本是资产阶级社会的支配一切的经济权力。它必须成为起点又成为终点，必须放在土地所有制之前来说明。分别考察了两者之后，必须考察它们的相互关系。

［M—20］因此，把经济范畴按它们在历史上起决定作用的先后次序来排列是不行的，错误的。它们的次序倒是由它们在现代资产阶级社会中的相互关系决定的，这种关系同表现出来的它们的自然次序或者符合历史发展的次序恰好相反。问题不在于各种经济关系在不同社会形式的相继更替的序列中在历史上占有什么地位。更不在于它们在"观念上"（在关于历史运动的一个模糊的表象中）的顺序。而在于它们在现代资产阶级社会内部的结构。

……

一切产品和活动转化为交换价值，既要以生产中人的（历史的）一切固定的依赖关系的解体为前提，又要以生产者互相间的全面的依赖为前提。每个个人的生产，依赖于其他一切人的生产；同样，他的产品转化为他本人的生活资料，也要依赖于其他一切人的消费。价格古已有之，交换也一样；但是，价格越来越由生产费用决定，交换延及一切生产关系，这些只有在资产阶级社会里，自由竞争的社会里，才得到充分发展，并且发展得越来越充分。亚当·斯密按照真正的18世纪的方式列为史前时期的东西，先于历史的东西，倒是历史的产物。

这种互相依赖，表现在不断交换的必要性上和作为全面中介的交换价值上。经济学家是这样来表述这一点的：每个人追求自己的私人利益，而且仅仅是自己的私人利益；这样，也就不知不觉地为一切人的私人利益服务，为普遍利益服务。关键并不在于，当每个人追求自己私人利益的时候，也就达到私人利益的总体即普遍利益。从这种抽象的说法反而可以得出结论：每个人都互相妨碍别人利益的实现，这种一切人反对一切人的战争所造成的结果，不是普遍的肯定，而是普遍的否定。关键倒是在于：私人利益本身已经是社会所决定的利益，而且只有在社会所设定的条件下并使用社会所提供的手段，才能达到；也就是说，私人利益是与这些条件和手段的再生产相联系的。这是私人利益；但它的内容以及实现的形式和手段则是由不以任何人为转移的社会条件决定的。

毫不相干的个人之间的互相的和全面的依赖，构成他们的社会联系。这种社会联系表现在**交换价值**上，因为对于每个个人来说，只有通过交换价值，他自己的活动或产品才成为他的活动或产品；他必须生产一般产品——**交换价值**，或本身孤立化的，个体化的交换价值，即货币。另一方面，每个个人行使支配别人的活动或支配社会财富的权力，就在于他是**交换价值**的或**货币**的所有者。他在衣袋里装着自己的社会权力和自己同社会的联系。

不管活动采取怎样的个人表现形式，也不管活动的产品具有怎样的特性，活动和活动的产品都是**交换价值**，即一切个性，一切特性都已被否定和消灭的一种一般的东西。这种情况实际上同下述情况截然不同：个人或者自然地或历史地扩大为家庭和氏族（以后是共同体）的个人，直接地从自然界再生产自己，或者他的生产活动和他对生产的参与依赖于劳动和产品的一定形式，而他和别人的关系也是这样决定的。

活动的社会性质，正如产品的社会形式和个人对生产的参与，在这里表现为对于个人是异己的东西，物的东西；不是表现为个人的相互关系，而是表现为他们从属于这样一些关系，这些关系是不以个人为转移而存在的，并且是由毫不相干的个人互相的利害冲突而产生的。活动和产品的普遍交换已成为每一单个人的生存条件，这种普遍交换，他们的相互联系，表现为对他们本身来说是异己的、独立的东西，表现为一种物。在交换价值上，人的社会关系转化为物的社会［I—21］关系；人的能力转化为物的能力。交换手段拥有的社会力量越小，交换手段同直接的劳动产品的性质之间以及同交换者的直接需要之间的联系越是密切，把个人互相联结起来的共同体的力量就必定越大——家长制的关系，古代共同体，封建制度和行会制度（见我的笔记本第 XII 本第 34b 页）。

每个个人以物的形式占有社会权力。如果从物那里夺去这种社会权力，那么你们就必然赋予人以支配人的这种权力。人的依赖关系（起初完全是自然发生的），是最初的社会形式，在这种形式下，人的生产能力只是在狭小的范围内和孤立的地点上发展着。以**物的**依赖性为基础的人的独立性，是第二大形式，在这种形式下，才形成普遍的社会物质变换、全面的关系、多方面的需要以及全面的能力的体系。建立在个人全面发展和他们共同的、社会的生产能力成为从属于他们的社会财富这一基础上的自由个性，是第三个阶段。第二个阶段为第三个阶段创造条件。因此，家长制的，古代的（以及封建的）状态随着商业、奢侈、**货币**、**交换价值**的发展而没落下去，现代社会则随着这些东西同步发展起来。

交换和分工互为条件。因为每个人为自己劳动，而他的产品并不是为他自己使用，所以他自然要进行交换，这不仅是为了参加总的生产能力，而且是为了把自己的产品变成自己的生活资料（见我的《经济学评论》第 v（13、14）页）。以交换价值和货币为中介的交换，诚然以生产者互相间的全面依赖为前提，但同时又以生产者的私人利益完全隔离和社会分工为前提，而这种社会分工的统一和互相补充，仿佛是一种自然关系，存在于个人之外并且不以个人为转移。普遍的需求和供给互相产生的压力，作为中介使漠不关心的人们发生联系。

个人的产品或活动必须先转化为**交换价值**的形式，转化为**货币**，并且个人通过这种**物**的形式才取得和证明自己的社会**权力**，这种必然性本身证明了两点：（1）个人还只能为社会和在社会中进行生产；（2）他们的生产不是直接的社会的生产，不是本身实行分工的联合体的产物。个人从属于像命运一样存在于他们之外的社会生产；但社会生产并不从属于把这种生产当作共同财富来对待的个人。因此，正像前面谈到发行小时券的银行时看到的那样，设想在**交换价值**，在**货币**的基础上，由联合起来的个人对他们的总生产实行控制，那是再错误再荒谬不过的了。

一切劳动产品、能力和活动进行**私人交换**，既同以个人相互之间的统治和从属关系（自然发生的或政治性的）为基础的分配相对立（不管这种统治和从属的性质是家长制的，古代的或是封建的）（在这种情况下，真正的**交换**只是附带进行的，或者大体说来，并未触及整个共同体的生活，不如说只发生在不同共同体之间，决没有征服全部生产关系和交往关系），又同在共同占有和共同控制生产资料的基础上联合起来的个人所进行的自由交换相对立。（这种联合不是任意的事情，它以物质条件和精神条件的发展为前提，这一点在这里就不进一步论述了。）

分工产生出密集、结合、协作、私人利益的对立、阶级利益的对立、竞争、资本积聚、垄断、股份公司，——全都是对立的统一形式，而统一又引起对立本身，——同样，私人交换产生出世界贸易，私人的独立性产生出对所谓世界市场的完全的依赖性，分散的交换行为产生出银行制度和信用制度，这些制度的簿记[I—22] 至少可以使私人交换进行结算。虽然每个民族的私人利益把每个民族有多少成年人就分成多少个民族，并且同一民族的输出者和输入者之间的利益在这里是互相对立的；可是在汇率中，民族商业却获得了存在的**假象**，等等。谁也不会因此认为，通过**交易所改革**就可以铲除对内或对外的私人商业的**基础**。但是，在以**交换价值**为基础的资产阶级社会内部，产生出一些交往关系和生产关系，它们同时又是炸毁这个社会的地雷。（有大量对立的社会统一形式，而这些形式的对立性质决不是通过平静的形态变化就能炸毁的。另一方面，如果我们在现在这样的社会中没有发现隐蔽地存在着无阶级社会所必需的物质生产条件和与之相适应的交往关系，那么一切炸毁的尝试都是唐·吉诃德的荒唐行为。）

……

在一切价值都用货币来计量的**行情表**中，一方面显示出，物的社会性离开人而独立，另一方面显示出，在整个生产关系和交往关系对于个人，对于所有个人表现出来的异己性的这种基础上，商业的活动又使这些物从属于个人。因为世界市场（其中包括每一单个人的活动）的独立化（如果可以这样说的话）随着货币关系（交换价值）的发展而增长，以及后者随着前者的发展而增长，所以生产和消费的普遍联系和全面依赖随着消费者和生产者的相互独立和漠不关心而一同增长；因为这种矛盾导致危机等等，所以随着这种异化的发展，在它本身的基础上，人们试图消除它；行情表、汇率、商业经营者间的通信和电报联系等等（交通工具当然同时发展），通过这些东西，每一单个人可以获知其他一切人的活动情况，并力求使本身的活动与之相适应。（就是说：虽然每个人的需求和供给都与一切其他人无关，但每个人总是力求了解普遍的供求情况；而这种了解又对供求产生实际影响。虽然这一切在现有基地上并不会消除异己性，但会带来一些关系和联系，这些关系和联系本身包含着消除旧基地的可能性。）（普遍的统计等等的可能性。）

……

（人们说过并且还会说，美好和伟大之处，正是建立在这种自发的、不以个人的知识和意志为转移的、恰恰以个人互相独立和漠不关心为前提的联系即物质的和精神的新陈代谢这种基础上。毫无疑问，这种物的联系比单个人之间没有联系要好，或者比只是以自然血缘关系和统治从属关系为基础的地方性联系要好。同样毫无疑问，在个人创造出他们自己的社会联系之前，他们不可能把这种社会联系置于自己支配之下。如果把这种单纯**物的联系**理解为自然发生的、同个性的自然（与反思的知识和意志相反）不可分割的、而且是个性内在的联系，那是荒谬的。这种联系是各个人的产物。它是历史的产物。它属于个人发展的一定阶段。这种联系借以同个人相对立而存在的异己性和独立性只是证明，个人还处于创造自己的社会生活条件的过程中，而不是从这种条件出发去开始他们的社会生活。这是各个人在一定的狭隘的生产关系内的自发的联系。

全面发展的个人——他们的社会关系作为他们自己的共同的关系，也是服从于他们自己的共同的控制的——不是自然的产物，而是历史的产物。要使**这种**个性成为可能，能力的发展就要达到一定的程度和全面性，这正是以建立在交换价值基础上的生产为前提的，这种生产才在产生出个人同自己和同别人相异化的普遍性的同时，也产生出个人关系和个人能力的普遍性和全面性。在发展的早期阶段，单个人显得比较全面，那正是因为他还没有造成自己丰富的关系，并且还没有使这种关系作为独立于他自身之外的社会权力和社会关系同他自己相对立。留恋那种原始的丰富，是可笑的，相信必须停留在那种完全的空虚化之中，也是可笑的。资产阶级的观点从来没有超出同这种浪漫主义观点的对立，因此这种浪漫主义观点将作为合理的对立面伴随资产阶级观点一同升入天堂。）

……

（一切产品，活动、关系可以同第三者，同**物的东西**相交换，而这第三者又可以**无差别地**同一切相交换，就是说，交换价值（以及货币关系）的发展，同普遍的贿赂，普遍的收买是一回事。普遍的卖淫现象，表现为人的素质、能力、才能、活动的社会性质发展的一个必然阶段。说得文雅一点就是：普遍的效用关系和适用关系。使不同的东西等同起来，——莎士比亚对货币就有过这样中肯的理解。没有货币，就不可能有致富欲本身；其他的一切积累和积累欲，表现为自然发生的、有限的、一方面受需要、另一方面受产品的有限本性制约的东西（万恶的求金欲）。）

……

[I—24] 在前一场合表现为人的限制即个人受他人限制的那种规定性，在后一场合则在发达的形态上表现为物的限制即个人受不以他为转移并独立存在的关

系的限制。（因为单个人不能摆脱自己的人的规定性，但可以克服和控制外部关系，所以在第二个场合他的自由**看起来**比较大。但是，对这种外部关系或这些条件的进一步考察表明，属于一个阶级等等的各个人作为全体来说如果不消灭这些关系或条件，就不能克服它们。个别人偶尔能战胜它们；受它们控制的大量人却不能，因为它们的存在本身就表明，各个人从属于而且必然从属于它们。）

这些外部关系并未排除"依赖关系"，它们只是使这些关系变成普遍的形式；不如说它们为人的依赖关系造成普遍的**基础**。个人在这里也只是作为一定的个人互相发生关系。这种与**人**的依赖关系相对立的**物**的依赖关系也表现出这样的情形（物的依赖关系无非是与外表上独立的个人相对立的独立的社会关系，也就是与这些个人本身相对立而独立化的、他们互相间的生产关系）：个人现在受**抽象**统治，而他们以前是互相依赖的。但是，抽象或观念，无非是那些统治个人的物质关系的理论表现。

关系当然只能表现在观念中，因此哲学家们认为新时代的特征就是新时代受观念统治，从而把推翻这种观念统治同创造自由个性看成一回事。从意识形态角度来看更容易犯这种错误，因为上述关系的统治（上述物的依赖关系，不用说，又会转变为一定的，只不过除掉一切错觉的人的依赖关系）在个人本身的意识中表现为观念的统治，而关于这种观念的永恒性即上述物的依赖关系的永恒性的信念，统治阶级自然会千方百计地来加强、扶植和灌输。

（当然，对于封建时代的"纯粹人的关系"等等的错觉，一刻也不能忘记：（1）这种关系本身在自己的范围内，在一定的阶段上具有物的性质，例如，从纯粹军事隶属关系到地产关系的发展就表明这一点；但是（2）由这些关系没落而转变成的物的关系，其本身具有狭隘的、为自然所决定的性质，因而**表现为**人的关系，而在现代世界中，人的关系则表现为生产关系和交换关系的纯粹产物。）

……

资产阶级社会的基本前提是：劳动直接生产交换价值，从而生产货币；而货币也直接购买劳动，从而购买工人，只要后者在交换中让渡自己的活动。因此，一方的**雇佣劳动**和另一方的**资本**，都只不过是发达的交换价值和作为交换价值化身的货币的另一些形式。所以，货币同时直接是**现实的共同体**，因为它是一切人赖以生存的一般实体；同时又是一切人的共同产物。但是，正如我们已经看到的，在货币上共同体只是抽象，对于单个人来说只是外在的、偶然的东西；同时又只是作为孤立的单个人的个人满足需要的手段。古代共同体以一种完全不同的个人关系为前提。因此，货币在其第三种规定上的发展，破坏了古代共同体。任何生产都是个人的对象化。但是，在货币（交换价值）上，个人的对象化不是个人在其自然规定性上的对象化，而是个人在一种社会规定（关系）上的对象化，同时这种规定对个人来说又是外在的。

……

只要考察的是纯粹形式，关系的经济方面，——处在这一形式之外的内容在这里其实还完全不属于经济学的范围，或者说，表现为不同于经济内容的自然内容，可以说，它同经济关系还是完全分开的，因为它同经济关系还是直接重合的，——那么，在我们面前出现的就只是形式上不同的三种要素：关系的主体，**交换者**，他们处在同一规定中；他们交换的对象，交换价值，**等价物**，[Ⅱ—9]它们不仅相等，而且确实必须相等，还要被承认为相等；最后，交换行为本身，中介作用，通过这种中介作用，主体才表现为交换者，相等的人，而他们的客观则表现为等价物，相等的东西。等价物是一个主体对于其他主体的对象化；这就是说，它们本身的价值相等，并且在交换行为中证明自己价值相等，同时证明彼此漠不关心。主体只有通过等价物才在交换中彼此作为价值相等的人，而且他们只是通过彼此借以为对方而存在的那种对象性的交换，才证明自己是价值相等的人。因为他们只有作为等价物的所有者，并作为在交换中这种相互等价的证明者，才是价值相等的人，所以他们作为价值相等的人同时是彼此漠不关心的人；他们在其他方面的个人差别与他们无关；他们不关心他们在其他方面的一切个人特点。

交换行为不仅设定并证明交换价值，而且设定并证明作为交换者的主体，至于说交换行为以外的内容，那么这个处在经济形式规定之外的内容只能是：（1）被交换的商品的自然特性，（2）交换者的特殊的自然需要，或者把二者合起来说，被交换的商品的不同的使用价值。因此，这种使用价值，即完全处在交换的经济规定之外的交换内容，丝毫无损于个人的社会平等，相反地却使他们的自然差别成为他们的社会平等的基础。如果个人 A 和个人 B 的需要相同，而且他们都把自己的劳动实现在同一对象中，那么他们之间就不会有任何关系；从他们的生产方面来看，他们根本不是不同的个人。他们两个人都需要呼吸，空气对他们两个人来说都是作为大气而存在；这一切都不会使他们发生任何社会接触；作为呼吸着的个人，他们只是作为自然物，而不是作为人格互相发生关系。只有他们在需要上和生产上的差别，才会导致交换以及他们在交换中的社会平等化；因此，这种自然差别是他们在交换行为中的社会平等的前提，而且也是他们相互作为生产者出现的那种关系的前提。从这种自然差别来看，个人［A］是个人 B 所需要的某种使用价值的所有者，B 是 A 所需要的某种使用价值的所有者。从这方面说，自然差别又使他们互相发生平等的关系。但是，他们因此并不是彼此漠不关心的人，而是互为一体，互相需要，于是客体化在商品中的个人 B 就成为个人 A 的需要，反过来也一样；于是他们彼此不仅处在平等的关系中，而且也处在社会的关系中。

不仅如此。一个人的需要可以用另一个人的产品来满足，反过来也一样；一个人能生产出另一个人所需要的对象，每一个人在另一个人面前作为这另一个人所需要的客体的所有者而出现，这一切表明：每一个人作为**人**超出了他自己的特殊需要等等，他们是作为人彼此发生关系的；他们都意识到他们共同的类的本质。而且，大象为老虎生产，或者一些动物为另一些动物生产的情况，是不会发生的。例如，一窝蜜蜂实质上只是一只蜜蜂，它们都生产同一种东西。

其次，既然个人之间以及他们的商品之间的这种自然差别（产品、劳动等等在这里还是完全没有差别的，而只以商品的形式，或者像巴师夏先生采用萨伊的用语所说的，以**服务**的形式存在；巴师夏把交换价值的经济规定归结为交换价值的自然内容，即商品或服务，也就是说，他没有能力掌握交换价值本身的经济关系，而他却自以为，比起那些能够在生产关系的规定性上即生产关系的纯粹形式上掌握生产关系本身的英国古典经济学家来，他是前进了一大步），是使这些个人结为一体的动因，是他们作为交换者发生他们被**假定为**和被**证明为**平等的人的那种社会关系的动因，那么除了平等的规定以外，还要加上**自由**的规定。尽管个人 A 需要个人 B 的商品，但他并不是用暴力去占有这个商品，反过来也一样，相反地他们互相承认对方是所有者，是把自己的意志渗透到商品中去的人格。因此，在这里第一次出现了人格这一法的因素以及其中包含的自由的因素。谁都不用暴力占有他人的财产。每个人都是自愿地转让财产。

但还不仅如此：只有当个人 B 用商品 b 为个人 A 的需要服务，并且只是由于这一原因，个人 A 才用商品 a 为个人 B 的需要服务。反过来也一样。每个人为另一个人服务，目的是为自己服务；每一个人都把另一个人当作自己的手段互相利用。这两种情况在两个个人的意识中是这样出现的：（1）每个人只有作为另一个人的手段才能达到自己的目的；（2）每个人只有作为自我目的（自为的存在）才能成为另一个人的手段（为他的存在）；（3）每个人是手段同时又是目的，而且只有成为手段才能达到自己的目的，只有把自己当作自我目的才能成为手段，也就是说，每个人只有把自己当作自为的存在才把自己变成为他的存在，而他人只有把自己当作自为的存在才把自己变成为前一个人的存在，——这种相互关联是一个必然的事实，它作为交换的自然条件是交换的前提，但是，这种相互关联本身，对交换主体双方中的任何一方来说，都是他们毫不关心的，只有就这种相互关联把他的利益当作排斥他人利益的东西，与他人的利益不相干而加以满足这一点来说，才和他有利害关系。

换句话说，表现为全部行为的动因的共同利益，虽然被双方承认为事实，但是这种共同利益本身不是动因，它可以说只是发生在自身反映的特殊利益背后，发生在同另一个人的个别利益相对立的个别利益背后。就最后这一点来说，个人至多还能有这样一种安慰感：他的对立的个别利益的满足，正好就是被扬弃的［II—10］对立面即一般社会利益的实现。从交换行为本身出发，个人，每一个个人，都自身反映为排他的并占支配地位的（具有决定作用的）交换主体。因而这就确立了个人的完全自由自愿的交易；任何一方都不使用暴力；把自己当作手段，或者说当作提供服务的人，只不过是当作使自己成为自我目的、使自己占支配地位和主宰地位的手段；最后，是自私利益，此外并没有更高的东西要去实现；另一个人也被承认并被理解为同样是实现其自私利益的人，因此双方都知道，共同利益恰恰只存在于双方、多方以及各方的独立之中，共同利益就是自私利益的交换。一般利益就是各种自私利益的一般性。

因此，如果说经济形式，交换，在所有方面确立了主体之间的平等，那么内容，即促使人们去进行交换的个人和物质材料，则确立了**自由**。可见，平等和自由不仅在以交换价值为基础的交换中受到尊重，而且交换价值的交换是一切**平等**和**自由**的生产的、现实的基础。作为纯粹观念，平等和自由仅仅是交换价值的交换的一种理想化的表现；作为在法律的、政治的、社会的关系上发展了的东西，平等和自由不过是另一次方上的这种基础而已。而这种情况也已为历史所证实。这种意义上的平等和自由恰好是古代的自由和平等的反面。古代的自由和平等恰恰不是以发展了的交换价值为基础，相反地是由于交换价值的发展而毁灭。上面这种意义上的平等和自由所要求的生产关系，在古代世界还没有实现，在中世纪也没有实现。古代世界的基础是直接的强制劳动；当时共同体就建立在这种强制劳动的现成基础上；作为中世纪的基础的劳动，本身是一种特权，是尚处在特殊化状态的劳动，而不是生产一般交换价值的劳动。[资本主义社会里的]劳动既不是强制劳动，也不是中世纪那种要听命于作为上级机构的共同组织（同业公会）的劳动。

交换者之间[的关系]从交换的动因来看，也就是从经济过程之外的自然动因来看，也要以某种强制为基础，这种说法虽然是正确的，但是，这种关系，从一方面来看，本身只是表示另一个人对我的需要本身漠不关心，对我的自然个性漠不关心，也就是表示他同我平等和他有自由，但是他的自由同样也是我的自由的前提；另一方面，就我受到我的需要的决定和强制来说，对我施行强制的，不是异己的东西，只是作为需要和欲望的总体的我自己的自然（或者说，处在一般的反思形式上的我的**利益**）。但使我能强制另一个人，驱使他进入交换制度的，也正是这一方面。

……

因此，发财致富就是目的本身。资本的合乎目的的活动只能是发财致富，也就是使自身变大或增大。一定的货币额（而货币对于它的所有者来说，总是只以一定的量存在，总是一定的货币额）（这一点本应在货币章中阐述）对于使货币恰恰不再成为货币的一定消费来说，可能完全够用。但是货币作为一般财富的代表，就不会是这样了。作为一定量的数额，作为有限的数额，货币只是一般财富的有限的代表，或者说，有限财富的代表，这个财富同这个财富的交换价值一样大小，前者是用后者来确切计量的。因此，货币根本不具有按照它的一般概念所应当具有的那种能力，即购买全部享受、全部商品、全部物质财富实体的能力；它并不是"万物的结晶"等等。因此，作为财富，作为财富的一般形式，作为起价值作用的价值而被固定下来的货币，是一种不断要超出自己的量的界限的欲望；是无止境的过程。它自己的生命力只在于此；它只有**不断地自行倍增**，才能**保持**自己成为不同于使用价值的自为的交换价值。

……

货币作为货币额，是用它的量来计量的。这种可计量的性质同货币的必然追求无限目的的规定是相矛盾的。这里关于货币所说的一切，更适用于资本，其实，货币在其完成的规定上是在资本中才得以展开的。能够作为使用价值，即作为有用的东西来同资本本身相对立的，只有那种使资本增大，使资本倍增，从而使资本作为资本保存下去的东西。

第二，资本按其概念来说是货币，但是这种货币不再以简单的金银形式存在，也不再作为与流通相对立的货币存在，而是以一切实体的即各种商品的形式存在。因此，就这一点来说，它作为资本不是与使用价值相对立，而正是只存在于货币以外的各种使用价值之中。因此，资本的这种实体本身现在都是暂时的实体，它们如果没有使用价值，也就没有交换价值；但是，如果它们不被实际使用，它们作为使用价值就会失去自己的价值，会由于自然界的单纯物质变换作用而解体；如果它们被实际使用，它们就越是会消失。从这方面来看，资本的对立面本身不可能是某种特殊的商品；特殊的商品本身不构成资本的对立面，因为资本的实体本身就是使用价值；资本不是这种或那种商品，而是任何一种商品。所有商品的共同实体——不是作为商品的物质材料，从而作为物的规定的那种实体，而是作为**商品**，从而作为**交换价值**的那种共同实体——就在于：商品是**对象化劳动**。

……

唯一不同于**对象化**劳动的是**非对象化**劳动，是还在对象化过程中的、作为主体性的**劳动**。换句话说，**对象化劳动，即在空间上存在的劳动**，也可以作为**过去的劳动**而同**在时间上存在的劳动**相对立。如果劳动作为在时间上存在的劳动，作为活劳动而存在，它就只能作为**活的主体**而存在，在这个主体上，劳动是作为能力，作为可能性而存在；从而它就只能作为**工人**而存在。因此，能够成为资本的对立面的唯一的**使用价值**，就是**劳动**［而且是创造价值的劳动，即**生产劳动**］。

……

可见，［III－15］在与资本家进行交换的过程中实现的劳动的交换价值，是**预先存在**的，预先决定了的，它所经历的仅仅是任何一个只在观念上存在的价格在实现自身时都要发生的形式变化。劳动的交换价值不是由劳动的使用价值决定的。对于工人本身来说，劳动所以具有使用价值，只是由于它**是交换价值**，而不是由于生产交换价值。对于资本来说，劳动所以具有交换价值，只是由于它是使用价值。劳动不是对工人本身来说，而只是对资本来说，才是不同于它的交换价值的使用价值。因此，工人换出的劳动是简单的、预先决定的、由已经过去的过程决定的交换价值——工人换出的劳动本身是**对象化劳动**；这只是由于它已经是一定量劳动的对象化，因此，它的等价物已经是测定了的，是已知的。

资本换进的这种劳动是活劳动，是生产财富的一般力量，是增加财富的活动。可见，很明显，工人通过这种交换不可能**致富**，因为，就像以扫为了一碗红豆汤而出卖自己的长子权一样，工人也是为了一个既定量的劳动能力［的价值］而出卖劳动的**创造力**。相反，我们往下就会知道，工人必然会变得贫穷，因为他的劳动的创造力作为资本的力量，作为**他人的权力**而同他相对立。他把劳动作为生产财富的力量**转让出去**；而资本把劳动作为这种力量据为己有。可见，劳动和劳动产品所有权的分离，劳动和财富的分离，已经包含在这种交换行为本身之中。作为悖论的**结果**出现的东西，已经存在于前提本身之中。经济学家们或多或少地凭经验表达了这一点。

……

因此，文明的一切进步，或者换句话说，**社会生产力**的一切增长，也可以说**劳动本身的生产力**的一切增长，如科学、发明、劳动的分工和结合、交通工具的改善、世界市场的开辟、机器等等所产生的结果，都不会使工人致富，而只会使**资本**致富；也就是只会使支配劳动的权力更加增大；只会使资本的生产力增长。因为资本是工人的对立面，所以文明的进步只会增大支配劳动的**客体的权力**。

劳动（活的、合乎目的的活动）**转化为资本**，从自在意义上说，是资本和劳动交换的结果，因为这种交换给资本家提供了对劳动产品的所有权（以及对劳动的支配权）。**这种转化**只有在**生产过程**本身中才**得到实现**。可见，关于资本是否是生产的这个问题，是荒谬的。在资本构成生产的基础，从而资本家是生产的指挥者的地方，劳动本身**只有**在被资本吸收时才是**生产的**。正如商品的一般交换价值固定在货币上一样，劳动的生产性也会变成资本的生产力。与资本相对立的、**自为地**存在于工人身上的劳动，也就是在自己的**直接存在中的**、与资本相分离的劳动，是**非生产的**。作为工人活动的劳动也是**非生产的**，因为它只加入简单的、仅仅在形式上发生变化的流通过程。因此，有些人证明说，归于［III－16］资本的一切生产力是劳动**生产力的倒置，换位**，这些人恰恰忘记了，资本本身在本质上就是这种**倒置**，**这种换位**，而雇佣劳动本身以资本为前提，因而从劳动方面来看，它也是这种**变体**；是把这种劳动本身的力量变成对工人来说的**异己力量**的必然过程。因此，要求保存雇佣劳动，同时又要扬弃资本，这是自相矛盾和自相取消的要求。

选自《马克思恩格斯全集》第 30 卷，人民出版社 1995 年版，第 22—268 页。

◆《政治经济学批判》序言

我学的专业本来是法律，但我只是把它排在哲学和历史之次当作辅助学科来研究。1842—1843 年间，我作为《莱茵报》的编辑，第一次遇到要对所谓物质利益发表意见的难事。莱茵省议会关于林木盗窃和地产析分的讨论，当时的莱茵省总督冯·沙培尔先生就摩泽尔农民状况同《莱茵报》展开的官方论战，最后，关于自由贸易和保护关税的辩论，是促使我去研究经济问题的最初动因。另一方面，在善良的"前进"愿望大大超过实际知识的当时，在《莱茵报》上可以听到法国社会主义和共产主义的带着微弱哲学色彩的回声。我曾表示反对这种肤浅言论，但是同时在和奥格斯堡《总汇报》的一次争论中坦率承认，我以往的研究还不容许我对法兰西思潮的内容本身妄加评判。我倒非常乐意利用《莱茵报》发行人以为把报纸的态度放温和些就可以使那已经落在该报头上的死刑判决撤销的幻想，以便从社会舞台退回书房。

为了解决使我苦恼的疑问，我写的第一部著作是对黑格尔法哲学的批判性的分析，这部著作的导言曾发表在 1844 年巴黎出版的《德法年鉴》上。我的研究得出这样一个结果：法的关系正像国家的形式一样，既不能从它们本身来理解，也不能从所谓人类精神的一般发展来理解，相反，它们根源于物质的生活关系，这种物质的生活关系的总和，黑格尔按照 18 世纪的英国人和法国人的先例，概括为"市民社会"，而对市民社会的解剖应该到政治经济学中去寻求。我在巴黎开始研究政治经济学，后来因基佐先生下令驱逐移居布鲁塞尔，在那里继续进行研究。我所得到的、并且一经得到就用于指导我的研究工作的总的结果，可以简要地表述如下：人们在自己生活的社会生产中发生一定的、必然的、不以他们的意志为转移的关系，即同他们的物质生产力的一定发展阶段相适合的生产关系。这些生产关系的总和构成社会的经济结构，即有法律的和政治的上层建筑竖立其上并有一定的社会意识形式与之相适应的现实基础。物质生活的生产方式制约着整个社会生活、政治生活和精神生活的过程。不是人们的意识决定人们的存在，相反，是人们的社会存在决定人们的意识。社会的物质生产力发展到一定阶段，便同它们一直在其中运动的现存生产关系或财产关系（这只是生产关系的法律用语）发生矛盾。于是这些关系便由生产力的发展形式变成生产力的桎梏。那时社会革命的时代就到来了。随着经济基础的变更，全部庞大的上层建筑也或慢或快地发生变革。在考察这些变革时，必须时刻把下面两者区别开来：一种是生产的经济条件方面所发生的物质的、可以用自然科学的精确性指明的变革，一种是人们借以意识到这个冲突并力求把它克服的那些法律的、政治的、宗教的、艺术的或哲学的，简言之，意识形态的形式。我们判断一个人不能以他对自己的看法为根据，同样，我们判断这样一个变革时代也不能以它的意识为根据；相反，这个意识必须从物质生活的矛盾中，从社会生产力和生产关系之间的现存冲突中去解释。无论哪一个社会形态，在它所能容纳的全部生产力发挥出来以前，是决不会灭亡的；而新的更高的生产关系，在它的物质存在条件在旧社会的胎胞里成熟以前，是决不会出现的。所以人类始终只提出自己能够解决的任务，因为只要仔细考察就可以发现，任务本身，只有在解决它的物质条件已经存在或者至少是在生成过程中的时候，才会产生。大体说来，亚细亚的、古代的、封建的和现代资产阶级的生产方式可以看作是经济的社会形态演进的几个时代。资产阶级的生产关系是社会生产过程的最后一个对抗形式，这里所说的对抗，不是指个人的对抗，而是指从个人的社会生活条件中生长出来的对抗；但是，在资产阶级社会的胎胞里发展的生产力，同时又创造着解决这种对抗的物质条件。因此，人类社会的史前时期就以这种社会形态而告终。

自从弗里德里希·恩格斯批判经济学范畴的天才大纲（在《德法年鉴》上）发表以后，我同他不断通讯交换意见，他从另一条道路（参看他的《英国工人阶级状况》）得出同我一样的结果，当1845年春他也住在布鲁塞尔时，我们决定共同阐明我们的见解与德国哲学的意识形态的见解的对立，实际上是把我们从前的哲学信仰清算一下。这个心愿是以批判黑格尔以后的哲学的形式来实现的。两厚册八开本的原稿早已送到威斯特伐里亚的出版所，后来我们才接到通知说，由于情况改变，不能付印。既然我们已经达到了我们的主要目的——自己弄清问题，我们就情愿让原稿留给老鼠的牙齿去批判了。在我们当时从这方面或那方面向公众表达我们见解的各种著作中，我只提出恩格斯与我合著的《共产党宣言》和我自己发表的《关于自由贸易的演说》。我们见解中有决定意义的论点，在我的1847年出版的为反对蒲鲁东而写的著作《哲学的贫困》中第一次作了科学的、虽然只是论战性的概述。我用德文写的关于《雇佣劳动》一书，汇集了我在布鲁塞尔德意志工人协会上对于这个问题的讲演，这本书的印刷由于二月革命和我因此被迫离开比利时而中断。

选自《马克思恩格斯全集》第 31 卷，人民出版社 1998 年版，第 411—415 页。

五、进一步阅读的文献

1. ［德］图赫舍雷尔：《马克思经济理论的形成和发展：1843—1858》，人民出版社 1981 年版。

2. ［苏］艾·瓦·伊林柯夫：《马克思〈资本论〉中抽象和具体的辩证法》，山东人民出版社 1993 年版。

3. ［日］内田弘：《新版〈政治经济学批判大纲〉研究》，北京师范大学出版社 2011 年版。

4. ［意］奈格里：《〈大纲〉：超越马克思的马克思》，北京师范大学出版社 2011 年版。

5. 陈先达：《走向历史的深处》，中国人民大学出版社 2010 年版。

第九章 资本逻辑批判与哲学理论批判的高度统一
—— 《资本论》

一、写作背景

为无产阶级制定科学的革命理论，这既是无产阶级革命的需要，也是马克思思想发展中的一个重要课题。要实现这一目标，就需要对资本主义经济过程、特别是对资本主义经济危机作出科学的解释，这就要求马克思必须推进政治经济学批判，以便使自己有能力去彻底地批判资本主义经济过程以及建立在这一过程上的资产阶级政治经济学，创立无产阶级的政治经济学理论。

1844 年之后，马克思相继完成了《巴黎笔记》、《布鲁塞尔笔记》、《曼彻斯特笔记》、《伦敦笔记》、《1857－1858 年经济学手稿》、《1861－1863 年手稿》、《1863－1867 年手稿》等诸多笔记，出版了《政治经济学批判》第一分册等著作。对《资本论》体系的构想主要形成于写作《1857－1858 年经济学手稿》期间。《1857－1858 年经济学手稿》实际上是《资本论》的第一稿。在这部草稿中，马克思开始制订自己的政治经济学著作的写作计划：(1) 资本；(2) 土地所有制；(3) 雇佣劳动；(4) 国家；(5) 国际贸易；(6) 世界市场。"资本"册又分为四篇：资本一般；竞争；信用；股份资本。其中，第一篇又分为三个部分：资本的生产过程；资本的流通过程；二者的统一，或资本和利润、利息。第一篇的构想成为后来《资本论》三卷的基本结构。

马克思最初打算把所写的政治经济学著作分册出版：第一分册"应当是一部比较完整的著作"，包括商品、货币或简单流通、资本三章，出于政治上的考虑，1859 年出版的《政治经济学批判》第一分册只有前两部分的内容；1861 年，以资本章为核心的第二分册准备以《资本论》为标题，以"政治经济学批判"为副标题出版；1863 年，马克思完成了篇幅更大的手稿，在二十三个笔记本中，有一半是讨论经济学说史的，这是《资本论》的第二稿。在后来的写作过程中，马克思逐渐形成了把《资本论》分为三卷四册的思路。1863－1865 年，马克思写下了《资本论》的第三个手稿。根据恩格斯的建议，马克思决定先付印《资本论》第 1 卷，1867 年出版。《资本论》第 2、3 卷是在马克思逝世后，由恩格斯整理出版的：第 2 卷于 1885 年出版，第 3 卷于 1894 年出版。此外，恩格斯在考茨基的协助下，又将《资本论》三卷四册的第四册以《剩余价值学说史》为题出版，《剩余价值学说史》共三册，第 1、2 册于 1905 年出版，第 3 册于 1910 年出版。

二、篇章结构

《资本论》由四卷构成：第一卷阐述资本的生产过程，涉及商品和货币、货币转化为资本、剩余价值的生产过程、资本积累过程等内容；第二卷阐述资本的流通过程，涉及资本形态变化、资本循环与周转、社会总资本的再生产和流通等内容；第三卷阐述资本主义生产的总过程，涉及剩余价值转化为利润、利润转化为平均利润和生息资本、超额利润转化为地租、各种收入及其源泉等内容；第四卷以剩余价值学说为基础，对政治经济学说史进行批判性考察，进一步划清马克思主义政治经济学与资产阶级政治经济学的关系。

三、观点提示

第一，辩证法本质上是批判的和革命的。黑格尔的辩证法是"头足倒置"的，即把作为观念的思维过程转化为独立主体的思维过程，成为现实事物的创造主，而现实事物只是思维过程的外部表现。实际上，观念的东西不外是移入人的头脑并在人的头脑中改造过的物质的东西而已。因此，辩证法在其神秘形式上

"使现存事物显得光彩"，在其合理形态上，则是批判的和革命的。辩证法在对现存事物的肯定理解中同时包含着对现存事物的否定理解，即现存事物必然灭亡的理解，辩证法对事物的每一种既成形式都是从不断运动中，因而也是从其暂时性方面去理解。因此，辩证法在本质上是批判的和革命的。

第二，劳动二重性是理解政治经济学的枢纽。劳动二重性是指资本主义商品生产过程中的具体劳动与抽象劳动，具体劳动与商品的使用价值相关，是商品使用价值的创造者；抽象劳动与商品的价值相关，在资本主义社会，生产的目的不是商品的使用价值，而是商品的价值，这种价值就是由无差别的人类抽象劳动所创造的。由于商品的价值无法自我体现出来，必须通过另一个商品来表现，这就使商品的内部矛盾通过商品间的关系表现出来。劳动二重性的矛盾因此成为资本主义商品生产与交换的矛盾的基础。同时，商品交换是抽象劳动间的比较，是对质的存在的抽离，是社会的自我抽象，因此，商品交换的普遍化造成了黑格尔所说的抽象成为统治。劳动二重性理论是批判地理解商品问题的秘密所在，因而是理解政治经济学的枢纽。

第三，资本逻辑对生产逻辑具有统摄作用。在资本主义社会，一般意义上的生产劳动过程并不能解释资本主义的生产过程，相反，生产逻辑只有在资本逻辑的基础上才能得到理解。在资本主义社会，资本逻辑与生产逻辑交织在一起并统摄生产逻辑。资本逻辑的根本特性就是自我增殖，资本要想最大限度地获取剩余价值，就必须不断地发展生产力，不断发展科学技术并应用于生产过程中。因此，资本逻辑构成了资本主义社会的深层逻辑。

第四，剩余价值的生产是资本主义社会时空规划的核心。剩余价值生产有两种形式，即绝对剩余价值的生产与相对剩余价值的生产。绝对剩余价值的生产主要是通过延长劳动时间实现的，相对剩余价值的生产主要通过提高生产率、缩短必要劳动时间实现的。相比较而言，前者直接体现为对时间的控制，后者更侧重于对空间的规划。资本主义社会的时间与空间规划就是以剩余价值生产为核心而展开的。这种规划不仅促进了剩余价值的生产，而且通过提高劳动生产率推动了资本主义社会的发展。剩余价值生产因此成为资本主义社会时空规划的核心，体现着资本主义剥削的秘密。

第五，资本具有支配一切的权力。随着资本主义生产方式的确立，资本将传统社会的一切要素都纳入到自身的生产与再生产过程中，使之成为资本主义生产的要素，成为资本自我增殖的要素；资本逻辑的展开过程，同时就是向外殖民的过程，这是资本对非资本主义社会的支配与控制；资本的自我增殖过程展现为一个螺旋上升的过程，它像旋涡一样将一切都纳入自身，成为一切事物存在的"普照的光"。在资本主义社会，资本具有支配一切的权力。

第六，商品拜物教、货币拜物教、资本拜物教是资本主义社会的意识形态。随着商品生产与交换的普遍化，人与人的关系通过商品表现出来，变成了物与物的关系，人因此拜倒在自己的创造物面前，这就是商品拜物教。商品拜物教的进一步发展就是货币拜物教。商品交换的普遍化使得一种特殊的商品——货币独立出来，一切商品都只有与货币交换才能体现出自己的价值，货币由交换的媒介变成了支配交换过程的主体，人与人的关系不仅变成了物与物的关系，而且变成了由货币支配的关系，这就是货币拜物教。资本拜物教是货币拜物教的进一步发展。资本拜物教不理解资本不是物，而是体现在物上的特定的生产关系，因而仅仅把资本看作物，并从物的角度出发来考察收入生产与分配。资产阶级经济学家讲得最多的"资本—利润"、"土地—地租"、"劳动—工资"的"三位一体"公式，集中体现了资本拜物教。商品拜物教、货币拜物教和资本拜物教这三大拜物教产生于资本主义生产过程，是对资本主义合法性的意识形态证明。

第七，生产资料私有制与生产社会化的矛盾是资本主义生产方式的内在矛盾。在资本主义社会，商品的二重性决定了商品的交换过程只是商品矛盾存在方式的展开，并不能从根本上解决这一矛盾；商品交换与生产过程的分离，加大了资本实现的困难，这是导致资本主义经济危机的一个重要原因；随着科学技术的发展，资本有机构成中固定资本的比例日益增长，这将导致资本主义生产利润率下降，与资本主义生产的目的相背离，这些矛盾集中体现了生产资料的私人占有与生产的社会化之间的矛盾。这些矛盾必将导致工人阶级与资产阶级之间的对立与斗争，最终导致社会主义必然取代资本主义。

第八，在必然王国的基础上实现自由王国。自由王国的实现以必然王国，即物质生产高度发达为基础，自由王国只有建立在必然王国的基础上才能繁荣起来。自由王国首先是一个自觉的、有计划的联合体，资本主义社会中奴役劳动主体的经济力量转变为人类主体的自主力量，生产过程成为有计划的、合理化的过程；资本主义私有制转变为联合起来的社会个人的所有制，成为自由人的联合体。在自由人联合体中，每个人的自由发展成为一切人自由发展的条件，从而实现人的自由个性。

《资本论》是马克思思想的制高点，不仅是马克思的经济学著作，而且是马克思的哲学著作。正是在这部著作中，马克思的形而上学批判、意识形态批判与资本逻辑批判得到了高度的统一，不仅为科学社会主义奠定了理论基础，而且凸显了马克思主义哲学独特的存在方式。

四、文本节选

当然，在形式上，叙述方法必须与研究方法不同。研究必须充分地占有材料，分析它的各种发展形式，探寻这些形式的内在联系。只有这项工作完成以后，现实的运动才能适当地叙述出来。这点一旦做到，材料的生命一旦在观念上反映出来，呈现在我们面前的就好像是一个先验的结构了。

我的辩证方法，从根本上来说，不仅和黑格尔的辩证方法不同，而且和它截然相反。在黑格尔看来，思维过程，即甚至被他在观念这一名称下转化为独立主体的思维过程，是现实事物的创造主，而现实事物只是思维过程的外部表现。我的看法则相反，观念的东西不外是移入人的头脑并在人的头脑中改造过的物质的东西而已。

将近 30 年以前，当黑格尔辩证法还很流行的时候，我就批判过黑格尔辩证法的神秘方面。但是，正当我写《资本论》第一卷时，今天在德国知识界发号施令的、愤懑的、自负的、平庸的模仿者们，却已高兴得像莱辛时代大胆的莫泽斯·门德尔松对待斯宾诺莎那样对待黑格尔，即把他当作一条"死狗"了。因此，我公开承认我是这位大思想家的学生，并且在关于价值理论的一章中，有些地方我甚至卖弄起黑格尔特有的表达方式。辩证法在黑格尔手中神秘化了，但这决没有妨碍他第一个全面地有意识地叙述了辩证法的一般运动形式。在他那里，辩证法是倒立着的。必须把它倒过来，以便发现神秘外壳中的合理内核。

辩证法，在其神秘形式上，成了德国的时髦东西，因为它似乎使现存事物显得光彩。辩证法，在其合理形态上，引起资产阶级及其空论主义的代言人的恼怒和恐怖，因为辩证法在对现存事物的肯定的理解中同时包含对现存事物的否定的理解，即对现存事物的必然灭亡的理解；辩证法对每一种既成的形式都是从不断的运动中，因而也是从它的暂时性方面去理解；辩证法不崇拜任何东西，按其本质来说，它是批判的和革命的。

……

起初我们看到，商品是一种二重的东西，即使用价值和交换价值。后来表明，劳动就它表现为价值而论，也不再具有它作为使用价值的创造者所具有的那些特征。商品中包含的劳动的这种二重性，是首先由我批判地证明的。这一点是理解政治经济学的枢纽，因此，在这里要较详细地加以说明。

我们就拿两种商品如 1 件上衣和 10 码麻布来说。假定前者的价值比后者的价值大一倍。所以，如果 10 码麻布＝W，那么 1 件上衣＝2W。

上衣是满足一种特殊需要的使用价值。要生产上衣，就需要进行特定种类的生产活动。这种生产活动是由它的目的、操作方式、对象、手段和结果决定的。由自己产品的使用价值或者由自己产品是使用价值来表示自己的有用性的劳动，我们简称为有用劳动。从这个观点来看，劳动总是联系到它的有用效果来考察的。

上衣和麻布是不同质的使用价值，同样，决定它们存在的劳动即缝和织，也是不同质的。如果这些物不是不同质的使用价值，从而不是不同质的有用劳动的产品，它们就根本不能作为商品来互相对立。上衣不会与上衣交换，一种使用价值不会与同种的使用价值交换。

……

可见，每个商品的使用价值都包含着一定的有目的的生产活动，或有用劳动。各种使用价值如果不包含不同质的有用劳动，就不能作为商品互相对立。在产品普遍采取商品形式的社会里，也就是在商品生产者的社会里，作为独立生产者的私事而各自独立进行的各种有用劳动的这种质的区别，发展成一个多支的体系，发展成社会分工。

对上衣来说，无论是裁缝自己穿还是他的顾客穿，都是一样的。在这两种场合，它都是起使用价值的作用。同样，上衣和生产上衣的劳动之间的关系本身，也并不因为裁缝劳动成为专门职业，成为社会分工的一个独立的部分就有所改变。在有穿衣需要的地方，在有人当裁缝以前，人已经缝了几千年的衣服。但是，上衣、麻布以及任何一种不是天然存在的物质财富要素，总是必须通过某种专门的、使特殊的自然物质适合于特殊的人类需要的、有目的的生产活动创造出来。因此，劳动作为使用价值的创造者，作为有用劳动，是不以一切社会形式为转移的人类生存条件，是人和自然之间的物质变换即人类生活得以实现的永恒的自然必然性。

上衣、麻布等等使用价值，简言之，种种商品体，是自然物质和劳动这两种要素的结合。如果把上衣、麻布等等包含的各种不同的有用劳动的总和除外，总还剩有一种不借人力而天然存在的物质基础。人在生产中只能像自然本身那样发挥作用，就是说，只能改变物质的形式。不仅如此，他在这种改变形态的劳动本身中还要经常依靠自然力的帮助。因此，劳动并不是它所生产的使用价值即物质财富的唯一源泉。正像威廉·配第所说，劳动是财富之父，土地是财富之母。

现在，我们放下作为使用物品的商品，来考察商品价值。

我们曾假定，上衣的价值比麻布大一倍。但这只是量的差别，我们先不去管它。我们要记住的是，假如1件上衣的价值比10码麻布的价值大一倍，那么，20码麻布就与1件上衣具有同样的价值量。作为价值，上衣和麻布是有相同实体的物，是同种劳动的客观表现。但缝和织是不同质的劳动。然而在有些社会状态下，同一个人时而缝时而织，因此，这两种不同的劳动方式只是同一个人的劳动的变化，还不是不同的人的专门固定职能，正如我们的裁缝今天缝上衣和明天缝裤子只是同一的个人劳动的变化一样。其次，一看就知道，在我们资本主义社会里，随着劳动需求方向的改变，总有一定部分的人类劳动时而采取缝的形式，时而采取织的形式。劳动形式发生这种变换时不可能没有摩擦，但这种变换是必定要发生的。如果把生产活动的特定性质撇开，从而把劳动的有用性质撇开，劳动就只剩下一点：它是人类劳动力的耗费。尽管缝和织是不同质的生产活动，但二者都是人的脑、肌肉、神经、手等等的生产耗费，从这个意义上说，二者都是人类劳动。这只是耗费人类劳动力的两种不同的形式。当然，人类劳动力本身必须已有或多或少的发展，才能以这种或那种形式耗费。但是，商品价值体现的是人类劳动本身，是一般人类劳动的耗费。正如在资产阶级社会里，将军或银行家扮演着重要的角色，而人本身则扮演极卑微的角色一样，人类劳动在这里也是这样。它是每个没有任何专长的普通人的有机体平均具有的简单劳动力的耗费。**简单平均劳动**本身虽然在不同的国家和不同的文化时代具有不同的性质，但在一定的社会里是一定的。比较复杂的劳动只是**自乘的**或不如说**多倍的**简单劳动，因此，少量的复杂劳动等于多量的简单劳动。经验证明，这种简化是经常进行的。一个商品可能是最复杂的劳动的产品，但是它的**价值**使它与简单劳动的产品相等，因而本身只表示一定量的简单劳动。各种劳动化为当作它们的计量单位的简单劳动的不同比例，是在生产者背后由社会过程决定的，因而在他们看来，似乎是由习惯确定的。为了简便起见，我们以后把各种劳动力直接当作简单劳动力，这样就省去了简化的麻烦。

因此，正如在作为价值的上衣和麻布中，它们的使用价值的差别被抽去一样，在表现为这些价值的劳动中，劳动的有用形式即缝和织的区别也被抽去了。作为使用价值的上衣和麻布是有一定目的的生产活动同布和纱的结合，而作为价值的上衣和麻布不过是同种劳动的凝结，同样，这些价值所包含的劳动之所以算作劳动，并不是因为它们同布和纱发生了生产上的关系，而只是因为它们是人类劳动力的耗费。正是由于缝和织具有不同的质，它们才是形成作为使用价值的上衣和麻布的要素；而只是由于它们的特殊的质被抽去，由于它们具有相同的质，即人类劳动的质，它们才是上衣价值和麻布价值的实体。

可是，上衣和麻布不仅是价值一般，而且是一定量的价值。我们曾假定，1件上衣的价值比10码麻布的价值大一倍。它们价值量的这种差别是从哪里来的呢？这是由于麻布包含的劳动只有上衣的一半，因而生产后者所要耗费劳动力的时间必须比生产前者多一倍。

因此，就使用价值说，有意义的只是商品中包含的劳动的质，就价值量说，有意义的只是商品中包含的劳动的量，不过这种劳动已经化为没有进一步的质的人类劳动。在前一种情况下，是怎样劳动，什么劳动的问题；在后一种情况下，是劳动多少，劳动时间多长的问题。既然商品的价值量只是表示商品中包含的劳动量，那么，在一定的比例上，各种商品应该总是等量的价值。

如果生产一件上衣所需要的一切有用劳动的生产力不变，上衣的价值量就同上衣自身的数量一起增加。如果一件上衣代表 x 个工作日，两件上衣就代表 2x 个工作日，依此类推。假定生产一件上衣的必要劳动增加一倍或减少一半。在前一种场合，一件上衣就具有以前两件上衣的价值，在后一种场合，两件上衣就只有以前一件上衣的价值，虽然在这两种场合，上衣的效果和从前一样，上衣包含的有用劳动的质也和从前一样。但生产上衣所耗费的劳动量有了变化。

更多的使用价值本身就是更多的物质财富，两件上衣比一件上衣多。两件上衣可以两个人穿，一件上衣只能一个人穿，依此类推。然而随着物质财富的量的增长，它的价值量可以同时下降。这种对立的运动来源于劳动的二重性。生产力当然始终是有用的、具体的劳动的生产力，它事实上只决定有目的的生产活动在一定时间内的效率。因此，有用劳动成为较富和较贫的产品的源泉与有用劳动的生产力的提高或降低成正比。相反地，生产力的变化本身丝毫也不会影响表现为价值的劳动。既然生产力属于劳动的具体有用形式，它自然不再能同抽去了具体有用形式的劳动有关。因此，不管生产力发生了什么变化，同一劳动在同样的时间内提供的价值量总是相同的。但它在同样的时间内提供的使用价值量是不同的：生产力提高时就多些，生产力降低时就少些。因此，那种能提高劳动成效从而增加劳动所提供的使用价值量的生产力变化，如果会缩减生产这个使用价值量所必需的劳动时间的总和，就会减少这个增大了的总量的价值量。反之亦然。

一切劳动，一方面是人类劳动力在生理学意义上的耗费；就相同的或抽象的人类劳动这个属性来说，它形成商品价值。一切劳动，另一方面是人类劳动力在特殊的有一定目的的形式上的耗费；就具体的有用的劳动这个属性来说，它生产使用价值。

……

最初一看，商品好像是一种简单而平凡的东西。对商品的分析表明，它却是一种很古怪的东西，充满形而上学的微妙和神学的怪诞。就商品是使用价值来说，不论从它靠自己的属性来满足人的需要这个角度来考察，或者从它作为人类劳动的产品才具有这些属性这个角度来考察，它都没有什么神秘的地方。很明显，人通过自己的活动按照对自己有用的方式来改变自然物质的形态。例如，用木头做桌子，木头的形状就改变了。可是桌子还是木头，还是一个普通的可以感觉的物。但是桌子一旦作为商品出现，就转化为一个可感觉而又超感觉的物。它不仅用它的脚站在地上，而且在对其他一切商品的关系上用头倒立着，从它的木脑袋里生出比它自动跳舞还奇怪得多的狂想。

可见，商品的神秘性质不是来源于商品的使用价值。这种神秘性质也不是来源于价值规定的内容。因为，第一，不管有用劳动或生产活动怎样不同，它们都是人体的机能，而每一种这样的机能不管内容和形式如何，实质上都是人的脑、神经、肌肉、感官等等的耗费。这是一个生理学上的真理。第二，说到作为决定价值量的基础的东西，即这种耗费的持续时间或劳动量，那么，劳动的量可以十分明显地同劳动的质区别开来。在一切社会状态下，人们对生产生活资料所耗费的劳动时间必然是关心的，虽然在不同的发展阶段上关心的程度不同。最后，一旦人们以某种方式彼此为对方劳动，他们的劳动也就取得社会的形式。

　　可是，劳动产品一旦采取商品形式就具有的谜一般的性质究竟是从哪里来的呢？显然是从这种形式本身来的。人类劳动的等同性，取得了劳动产品的等同的价值对象性这种物的形式；用劳动的持续时间来计量的人类劳动力的耗费，取得了劳动产品的价值量的形式；最后，生产者的劳动的那些社会规定借以实现的生产者关系，取得了劳动产品的社会关系的形式。

　　可见，商品形式的奥秘不过在于：商品形式在人们面前把人们本身劳动的社会性质反映成劳动产品本身的物的性质，反映成这些物的天然的社会属性，从而把生产者同总劳动的社会关系反映成存在于生产者之外的物与物之间的社会关系。由于这种转换，劳动产品成了商品，成了可感觉而又超感觉的物或社会的物。正如一物在视神经中留下的光的印象，不是表现为视神经本身的主观兴奋，而是表现为眼睛外面的物的客观形式。但是在视觉活动中，光确实从一物射到另一物，即从外界对象射入眼睛。这是物理的物之间的一种物理关系。相反，商品形式和它借以得到表现的劳动产品的价值关系，是同劳动产品的物理性质以及由此产生的物的关系完全无关的。这只是人们自己的一定的社会关系，但它在人们面前采取了物与物的关系的虚幻形式：因此，要找一个比喻，我们就得逃到宗教世界的幻境中去。在那里，人脑的产物表现为赋有生命的、彼此发生关系并同人发生关系的独立存在的东西。在商品世界里，人手的产物也是这样。我把这叫作拜物教。劳动产品一旦作为商品来生产，就带上拜物教性质，因此拜物教是同商品生产分不开的。

　　商品世界的这种拜物教性质，像以上分析已经表明的，是来源于生产商品的劳动所特有的社会性质。

　　使用物品成为商品，只是因为它们是彼此独立进行的私人劳动的产品。这种私人劳动的总和形成社会总劳动。因为生产者只有通过交换他们的劳动产品才发生社会接触，所以，他们的私人劳动的独特的社会性质也只有在这种交换中才表现出来。换句话说，私人劳动在事实上证实为社会总劳动的一部分，只是由于交换使劳动产品之间、从而使生产者之间发生了关系。因此，在生产者面前，他们的私人劳动的社会关系就表现为现在这个样子，就是说，不是表现为人们在自己劳动中的直接的社会关系，而是表现为人们之间的物的关系和物之间的社会关系。

　　劳动产品只是在它们的交换中，才取得一种社会等同的价值对象性，这种对象性是与它们的感觉上各不相同的使用对象性相分离的。劳动产品分裂为有用物和价值物，实际上只是发生在交换已经十分广泛和十分重要的时候，那时有用物是为了交换而生产的，因而物的价值性质还在物本身的生产中就被注意到了。从那时起，生产者的私人劳动真正取得了二重的社会性质。一方面，生产者的私人劳动必须作为一定的有用劳动来满足一定的社会需要，从而证明它们是总劳动的一部分，是自然形成的社会分工体系的一部分。另一方面，只有在每一种特殊的有用的私人劳动可以同任何另一种有用的私人劳动相交换从而相等时，生产者的私人劳动才能满足生产者本人的多种需要。完全不同的劳动所以能够相等，只是因为它们的实际差别已被抽去，它们已被化成它们作为人类劳动力的耗费、作为抽象的人类劳动所具有的共同性质。私人生产者的头脑把他们的私人劳动的这种二重的社会性质，只是反映在从实际交易，产品交换中表现出来的那些形式中，也就是把他们的私人劳动的社会有用性，反映在劳动产品必须有用，而且是对别人有用的形式中；把不同种劳动的相等这种社会性质，反映在这些在物质上不同的物即劳动产品具有共同的价值性质的形式中。

可见，人们使他们的劳动产品彼此当作价值发生关系，不是因为在他们看来这些物只是同种的人类劳动的物质外壳。恰恰相反，他们在交换中使他们的各种产品作为价值彼此相等，也就使他们的各种劳动作为人类劳动而彼此相等。他们没有意识到这一点，但是他们这样做了。因此，价值没有在额上写明它是什么。不仅如此，价值还把每个劳动产品转化为社会的象形文字。后来，人们竭力要猜出这种象形文字的涵义，要了解他们自己的社会产品的秘密，因为把使用物品规定为价值，正像语言一样，是人们的社会产物。后来科学发现，劳动产品作为价值，只是生产它们时所耗费的人类劳动的物的表现，这一发现在人类发展史上划了一个时代，但它决没有消除劳动的社会性质的物的外观。彼此独立的私人劳动的独特的社会性质在于它们作为人类劳动而彼此相等，并且采取劳动产品的价值性质的形式——商品生产这种特殊生产形式才具有的这种特点，对受商品生产关系束缚的人们来说，无论在上述发现以前或以后，都是永远不变的，正像空气形态在科学把空气分解为各种元素之后，仍然作为一种物理的物态继续存在一样。

产品交换者实际关心的问题，首先是他用自己的产品能换取多少别人的产品，就是说，产品按什么样的比例交换。当这些比例由于习惯而逐渐达到一定的稳固性时，它们就好像是由劳动产品的本性产生的。例如，1 吨铁和 2 盎司金的价值相等，就像1磅金和1磅铁虽然有不同的物理属性和化学属性，但是重量相等一样。实际上，劳动产品的价值性质，只是通过劳动产品表现为价值量才确定下来。价值量不以交换者的意志、设想和活动为转移而不断地变动着。在交换者看来，他们本身的社会运动具有物的运动形式。不是他们控制这一运动，而是他们受这一运动控制。要有充分发达的商品生产，才能从经验本身得出科学的认识，理解到彼此独立进行的、但作为自然形成的社会分工部分而互相全面依赖的私人劳动，不断地被化为它们的社会的比例尺度，这是因为在私人劳动产品的偶然的不断变动的交换比例中，生产这些产品的社会必要劳动时间作为起调节作用的自然规律强制地为自己开辟道路，就像房屋倒在人的头上时重力定律强制地为自己开辟道路一样。因此，价值量由劳动时间决定是一个隐藏在商品相对价值的表面运动后面的秘密。这个秘密的发现，消除了劳动产品的价值量纯粹是偶然决定的这种假象，但是决没有消除价值量的决定所采取的物的形式。

对人类生活形式的思索，从而对这些形式的科学分析，总是采取同实际发展相反的道路。这种思索是从事后开始的，就是说，是从发展过程的完成的结果开始的。给劳动产品打上商品烙印、因而成为商品流通的前提的那些形式，在人们试图了解它们的内容而不是了解它们的历史性质（这些形式在人们看来已经是不变的了）以前，就已经取得了社会生活的自然形式的固定性。因此，只有商品价格的分析才导致价值量的决定，只有商品共同的货币表现才导致商品的价值性质的确定。但是，正是商品世界的这个完成的形式——货币形式，用物的形式掩盖了私人劳动的社会性质以及私人劳动者的社会关系，而不是把它们揭示出来。如果我说，上衣、皮靴等等把麻布当作抽象的人类劳动的一般化身而同它发生关系，这种说法的荒谬是一目了然的。但是当上衣、皮靴等等的生产者使这些商品同作为一般等价物的麻布（或者金银，这丝毫不改变问题的性质）发生关系时，他们的私人劳动同社会总劳动的关系正是通过这种荒谬形式呈现在他们面前。

这种种形式恰好形成资产阶级经济学的各种范畴。对于这个历史上一定的社会生产方式即商品生产的生产关系来说，这些范畴是有社会效力的、因而是客观的思维形式。因此，一旦我们逃到其他的生产形式中去，商品世界的全部神秘性，在商品生产的基础上笼罩着劳动产品的一切魔法妖术，就立刻消失了。

……

最后，让我们换一个方面，设想有一个自由人联合体，他们用公共的生产资料进行劳动，并且自觉地把他们许多个人劳动力当作一个社会劳动力来使用。在那里，鲁滨逊的劳动的一切规定又重演了，不过不是在个人身上，而是在社会范围内重演。鲁滨逊的一切产品只是他个人的产品，因而直接是他的使用物品。这个联合体的总产品是一个社会产品。这个产品的一部分重新用作生产资料。这一部分依旧是社会的。而另一部分则作为生活资料由联合体成员消费。因此，这一部分要在他们之间进行分配。这种分配的方式会随着社会生产有机体本身的特殊方式和随着生产者的相应的历史发展程度而改变。仅仅为了同商品生产进行对比，我们假定，每个生产者在生活资料中得到的份额是由他的劳动时间决定的。这样，劳动时间就会起双重作用。劳动时间的社会的有计划的分配，调节着各种劳动职能同各种需要的适当的比例。另一方面，劳动时间又是计量生产者在共同劳动中个人所占份额的尺度，因而也是计量生产者在共同产品的个人可消费部分中所占份额的尺度。在那里，人们同他们的劳动和劳动产品的社会关系，无论在生产上还是在分配上，都是简单明了的。

在商品生产者的社会里，一般的社会生产关系是这样的：生产者把他们的产品当作商品，从而当作价值来对待，而且通过这种物的形式，把他们的私人劳动当作等同的人类劳动来互相发生关系。对于这种社会来说，崇拜抽象人的基督教，特别是资产阶级发展阶段的基督教，如新教、自然神教等等，是最适当的宗教形式。在古亚细亚的、古代的等等生产方式下，产品转化为商品、从而人作为商品生产者而存在的现象，处于从属地位，但是共同体越是走向没落阶段，这种现象就越是重要。真正的商业民族只存在于古代世界的空隙中，就像伊壁鸠鲁的神只存在于世界的空隙中，或者犹太人只存在于波兰社会的缝隙中一样。这些古老的社会生产有机体比资产阶级的社会生产有机体简单明了得多，但它们或者以个人尚未成熟，尚未脱掉同其他人的自然血缘联系的脐带为基础，或者以直接的统治和服从的关系为基础。它们存在的条件是：劳动生产力处于低级发展阶段，与此相应，人们在物质生活生产过程内部的关系，即他们彼此之间以及他们同自然之间的关系是很狭隘的。这种实际的狭隘性，观念地反映在古代的自然宗教和民间宗教中。只有当实际日常生活的关系，在人们面前表现为人与人之间和人与自然之间极明白而合理的关系的时候，现实世界的宗教反映才会消失。只有当社会生活过程即物质生产过程的形态，作为自由联合的人的产物，处于人的有意识有计划的控制之下的时候，它才会把自己的神秘的纱幕揭掉。但是，这需要有一定的社会物质基础或一系列物质生存条件，而这些条件本身又是长期的、痛苦的发展史的自然产物。

……

劳动力的使用就是劳动本身。劳动力的买者消费劳动力，就是叫劳动力的卖者劳动。劳动力的卖者也就由此在现实上成为发挥作用的劳动力，成为工人，而在此以前，他只不过在可能性上是工人。为了把自己的劳动表现在商品中，他必须首先把它表现在使用价值中，表现在能满足某种需要的物中。因此，资本家要工人制造的是某种特殊的使用价值，是一定的物品。虽然使用价值或财物的生产是为了资本家，并且是在资本家的监督下进行的，但是这并不改变这种生产的一般性质。所以，劳动过程首先要撇开每一种特定的社会的形式来加以考察。

劳动首先是人和自然之间的过程，是人以自身的活动来中介、调整和控制人和自然之间的物质变换的过程。人自身作为一种自然力与自然物质相对立。为了在对自身生活有用的形式上占有自然物质，人就使他身上的自然力——臂和腿、头和手运动起来。当他通过这种运动作用于他身外的自然并改变自然时，也就同时改变他自身的自然。他使自身的自然中蕴藏着的潜力发挥出来，并且使这种力的活动受他自己控制。在这里，我们不谈最初的动物式的本能的劳动形式。现在，工人是作为他自己的劳动力的卖者出现在商品市场上。对于这种状态来说，人类劳动尚未摆脱最初的本能形式的状态已经是太古时代的事了。我们要考察的是专属于人的那种形式的劳动。蜘蛛的活动与织工的活动相似，蜜蜂建筑蜂房的本领使人间的许多建筑师感到惭愧。但是，最蹩脚的建筑师从一开始就比最灵巧的蜜蜂高明的地方，是他在用蜂蜡建筑蜂房以前，已经在自己的头脑中把它建成了。劳动过程结束时得到的结果，在这个过程开始时就已经在劳动者的表象中存在着，即已经观念地存在着。他不仅使自然物发生形式变化，同时他还在自然物中实现自己的目的，这个目的是他所知道的，是作为规律决定着他的活动的方式和方法的，他必须使他的意志服从这个目的。但是这种服从不是孤立的行为。除了从事劳动的那些器官紧张之外，在整个劳动时间内还需要有作为注意力表现出来的有目的的意志，而且，劳动的内容及其方式和方法越是不能吸引劳动者，劳动者越是不能把劳动当作他自己体力和智力的活动来享受，就越需要这种意志。

劳动过程的简单要素是：有目的的活动或劳动本身，劳动对象和劳动资料。

土地（在经济学上也包括水）最初以食物，现成的生活资料供给人类，它未经人的协助，就作为人类劳动的一般对象而存在。所有那些通过劳动只是同土地脱离直接联系的东西，都是天然存在的劳动对象。例如从鱼的生活要素即水中分离出来的即捕获的鱼，在原始森林中砍伐的树木，从地下矿藏中开采的矿石。相反，已经被以前的劳动可以说滤过的劳动对象，我们称为原料。例如，已经开采出来正在洗的矿石。一切原料都是劳动对象，但并非任何劳动对象都是原料。劳动对象只有在它已经通过劳动而发生变化的情况下，才是原料。

　　劳动资料是劳动者置于自己和劳动对象之间、用来把自己的活动传导到劳动对象上去的物或物的综合体。劳动者利用物的机械的、物理的和化学的属性，以便把这些物当作发挥力量的手段，依照自己的目的作用于其他的物。劳动者直接掌握的东西，不是劳动对象，而是劳动资料（这里不谈采集果实之类的现成的生活资料，在这种场合，劳动者身体的器官是唯一的劳动资料）。这样，自然物本身就成为他的活动的器官，他把这种器官加到他身体的器官上，不顾圣经的训诫，延长了他的自然的肢体。土地是他的原始的食物仓，也是他的原始的劳动资料库。例如，他用来投、磨、压、切等的石块就是土地供给的。土地本身是劳动资料，但是它在农业上要起劳动资料的作用，还要以一系列其他的劳动资料和劳动力的较高的发展为前提。一般说来，劳动过程只要稍有一点发展，就已经需要经过加工的劳动资料。在太古人的洞穴中，我们发现了石制工具和石制武器。在人类历史的初期，除了经过加工的石块、木头、骨头和贝壳外，被驯服的，也就是被劳动改变的、被饲养的动物，也曾作为劳动资料起着主要的作用。劳动资料的使用和创造，虽然就其萌芽状态来说已为某几种动物所固有，但是这毕竟是人类劳动过程独有的特征，所以富兰克林给人下的定义是"a toolmaking animal"，制造工具的动物。动物遗骸的结构对于认识已经绝种的动物的机体有重要的意义，劳动资料的遗骸对于判断已经消亡的经济的社会形态也有同样重要的意义。各种经济时代的区别，不在于生产什么，而在于怎样生产，用什么劳动资料生产。劳动资料不仅是人类劳动力发展的测量器，而且是劳动借以进行的社会关系的指示器。在劳动资料本身中，机械性的劳动资料（其总和可称为生产的骨骼系统和肌肉系统）远比只是充当劳动对象的容器的劳动资料（如管、桶、篮、罐等，其总和一般可称为生产的脉管系统）更能显示一个社会生产时代的具有决定意义的特征。后者只是在化学工业中才起着重要的作用。

　　广义地说，除了那些把劳动的作用传达到劳动对象、因而以这种或那种方式充当活动的传导体的物以外，劳动过程的进行所需要的一切物质条件也都算作劳动过程的资料。它们不直接加入劳动过程，但是没有它们，劳动过程就不能进行，或者只能不完全地进行。土地本身又是这类一般的劳动资料，因为它给劳动者提供立足之地，给他的劳动过程提供活动场所。这类劳动资料中有的已经经过劳动的改造，例如厂房、运河、道路等等。

可见，在劳动过程中，人的活动借助劳动资料使劳动对象发生预定的变化。过程消失在产品中。它的产品是使用价值，是经过形式变化而适合人的需要的自然物质。劳动与劳动对象结合在一起。劳动对象化了，而对象被加工了。在劳动者方面曾以动的形式表现出来的东西，现在在产品方面作为静的属性，以存在的形式表现出来。劳动者纺纱，产品就是纺成品。

如果整个过程从其结果的角度，从产品的角度加以考察，那么劳动资料和劳动对象二者表现为生产资料，劳动本身则表现为生产劳动。

……

我们已经看到，资本主义生产实际上是在同一个资本同时雇用人数较多的工人，因而劳动过程扩大了自己的规模并提供了较大量的产品的时候才开始的。人数较多的工人在同一时间、同一空间（或者说同一劳动场所），为了生产同种商品，在同一资本家的指挥下工作，这在历史上和概念上都是资本主义生产的起点。就生产方式本身来说，例如，初期的工场手工业，除了同一资本同时雇用的工人人数较多而外，和行会手工业几乎没有什么区别。行会师傅的作坊只是扩大了而已。

因此，起初只是量上的区别。我们已经看到，一定的资本所生产的剩余价值量，等于一个工人所提供的剩余价值乘以同时雇用的工人人数。工人人数本身丝毫不会改变剩余价值率或劳动力的剥削程度，而且，就商品价值的生产来说，劳动过程的任何质的变化，看来是没有关系的。这是由价值的性质得出来的。如果一个十二小时工作日对象化为 6 先令，那么 1 200 个这样的工作日就对象化为 6 先令×1 200。在前一种情况下，产品体现了 12 个劳动小时，在后一种情况下，则体现了 12×1 200 个劳动小时。在价值生产上，多数始终只是许多个数的总和。因此对于价值生产来说，1 200 个工人无论是单独进行生产，还是在同一资本指挥下联合起来进行生产，都不会引起任何差别。

不过，在一定限度内还是会发生变化。对象化为价值的劳动，是社会平均性质的劳动，也就是平均劳动力的表现。但是平均量始终只是作为同种的许多不同的个别量的平均数而存在的。在每个产业部门，个别工人，彼得或保罗，都同平均工人多少相偏离。这种在数学上叫作"误差"的个人偏离，只要把较多的工人聚集在一起，就会互相抵消，归于消失。著名的诡辩家和献媚者埃德蒙·伯克甚至根据他当租地农场主的实际经验也懂得，只要有 5 个雇农"这样小的队伍"，劳动的所有个人差别就会消失，因此任意 5 个成年英国雇农在一起，和其他任何 5 个英国雇农一样，可以在同样的时间内完成同样多的劳动。无论如何，明显的是，同时雇用的人数较多的工人的总工作日除以工人人数，本身就是一天的社会平均劳动。例如，假定一个人的工作日是 12 小时。这样，12 个同时雇用的工人的工作日就构成 144 小时的总工作日，虽然这 12 个工人中每个人的劳动都多少偏离社会平均劳动，因而每个工人做同一件工作所用的时间有多有少，但是每个工人的工作日作为 144 小时总工作日的 $\frac{1}{12}$，都具有社会平均性质。但是，对于雇用 12 个工人的资本家来说，工作日是作为 12 个工人的总工作日而存在的。不管这 12 个工人是协同地劳动，还是他们劳动的全部联系只在于他们为同一个资本家做工，每个工人的工作日都总是总工作日的一个相应部分。反之，如果这 12 个工人每两人为一个小业主雇用，那么每个业主能否生产同样的价值量，从而能否实现一般剩余价值率，就是偶然的了。这里就会出现个人偏离。如果一个工人生产一种商品所花费的时间显著地超出社会必需的时间，他的个人必要劳动时间显著地偏离社会必要劳动时间或平均劳动时间，那么，他的劳动就不能当作平均劳动，他的劳动力就不能当作平均劳动力。这样的劳动力不是根本卖不出去，就是只能低于劳动力的平均价值出卖。因此要有一定的最低限度的劳动熟练程度作为前提，以后我们会看到：资本主义生产找到了衡量这个最低限度的办法。不过这个最低限度是会偏离平均水平的，虽然另一方面，劳动力必须按平均价值支付。因此，在 6 个小业主中间，有人赚到的会高于一般剩余价值率，有人赚到的会低于一般剩余价值率。这些差别就整个社会来说会互相抵消，但是就单个业主来说却不是这样。因此对单个生产者来说，只有当他作为资本家进行生产，同时使用许多工人，从而一开始就推动社会平均劳动的时候，价值增殖规律才会完全实现。

即使劳动方式不变，同时使用人数较多的工人，也会在劳动过程的物质条件上引起革命。容纳许多人做工的厂房、储藏原料等的仓库、供许多人同时使用或交替使用的容器、工具、器具等，总之，一部分生产资料，现在是在劳动过程中共同消费的。一方面，商品的交换价值，从而生产资料的交换价值，丝毫不会因为它们的使用价值得到某种更有效的利用而有所增加。另一方面，共同使用的生产资料的规模会增大。20个织布工人用20台织机劳动的房间，必然比一个独立织布者带两个帮工做工的房间大得多。但是，建造一座容纳20个人的作坊比建造10座各容纳两个人的作坊所耗费的劳动要少，因此大量积聚的并且共同使用的生产资料的价值，一般地说，不会和这些生产资料的规模及其效果成比例地增加。共同使用的生产资料转移到单个产品上去的价值组成部分所以较小，部分是因为这些生产资料转移的总价值要同时分配在较大量的产品上，部分是因为这些生产资料加入生产过程的价值同分散的生产资料相比，绝对地说虽然较大，但从它们作用范围来看，相对地说却较小。因此，不变资本的价值组成部分降低了，而随着这部分价值的量的减少，商品的总价值也降低了。其结果和商品的生产资料的生产变得便宜时所产生的结果一样。生产资料使用方面的这种节约，只是由于许多人在劳动过程中共同消费它们。即使许多人只是在空间上集合在一起，并不协同劳动，这种生产资料也不同于单干的独立劳动者或小业主的分散的并且相对地说花费大的生产资料，而取得了社会劳动的条件或劳动的社会条件这种性质。一部分劳动资料甚至在劳动过程本身取得这种社会性质以前，就已经取得这种社会性质。

生产资料的节约一般要从两方面去考察。一方面，它使商品便宜，从而使劳动力的价值下降。另一方面，它改变剩余价值同全部预付资本，也就是同资本的不变组成部分和可变组成部分的价值总额之间的比例。后一点要到本书第三册第一篇才来探讨，为了叙述上的联系，和这里有关的许多问题也留到该篇再谈。分析的进程要求把研究的对象这样分割开来，而这种分割也是符合资本主义生产的精神的。因为在资本主义生产中，劳动条件作为某种独立的东西而与工人相对立，所以劳动条件的节约也表现为一种与工人无关、因而与提高工人的个人生产率的方法相脱离的特殊操作。

许多人在同一生产过程中，或在不同的但互相联系的生产过程中，有计划地一起协同劳动，这种劳动形式叫作协作。

一个骑兵连的进攻力量或一个步兵团的抵抗力量，与每个骑兵分散展开的进攻力量的总或每个步兵分散展开的抵抗力量的总和有本质的差别，同样，单个劳动者的力量的机械总和，与许多人手同时共同完成同一不可分割的操作（例如举起重物、转绞车、清除道路上的障碍物等）所发挥的社会力量有本质的差别。在这里，结合劳动的效果要么是单个人劳动根本不可能达到的，要么只能在长得多的时间内，或者只能在很小的规模上达到。这里的问题不仅是通过协作提高了个人生产力，而且是创造了一种生产力，这种生产力本身必然是集体力。

选自《马克思恩格斯全集》第 44 卷，人民出版社 2001 年版，第 21—378 页。

假定已经有必要的生产资料，即充足的资本积累，那么，在剩余价值率从而劳动的剥削程度已定时，剩余价值的创造就只会遇到工人人口的限制，在工人人口已定时，就只会遇到劳动剥削程度的限制。资本主义的生产过程，实质上就是剩余价值的生产，而剩余价值体现为剩余产品或体现为所生产的商品中由无酬劳动对象化成的可除部分。决不应当忘记，这种剩余价值的生产——剩余价值的一部分再转化为资本，或积累，也是这种剩余价值生产的不可缺少的部分——是资本主义生产的直接目的和决定性动机。因此，决不能把这种生产描写成它本来不是的那个东西，就是说，不能把它描写成以享受或者以替资本家生产享受品为直接目的的生产。如果这样，就完全无视这种生产在其整个内在本质上表现的独特性质。

这个剩余价值的取得，形成直接的生产过程，而这个生产过程，正如我们已经指出的，除了上面所说的那些限制，再没有别的限制。一旦可以榨出的剩余劳动量对象化在商品中，剩余价值就生产出来了。但是，这样生产出剩余价值，只是结束了资本主义生产过程的第一个行为，即直接的生产过程。资本已经吮吸了这么多无酬劳动。随着表现为利润率下降的过程的发展，这样生产出来的剩余价值的总量会惊人地膨胀起来。现在开始了过程的第二个行为。总商品量，即总产品，无论是补偿不变资本和可变资本的部分，还是代表剩余价值的部分，都必须卖掉。如果卖不掉，或者只卖掉一部分，或者卖掉时价格低于生产价格，那么，工人固然被剥削了，但是对资本家来说，这种剥削没有原样实现，这时，榨取的剩余价值就完全不能实现，或者只是部分地实现，资本就可能部分或全部地损失掉。进行直接剥削的条件和实现这种剥削的条件，不是一回事。二者不仅在时间和地点上是分开的，而且在概念上也是分开的。前者只受社会生产力的限制，后者受不同生产部门的比例关系和社会消费力的限制。但是社会消费力既不是取决于绝对的生产力，也不是取决于绝对的消费力，而是取决于以对抗性的分配关系为基础的消费力；这种分配关系，使社会上大多数人的消费缩小到只能在相当狭小的界限以内变动的最低限度。其次，这个消费力还受到追求积累的欲望，扩大资本和扩大剩余价值生产规模的欲望的限制。这是资本主义生产的规律，它是由生产方法本身的不断革命，由总是和这种革命联系在一起的现有资本的贬值，由普遍的竞争斗争以及仅仅为了保存自身和避免灭亡而改进生产和扩大生产规模的必要性决定的。因此，市场必须不断扩大，以致市场的联系和调节这种联系的条件，越来越取得一种不以生产者为转移的自然规律的形式，越来越无法控制。这个内部矛盾力图通过扩大生产的外部范围求得解决。但是生产力越发展，它就越和消费关系的狭隘基础发生冲突。在这个充满矛盾的基础上，资本过剩和日益增加的人口过剩结合在一起是完全不矛盾的；因为在二者相结合的情况下，所生产的剩余价值的量虽然会增加，但是生产剩余价值的条件和实现这个剩余价值的条件之间的矛盾，恰好也会随之而增大。

……

利润率下降，不是因为对工人的剥削少了，而是因为所使用的劳动同所使用的资本相比少了。

如果像前面指出的那样，利润率的下降和利润量的增加同时发生，那么，在劳动的年产品中，被资本家在资本范畴下占有的部分（作为已经耗费的资本的补偿）变大了，在利润范畴下被占有的部分相应变小了。这样就产生了查默斯牧师的幻想：年产品中资本家用作资本的量越小，他们吞掉的利润就越大；于是，国教会就来帮助他们，要他们把很大一部分的剩余产品用于消费，而不要把它资本化。这位牧师把原因和结果混淆了。此外，利润量甚至在利润率较低时也会随着所投资本量的增加而增加。但是，这同时需要有资本的积聚，因为这时各种生产条件都要求使用大量资本。这同样需要有资本的集中，即小资本家为大资本家所吞并，小资本家丧失资本。这不过又是劳动条件和生产者的再一次的分离，这些小资本家还属于生产者，因为对他们来说，本人的劳动还起着作用；一般说来，资本家的劳动和他的资本量成反比，就是说，和他成为资本家的程度成反比。正是劳动条件和生产者之间的这种分离，形成资本的概念；这种分离从原始积累（第 1 册第 24 章）开始，然后在资本的积累和积聚中表现为不断的过程，最后表现为现有资本集中在少数人手中和许多人丧失资本（现在剥夺正向这方面变化）。如果没有相反的趋势总是在向心力之旁又起离心作用，这个过程很快就会使资本主义生产崩溃。

　　……

　　总的说来，矛盾在于：资本主义生产方式包含着绝对发展生产力的趋势，而不管价值及其中包含的剩余价值如何，也不管资本主义生产借以进行的社会关系如何；而另一方面，它的目的是保存现有资本价值和最大限度地增殖资本价值（也就是使这个价值越来越迅速地增加）。它的独特性质是把现有的资本价值用作最大可能地增殖这个价值的手段。它用来达到这个目的的方法包含着：降低利润率，使现有资本贬值，靠牺牲已经生产出来的生产力来发展劳动生产力。

　　现有资本的周期贬值，这个为资本主义生产方式所固有的、阻碍利润率下降并通过新资本的形成来加速资本价值的积累的手段，会扰乱资本流通过程和再生产过程借以进行的现有关系，从而引起生产过程的突然停滞和危机。

　　与生产力发展并进的、可变资本同不变资本相比的相对减少，刺激工人人口的增加，同时又不断地创造出人为的过剩人口。资本的积累，从价值方面看，由于利润率下降而延缓下来，但这样一来更加速了使用价值的积累，而使用价值的积累又使积累在价值方面加速进行。

　　资本主义生产总是竭力克服它所固有的这些限制，但是它用来克服这些限制的手段，只是使这些限制以更大的规模重新出现在它面前。

　　资本主义生产的**真正限制**是**资本自身**，这就是说：资本及其自行增殖，表现为生产的起点和终点，表现为生产的动机和目的；生产只是为**资本**而生产，而不是反过来生产资料只是生产者**社会**的生活过程不断扩大的手段。以广大生产者群众的被剥夺和贫穷化为基础的资本价值的保存和增殖，只能在一定的限制以内运动，这些限制不断与资本为它自身的目的而必须使用的并旨在无限制地增加生产，为生产而生产，无条件地发展劳动社会生产力的生产方法相矛盾。手段——社会生产力的无条件的发展——不断地和现有资本的增殖这个有限的目的发生冲突。因此，如果说资本主义生产方式是发展物质生产力并且创造同这种生产力相适应的世界市场的历史手段，那么，这种生产方式同时也是它的这个历史任务和同它相适应的社会生产关系之间的经常的矛盾。

......

资本主义生产方式的限制表现在：

1. 劳动生产力的发展使利润率的下降成为一个规律，这个规律在某一点上和劳动生产力本身的发展发生最强烈的对抗，因而必须不断地通过危机来克服。

2. 生产的扩大或缩小，不是取决于生产和社会需要即社会地发展了的人的需要之间的关系，而是取决于无酬劳动的占有以及这个无酬劳动和对象化劳动之比，或者按照资本主义的说法，取决于利润以及这个利润和所使用的资本之比，即一定水平的利润率。因此，当生产扩大到在另一个前提下还显得远为不足的程度时，对资本主义生产的限制已经出现了。资本主义生产不是在需要的满足要求停顿时停顿，而是在利润的生产和实现要求停顿时停顿。

如果利润率下降，那么一方面，资本就紧张起来，个别资本家就用更好的方法等等把他的单个商品的个别价值压低到它的社会平均价值以下，因而在市场价格已定时赚得额外利润；另一方面，就出现了欺诈，而普遍助长这种欺诈的是狂热地寻求新的生产方法、新的投资、新的冒险，以便保证取得某种不以一般平均水平为转移并且高于一般平均水平的额外利润。

利润率即资本的相对增长率，首先对一切新的独立形成的资本嫩芽来说，是重要的。只要资本的形成仅仅发生在某些可以用利润量来弥补利润率的少数现成的大资本手中，使生产活跃的火焰就会熄灭。生产就会进入睡眠状态。利润率是资本主义生产的推动力；那种而且只有那种生产出来能够提供利润的东西才会被生产。英国经济学家对利润率下降的担忧就是由此产生的。单是这种可能性就使李嘉图感到不安，这正好表明他对资本主义生产条件有深刻的理解。有人责难他，说他在考察资本主义生产时不注意"人"，只看到生产力的发展，而不管这种发展以人和资本**价值**的多大牺牲为代价。这正好是他的学说中的重要之处。发展社会劳动的生产力，是资本的历史任务和存在理由。资本正是以此不自觉地创造着一种更高级的生产形式的物质条件。使李嘉图感到不安的是：利润率，资本主义生产的刺激，积累的条件和动力，会受到生产本身发展的威胁。而且在这里，数量关系就是一切。实际上，成为基础的还有某种更为深刻的东西，他只是模糊地意识到了这一点。在这里，资本主义生产的限制，它的相对性，以纯粹经济学的方式，就是说，从资产阶级立场出发，在资本主义理解力的界限以内，从资本主义生产本身的立场出发而表现出来，也就是说这里表明，资本主义生产不是绝对的生产方式，而只是一种历史的、和物质生产条件的某个有限的发展时期相适应的生产方式。

……

资本—利润（企业主收入加上利息），土地—地租，劳动—工资，这就是把社会生产过程的一切秘密都包括在内的三位一体的形式。

其次，因为正如以前已经指出的那样，利息表现为资本所固有的、独特的产物，与此相反，企业主收入则表现为不以资本为转移的工资，所以，上述三位一体的形式可以进一步归结为：

资本—利息，土地—地租，劳动—工资；在这个形式中，利润，这个体现资本主义生产方式的独特特征的剩余价值形式，就幸运地被排除了。

如果我们现在更仔细地考察一下这个经济上的三位一体，我们就会发现：

第一，每年可供支配的财富的各种所谓源泉，属于完全不同的领域，彼此之间毫无相同之处。它们互相之间的关系，就像公证人的手续费、甜菜和音乐之间的关系一样。

资本，土地，劳动！但资本不是物，而是一定的、社会的、属于一定历史社会形态的生产关系，后者体现在一个物上，并赋予这个物以独特的社会性质。资本不是物质的和生产出来的生产资料的总和。资本是已经转化为资本的生产资料，这种生产资料本身不是资本，就像金或银本身不是货币一样。社会某一部分人所垄断的生产资料，同活劳动力相对立而独立化的这种劳动力的产品和活动条件，通过这种对立在资本上人格化了。不仅工人的已经转化为独立权力的产品，作为其生产者的统治者和购买者的产品，而且这种劳动的社会力量及未来的……〔？这里字迹不清〕形式，也作为生产者的产品的属性而与生产者相对立。因此，在这里，对于历史地形成的社会生产过程的因素之一，我们有了一个确定的、乍一看来极为神秘的社会形式。

现在，与此并列，又有土地，这个无机的自然界本身，这个完全处在原始状态中的"粗糙的混沌一团的天然物"。价值是劳动，因此，剩余价值不可能是土地。土地的绝对肥力所起的作用，不过是使一定量的劳动提供一定的、受土地的自然肥力所制约的产品。土地肥力的差别所造成的结果是：同量劳动和资本，也就是同一价值，表现在不等量的土地产品上；因此，这些产品具有不同的个别价

值。这些个别价值平均化为市场价值，促使

"肥沃土地同较坏的土地相比所提供的利益……从耕种者或消费者手里转移到土地所有者手里"。（李嘉图《原理》第 62 页）

最后，作为其中的第三个同盟者的，只是一个幽灵——劳动，这只不过是一个抽象，就它本身来说，是根本不存在的；或者，如果我们就……［这里字迹不清］来说，只是指人借以实现人和自然之间的物质变换的人类一般的生产活动，它不仅已经脱掉一切社会形式和性质规定，而且甚至在它的单纯的自然存在上，不以社会为转移，超越一切社会之上，并且作为生命的表现和证实，是尚属非社会的人和已经有某种社会规定的人所共同具有的。

……

资本—利息；土地所有权，土地私有权，而且是现代的、与资本主义生产方式相适应的土地私有权—地租；雇佣劳动—工资。这样，各种收入源泉之间的联系尽在这个形式之中。像资本一样，雇佣劳动和土地所有权也是历史规定的社会形式；一个是劳动的社会形式，另一个是被垄断的土地的社会形式。而且二者都是与资本相适应的、属于同一个经济的社会形态的形式。

在这个公式中第一件引人注目的事情是：在资本旁边，在一个生产要素的属于一定生产方式、属于社会生产过程一定历史形态的这个形式旁边，在一个与一定社会形式结合在一起、并且表现在这个社会形式上的生产要素旁边，一方面直接排上土地，另一方面直接排上劳动，即直接排上现实劳动过程的两个要素，而这二者在这种物质形式上，是一切生产方式共同具有的，是每一个生产过程的物质要素，而与生产过程的社会形式无关。

第二，在资本—利息，土地—地租，劳动—工资这个公式中，资本、土地和劳动，分别表现为利息（代替利润）、地租和工资的源泉，而利息、地租和工资则是它们各自的产物，它们的果实。前者是根据，后者是归结；前者是原因，后者是结果；而且每一个源泉都把它的产物当作是从它分离出来的、生产出来的东西。这三种收入，利息（代替利润）、地租、工资，就是产品价值的三个部分，总之，就是价值部分，或者用货币来表示，就是一定的货币部分，价格部分。虽然资本—利息这个公式是资本的最无概念的公式，但终究是资本的一个公式。但土地怎么会创造一个价值，即一个社会地规定的劳动量，而且恰恰又是它自己的产品中形成地租的那个特殊价值部分呢？在生产一种使用价值、一种物质产品例如小麦时，土地是起着生产要素的作用。但它和**小麦价值**的生产无关。就小麦上体现着价值来说，小麦只是被看作一定量的对象化社会劳动，和这种劳动借以体现的特殊物质或这种物质的特殊使用价值完全无关。这同下述情况并不矛盾：1. 在其他条件相同时，小麦的贵贱取决于土地的生产率。农业劳动的生产率是和自然条件联系在一起的，并且由于自然条件的生产率不同，同量劳动会体现为较多或较少的产品或使用价值。体现在一舍费耳中的劳动量究竟有多大，取决于同量劳动所提供的舍费耳的数量。在这里，价值体现在多少产品中，取决于土地的生产率；但这个价值是已定的，同这种分配无关。价值体现在使用价值中，而使用价值是创造价值的一个条件；但是，如果在一个方面摆上一个使用价值，即土地，在另一个方面摆上一个价值，而且是一个特殊的价值部分，借此形成一个对立，那是愚蠢的做法。2. ［手稿至此中断。］

……

庸俗经济学所做的事情，实际上不过是对于局限在资产阶级生产关系中的生产当事人的观念，当作教义来加以解释、系统化和辩护。因此，我们并不感到奇怪的是，庸俗经济学恰好对于各种经济关系的异化的表现形式——在这种形式下，各种经济关系显然是荒谬的，完全矛盾的；如果事物的表现形式和事物的本质会直接合而为一，一切科学就都成为多余的了——感到很自在，而且各种经济关系的内部联系越是隐蔽，这些关系对普通人的观念来说越是习以为常，它们对庸俗经济学来说就越显得是不言自明的。因此，庸俗经济学丝毫没有想到，被它当作出发点的这个三位一体：土地—地租，资本—利息，劳动—工资或劳动价格，是三个显然不可能组合在一起的部分。首先，我们看到的是没有价值的使用价值**土地**和交换价值**地租**：于是，一种当作物来理解的社会关系，竟被设定在同自然的一种比例关系上；也就是说，让两个不能通约的量互相保持一种比例。然后是**资本—利息**。如果资本被理解为一定的、在货币上取得独立表现的价值额，那么，说一个价值是比它的所值更大的价值，显然是无稽之谈。正是在资本—利息这个形式上，一切中介都消失了，资本归结为它的最一般的、但因此也就无法从它本身得到说明的和荒谬的公式。正是由于这个缘故，庸俗经济学家宁愿用资本—利息这个公式，而不用资本—利润这个公式，因为前一个公式具有价值和它自身不相等这一神秘性质，而后一个公式却和现实的资本关系较为接近。不过，由于庸俗经济学家不安地感到，4 不是 5，因而 100 塔勒不可能是 110 塔勒，所以他又抛开作为价值的资本，而求助于资本的物质实体，求助于资本的作为劳动生产条件的使用价值，如机器、原料等等。这样一来，为了代替前一个无法理解的 4＝5 的关系，就又重新搬出一个完全不能通约的关系，即一方是使用价值，是物，另一方是一定的社会生产关系，是剩余价值；这就像在土地所有权的场合见到的情形一样。对庸俗经济学家来说，只要他达到了这种不能通约的关系，一切就都清楚了，他就不感到还有进一步深思的必要了。因为，他正好达到了资产阶级观念上的"合理"了。最后，**劳动—工资**，劳动的价格，像我们在第一册中所证明过的那样，这种说法显然是和价值的概念相矛盾的，也是和价格的概念相矛盾的，因为一般说来，价格只是价值的一定表现；而"劳动的价格"是和"黄色的对数"一样不合理的。但在这里，庸俗经济学家才感到真正的满足，因为他现在终于达到了资产者认为他为劳动支付了货币这一深刻见解，并且因为恰好这个公式和价值概念的矛盾使他免除了理解价值的义务。

我们已经看到，资本主义生产过程是社会生产过程一般的一个历史地规定的形式。而社会生产过程既是人类生活的物质生存条件的生产过程，又是一个在特殊的、历史的和经济的生产关系中进行的过程，是生产和再生产着这些生产关系本身，因而生产和再生产着这个过程的承担者、他们的物质生存条件和他们的互相关系即他们的一定的经济的社会形式的过程。因为，这种生产的承担者同自然的关系以及他们互相之间的关系，他们借以进行生产的各种关系的总体，就是从社会经济结构方面来看的社会。资本主义生产过程像它以前的所有生产过程一样，也是在一定的物质条件下进行的，但是，这些物质条件同时也是各个个人在他们的生活的再生产过程中所处的一定的社会关系的承担者。这些物质条件，和这些社会关系一样，一方面是资本主义生产过程的前提，另一方面又是资本主义生产过程的结果和创造物；它们是由资本主义生产过程生产和再生产的。我们还看到，资本——而资本家只是人格化的资本，他在生产过程中只是作为资本的承担者执行职能——会在与它相适应的社会生产过程中，从直接生产者即工人身上榨取一定量的剩余劳动，这种剩余劳动是资本未付等价物而得到的，并且按它的本质来说，总是强制劳动，尽管它看起来非常像是自由协商议定的结果。这种剩余劳动体现为剩余价值，而这个剩余价值存在于剩余产品中。剩余劳动一般作为超过一定的需要量的劳动，应当始终存在。只不过它在资本主义制度下，像在奴隶制度等等下一样，具有对抗的形式，并且是以社会上的一部分人完全游手好闲作为补充。为了对偶然事故提供保险，为了保证再生产过程的必要的、同需要的发展和人口的增长相适应的累进的扩大（从资本主义观点来说叫作积累），一定量的剩余劳动是必要的。资本的文明面之一是，它榨取这种剩余劳动的方式和条件，同以前的奴隶制、农奴制等形式相比，都更有利于生产力的发展，有利于社会关系的发展，有利于更高级的新形态的各种要素的创造。因此，资本一方面会导致这样一个阶段，在这个阶段上，社会上的一部分人靠牺牲另一部分人来强制和垄断社会发展（包括这种发展的物质方面和精神方面的利益）的现象将会消灭；另一方面，这个阶段又会为这样一些关系创造出物质手段和萌芽，这些关系在一个更高级的社会形式中，使这种剩余劳动能够同物质劳动一般所占用的时间的更大的节制结合在一起。因为，依照劳动生产力发展的不同情况，剩余劳动可以在一个小的总工作日中成为大的，也可以在一个大的总工作日中成为相对小的。如果必要劳动时间＝3，剩余劳动＝3，总工作日就＝6，剩余劳动率就＝100％。如果必要劳动＝9，剩余劳动＝3，总工作日就＝12，剩余劳动率就只＝$33\frac{1}{3}$％。不过，在一定时间内，从而在一定的剩余劳动时间内，究竟能生产多少使用价值，取决于劳动生产率。也就是说，社会的现实财富和社会再生产过程不断扩大的可能性，并不是取决于剩余劳动时间的长短，而是取决于剩余劳动的生产率和进行这种剩余劳动的生产条件的优劣程度。事实上，自由王国只是在必要性和外在目的规定要做的劳动终止的地方才开始；因而按照事物的本性来说，它存在于真正物质生产领域的彼岸。像野蛮人为了满足自己的需要，为了维持和再生产自己的生命，必须与自然搏斗一样，文明人也必须这样做；而且在一切社会形式中，在一切可能的生产方式中，他都必须这样做，这个自然必然性的王国会随着人的发展而扩大，因为需要会扩大；但是，满足这种需要的生产力同时也会扩大。这个领域内的自由只能是：社会化的人，联合起来的生产者，将合理地调节他们和自然之间的物质变换，把它置于他们的共同控制之下，而不让它作为一种盲目的力量来统治自己；靠消耗最小的力量，在最无愧于和最适合于他们的人类本性的条件下来进行这种物质变换。但是，这个领域始终是一个必然王国。在这个必然王国的彼岸，作为目的本身的人类能力的发挥，真正的自由王国，就开始了。但是，这个自由王国只有建立在必然王国的基础上，才能繁荣起来。工作日的缩短是根本条件。

选自《马克思恩格斯全集》第 46 卷，人民出版社 2003 年版，第 271—929 页。

五、进一步阅读的文献

1. ［苏］维戈斯基：《卡尔·马克思的一个伟大发现的历史——论〈资本论〉的创作》，中国人民大学出版社 1979 年版。

2. ［苏］图舒诺夫：《〈剩余价值理论〉及其在马克思的经济学说中的地位》，人民出版社 1982 年版。

3. ［德］缪勒：《通往〈资本论〉的道路》，山东人民出版社 1992 年版。

4. ［法］阿尔都塞：《读〈资本论〉》，中央编译出版社 2001 年版。

5. 王东、孙承叔：《对〈资本论〉历史观的深思》，学林出版社 1988 年版。

6. 吴晓明：《历史唯物主义的主体概念》，上海人民出版社 1993 年版。

第十章　马克思主义哲学原理体系化的新探索

—— 《反杜林论》

一、写作背景

《反杜林论》写于 1876 年 5 月到 1878 年 7 月初，1878 年 7 月以《欧根·杜林先生在科学中实行的变革。哲学。政治经济学。社会主义》为题出版。

《资本论》出版之后，杜林在 1867 年《现代知识补充材料》杂志第 3 卷第 3 期上发表评论，歪曲马克思的思想，马克思、恩格斯当时就确定批判杜林。1874 年 11 月，杜林的著作《国民经济学和社会主义批判史》出版；1875 年 2 月，其《哲学教程》出版。在这两部著作中，自命为社会主义信徒的杜林对马克思主义展开激烈的攻击，在德国社会民主党内产生了极大的影响，引起了极大的理论混乱。在这种情况下，德国社会民主党领导人李卜克内西写信给恩格斯，希望他在《人民国家报》上反击杜林，对杜林进行系统的批判。因此，恩格斯中断了《自然辩证法》的写作，展开对杜林的批判。

《反杜林论》引论与第一编基本上写于 1876 年 9 月至 1877 年 1 月，并以《欧根·杜林先生在哲学中实行的变革》为题，以系列论文的形式发表在 1877 年 1—5 月的《前进报》上；第二编基本上写于 1877 年 6—8 月；最后一章"《批判史》论述"是马克思写的，曾以《欧根·杜林先生在政治经济学中实行的变革》为题，发表在 1877

年 7—12 月的《前进报》上；第三编基本上写于 1877 年 8 月至 1878 年 4 月，曾以《欧根·杜林先生在社会主义中实行的变革》为题，发表在 1878 年 5—7 月的《前进报》的附刊上。1880 年，应拉法格的要求，恩格斯把引论的第一章、第三编的第一章和第二章改写为一本独立的著作——《空想社会主义和科学社会主义》，后以《社会主义从空想到科学的发展》为题出版。

二、篇章结构

《反杜林论》的主体由引论、第一编哲学、第二编政治经济学、第三编社会主义构成，对马克思主义的哲学、政治经济学和社会主义思想进行了系统论述。哲学部分的篇章结构为：（1）"三、分类。先验主义"、"四、世界模式论"，批判杜林哲学的原则和一般世界模式理论，阐述了马克思主义物质统一性观点；（2）"五、自然哲学。时间和空间"、"六、自然哲学。天体演化学，物理学，化学"、"七、自然哲学。有机界"、"八、自然哲学。有机界（续完）"，批判杜林的自然观，阐述了马克思主义的自然观；（3）"九、道德和法。平等"、"十、道德和法。平等"、"十一、道德和法。自由和必然"，批判杜林的历史观，阐述了马克思主义的历史观；（4）"十二、辩证法。量和质"、"十三、辩证法。否定的否定"，批判杜林的辩证法思想，阐述马克思主义的辩证法；（5）"十四、结论"，总结第一编的内容。

三、观点提示

第一，世界的统一性在于其物质性。虽然世界的存在是世界统一性的前提，但世界的统一性并不在于它的存在，世界的真正的统一性在于它的物质性。杜林的"一般世界模式论"认为世界统一于存在，并将存在作为一个概念来思考，不仅不能赋予一切对象所共同的或非共同的特性，而且犯了从思维出发的唯心主义错误。

第二，辩证法是关于自然、人类社会和思维运动和发展的普遍规律的科学。与形而上学孤立的、片面的、静止的思维方式不同，辩证法在考察事物及其在人的头脑中的反映时，是从它们的联系、运动、产生与消失的过程去考察的。辩证法将自然界、人类社会和思维运动看作一个整体，揭示其运动和发展的普遍规律。现代唯物主义自觉地从德国唯心主义哲学中拯救了辩证法并将之转变为唯物主义的自然观和历史观。

第三，人的思维是至上性与非至上性的统一。从人类的个体来看，思维是非至上的；从人类的全体来看，思维又是至上的。这一问题的关键是怎样看待"人"。从现实的人出发，就思维的本性、使命、可能性和历史的终极目的来说，人类思维当然是至上的和无限的；但就思维的实现情况来说，则是非至上的和有限的。人的思维是至上性和非至上性的统一，这个统一是一个历史的过程。

第四，没有凌驾于历史和民族差别之上的永恒不变的道德和法。没有永恒不变的、超越一切历史时代的道德与法，奴隶社会、封建社会和资本主义社会都有其各自的道德规范与法律规定。同样，善恶观念从一个民族到另一个民族、从一个时代到另一个时代也不相同，有的甚至是互相矛盾的。杜林所设想的两个完全平等的人及其平等的意志构成道德的基本形式，实际上是资本主义意识形态的一种表现，近代以来的思想家正是借助于这种先验人性的观点来论证资本主义制度的天然合理性的。从方法论上来说，杜林从对象中构成对象的概念，然后再颠倒过来，从概念出发来衡量对象，这是典型的唯心主义。

第五，暴力不是历史发展的根本原因。暴力要想产生占有关系，首先要有能被占有的东西，财产必须先由劳动生产出来，然后才能被掠夺与占有。因此，暴力虽然可以改变占有状态，但不能创造私有财产本身，所有权是以劳动为基础的。即使就暴力本身来说，它与武器的生产密不可分，而武器的生产又是以整个生产为基础的，因而是以"经济力量"、"经济情况"等为基础的。在历史发展中，一切政治暴力总是以某种经济的、社会的职能为基础，并按照合乎经济发展的精神和方向起作用。

第六，自由是根据对必然的认识来支配我们自己和外部自然。自由不是认识和冲动、自由意志与人的责任之间的平均值，自由是对必然的认识。真正的自由不在于以幻想的方式摆脱必然性而独立，而在于认识必然性，认识事物发展的规律并使之为一定的目的服务。在这个意义上，自由是历史的产物。在资本主义社会，人一直受到异己力量的支配，生产劳动成为统治人的手段；在未来的社会主义社会，社会成为全部生产资料的主人，人才在一定意义上最终摆脱动物界的状态，从必然王国进入自由王国。

《反杜林论》系统论述了马克思主义哲学的基本理论，揭示了哲学、政治经济学和科学社会主义思想之间的内在关系，在马克思主义发展史上具有重要地位。

四、文本节选

按照杜林先生的说法，哲学是对世界和生活的意识的最高形式的阐发，在更广的意义上说，还包括一切知识和意愿的**原则**。无论在哪里，只要某一系列的认识或刺激，或者某一类存在形式为人的意识所考察，这些形式的原则就应当是哲学的对象。这些原则是简单的或迄今被设想为简单的成分，这些成分可以构成各种各样的知识和意愿。同物体的化学组成一样，事物的一般状态也可以还原为基本形式和基本元素。这些终极的成分或原则，一旦被发现，就不仅对于直接知道和接触到的东西，而且对于我们不知道和接触不到的世界也都有意义。因此，哲学原则就成了科学要成为对自然界和人类生活进行解释的统一体系所需要的最后补充。除了一切存在的基本形式，哲学只有两个真正的研究对象，即自然界和人类世界。这样，在我们的材料整理上就**自然而然地**分成了三部分，这就是：一般的世界模式论，关于自然原则的学说，以及最后关于人的学说。在这个序列中，同时也包含**某种内在的逻辑次序**，因为适用于一切存在的那些形式的原则走在前面，而**运用**这些原则的对象性领域则按其从属次序跟在后面。

杜林先生就是这样说的，而且这里几乎完全是逐字逐句地引述的。

因此，他所谓的**原则**，就是从**思维**而不是从外部世界得来的那些形式的原则，这些原则应当被运用于自然界和人类，因而自然界和人类都应当适应这些原则。但是，思维从什么地方获得这些原则呢？从自身中吗？不，因为杜林先生自己说：纯粹观念的领域只限于逻辑模式和数学形式（而且我们将会看到，后者是错误的）。逻辑模式只能同**思维**形式有关系；但是这里所谈的只是**存在**的形式，外部世界的形式，思维永远不能从自身中，而只能从外部世界中汲取和引出这些形式。这样一来，全部关系都颠倒了：原则不是研究的出发点，而是它的最终结果；这些原则不是被应用于自然界和人类历史，而是从它们中抽象出来的；不是自然界和人类去适应原则，而是原则只有在符合自然界和历史的情况下才是正确的。这是对事物的唯一唯物主义的观点，而杜林先生的相反的观点是唯心主义的，它把事物完全头足倒置了，从思想中，从世界形成之前就久远地存在于某个地方的模式、方案或范畴中，来构造现实世界，这完全像**一个叫作黑格尔的人**的做法。

……

到目前为止我们静静地听了杜林先生关于最后的终极的真理、思维的至上性、认识的绝对可靠性等等的所有这些华丽的词句，因为这一问题只有在我们现在所到达的这一点上才能予以解决。在此以前，只需要研究现实哲学的个别论断在多大程度上具有"至上的意义"和"无条件的真理权"就够了；在这里，我们却遇到了这样一个问题：人的认识的产物究竟能否具有至上的意义和无条件的真理权，如果能有，那么是哪些产物。当我说**人的**认识的时候，我无意冒犯其他天体上的居民，我还没有认识他们的荣幸，我这样说只是因为动物也能够认识，虽然它们的认识决不是至上的。狗认为它的主人是它的上帝，尽管这个主人可能是最大的无赖。

人的思维是至上的吗？在我们回答"是"或"不是"以前，我们必须先研究一下：什么是人的思维。它是单个人的思维吗？不是。但是，它只是作为无数亿过去、现在和未来的人的个人思维而存在。如果我现在说，这种概括于我的观念中的所有这些人（包括未来的人）的思维是**至上的**，是能够认识现存世界的，只要人类足够长久地延续下去，只要在认识器官和认识对象中没有给这种认识规定界限，那么，我只是说了些相当陈腐而又相当无聊的空话。因为最可贵的结果就是使得我们对我们现在的认识极不信任，因为很可能我们还差不多处在人类历史的开端，而将来会纠正**我们**的错误的后代，大概比我们有可能经常以十分轻蔑的态度纠正其认识错误的前代要多得多。

杜林先生本人宣布下面这一点是一种必然性：意识，因而也包括思维和认识，都只能表现在一系列的个人中。我们能够说这些个人中的每一个人的思维具有至上性，这只是就这样一点而言的，即我们不知道有任何一种力量能够强制处在健康清醒状态的每一个人接受某种思想。但是，至于说到每一个人的思维所达到的认识的至上意义，那么我们大家都知道，它是根本谈不上的，而且根据到目前为止的一切经验看来，这些认识所包含的需要改善的东西，无例外地总是要比不需要改善的或正确的东西多得多。

换句话说，思维的至上性是在一系列非常不至上地思维着的人中实现的；拥有无条件的真理权的认识是在一系列相对的谬误中实现的；二者都只有通过人类生活的无限延续才能完全实现。

在这里，我们又遇到了在上面已经遇到过的矛盾：一方面，人的思维的性质必然被看作是绝对的，另一方面，人的思维又是在完全有限地思维着的个人中实现的。这个矛盾只有在无限的前进过程中，在至少对我们来说实际上是无止境的人类世代更迭中才能得到解决。从这个意义来说，人的思维是至上的，同样又是不至上的，它的认识能力是无限的，同样又是有限的。按它的本性、使命、可能和历史的终极目的来说，是至上的和无限的；按它的个别实现情况和每次的现实来说，又是不至上的和有限的。

永恒真理的情况也是一样。如果人类在某个时候达到了只运用永恒真理，只运用具有至上意义和无条件真理权的思维成果的地步，那么人类或许就到达了这样的一点，在那里，知识世界的无限性就现实和可能而言都穷尽了，从而就实现了可以计数的数不尽的数这一著名的奇迹。

……

如果说，在真理和谬误的问题上我们没有什么前进，那么在善和恶的问题上就更没有前进了。这一对立完全是在道德领域中，也就是在属于人类历史的领域中运动，在这里播下的最后的终极的真理恰恰是最稀少的。善恶观念从一个民族到另一个民族、从一个时代到另一个时代变更得这样厉害，以致它们常常是互相直接矛盾的。但是，如果有人反驳说，无论如何善不是恶，恶不是善；如果把善恶混淆起来，那么一切道德都将完结，而每个人都将可以为所欲为了。杜林先生的意见，只要除去一切隐晦玄妙的词句，就是这样的。但是问题毕竟不是这样简单地解决的。如果事情真的这样简单，那么关于善和恶就根本不会有争论了，每个人都会知道什么是善，什么是恶。但是今天的情形是怎样的呢？今天向我们宣扬的是什么样的道德呢？首先是由过去信教时代传下来的基督教的封建的道德，这种道德主要地又分成天主教的和新教的道德，其中又不乏不同分支，从耶稣会天主教的和正统新教的道德，直到松弛的启蒙的道德。和这些道德并列的，有现代资产阶级的道德，和资产阶级道德并列的，又有未来的无产阶级道德，所以仅仅在欧洲最先进国家中，过去、现在和将来就提供了三大类同时和并列地起作用的道德论。哪一种是合乎真理的呢？如果就绝对的终极性来说，哪一种也不是；但是，现在代表着现状的变革、代表着未来的那种道德，即无产阶级道德，肯定拥有最多的能够长久保持的因素。

但是，如果我们看到，现代社会的三个阶级即封建贵族、资产阶级和无产阶级都各有自己的特殊的道德，那么我们由此只能得出这样的结论：人们自觉地或不自觉地，归根到底总是从他们阶级地位所依据的实际关系中——从他们进行生产和交换的经济关系中，获得自己的伦理观念。

但是在上述三种道德论中还是有一些对所有这三者来说都是共同的东西——这不至少就是一成不变的道德的一部分吗？——这三种道德论代表同一历史发展的三个不同阶段，所以有共同的历史背景，正因为这样，就必然有许多共同之处。不仅如此，对同样的或差不多同样的经济发展阶段来说，道德论必然是或多或少地互相一致的。从动产的私有制发展起来的时候起，在一切存在着这种私有制的社会里，道德戒律一定是共同的：切勿偷盗。这个戒律是否因此而成为永恒的道德戒律呢？绝对不会。在偷盗动机已被消除的社会里，就是说在随着时间的推移顶多只有精神病患者才会偷盗的社会里，如果一个道德说教者想庄严地宣布一条永恒真理：切勿偷盗，那他将会遭到什么样的嘲笑啊！

因此，我们拒绝想把任何道德教条当作永恒的、终极的、从此不变的伦理规律强加给我们的一切无理要求，这种要求的借口是，道德世界也有凌驾于历史和民族差别之上的不变的原则。相反地，我们断定，一切以往的道德论归根到底都是当时的社会经济状况的产物。而社会直到现在是在阶级对立中运动的，所以道德始终是阶级的道德；它或者为统治阶级的统治和利益辩护，或者当被压迫阶级变得足够强大时，代表被压迫者对这个统治的反抗和他们的未来利益。没有人怀疑，在这里，在道德方面也和人类认识的所有其他部门一样，总的说是有过进步的。但是我们还没有越出阶级的道德。只有在不仅消灭了阶级对立，而且在实际生活中也忘却了这种对立的社会发展阶段上，超越阶级对立和超越对这种对立的回忆的、真正人的道德才成为可能。

……

要强迫人们从事任何形式的奴隶的劳役，强迫者就必须拥有劳动资料，他只有借助这些劳动资料才能使用被奴役者；而在实行奴隶制的情况下，除此以外，他还必须拥有用来维持奴隶生活所必需的生活资料。这样，在任何情况下，他都必须拥有一定的超过平均水平的财产。但是这种财产是怎样来的呢？无论如何，很清楚，虽然财产**可以**由掠夺而得，就是说**可以**建立在**暴力**基础上，但是决不是必须如此。它可以通过劳动、偷窃、经商、欺骗等办法取得。无论如何，财产必须先由劳动生产出来，然后才能被掠夺。

私有财产在历史上的出现，决不是掠夺和暴力的结果。相反地，在一切文明民族的古代自然形成的公社中，私有财产已经存在了，虽然只限于某几种对象。在这种公社的内部，最初是在同外地人进行的交换中，它就已经发展成**商品**的形式。公社的产品越是采取商品的形式，就是说，产品中为生产者自己消费的部分越小，为交换目的而生产的部分越大，在公社内部，原始的自发的分工被交换排挤得越多，公社各个社员的财产状况就越不平等，旧的土地公有制就被埋葬得越深，公社也就越迅速地瓦解为小农的乡村。东方的专制制度以及东征西讨的游牧民族的不断更迭的统治，几千年来都对这些旧的公社无可奈何；由大工业产品的竞争引起的自然形成的家庭工业的逐渐破坏，却使公社日益瓦解。在这里，像目前在摩泽尔河地区和霍赫瓦尔德地区仍在进行的"农户公社"公有耕地的分配一样，谈不上什么暴力；农民恰恰认为，耕地公有被耕地私有取而代之，对自己是有利的。甚至原始贵族的形成，像在克尔特人中、日耳曼人中和印度旁遮普是在土地公有制的基础上发生的那样，最初也完全不是基于暴力，而是基于自愿和习惯。私有财产的形成，到处都是由于生产关系和交换关系发生变化，都是为了提高生产和促进交流——因而都是由于经济的原因。在这里，暴力根本没有起任何作用。显然，在掠夺者能够**占有**他人的财物以前，私有财产的制度必须是已经存在了；因此，暴力虽然可以改变占有状况，但是不能创造私有财产本身。

甚至"强迫人们从事奴隶的劳役"的最现代的形式，即雇佣劳动，我们也不能用暴力或基于暴力的所有制去说明。我们已经说过，劳动产品转化为商品，即不是为自身消费而是为交换所进行的产品生产，对古代公社的瓦解，因而对私有制的直接或间接的普遍化，起了怎样的作用。马克思在《资本论》中再清楚不过地证明（杜林先生小心翼翼地对此甚至一字不提），商品生产达到一定的发展程度，就转变为资本主义的生产；在这个阶段上，"以商品生产和商品流通为基础的占有规律或私有权规律，通过它本身的内在的、不可避免的辩证法转变为自己的对立物。表现为最初行为的等价物交换，已经变得仅仅在表面上是交换，因为，第一，用来交换劳动力的那部分资本本身只是不付等价物而占有的别人劳动产品的一部分；第二，这部分资本不仅必须由它的生产者即工人来补偿，而且在补偿时还要加上新的剩余额（余额）……最初，在我们看来，所有权似乎是以自己的劳动为基础的……现在（据马克思分析的结果），所有权对于资本家来说，表现为占有别人无酬劳动的权利，而对于工人来说，则表现为不能占有自己的产品。所有权和劳动的分离，成了似乎是一个以它们的同一性为出发点的规律的必然结果"。换句话说，即使我们排除任何掠夺、任何暴力行为和任何欺骗的可能性，即使假定一切私有财产起初都基于占有者自己的劳动，而且在往后的全部进程中，都只是相等的价值和相等的价值进行交换，那么，在生产和交换的进一步发展中也必然要产生现代资本主义的生产方式，出现生产资料和生活资料被一个人数很少的阶级所垄断，而另一个构成人口绝大多数的阶级被降低到没有财产的无产者的地位，出现狂热生产和商业危机的周期交替，出现整个现在的生产无政府状态。全部过程都为纯经济原因所说明，而毫不需要掠夺、暴力、国家或任何政治干预。"基于暴力的所有制"，在这里，原来也不过是用来掩饰对真实的事物进程毫不了解的一句大话。

……

社会力量完全像自然力一样，在我们还没有认识和考虑到它们的时候，起着盲目的、强制的和破坏的作用。但是，一旦我们认识了它们，理解了它们的活动、方向和作用，那么，要使它们越来越服从我们的意志并利用它们来达到我们的目的，就完全取决于我们了。这一点特别适用于今天的强大的生产力。只要我们固执地拒绝理解这种生产力的本性和性质（而资本主义生产方式及其辩护士正是抗拒这种理解的），它就总是像上面所详细叙述的那样，起违反我们、反对我们的作用，把我们置于它的统治之下。但是，它的本性一旦被理解，它就会在联合起来的生产者手中从魔鬼似的统治者变成顺从的奴仆。这里的区别正像雷电中的电的破坏力同电报机和弧光灯的被驯服的电之间的区别一样，正像火灾同供人使用的火之间的区别一样。当人们按照今天的生产力终于被认识了的本性来对待这种生产力的时候，社会的生产无政府状态就让位于按照社会总体和每个成员的需要对生产进行的社会的有计划的调节。那时，资本主义的占有方式，即产品起初奴役生产者而后又奴役占有者的占有方式，就让位于那种以现代生产资料的本性为基础的产品占有方式：一方面由社会直接占有，作为维持和扩大生产的资料，另一方面由个人直接占有，作为生活资料和享受资料。

……

一旦社会占有了生产资料，商品生产就将被消除，而产品对生产者的统治也将随之消除。社会生产内部的无政府状态将为有计划的自觉的组织所代替。个体生存斗争停止了。于是，人在一定意义上才最终地脱离了动物界，从动物的生存条件进入真正人的生存条件。人们周围的、至今统治着人们的生活条件，现在受人们的支配和控制，人们第一次成为自然界的自觉的和真正的主人，因为他们已经成为自身的社会结合的主人了。人们自己的社会行动的规律，这些一直作为异己的、支配着人们的自然规律而同人们相对立的规律，那时就将被人们熟练地运用，因而将听从人们的支配。人们自身的社会结合一直是作为自然界和历史强加于他们的东西而同他们相对立的，现在则变成他们自己的自由行动了。至今一直统治着历史的客观的异己的力量，现在处于人们自己的控制之下了。只是从这时起，人们才完全自觉地自己创造自己的历史；只是从这时起，由人们使之起作用的社会原因才大部分并且越来越多地达到他们所预期的结果。这是人类从必然王国进入自由王国的飞跃。

完成这一解放世界的事业，是现代无产阶级的历史使命。深入考察这一事业的历史条件以及这一事业的性质本身，从而使负有使命完成这一事业的今天受压迫的阶级认识到自己的行动的条件和性质，这就是无产阶级运动的理论表现即科学社会主义的任务。

选自《马克思恩格斯选集》第 3 卷，人民出版社 1995 年版，第 373—634 页。

五、进一步阅读的文献

1. 〔美〕莱文：《辩证法内部的对话》，云南人民出版社 1997 年版。

2. 〔美〕保罗·托马斯：《马克思主义与科学社会主义：从恩格斯到阿尔都塞》，江苏人民出版社 2011 年版。

3. 胡大平：《回到恩格斯》，江苏人民出版社 2010 年版。

第十一章 马克思主义自然观的新探索

—— 《自然辩证法》

一、写作背景

19 世纪 70 年代之后，自然科学获得了长足的发展，一些自然科学家由于缺乏唯物主义的立场，陷入到唯心主义之中；与此同时，无产阶级运动的发展，迫切需要科学总结自然科学的新成果，形成关于世界的科学观念。马克思、恩格斯非常关注自然科学的发展进程，同时，在他们的分工合作中，恩格斯更加关注这方面的研究。1873 年恩格斯就有了写作《自然辩证法》的宏大计划。《自然辩证法》的写作过程大致可分为两个时期：从计划写作到 1876 年 5 月，收集材料并完成了片断的大部分和导言；从 1878 年 7 月到 1883 年 3 月，拟定了具体写作计划，完成了几乎所有的论文和相当数量的片断。马克思逝世之后，恩格斯将主要精力转到了《资本论》的编辑与出版上，《自然辩证法》没有最终完成。1925 年，《自然辩证法》以德文和俄译文对照的形式全文发表，载于《马克思恩格斯文库》第 2 卷。

二、篇章结构

《自然辩证法》由十篇大致完成的论文、169 个札记和片断以及两个计划草案构成，主要分为四个部分：（1）辩证法和自然科学；（2）自然研究和辩证法；（3）自然辩证法；（4）数学和自然科学。不同的东西。其中，第二部分和第三部分有恩格斯编的目录并列出了所包括的材料，共十篇论文、169 个札记和片断、两个计划草案。

三、观点提示

第一，辩证法是关于普遍联系的科学。辩证法就是要研究物质的运动形式和各门科学的联系，可分为支配自然界的客观辩证法和体现辩证思维的主观辩证法，主观辩证法是客观辩证法的反映。辩证法的规律是从自然界和人类社会的历史中抽象出来的，体现了自然界、人类社会和思维运动的最一般规律，包括量转化为质和质转化为量的规律；对立的相互渗透的规律；否定之否定的规律。三大规律之间的关系可表述为：量和质的转化——两极对立的相互渗透和它们达到极端时的相互转化——由矛盾引起的发展，或否定之否定——发展的螺旋形式。

第二，劳动创造了人本身。在从猿到人的转变过程中，劳动起着决定性的作用。"最初的动物式的本能的劳动形式"的发展，促使"手的专业化"和语言的产生，从而促使人脑的形成；劳动又促使人"支配自然界"，并促使人结成社会关系，"随着完全形成的人的出现而产生新的因素——社会"。正是在劳动过程中，人与人之间结成了社会关系，以"类"的形式改变自然并使之为自己服务，这是人与动物的"最终的本质的差别"。

第三，人的思维的基础是实践。自然主义历史观只看到自然界作用于人，忽视人的活动对人的思维的影响；唯物主义历史观不仅看到自然界作用于人，而且看到人也反作用于自然界，并通过改变自然为自己创造新的生存条件。人的思维的最本质和最迫切的基础，正是人所引起的自然界的变化，而不仅仅是自然界本身；人在怎样的程度上学会改变自然界，人的智力就在怎样的程度上发展起来。改变自然界并引起自然变化的活动就是人的实践活动。

《自然辩证法》是恩格斯的主要著作之一，从一个侧面体现了马克思主义的自然观，对于理解马克思主义的辩证法具有重要意义。

四、文本节选

每一个时代的理论思维，从而我们时代的理论思维，都是一种历史的产物，它在不同的时代具有完全不同的形式，同时具有完全不同的内容。因此，关于思维的科学，也和其他各门科学一样，是一种历史的科学，是关于人的思维的历史发展的科学。这一点对于思维在经验领域中的实际运用也是重要的。因为，首先，思维规律的理论并不像庸人的头脑在想到"逻辑"一词时所想象的那样，是一种一劳永逸地完成的"永恒真理"。形式逻辑本身自亚里士多德以来直到现在仍是激烈争辩的领域。而辩证法直到今天也只有两位思想家曾作过较仔细的研究，这就是亚里士多德和黑格尔。然而对于现今的自然科学来说，辩证法恰好是最重要的思维形式，因为只有辩证法才为自然界中出现的发展过程，为各种普遍的联系，为从一个研究领域向另一个研究领域过渡，提供了模式，从而提供了说明方法。

其次，认识人的思维的历史发展过程，认识不同时代所出现的关于外部世界的普遍联系的各种见解，对理论自然科学来说也是必要的，因为这为理论自然科学本身所提出的理论提供了一种尺度。然而，在理论自然科学中，往往非常明显地显露出对哲学史缺乏认识。哲学上在几百年前就已经提出，并且在哲学界中往往早已被抛弃的一些命题，在理论自然研究家那里却常常作为崭新的知识而出现，甚至在一段时间里成为时髦。机械的热理论以新的论据支持了能量守恒原理，并使这一原理重新受到重视，这无疑是它的一个重大成就；但是，如果物理学家先生们还能记起，这一原理早就由笛卡儿提出过，那么它还能以某种绝对全新的东西的面貌出现吗？自从物理学和化学再一次几乎专门从事于分子和原子的研究以来，古希腊的原子论哲学必然重新引起人们的注意。但是，甚至最优秀的自然研究家对这种哲学所作的研究也是何等肤浅！例如，凯库勒指出（《化学的目的和成就》），原子论哲学的创始人不是留基伯，而是德谟克利特，并且断言，道尔顿最先假定了不同质的元素原子的存在，并且最先认定不同元素具有各自特有的不同重量。可是，我们在第欧根尼·拉尔修的著作（第 10 卷第 43—44 和 61 节）中可以看到：伊壁鸠鲁就已经认定原子不仅在大小上和形态上不相同，而且在**重量**上也不相同，也就是说，他早就按照自己的方式认识了原子量和原子体积。

……

所谓的**客观**辩证法是在整个自然界中起支配作用的，而所谓的主观辩证法，即辩证的思维，不过是在自然界中到处发生作用的、对立中的运动的反映，这些对立通过自身的不断的斗争和最终的互相转化或向更高形式的转化，来制约自然界的生活。吸引和排斥。磁，开始有了两极性，后者在同一物体中显现出来；就电而言，这种两极性分配到两个或两个以上互相带有相反的电荷的物体上。一切化学过程都归结为化学的吸引和排斥的过程。最后，在有机生命中，细胞核的形成同样应看作活的蛋白质的极化，而且进化论证明了，从简单的细胞开始，怎样由于遗传和适应的不断斗争而一步一步地前进，一方面进化到最复杂的植物，另一方面进化到人。同时还表明，像"正"和"负"这样的范畴是多么不适用于这种发展形式。我们可以把遗传看作正的、起保存作用的方面，把适应看作负的、不断破坏遗传的东西的方面；但是，我们同样也可以把适应看作创造性的、主动的、正的活动，把遗传看作抗拒的、被动的、负的活动。但是，正像在历史上进步表现为现存事物的否定一样，在这里——从纯粹**实践**的理由来考虑——最好也把适应看作负的活动。

……

因果性。我们在观察运动着的物质时，引人注目的首先是单个物体的单个运动间的相互联系，它们的相互制约。但是，我们不仅发现一个运动后面跟随着另一个运动，而且我们也发现，只要我们造成某个运动在自然界中发生时所必需的那些条件，我们就能引起这个运动，甚至我们还能引起自然界中根本不发生的运动（工业），至少不是以这种方式发生运动，并且我们能赋予这些运动以预先规定的方向和范围。**因此**，由于**人的活动**，就建立起**因果**观念即一个运动是另一个运动的**原因**这样一种观念。的确，单是某些自然现象的有规则的前后相继，就能造成因果观念：热和光随太阳而来；但是这里不存在任何证明，而且就这个意义来看休谟的怀疑论说得很对：有规则的 post hoc（此后）决不能为 propter hoc（由此）提供根据。但是人类的活动对因果性**作出验证**。如果我们用一面凹镜把太阳光集中在焦点上，造成像普通的火光一样的效果，那么我们因此就证明了热是从太阳来的。如果我们把引信、炸药和弹丸放进枪膛里面，然后发射，那么我们可以期待事先从经验已经知道的效果，因为我们能够在所有的细节上探究包括发火、燃烧、由于突然变为气体而产生的爆炸，以及气体对弹丸的压挤在内的全部过程。在这里甚至怀疑论者都不能说，从以往的经验中不能得出下一次将出现同样情形的结论。确实有时候**并不**发生同样的情形，引信或火药失效，枪筒破裂等等。但是这正好**证明了**因果性，而不是推翻了因果性，因为我们对这样偏离常规的每一件事情加以适当的研究之后，都可以找出它的原因，如引信发生化学分解，火药受潮等等，枪筒损坏等等，因此在这里可以说是对因果性作了**双重的**验证。自然科学和哲学一样，直到今天还全然忽视人的活动对人的思维的影响；它们在一方面只知道自然界，在另一方面又只知道思想。但是，人的思维的最本质的和最切近的基础，正是**人所引起的自然界的变化**，而不仅仅是自然界本身；人在怎样的程度上学会改变自然界，人的智力就在怎样的程度上发展起来。因此，自然主义的历史观，如德雷帕和其他一些自然研究家或多或少持有的这种历史观是片面的，它认为只是自然界作用于人，只是自然条件到处决定人的历史发展，它忘记了人也反作用于自然界，改变自然界，为自己创造新的生存条件。日耳曼人移入时期的德意志的"自然界"，现在剩下的已经微乎其微了。地球的表面、气候、植物界、动物界以及人本身都发生了无限的变化，并且这一切都是由于人的活动，而德意志的自然界在这一期间未经人的干预而发生的变化，简直微小得无法计算。

　　……

　　达尔文的全部生存斗争学说，不过是把霍布斯关于一切人反对一切人的战争的学说和资产阶级经济学的竞争学说以及马尔萨斯的人口论从社会搬到生物界而已。变完这个戏法以后（它的无条件的合理性，特别是同马尔萨斯的学说相关的东西，还很成问题），要把这些学说从自然界的历史中再搬回到社会的历史中去，那是很容易的；如果断言这样一来便证明这些论断是社会的永恒的自然规律，那就过于天真了。

　　但是为了进行论证，我们暂且接受"生存斗争"这个说法。动物所能做到的最多是**收集**，而人则**从事生产**，人制造最广义的生活资料，这是自然界离开了人便不能生产出来的。因此，把动物社会的生活规律直接搬到人类社会中来是不行的。生产很快就造成这样的局面：所谓生存斗争不再单纯围绕着生存资料进行，而是围绕着享受资料和发展资料进行。在这里——在社会地生产发展资料的情况下——来自动物界的范畴完全不中用了。最后，在资本主义生产方式下，生产所达到的高度使社会不再能够消耗掉所生产出来的生活资料、享受资料和发展资料，因为生产者大众被人为地和强制地拒之于这些资料之外；因此，十年一次的危机不仅毁灭生产出来的生活资料、享受资料和发展资料，而且毁灭生产力本身的一大部分，以此来重建平衡；因此，所谓生存斗争就采取了**如下的**形式：必须**保护**资产阶级的资本主义社会所生产出来的产品和生产力，使之免遭这个资本主义社会制度本身的毁灭性的、破坏性的作用的影响，办法是从不能办到这一点的居于统治地位的资本家阶级手中夺取社会生产和社会分配的领导权，并把它转交给生产者群众——而这就是社会主义革命。

把历史看作一系列的阶级斗争，比起把历史单纯归结为生存斗争的一些没有多大差异的阶段，要更加富有内容和更加深刻得多。

……

政治经济学家说：劳动是一切财富的源泉。其实，劳动和自然界在一起它才是一切财富的源泉，自然界为劳动提供材料，劳动把材料转变为财富。但是劳动的作用还远不止于此。它是一切人类生活的第一个基本条件，而且达到这样的程度，以致我们在某种意义上不得不说：劳动创造了人本身。

……

手主要是用来摘取和抓住食物，这是比较低级的哺乳动物用前爪就能做到的。有些猿类用手在树上筑巢，或者如黑猩猩甚至在树枝间搭棚以避风雨。它们用手拿着木棒抵御敌人，或者以果实和石块掷向敌人。它们在被豢养的情况下用手做出一些简单的模仿人的动作。但是，正是在这里我们看到，甚至和人最相似的猿类的不发达的手，同经过几十万年的劳动而高度完善化的人手相比，竟存在着多么大的差距。骨节和筋肉的数目和一般排列，两者是相同的，然而即使最低级的野蛮人的手，也能做任何猿手都模仿不了的数百种动作。任何一只猿手都不曾制造哪怕是一把最粗笨的石刀。

因此，我们的祖先在从猿过渡到人的好几十万年的过程中逐渐学会的使自己的手能做出的一些动作，在开始时只能是非常简单的。最低级的野蛮人，甚至那种可以认为已向更近乎兽类的状态倒退而同时躯体也退化了的野蛮人，也远远高于这种过渡性的生物。在人用手把第一块石头做成石刀以前，可能已经过了一段漫长的时间，和这段时间相比，我们所知道的历史时间就显得微不足道了。但是具有决定意义的一步迈出了：**手变得自由了**，并能不断获得新的技能，而由此获得的较大的灵活性便遗传下来，一代一代地增加着。

所以，手不仅是劳动的器官，**它还是劳动的产物**。只是由于劳动，由于总是要去适应新的动作，由于这样所引起的肌肉、韧带以及经过更长的时间引起的骨骼的特殊发育遗传下来，而且由于这些遗传下来的灵巧性不断以新的方式应用于新的越来越复杂的动作，人的手才达到这样高度的完善，以致像施魔法一样造就了拉斐尔的绘画、托瓦森的雕刻和帕格尼尼的音乐。

但是手并不是单独存在的。它只是整个具有极其复杂的结构的机体的一个肢体。凡是有益于手的，也有益于手所服务的整个身体，而且这是以二重的方式发生的。

……

一句话，动物仅仅**利用**外部自然界，简单地通过自身的存在在自然界中引起变化；而人则通过他所作出的改变来使自然界为自己的目的服务，来**支配**自然界。这便是人同其他动物的最终的本质的差别，而造成这一差别的又是劳动。

但是我们不要过分陶醉于我们人类对自然界的胜利。对于每一次这样的胜利，自然界都对我们进行报复。每一次胜利，起初确实取得了我们预期的结果，但是往后和再往后却发生完全不同的、出乎预料的影响，常常把最初的结果又消除了。美索不达米亚、希腊、小亚细亚以及其他各地的居民，为了得到耕地，毁灭了森林，但是他们做梦也想不到，这些地方今天竟因此而成为不毛之地，因为他们使这些地方失去了森林，也就失去了水分的积聚中心和贮藏库。阿尔卑斯山的意大利人，当他们在山南坡把在山北坡得到精心保护的那同一种枞树林砍光用尽时，没有预料到，这样一来，他们就把本地区的高山畜牧业的根基毁掉了；他们更没有预料到，他们这样做，竟使山泉在一年中的大部分时间内枯竭了，同时在雨季又使更加凶猛的洪水倾泻到平原上。在欧洲传播栽种马铃薯的人，并不知道他们随同这种含粉的块茎一起把瘰疬症也传播进来了。因此我们每走一步都要记住：我们统治自然界，决不像征服者统治异族人那样，决不是像站在自然界之外的人似的，——相反地，我们连同我们的肉、血和头脑都是属于自然界和存在于自然之中的；我们对自然界的全部统治力量，就在于我们比其他一切生物强，能够认识和正确运用自然规律。

事实上，我们一天天地学会更正确地理解自然规律，学会认识我们对自然界的习常过程所作的干预所引起的较近或较远的后果。特别自本世纪自然科学大踏步前进以来，我们越来越有可能学会认识并因而控制那些至少是由我们的最常见的生产行为所引起的较远的自然后果。但是这种事情发生得越多，人们就越是不仅再次地感觉到，而且也认识到自身和自然界的一体性，而那种关于精神和物质、人类和自然、灵魂和肉体之间的对立的荒谬的、反自然的观点，也就越不可能成立了，这种观点自古典古代衰落以后出现在欧洲并在基督教中取得最高度的发展。

但是，如果说我们需要经过几千年的劳动才多少学会估计我们的生产行为的较远的**自然**影响，那么我们想学会预见这些行为的较远的**社会**影响就更加困难得多了。我们曾提到过马铃薯以及随之而来的瘰疬症的蔓延。但是，同工人降低到以马铃薯为生这一事实对各国人民大众的生活状况所带来的影响比起来，同 1847 年爱尔兰因马铃薯遭受病害而发生的大饥荒比起来，瘰疬症又算得了什么呢？在这次饥荒中，竟把 100 万吃马铃薯或差不多专吃马铃薯的爱尔兰人送入坟墓，并有 200 万人逃亡海外。当阿拉伯人学会蒸馏酒精的时候，他们做梦也想不到，他们由此而制造出来的东西成了当时还没有被发现的美洲的土著居民后来招致灭绝的主要工具之一。以后，当哥伦布发现美洲的时候，他也不知道，他因此复活了在欧洲早已被抛弃的奴隶制度，并奠定了贩卖黑奴的基础。17 世纪和 18 世纪从事制造蒸汽机的人们也没有料到，他们所制作的工具，比其他任何东西都更能使全世界的社会状态革命化，特别是在欧洲，由于财富集中在少数人一边，而另一边的绝大多数人则一无所有，起初使得资产阶级赢得社会的和政治的统治，尔后使资产阶级和无产阶级之间发生阶级斗争，而这一阶级斗争的结局只能是资产阶级的垮台和一切阶级对立的消灭。但是，就是在这一领域中，经过长期的、往往是痛苦的经验，经过对历史材料的比较和研究，我们也渐渐学会了认清我们的生产活动的间接的、较远的社会影响，因而我们也就有可能去控制和调节这些影响。

但是要实行这种调节，仅仅有认识还是不够的。为此需要对我们的直到目前为止的生产方式，以及同这种生产方式一起对我们的现今的整个社会制度实行完全的变革。

到目前为止的一切生产方式，都仅仅以取得劳动的最近的、最直接的效益为目的。那些只是在晚些时候才显现出来的、通过逐渐的重复和积累才产生效应的较远的结果，则完全被忽视了。原始的土地公有，一方面同眼界极短浅的人们的发展状态相适应，另一方面以可用土地的一定剩余为前提，这种剩余为应付这种原始经济的意外的灾祸提供了某种周旋余地。这种剩余的土地用光了，公有制也就衰落了。而一切较高的生产形式，都导致居民分为不同的阶级，因而导致统治阶级和被压迫阶级之间的对立；这样一来，生产只要不以被压迫者的最贫乏的生活需要为限，统治阶级的利益就会成为生产的推动因素。在西欧现今占统治地位的资本主义生产方式中，这一点表现得最为充分。支配着生产和交换的一个个资本家所能关心的，只是他们的行为的最直接的效益。不仅如此，甚至连这种效益——就所制造的或交换的产品的效用而言——也完全退居次要地位了；销售时可获得的利润成了唯一的动力。

选自《马克思恩格斯选集》第 4 卷，人民出版社 1995 年版，第 284—385 页。

五、进一步阅读的文献

1. ［苏］凯德洛夫：《论恩格斯的著作"自然辩证法"》，人民出版社 1956年版。

2. ［苏］吉谢辽夫：《恩格斯"自然辩证法"一书介绍》，高等教育出版社 1958 年版。

3. 周林东：《人化自然辩证法》，人民出版社 2008 年版。

第十二章　马克思主义哲学与
德国古典哲学关系的系统阐述
——《路德维希·费尔巴哈和德国古典哲学的终结》

一、写作背景

　　德国古典哲学是马克思主义哲学的理论来源，同时，马克思主义哲学在哲学史上所造成的革命，在直接意义上就是对德国古典哲学的变革过程。马克思、恩格斯曾在《黑格尔法哲学批判》、《1844年经济学哲学手稿》、《神圣家族》等著作中，对黑格尔哲学、费尔巴哈哲学以及青年黑格尔派进行了批判，但由于他们当时的思想不够成熟，批判因而不够深刻。《关于费尔巴哈的提纲》对费尔巴哈哲学进行了深入批判，但由于是"提纲"，所以，批判无法展开。充分体现马克思、恩格斯对黑格尔哲学、费尔巴哈哲学科学批判和哲学变革的《德意志意识形态》，在马克思、恩格斯生前没有公开出版。因此，写一部系统阐述马克思主义哲学与德国古典哲学之间关系的著作，对于广泛传播马克思主义哲学非常必要。

　　恰好在这时，丹麦哲学家和社会学家卡尔·尼古拉·施达克于1885年在德国出版了《路德维希·费尔巴哈》，该书在为费尔巴哈哲学辩护的同时，贬低了黑格尔哲学的意义，造成了较大的思想混乱。为此，德国社会民主党的理论杂志——《新时代》邀请恩格斯写作评述这本书的文章。恩格斯考虑到可以借机宣传马克思主义哲学，接受了这一邀请，于1886年初写作了《路德维希·费尔巴哈和德国古典哲学的终结》，发表于《新时代》1886 年第 4 期和第 5 期，1888 年以单行本的形式在德国出版。

二、篇章结构

《路德维希·费尔巴哈和德国古典哲学的终结》由序言和四章构成。序言说明了写作本书的动因；第一章主要揭示隐藏在德国古典哲学中的体系与方法的对立，揭示了黑格尔辩证法的革命意义；第二章阐述了哲学基本问题，论述了唯物主义哲学的发展过程，并对费尔巴哈哲学进行了准确的评价；第三章对费尔巴哈的宗教哲学和伦理学思想进行了分析，指出费尔巴哈的"爱"的宗教思想实质上是对资本主义社会的辩护，没有找到从抽象王国通向现实世界的道路；第四章对唯物主义历史观进行了正面论述，指出工人阶级是德国古典哲学的真正继承者。

三、观点提示

第一，黑格尔哲学体系的保守性与方法的革命性。从理性与历史的统一中，黑格尔哲学否定了关于人的思维和行动的一切结果都具有最终性质的看法。这种辩证哲学推翻了一切关于最终的绝对真理和与之相应的绝对的人类状态的观念，这正是其辩证法的真实意义和革命性质。但是，这是从黑格尔辩证法中得出的结论，而不是黑格尔本人的明确结论。原因在于，黑格尔按照传统哲学的要求，不得不建立一个以某种绝对真理为终点的哲学体系，并宣布对绝对真理的认识在黑格尔哲学中达到了。这样一来，革命的方法就被保守的体系所制约，彻底的革命思维竟产生了极其温和的结论，威廉三世的等级制君主政体被看作是绝对真理在社会历史中的体现。

第二，费尔巴哈哲学的根本缺陷：对抽象人的崇拜。费尔巴哈哲学"直截了当地使唯物主义重新登上王座"，明确提出自然界是人类赖以生存的基础，在自然界和人以外不存在任何东西，基督教的神只是人的虚幻反映，人与人之间的"类"关系应是新宗教的基础。费尔巴哈哲学的优越之处就在于，把人作为出发点，但他所关注的仍然是抽象的人。费尔巴哈没有探讨"人生活的世界"，因而他所说的"人"不是"生活在现实的、历史地发生和历史地确定了的世界里面"。

对抽象的人的崇拜是费尔巴哈哲学的核心，也是其根本缺陷。对抽象的人的崇拜，必定由关于现实的人及其历史发展的科学来代替。

第三，哲学的基本问题：思维和存在的关系问题。思维和存在的关系问题是全部哲学、特别是近代哲学的重大的基本问题。这一问题是由两个方面组成的：（1）世界的本原是思维还是存在，凡认为精神对自然界来说是本原的，组成唯心主义阵营；凡认为自然界是本原的，则属于唯物主义；（2）思维和存在是否具有同一性，即我们的思维能否认识客观存在，对这一问题，大多数哲学家都作出了肯定的回答，这是可知论，有一些哲学家否认认识世界的可能性，至少是否认彻底认识世界的可能性，这就是不可知论。

第四，唯物主义辩证法：关于外部世界和人类思维运动的一般规律的科学。当我们重新唯物地把我们头脑中的概念看作是现实事物的反映，而不是把现实事物看作绝对概念的某一阶段的反映时，辩证法就归结为关于外部世界和人类思维运动的一般规律的科学。这两个系列的规律在本质上是同一的，但在表现上是不同的：在自然界和人类历史中，规律是不自觉的、以外部必然性的形式、在无穷无尽的偶然性中实现的，人的意识则可以通过反映外部世界的运动过程，达到对外部世界规律的自觉应用，概念的辩证法本身只是现实世界的辩证运动的自觉的反映。

第五，唯物主义历史观：发现人类历史运动的一般规律。历史的动力隐藏在动机背后，使人们行动起来的动机、阶级之间的冲突等，都是围绕着经济进行的，经济关系的领域才是社会发展中的决定性因素；国家与政治制度是从属的东西。国家的意志是由市民社会的不断变化的需要、归根到底是由生产力与交换关系的发展决定的。因此，在社会历史领域内，尽管进行活动的都是具有自觉意图的、追求某种目的的人，尽管历史事件表面看来是由偶然性支配的，但实际上历史的进程是受一般规律所支配的，唯物主义的历史观就是要发现这种历史进程的一般规律，从具体的历史事实中发现历史进程的内在本质。

在《路德维希·费尔巴哈和德国古典哲学的终结》中，恩格斯系统分析了马克思主义哲学与德国古典哲学的关系，深刻阐述了唯物主义历史观，对马克思主义的广泛传播起到了重要作用。

四、文本节选

举个例子来说吧。不论哪一个哲学命题都没有像黑格尔的一个著名命题那样引起近视的政府的感激和同样近视的自由派的愤怒，这个命题就是：

"凡是现实的都是合乎理性的，凡是合乎理性的都是现实的。"

这显然是把现存的一切神圣化，是在哲学上替专制制度、警察国家、专断司法、书报检查制度祝福。弗里德里希-威廉三世是这样认为的，他的臣民也是这样认为的。但是，在黑格尔看来，决不是一切现存的都无条件地也是现实的。在他看来，现实性这种属性仅仅属于那同时是必然的东西；

"现实性在其展开过程中表明为必然性"；

所以，他决不认为政府的任何一个措施——黑格尔本人举"某种税制"为例——都已经无条件地是现实的。但是必然的东西归根到底会表明自己也是合乎理性的。因此，黑格尔的这个命题应用于当时的普鲁士国家，只是意味着：这个国家只在它是必然的时候是合乎理性的，是同理性相符合的。如果说它在我们看来终究是恶劣的，而它尽管恶劣却继续存在，那么，政府的恶劣可以从臣民的相应的恶劣中找到理由和解释。当时的普鲁士人有他们所应得的政府。

但是，根据黑格尔的意见，现实性决不是某种社会状态或政治状态在一切环境和一切时代所具有的属性。恰恰相反，罗马共和国是现实的，但是把它排斥掉的罗马帝国也是现实的。法国的君主制在1789年已经变得如此不现实，即如此丧失了任何必然性，如此不合理性，以致必须由大革命（黑格尔总是极其热情地谈论这次大革命）来把它消灭。所以，在这里，君主制是不现实的，革命是现实的。这样，在发展进程中，以前一切现实的东西都会成为不现实的，都会丧失自己的必然性、自己存在的权利、自己的合理性；一种新的、富有生命力的现实的东西就会代替正在衰亡的现实的东西，——如果旧的东西足够理智，不加抵抗即行死亡，那就和平地代替；如果旧的东西抗拒这种必然性，那就通过暴力来代替。这样一来，黑格尔的这个命题，由于黑格尔的辩证法本身，就转化为自己的反面：凡在人类历史领域中是现实的，随着时间的推移，都会成为不合理性的，就是说，注定是不合理性的，一开始就包含着不合理性；凡在人们头脑中是合乎理性的，都注定要成为现实的，不管它同现存的、表面的现实多么矛盾。按照黑格尔的思维方法的一切规则，凡是现实的都是合乎理性的这个命题，就变为另一个命题：凡是现存的，都一定要灭亡。

但是，黑格尔哲学（我们在这里只限于考察这种作为从康德以来的整个运动的完成的哲学）的真实意义和革命性质，正是在于它彻底否定了关于人的思维和行动的一切结果具有最终性质的看法。哲学所应当认识的真理，在黑格尔看来，不再是一堆现成的、一经发现就只要熟读死记的教条了；现在，真理是在认识过程本身中，在科学的长期的历史发展中，而科学从认识的较低阶段向越来越高的阶段上升，但是永远不能通过所谓绝对真理的发现而达到这样一点，在这一点上它再也不能前进一步，除了袖手一旁惊愕地望着这个已经获得的绝对真理，就再也无事可做了。在哲学认识的领域是如此，在任何其他的认识领域以及在实践行动的领域也是如此。历史同认识一样，永远不会在人类的一种完美的理想状态中最终结束；完美的社会、完美的"国家"是只有在幻想中才能存在的东西；相反，一切依次更替的历史状态都只是人类社会由低级到高级的无穷发展进程中的暂时阶段。每一个阶段都是必然的，因此，对它发生的那个时代和那些条件说来，都有它存在的理由；但是对它自己内部逐渐发展起来的新的、更高的条件来说，它就变成过时的和没有存在的理由了；它不得不让位于更高的阶段，而这个更高的阶段也要走向衰落和灭亡。正如资产阶级依靠大工业、竞争和世界市场在实践中推翻了一切稳固的、历来受人尊崇的制度一样，这种辩证哲学推翻了一切关于最终的绝对真理和与之相应的绝对的人类状态的观念。在它面前，不存在任何最终的东西、绝对的东西、神圣的东西；它指出所有一切事物的暂时性；在它面前，除了生成和灭亡的不断过程、无止境地由低级上升到高级的不断过程，什么都不存在。它本身就是这个过程在思维着的头脑中的反映。诚然，它也有保守的方面：它承认认识和社会的一定阶段对它那个时代和那种环境来说都有存在的理由，但也不过如此而已。这种观察方法的保守性是相对的，它的革命性质是绝对的——这就是辩证哲学所承认的唯一绝对的东西。

……

全部哲学，特别是近代哲学的重大的基本问题，是思维和存在的关系问题。在远古时代，人们还完全不知道自己身体的构造，并且受梦中景象的影响，于是就产生一种观念：他们的思维和感觉不是他们身体的活动，而是一种独特的、寓于这个身体之中而在人死亡时就离开身体的灵魂的活动。从这个时候起，人们不得不思考这种灵魂对外部世界的关系。如果灵魂在人死时离开肉体而继续活着，那就没有理由去设想它本身还会死亡；这样就产生了灵魂不死的观念，这种观念在那个发展阶段出现决不是一种安慰，而是一种不可抗拒的命运，并且往往是一种真正的不幸，例如在希腊人那里就是这样。关于个人不死的无聊臆想之所以普遍产生，不是因为宗教上的安慰的需要，而是因为人们在普遍愚昧的情况下不知道对已经被认为存在的灵魂在肉体死后该怎么办。由于十分相似的原因，通过自然力的人格化，产生了最初的神。随着各种宗教的进一步发展，这些神越来越具有了超世界的形象，直到最后，通过智力发展中自然发生的抽象化过程——几乎可以说是蒸馏过程，在人们的头脑中，从或多或少有限的和互相限制的许多神中产生了一神教的唯一的神的观念。

因此，思维对存在、精神对自然界的关系问题，全部哲学的最高问题，像一切宗教一样，其根源在于蒙昧时代的愚昧无知的观念。但是，这个问题，只是在欧洲人从基督教中世纪的长期冬眠中觉醒以后，才被十分清楚地提了出来，才获得了它的完全的意义。思维对存在的地位问题，这个在中世纪的经院哲学中也起过巨大作用的问题：什么是本原的，是精神，还是自然界？——这个问题以尖锐的形式针对着教会提了出来：世界是神创造的呢，还是从来就有的？

哲学家依照他们如何回答这个问题而分成了两大阵营。凡是断定精神对自然界说来是本原的，从而归根到底承认某种创世说的人（而创世说在哲学家那里，例如在黑格尔那里，往往比在基督教那里还要繁杂和荒唐得多），组成唯心主义阵营。凡是认为自然界是本原的，则属于唯物主义的各种学派。

除此之外，唯心主义和唯物主义这两个用语本来没有任何别的意思，它们在这里也不是在别的意义上使用的。下面我们可以看到，如果给它们加上别的意义，就会造成怎样的混乱。

但是，思维和存在的关系问题还有另一个方面：我们关于我们周围世界的思想对这个世界本身的关系是怎样的？我们的思维能不能认识现实世界？我们能不能在我们关于现实世界的表象和概念中正确地反映现实？用哲学的语言来说，这个问题叫作思维和存在的同一性问题，绝大多数哲学家对这个问题都作了肯定的回答。例如在黑格尔那里，对这个问题的肯定回答是不言而喻的，因为我们在现实世界中所认识的，正是这个世界的思想内容，也就是那种使世界成为绝对观念的逐步实现的东西，这个绝对观念是从来就存在的，是不依赖于世界并且先于世界而在某处存在的；但是思维能够认识那一开始就已经是思想内容的内容，这是十分明显的。同样明显的是，在这里，要证明的东西已经默默地包含在前提里面了。但是，这决不妨碍黑格尔从他的思维和存在的同一性的论证中作出进一步的结论：他的哲学因为对他的思维来说是正确的，所以也就是唯一正确的；而思维和存在的同一性要得到证实，人类就要马上把他的哲学从理论转移到实践中去，并按照黑格尔的原则来改造整个世界。这是他和几乎所有的哲学家所共有的幻想。

但是，此外，还有其他一些哲学家否认认识世界的可能性，或者至少是否认彻底认识世界的可能性。在近代哲学家中，休谟和康德就属于这一类，而他们在哲学的发展上是起过很重要的作用的。对驳斥这一观点具有决定性的东西，凡是从唯心主义观点出发所能说的，黑格尔都已经说了；费尔巴哈所增加的唯物主义的东西，与其说是深刻的，不如说是机智的。对这些以及其他一切哲学上的怪论的最令人信服的驳斥是实践，即实验和工业。既然我们自己能够制造出某一自然过程，按照它的条件把它生产出来，并使它为我们的目的服务，从而证明我们对这一过程的理解是正确的，那么康德的不可捉摸的"自在之物"就完结了。……

但是，在从笛卡儿到黑格尔和从霍布斯到费尔巴哈这一长时期内，推动哲学家前进的，决不像他们所想象的那样，只是纯粹思想的力量。恰恰相反，真正推动他们前进的，主要是自然科学和工业的强大而日益迅猛的进步。在唯物主义者那里，这已经是一目了然的了，而唯心主义体系也越来越加进了唯物主义的内容，力图用泛神论来调和精神和物质的对立；因此，归根到底，黑格尔的体系只是一种就方法和内容来说唯心主义地倒置过来的唯物主义。

……

在这里，费尔巴哈的唯心主义就在于：他不是抛开对某种在他看来也已成为过去的特殊宗教的回忆，直截了当地按照本来面貌看待人们彼此间以相互倾慕为基础的关系，即性爱、友谊、同情、舍己精神等等，而是断言这些关系只有在用宗教名义使之神圣化以后才会获得自己的完整的意义。在他看来，主要的并不是存在着这种纯粹人的关系，而是要把这些关系看作新的、真正的宗教。这些关系只是在盖上了宗教的印记以后才被认为是完满的。宗教一词是从 religare 一词来的，本来是联系的意思。因此，两个人之间的任何联系都是宗教。这种词源学上的把戏是唯心主义哲学的最后一着。这个词的意义，不是按照它的实际使用的历史发展来决定，而竟然按照来源来决定。因此，仅仅为了使宗教这个对唯心主义回忆很宝贵的名词不致从语言中消失，性爱和性关系竟被尊崇为"宗教"。在 40 年代，巴黎的路易·勃朗派改良主义者正是这样说的，他们也认为不信宗教的人只是一种怪物，并且对我们说：因此，无神论就是你们的宗教！费尔巴哈想以一种本质上是唯物主义的自然观为基础建立真正的宗教，这就等于把现代化学当作真正的炼金术。

……

重大的历史转折点有宗教变迁**相伴随**，只是就迄今存在的三种世界宗教——佛教、基督教和伊斯兰教而言。古老的自发产生的部落宗教和民族宗教是不传布的，一旦部落或民族的独立遭到破坏，它们便失掉任何抵抗力；拿日耳曼人来说，甚至他们一接触正在崩溃的罗马世界帝国以及它刚刚采用的、适应于它的经济、政治、精神状态的世界基督教，这种情形就发生了。仅仅在这些多少是人工造成的世界宗教，特别是基督教和伊斯兰教那里，我们才发现比较一般的历史运动带有宗教的色彩，甚至在基督教传播的范围内，具有真正普遍意义的革命也只有在资产阶级解放斗争的最初阶段即从 13 世纪到 17 世纪，才带有这种宗教色彩；而且，这种色彩不能像费尔巴哈所想的那样，用人的心灵和人的宗教需要来解释，而要用以往的整个中世纪的历史来解释，中世纪的历史只知道一种形式的意识形态，即宗教和神学。但是到了 18 世纪，资产阶级已经强大得足以建立他们自己的、同他们的阶级地位相适应的意识形态了，这时他们才进行了他们的伟大而彻底的革命——法国革命，而且仅仅诉诸法律的和政治的观念，只是在宗教挡住他们的道路时，他们才理会宗教；但是他们没有想到要用某种新的宗教来代替旧的宗教；大家知道，罗伯斯比尔在这方面曾遭受了怎样的失败。

同他人交往时表现纯粹人类感情的可能性，今天已经被我们不得不生活于其中的、以阶级对立和阶级统治为基础的社会破坏得差不多了。我们没有理由把这种感情尊崇为宗教，从而更多地破盘算错了，而且，我在对他执行应得的惩罚时，甚至可以摆出现代拉达曼的威风来。只要爱不纯粹是温情的空话，交易所也是由爱统治的，因为每个人都靠别人来满足自己追求幸福的欲望，而这就是爱应当做的事情，爱也在这里得到实现。如果我在那里正确地预见到我的行动的后果，因而赌赢了，那么我就执行了费尔巴哈道德的一切最严格的要求，而且还成了富翁。换句话说，费尔巴哈的道德是完全适合于现代资本主义社会的，不管他自己多么不愿意或想不到是这样。

可是爱啊！——真的，在费尔巴哈那里，爱随时随地都是一个创造奇迹的神，可以帮助克服实际生活中的一切困难，——而且这是在一个分裂为利益直接对立的阶级的社会里。这样一来，他的哲学中的最后一点革命性也消失了，留下的只是一个老调子：彼此相爱吧！不分性别、不分等级地互相拥抱吧！——大家都陶醉在和解中了！

简单扼要地说，费尔巴哈的道德论是和它的一切前驱者一样的。它是为一切时代、一切民族、一切情况而设计出来的；正因为如此，它在任何时候和任何地方都是不适用的，而在现实世界面前，是和康德的绝对命令一样软弱无力的。实际上，每一个阶级，甚至每一个行业，都各有各的道德，并且，只要它能破坏这种道德而不受惩罚，它就加以破坏。而本应把一切人都联合起来的爱，则表现在战争、争吵、诉讼、家庭纠纷、离婚以及一些人对另一些人的尽可能的剥削中。

但是，费尔巴哈所提供的强大推动力怎么能对他本人毫无结果呢？理由很简单，因为费尔巴哈不能找到从他自己所极端憎恶的抽象王国通向活生生的现实世界的道路。他紧紧地抓住自然界和人；但是，在他那里，自然界和人都只是空话。无论关于现实的自然界或关于现实的人，他都不能对我们说出任何确定的东西。但是，要从费尔巴哈的抽象的人转到现实的、活生生的人，就必须把这些人作为在历史中行动的人去考察。而费尔巴哈反对这样做，因此，他所不了解的1848年对他来说只意味着和现实世界最后分离，意味着退入孤寂的生活。在这方面，主要又要归咎于德国的状况，这种状况使他落得这种悲惨的结局。

但是，费尔巴哈没有走的一步，必定会有人走的。对抽象的人的崇拜，即费尔巴哈的新宗教的核心，必定会由关于现实的人及其历史发展的科学来代替。这个超出费尔巴哈而进一步发展费尔巴哈观点的工作，是由马克思于1845年在《神圣家族》中开始的。

……

施特劳斯、鲍威尔、施蒂纳、费尔巴哈，就他们没有离开哲学这块土地来说，都是黑格尔哲学的分支。施特劳斯写了《耶稣传》和《教义学》以后，就只从事写作勒南式的哲学和教会史的美文学作品；鲍威尔只是在基督教起源史方面做了一些事情，虽然他在这里所做的也是重要的；施蒂纳甚至在巴枯宁把他同蒲鲁东混合起来并且把这个混合物命名为"无政府主义"以后，依然是一个怪物；

唯有费尔巴哈是个杰出的哲学家。但是，不仅哲学这一似乎凌驾于一切专门科学之上并把它们包罗在内的科学的科学，对他来说，仍然是不可逾越的屏障，不可侵犯的圣物，而且作为一个哲学家，他也停留在半路上，他下半截是唯物主义者，上半截是唯心主义者；他没有批判地克服黑格尔，而是简单地把黑格尔当作无用的东西抛在一边，同时，与黑格尔体系的百科全书式的丰富内容相比，他本人除了矫揉造作的爱的宗教和贫乏无力的道德以外，拿不出什么积极的东西。

但是，从黑格尔学派的解体过程中还产生了另一个派别，唯一的真正结出果实的派别。这个派别主要是同马克思的名字联系在一起的。

同黑格尔哲学的分离在这里也是由于返回到唯物主义观点而发生的。这就是说，人们决心在理解现实世界（自然界和历史）时按照它本身在每一个不以先入为主的唯心主义怪想来对待它的人面前所呈现的那样来理解；他们决心毫不怜惜地抛弃一切同事实（从事实本身的联系而不是从幻想的联系来把握的事实）不相符合的唯心主义怪想。除此以外，唯物主义并没有别的意义。不过在这里第一次对唯物主义世界观采取了真正严肃的态度，把这个世界观彻底地（至少在主要方面）运用到所研究的一切知识领域里去了。

黑格尔不是简单地被放在一边，恰恰相反，上面所阐述的他的革命方面即辩证方法被接过来了。但是这种方法在黑格尔的形式中是无用的。在黑格尔那里，辩证法是概念的自我发展。绝对概念不仅是从来就存在的（不知在哪里?），而且是整个现存世界的真正的活的灵魂。它通过在《逻辑学》中详细探讨过的并且完全包含在它自身中的一切预备阶段而向自身发展；然后它使自己"外化"，转化为自然界，它在自然界中并没有意识到它自己，而是采取自然必然性的形式，经过新的发展，最后在人身上重新达到自我意识；这个自我意识，在历史中又从粗糙的形式中挣脱出来，直到绝对概念终于在黑格尔哲学中又完全地达到自身为止。因此，在自然界和历史中所显露出来的辩证的发展，即经过一切迂回曲折和暂时退步而由低级到高级的前进运动的因果联系，在黑格尔那里，只是概念的自己运动的翻版，而这种概念的自己运动是从来就有的（不知在什么地方），但无论如何是不依任何能思维的人脑为转移的。这种意识形态上的颠倒是应该消除的。我们重新唯物地把我们头脑中的概念看作现实事物的反映，而不是把现实事物看作绝对概念的某一阶段的反映。这样，辩证法就归结为关于外部世界和人类思维的运动的一般规律的科学，这两个系列的规律在本质上是同一的，但是在表现上是不同的，这是因为人的头脑可以自觉地应用这些规律，而在自然界中这些规律是不自觉地、以外部必然性的形式、在无穷无尽的表面的偶然性中实现的，而且到现在为止在人类历史上多半也是如此。这样，概念的辩证法本身就变成只是现实世界的辩证运动的自觉的反映，从而黑格尔的辩证法就被倒转过来了，或者宁可说，不是用头立地而是重新用脚立地了。而且值得注意的是，不仅我们发现了这个多年来已成为我们最好的工具和最锐利的武器的唯物主义辩证法，而且德国工人约瑟夫·狄慈根不依靠我们，甚至不依靠黑格尔也发现了它。

……

但是，社会发展史却有一点是和自然发展史根本不相同的。在自然界中（如果我们把人对自然界的反作用撇开不谈）全是没有意识的、盲目的动力，这些动力彼此发生作用，而一般规律就表现在这些动力的相互作用中。在所发生的任何事情中，无论在外表上看得出的无数表面的偶然性中，或者在可以证实这些偶然性内部的规律性的最终结果中，都没有任何事情是作为预期的自觉的目的发生的。相反，在社会历史领域内进行活动的，是具有意识的、经过思虑或凭激情行动的、追求某种目的的人；任何事情的发生都不是没有自觉的意图，没有预期的目的的。但是，不管这个差别对历史研究，尤其是对各个时代和各个事变的历史研究如何重要，它丝毫不能改变这样一个事实：历史进程是受内在的一般规律支配的。因为在这一领域内，尽管各个人都有自觉预期的目的，总的说来在表面上好像也是偶然性在支配着。人们所预期的东西很少如愿以偿，许多预期的目的在大多数场合都互相干扰，彼此冲突，或者是这些目的本身一开始就是实现不了的，或者是缺乏实现的手段。这样，无数的单个愿望和单个行动的冲突，在历史领域内造成了一种同没有意识的自然界中占统治地位的状况完全相似的状况。行动的目的是预期的，但是行动实际产生的结果并不是预期的，或者这种结果起初似乎还和预期的目的相符合，而到了最后却完全不是预期的结果。这样，历史事件似乎总的说来同样是由偶然性支配着的。但是，在表面上是偶然性在起作用的地方，这种偶然性始终是受内部的隐蔽着的规律支配的，而问题只是在于发现这些规律。

无论历史的结局如何，人们总是通过每一个人追求他自己的、自觉预期的目的来创造他们的历史，而这许多按不同方向活动的愿望及其对外部世界的各种各样作用的合力，就是历史。因此，问题也在于，这许多单个的人所预期的是什么。愿望是由激情或思虑来决定的。而直接决定激情或思虑的杠杆是各式各样的。有的可能是外界的事物，有的可能是精神方面的动机，如功名心、"对真理和正义的热忱"、个人的憎恶，或者甚至是各种纯粹个人的怪想。但是，一方面，我们已经看到，在历史上活动的许多单个愿望在大多数场合下所得到的完全不是预期的结果，往往是恰恰相反的结果，因而它们的动机对全部结果来说同样地只有从属的意义。另一方面，又产生了一个新的问题：在这些动机背后隐藏着的又是什么样的动力？在行动者的头脑中以这些动机的形式出现的历史原因又是什么？

旧唯物主义从来没有给自己提出过这样的问题。因此，它的历史观——如果它有某种历史观的话，——本质上也是实用主义的，它按照行动的动机来判断一切，把历史人物分为君子和小人，并且照例认为君子是受骗者，而小人是得胜者。旧唯物主义由此得出的结论是，在历史的研究中不能得到很多有教益的东西；而我们由此得出的结论是，旧唯物主义在历史领域内自己背叛了自己，因为它认为在历史领域中起作用的精神的动力是最终原因，而不去研究隐藏在这些动力后面的是什么，这些动力的动力是什么。不彻底的地方并不在于承认**精神的**动力，而在于不从这些动力进一步追溯到它的动因。相反，历史哲学，特别是黑格尔所代表的历史哲学，认为历史人物的表面动机和真实动机都决不是历史事变的最终原因，认为这些动机后面还有应当加以探究的别的动力；但是它不在历史本身中寻找这种动力，反而从外面，从哲学的意识形态把这种动力输入历史。例如黑格尔，他不从古希腊历史本身的内在联系去说明古希腊的历史，而只是简单地断言，古希腊的历史无非是"美好的个性形式"的制定，是"艺术作品"本身的实现。在这里，黑格尔关于古希腊人作了许多精彩而深刻的论述，但是这并不妨碍我们今天对那些纯属空谈的说明表示不满。

因此，如果要去探究那些隐藏在——自觉地或不自觉地，而且往往是不自觉地——历史人物的动机背后并且构成历史的真正的最后动力的动力，那么问题涉及的，与其说是个别人物、即使是非常杰出的人物的动机，不如说是使广大群众、使整个整个的民族，并且在每一民族中间又是使整个整个阶级行动起来的动机；而且也不是短暂的爆发和转瞬即逝的火光，而是持久的、引起重大历史变迁的行动。探讨那些作为自觉的动机明显地或不明显地，直接地或以意识形态的形式、甚至以被神圣化的形式反映在行动着的群众及其领袖即所谓伟大人物的头脑中的动因，——这是能够引导我们去探索那些在整个历史中以及个别时期和个别国家的历史中起支配作用的规律的唯一途径。使人们行动起来的一切，都必然要经过他们的头脑；但是这一切在人们的头脑中采取什么形式，这在很大程度上是由各种情况决定的。现在工人不再像1848年在莱茵地区那样简单地捣毁机器，但是，这决不是说，他们已经容忍按照资本主义方式应用机器。

……

上面的叙述只能是对马克思的历史观的一个概述，至多还加了一些例证。证明只能由历史本身提供；而在这里我可以说，在其他著作中证明已经提供得很充分了。但是，这种历史观结束了历史领域内的哲学，正如辩证的自然观使一切自然哲学都成为不必要的和不可能的一样。现在无论在哪一个领域，都不再要从头脑中想出联系，而要从事实中发现联系了。这样，对于已经从自然界和历史中被驱逐出去的哲学来说，要是还留下什么的话，那就只留下一个纯粹思想的领域：关于思维过程本身的规律的学说，即逻辑和辩证法。

选自《马克思恩格斯选集》第 4 卷，人民出版社 1995 年版，第 215—257 页。

五、进一步阅读的文献

1. ［德］迈耶尔：《恩格斯传》，生活·读书·新知三联书店 1950 年版。

2. ［英］卡弗：《马克思与恩格斯：学术思想关系》，中国人民大学出版社 2008 年版。

3. 陈先达：《马克思恩格斯思想史》，上海人民出版社 1982 年版。

第十三章　历史唯物主义重要内容的新阐发

——《书信选编》

一、写作背景

本章选编了马克思、恩格斯自 19 世纪 50 年代到 90 年代的 10 封书信，其中，马克思的 7 篇、恩格斯的 3 篇。这些书信主要涉及两方面的内容：一是马克思、恩格斯对自己思想的说明与解释，包括 1852 年 3 月 5 日的《马克思致约·魏德迈》、1862 年 6 月 18 日的《马克思致恩格斯》、1863 年 1 月 28 日的《马克思致恩格斯》、1867 年 8 月 24 日的《马克思致恩格斯》、1865 年 3 月 29 日的《恩格斯致弗里德里希·阿尔伯特·朗格》、1877 年 11 月左右的《马克思致〈祖国纪事〉杂志编辑部》、1881 年 3 月 8 日《马克思给维·伊·查苏利奇的信》7 篇书信；二是恩格斯晚年关于历史唯物主义的论述，包括 1890 年 9 月 21 日至 22 日的《恩格斯致约·布洛赫》、1890 年 10 月 27 日的《恩格斯致康·施米特》、1894 年 1 月 25 日《恩格斯致瓦·博尔吉乌斯》3 封信。

魏德迈是德国工人运动的杰出活动家、共产主义者同盟会员。1848 革命失败后，海因岑攻击马克思和恩格斯，否定阶级和阶级斗争学说，魏德迈与之展开了论战。马克思在看到魏德迈的论战文章后，于 1852 年 3 月 5 日写下了这封致魏德迈的信。

马克思与恩格斯的三封通信写于《资本论》写作期

间。1862 年 6 月 18 日马克思写给恩格斯的信，原本是想倾诉心中的苦闷，但在信中马克思谈到了对达尔文进化论的理解，这与恩格斯写给朗格的信的内容相似。恩格斯在回答朗格的问题时谈到达尔文进化论的实质，并以此为基础对"经济规律"提出新的理解。1863 年 1 月 28 日马克思写给恩格斯的信，缘于 1863 年 1 月 24 日马克思在写作《资本论》机器部分时遇到的难题曾致信恩格斯。4 天之后，马克思对这一问题有了一定的了解，所以再次致信恩格斯。1867 年 8 月 23 日，恩格斯在读完《资本论》第一卷校样后，对第四章的叙述方式提出了一些看法，马克思在 24 日写下了这封回信，对《资本论》的特点进行了说明。

《祖国纪事》1877 年 10 月刊登了俄国民粹主义思想家米海洛夫斯基的"卡尔·马克思在尤·茹柯夫斯基先生的法庭上"一文，文章错误理解了《资本论》。针对这些错误言论，马克思在 1877 年 11 月左右完成了《马克思致〈祖国纪事〉杂志编辑部》。马克思的这封回信当时没有发表，恩格斯后来在马克思的遗稿中发现了这封书信，并寄给了俄国"劳动解放社"的作家、女革命家查苏利奇。1881 年 2 月 16 日，查苏利奇写信给马克思，请求他对俄国历史发展前景，特别是俄国农村公社的命运问题发表看法。马克思在准备给查苏利奇回信的过程中拟了四个草稿，形成了一个内容丰富的对俄国农村公社、俄国社会命运的综合性概述。

19 世纪 90 年代，莱比锡大学教授保尔·巴尔特（1858—1922）在《黑格尔和包括马克思及哈特曼在内的黑格尔派的历史哲学》一书中，以"经济唯物主义"来解释历史唯物主义并直接影响到当时的德国理论界，包括康·施米特这样一度赞同马克思学说的学者。康·施米特于 1890 年 10 月 20 日致信恩格斯，认同巴尔特关于马克思学说的看法。同时，当时欧洲工人运动的领导人对历史唯物主义也缺乏深刻的认识，包括倍倍尔、李卜克内西、考茨基等人在一定程度上都受到"经济唯物主义"的影响。在这种情况下，恩格斯感到有必要对历史唯物主义，尤其是经济基础和上层建筑之间关系的观点作出正面、系统的解释。本章所选的《恩格斯致约·布洛赫》、《恩格斯致康·施米特》、《恩格斯致瓦·博尔吉乌斯》就是恩格斯晚年书信中的代表作。

二、篇章结构

1852 年 3 月 5 日《马克思致约·魏德迈》主要论述马克思主义的阶级斗争理论及其与其他阶级斗争理论的差别；1862 年 6 月 18 日《马克思致恩格斯》的信、1865 年 3 月 29 日《恩格斯致弗里德里希·阿尔伯特·朗格》的信，主要是对达尔文进化论的批评；1863 年 1 月 28 日《马克思致恩格斯》主要涉及科学技术进步与资本主义社会发展的关系问题；1867 年 8 月 24 日《马克思致恩格斯》对《资本论》第一卷的特点进行提示；1877 年 11 月左右马克思致《祖国纪事》杂志编辑部的信与 1881 年 3 月 8 日致维·伊·查苏利奇的信主要阐述关于俄国农村公社与俄国未来发展道路的关系问题，并对《资本论》所揭示的西欧资本主义发展道路的普遍性进行了限定；1890 年 9 月 21 日至 22 日《恩格斯致约·布洛赫》，10 月 27 日《恩格斯致康·施米特》，1894 年 1 月 25 日《恩格斯致瓦·博尔吉乌斯》对经济基础与上层建筑的辩证关系进行了阐释，阐述了国家、法、宗教、哲学的相对独立性及其对经济基础的反作用，阐述了上层建筑诸因素在历史进程中的相互作用及其与经济因素之间的关系。

三、观点提示

第一，阶级斗争必然导致无产阶级专政。阶级的存在仅仅同生产发展的一定历史阶段相联系；阶级斗争必然导致无产阶级专政；无产阶级专政不过是达到消灭一切阶级和进入无阶级社会的过渡。

第二，达尔文的进化论将资产阶级市民社会的法则引进动物界。达尔文的《根据自然选择的物种起源》一书是在动植物界中重新认识到英国社会及其分工、竞争、开辟新市场、"发明"以及马尔萨斯的"生存斗争"。达尔文关于生物界的物竞天择、适者生存的看法，是将霍布斯的一切人反对一切人的斗争移到了生物界，把动物世界描写成了市民社会。对现代资产阶级的发展来说，最可耻的是它还没有超出动物界的经济形式。经济规律并不是永恒的自然规律，而是资产阶级社会的规律。

第三，理解《资本论》的核心是劳动二重性理论和剩余价值理论。《资本论》

最好的地方就在于：（1）在第一章就着重指出了按不同情况表现为使用价值或交换价值的劳动的二重性，这是对事实的全部理解的基础；（2）在研究剩余价值时，撇开了其特殊形态，即利润、利息、地租等，这就与古典经济学划清了界限，并获得透视古典经济学的基础。

第四，上层建筑对经济基础具有反作用。历史进程中的决定性因素归根到底是现实生活的生产与再生产，同时，上层建筑诸因素具有相对独立性，对经济基础具有反作用，"并且能在某种限度内改变经济基础"；政治、法、美学、哲学、宗教、文学、艺术等等的发展是以经济发展为基础的，但它们之间又都相互作用，并对经济基础发生反作用。国家权力的反作用有三种：一是沿着同一方向起作用，从而对经济发展起推动作用；二是沿着相反方向起作用，从而对经济发展起阻碍作用；三是阻止经济发展沿着既定方向走，而给经济发展规定另外的方向。

第五，历史发展的最终结果是从许多单个的意志的相互冲突中产生的。在社会历史中，尽管每个个体都是按照自己的动机和意志去行动的，但这些意志和行为之间并非只是简单的组合关系，而是处于相互冲突之中，这些无数相互交错的力量犹如无数个力的平行四边形，由此就产生出一个合力，即历史结果，这个历史结果是作为整体的、不自觉地和不自主地起着作用的力量的产物。所以，到目前为止的历史总是像自然过程一样进行，而且实质上服从同一运动规律。

第六，《资本论》描述的是西欧的资本主义经济制度从封建主义经济制度内部产生出来的过程，而不是一般发展道路的历史哲学理论。俄国的农村公社如果已经受到资本主义经济的侵蚀，那么俄国同样难以摆脱西欧资本主义社会发展的道路。反之，如果俄国的农村公社并没有受到资本主义经济的冲击，俄国就可能跨越资本主义社会这一"卡夫丁峡谷"。

马克思、恩格斯的这些书信，对历史唯物主义理论的一些重要问题进行了深入的讨论，进一步丰富了历史唯物主义。

四、文本节选

◆ 马克思致约·魏德迈

1852 年 3 月 5 日于伦敦

……至于讲到我，无论是发现现代社会中有阶级存在或发现各阶级间的斗争，都不是我的功劳。在我以前很久，资产阶级历史编纂学家就已经叙述过阶级斗争的历史发展，资产阶级的经济学家也已经对各个阶级作过经济上的分析。我所加上的新内容就是证明了下列几点：（1）**阶级的存在仅仅同生产发展的一定历史阶段相联系**；（2）阶级斗争必然导致**无产阶级专政**；（3）这个专政不过是达到**消灭一切阶级和进入无阶级社会**的过渡……

选自《马克思恩格斯选集》第 4 卷，人民出版社 1995 年版，第 547 页。

◆ **马克思致恩格斯**

1862 年 6 月 18 日

……

我重新阅读了达尔文的著作，使我感到好笑的是，达尔文说他把"马尔萨斯的"理论**也**应用于植物和动物，其实在马尔萨斯先生那里，全部奥妙恰好在于这种理论**不是**应用于植物和动物，而是只应用于人类，说它是按几何级数增加，而跟植物和动物对立起来。值得注意的是，达尔文在动植物界中重新认识了他自己的英国社会及其分工、竞争、开辟新市场、"发明"以及马尔萨斯的"生存斗争"。这是霍布斯的一切人反对一切人的战争，这使人想起黑格尔的《现象学》，那里面把市民社会描写为"精神动物的世界"，而达尔文则把动物世界描写为市民社会……

选自《〈资本论〉书信集》，人民出版社 1976 年版，第 161 页。

◆ **马克思致恩格斯**

1863 年 1 月 28 日

……

你知道，或许还不知道——因为事情本身无关紧要——在**机器**和**工具**有什么区别这个问题上有很大的争论。英国的力学家（数学家），以他们那种粗率的方式称工具为简单的机器，而称机器为复杂的工具。但是英国的工艺学家比较注意问题的经济方面（英国经济学家中有许多人，甚至是大多数人都跟着他们走），他们认为二者的区别在于：一个的动力是人，而另一个的动力是自然力。德国的蠢驴们在这类小事情上是够伟大的，他们由此得出结论说，例如**犁**是机器，而极其复杂的"珍妮机"等等，既然是用手转动的，那就不是机器。但是，如果我们研究一下机器的**基本**形式，那就毫无疑问，工业革命并不开始于**动力**，而是开始于英国人称为 *working machine* 的那部分机器，就是说，并不是开始于譬如说转动纺车的脚被水或蒸汽所代替，而是开始于直接的纺纱过程本身的改变和人的一部分劳动的被排除，而人的这部分劳动不是单纯的力的使用（譬如踩轮子的踏板），而是同加工、同对所加工的材料的直接作用有关的。另一方面，同样没有疑问的是，一当问题不再涉及到机器的**历史**发展，而是涉及到在当前生产方式基础上的机器，**工作机**（例如在缝纫机上）就是唯一有决定意义的，因为一旦这一过程实现了机械化，现在谁都知道，可以根据机械的大小，用手、水或蒸汽来使机械转动。

对纯粹的数学家来说，这些问题是无关紧要的，但是，在问题涉及到要证明人们的社会关系和这些物质生产方式的发展之间的联系时，它们却是非常重要的。

重读了我的关于工艺史的摘录之后，我产生了这样一种看法：撇开火药、指南针和印刷术的发明不谈——这些都是资产阶级发展的必要前提，——从十六世纪到十八世纪中叶这段时间，即从手工业发展起来的工场手工业一直到真正的大工业这一时期，在工场手工业内部为机器工业做好准备的有两种物质基础，即**钟表**和**磨**（最初是磨谷物的磨，即水磨），二者都是从古代继承下来的。（水磨是在尤利乌斯·凯撒时代从小亚细亚传入罗马的。）钟表是第一个应用于实际目的的自动机；**匀速运动生产**的全部理论就是在它的基础上发展起来的。按其性质来说，它本身是以半艺术性的手工业和直接的理论的结合为基础的。例如，卡尔达诺曾写过关于钟表构造的书（并且提出了实际的制法）。十六世纪的德国著作家把钟表制造业叫作"有学问的（非行会的）手工业"；从钟表的发展可以证明，在手工业基础上的学识和实践之间的关系，同譬如大工业中的这二者之间的关系，是多么的不同。同样也毫无疑问的是，在十八世纪把自动机器（特别是发条发动的）应用到生产上去的第一个想法，是由钟表引起的。从历史上可以证明，**沃康松**在这方面的尝试对英国发明家的想象力有极大的影响。

……

选自《〈资本论〉书信集》，人民出版社 1976 年版，第 173—175 页。

◆ **马克思致恩格斯**

1867 年 8 月 24 日

我的书最好的地方是：（1）在**第一**章就着重指出了按不同情况表现为使用价值或交换价值的**劳动的二重性**（这是对事实的**全部**理解的基础）；（2）研究**剩余价值**时，**撇开了它的特殊**形态——利润、利息、地租等等。这一点将特别在第二卷中表现出来。古典经济学总是把特殊形态和一般形态混淆起来，所以在这种经济学中对特殊形态的研究是乱七八糟的。

选自《〈资本论〉书信集》，人民出版社 1976 年版，第 225 页。

◆ **给《祖国纪事》杂志编辑部的信**

1877 年 11 月

编辑先生：

关于茹柯夫斯基先生一文的作者，显然是一个聪明人，假如他在我的关于"原始积累"的论述中只要能找到一个可以用来支持他的结论的地方，他就会加以引证了。因为找不到这样的地方，所以不得不抓住刊载在《资本论》德文第一版注释增补材料里面一段针对一个俄国"文学家"的批评性插话。我在那里对这位作家提出了什么责难呢？这就是：他不是在俄国而是在普鲁士的政府顾问哈克斯特豪森的书里发现了"俄国"共产主义，并且俄国公社在他手中只是用以证明腐朽的旧欧洲必须通过泛斯拉夫主义的胜利才能获得新生的一种论据。我对于这位作家的评价可能是对的，也可能是错的，但是无论如何，决不能从这里理解我对"俄国人为他们的祖国寻找一条不同于西欧已经走过而且正在走着的发展道路"的努力的看法等等。

在《资本论》德文第二版的跋里，——而这篇跋是关于茹柯夫斯基先生的那篇文章的作者所知道的，因为他曾经引证过——我曾经以应有的高度的尊重谈到"俄国的伟大学者和批评家"。这个人在几篇出色的文章中研究了这样一个问题：俄国是应当像它的自由派经济学家们所希望的那样，首先摧毁农村公社以过渡到资本主义制度呢，还是与此相反，俄国可以在发展它所特有的历史条件的同时取得资本主义制度的全部成果，而又可以不经受资本主义制度的苦难。他表示赞成后一种解决办法。我的可敬的批评家既然可以根据我对那位俄国"文学家"和泛斯拉夫主义者的评论得出我不同意他关于这个问题的观点的结论，那么，他至少也同样有理由根据我对这位"俄国的伟大学者和批评家"的尊重断定我同意他关于这个问题的观点。

最后，因为我不喜欢留下"一些东西让人去揣测"，我准备直截了当地说。为了能够对当代俄国的经济发展作出准确的判断，我学习了俄文，后来又在许多年内研究了和这个问题有关的官方发表的和其他方面发表的资料。我得到了这样一个结论：如果俄国继续走它在1861年所开始走的道路，那它将会失去当时历史所能提供给一个民族的最好的机会，而遭受资本主义制度所带来的一切灾难性的波折。

……

关于原始积累的那一章只不过想描述西欧的资本主义经济制度从封建主义经济制度内部产生出来的途径。因此，这一章叙述了使生产者同他们的生产资料分离，从而把他们变成雇佣工人（现代意义上的无产者）而把生产资料占有者变成资本家的历史运动。在这一历史中，"对正在形成的资本家阶级起过推动作用的一切变革，都是历史上划时代的事情，尤其是那些剥夺大量人手中的传统的生产资料和生存资料并把他们突然抛向劳动市场的变革。但是，全部过程的基础是对农民的剥夺。这种剥夺只是在英国才彻底完成了……但是，西欧的其他一切国家都正在经历着同样的运动"等等（《资本论》法文版第315页）。在那一章末尾，资本主义生产的历史趋势被归结成这样："资本主义生产本身由于自然变化的必然性，造成了对自身的否定"；它本身已经创造出了新的经济制度的要素，它同时给社会劳动生产力和一切生产者个人的全面发展以极大的推动；实际上已经以一种集体生产方式为基础的资本主义所有制只能转变为社会所有制。在这个地方我并没有提出任何证据，理由很简单，这个论断本身只不过是概括地总结了我过去关于资本主义生产的那几章里所作的详细阐明。

现在，我的批评家可以把这个历史概述中的哪些东西应用到俄国去呢？只有这些：假如俄国想要遵照西欧各国的先例成为一个资本主义国家，——它最近几年已经在这方面费了很大的精力，——它不先把很大一部分农民变成无产者就达不到这个目的；而它一旦倒进资本主义怀抱以后，它就会和尘世间的其他民族一样地受那些铁面无情的规律的支配。事情就是这样。但是这对我的批评家来说是太少了。他一定要把我关于西欧资本主义起源的历史概述彻底变成一般发展道路的历史哲学理论，一切民族，不管它们所处的历史环境如何，都注定要走这条道路，——以便最后都达到在保证社会劳动生产力极高度发展的同时又保证每个生产者个人最全面的发展的这样一种经济形态。但是我要请他原谅。他这样做，会给我过多的荣誉，同时也会给我过多的侮辱。让我们举个例子来看看。

在《资本论》里的好几个地方，我都提到古代罗马平民所遭到的命运。这些人本来都是自己耕种自己小块土地的独立经营的自由农民。在罗马历史发展的过程中，他们被剥夺了。使他们同他们的生产资料和生存资料分离的运动，不仅蕴含着大地产的形成，而且还蕴含着大货币资本的形成。于是，有那么一天就一方面出现了除自己的劳动力外一切都被剥夺的自由人，另一方面为了利用他们的劳动，又出现了占有所创造出的全部财富的人。结果怎样呢？罗马的无产者并没有变成雇佣工人，却成为无所事事的**游民**，他们比过去美国南部各州的"白种贫民"更卑贱，和他们同时发展起来的生产方式不是资本主义的，而是奴隶制的。因此，极为相似的事变发生在不同的历史环境中就引起了完全不同的结果。如果把这些演变中的每一个都分别加以研究，然后再把它们加以比较，我们就会很容易地找到理解这种现象的钥匙；但是，使用一般历史哲学理论这一把万能钥匙，那是永远达不到这种目的的，这种历史哲学理论的最大长处就在于它是超历史的。

……

选自《马克思恩格斯选集》第 3 卷，人民出版社 1995 年版，第 339—342 页。

◆ *给维·伊·查苏利奇的复信*

1881 年 3 月 8 日于伦敦西北区梅特兰公园路 41 号

亲爱的女公民：

最近 10 年来定期发作的神经痛妨碍了我，使我不能较早地答复您 2 月 16 日的来信。承蒙您向我提出问题，但很遗憾，我却不能给您一个适合于发表的简短说明。几个月前，我曾经答应给圣彼得堡委员会 394 就同一题目写篇文章。可是，我希望寥寥几行就足以消除您因误解所谓我的理论而产生的一切疑问。

在分析资本主义生产的起源时，我说：

"因此，在资本主义制度的基础上，生产者和生产资料彻底分离了……全部过程的基础是**对农民的剥夺**。这种剥夺只是在英国才彻底完成了……但是，**西欧的其他一切国家**都正在经历着同样的运动。"（《资本论》法文版第 315 页）

可见，这一运动的"**历史必然性**"**明确地**限于**西欧各国**。造成这种限制的原因在第 32 章的下面这一段里已经指出：

"以自己的劳动为基础的**私有制**……被以剥削他人劳动即以雇佣劳动为基础的**资本主义私有制**所排挤。"（同上，第 341 页）

因此，在这种西方的运动中，问题是**把一种私有制形式变为另一种私有制形式**。相反地，在俄国农民中，则是要把**他们的公有制变为私有制**。

由此可见，在《资本论》中所作的分析，既没有提供肯定俄国农村公社有生命力的论据，也没有提供否定农村公社有生命力的论据，但是，我根据自己找到的原始材料对此进行的专门研究使我深信：这种农村公社是俄国社会新生的支点；可是要使它能发挥这种作用，首先必须排除从各方面向它袭来的破坏性影响，然后保证它具备自然发展的正常条件。

亲爱的女公民，您忠实的

卡尔·马克思

选自《马克思恩格斯选集》第 3 卷，人民出版社 1995 年版，第 774—775 页。

◆ **给维·伊·查苏利奇的复信草稿——三稿**

亲爱的女公民：

要认真弄清您 2 月 16 日来信中提出的问题，我必须深入钻研细节而放下紧急的工作。但是，我希望，现在我很荣幸地写给您的这一简短的说明，就足以消除因我的所谓理论引起的一切误解。

一、我在分析资本主义生产的起源时说："因此，资本主义制度的基础是生产者同生产资料的彻底分离……这整个发展的基础就是**对农民的剥夺**。这种剥夺

只是在英国才彻底完成了……**但是西欧其他一切国家**都正在经历着同样的运动。"（"资本论"法文版第 315 页）

可见，这一运动的"**历史必然性**"**明确地**限于**西欧各国**。造成这种限制的原因在第三十二章的下面这一段里已经指出："**以个人的劳动为基础的私有制**……被以剥削他人的劳动、以雇佣劳动为基础的**资本主义私有制**所排挤。"（同上，第 341 页）

因此，在这种西方的运动中，问题是**把一种私有制形式变为另一种私有制形式**。相反地，在俄国农民中，则是**要把他们的公有制变为私有制**。人们承认还是否认这种转变的必然性，提出赞成或反对这种转变的理由，都和我对资本主义制度起源的分析毫无关系。从这一分析中，至多只能做出这样的结论：在目前俄国农民占绝大多数的情况下，把他们变成小私有者，不过是对他们进行迅速剥夺的序幕。

二、用来反对俄国公社的最郑重的论据如下：

如果您仔细考察西方社会的产生过程，那你到处都会发现土地公社所有制；随着社会的进步，它又到处让位给私有制；因此，它不可能在俄国一个国家内免于同样的遭遇。

我所以注意这一论据，仅仅因为它是以欧洲的经验为根据的。至于譬如说东印度，那末，大概除了亨·梅恩爵士及其同流人物之外，谁都知道，那里的土地公社所有制是由于英国的野蛮行为才消灭的，这种行为不是使当地人民前进，而是使他们后退。

并不是所有的原始公社都是按着同一形式建立起来的。相反，它们有好多种社会结构，这些结构的类型、存在时间的长短彼此都不相同，标志着依次进化的各个阶段。**俄国的公社**就是通常称作**农业公社**的一种类型。在西方相当于这种公社的是存在时期很短的**日耳曼公社**。在尤利乌斯·凯撒时代，日耳曼公社尚未出现，而到日耳曼部落征服意大利、高卢、西班牙等地的时候，它已经不存在了。在尤利乌斯·凯撒时代，各集团之间、**各氏族**和**血统亲属联合**之间已经每年重分耕地，但还不是在公社的各个家庭之间重分；大概，耕种也是由集团共同进行的。在日耳曼尼亚本土，这种较古类型的公社通过自生的发展而变为塔西佗所描绘的那种**农业公社**。从那时起，我们就看不到它了。它在连绵不断的战争和迁徙的情况下不知不觉地消灭了；很有可能，它是死于暴力之下的。但是，它的天赋的生命力却为两个不可争辩的事实所证实。零星的这类公社经历了中世纪的一切波折，一直保存到今天，例如，在我的家乡特利尔专区就有。然而最重要的是，这种"农业公社"的烙印是如此清晰地表现在从它产生出来的新公社里面，以至毛勒在研究了新公社后能够还原成这种"农业公社"。这种耕地是农民的**私有财产**，而森林、牧场、荒地等等仍然是**公共财产**的新公社，由日耳曼人在所有被征服的国家建立起来。由于它承袭了原型的特征，所以，在整个中世纪内是自由和人民生活的唯一中心。

同样在亚洲，在阿富汗人及其他人中间也有"农村公社"。但是，这些地方的公社都是**最新型**的公社，也可以说，是**古代社会形态**的最新形式。为了指出这一事实，所以我就谈了一些关于日耳曼公社的细节。

现在，我们必须考察一下"农业公社"不同于较古的公社的最主要的特征。

（1）所有其他公社都是建立在自己社员的血统亲属关系上的。在这些公社中，只容许有血统亲属或收养来的亲属。他们的结构是系谱树的结构。"农业公社"是最早的没有血统关系的自由人的社会联合。

（2）在农业公社中，房屋及其附属物——园地，是农民私有的。相反，**公共房屋**和**集体住所**是远在游牧生活和农业生活形成以前时期的较古的公社的经济基础。当然，也有一些农业公社，它们的房屋虽然已经不再是集体的住所，但仍然定期改换占有者。这样，个人使用权就和公有制结合起来。但是，这样的公社仍然带有它的起源的烙印，因为它们是处在由较古的公社向真正的农业公社过渡的状态。

（3）耕地是不准转卖的公共财产，定期在农业公社社员之间进行重分，因此，每一社员用自己的力量来耕种分给他的地，并把产品留为己有。而在较古的公社中，生产是共同进行的；共同的产品，除储存起来以备再生产的部分外，都根据消费的需要陆续分配。

显然，农业公社制度所固有的这种**二重性**能够成为它的巨大生命力的源泉。它摆脱了牢固然而狭窄的血统亲属关系的束缚，并以土地公社所有制以及由此而产生的各种社会关系为自己的坚实基础；同时，各个家庭单独占有房屋和园地、小土地经济和私人占有产品，促进了个人的发展，而这种发展同较古的公社机体是不相容的。

但是，同样明显，就是这种二重性也可能逐渐成为公社解体的萌芽。除了外来的各种破坏性影响，公社内部就有使自己毁灭的因素。土地私有制已经通过房屋及农作园地的私有渗入公社内部，这就可能变为从那里准备对公有土地进攻的堡垒。这是已经发生的事情。但是，最重要的还是私人占有的泉源——小土地劳动。它是牲畜、货币、有时甚至奴隶或农奴等动产积累的基础。这种不受公社控制的动产，个体交换的对象（在交换中，投机取巧起极大的作用）将日益强烈地对整个农村经济施加压力。这就是破坏原始的经济平等和社会平等的因素。它把别的因素带进来，引起公社内部各种利益和私欲的冲突，这种冲突，首先会破坏耕地的公有制，然后会破坏森林、牧场、荒地等等的公有制；一旦这些东西变成了私有制的**公社附属物**，也就会逐渐变成私有了。

农业公社既然是原生的社会形态的最后阶段，所以它同时也是向次生的形态过渡的阶段，即以公有制为基础的社会向以私有制为基础的社会的过渡。不言而喻，次生的形态包括建立在奴隶制上和农奴制上的一系列社会。

但是，这是不是说，农业公社的历史道路必然要导致这种结果呢？绝对不是的。农业公社天生的二重性使得它只可能是下面两种情况之一：或者是私有原则在公社中战胜集体原则，或者是后者战胜前者。一切都取决于它所处的历史环境。

现在，我们暂且不谈俄国公社所遭遇的灾难，只来考察一下它的可能的发展。它的情况非常特殊，在历史上没有先例。在整个欧洲，只有它是一个巨大的帝国内农村生活中占统治地位的组织形式。土地公有制赋予它以集体占有的自然基础，而它的历史环境（资本主义生产和它同时存在）又给予它以实现大规模组织起来的合作劳动的现成物质条件。因此，它可以不通过资本主义制度的卡夫丁峡谷，而吸取资本主义制度所取得的一切肯定成果。它可以借使用机器而逐步以联合耕种代替小土地耕种，而俄国土地的天然地势又非常适合于使用机器。如果它在现在的形式下事先被引导到正常状态，那它就能直接变成现代社会所趋向的那种经济体系的**出发点**，不必自杀就能获得新的生命。

英国人在东印度就这样做过：他们得到的结果不过是破坏了当地的农业，使荒年更加频繁，灾难更加严重。

可是公社受到诅咒的是它的孤立性，公社与公社之间的生活缺乏联系，而这种**与世隔绝的小天地**使它至今不能有任何历史创举。这又该怎样呢？这将在俄国社会的普遍动荡中消失。

俄国农民习惯于**劳动组合**，这特别便于他们从小土地劳动过渡到合作劳动，并且他们在公社草地的割草、以及像排除沼地积水等集体作业中，已经在某种程度上实行了合作劳动。完全古代类型的小土地占有制（这是现代农学家感到头痛的东西）也有利于实行合作劳动。如果你在某一个地方看到有陇沟痕迹的小块土地组成的棋盘状耕地，那你就不必怀疑，这就是已经消失的农业公社的地产！农业公社的社员并没有学过地租理论课程，可是他们了解，在天然肥力和位置不同的土地上消耗等量的农业劳动，会得到不等的收入。为了使自己的劳动机会均等，他们根据土壤的自然差别和经济差别把土地分成一定数量的地段，然后按农民的人数把这些比较大的地段再分成小块。然后，每一个人在每一块地中得到一份土地。这种直到今天还在俄国公社里实行的制度，毫无疑问是和农艺学的要求矛盾的。除其他种种不便外，这种制度也造成人力和时间的浪费。可是，这种制度虽然乍看起来似乎和集体耕种相矛盾，但它的确有助于向集体耕种的过渡。小块土地……

选自《马克思恩格斯全集》第 19 卷，人民出版社 1963 年版，第 447—452 页。

◆ **恩格斯致弗里德里希·阿尔伯特·朗格**

1865 年 3 月 29 日

我的回信不得已而拖延下来，倒使我有机会接到了您的关于工人问题的著作；我怀着很大的兴趣读完了它。在我第一次读达尔文的著作时，我也曾经由于他对动植物生活的描述同马尔萨斯的理论异常相似而感到惊奇。不过我得出了和您不同的结论，我认为：对现代资产阶级的发展来说，最可耻的是它还没有超出动物界的经济形式。在我们看来，所谓"经济规律"并不是永恒的自然规律，而是既会产生又会消失的历史性的规律，而现代政治经济学大全，只要是由经济学家正确地客观地编纂出来的，对我们来说不过是现代资产阶级社会所赖以存在的规律和条件的总汇，一句话，是这个社会的生产条件和交换条件的抽象的描述和概括。因此，在我们看来，任何一个只要是表现**纯粹资产阶级关系**的规律都不是先于现代资产阶级社会而存在的；那些或多或少地对过去的全部历史起过作用的规律则仅仅表现了以阶级统治和阶级剥削为基础的一切社会所共有的关系。所谓李嘉图规律就属于前者，它无论对农奴制或对古代奴隶制都是不起作用的；而所谓马尔萨斯理论中的站得住脚的东西则属于后者。

……

我们的出发点是：创造了现代资产阶级社会的那些力量——蒸汽机、现代化的机器、大规模的殖民、铁路和轮船、世界贸易，现在已经由于接连不断的商业危机而使这个社会走向崩溃并且最后走向消灭——这些生产资料和交换手段也足以在短时间内使比例关系翻转过来，并且把每个人的生产力提高到能生产出够两个人、三个人、四个人、五个人或六个人消费的产品；那时，城市工业就能腾出足够的人员，给农业提供同以前完全不同的力量；科学终于也将大规模地、象在工业中一样彻底地应用于农业；欧洲东南部和美洲西部的天然肥沃的极其富饶的地区将以空前巨大的规模进行开发。如果这些地区都已经开垦出来，可是还有匮乏现象，那才是该说"应该警惕"的时候。

生产得太少，这就是全部问题之所在。但是，**为什么**生产得太少呢？并不是因为生产已经达到极限（即使是在今天，在使用现代化的手段的情况下）。并不是由于这个原因，而是由于生产的极限并不决定于挨饿的肚子的数目，而决定于有购买力的有支付能力的**钱袋**的数目。资产阶级社会不希望，也不能希望生产得更多。没有钱的肚子，即不能用来生产**利润**、因而也没有购买力的劳动，使死亡率不断提高。如果突然来一个工业繁荣（这是常有的现象），使这种劳动变得能用来生产利润，那末劳动就能得到钱买东西，而且总能找到生活资料。这就是整个经济所陷入的无尽头的恶性循环。人们总是把资产阶级关系的总体作为前提，然后证明，这个总体的任何个别部分都是必要部分，即"永恒的规律"。

选自《〈资本论〉书信集》，人民出版社1976年版，第191—193页。

◆ **恩格斯致约·布洛赫**

1890 年 9 月 21 [—22] 日于伦敦

……根据唯物史观,历史过程中的决定性因素**归根到底**是现实生活的生产和再生产。无论马克思或我都从来没有肯定过比这更多的东西。如果有人在这里加以歪曲,说经济因素是**唯一**决定性的因素,那么他就是把这个命题变成毫无内容的、抽象的、荒诞无稽的空话。经济状况是基础,但是对历史斗争的进程发生影响并且在许多情况下主要是决定着这一斗争的**形式**的,还有上层建筑的各种因素:阶级斗争的政治形式及其成果——由胜利了的阶级在获胜以后确立的宪法等等,各种法的形式以及所有这些实际斗争在参加者头脑中的反映,政治的、法律的和哲学的理论,宗教的观点以及它们向教义体系的进一步发展。这里表现出这一切因素间的相互作用,而在这种相互作用中归根到底是经济运动作为必然的东西通过无穷无尽的偶然事件(即这样一些事物和事变,它们的内部联系是如此疏远或者是如此难于确定,以致我们可以认为这种联系并不存在,忘掉这种联系)向前发展。否则把理论应用于任何历史时期,就会比解一个最简单的一次方程式更容易了。

我们自己创造着我们的历史,但是第一,我们是在十分确定的前提和条件下创造的。其中经济的前提和条件归根到底是决定性的。但是政治等等的前提和条件,甚至那些萦回于人们头脑中的传统,也起着一定的作用,虽然不是决定性的作用。普鲁士国家也是由于历史的、归根到底是经济的原因而产生出来和发展起来的。但是,恐怕只有书呆子才会断定,在北德意志的许多小邦中,勃兰登堡成为一个体现了北部和南部之间的经济差异、语言差异,而自宗教改革以来也体现了宗教差异的强国,这只是由经济的必然性所决定,而不是也由其他因素所决定(在这里首先起作用的是这样一个情况:勃兰登堡由于掌握了普鲁士而卷入了波兰事件,并因而卷入了国际政治关系,这种关系在奥地利王室领地形成的过程中也起过决定的作用)。要从经济上说明每一个德意志小邦的过去和现在的存在,或者要从经济上说明那种把苏台德山脉至陶努斯山所形成的地理划分扩大成为贯穿全德意志的真正裂痕的高地德意志语的音变的起源,那么,很难不闹出笑话来。

但是第二,历史是这样创造的:最终的结果总是从许多单个的意志的相互冲突中产生出来的,而其中每一个意志,又是由于许多特殊的生活条件,才成为它所成为的那样。这样就有无数互相交错的力量，有无数个力的平行四边形，由此就产生出一个合力，即历史结果，而这个结果又可以看作一个作为整体的、**不自觉地**和不自主地起着作用的力量的产物。因为任何一个人的愿望都会受到任何另一个人的妨碍，而最后出现的结果就是谁都没有希望过的事物。所以到目前为止的历史总是像一种自然过程一样地进行，而且实质上也是服从于同一运动规律的。但是，各个人的意志——其中的每一个都希望得到他的体质和外部的、归根到底是经济的情况（或是他个人的，或是一般社会性的）使他向往的东西——虽然都达不到自己的愿望，而是融合为一个总的平均数，一个总的合力，然而从这一事实中决不应作出结论说，这些意志等于零。相反地，每个意志都对合力有所贡献，因而是包括在这个合力里面的。

◆ 恩格斯致康·施米特

1890 年 10 月 27 日

在上述关于我对生产和商品贸易的关系以及两者和货币贸易的关系的见解的几点说明中，我基本上也已经回答了您关于历史唯物主义本身的问题。从分工的观点来看问题最容易理解。社会产生它不能缺少的某些共同职能。被指定执行这种职能的人，形成**社会内部**分工的一个新部门。这样，他们也获得了同授权给他们的人相对立的特殊利益，他们同这些人相对立而独立起来，于是就出现了国家。然后便发生像在商品贸易中和后来在货币贸易中发生的那种情形：新的独立的力量总的说来固然应当尾随生产的运动，然而由于它本身具有的、即它一经获得便逐渐向前发展的相对独立性，它又对生产的条件和进程发生反作用。这是两种不相等的力量的相互作用：一方面是经济运动，另一方面是追求尽可能大的独立性并且一经确立也就有了自己的运动的新的政治权力。总的说来，经济运动会为自己开辟道路，但是它也必定要经受它自己所确立的并且具有相对独立性的政治运动的反作用，即国家权力的以及和它同时产生的反对派的运动的反作用。正如在货币市场中，总的说来，并且在上述条件之下，是反映出，当然是**头足倒置地**反映出工业市场的运动一样，在政府和反对派之间的斗争中也反映出先前已经存在着并且正在斗争着的各个阶级的斗争，但是这个斗争同样是头足倒置地、不再是直接地、而是间接地、不是作为阶级斗争、而是作为维护各种政治原则的斗争反映出来的，并且是这样头足倒置起来，以致需要经过上千年我们才终于把它的真相识破。

国家权力对于经济发展的反作用可以有三种：它可以沿着同一方向起作用，在这种情况下就会发展得比较快；它可以沿着相反方向起作用，在这种情况下，像现在每个大民族的情况那样，它经过一定的时期都要崩溃；或者是它可以阻止经济发展沿着既定的方向走，而给它规定另外的方向——这种情况归根到底还是归结为前两种情况中的一种。但是很明显，在第二和第三种情况下，政治权力会给经济发展带来巨大的损害，并造成人力和物力的大量浪费。

此外，还有侵占和粗暴地毁灭经济资源的情况；由于这种情况，从前在一定条件下某一地方和某一民族的全部经济发展可能被毁灭。现在，这种情况多半都有相反的作用，至少在各大民族中间是如此：战败者最终在经济上、政治上和道义上赢得的东西往往比胜利者更多。

法也与此相似：产生了职业法学家的新分工一旦成为必要，就又开辟了一个新的独立领域，这个领域虽然一般地依赖于生产和贸易，但是它仍然具有对这两个领域起反作用的特殊能力。在现代国家中，法不仅必须适应于总的经济状况，不仅必须是它的表现，而且还必须是不因内在矛盾而自相抵触的**一种内部和谐一致**的表现。而为了达到这一点，经济关系的忠实反映便日益受到破坏。法典越是不把一个阶级的统治鲜明地、不加缓和地、不加歪曲地表现出来（否则就违反了"法的概念"），这种现象就越常见。1792—1796年时期革命资产阶级的纯粹而彻底的法的概念，在许多方面已经在拿破仑法典中被歪曲了，而就它在这个法典中的体现来说，它必定由于无产阶级的不断增长的力量而每天遭到各种削弱。但是这并不妨碍拿破仑法典成为世界各地编纂一切新法典时当作基础来使用的法典。这样，"法的发展"的进程大部分只在于首先设法消除那些由于将经济关系直接翻译成法律原则而产生的矛盾，建立和谐的法的体系，然后是经济进一步发展的影响和强制力又一再突破这个体系，并使它陷入新的矛盾（这里我暂时只谈民法）。

经济关系反映为法的原则，同样必然是一种头足倒置的反映。这种反映是在活动者没有意识到的情况下发生的；法学家以为他是凭着先验的原理来活动的，然而这只不过是经济的反映而已。这样一来，一切都头足倒置了。而这种颠倒——在它没有被认识以前构成我们称之为**意识形态观点**的那种东西——又对经济基础发生反作用，并且能在某种限度内改变经济基础，我认为这是不言而喻的。以家庭的同一发展阶段为前提，继承法的基础是经济的。尽管如此，很难证明：例如在英国立遗嘱的绝对自由，在法国对这种自由的严格限制，在一切细节上都只是出于经济的原因。但是二者都对经济起着很大的反作用，因为二者都影响财产的分配。

至于那些更高地悬浮于空中的意识形态的领域，即宗教、哲学等等，那么它们都有一种被历史时期所发现和接受的史前的东西，这种东西我们今天不免要称之为愚昧。这些关于自然界、关于人本身的性质、关于灵魂、魔力等等的形形色色的虚假观念，多半只是在消极意义上以经济为基础；史前时期的低级经济发展有关于自然界的虚假观念作为补充，但是有时也作为条件，甚至作为原因。虽然经济上的需要曾经是，而且越来越是对自然界的认识不断进展的主要动力，但是，要给这一切原始状态的愚昧寻找经济上的原因，那就太迂腐了。科学的历史，就是把这种愚昧逐渐消除的历史，或者说，是用新的、但越来越不荒唐的愚昧加以代替的历史。从事这些事情的人们又属于分工的特殊部门，并且认为自己是致力于一个独立的领域。只要他们形成社会分工之内的独立集团，他们的产物，包括他们的错误在内，就要反过来影响全部社会发展，甚至影响经济发展。但是，尽管如此，他们本身又处于经济发展的起支配作用的影响之下。例如在哲学上，拿资产阶级时期来说这种情形是最容易证明的。霍布斯是第一个现代唯物主义者（18世纪意义上的），但是当专制君主制在整个欧洲处于全盛时期，并在英国开始和人民进行斗争的时候，他是专制制度的拥护者。洛克在宗教上和政治上都是1688年的阶级妥协的产儿。英国自然神论者和他们的更彻底的继承者法国唯物主义者都是真正的资产阶级哲学家，法国人甚至是资产阶级革命的哲学家。在从康德到黑格尔的德国哲学中始终显现着德国庸人的面孔——有时积极地，有时消极地。但是，每一个时代的哲学作为分工的一个特定的领域，都具有由它的先驱传给它而它便由此出发的特定的思想材料作为前提。因此，经济上落后的国家在哲学上仍然能够演奏第一小提琴：18世纪的法国对英国来说是如此（法国人是以英国哲学为依据的），后来的德国对英法两国来说也是如此。但是，不论在法国或是在德国，哲学和那个时代的普遍的学术繁荣一样，也是经济高涨的结果。经济发展对这些领域也具有最终的至上权力，这在我看来是确定无疑的，但是这种至上权力是发生在各该领域本身所规定的那些条件的范围内：例如在哲学中，它是发生在这样一种作用所规定的条件的范围内，这种作用就是各种经济影响（这些经济影响多半又只是在它的政治等等的外衣下起作用）对先驱所提供的现有哲学材料发生的作用。经济在这里并不重新创造出任何东西，但是它决定着现有思想材料的改变和进一步发展的方式，而且多半也是间接决定的，因为对哲学发生最大的直接影响的，是政治的、法律的和道德的反映。

关于宗教，我在论费尔巴哈的最后一章里已经把最必要的东西说过了。

选自《马克思恩格斯选集》第 4 卷，人民出版社 1995 年版，第 695—704 页。

◆ **恩格斯致瓦·博尔吉乌斯**

1894 年 1 月 25 日于伦敦

尊敬的先生：

对您的问题回答如下：

1. 我们视之为社会历史的决定性基础的经济关系，是指一定社会的人们生产生活资料和彼此交换产品（在有分工的条件下）的方式。因此，这里包括生产和运输的**全部技术**。这种技术，照我们的观点看来，也决定着产品的交换方式以及分配方式，从而在氏族社会解体后也决定着阶级的划分，决定着统治和被奴役的关系，决定着国家、政治、法等等。此外，包括在经济关系中的还有这些关系赖以发展的**地理基础**和事实上由过去沿袭下来的先前各经济发展阶段的残余（这些残余往往只是由于传统或惰性才继续保存着），当然还有围绕着这一社会形式的外部环境。

如果像您所说的，技术在很大程度上依赖于科学状况，那么科学却在更大得多的程度上依赖于技术的**状况**和**需要**。社会一旦有技术上的需要，这种需要就会比十所大学更能把科学推向前进。整个流体静力学（托里拆利等）是由于 16 世纪和 17 世纪意大利治理山区河流的需要而产生的。关于电，只是在发现它在技术上的实用价值以后，我们才知道了一些理性的东西。在德国，可惜人们撰写科学史时习惯于把科学看作是从天上掉下来的。

2. 我们把经济条件看作归根到底制约着历史发展的东西。而种族本身就是一种经济因素。不过这里有两点不应当忽视：

（a）政治、法、哲学、宗教、文学、艺术等等的发展是以经济发展为基础的。但是，它们又都互相作用并对经济基础发生作用。并非只有经济状况才是**原因**，

才是积极的，其余一切都不过是消极的结果。这是在**归根到底**总是得到实现的经济必然性的基础上的互相作用。例如，国家就是通过保护关税、自由贸易、好的或者坏的财政制度发生作用的，甚至德国庸人的那种从 1648－1830 年德国经济的可怜状况中产生的致命的疲惫和软弱（最初表现于虔诚主义，尔后表现于多愁善感和对诸侯贵族的奴颜婢膝），也不是没有对经济起过作用。这曾是重新振兴的最大障碍之一，而这一障碍只是由于革命战争和拿破仑战争把慢性的穷困变成了急性的穷困才动摇了。所以，并不像人们有时不加思考地想象的那样是经济状况自动发生作用，而是人们自己创造自己的历史，但他们是在既定的、制约着他们的环境中，在现有的现实关系的基础上进行创造的，在这些现实关系中，经济关系不管受到其他关系——政治的和意识形态的——多大影响，归根到底还是具有决定意义的，它构成一条贯穿始终的、唯一有助于理解的红线。

（b）人们自己创造自己的历史，但是到现在为止，他们并不是按照共同的意志，根据一个共同的计划，甚至不是在一个有明确界限的既定社会内来创造自己的历史。他们的意向是相互交错的，正因为如此，在所有这样的社会里，都是那种以**偶然性**为其补充和表现形式的**必然性**占统治地位。在这里通过各种偶然性而得到实现的必然性，归根到底仍然是经济的必然性。这里我们就来谈谈所谓伟大人物问题。恰巧某个伟大人物在一定时间出现于某一国家，这当然纯粹是一种偶然现象。但是，如果我们把这个人去掉，那时就会需要有另外一个人来代替他，并且这个代替者是会出现的，不论好一些或差一些，但是最终总是会出现的。恰巧拿破仑这个科西嘉人做了被本身的战争弄得精疲力竭的法兰西共和国所需要的军事独裁者，这是个偶然现象。但是，假如没有拿破仑这个人，他的角色就会由另一个人来扮演。这一点可以由下面的事实来证明：每当需要有这样一个人的时候，他就会出现，如凯撒、奥古斯都、克伦威尔等等。如果说马克思发现了唯物史观，那么梯叶里、米涅、基佐以及 1850 年以前英国所有的历史编纂学家则表明，人们已经在这方面作过努力，而摩尔根对于同一观点的发现表明，发现这一观点的时机已经成熟了，这一观点**必定**被发现。

历史上所有其他的偶然现象和表面的偶然现象都是如此。我们所研究的领域越是远离经济，越是接近于纯粹抽象的意识形态，我们就越是发现它在自己的发展中表现为偶然现象，它的曲线就越是曲折。如果您划出曲线的中轴线，您就会发现，所考察的时期越长，所考察的范围越广，这个轴线就越同经济发展的轴线接近于平行。

　　选自《马克思恩格斯选集》第 4 卷，人民出版社 1995 年版，第 731—733 页。

五、进一步阅读的文献

　　1. ［德］库诺：《马克思的历史、社会和国家学说》，上海世纪出版集团 2006 年版。

　　2. ［法］阿尔都塞：《意识形态与意识形态国家机器》，载陈越编：《哲学与政治：阿尔都塞读本》，吉林人民出版社 2003 年版。

　　3. 赵家祥、丰子义：《马克思东方社会理论的历史考察和当代意义》，高等教育出版社 2002 年版。

第二部分　Chapter Two　第二国际的哲学文本

第十四章　马克思主义的修正主义阐述

——《社会主义的前提和社会民主党的任务》

一、写作背景

19 世纪末，资本主义社会发生了重要的变化：一方面，随着资本主义经济的发展，自由竞争的无序性在一定程度上得到了遏制，无产阶级的生活水平有所提高，两极分化在一定程度上得到改变；另一方面，随着国家在社会生活中组织作用的增强，议会在政治生活中起着日益重要的作用，社会改良思想因此产生了较大的社会影响。在这种情况下，德国社会民主党领导人伯恩施坦（Eduard Bernstein，1850－1932）于 1898 年写作了《社会主义的前提和社会民主党的任务》，对马克思主义进行了全面修正。1899 年《社会主义的前提和社会民主党的任务》出版。

二、篇章结构

《社会主义的前提和社会民主党的任务》由序言和五章构成：序言阐述了写作的缘起，并对批评的观点作了回应；第一章马克思主义社会主义的基本原理分三节，阐述了历史唯物主义的基本原理；第二章马克思主义和黑格尔的辩证法分二节，提出将马克思主义从黑格尔辩证法的杂质中拯救出来，以削弱阶级斗争理论的力量；

第三章现代社会的经济发展分四节，强调资本主义经济发展与马克思时代的差异，认为马克思的价值理论有局限性；第四章社会民主党的任务和能力分四节，集中阐述了社会主义的经济基础、政治原则和主要内容，提出了社会主义民主党当前的任务；最后一章最终目的和运动提出，应克服社会主义理论中的空想主义的方法论，强调通过改良推动社会主义运动。

三、观点提示

第一，唯物主义历史观是马克思主义的"纯粹科学"。一切科学都可以区分出纯粹的理论与应用的理论，前者由一些从有关经验推演出来并被认为是普遍适用的认识原理组成，后者是把这些原理应用于各个现象或各个实践事例。在马克思主义中，既有"纯粹科学"，又有"应用科学"。其中，唯物主义历史观是马克思主义的"纯粹科学"，马克思主义的"整个体系原则上是同它共存亡的"，而马克思主义的"应用科学"涉及具体的应用条件，当条件发生变化时其应用理论必然要发生变化。

第二，经济史观是历史唯物主义"最恰当的名称"。所谓经济史观，只是强调经济是起决定作用的力量，是历史运动的伟大支点。就唯物主义历史观来说，现有的马克思主义陷入到了经济决定论中，没有看到科学、技术、伦理、艺术、政治等在社会发展中的重要作用，这在今天已经非常明显；就阶级斗争学说来说，马克思设想的无产阶级与资产阶级的两极分化已被改变，中产阶级的兴起使激进的阶级斗争理论失去了现实意义。随着科学技术、政治和伦理在社会发展中作用的增强，引进一种规范的伦理学来补充和修正马克思主义，尤为必要。

第三，黑格尔辩证法对马克思、恩格斯学说的不幸影响。马克思、恩格斯的伟大贡献，都不是借助于黑格尔的辩证法而作出的；马克思、恩格斯学说中的问题，如阶级斗争学说、崇尚暴力的布朗基主义倾向，都与他们的学说中的"黑格尔的杂质"有关。黑格尔的辩证法妨碍了马克思、恩格斯对事物进行正确地推理和考察，这也是妨碍发展马克思主义的陷阱。

四、文本节选

德国社会民主党现在承认马克思和恩格斯所制定并且被他们称为**科学社会主义**的那一社会学说是它的行动的理论基础。这就是说，社会民主党作为战斗的党虽然代表一定的利益和倾向，为**自己确定的目的**而斗争，但是它在确定这些目的时归根到底而且在决定性方面是遵循这样的认识的，这一认识有可能提供完全依靠经验和逻辑作为证明材料并且同经验和逻辑吻合的客观证据。因为无法提供这种证据的，就不再是科学，而是以主观灵感，以单纯的愿望和想像为根据的了。

在一切科学中都可以区分出纯粹的理论和应用的理论来。前者由一些从有关这一方面的全部经验推演出来并且被认为是普遍适用的认识原理组成。它们构成理论中的不变成分。把这些原理应用于各个现象或各个实践事例，就形成了应用科学：由这种应用而获得并被概括成定理的认识，就是应用科学的原理。它们构成学说体系中的可变成分。

不过所谓不变和可变，在这里只能有条件地理解。纯粹科学的原理也要发生变动，不过这些变动多半采取附加限制条件的形式。随着认识的前进，一些过去被赋予绝对有效性的原理就被认为是有条件的了，它们被补充以新的认识原理，这些新的原理对它们的有效性加以限制，但同时也扩大了纯粹科学的领域。反过来说，在应用科学中，个别的原理对于一定的情况来说是保持持久的有效性的。一个农业化学或者电工学的定理，只要是经过检验的，那末只要它所依据的前提重复出现，它就总是正确的。但是前提因素及其组合可能性的多样性使这类定理产生无穷尽的多样性，并且使它们彼此之间的价值对比经常发生变动。实践不断地创造新的认识材料，并且可以说每天都在改变总的图景，不断地使一度曾经是新的成就的那些东西移到了陈旧方法的项下。

到目前为止，还没有作过把马克思主义社会主义的纯粹科学从它的应用部分系统地析离出来的尝试，虽然这一方面的重要的准备工作并不缺乏。马克思在《政治经济学批判》序言中对于它的历史观的著名表述和弗·恩格斯的《社会主义从空想发展到科学》的第三部分，是应当作为最重要的表述在这里列为首位的。在上述序言中，马克思以十分简练、明确、摆脱一切同特殊现象、特殊形式的关系的句子表述了他的历史哲学或社会哲学的一般特征，在任何别的地方都没有说得这样简洁。马克思的历史哲学的主要思想在这里一点也不缺少。

恩格斯的这一著作一部分是马克思的原理的比较通俗的表述，一部分是这些原理的扩大。在这一著作中涉及了像（被马克思描述为市民社会的）现代社会这样的特殊发展现象，并且比较详细地预示了它们的进一步发展过程，因此有许多地方已经可以说是应用科学了。书中的个别地方已经可以分离出来，而不致损害基本思想。但是主要原理的表述还是很一般的，完全可以要求把它看成马克思主义的纯粹科学。马克思主义不希望仅仅成为抽象的历史理论，这一事实也使上述要求有了理由和必要。马克思主义希望既是现代社会的理论，同时又是这一社会的发展的理论。如果我们想严格区分，就已经可以把马克思主义学说的后一部分称为应用的学说，但是这一应用对于马克思主义来说是完全本质性的，如果没有这一应用，它恐怕会几乎失去作为政治科学的任何意义。因此必须把关于现代社会的这些阐述的一般原理或主要原理仍旧算成马克思主义的纯粹理论。如果说当前的、在法律上以私有财产和自由竞争为基础的社会制度对于人类历史来说是一个特殊情况，那么它对于当前的文化时期来说毕竟同时又是普遍的和持久的情况。因此，凡是在马克思对于资产阶级社会及其发展过程的描述中无条件适用、也就是不问民族和地方特点一律适用的一切东西，都属于纯粹理论的领域，与此相反，凡是涉及一时的和地方性的特殊现象和推测的一切东西、发展的一切特殊形式，都属于应用科学。

用烦琐哲学一词来毁谤对于马克思理论的比较带有分析性的钻研，已成了一个时期以来的风尚。这样的标语口号说起来是很方便的，正因如此就要求非常慎重。如果要概念不致庸俗化，推论不致僵化成纯粹的信条，那么对概念进行研究，区分偶然的事物和本质的事物，是永远重新有必要的。烦琐哲学不仅曾经在概念上钻牛角尖，它不仅曾经担任正教的帮手，而且当它从概念上分析神学的教义时，它大大促成了教条主义的克服；它挖空了正教独断论用来抵挡自由的哲学研究的那堵墙的墙脚——在烦琐哲学开垦出来的土地上，生长起来笛卡儿和斯宾诺莎的哲学。烦琐哲学也有不同的类型：辩护的和批判的。后者从来就是被一切正统派深恶痛绝的。

在我们按上述方式分解马克思学说体系的各个成分时，我们获得了一个估计这一学说的各个原理对于整个体系的价值的主要尺度。如果把纯粹科学的任何一个原理去掉，也就随之去掉了基础的一个片断，于是整个建筑的一大部分就失去了支柱，成为摇摇欲坠的了。应用科学的原理却是另外一种情况。这些原理可以取消，却丝毫不致震动基础。的确，可以取消应用科学的一整批原理，却不致殃及其他部分。在这种情况下，只需要指出，在中间环节的构造上犯了一个错误。如果指不出这样的错误，那么当然不可避免地要得出这样的结论：基础上有一个缺陷或者漏洞。

在这里进行直到较小细节的系统的分解，却不在本书计划的范围之内，因为问题并不在于对马克思的学说作详尽无遗的叙述和批判。我的目的只是，把上述历史唯物主义的纲要，把（在这一纲要中已经包含萌芽的）关于一般的阶级斗争以及资产阶级和无产阶级之间的特殊的阶级斗争的学说，还有剩余价值学说连同关于资产阶级社会的生产方式的学说，以及关于这一社会的以这一生产方式为基础的发展趋势的学说，当作我所认为构成马克思主义纯粹科学的建筑的那些东西的主要组成部分而加以描述。不言而喻，同应用科学的诸原理一样，纯粹科学的诸原理对于体系的价值也是各不相同的。

没有任何人会不同意，马克思主义的基础中的最重要环节，也可以说是贯串整个体系的基本规律，是它的特殊的历史理论，这一理论被命名为唯物主义的历史观。整个体系在原则上是同它共存亡的。在这一理论受到限制时，其余的环节彼此相对的地位也相应地要随之受到影响。因此对于马克思主义的正确性的任何探讨，都必须以这一理论是否有效和怎样有效这一问题为出发点。

……

同物理的自然力一样，经济的自然力的本质被认识到多大程度，它就在多大程度上从人的主人变成仆人。因而社会对于经济的动力的关系，在理论上比过去要更为自由，只是它的各个分子——私人利益和集团利益的力量——之间的利害冲突妨碍这一理论上的自由充分转化为实践上的自由。但是即使在这里，整体利益的力量也以日益增长的程度超过私人利益的力量。随着这种情况的发展，凡是在发生这种情况的地方，经济力量的原始支配作用就相应地消失。它们的发展被预见到了，因此就更加迅速、更加容易地得到实现。个人和整个整个的民族就这样使自己生活的愈来愈大的部分摆脱了无需他们的意志或者违反他们的意志而实现的必然性的影响。

但是因为人对于经济因素给以愈来愈大的注意，就容易产生这样的表面现象，似乎经济因素今天所起的作用比过去更大。其实情况却不是这样。所以引起这种错觉，不过是因为经济动机今天是自由地出场的，而它在以前是被各种各样的统治关系和意识形态掩盖着的。现代社会在不受经济和作为经济力量起作用的自然所制约的意识形态方面反而比以前的诸社会更为丰富。科学、艺术和相当大的一批社会关系，今天同从前的任何时期比起来，对于经济的依赖程度要小得多。或者，为了不致留下误解的余地，可以说，经济发展今天已经达到的水平容许意识形态因素特别是伦理因素有比从前更为广阔的独立活动的余地。因此，技术和经济的发展同其他社会制度的发展之间的因果联系变得愈来愈间接了，从而前者的自然必然性对于后者的形态的决定性影响就愈来愈小了。

"历史的铁的必然性"就这样受到了一重限制，不过我要先说明，这对于社会民主党的实践来说，并不意识着社会政治任务的缩小，而是意味着它的提高和**修订**。

总之，我们今天所见到的唯物主义历史观的形态，和它的创始人起初赋予它的形态是不同的。它在创始人自己那里经历了一个发展过程，在创始人自己那里，它的独断主义的解释也受到了一些限制。如同已经指明的那样，任何理论的历史都是这样。如果从恩格斯在给康拉德·施密特的信和在《社会主义大学生》发表的信中赋予历史唯物主义的那一成熟形式向后追溯到最初的一些定义，并且以此为根据而对它作"一元论"的解释，这会是极大的退步。不如说应当用那些信来补充最初的定义。理论的基本思想并不因此丧失它的统一性，但是理论本身的科学性却提高了。它有了这些补充才真正成为科学的历史考察的理论。在马克思这样的人手中，它能够以它最初的形式成为伟大历史发现的杠杆，但是连他的天才也被它错误地引导到形形色色的错误结论。所有的既不具备他那样的天才、又不具备他那样的知识的人就更不用说了。作为社会主义理论的科学基础，唯物主义历史观在今天只有按前述的扩大才能有效。一切应用，如果没有考虑或者没有足够地考虑由这一扩大所指出的物质力量和思想力量的相互作用，那末不管它是出自理论的创始人自己还是出自别人，都应当据此相应地加以纠正。

……

马克思于一八五〇年完全本着这一见解的精神在《阶级斗争》中写道："公共信用和私人信用是可以据以测定革命强度的经济寒暑表。**信用降低多少，革命的热度和创造力就上升多少**。"这是一个地道的黑格尔式的并且对一切习惯于黑格尔式饮食的头脑非常明白的原理。但是每一次革命中都有一个点，在这一点上热度就停止创造，而只起破坏和摧残作用了。只要超过了这一点，就不是继续发展，而是倒退即原来目的的反面了。在历史上，布朗基主义的策略即使开头是胜利的，但是每次都在达一点上失败了。它的最大的弱点在这里，不在于暴动理论，而恰恰在这里它从来没有从马克思主义方面受到批判。

这不是偶然的。因为在这里，对于布朗基主义的批判将变成马克思主义的自我批判——不仅是对某些外部表现的自我批判，而是对它的学说体系的极其本质的组成部分的自我批判。如同我们在这里又一次见到的，首先是对它的辩证法的自我批判。每当我们看到把作为社会发展基础的经济当作出发点的理论向把暴力崇拜发挥到顶点的理论屈服时，我们就会碰到一个黑格尔式的原理。也许这不过是用来作类推，但这样就更加糟了。黑格尔辩证法最大的欺人之处在于，它从来不是完全错误的。它偷看真理，正像鬼火偷看亮光一样。它并不自相矛盾，因为照它说来，每一件事物都包含矛盾。把暴力放到经济还占据着位置的地方去，这是不是一个矛盾呢？哦，不是，要知道暴力本身正是"一种经济力量"。

任何有理智的人也不会对上面最后一句话的相对正确性提出异议。但是，暴力作为经济的力量，怎样和在什么时候才起着可以产生预期结果的作用呢？如果我们向自己提出这个问题，那末黑格尔辩证法就丢下我们不管了。这时，如果我们不想铸成大错的话，我们就必须考虑具体的事实和精确地——"形而上学地"——规定的概念。黑格尔主义的逻辑筋斗五光十色，显得激进和才气横溢。它像鬼火一样给我们指出彼岸的前景的模糊轮廓。但是只要我们一旦本着对它的信任来选择我们的道路，我们就一定会陷入泥潭。马克思和恩格斯的伟大贡献，不是借助黑格尔的辩证法而作出的，而是由于不管它才作出的。如果说另一方面，他们不加注意地放过了布朗基主义的最重要的错误，那么这首先要归咎于他们自己理论中的黑格尔的杂质。

……

社会民主党的全部实践活动都是归结于创造一些状态和先决条件，它们能够促成和保证现代社会制度在不发生痉挛性爆发的情况下转移为一个更高级的制度。社会民主党的信徒觉悟到自己是一种更高级的文化的先锋，他们一再从这一觉悟汲取鼓舞和激励，他们所力争实现的社会剥夺在道义上的权利根据归根到底也是在于这一觉悟。但是阶级专政却属于较低下的文化，姑且撇开事情的当否和实现可能性不谈，如果激起了下面这样的思想，那就只能看成是一种倒退，是政治上的返祖现象。这种思想是，从资本主义社会向社会主义社会的过渡一定不可避免地要通过某一时代的发展形式来实现，在这一时代里，还完全不知道今天的传播和争取法律的方法，或者只知道这些方法的很不完善的形态，而适合于这一目的的机关是没有的。

我特意说从资本主义社会向社会主义社会的过渡，而不象今天频繁使用的那样说"从资产阶级社会（von der bürgerlichen Gesellschaft）"。"bürgerlich"一词的这种应用，不如说同样也是返祖现象，或者无论如何是一种言语上的含混，这种情况应当说是德国社会民主党用语的缺陷，是导致敌人和朋友的错误解释的绝好桥梁。这里的责任一部分在于德语，它没有专有的词来表达同特权的资产者这一概念有区别的社会的权利平等的市民这一概念。企图为前一概念或后一概念创造一个专门的术语并使它成为惯用语的一切尝试迄今都告失败，因此我认为，使用外来语"Bourgeois"来表示特权的资产者和有关的事物，比由于把它翻译成"Bürger"或"bürgerlich"而为一切可能有的错误理解和错误解释开门，无论如何还是要好一些。

今天说到反对资产阶级和消灭资产阶级社会时，任何人毕竟都懂得指的是什么了。但是反对或者消灭市民社会是什么意思呢？特别是在德国，当它的最大的、为首的邦即普鲁士的问题仍旧在于首先摆脱阻碍市民发展的很大部分的封建主义的时候，这样说是什么意思呢？没有人想到要把作为一个根据民法维持秩序的共同体的市民社会致于死命。相反，社会民主党不想解散这一社会和把它的成员全部无产阶级化，他们宁可坚持不懈地致力于使工人从一个无产者的社会地位上升到一个市民的社会地位，从而使市民地位或市民生活**普遍化。社会民主党不想用一个无产阶级社会来代替市民社会，而是想用一种社会主义社会制度来代替资本主义社会制度。**如果我们不去使用前一种有歧义的说法，而是坚持后一种毫无歧义的解释，就是好的。这一来我们也将摆脱很大一部分其他的矛盾，这些矛盾是敌人并非毫无道理地在社会民主党的用语和实践之间指证出来的。个别的社会主义报刊今天以使用傲慢的反市民的言语为乐事，如果我们作为隐士而孤立地生活着，这样做是恰当的，但是在并不宣称完全"按资产阶级方式"安排自己的私生活是违背社会主义思想的这一时代，这样做就是荒谬的了。

……

一七九三年宪法是那一时代的自由主义思想的合乎逻辑的表现，对它的内容的粗略浏览就可以表明，它对于社会主义的阻碍过去或现在是多么少。巴贝夫和平等派也曾经认为它是实现他们的共产主义意向的极好的出发点，并且因此把恢复一七九三年宪法写在自己的要求的最前面。后来表现为政治的自由主义的那些东西，是旧制度推翻以后为了适应或满足资本主义市民阶级的需要而作的削弱和迁就，正象所谓曼彻斯特学说不过是经济自由主义的经典作家所奠定的原则的削弱和片面表述而已。事实上没有任何自由主义思想不是也属于社会主义的思想内容的。甚至看来完完全全是曼彻斯特式的经济上的个人负责（Selbstverantwortlichkeit）的原则，在我看来，社会主义既不能从理论上对它加以否定，也不能在任何可以设想的情况下使它失去作用。**没有责任就没有自由**；我们尽管可以在理论上对于人的行动自由愿意怎么想就怎么想，在实践上我们却必须把它当作道德律的基础而从它出发，因为只有在这一条件下社会伦理才是可能的。同样，在交往的时代中，在我们的人口以百万计的各邦中，如果不假定一切有劳动能力的人都要在经济上个人负责，健全的社会生活就是不可能的。承认经济上的个人责任，是个人为了社会给予他的或者向他提供的服务而对社会的报偿。

选自《社会主义的前提和社会民主党的任务》，殷叙彝译，生活·读书·新知三联书店 1973 年版，第 45—199 页。

五、进一步阅读的文献

1.《德国社会民主党关于伯恩施坦问题的争论》，中央编译局编译，生活·读书·新知三联书店 1981 年版。

2. 殷叙彝：《民主社会主义论》，中央编译出版社 2007 年版。

3. 姚顺良：《马克思主义哲学史：从创立到第二国际》，北京师范大学出版社 2010 年版。

4. Manfred B. Steger，*The Quest for Evolutionary Socialism：Eduard Bernstein and Social Democracy*，Cambridge University Press，2006.

第十五章　唯物主义历史观的系统阐述

——《唯物主义历史观》

一、写作背景

　　马克思、恩格斯逝世之后，对于唯物主义历史观，无论是在社会民主党的内部，还是在社会民主党的外部，都存在着不同的态度：有的抛弃了唯物主义历史观；有的在理论上承认唯物史观，但在实践上却与之背道而驰；有的只注重应用唯物主义历史观去研究具体问题；有的却力图将唯物主义历史观与唯心主义调和起来；有的以"经济唯物主义"指称唯物主义历史观，将之教条化、抽象化。为了系统阐述唯物主义历史观的基本原理，充分吸收当时的研究成果，坚持和发展马克思主义，考茨基（Karl Kautsky，1854－1938）于 1919－1927 年写下了《唯物主义历史观》，1927 年在德国柏林出版。

二、篇章结构

　　《唯物主义历史观》共五卷：第一部"自然和社会"由第一卷"精神和世界"、第二卷"人性"、第三卷"人类社会"组成，主要关注自然现象与社会现象的统一性；第二部"国家和人类发展"，由第四卷"阶级和国家"（上、下）、第五卷"历史的意义"组成，主要从世界发展的普遍性中指出人类社会发展的特殊性。

三、观点提示

第一，历史唯物主义是应用到历史上的唯物主义。唯物主义历史观是从马克思、恩格斯的唯物主义世界观中产生出来的。这种唯物主义世界观，并不认可用物质的机械作用说明世界的一切现象，也不认可用物质利益来说明社会历史。马克思、恩格斯从辩证的唯物主义的方法出发，通过研究历史和经济，特别是通过研究法国革命和英国工人状况，创立了唯物主义的历史观。

第二，唯物主义历史观的主要内容是由揭示社会基本结构的社会静力学和揭示社会发展规律的社会动力学构成。生产力决定生产关系、经济基础（生产关系的总和）决定上层建筑，这是唯物主义历史观的静力学；生产力与生产关系、经济基础与上层建筑的矛盾运动推动着社会的发展，这是唯物主义历史观的动力学。当生产关系不适应生产力的发展时，新的革命时代就到来了。这是唯物主义历史观的精髓。同时，探索每一历史时期的特殊规律是唯物主义历史观的一个本质特征。唯物主义历史观的重大价值，就在于揭示了人类社会发展的基本规律，但这一基本规律的适用条件却是具体的、历史的，因此，必须关注具体国家的具体历史和具体条件，并探索每一个历史时期的特殊规律，这是唯物史观的本质特征之一。唯物主义历史观的历史基础是现代资产阶级社会，适用于以现代工业为基础的社会主义社会。

第三，经济是历史发展的"原动力"。唯物主义历史观确实把经济看成历史发展的"原动力"，但这并不是说唯物主义历史观是从经济动机和物质利益出发的，而是指经济利益的冲突是以一定的"经济条件"为转移的，马克思、恩格斯都是从"经济条件"出发来理解资本主义社会并论证社会主义革命的。因此，唯物主义历史观并不是要说明人何以有思想、欲望，而是研究这些不同的观念和欲望何以在不同的时代大不相同。只有从特定时代的经济条件出发，才能真正地认识和把握历史发展的规律。因此，只有在"归根到底"的意义上，经济才是历史发展的"原动力"。经济决定论与经济唯物主义都是对唯物主义历史观的误解。

第四，最重要的生产力是人本身。不能认为只有一定的材料和工具才是物质生产力。在生产力的构成中，人是最重要的生产力，只有人才能把其他的生产力释放出来，并有目的地使用。作为人认识自身和环境的自然科学，也是生产力。从人的视角出发，生产过程有其物质方面，也有其社会方面，机器、设备、技术等构成了生产的物质方面；劳动生产中的组织、管理、纪律、制度以及人的心理等，构成了生产的社会方面。

第五，历史是所有的人创造的。历史并不是个别伟大人物创造出来的，个别人物的历史作用离不开广大群众的努力。一个人才能的大小，取决于这个人在他生活于其中，并为之工作的那个集团和阶级内部所能发生的影响的大小，个人的动机或欲望都受到经济生活条件的制约。愈是从大的关系中把握历史事件，就愈能看到历史是所有的人创造出来的。

《唯物主义历史观》系统阐述了历史唯物主义的基本理论，并以历史唯物主义为指导，对诸多领域的问题，如人类学、伦理学、思维史、自然科学史、人口学等学科中的相关问题进行了探讨，批判了歪曲历史唯物主义的错误思潮，在马克思主义发展史上具有其重要的地位。当然，这部著作也表现出某种机械决定论、折衷主义的理论倾向。

四、文本节选

马克思根本没有把人本学、把那种关于人的本质的学说归结到经济学。人在他看来并不是一种单纯的经济生物。那并不是什么天才的发现，而是一种可悲的愚蠢。费尔巴哈指出，人按照自己的肖像创造了神；在这一点上，他确是把神学归结到人本学。马克思把经济引进了这个假定，指出人以及人的神并不是在所有的时代都一样，时代的不同应该归结到经济的变迁；这样一来，他就把这个假定扩大了。

但是这样做并没有把全部人本学归结到经济学，在那样的基础上，是完全不足以建立一种新型的唯物主义的。唯物主义是一种关于世界的观点，而不只是关于人的观点。

马克思和恩格斯把他们的历史观称为一种唯物主义的历史观，是因为这种历史观是从他们的唯物主义思想、他们的唯物主义世界观里产生出来的。而他们之所以成为唯物主义者，并不是由于他们发现了经济在历史中的决定作用。

伏尔特曼至少还试图给"经济唯物主义"这个名称说出一个根据，这个根据虽然是错误的，但是还可以使我们了解这个名称的意思。在捷列夫斯基和布哈林那里，则什么根据都没有。在他们那里，这个名称是毫无意义的。

历史唯物主义是应用到历史上的唯物主义。如果我们愿意比照着这个说法来讲经济唯物主义的话，那就是一种应用到经济上的、而不是应用到历史上的唯物主义。

如果要把产生出那种历史观的世界观当作非婚生母，看成一个污点，力图偷偷地掩盖起来，那就最好采用"经济的历史观"这个名称；因为这个名称很含混，可以不至于太明显地透露出这种企图。可是我们正好相反，是坚决地要求为自己辩护的。在唯物主义历史观的起源方面，丝毫没有什么令它的拥护者感到羞耻的地方。

有些人常常还要拿着"经济的历史观"这个名称说，它是与任何一种哲学都能相容的，它并不以一种特定的世界观为前提。它是纯粹通过经验从考察经济和历史得来的。

不错，马克思在他为《政治经济学批判》所写的那篇著名的序言里第一次比较深入地陈述了唯物主义历史观，指出这种历史观是他的历史研究和经济研究的"总的结果"，一经获得，就"用来作为指导其研究工作的指针"。

人们大概可以由此推出结论说，马克思最初只是把历史唯物主义看成所谓"发明原则"，看成单纯的研究工作假设，这个假设要以历史研究工作为基础，它的有效性和正确性要在应用中去证明。

连那种在今天还不愿意多看它一眼的人，也舍不得不承认它给科学带来了丰富的收获。

可是一个假设不能老是停留在这个阶段上。要么是在这个假设的应用中出现越来越多的矛盾，无法摆脱，因而不得不加以修改，加以限制，或者把它完全放弃。要么是可以把它列入各种已知联系的总体，列入"普遍的联系"中去，丝毫不出现矛盾，这样，它就可以被认为具有普遍的科学价值，被看作理论，只要这个已知联系的总体没有被一些全新的认识所扩大，因而得到一种新的性质，使人们不得不对那些建立在这个总体上的理论或多或少地加以改造。

历史唯物主义也并没有始终是一个通过经验、通过对事实的单纯观察而得来的孤立假设，而是与一个巨大的世界观有机地结合为一体了，它是与这个世界观同命运、共存亡的。

马克思和恩格斯在发展他们的历史观以前，已经在哲学上达到一种唯物主义的观点了。

在上面引证过的《政治经济学批判》序言中，不仅把这种历史观描述成历史研究和经济研究的成果，同时描述成进一步研究的指针，而且把它明显地与下面这个命题结合在一起：

"不是人们的意识决定人们的存在，相反，是人们的社会存在决定人们的意识。"

这个命题是费尔巴哈的一个命题的变形，那个命题是：思维是从存在产生出来的，而不是存在从思维产生出来的。值得注意的是马克思在这里一方面把意识与存在对立起来，另一方面却不再把它与单纯的存在对立起来，而是与"社会存在"对立起来。马克思超过费尔巴哈的进步之处是在这里，但是他喜欢文字精练，没有对这一点详细发挥。他有时把思想链条中的一个中间环节省去了，用心思考的读者必须自己把它补起来。严格地说来，应该说：不是人们的意识决定人们的存在，相反，是人们的存在决定人们的意识。但是，与自然存在相此，在人类历史所包括的那一段时间内，社会存在就意味着一种历史发展。因此只有社会存在的变化在人们的意识中引起变化，换句话说，就是：人们每一个时期的社会存在决定了人们每一个时期的意识的特殊性。

马克思和恩格斯是从一种十分确定的哲学出发，通过他们的历史研究和经济研究，特别是通过对法国革命和英国工人状况的研究，从而达到他们的历史观的。他们把这种哲学称为一种唯物主义的哲学。我们决不能把他们自己给这种历史观定下的名称加以改变，企图以此掩盖这一事实。

但是，我们之所以必须坚持唯物主义历史观这个名称，理由并不仅仅在于忠于历史事实。它所依据的那种唯物主义，在今天决不是一种已经被克服了的观点，而是具有充沛的生命力的。

选自《唯物主义历史观》第一分册，《哲学研究》编辑部编，上海人民出版社1964 年版，第 20—22 页。

……

人们所构成的生产关系，经常是一种强烈的意向的结果，有时像在奴隶制度下那样，只是单方面的意向的结果；而在许多情况下，则是参与这个关系的一切人的多方面意愿的结果。如果人们没有什么需要，不想来满足这些需要，他们也就不会进行生产，从而也就不会形成生产关系。从这一点来说，生产关系是受人们的意向制约的。

但是，人们当时有什么样的特殊需要，以及使用什么样的手段来满足他们的需要，都是不以他们的意志为转移的，而是取决于当时的物质生产力的一定发展阶段。

还必须详细地规定一下这种"物质生产力"。

物质生产力从自然界的财富中产生，从外部世界里的任我们支配的资源和力量中产生。因此，如果我们把外部世界的总和称为物质，那末，物质生产力就是物质自然界。

但是，与社会的发展比较起来，自然界似乎是没有发展的。对社会来说，自然界几乎是经常不变的。

因此，物质生产力的一定发展阶段不能从自然界的发展、即外部世界的发展中产生的，而完全是从人们的发展、即人们关于自然的资源和力量的知识以及利用它们的能力的发展中产生的，所以物质生产力的发展阶段，是从对自然界的认识和这种认识的技术应用的发展中产生的。

无论什么技术，如果没有人们的一定的共同行动，就不能有效地应用。由此达到的生产关系，是由人们本身的技术为自己规定出来的。为人们规定生产关系的，不是不以人们自身的意向为转移的超人的高级力量，而是人们自身的意向。这种意向，归根到底不外是一切有意识机体的天赋的求生保种的意志。创造技术的那个意志，也创造了与技术相适应的生产关系。

但是，当时的生产关系的种类，也像物质生产力水平一样，并不依存于人们的愿望，即不单单依存于人们的意志。

严格说来，当时的生产关系不仅要取决于物质生产条件，而且还要取决于其他一些因素，例如当时的财产制度。但是，财产制度本身是由两个要素形成的。这两个因素是：第一，该种物质生产条件本身产生的财产关系；第二，新出现的生产条件所遇到的原有财产关系。不是财产形式必须适应这些新关系，就是这些新关系必须适应原有的财产。因此，财产形式不会永远同物质生产条件矛盾。最后，决定生产关系的，经常是物质生产条件。

唯物主义历史观决不使生产关系的发生和以此为基础而产生的历史发展，同人们的意向和知识、从而同人们的精神分开。相反，唯物主义历史观以意向和知识为必要的前提，但要限定它们的作用范围，指出在一定条件下由一定意向和知识必然产生的结果，以及这种意向和知识是怎样作为一定条件的结果而必然产生的。

选自《唯物主义历史观》第三分册，《哲学研究》编辑部编，人民出版社1984年版，第369—370页。

......

马克思的序言里随后一句话，和我们上面讨论过的那句话有着极密切的关联。马克思在说了"无论哪一个社会形态，在它们所能容纳的全部生产力发挥出来以前，是决不会灭亡的"这句话以后，接着说道：

"而新的更高的生产关系，在它存在的物质条件在旧社会的胎胞里成熟以前，是决不会出现的。"

这句话自从写下以来，肯定地不曾在任何方式下失去它的正确性。自从那时以来的所有一切观察，都证实它是正确的。它是唯物主义历史观的最不可动摇的原则之一。它所说明的，在基本上也正是《资本论》初版序里所说明的那一点：一个社会"既不能跳过，也不能用一个法令来废除自然的发展阶段"。

这句话对于一个没有阶级的社会说来，是一个不言而喻的真理。在那样一个社会里，如果没有新的生产力使新的生产关系成为合用的、最后成为必要的，谁也不会有兴趣或有理由用新的生产关系来代替现存的生产关系。

在一个阶级社会里情形就不同了。因为被剥削的阶级总是对现存的生产关系感到不满，力求取消这种生产关系，而且剥削者阶级中有些人有时候也会这样。一个感到不满的阶级，即使在新的生产关系的存在条件还没有在旧社会胎胞成熟以前，只要特殊的历史形势给予它进行试验的力量，它就要进行试验来创造新的、对它更有利的生产关系，当然，这样的事只在阶级社会里才可能出现。但是，既然条件没有成熟，新创造出来的东西就难以持久，尽管颁布各种法令，尽管也采取一切恐怖政策，借此以求补偿新生产关系所缺乏的历史先决条件，新东西还是会很快地变成一场灾祸而终于瓦解。

这个认识，是预防一切空想主义作法的一条坚固堤坝。全然不可理解的是，竟有一些历史唯物主义的信徒，在自己的实践中恰恰忽视了这个基本命题。

这句话并不意味着，只要全然社会主义性质的社会存在的条件还不具备，无产阶级的马克思主义代表者就应该放弃取得政权的机会。但是，这句话倒是表明，马克思主义者不管在什么地方、什么时候取得了政权，就有责任来检验一下，新社会的存在条件究竟在旧社会的胎胞里已经孕育到了什么成熟程度，并以此为根据，为劳动阶级的利益来安排自己的实践，人们即使在致力于"全面社会化"以前，对劳动阶级也有很多事情可做。

可能会令人诧异的是，马克思在我们现在所研究的这句话里，仅只谈到了新的生产关系的存在的**物质**条件。这一点我们不可在这样的意义上来理解，即，仿佛只有一定的材料和工具才能算是物质生产力。我们已经指出过，最重要的生产力是人本身，只有人才能把其他的生产力释放出来，使它们开动起来，并且有目的地加以使用。一定种类的劳动纪律、组织、知识，等等也属于物质生产力。因此，我们不应将那些在新社会可能存在以前必须在旧社会的胎胞里成熟的、新社会的物质条件，理解为仅仅是指某些有机的和无机的材料和劳动工具，而应把它理解为也指人所具有的某些心理能力。但这些心理能力，不是在旧社会的胞胎中从心灵的某种神秘的、无缘无故的内在运动中孕育出来的，它们的出现最后说来毋宁应归因于新创造的技术，因此，在这里就技术这个词的完全的意义来说，也就是应归因于新的、物质的存在条件。

……

至此为止，我们已经作完了对马克思的序言里面几段话的考察。马克思在那几段话里，从他的历史观出发，论述了社会发展的机制，也可以说，论述了社会的动力学，而在这以前，他已经先确定了经济和意识形态之间经常存在的关系，也可以说，确定了社会的静力学。事实上，上层建筑的形象只可能在静力学中予以确定，在动力学中它就变得空无内容。

虽然已经过去了将近七十年，马克思在这里提出的概述社会运动规律的社会动力学，正如他提出的、与此关联着的社会静力学那样，至今仍不失为历史唯物主义的经典性论述。

……

当然，我们的历史观也不应该是永远原封不动，不许对它不断重新检验和修正的。恰恰相反，它不是僵固的教条，而是一种有弹性的方法。同它本身所代表的观点相适应，它不可能是别的什么东西，只能够是它的时代的产儿，是一定的条件的产儿，必须随着那些条件而改变，必须适应新的经验、新的认识并将它们接受到自己本身来。

而且，一种方法，仅仅通过应用，也就已经会不断发展。它被我们大师们遗留给我们，不是如同一个金镑那样，要我们埋藏起来，好好保存着不去花费它；而是如同一笔要我们拿去生利的钱，以便从其中尽可能地多有所得，有助于科学和社会的进展。

因此，不时修正马克思主义乃是不可避免的，简直可以说是必不可少的。但是，马克思和恩格斯给我们带来的认识，即使并不是无须改变就能应用于一切未来时代的绝对的永恒真理，可是这些知识毕竟是比在它们以前的和被它们战胜了的那些知识更高些的真理。一种并不向前发展马克思主义，而只怀疑和否定马克思主义，使之退回到马克思主义以前的思想方法上去的修正主义，肯定不会给我们带来任何科学进步。

我们马克思主义者今天在唯物主义历史观方面首先应尽的责任，就是扩大它的领域。马克思和恩格斯适应着他们那个时代的科学状况，不得不把唯物主义历史观首先建立为一种关于阶级社会和阶级国家的历史的学说。只是到了晚年，他们才开始不只像从前那样偶然零星地、而是以连贯系统的陈述，将国家出现以前的无阶级的社会也纳入于他们的历史观范围以内。

恩格斯的《论家庭的起源》的小书，是作为一份遗嘱留给我们的，它向我们指示了一条道路，我们应该循着这条道路，来扩大我们的大师们遗留下来的历史观。

我在本书中力求遵循这条道路。同时，我尽力扩大唯物主义历史观的领域，以求涉及生物学的领域。我曾研究，是否人类社会的发展与动物的和植物的种属发展没有内在关联，因而人类历史仅只成为生物历史的一个具有独特规律的特例，而这些独特规律却又和有生命的自然界的普遍规律有着关联。

我相信，人类的发展以及动物和植物的发展所须共同遵从的普遍规律，就是：社会的改变是和物种的改变一样都可归因于环境的改变。如果环境保持不变，这个环境里居住的有机体和社会组织也就不变。有机体和社会组织的新形态是由于适应改变了的环境才出现的。

这一条规律如果说是普遍适用的，那末，应该说，适应的方式却是在植物的、动物的和人的不同范围内各不相同的。

选自《唯物主义历史观》第五分册，《哲学研究》编辑部编，人民出版社1964年版，第330—337页。

我们知道，单一现象在历史中以及对于历史著述实际上都是没有什么重要意义的。只有那样一些历史学家才认为单一现象具有重要意义，他们把史料所报道的每个个别现象都不加考察地从一开始就统统看作是单一的东西，他们根本不去研究其中有多少成分带有一定程度的一般性。

尽管如此，他们却到处遇到某一特定的历史现象含有和以后或以前的其他现象互相一致的东西。在这种情况下他们并不去研究其中规律性的东西，却进行排比，来找类似，推出结论。然而，用这种方法确定下来的那种一般，却具有这样一种缺点，即人们对于在某些点上彼此一致的许多现象就不去考虑它们各自的历史特点了。人们一时仅仅看见一般，一时又仅仅看见特殊。然而对于一种历史现象，人们是只有同时考虑到了其中的一般和特殊，才能取得全面的认识。

一个对于现代无产者的贪欲极感愤慨的历史学家，会发现希腊或罗马的无产阶级也有那样的劣根性，从而便自信找到了一种历史自然规律。

实际上无可否认，不论什么地方，只要是有穷人和富人住在一处，而富人的富裕可以大大减轻穷人的困乏，在那个地方就会出现贪欲。另一方面，不论什么地方，只要一个剥削者妄想通过加强他所剥削的人们的劳动来增加自己的收入和享受，在那里也就出现贪欲。

不管古代无产阶级的贪欲和现代无产阶级的贪欲多么相同，如果我们在此一点相同之外不同时也看到现代无产阶级同古代无产阶级多么不同，以及前者的生活条件同后者的生活条件多么不同，那末，我们就会得出完全错误的结论。正是这种不同，才使得今天的无产者的同样的贪欲起着完全不同于两千年前的历史作用。

过去那些只想考察个别的历史著述，从来不曾有步骤地从一般中区别出个别来。它们只是将史料中被描述为个别事例的东西现成地当作个别接受下来而已。

但是，每当丰富的材料使一般表露的十分明显，因而这个一般不可能被忽视的时候，过去那些历史著述却又忘记考虑个别事例的特殊历史特点，以致这样确定下来的一般往往会起导入迷途的作用。

只有根据唯物主义历史观历史研究的人，才会在他所考察的每一历史现象中有步骤地把个别从一般中分离出来。经过这样分离，就得到一个剩余部分，在那里面，我们以现有的历史手段是再也看不出任何一般性的东西了。这一部分剩余，我们暂时还不得不看作是偶然的东西，不过对于整个历史过程说来，它终究将是无关紧要的。

在我们所确定的那些一般性的东西里面，又有一些是适用于一切社会形态的。我们可以将我们由这后一类一般性的东西中推断出来的规律，看作是全部社会的自然规律。这些规律正因为非常普遍，所以才常常使我们觉得不过是一些寻常道理而已。

历史现象中显露出来的最大多数的一般性，相对于那些最一般的一般性说来，本身都将具有某种单一性，这就是说，它们将只适用于某些特定形态或阶段的社会。

唯物主义历史观极度重视对于每一历史时期以内的这些特殊规律性的研究。这一点标志出了唯物主义历史观的特点，并从而使这一历史观在我们看来具有极高的效能，不仅对于写作过去时代的历史是如此，对于当前的政治实践也是如此。

每一历史阶段的这些特殊的规律性，对于历史的进程并从而也对于认识历史进程说来，不仅比偶然性的单一事物重要得多，而且也比一切历史时期所共有的那些社会规律重要得多。没有这些特殊的规律性，就无法了解一个特殊时代的历史。我们对于一个特殊时代的特殊规律愈有清楚的认识，我们就愈能更好地了解这个特殊时代。

然而，对于一个历史时代，如果我们不知道它和其他时代的共同之处，我们是不能理解它的特殊之处。如果说，我们不知道某个历史时代的一般规律就不可能理解那个时代的某个个别历史现象，如一位人物或一个事件，那末同样，如果我们不知道某个个别时期和其他时期所共有的规律，也不可能理解那个个别时期。

因此，唯物主义的历史学家不能够只以研究个别的事物为限，他必须经常地同时着眼于历史的总过程，甚至必须着眼于史前时期。

人们从另一个出发点出发，也能达到这个结论。对于一个时代的特殊性质起着决定作用的那些因素，可以分为两大类。一类是历史发展的积极性因素，另一类是历史发展的消极性因素。一类是历史发展的动力，另一类则是须由前者来推动和赋予形式的惰性质料。动力和惰性的作用，相当于生物学中适应和遗传的作用。

新的形式是由一些新的经济关系以及因此新关系而产生的、力求取得新的形式的那些新的需要和新的能力所形成的。但是，新形式不可能是从虚无中创造出来的，它们必然是与那些通过新的力量适应了新的要求的旧形式结合着的。

某一特定时代里的新事物，只能够用支配着该时代所独有的新的经济过程的那些新的经济规律来说明。相反地，旧事物则是过去时代的产物，确切地说，不仅是刚刚过去的那几十年或几百年的产物，而且是没有任何一个时代不曾在其上留下遗迹的全部人类历史的产物。每一个时代都给后代的人们留下了它的遗产。

要理解一个时代，我就不仅必须认识这个时代的新的生产方式，而且同样必须认识这个时代从其中产生出来的那前一个时代的历史。

这一点既适用于历史研究，也适用于政治实践。我愈是不仅认识当前时代的经济规律，而且也还认识那使当前时代得以产生的全部历史，诸如经济史、宪法史、外交史等等，那么，我就愈能卓有成就地从事于政治实践。我将愈能了解我自己活动于其中的那个民族的特点，以及必然要出现的新事物在这个民族里一定会采取的那些特殊形式。同时，我也将愈能谨慎小心不犯公式化的毛病，犯了那种毛病就会认为，新事物的某种特殊形式，即由某一个别国家的特殊条件中、有时在完全不正常的关系之下产生出来的某种特殊形式，可以强加于整个世界。

根据唯物主义历史观从事政治实践，一方面，高出于胸无成竹地遇事临时应付，而大凡遇事临时应付的人，都持有这样一种历史观，即认为历史只不过是没有任何一般的东西联结于其间的一连串偶然的个别事件而已。但另一方面，根据唯物主义历史观从事政治实践，也不会产生依样画葫芦的现象，大凡死套公式的人，都只想在历史中寻求最最一般性的规律，而不能在一般中认识特殊。

在从前，历史既然不过是一本起着道德感化作用的图画书、或供政治家们借鉴和警惕的典范大全，所以从中学习不到很多东西。

唯物主义历史观则提供了向历史学习的可能性。而且它同时使历史研究成了一种必需。因为，不研究历史我们就不能完全理解当前的时代，就不能全部认清我们所面临的任务。

……

创造历史的始终是抱有愿望的个人——不过，历史是由所有的人创造的，而不是仅仅由个别的杰出人物创造的。自然并不是所有的个人都有同等的天赋。我们在黑猩猩身上就已经观察到有很大的天赋差别。

在人类社会中，与先天禀赋的不同结合在一起的还有生活环境的不同，有的生活环境可以使同样的天赋得到极大的促进作用，有的生活环境则可以使之完全荒废。因此，在一个高度分化的社会里，才能的差别可以非常之大。

但是一个人的才能的大小，将只决定这个人在他生活于其中并为之而工作的那个阶级或集团的内部所能发生的影响的大小。至于他的历史影响毕竟主要是取决于他获得其信任并作为其代理人的那个阶级或集团的力量。阶级或集团的全部力量于是就被一些历史学家看成是其代理人的个人力量。因此，在这些历史学家的笔下，这样的代表人物就终于可以被夸张成为超人。

我们的这种说法特别适用于这样一些人物，那就是，以这种或那种方式登上了国家机器的首脑地位从而在国家之内高高凌驾于其他一切人之上的人物。俾斯麦的确是一个不可一世的家伙。但是，假使他不是生在新兴的普鲁士容克国家的一个容克贵族，而是生在什么列支敦士登公国或安道尔共和国的一个农家子弟，他在历史上就会毫不重要。是普鲁士的权力手段，最终是德意志帝国的权力手段，创造了俾斯麦的伟大。可是假使他不是一度参加了终于1848年爆发了的那种民众潮流的一部分的活动，那他，即使在普鲁士和德意志帝国也是不会飞黄腾达的。恩格斯把他称作1848年革命的遗嘱执行人，实在是不无理由。

当然，无论是广大人群的运动还是一小撮人的运动，没有领袖就不能进行，这些领袖在社会机体中执行着使四肢的运动协调一致的头脑的功能，但是社会机体究竟不是动物机体。你可以把一个组织中的各个人看成是这个社会机体的细胞。可是这些细胞中每一个都有它自己的头脑，自己的意志。担任领导的首脑并不是这个组织上生长出来的。他要么是因为他的意图与行动引起了组织的信任而由组织推选出来的，要么是这个组织自愿地团结在他周围成为他的追随者。当然，由继承法来指定首脑的地方，问题就复杂了，但即使在这种情况下，他也在很大的程度上仍然依靠他所领导的那些人。他的成功取决于他们。

一个领导者要想站得住就必须具备特殊品质，这是不成问题的，然而这些品质决不必是被领导者身上没有的品质。相反，如果被领导者也具有领导者的品质，他们就将越加坚决果断地、团结一致地追随他。他们越了解他，上面的指令和下面的执行就越加协调一致。

被领导者在智力、专门知识、热忱和力量方面跟领导者越接近，领导者将越能作出好成绩。假如只有领导者身上具有这些品质，而在被领导者方面是愚昧、无知、冷漠、软弱占优势，那末领导者就将失败。

认为领袖越比他的追随者突出，也就是说，他们越是远远落在他后面，他就越能做出重大贡献，这种看法是再错误不过了。

另一方面，并没有绝对的领袖品质。每一种特殊局面都要求一种特殊品质。一个优秀的旅团长可以是一个无能的统帅，一个出色的叛乱首领可以是一个拙笨的议会党团领袖，等等。

领袖的产生有各种不同的方式。无论他是由群众选举出来的，或是依靠某种"异能"取得领导地位的，都可能发生错误，然而错误是可以补救的。在遴选过程当中，总是现存的各种力量中最符合被领导者的需要、最适应形式要求的那些力量日益上升。

选自《唯物主义历史观》第六分册，《哲学研究》编辑部编，上海人民出版社1965年版，第58—74页。

五、进一步阅读的文献

1. ［苏］布赖奥维奇：《卡尔·考茨基及其观点的演变》，东方出版社1986年版。

2. 马健行：《马克思主义史》第2卷，人民出版社1997年版。

3. H Kendall Rogers，*Before the revisionist controversy：Kautsky，Bernstein，and the meaning of Marxism，1895－1898*，New York：Garland，1992.

第十六章　资本积累的内在矛盾与
资本主义社会的困境
　　——《资本积累论》

一、写作背景

　　19 世纪后期，随着资本主义自我调节能力的提高和资本主义社会的稳定发展，马克思主义遇到了严重挑战：如果资本主义的再生产能够自我调节，那么，资本主义的再生产就可以顺利进行下去，社会主义革命也就失去了现实的基础。这是一个直接关涉到《资本论》以至整个马克思主义真理性、时代性的重大问题。因此，需要对马克思的《资本论》进行深入研究，同时，需要对资本主义的再生产与资本积累进行深入分析。正是在这样的历史情境中，罗莎·卢森堡（Rosa Luxemburg，1871—1919）于 1912 年写作了《资本积累论》并在柏林出版。

二、篇章结构

　　《资本积累论》由三编构成：第一编"再生产问题"阐述从斯密到马克思的再生产理论，并对马克思的再生产图式进行了详细分析，由九章组成，即我们研究的目的、魁奈和亚当·斯密对再生产过程的分析、对于亚当·斯密分析的批判、马克思的简单再生产图式、货币的流通、扩大再生产、对马克思扩大再生产图式的分析、马克思对解决这个困难的尝试、从流通过程角度看这个困难；第二编"本问题的历史发展"由十四章组成，内容是关于再生产问题的三次论战，即第一回论战"西斯蒙第—马尔萨斯对萨伊—李嘉图—麦克洛克"、第二回论战"洛贝尔图斯对吉尔希曼"、第三回论战"司徒卢威—布尔加科夫—图冈—巴拉诺夫斯基对伏隆左夫—尼古拉·昂"，提出这三次论战体现了两种对立的观点：即经济和谐论与资本积累怀疑论；第三编"积累的历史诸条件"由八章组成，即扩大再生产图式的矛盾、资本的再生产及其社会环境、对自然经济的斗争、商品经济的侵入、对农民经济的斗争、国际借款、保护关税和积累、作为资本积累领域的军国主义，提出资本主义积累需要非资本主义的外部条件才能实现，这是卢森堡的基本观点。

三、观点提示

第一，资本再生产与资本积累的难题：社会消费与私人生产之间的矛盾。资本主义生产方式的特征之一就是扩大再生产，而资本主义的扩大再生产必须能够创造剩余价值，如果不能创造剩余价值，就只是重复性的简单再生产，这对于资本来说没有意义，只有剩余价值才能使生产合乎资本的意图。以商品形式存在的剩余价值必须实现并转化为货币，这个过程马克思称之为"惊险的一跳"，它决定了生产的命运，也决定了再生产的命运；已经实现的剩余价值的一部分以积累为目的投入到资本中，转化为劳动力与生产资料，并且与劳动力相交换的部分需要转化为工人的生活资料，新增加的商品也必须实现自己并转化为货币形态，至此，这个过程才算完成。可见，资本的生产与再生产过程，同时是商品生产地点与交换地点在不同时间内的不断变换，这就需要一个社会化的过程，但资本主义再生产本身却建立在私人生产的基础上，这就形成了社会消费与私人生产之间的内在矛盾。这种矛盾制约并限制着资本再生产和资本积累的过程，是资本再生产与资本积累时需要解决的难题。

第二，资本积累的前提：非资本主义生产方式。资本主义社会本身并不能消费剩余物，因此，资本积累不可能在资本主义社会内部完成，它必须寻求外部市场，即非资本主义市场。资本积累从来都不是在纯粹的资本主义内部进行的，而是通过那种属于非资本主义生产方式的社会阶层和社会结构（即国外市场）实现的。因此，非资本主义生产方式构成了资本主义积累的前提。同时，这就决定了资本积累的过程同时也是资本扩张的过程。作为资本主义"历史生命"上的最后阶段，帝国主义实质上就是资本积累的"资本的世界竞争阶段"。

第三，资本主义本质上是一种"世界体系"。资本主义是第一个具有传播力的经济形态，具有囊括全球，驱逐其他一切经济形态，以及不容许敌对经济形态与自己并存的倾向。同时，资本主义也是第一个自己不能单独存在的经济形态，需要其他经济形态作为传导体和滋生的场所。资本主义经济形态的特点，就在于它超越"国民经济"创造了"世界经济"，资本主义在地理上的扩大再生产意味着"资本统治范围的巨大扩张，世界市场和世界经济的形成"。资本主义本质上是一种"世界体系"。

《资本积累论》揭示了资本积累与资本世界扩张之间的内在关系，其对资本积累与资本扩张间内在矛盾的分析，揭示了资本主义生产的全球趋势及其内在矛盾，是世界体系论和全球化思想的重要理论来源，对于理解全球化时代的资本主义发展，具有重要的理论借鉴意义。

四、文本节选

这样，我们知道在资本主义制度下，作为资本积累的扩大再生产是与一系列的特殊条件结合起来的。让我们再仔细考察这些条件。第一个条件是生产必须创造剩余价值，因为剩余价值是在资本主义条件下使增加生产成为可能的最初形态。在决定资本家和工人在商品生产中的关系时，全部生产过程必须服从这个条件。这第一个条件确立后，第二个条件是剩余价值必须得到实现，转化为货币形态，这样才能为资本家所占有，用来进行扩大再生产。因此，这第二个条件把我们的注意力引向商品市场上来了。这里，交换的风险决定着剩余价值今后的命运，从而也决定着再生产的前途。第三个条件是：如果已经实现的剩余价值的一部分以积累为目的而加入资本中去，这种新资本必须首先采取劳动和无生命的生产资料的生产形态。而且，其中与劳动相交换的新资本部分必须转化为工人的食物。因此，我们的注意力又被引导到劳动市场和商品市场上来了。如果所有这些要求得到满足，商品的扩大再生产已经发生了，就必须加上第四个条件：代表新资本和剩余价值的追加的商品量必须得到实现，这就是说，转化为货币。只有这个转化已经顺利完成了，资本主义扩大再生产才能说是已经实际上发生。这最后条件把我们的注意力又引回到商品市场上来了。

由此可知，资本主义生产和再生产意味着生产地点和商品市场之间的不断移动，意味着从私人事务所和工厂到商品市场间的梭子般的往返运动（在私人事务所和工厂，不经许可的人是不准入内的，在那里，资本家的意志是最高的法律；而在商品市场上，没有人创立任何法律，在那里，意志或理智都不能显示它的力量）。但正是商品市场的这样的松懈和无政府状态，才使个人资本家感到他依赖于社会，依赖于社会的生产和消费成员的全体。个人资本家为了扩大再生产也许需要追加的生产资料，追加的劳动和供应这些工人而追加的食物，但他能否取得他所需要的东西决定于在他控制之外的因素和事情，这些因素和事情实际上是在他能力所及之外发生的。为了实现他已经增多的生产物全部，每个资本家需要一个较大的市场来容纳他的商品，但对一般需求的增加也好，对他的特殊商品需求的增加也好，他是无法加以控制的。

我们在这里所列举的条件都表现出消费和私人生产间的内在矛盾以及它们的相互社会关系。这些条件丝毫没有新奇之处，并且也不仅在再生产的阶段上才显露出来。它们表明资本主义生产内在的一般矛盾。但对于再生产的过程而言，由于下述原因，这些条件含有一些特殊的困难。关于再生产，特别是扩大再生产，资本主义生产方法不仅显露了它的一般的、基本的特征，而且，更重要部类的生产物以必要的数量被分配给第二部类的工人；第二部类的生产物被分配给两部类的所有工人和非工人，并作为后备基金。所有这些不是等价交换的结果，而是计划和指导整个过程的社会机构的结果——这是因为现有的需求必须得到满足，而生产物除了满足社会的需求外，没有其他的目的。

但所有这些，并不减少这些方程式的正确性。第一部类的生产物必须等于 IC＋ⅡC：这只意味着第一部类必须每年更新社会在一年劳动中所用去的生产资料。第二部类的生产物必须等于Ⅰ（V＋m）＋Ⅱ（V＋m）：这意味着一个社会必须每年生产所有它的成员，不论劳动者或不劳动者，所需要的消费品量，加上一定数量的后备基金。这个图式的比例关系对于一个计划经济是同样地自然的和不可避免的，正如对一个以无政府状态和商品交换为基础的资本主义经济一样。这证明这个图式具有客观的社会正确性，即使由于它只涉及简单再生产，它对于资本主义经济或计划经济，几乎仅有理论上的意义，它只有在难得遇到的场合下才得到实践的应用。

同样的仔细查对现在必须转用之于扩大再生产的图式。以马克思第二例作我们查对的基础，让我们再设想一个社会主义社会。从一个有调节的社会的观点来看，我们当然应从第二部类，而不是从第一部类出发。假定这个社会生长得很快，结果是它的成员，不论是劳动者或不劳动者，他们对生活用品的需求也继续增长。这个需求增长得如此迅速，以致需要不断增长的劳动量——暂不考虑劳动生产率的进步——来生产消费品。如果以包含在消费品中的社会劳动量来计算，所需的消费品量逐年递增之数，假定为 2000：2215：2399：2600，依此类推。让我们再假定技术条件，要求用日渐增多的生产资料量来生产日渐增多的生活用品量，而日渐增多的生产资料量，也用社会劳动量来计算，则逐年递增之数为 7000：7583：8215：8900，依此类推。要达到这样扩大再生产，我们必须还要有每年所花用的劳动递增如下：2570：2798：3030：3284。[这些数字符合于 Ⅰ（V＋m）＋Ⅱ（V＋m）]。最后，每年所花用的劳动，必须分配如下：半数用来维持工人自己，四分之一用来维持不劳动者，其余四分之一用来进行下年度的扩大再生产。这样，我们得出：马克思扩大再生产第二图式中的比例关系，也是运用于社会主义社会的。事实上，在任何社会里，即使在计划经济下，扩大再生产有三个必不可少的条件：（1）这个社会必须有数量日增的劳动力足供利用；（2）在每一劳动周期中，社会的目前需要必须不占用全部的社会劳动时间，这样使得部分的时间可以从事于准备将来的、不断增长的需求；（3）必须逐年生产足够的、数量日增的生产资料——没有这一点，生产不能按增大的规模扩大。关于所有这些要点，马克思扩大再生产的图式，作适当的修改后，对于一个计划社会，也具有客观的正确性。

现在还待考验的是对于资本主义经济，这是否也能适用。这里我们要问：积累的起点是什么？这是我们考察两个生产部类的积累过程的相互依赖性的进行方法。无疑地，在资本主义条件下，第二部类，就它的积累决定于现有的追加生产资料而言，是依赖第一部类的。反过来看，第一部类的积累依赖可供追加劳动力用的相应数量的追加消费品。然而，不能由此得出结论说，只要这两个条件都被遵守了，两部类的积累必然像马克思的图式所显示的，自动地年复一年地进行。我们所列举的积累条件不过是那些条件，没有了它们，就不能进行积累。两部类可能有积累的愿望，但积累的愿望，加上积累的技术前提，在资本主义商品生产经济中是不够的。为了保证积累事实上前进和生产事实上能够扩大，需要另外一个条件，即对商品的有支付能力的需求必须也在增长。在马克思的图式中，这形成了规模不断扩大的再生产的基础。但这个不断增长的需求是从哪里来的呢？

它不可能从第一部类和第二部类的资本家本身那里来——这是可以立即肯定的——它不能从他们的个人消费中产生。相反地，积累的实质就是资本家抑制自己，使自己不消费一部分的剩余价值，把它用来生产供别人使用的物品，而这部分的剩余价值——至少从绝对数字看——是不断地增加的。不错，随着积累的进展，资本家阶级的个人消费也将增加，甚至，所消费的总价值也有增加，但尽管如此，用来供资本家消费的仍然不超过剩余价值的一部分。积累的基础诚然是这么一个事实：即资本家抑制自己不把剩余价值的全部消费掉。但其余的剩余价值，即积累的那部分，是如何呢？它给谁使用呢？按照马克思的图式，第一部类采取主动：这个过程是以生产资料的生产为起点。那么，谁需要这些增加的生产资料呢？这个图式回答道：第二部类为了生产增多数量的消费品而需要它们。那么，谁需要这些增多的消费品呢？这个图式回答道，当然是第一部类，因为第一部类现在雇用着较多的工人。我们简直是在兜圈子。为了维持更多的工人，因而生产较多的消费品；并为了使这些过剩的工人得到工作，因而生产较多的生产资料——从资本主义观点来看，这样做是荒唐的。诚然，从资本家个人来看，工人只要出得起钱，他和另一个资本家或其他任何人一样，是同样良好的消费者，即商品的购买者。每一个资本家在他的商品的价格中实现他的剩余价值，不管他把这商品卖给工人或其他主顾，但从整个资本家阶级观点来看，这就不对了。工人阶级一般地从资本家阶级取得社会生产物的一个确定的部分，其数恰恰相当于可变资本，除此之外，不会再多一些。因此，工人在购买消费品时，只是归还给资本家阶级他们所领得的工资，即分配给他们的可变资本。他们所归还的不能多一文钱；如果他们有可能储蓄一些，为了想使自己成为独立的小业主，那么，他们会归还得更少一些，但这是例外。

部分的剩余价值是以消费品形态为资本家阶级本身所消费的，而用来交换这些东西的货币将留在资本家手中。但谁能够买包含在另一部分、即资本化部分的剩余价值中的生产物呢？这个图式回答道：一部分由资本家自己，他们需要新的生产资料来扩大生产；另一部分由新的工人，他们被用来运用这些新的生产资料。但这意味着先有资本家的扩大生产的动机存在；如果新的工人被用来运用新的生产资料，那么，对于即将生产出来的生产物必然有新的需求。

——也许，答案是人口的自然增加创造了这增长着的需求。事实上，人口及其需要的增长对我们考察一个假设的社会主义社会的扩大再生产提供了一个出发点。在那里，社会的需要可以成为一个恰当的基础，因为生产的唯一目的是欲望的满足。但在资本主义社会，情形就不同了。当我们谈到人口的增加时，我们设想的是哪些人增加呢？按照马克思的图式，人口中只有两个阶级：资本家和工人。资本家的自然增加已经从被消费的那部分的剩余价值中得到照顾，因为那部分在绝对数量上是增长的。无论如何，不能由资本家消费其余的部分，因为全部剩余价值由资本家消费就意味着回复到简单再生产去了。这剩下了工人们，工人阶级也由于自然增加而不断扩大。但资本主义经济对于这个增加的本身，作为增长着的需要的出发点，是不感兴趣的。

供 IV 和 III V 的消费品的生产本身不是目的，不像在那么一个社会里，那里的经济制度是为工人和他们的需要的满足而形成的。在资本主义制度下，第二部类不是仅仅为了维持第一和第二部类的工人而生产大量的消费资料。相反地，一定数量的第一和第二部类的工人之所以能够维持自己是因为在既存的供求条件下，他们的劳动力是有用的。这意味着资本主义生产的出发点不是一定数量的工人以及他们的需求，而是这样的事实，即这些因素本身是不断变动的，是资本家对利润期望的"因变数"。所以，问题是：工人阶级的自然增加是否会引起超越可变资本以外的不断增长的有支付能力的需求。答案是极不可能的。在我们的图式里，工人阶级的货币的唯一来源是可变资本，因此，必须为工人的自然增加而预先准备好可变资本。不是这样，就是那样；或者老一辈的工人必须赚足够的钱来养活他们的子孙——这些子孙因此不能算作追加的消费者；或者做不到这一点，下一代、青年工人，必须参加工作，以获取工资和供自己需用的生活资料——在这个情况下，新的劳动一代已经包括在被雇用的工人数目中了。由此可知，马克思图式中的积累过程不能以人口的自然增加来说明。

但即使在资本主义统治下，一个社会不仅包括资本家和工资劳动者。除了这两个阶级外，还有一系列的其他人民：土地所有者、职员、自由职业者如医生、律师、艺术家和科学家。此外，还有教堂及其侍奉者、僧侣，以及最后还有国家及其官吏和军队。严格地讲，人口中的这些阶层既不能算作资本家，也不能算作工人阶级。但社会必须供养他们。也许就是他们，即资本家和工资劳动者以外的这些阶层，通过他们的需求，才引起扩大再生产的。但这个解决办法是经不起仔细考察的。土地所有者作为地租，即部分剩余价值的消费者显然应列入资本家阶级内；既然我们在这里只涉及没有分割的、原始形态的剩余价值，这些土地所有者的消费已经包括在资本家阶级的消费中了。自由职业者大多数直接地或间接地从资本家阶级取得他们的货币，也就是取得分配给他们的社会生产物的一部分，而资本家阶级付给他们的是点滴的剩余价值而已。同样也适用于僧侣，其差别只在于僧侣还部分地从工人，即工资中取得他们的购买力。最后，国家维持官吏和军队所需的经费是由捐税负担的，而捐税是从剩余价值或工资中征收的。在马克思图式的界限内，事实上社会只有两种的所得来源：劳动者的工资和剩余价值。因此，所有上述除了资本家和工人以外的阶层只能作为这两种所得的联合消费者。马克思自己拒绝任何把这些第三者当作不是遁词的建议。

……

我们已经看到在资本主义社会内部我们不能发现那些体现剩余价值的积累部分的商品的任何买主。现在只剩下一件事情没有考虑到，即对外贸易。但把对外贸易看作任何不能在再生产过程中找到一个适当地位的商品的方便之门，这种看法有许多可以反对之处。求助于对外贸易实际上只是以未决的问题作为论据的诡辩：分析中所包含的困难只是从一国转移到另一国去，而没有解决。如果再生产过程的分析实际上不以任何一个资本主义国家为对象，而以资本主义世界市场为对象，就不可能有对外贸易了，一切国家都是"本国"。

……

然而更加不了解的是，为什么必要的生产资料及消费资料，都必须是资本主义生产呢？这个假定，正是马克思资本积累命题的基础。但它与资本的日常实践和历史，以及这个生产方法的特质，并不符合。19世纪前半期英国的剩余价值，大部分是以棉织物形态从生产过程中创造出来的。可是，这些剩余价值用来资本化的物质要素，乃是表现为美国蓄奴各州所生产的原棉，或者表现为农奴制俄国田地生产出来的谷物（这是英国劳动者的生活资料）——这些东西确实是剩余生产物，但决不是资本主义的剩余价值。资本主义的积累，如何依存于非资本主义所生产的生产资料，由美国南北战争时植棉中断的结果所惹起的英国棉花危机，或俄土战争时农奴制俄国亚麻输出中断的结果所惹起的欧洲麻织业的危机，就可以证明。此外，我们要知道资本积累的物质要素，事实上，如何依靠非资本主义的社会，只须回想一下，为要养活欧洲工业劳动者大众（即可变资本的要素），输入农民用非资本主义方法所生产的谷物在当时所起的重要作用就够了。

此外，资本主义生产，以其本身性质而言，决不允许只限于用资本主义方法所生产的生产资料。个别资本家想达到提高利润率的欲望，有一个重要的手段，那就是竭力把不变资本要素的价值压低。另一方面，劳动生产率的不断增大，是提高剩余价值率的最重要的方法，而不断增大劳动生产率的首要条件是对自然与土地所提供的一切材料和便利进行无限制的利用。在这方面容忍任何的限制是与资本的本质及其存在方式不相容的。经过几百年的发展，资本主义生产方式直到今日还不过在全世界总生产中占一小部分。即令在小小的欧洲，资本主义生产方式虽然已成为主流，但还没有征服生产的所有部门，例如小农的农业经营及独立的手工业。同样也没有征服北美大部分及世界其他大陆的各个地区。资本主义生产方法，迄今大体上，只限于温带国家的产业，而在东方与南方，它的进展比较不大。从这些理由上看，资本主义的生产方法，如果只依赖于在这样狭隘的限界所能获得的生产要素，那末，它想达到现在的高度是不可能的，甚至一般的进展，也不可能得到。资本主义生产的形态和规律从最初就致力于囊括全世界，把全世界作为生产力的蓄积之处。资本以剥削为目的而企图占有各种生产力，它搜索全世界，从地球上每个角落里觅取生产资料，必要时从一切文化阶段和一切社会形态那里用武力来夺取这些生产资料。资本积累的物质要素问题，远没有从资本主义所生产的剩余价值的物质形态中得到解决，它转变为另外一个问题。那就是：为了使已经实现的剩余价值在生产上得到使用起见，资本有必要愈来愈向全世界发展，以求取得无论在量上或质上，能够进行无限制选择的生产资料。

资本积累的过程尽管带有伸缩性和间歇性，但当从旧有的来源输入原料已告中断或社会需要突然增加，它必然要求有进入新的原料区域的便利。南北战争时美国棉花对英输出的中断，造成了兰开夏地方有名的"棉花饥荒"，那时候，在埃及就在极短时间内，好像魔术家念咒那样，出现了大规模的棉花栽植。埃及是一个带有古代奴役制度的东方专制国家，但它为欧洲的资本开辟了一个活动场所。只有那些自己具备技术资源的资本，才能在极短时间内，进行这样奇迹般的变革。但是，那种情况，只有在原始的社会关系下，在前资本主义的基础上，才能形成为完成这种奇迹所必需的支配地位。关于这种情况的另一例子，是世界橡胶消费的大规模增加。(1912 年)要求有每年值十亿马克的生橡胶供应。这种原料生产的经济基础，是欧洲的资本，在非洲殖民地及美洲所实行的原始剥削制度，这种制度是奴隶制与奴役关系的各种形式的结合体。

　　这里应当注意的是，倘若我们照上面那样假定第一部类与第二部类，只能在非资本主义的地区内实现它们的剩余生产物，那末，我们认为这是检验马克思图式的最适当的场合，因为它指出再生产关系的纯粹性。但是，现实情况不能使我们假定不变资本与可变资本，一部分都不能在资本主义社会外部相应部门的生产物上实现出来。以后，生产的扩大及部分地在物质形态上所消耗的生产要素的更新，也有可能通过非资本主义社会的生产物来进行。由于上述例子可以看出，资本化的剩余价值及与之相应的资本主义生产物量的部分，至少在资本主义社会内，是不可能实现的。只有在资本主义外部，无条件地通过非资本主义生产的社会阶层及社会形态，才能找到购买者。

　　于是，就在剩余价值的生产与随后的资本积累时期之间，发生了两个不同的交易——剩余价值的实现，也就是向纯粹的价值形态的转化和这个纯粹的价值形态再向生产资本形态的转化。这两者都是资本主义生产与周围非资本主义世界之间的交易。所以从剩余价值的实现及不变资本物质要素的取得两方面来看，国际贸易，一开始就是资本主义历史存在的首要条件。因为国际贸易，在实际的情况下，基本上是资本主义生产形态与非资本主义生产形态之间的交易。

　　到现在为止，我们仅仅从剩余价值及不变资本的角度上来考察资本积累。而积累的第三个要素，是可变资本。积累进展了，可变资本也随着增大。在马克思的图式上，社会生产物包含越来越多的工人的生活资料，而这些生活资料就是可变资本的物质形态的表现。然而，现实的可变资本，并不是工人的生活资料，而是活劳动（为了活劳动的再生产才需要这些生活资料）。因此，资本积累的基本条件之一是活劳动的供应，而这种活劳动，为了满足积累的需要，能为资本动员起来的。在有利条件下，这个供应量是可以增加的，——通过延长劳动时间和增加劳动强度，——但只能达到某种限度。但是这些增加供应量的方法并没有增加可变资本，或者，只增加少许（例如作为加班的工资）。而且，这两种方法，只限于一定的狭隘范围内，由于自然和社会原因，不可能超越这个范围。因此，随伴积累而来的可变资本的不断增大，就必定表现被雇用的劳动数量的不断增大。那么，这种追加的劳动从哪里来呢？

　　马克思在分析个人资本的积累时，对这个问题，作了如下的答复："但要让这些成分事实上当作资本来发生机能，资本家阶级还需有追加的劳动。如果已经被使用的劳动者的剥削，不复能在外延方面或在强度方面增加，那就不能不用追加的劳动力。关于这种事体，资本主义生产的机构，已经先有安排了，因为它会把劳动者阶级当作依赖于工资的阶级再生产出来；他们通常的工资，不但够维持他们的生存，且还够他们去繁殖他们的种属，资本不过要把劳动者阶级每年供给的各种年龄的追加劳动力，和那种已经包含在年生产中的追加生产资料合并起来，由剩余价值到资本的转化就完成了。"在这里，可变资本的增加就完全而且直接地归因于工人阶级（已经受资本支配的）的自然繁殖。这是完全符合于马克思的扩大再生产图式。这个图式只承认资本家与工人两个社会阶级，并认为资本主义的生产方式是唯一的、绝对的。在这些前提下，工人阶级的自然增殖，就成为资本支配下增加劳动供应量的唯一源泉了。可是，这种看法，与资本积累的运动规律相矛盾。工人的自然繁殖，无论在时间上，在数量上，都不和积累资本的要求相适应。马克思自己曾经出色地指出，自然的繁殖不能与资本突然扩大的要求相协调。如果自然繁殖是资本发展的唯一基础，那么，积累周期地在紧张与疲劳间摇摆中，是不可能持续的，生产领域的飞跃扩张也是不可能的，这样，积累的进行也成为不可能了。由此可知，积累的进行，不管是对可变资本的增大，或对不变资本的要素，都需要无限制的自由运动，从而，也需要对劳动力的供应具有无限制的支配能力。马克思认为这一点可以通过"劳动者的产业后备军"来达到。马克思的扩大再生产图式，显然没有承认这一后备军的存在，同时，也没有给它留一点余地，因为资本主义的工资劳动者的自然繁殖不能形成一个产业后备军。这个后备军是从资本主义领域以外的社会储藏库中招募得来的——它只是在需要时被吸引到工资无产阶级中来。资本主义的生产，只有从非资本主义阶层及非资本主义国家中，不断汲取这些追加的劳动力。

......

我们已经看到资本主义在它十分成熟时期，依然在一切方面依存于与它并存的非资本主义的阶层和非资本主义的社会结构。这不仅仅是"过剩生产物"的销售市场那样单纯的问题，像西斯蒙第和后来对资本主义积累进行批评和抱怀疑论者所提出的那样。资本的积累过程，是通过它的一切价值关系及物质关系——不变资本，可变资本及剩余价值——而与非资本主义的生产形态结合着。这种非资本主义生产形态，成为这一过程的特定的历史背景。既然资本的积累，没有非资本主义环境，在任何场合下，是不可能的，那么，假设资本主义生产方式占唯一的，绝对的统治地位，是不能提供一个正确的图景的。西斯蒙第及其学派，把他们的困难完全归之于剩余价值的实现问题，在这样做时，他们确实表明他们对资本积累的主要条件具有正确的感觉。但增大不变资本和可变资本的物质要素的条件是与实现剩余价值的条件有区别的。资本如果没有全地球的生产资料与劳动力，那是不成的。为得要使积累运动顺利进展，必需要地球上一切地带的自然财富及劳动力。绝大部分的资源和劳动力，事实上还存在于前资本主义生产形态的范围内，——这是资本积累的历史环境——因此，资本就必须热烈要求统治这些领土和社会组织。例如，在印度按资本主义方式进行的橡胶种植，当然没有理由不为资本主义生产的目的服务。可是，对某些国家的某些非资本主义生产部门的事实上的支配，必然会为导致资本的扩张，因而发生了力图把那些国家和社会，置于资本支配之下的现象。事实上，在原始的社会关系里，可以采取较大的强迫力量和更无情的措施，而这些在纯粹资本主义社会条件下是不能忍受的。

剩余价值的实现，则与此不同。它确是依存于非资本主义的消费者。因此，剩余价值的非资本主义的购买者之存在，乃是资本及其积累的直接的生存条件。而且，在这个限度内，又是资本积累问题的决定性力量。

总之，作为一个历史过程，资本积累，不管它的理论如何，在一切方面是依存于非资本主义的社会阶层及社会结构形态的。

因此，在将近一世纪来这个成为经济理论上论争中心的问题，其解答是处在两极之间：一面是小资产阶级的怀疑论者，如西斯蒙第，吉尔希曼，伏隆佐夫，尼古拉·昂等等，他们认为资本积累是不可能的；另一面是粗糙的乐观主义者，如李嘉图，萨伊，图冈·巴拉诺夫斯基。他们认为资本主义有无限的自我繁殖能力，而由此所得的逻辑上结论是资本主义的永恒性。问题的解答，根据马克思学说来看是在辩证法的矛盾中，一方面资本主义需要非资本主义的社会结构，才能使资本主义的积累能够继续不断进行；而另一方面资本主义又在前进中不断同化那些条件，而正是这些条件才能保证资本主义本身的存在。

这里，我们应该修正内部市场和外部市场这两个概念，这两个概念在关于积累问题的争论中是很重要的。内外市场在资本主义发展过程中，确实起着很大的，但完全不同的作用。可是，它们并不是政治地理上的概念，而是社会经济学的概念。从资本主义生产的观点上看时，国内市场是资本主义的市场，资本主义生产是它自己的生产物的购买者及其自身的生产要素的供应者。国外市场是吸收资本主义的生产物并供给资本以生产要素及劳动力的非资本主义的社会环境。从这个观点来看，即从经济的观点来看，德国与英国在相互交换商品上，主要构成了国内市场，即资本主义市场。但德国工业与德国农民间的交换，就德国的资本上看，表现为国外市场的关系。正如从马克思再生产图式中可以看到的，这些概念是严格而不含糊的。国内资本主义的交易，至多只能实现社会总生产物一定的价值部分，即被耗用的不变资本，可变资本及剩余价值的消费部分；反之，剩余价值的资本化部分，就不能不靠外部来消费。剩余价值的资本化，是生产的本来的目的，是促进生产的动机，而另一方面，不变资本和可变资本的更新（及剩余价值的消费部分），则是剩余价值资本化的广泛基础，是前提条件。与资本主义的国际发展同时，剩余价值的资本化变为更加迫切，更加不稳定，而不变资本及可变资本的根基将成为一个不断增长的混合体，绝对地，并相对地（相对于剩余价值），日益加大。因此，旧的资本主义诸国，相互间提供日益扩大的市场，并日益增加彼此间的依赖性。但另一方面，这些国家又相互间在与非资本主义国家的贸易关系上，又成为日益剧烈的竞争者。剩余价值资本化的条件与总资本更新的条件，相互更加矛盾。而这种矛盾，不过是利润率下降规律所包含的矛盾的一个反映而已。

……

资本主义历史地生育并发达于非资本主义的社会环境之中。西欧诸国的资本主义，最初是处在产生它的封建环境之中——在农村是庄园经济，在都市是基尔特（行会）手工业——以后，脱离了封建制度之后，它又主要处于农民和手工业的环境之中，也就是说，处于农业及商业的简单商品生产的体系之中。此外，围绕欧洲资本主义的，还有非欧洲文化的广大区域，它们代表各个发展水平，从逐水草而居以狩猎或畜牧为业的原始共产主义的部落，一直到农业与手工业的商品生产。这就是资本主义积累所处的环境。

这里可以区别为三个阶段。资本对自然经济的斗争，资本对商品经济的斗争，资本在世界舞台上为争夺现存的积累条件而斗争。

资本主义为着它自己的生存和发展，必然需要那些围绕它们的非资本主义的生产形态。但并不是所有非资本主义形态都对它有用。资本主义之需要非资本主义的社会阶层，是要把它们作为其剩余价值的销售市场，作为生产资料的来源地，并作为工资制度下的劳动力的蓄积场所。但资本不能依靠自然经济的生产形

态来达到所有这些目的。因为，一切自然经济的形态——在土地公有制下的原始
农民公社，封建的赋役关系，或其他类似的形态——都是主要为了自己内部的需
要而生产。从而，对外来商品，或者完全没有需要，或者需要得很少。并且，自
己的生产物，通常也不感觉过剩，或者，至少也没有脱售它的过剩生产物的迫切
要求。最重要的是在任何自然经济中，生产之所以继续进行是由于生产资料和劳
动力是在这种或那种方式下结合起来的。共产主义的农村公社，和封建庄园及其
他类似的组织，把劳动力和最重要的生产资料、土地，置于法律及习惯的支配之
下，借以维持它们的经济结构。因此，自然经济在每一方面都以它的强固的壁垒
来阻挠资本主义的要求。因此，资本主义总是到处要对它所遭逢的各个历史形态
的自然经济，不管奴隶经济也好，封建社会也好，原始公社也好，家长制农民经
济也好，进行一场歼灭战。这场战斗的主要方法是政治上的强制力（革命，战
争），国家租税的重压，及廉价的商品。这些方法，或者同时进行，或者连续进
行，互相配合起来。对欧洲封建制度的斗争，它的强力表现为革命的形态（如 17
世纪、18 世纪及 19 世纪的资产阶级革命），结局是属于交换时，这笔货币当作租
税，从劳动者手中移入国家之手。作为资本投入流通中的货币额，首先在与劳动
力交换时，完成了自己的任务，其后，在国家的参与下，它开始了一个全新的事
业，即是说，作为一个既不属于资本，也不属于劳动力的新的购买力，它对一个
特殊的生产部门的新产品发生兴趣，而这个生产部门既非为工人阶级，也非为资
本家阶级服务的。因此，它对资本提供了创造和实现剩余价值的新的机会。以
前，当我们认为从工人勒索到的间接税，必然用来支付官吏薪给及军队给养时，
我们会看出工人阶级在消费上的"节约"意味着工人们而不是资本家们被迫支付
资本家阶级的随从者的个人消费和阶级统治工具的费用。这个负担从剩余价值转
移到可变资本；同时，也出现了相应数量的剩余价值供资本化之用。现在，我们
看到把勒索工人所得的租税，用之于军需品生产时，它对资本提供了积累的新的
机会。

实际上，军国主义是以间接税为基础，向两方面发生作用。即通过牺牲工人
阶级的正常的生活条件，它保证一方面资本能够维持常备军，即资本主义统治的
工具，另一方面它能取得资本进一步积累的广大领域。

我们现在转而看一看在我们例子中所提到的国家购买力的第二源泉，即投入
军需品总额 250 之中的 150 单位。这 150，与迄今为止所考察的 100，有本质上的

差别。它不是发源于工人，而是发源于小资产阶层，即农民与手工业者，（在这里资产阶级对租税的小额负担额，我们可以暂时不管）。

农民大众——此处把农民当作非无产阶级消费者的总称——以租税形式支付给国家的货币额，最初并不是由资本预垫的，也不是从资本的流通中脱离出来的。在农民手中时，它是已实现的商品的等价物，即简单商品生产的交换价值。此处移转给国家的，是非资本家的消费者的购买力的一部分，也就是这部分购买力已经可以供实现剩余价值之用，借以进行资本主义积累。问题在于这一阶层的购买力，因军国主义的目的而移转给国家的结果，是否对资本引起经济上的变动？如果引起来了，那么，又是怎样一种变动？粗看起来，这里的问题，也是再生产的物质形态上发生变化的问题。资本不是去生产农村消费者用的大量生活资料及生产资料，而是去生产国家所需的同一价值额的军用品。事实上，这种变化还要深入一步。首先，通过课税机构，国家所能够动员非资本家消费者的购买力较之他们通常用之于自己消费的购买力还要多些。

最初把商品经济强加农民身上的，大家都知道正是近代的租税制度。在租税的压迫下，农民必须把更多部分的生产物变为商品；同时，又须买入更多的东西，租税把农民经济的生产物投入流通；并强迫农民成为资本主义生产物的买主。最后，在农民式的商品生产的基础上，租税制度从农民经济中诱出的购买力比原来所能活动的要更多一些。农民和下层中产阶级在正常情况下所贮藏起来以待数目增大后再存入储蓄银行或其他银行的款子，现在被释放出来形成一个有支付能力的需求和投资的机会。再者，为数众多的个人的细小的对种类繁多的商品的需求——这些需求通常在不同时间出现，并且可以通过简单商品生产来满足的——现时为广泛的、性质相同的国家需求所代替了，但是，这个国家需求的满足，是以高度水平的大工业为前提。它要求对剩余价值的生产和积累具备有利的条件。在国家军事定货的形式下，消费者的分散的购买力大量集中起来，它不受个人消费的任意选择和主观变动的影响。它的活动达到了几乎自动化的有规则的程度，它的成长是有节奏的。资本最后借助于立法和制造舆论的新闻界，控制了军需生产的这种自动的和有节奏的活动。这就是为什么资本主义积累的这个特殊领域最初似乎拥有无限广大的能力（其他一切为资本扩大市场和建立活动基地的企图是依存于在资本控制之外的历史，社会和政治因素，而军需生产代表这样一个领域：它的有规则的累进的扩大，似乎主要是决定于资本本身）。

这样，资本把历史的必然性变为一个有利因素：即资本主义世界越来越激烈的竞争本身就提供了一个头等容量的积累领域，资本越来越多的利用军国主义作为一个对外政策的补充借以占有非资本主义国家和非资本主义社会的生产资料和劳动力。这种军国主义在资本主义国家里同样地产生作用，那就是把购买力从非资本阶层转移出来。这样，简单商品生产的代表者和工人阶级受到同样的影响。换言之，以他们为牺牲，通过掠夺前者的生产力和压低后者的生活水平，资本积累被提高到最大的限度。不待烦言，经过一定的时期，国内外资本积累的条件将变为自己的对立物，那就是它们变为资本没落的条件了。

资本通过军国主义，愈加残酷地想消灭国内外非资本主义阶层、愈加压低整个工人阶级的生活水平，那么，在世界资本积累的逐日历史上，变动也就越大。它将成为一连串的政治和社会灾难和痉挛，在这样条件下，加上周期性的经济灾祸或危机，积累已不可能再进行了。但在正式到达这个资本自己创造的经济绝境之前，国际工人阶级起来反抗资本的统治已成为一件必要的事情了。

资本主义是第一个具有传播力的经济形态，它具有囊括全球，驱逐其他一切经济形态，以及不容许敌对形态与自己并存的倾向。但是，同时它也是第一个自己不能单独存在的经济形态，它需要其他经济形态作为传导体和滋生的场所。虽然它力求变为世界普遍的形态，并正由于此，变为世界普通形态也是它的趋向，然而它必然要崩溃，因为它由于内在原因不可能成为世界普遍的生产方式。在自己的生命史中，资本主义本身是一个矛盾，它的积累运动带来了冲突的解决，但同时，也加重了冲突。到了一定的发展阶段，除了实行社会主义外，没有其他的出路，而社会主义的目的不是积累，而是以发展全球生产力，来满足劳动人民的需要。因此，我们看到社会主义由于它本身的特质，是一个和谐的、普遍的经济形态。

选自《资本积累论》，彭尘舜、吴纪先译，生活·读书·新知三联书店 1959年版，第 12—376 页。

五、进一步阅读的文献

1. ［苏］罗·叶夫泽罗夫、英·亚日鲍罗夫斯卡娅：《罗莎·卢森堡传》，人民出版社 1983 年版。

2. 陈其人：《世界体系论的否定与肯定：卢森堡资本积累论研究》，时事出版社 2004 年版。

3. Norman Geras，*The legacy of Rosa Luxemburg*，London：NLB，1976.

第十七章　思想起源的历史唯物主义分析

——《思想起源论》

一、写作背景

　　19世纪50到90年代，马克思主义的方法一直遭到误解。在非马克思主义者看来，历史唯物主义的这种方法并不能真正地解释历史；在马克思主义阵营内部，也存在着机械化、教条化的倾向。针对这种教条化的倾向，恩格斯明确指出：马克思的整个世界观不是教义，而是方法；提供的不是现成的教条，而是进一步研究的出发点和供这种研究使用的方法。换言之，坚持和发展马克思主义，一个重要的方面就是以马克思主义的方法分析人类历史及其思想进程，尤其是揭示人的思想与社会经济生活之间的内在联系，从而有力驳斥否认历史唯物主义在解释历史中的意义和作用的观点。正是在这种历史背景下，拉法格（Paul Lafargue，1842－1911）于1909年写作并出版了《思想起源论》，原名为《卡尔·马克思的经济决定论：关于正义、善、灵魂、上帝思想的起源与进化的研究》。

二、篇章结构

　　《思想起源论》由六个部分和一个附录组成：第一部分科学的历史方法收入四篇论文，即社会主义者的批评、自然神论者的哲学与历史的唯心论者、维柯的历史规律论、自然环境与人为环境或社会环境，论证历史唯物主义方法的科学性、合理性；第二部分抽象思想的起源共两篇论文，即抽象思想起源上的矛盾意见、本能和抽象思想的形成，强调从社会经济生活出发的唯物主义方法在揭示思想起源中的意义；第三部分正义思想的起源共两篇论文，即报复刑——赔偿的正义、分配的正义；第四部分善的思想的形成共三篇论文，即英雄理想的形成、英雄理想的解体、有产阶级的道德理想；第五部分灵魂思想的起源与进化共六篇论文，即灵魂的发明、天堂的发明、灵魂思想的衰落、灵魂思想的复兴、地狱的发明、最初几世纪耶稣教徒的灵魂和死后生活的思想；第六部分上帝的信仰共五篇论文，即有产阶级的宗教性与无产阶级的非宗教性、野蛮人中上帝思想之自然的根源、有产阶级中上帝信仰之经济的根源、上帝思想的进化、无产阶级的非宗教的原因；附录普罗米修斯的神话。这六个部分都是从社会经济生活出发来解释思想的起源与发展，是历史唯物主义及其方法的具体运用。

三、观点提示

第一，历史唯物主义是唯一科学的方法。历史唯物主义是"经济决定论"，但马克思的经济决定论是一种新的研究方法，是为了在历史学家和哲学家所不能解释的那些历史事件中建立起秩序。马克思并没有把他的历史解释方法当作像几何学上的公理、定理、推理那样的完整体系，而是当作一种方法。这种方法就是要从社会经济生活中、从社会阶级的构成中去理解社会，揭示思想的产生和发展过程，从社会生产形式中揭示社会发展的动力。

第二，人生活在自然环境和社会环境的双重环境中。人的意识与思想受到环境的影响，但人面对的环境有自然环境与人为环境即社会环境之分。人不仅通过物质生产改变了自然环境，而且创造出一个人为的或社会的环境。对动物生存来说，自然环境起着决定性作用；对于人类发展来说，社会环境起着主导的、决定性的作用，更重要的是，物质生产方式越发展，对自然环境的改变也就越大。环境的变化根源于物质生产方式的变化。

第三，思想归根到底是对社会存在的反映。思想、观念形成之后具有一定的独立性，但任何思想归根到底都是对社会存在的反映，数学公式、几何公理等抽象思维形式，语言中的抽象词汇，自由、进步、正义以及善、上帝等抽象观念，都不是起源于经验之前或之外，相反，它们来源于经验，来源于社会环境。历史唯物主义的任务之一，就是揭示"是什么社会原因产生思想并给予思想以影响某一时代的人类智慧的力量"。

《思想起源论》从社会存在决定社会意识这一唯物主义历史观的基本原则出发，通过对一些理性观念的考察，深入揭示了人们的思想观念与其社会生活之间的内在关系。虽然全书存在着经济决定论的倾向，但充分体现了唯物主义历史观的方法论意义。

四、文本节选

人们在从事经济活动时不仅改变生活于其中的自然环境，并且还创造出一个人为的或社会的环境，这就可以使他们的机体免受自然环境的有害影响或最低限度也可以大为减弱这种影响。而这种人为环境同样也加给人类以自然环境所曾给予的那种影响。因此，人也和驯化了的植物和家畜一样受着两种环境的作用。

由人们逐渐创造出来的人为环境或社会环境的各种不同的样式在自身构造的高度和复杂程度上彼此有所区别；然而在自己发展的同样水平和同样的复杂程度的条件之下，社会环境的样式是彼此很相像的，不管创造它们的人种如何，也不管它们依以发展的地理条件如何。因此，虽然人类继续遭受到各种自然环境的不同程度的影响，他们同时也受到同样的人为环境的无差别的影响，这人为的环境引起种的差别的减少和引起同样需要，同样利益，同样情欲和同样智力的发展。此外，自然环境的相似——例如位于同样高度和纬度的某些地区——对于植物和动物界的形式统一化的创造也有影响。在相似的自然环境中我们找到相似的植物群和动物群。因此，相似的人为环境力图消灭人类之间的差别，这差别是由于自然环境把人分为种和亚种而发生的。

自然环境的进化是极端缓慢的。因此那些与自然环境相适应的植物和动物的外貌似乎是不变的。相反地，人为环境的进化却是一天比一天加速。正因为这样，所以人类的历史同动物和植物的历史比较之下带着异常灵活的性质。

人为的环境，完全同有机生物和自然环境一样，构成一个综合体，一个在空间和时间上没有精确界限的复杂的体系；这个体系的一切部分是这样的彼此适应着和紧密联系着，以致任何一部分如果不引起其他部分中的震荡便不能变化，其他部分同样地也一定会遇到变化。

在野蛮部落中间人为的社会的环境是极端单纯的，它是由为数不多的成分组成的。它随着人类的进步，由于不断增加新的成分或者由于发展已有的旧成分而逐渐复杂起来。从历史时期的开端起，人为的环境便由经济的、社会的、法律的和政治的关系，习惯，风俗，风尚和道德观点，常识和社会舆论，宗教，文学，艺术，哲学，科学，生产方式和交换方式等等以及生活于其中的人们所组成。社会环境的这些成分在变化和互相影响中间产生出许多更复杂的和更宽广的社会环境的形式；这些变化随着自己的发展改变着人类本身，因为不仅是自然环境，而且特定的社会环境也制约着在肉体和道德关系上具有同样特征的人的存在。假如所有这些彼此相联系的部分是稳定的，或者像自然环境的部分那么缓慢地变化，那末人为环境就会经常保持平衡状态而根本就没有历史。但是实际上它的平衡状态是以极端的不稳定和日益增长的不稳定为特征，它经常由于一个部分中发生的变化的结果而遭受到破坏，因为一个部分中的变化将在它的其余部分引起相应的影响。

……

既然人创造着和继续不断地改变着人为环境的部分，那末显而易见地，历史的动力是人，像维科所想，而不是形而上学的本质——正义、进步、自由等等，像那些哲学气味极浓的历史学家所固执地肯定的说法。达些自相矛盾的和模糊的观点由一个历史时代到另一个，在同一时代以内的一个社会集团到另一个以及由一个个人到另一个都各有各的说法，因为它们是那些在人为环境的不同的部分发生着的现象的思想反映。例如说，资本家、雇佣劳动者和法官就对正义有着不同的看法。社会主义者所理解的正义是把从雇佣劳动的生产者那里窃取来的财富归还给他们，而资本家所理解的正义却是保存这些窃取来的财富；既然资本家掌握着经济的和政治的权力，那末他的关于正义的概念就是统治的和具有法律的力量，而对于法官，法律就是正义本身。正因为同一个词掩盖着正义的矛盾的概念，所以资产阶级就把这些思想变成自己的统治和欺骗的工具。

人的活动所通过的人为环境或社会环境的那部分给予他以肉体的、精神的和道德的教育。环境的这种教育的影响——它使人产生思想和触动他的情欲——带着不自觉的性质。人把自己的行动归因于自己的情欲和思想的冲动，然而其实他只服从人为环境这一或那一部分所给予他的影响，而人为环境的某一部分也只有通过他的思想和情欲才能对其他的部分发生影响。屈从于环境的不自觉的间接的压力之下，人把自己的行动和运动的指导归因于上帝，神的理性或者归因于正义、进步、人道……历史的进程是不自觉的，这是因为——如黑格尔所说——人常常达到不是他原来所追求的、另外的结果，这是由于人至今还不能意识到那迫使他行动和指使他的行为的原因……

什么是人为的（社会的）环境的最不稳定的、经常在数量上和质量上发生变化、并且是社会环境各部分中最能动摇整个建筑的部分呢？

马克思回答说：生产方式。

马克思所理解的生产方式不是人生产什么，而是他如何生产。举例而言，人还在有史以前的时期就开始织布，但只是在大约一百年前才知道用机器来织布。机器的生产方式是现代工业最本质的特征。我们在眼前就有着它的毁灭性的和不可被摧毁的力量无与伦比的例子，它的这种力量正在改变着社会的、经济的、政治的和法律的关系。机器生产的采用在一个世代之间就使日本由中世纪的封建国家变成立宪制的资本主义国家，并使它挤入世界强国之林。

由于不同的原因生产方式获得这样强大的影响。生产直接或间接地把广大数量的人的精力吸引过去；只有微不足道的少数在社会环境的其他部分，即政治、宗教、文学等里面工作。但是这个少数为了取得物质的和精神的生存的资料，不得不也关心生产。其结果是一切人都在或大或小的程度上受着生产方式对他们的肉体的和精神的生活的影响；只有最少数的人仅仅服从于环境的其他部分的影响。然而既然社会环境的个别的成分只有通过人才能彼此互相影响，所以影响着一群人的大多数的那部分必须占有最多的精力，以便震撼社会环境的整体。

生产方式在野蛮人的社会环境中起着比较次要的作用；但是随着人越来越大地把自然力引进生产的范围，随着人逐渐认识了它们，这才获得优势的和不断增长的意义。这个降服自然力的过程还在史前期，即当人开始使用石头来作武器和工具的时候，便已开始。

生产方式之所以能比较迅速地获得进步不仅由于在生产中吸引进大群的人，并且还由于它在激励"私利的恶妇"时带动了维科所视作历史动力的三种恶德：残酷、贪财和虚荣。

在这两个世纪以来生产方式的进步是这么快，以致参加生产的人们不得不经常改变社会环境的其他部分，以便把它们维持在相应的水平上。这时它们所遇到的抵抗不断地创造出经济的和政治的冲突。

这样，当人们想发现历史运动的基本原因时，就必须到物质生活的生产方式中去寻找，如马克思所说，物质生活的生产方式一般地规定社会生活、政治生活和精神生活的过程。

马克思的经济决定论剥夺了维科的"历史发展同一样式的规律"的宿命性。这种性质强迫我们设想，似乎某个民族的历史发展的阶段——很像动物机体的胚胎阶段，如乔夫路阿·圣—伊莱尔所想那样——不幸地为它的自然环境和某些外在的——"进化的"——力量的动作所预先决定了，这种力量似乎引导它按着预先规定好的道路走到它的历史生活的预定的归宿。假如事情是这样的话，那末由此就应得出结论，所有民族——往往不论在什么情况之下——都应当以同样的发展速度和特定的历史道路前进。这样理解的人类社会发展的同一样式的规律在任何民族的历史发展的事实中都找不到证实。

相反地，历史的实际情况给我们指出某一民族的发展有时也会碰到障碍，就是当另外一个民族以急速的步伐走向前了，而第三个民族却从它已达到的发展的点上退下来的时候。这些停滞、进步和倒退的原因，只有当我们用这个民族所依以发展的人为的"社会的"环境的发展历史来解释每一个民族的社会的、政治的和精神的发展历史的场合才能说明。这环境——为生产方式所决定——的变化又决定某一民族的历史生活的事变。

选自《思想起源论》，王子野译，生活·读书·新知三联书店 1963 年版，第 29—37 页。

五、进一步阅读的文献

1. 李兴耕：《拉法格传》，人民出版社 1987 年版。

2. 顾海良、梅荣政主编：《马克思主义发展史》，武汉大学出版社 2006 年版。

3. Leslie Derfler, *Paul Lafargue and the founding of French Marxism, 1842—1882*, Harvard University Press, 1991.

第十八章　马克思社会理论的系统论述

——《马克思的历史、社会和国家学说》

一、写作背景

  1920 年，德国社会民主党人亨利希·库诺（Heinrich Cunow，1862－1936）出版了《马克思的历史、社会和国家学说：马克思的社会学的基本要点》。根据作者的论述，写作这部著作的原因首先在于，马克思主义创始人没有对自己的社会学的基本观点进行系统论述，作者的任务就是从马克思的著作中把各种社会学论述剥离出来，按照其逻辑联系加以整理，将马克思的历史、社会和国家学说系统化；其次，在当时把马克思主义社会学化的趋势中存在着诸多误解，如把马克思的"社会"思想重新还原为个人与社会的对立，把马克思的唯物主义历史观简化为经济决定论，用康德的实践道德理论补充马克思的社会学理论等，引起了思想上的混乱。为了澄清这些理论上的误解，并结合当时社会的发展系统阐释马克思社会学的基本观点，亨利希·库诺写下了《马克思的历史、社会和国家学说》这部篇幅较大的专著。

二、篇章结构

  《马克思的历史、社会和国家学说》分为两大部分。第一部分为思想史的叙述，论述马克思主义产生之前的社会、历史与国家学说，共九章：第一章古代的历史观和国家观，第二章中世纪基督教的历史哲学和国家哲学，第三章早期资本主义时代的国家观和社会观的发展，第四章十七、十八世纪英国社会哲学，第五章卢梭的社会哲学及其对法国革命、国家理论的影响，第六章孔多塞—圣西门—帕加诺，第七章从伊瑟林到赫尔德的德国历史哲学，第八章康德的历史与社会哲学，第九章黑格尔的历史哲学和国家哲学。第二部分论述马克思关于社会、历史与国家的思想，并对第二国际理论家对马克思社会学思想的误解与批评进行了分析，共十三章：第十章马克思的社会观和国家观，第十一章国家的起源和发展，第十二章对马克思国家观的批判，第十三章民族、社会和国家，第十四章马克思的阶级斗争理论，第十五章社会生活和共同体生活的国家以前的发展阶段，第十六章家族的发展过程，第十七章经济方式的社会生活职能，第十八章马克思的历史理论，第十九章唯物历史论批判，第二十章马克思的历史理论及其篡改者，第二十一章马克思主义和伦理学，第二十二章马克思的发展理论。

三、观点提示

第一，唯物主义历史观是社会思想发展的最高成果。历史观是一定历史认识阶段发展的产物，马克思的历史理论是自古希腊以来人类思想发展的成果，既不能简单地把马克思的理论与过去的社会学观念和历史理论混杂在一起，也不能无视思想史的发展逻辑，简单地以历史上的理论补充马克思的学说。

第二，社会物质生产和再生产是社会的基础。物质生产的根本特点是过程性和反复性，马克思不仅仅把物质生活过程理解为简单的相应的生产活动，而且还理解为包括物质活动所有部门在内的永不停息的重复的整个劳动过程。正是物质生产的这种过程性和重复性构成了社会生活的基础，决定了社会生活的性质。

第三，从社会法律制度中产生国家法律制度。国家不是一个独立领域，它的存在和发展归根到底应该从社会的经济生活条件中得到解释。社会制度是国家制度的基础，并通过国家使来自社会制度的个别部分合法化并具有国家法律形式，由此过渡为国家制度。同时，国家并不是使社会关系的整个领域都服从于法律调节，而只是将一部分内容以国家强制的方式提出来，社会生活的许多内容，如商品流通、财富的构成等，仍由社会惯例加以调节。因此，国家既是一种阶级统治的暴力工具，又具有社会管理的职能。

第四，经济结构与意识形态的关系是"总和决定论"。经济生活过程从总体上决定精神生活过程，而不是决定每一种思想；意识形态的各个方面本身又相互联结为一个总体；人的历史本质上是人的活动，人的活动是由一定思想或意志支配的，思想、原则、动机等意识形态因素与经济生活因素并无本质的区别，意识形态因素不过是经济生活因素在观念上的概括。人们只有在意识形态中才能意识到经济生活的变化，才能把握经济事实，才能将历史中经济冲突的斗争进行到底。

第五，道德使"存在的东西成为应该存在的东西"。道德源自于社会生活，是将存在的东西变成应该存在的东西。并不存在超越历史的永恒道德原则，人们的道德观念是由特定的社会环境、特定的社会结构所决定的。社会对立并不是取决于个人的意愿和意识，而是源于以经济差异为基础的阶级对立。因此，马克思主义并不是建立在某一伦理学的基础上，马克思主义把社会主义理解为历史条件的产物，是从特定的历史条件中引导出来的。正是在这个意义上，道德使存在的东西成为应该存在的东西。

《马克思的历史、社会和国家学说》对马克思的社会理论的主要内容及其思想史意义进行了系统的论述，批驳了第二国际时代的经济决定论、技术决定论和新康德主义者以所谓的"伦理学"补充马克思主义的错误，对于系统了解和研究马克思的社会理论，具有重要的参考价值。

四、文本节选

按照马克思的唯物史观，每一个时代的政治观、法律观、哲学观和宗教观都是由那个社会的经济结构所决定的。历史上存在过的社会，在为维持其生存和发展所必需的物质资料的生产方式与方法改变时，为与新的经济生活条件相适应，该社会的观点和看法的整体——"意识形态"也要随之改变。由此看来，根据马克思的见解，唯物主义的历史理论绝不是偶然的东西，而是一定的历史认识阶段的产物，这种认识阶段就其内容而言是由社会经济的生活进程所制约和决定的。无论是古代的历史学家，还是中古的历史学家，不管他们多么有才能，都不能认识到经济生活与政治、道德和法律观念之间的因果关系。只是在资本主义时代的一定发展阶段，即十八世纪末法国革命的重大阶级斗争之后，才产生了这种认识的历史前提。

因此，马克思的历史理论是作为数千年历史考察的结果而出现的。在数千年的过程中，形形色色的历史观相继出现，每一种历史观都由当时的社会生活状况所决定。如果就其自身的内容而言，历史观无非是历史发展的产物，那么，为了了解历史的基础而对先前的历史考察作一个简要的介绍则是必要的了。只有我们看出唯物主义的历史理论从过去的观点中接受了什么，又是怎样将所接受的东西纳入自身，然后在新的社会学的经验事实和由此而获得的知识的基础上又做出了什么样的贡献，我们才会慢慢地了解它的历史局限性及其与过去历史观的关系。

我们要完全了解今天的社会结构，首先就要调查它们的历史发展过程，并联系整个社会生活的进程来考察它们；同样，要完全明了马克思的历史学说和社会学说的科学意义，首先就要研究一下，在一定的情况下，作为漫长的认识系列的总结它是怎样从过去的观点中脱颖而出的。

基于上述原因，在阐述马克思的理论之前，我在以下各章里先对历史和社会观的发展过程——从最初希腊历史的编写到马克思，作一个概要的介绍。当然，对那些在思想史发展的过程中出现过并对这段时期有过影响的社会哲学观不能一一加以列举，只能对那些为奠基今天的社会哲学而添砖加瓦的观点描绘出一个大致的轮廓，而对那些包含有马克思的历史和社会学说成分的萌芽状态的观点则予以特别的重视。

尽管我对过去的历史、国家和社会观的阐述，只限于最重要的历史特征，然而对某些读者来讲，可能还是显得冗长；但我认为，对过去理论的表述不能再简略了，尤其因为那些攻击马克思的历史理论的论战著作往往完全忽略了马克思的历史考察和过去的历史考察之间的联结纽带，不仅如此，有关的批评家们也常常对历史观学说的形成过程暴露出完全的无知。

还有另外一个原因促使我在阐述马克思的历史和社会学说之前——这里暂且不管作为经济理论家的马克思——先对历史作一个较长的介绍。个别自命为严肃的马克思主义者的社会主义理论家，最近试图用以下的方式来对马克思的社会学说进行"补充"：他们依照十八世纪哲学思想家，特别是卢梭和康德的见解来诠释马克思的观点，或者是把过去社会学的观念和马克思的理论混杂在一起，殊不知科学地克服了这些旧有的社会学的观念恰恰是马克思理论的最卓越的成就。这就是说，他们复活过时的观点，这种复活不是以公开修正马克思主义观点的面貌出现，而是以深化与补充的面貌出现，这就使问题更加严重了。

事实上，在那些自命为"马克思主义者"的社会哲学理论家的队伍里，一种马克思主义和十八世纪形形色色理论折衷主义的混合物常常占有重要的地位（本书的以下各章将为此提供证明）：这是毫无批判地撮拾法国大革命的激进自由思想与马克思的基本观点相混杂，这种混杂逐渐引起马克思主义内部的混乱。相形之下，上个世纪七十年代欧根·杜林对社会主义所进行的"创造体系"的改革只是一次微不足道的傻事。

马克思的社会学说的命运也如其他一些社会哲学思想家的社会学的命运一样。马克思的学生从完全不同的观察范围出发来研究马克思的理论，也就是从其特殊的角度来考察马克思的理论，所以他们往往将马克思过去尚未成熟的零星观点放进马克思的学说里，并把它们混合起来——并非有意为之，而是因为他们自然而然地从自己的立场出发，透过琢磨得多少或凹或凸的眼镜来看马克思的观点，以致常常产生一个相当大的折射系数。此外，他们把普及马克思的理论，并将其灌输到群众的头脑里去，看作是他们理所当然的任务。然而这就要求使这些学说尽可能地适应群众的理解力，将艰深难解之处放在一边，有些地方予以简单化，给群众一种口号式的东西。这种方法之所以容易产生，是由于马克思不是以发展完善的体系，而是以多种不连续的格言体裁，将其历史、社会和国家观提供给我们。

这样一来，特别是在马克思的学友和战友弗里德里希·恩格斯逝世之后，就形成了一种庸俗的马克思主义。它不仅一会儿强调这句语录，一会儿强调那句名言，对马克思作了完全不同的解释，而且还试图填补马克思理论中的空白，完全无视马克思所遗留下来的社会哲学片断的内在联系，还随心所欲地用现代理性主义的观点来填补这些空白。

于是一种无内在联系的折衷主义便出现了，最近几年，由于受到世界大战及其后果的影响，越来越陷于一种脱离实际的教条主义之中。这种繁琐的庸俗马克思主义之空虚贫乏，只有通过以下的方法来证明：这就是根据马克思的社会学的基本观点，又因为马克思没有系统地阐述过这些观点，这样就要从他不同的著作中撮拾这些观点，并使其具有逻辑的联系。然而不考虑到马克思从什么样的思路出发，他从谁那里以及以何种形式接受了这些观点，他又是如何将它们和其他过去的观点结合在一起，他本人又有哪些补充，一句话，如果不去研究马克思的理论在社会哲学史中的地位，那样做就是不可能的。

本书提出了这一任务，它想在某种程度上重建马克思的基本观点，同时指出马克思从前人那里接受了什么，他的理论又是如何植根于一定的社会发展阶段之中的——不言而喻，倘使这种情况由于更新的经验事实变得过时的话，那就需要予以订正。

……

在通常用语中，将任何一种个体联合或集合都说成是社会。但马克思则不然，他认为这些都不能随便称之为社会学意义上的社会。在这方面马克思也是严守黑格尔的观点的。股份公司和村落，学者联谊会和宗族，都不是社会。马克思认为，在社会含义下包含的意思是，处于由某一经济方式所产生的互相作用和相互影响下的圈子，其成员通过某些由经济所决定的生活关系而彼此发生关系。由此看来，社会生活并不是任意一种共同生活，而是为了满足一般的经济需要并在一定经济条件下的共同生活和协作。

……

在马克思看来，经济方式是社会生活的基础，并决定社会生活的性质，正如一个社会形式更为确切的标志，即使在说话者对经济和社会之间的联系还不甚清楚的情况下，也大都由经济方式来确定一样。在社会学中——按马克思和黑格尔的意思，这在概念上是完全正确的——人们一般地说资本主义社会（较早的社会哲学家谈的是"市民的"或"文明的"社会）、封建社会、农业共产主义社会、早期资本主义社会、手工生产的社会等。总之，社会的阶段就是按照经济方式来确定的。马克思也时常使用这样的词汇："商品生产者的社会"，"资本主义生产方式的社会"，"手工时期的社会"等等。他认为整个经济过程的意义是保持和更新社会。为此他干脆把生产过程称为"社会生活过程"。比如在《资本论》第一卷中他曾写道："只有当社会生活过程即物质生产过程的形态，作为自由结合的人的产物，处于人的有意识有计划的控制之下的时候，它才会把自己的神秘的纱幕揭掉。"

"社会生活过程"和"物质生产过程"这两个词的意思在这里是完全相同的。无论是在这里，还是在其他场合，马克思把"物质生产过程"不仅仅理解为简单的相应的生产活动，而且还理解为包括物质活动所有部门及永不停息的重复的整个劳动过程。这一过程在为社会提供生活资料方式的同时，也为经济活动的继续和更新创造条件。

……

马克思认为，国家则完全是两码事。国家不是社会，也不是某一种社会形态，而是一种公共的共同体，或者如马克思在大多数场合下所说的，是一种政治集合体，是一种宪法组织，这里所讲的宪法不是一种成文的有条款的宪法，而是任何一种将共同体成员联系起来并使其相互负有义务的法律调节。由此看来，国家也不是如十七、十八世纪政治学家所以为的那样，是一种单纯的社会形式，早先的前国家社会形式在一定的社会发展阶段就消失于这种形式之中。国家也不是社会的组成部分，国家和社会是共存的，作为特殊情况也是以一定的方式相互联系的集合体而共存的。无论就其范围，还是就其界限，抑或其生活内容来说，它们都不是相互重叠的。

下面的例证能最好地说明它们之间的区别。现代各种各样的国家都是市民或资产阶级社会，比如德国、法国、英国、奥匈帝国、挪威王国等。然而这些国家决不单纯是社会的组成部分，因为这些国家共同体之一的属性并不同时决定某一社会形式的属性。一个国家的成员可能处于完全不同的经济方式的物质相互关系之中，换句话说："国家成员的一部分按其经济发展阶段来说，可能属于现代资本主义社会，而另一部分则处于封建的或原始的——自然经济的社会状态之中。"比如说瑞典的拉伯兰人属于资本主义的瑞典国家，然而决不因此就属于资本主义社会。同样，吉尔吉斯人、卡尔梅克人、希里雅特人、雅库特人并不是因为他们属于资本主义的俄罗斯国家就属于资本主义社会了。另一方面，绝不因为德国人、英国人和法国人同属于资本主义社会而就处于相同的（将他们联结起来，使他们有义务遵守的）政法的准则（相同的宪法权利）之中。如上所述，国家和社会的范围及界限并非重合，而是相互交叉。

……

要理解马克思社会观和历史观的全部意义，就一定要对马克思关于经济活动是社会制度的基础的观点有个详尽的了解。

在本书第一卷第十章中业已论述过，马克思师承黑格尔，其出发点总是这样的观点：社会生活是需要和满足这些需要所必需的劳动活动的体系。他的社会概念并不是单纯的集体概念，在马克思看来，并非人们为了任何目的而结成的任何团体都是社会，村落、部落、教区、国家都不是社会，而是共同体，普遍的物质需要的满足，和互相协作以取得必要的生活资料，乃是一切社会生活的基础；从这种普遍获取生活资料的过程中所产生的相互关系（相互的经济关系）构成了基本的社会关系。因此用马克思的话说，社会乃是所有这些人的集合体：他们在一定的时代直接或间接地彼此处于某种形式的经济的相互关系之中。

由此看来，马克思将经济看成是社会的真正的生活职能，他曾多次（比如在《资本论》第一卷里）把物质生产过程干脆称为"社会生活过程"。经济活动和由其产生的社会成员之间的相互关系及相互影响，虽然没有将社会生活的全部内容包括无遗，然而经济过程都构成了社会共同生活的主要内容和基础。一个社会得以存在，并能完成其精神职能，第一个条件乃是，它首先要完成物质职能，亦即它要首先获取对生存和延续所必需的生活资料。一个人体如不能继续摄取转换和消化为生存所必需的物质，那就会崩溃。同样，一个社会只有当其永远不断地生产出满足物质生活需要的各种必需品时，它才能得以存在；并且每一种社会形式都有其特殊的物质生活条件，这正如马克思所说："这些条件本身又是长期的、痛苦的历史发展的自然产物。"

由此可见，经济过程是一切社会生活的基础，而且不仅是物质，从广义上来说也是精神生活关系的基础。

......

然而马克思是怎样理解"生产方式"这一词的，在上面的引语中他又为什么不直接使用这一用语，为什么他谈到"人的生活的社会生产"和"物质生活的生产方式"？这并非如鲍尔·巴尔特所说，马克思没有能力进行清楚的表达，因而以图景来代替概念，而是因为他在具有更大概括力的意义上来使用"生产"和"生产方式"这两个词（这是巴尔特先生所不理解的），正像这些词在政治经济著作中在大多情况下被使用的那样。人们通常将生产理解为商品的，常常仅是个人必需品，生活和享受用品、衣服、鞋子、家庭用品的制造，很少理解为化为制造过程的消费生产手段，比如工作母机、机器、厂房仓库、运输手段等。生产方式也一般被理解为：从技术上看这些东西的制造是以怎样的方式来进行的，对马克思来说，社会生产的概念含义要广得多：包括整个的生产性需要的满足，这种需要的满足对于将一个社会维持在业已达到的发展阶段是必需的，也就是所有为使社会生活保持在一定的文化阶段所必须的物品的生产。并且这不光是社会生活当前一时的生产，而且关系到社会生活的永久的持续和继续发展的，亦即继续下去的再生产。这种再生产要求为其永久的重新开始生产创造先决条件，比如今天设立和维护学校及各种各样的教育场所就是这一类的先决条件。由此可见，按照马克思的定义，教育场所，化学实验场所，博物馆的持续不断的再创造，连同为这些场所需要的设施，师资和劳动力，教学手段等等都属于生产的范围。此外，如果所创造出来的物品按照经济发展的水平加以分配和用来消费，那种永久性的生产也就无法维持。不仅是用作个人的消费，而且所有所需的手段、原料和辅助材料、技术劳动手段和劳动力当然都要必须导向制造过程，以便它在经济现有的基础上进行永久性的重复。由此可见，社会生产也包括分配的维持，亦即比如制造和维护铁道、轮船、公路、桥梁、仓库、商店等等。

所以说社会生产这概念包括比通常的经济术语广大得多的领域。它意味着永恒重复地满足社会整个物质生活需要，正因为如此，马克思才使用"社会生活的生产"，"物质生活的生产方式"，"生活制造过程"这些术语。某些人可能觉得，这些术语是艰深的、冗长的、或者是不那么美，然而它们并不表明思想的混乱不清，相反，它们表明对社会经济过程有种彻底的领悟。巴尔特教授责备马克思思想成熟的"程度低"，其实"程度低"的正是他自己；马克思的这种生产概念不符合巴尔特的企业形式和技术的概念，这一点是简单明了的，运河、公路、铁路的建设；实验室和专业学校的建立，怎么会属于企业形式的呢？另外，这些术语的意义不仅一再出现在马克思的著作中，而且马克思在不同的场合里对他的生产概念进行了精确的解释。……

恩格斯对唯物史观所匆匆作出的阐述纵然是没有使问题得到解决，然而假如将其和马克思与费尔巴哈的说法作一比较，并且对某些遗漏的环节进行补充的话，那么从这些阐释中也会看出，恩格斯是如何想象意识形态受到经济方式的制约的：经济关系同时也是社会的和法的关系，所以作为前进的经济发展的结果，总会产生一种社会联系的特殊的集合体，即一定的社会制度。个人就生于这种制度之中，并在其中成长起来，并在某种程度上才由自然生物（生下之后首先是自然生物）变为社会生物。因而这种社会环境也就构成了他的一切有关社会生活的思维的基础，一切有关这一领域的感觉、印象、观点和表象，即社会成员的所有的思维内容。因为所有的思维最后都和直观有关，都存在于想象对象相互发生关系之中，社会形式不仅向每一个时代提供其特殊的社会直观的材料（如果可以这样说的话），又因为人并不是作为毫无轩轾的观察者以纯粹反射的态度来面对社会状况的，而是通过其生活条件来和社会状况相联系的，所以社会形式也向每一时代提出社会的思想问题，同时也为这些问题的解决提供观念答案的手段。因为思想家在试图解决这些问题时，总是从由社会环境所提供给他的认识和经验出发的。在这种意义上，众所周知马克思曾说道，人类始终只提出自己能够解决的任务（这里说的仅仅是社会任务），"因为只要仔细考察就可以发现，任务本身，只有在解决它的物质条件已经存在或者至少是在形成过程中的时候，才会产生"。

意识形态的这种对社会结构的依赖性并不是说，同样的感受和印象总是在所有的人中都引起同样的思路，并得出同样的观点。客观世界不仅存在于我们之外，同时还存在于我们之中。所以人不是以与客观相对立的主体来感觉和思考的，而以主—客体来感觉和思考。如费尔巴哈所说，客体"不仅是感觉的对象，也是感觉的基础、条件、前提"。由此可见，感觉、观察、表象的方式等不仅是由客体决定的，而且同时也是由感觉者和观察者的主观性及其心理决定的。蒙昧人感受到了点什么，那他就会根据他的特殊的认识级别和经验范围对这种感受进行加工，但是得出的表象和思想系列则和得到同样感受的传教士或考察者所得出的完全不同。要是有人拿给后者一只钟，那他从不会认为钟内有鬼或魔，尽管他对这种机件不那么清楚，但从其认识范围中也可知道，钟是由一个弹簧推动的。而蒙昧人则要在其中寻找一个神秘的妖魔。一个旅行者要是看到一个土人的腿上或手臂上生了一个脓疮，那他会得出这是血的成分受到感染的结果，土人则归之于中了石头或木头的魔法的结果，因此这可通过反魔法而加以祛除。一个第一次到异国海港的波利尼西亚人会得到与汉堡人或不莱梅人完全不同的印象，在其头脑中加工出完全不同的表象。

首先因果观由于经验范围的不同而根本不同，原始人大都直接把暂时先发生的事简单地看成是后来者的原因，而且还根本无需根据经验一直出现同样的结果。某些个别的情况，只要出现一次，就足以得出极其广泛的一般性的结论。比如说一个叉鱼的蒙昧人正在捉鱼之际，来了一个孕妇，结果他一无所获，于是他就得出结论说，之所以如此，那是孕妇的罪过。也许他的这一结论只是与一次情况有关，可是要是事情出现第二次第三次，那他就会坚定不移地相信，孕妇都具有恶劣的品格，把鱼给吓走了，所以在任何情况下也不许孕妇来看叉鱼。

由此可见，同样的感受会在不同的发展阶段，在不同的阶层中引起完全不同的思路。正因为如此，异民族的意识形态，首先是那些处于文明的低级阶段的民族意识形态是难以从其经济生活出发，来加以解释的。为此要有在某种程度上将自己的认识范围抛弃，学着从有关民族的认识范围出发来感觉、来思考。任何一个从事原始民族心理研究的人类学者都知道，这比某些文明人所想象的要困难。现代人总喜欢从自己的认识范围出发，带着"文明眼镜"来观察事物，这样的一种观察成了自然的、不言而喻的事情了。又有谁会对摩尔根和其他的研究者加以诘责：当他们开始研究原始的亲属关系时，他们干脆将他们在所谓的蒙昧人那里所发现的父亲、孩子、孙子等等这些称呼和我们的概念相联系，因而将这些称谓看成是生育关系的表象，而不是年龄关系的表象。

如果对唯物史观强加上如下的观点：个别相似的经济事实在不同的气候条件下、在不同的发展阶段中总会引起相同概念系列，那就是大错特错了。比如在小亚细亚引起了棉纺业，而在那里从事这部门工作的工人也一定会引起和萨克森、阿尔萨斯或英国纺织工人同样的意识形态，不是个别的经济事实或经济集合体决定观念世界的形成，而是整个历史的经济结构，连同形形色色的相互关系，或如马克思所说，"生产关系的总和"决定观念世界的形成。

……

经济发展之决定社会成员的意识形态，这不光是社会环境为其观察和想象的世界提供基础而言，而且从每一个个人在其生活活动中都与社会息息相关这一点上来说，也是如此。个人面对社会的活动并不是一个冷眼的旁观者，他参加社会生活，并看到自己是社会相互关系中的一员，所以他对社会生活的建设也有某种兴趣，这种兴趣本身又是五花八门的。它可能是一种纯个人的利益，也可能是一种集团性的利益，比如家庭的利益、部落的利益、行业、等第、区域的和国家的利益等，这些都或多或少地影响到个人对社会问题和事件的看法与态度。这种利益又未必一定是一种纯物质的金钱的利益，也可能是一种艺术的、美学的、道德的和宗教的利益。这种利益决定了个人和集团对社会生活现象的看法和态度。比如说，某人对法律改革的努力持抵制的态度，这是因为他生怕这会危及他的财产、收入或等级特权；而另外一个持抵制态度的可能是因为他认为，改革的结果会导致某一社会纪律的松弛、劳动兴趣的下降、道德的败坏；而第三种人可能看到这会限制教会的裁决权力，等等。

某些唯物史观非职业性的批评家往往认为，马克思在某个地方说过，只有个人利益，而且只有纯物质利益才决定个人的观点。不过对于这样的一种看法到目前为止还没有一个人能找到丝毫的证据。马克思之所以称其历史理论为唯物主义的，并不是因为在他看来人只是受到物质动机的驱使，而是因为社会的物质生活过程是社会精神生活的基础。一个人的看法和行动仅仅受到物质利益的推动，这种情况确实是存在的，然而并不总是如此。正是马克思的社会学才不把社会仅仅看成是个人与社会的对立，个人利益和社会利益的对抗。在个人和社会之间，正如多次所提到的那样，还有各种各样的共同体——家庭、民族、行业、阶级、国家等，这些共同体都有其特殊的、往往是超越个人的集体利益，并且为了集体利益而牺牲个人利益的例子并不少见。比如说一个工人，尽管他本人并不想从罢工胜利中捞取什么好处，他还是参加了罢工；一个教徒甘受一切迫害，因为他相信这服务于教会的利益；一个男子怀着爱国热忱而自愿参军，而他并没有从行伍生活中得到什么好处，或对其有特殊的兴趣，只是为了使其祖国免受外敌的侵犯。因为他认为，祖国的威望、强大需要自己去作出这样的牺牲。

某个人的行为可能抱有与他所讲的不同的动机，比如说那个提到过的信徒，他也许极其向往永世的极乐世界，或想在教会中取得某一职务，或者想作为殉教者而载入教会的史册，这乃是其行为的动机。然而这不能否认以下的事实：个人往往使自己的利益服从集体的利益，或为集体作出牺牲。假如某些马克思的批评者自以为只要指出殉教者或作出牺牲的事例仅是个别现象，就能将马克思的历史观驳倒，那只能证明他们对马克思的历史学说一窍不通。

似乎马克思说过：一切意识形态仅仅是一定的社会利益冲突的反映，这个观点也是不对的。经济关系引起社会内部的利益冲突，也只有这些冲突才决定各个社会阶层的整个意识形态。这不是马克思主义的想法。不错，不同的利益往往对社会成员的思维与见解有着最深刻的影响，然而决不是只有不同的利益才决定一个时代的社会意识形态的总和，相反，这种意识形态的大部分都与利益冲突没有关系。

再者，利益，无论个人利益还是集体利益，都不是独立存在的，而多少是取决于生产关系的。其本身的特点又是由经济生活条件的性质决定的，它只是作为利益和意识形态的中介因素来起一定的作用；它使得社会和自然环境的作用对社会成员的表象范围和意志朝着某一方向发生影响。如果农民所追求的利益是和工人的不同，那是因他们处于不同的经济集合体中，而他们的生活条件又以不同的方式与整个生产关系联结在一起。在任何情况下经济方式是第一性的，而个人和集体的特殊利益只是特别参与的结果，是与经济方式发生特殊联系的结果。

选自《马克思的历史、社会和国家学说》，袁志英译，上海世纪出版集团 2006 年版，第 1—556 页。

五、进一步阅读的文献

1. 恩格斯：《家庭、私有制和国家的起源》，《马克思恩格斯选集》第 4 卷，人民出版社 1995 年版。

2. ［德］黑格尔：《黑格尔法哲学原理》，商务印书馆 1961 年版。

3. Anthony Giddens，*A Contemporary Critique of Historical Materialism*，London and Basingstoke，1981.

第十九章 历史唯物主义战斗性的弘扬
—— 《保卫马克思主义》

一、写作背景

在第二国际时代，否定和修正马克思主义的理论风气盛行一时。这种否定和修正在学理上表现为两个方面：或者从自然科学新成果出发，批判马克思主义；或者从新康德主义出发，认为需要用道德哲学来补充马克思主义。德国社会民主党机关刊物《新时代》极力宣扬这种修正主义。为此，德国社会民主党左派理论家弗兰茨·梅林（Franz Mehring，1846－1919）在《新时代》及其他刊物上发表了大量的文章，批判修正主义观点，阐述马克思主义哲学，并对哲学史上的一些流派与人物进行了评述。《保卫马克思主义》收录了梅林在 1893 年到 1909 年期间的一些哲学论文，并于 1927 年在苏联出版。

二、篇章结构

《保卫马克思主义》由五部分构成：第一部分保卫马克思主义和哲学收录两篇文章，主要阐述历史唯物主义的基本原理和方法；第二部分反对修正主义和唯心主义收录七篇文章，主要批判新拉马克主义和新康德主义修正马克思主义的观点；第三部分哲学史方面的一些问题收录八篇文章，主要论述古希腊哲学及近代哲学，特别是德国哲学的发展过程及其阶级本质；第四部分青年黑格尔派，费尔巴哈，马克思，拉萨尔收录七篇文章，主要论述青年黑格尔派的哲学贡献和局限，马克思、恩格斯所实现的哲学变革的意义；第五部分无产阶级和哲学问题收录三篇文章，论述马克思主义与伦理学、艺术及自然科学的关系。

三、观点提示

第一，历史唯物主义是研究人类发展过程的科学方法。自然科学唯物主义并不包含历史唯物主义，历史唯物主义则包含自然科学唯物主义。历史唯物主义从自然科学事实出发，认为人是一种社会动物，只有在社会集团的共同生活中才获得意识，才能作为有意识的生物而生活。历史唯物主义不是一个封闭的、以最后真理为其终点的体系，不是机械的经济决定论，而是研究人类发展过程的科学方法。作为一种科学的方法，历史唯物主义是自成体系的，并不需要自然科学来补充。

第二，历史唯物主义包含伦理学的学说。历史唯物主义并不是从欲望与利益出发来解释历史，而是从社会物质生活出发去解释欲望与利益；历史唯物主义不仅不反对和拒斥伦理学，而是最先使人能够真正解释伦理与道德力量的学说。以康德的伦理学来补充历史唯物主义，实质上就是从思想观念出发解释历史，这同历史唯物主义从生产方式出发、从社会物质生活出发解释思想观念是根本对立的。

第三，以历史唯物主义方法研究哲学史。任何一种哲学都是由于某一民族和某一时代的需要而产生的，有其深刻的经济根源。因此，哲学史研究不只是揭示观念的发展过程，更重要的是，从社会存在决定社会意识这一原理出发，揭示哲学史背后的社会经济生活及其变化；从阶级分析方法出发，揭示哲学派别的阶级属性；从哲学基本问题出发，揭示哲学主要派别即唯物主义与唯心主义斗争的实质，从而揭示特定时代、特定阶级的精神状态。

《保卫马克思主义》是一部战斗性的理论文集，虽然没有在重大的理论问题上进行创造性的发展，但它对历史唯物主义与自然科学唯物主义关系的论述、对修正主义的批判，对于在当时条件下坚持马克思主义的基本原则和方法都起到了重要作用。

四、文本节选

对于流行的反对历史唯物主义的指摘，我们先来打发与它的名称有关的两种。唯心主义和唯物主义是对于思维与存在的关系、精神与自然界哪一个是本源的这一哲学上重大的基本问题的互相敌对的答案。它们本身原是与道德理想没有丝毫关系的。哲学唯物主义者能够以最崇高、最纯洁的程度怀有这种理想，而哲学唯心主义者则完全不需要有这种理想。但是，通过神甫长时期的毁谤，唯物主义这个词被加上了一层暗指着不道德的附加意义，这层附加意义已从多方面潜入资产阶级学术著作中了。"庸人把唯物主义理解为贪吃、酗酒、娱目、肉欲、虚荣、爱财、吝啬、贪婪、牟利、投机，简言之，即他本人暗中迷恋着的一切龌龊行为；而把唯心主义理解为对美德、普遍的人类爱的信仰，总之，对'美好世界'的信仰，——他在别人面前夸耀这个'美好世界'，但是他自己至多只是在这样的时候才相信这个'美好世界'，这时，他由于自己平时的'唯物主义的'放纵而必然感到懊丧或遭到破产，并因此唱出了他心爱的歌：人是什么？一半是野兽，一半是天使（恩格斯语）。人如果愿意以这样一种转义来使用这两个词，那末他必须说，今天要信仰历史唯物主义，就得有一种高度道德的唯心主义，因为它必定会带来贫困、迫害、毁谤；同时，历史唯心主义则是每一个追求飞黄腾达的人的事，因为它最能帮助人获得现世的好运、肥厚的挂名职位，各种各样的勋章、头衔、地位。我们并不是说一切唯心主义的历史学家都是为不纯正的动机所驱使的，但我们一定要把用不道德的说法来污损历史唯物主义的行为，视为愚蠢无耻的陷诬加以驳斥。"

把历史唯物主义与自然科学唯物主义混淆起来，那是比较可理解的，虽然也是大错特错。自然科学唯物主义忽视了：人不只在自然中，而且也在社会中生活；除了自然科学之外还存在着社会科学。历史唯物主义包含自然科学唯物主义，但自然科学唯物主义不包含历史唯物主义。自然科学唯物主义认为人是具有意识而行动着的自然产物，但它没有考察，人的意识在人类社会中是由什么决定的。因此，当它进入历史领域时，它就转化为自己最相反的对立物，即转化为最极端的唯心主义了。它相信伟大人物能创造历史的精神魔力，我们想起毕希纳对腓特烈第二的崇拜，以及海克尔与那种对于社会主义的可笑的仇恨心结合着的对于俾斯麦的膜拜。它只知道人类社会中有着一种观念的推动力。这一种类的一个真正的样本是赫尔瓦德的文化史。这本书的作者没有看到，十六世纪的宗教改革是一个经济运动的反映，而只认为："宗教改革对于经济运动具有一种异常的影响。"他没有看出，利润优厚的贸易需要引出了常备军和贸易战争，却说："日渐传播开的爱好和平的心意，乃是创造常备军、间接地制造新战争的东西。"他不理解十七、十八世纪绝对专制君主政治是经济上的必然，却说："必须肯定下来的是，如果人民使用了否决权，什么路易十四的绝对专制、什么宫廷里佞臣宠姬的统治，都是绝对不可能的，因为，全部权力最后都在人民手里。"如此等等，不胜枚举。赫尔瓦德在他这八百页的著作中几乎每一页上都有类似的或更坏的胡说。要反对这种"唯物主义的"历史著作，唯心主义历史学家当然容易讨好了。但是，他们究竟不能让历史唯物主义来替赫尔瓦德之流的人担负责任。自然科学唯物主义由于追求表面的最大彻底性，反而获致了实际上最大的不彻底性。它一方面把人简单地视为有意识地行动着的动物，另一方面把人类历史看作一场观念的动机和目的的乱七八糟、毫无意义的活动；由于把有意识地行动着的人当作自然界里孤立的生物这种错误前提，它获得了一种唯心主义的人类历史的幻象，人类历史好像是透过永恒的整个自然界中的唯物关系而呈现出来的一场狂乱的影子舞蹈表演。与此相反，历史唯物主义则从自然科学的事实出发，认为人不只是动物，而是一种社会动物，他只在社会集团（游牧群、氏族、阶级）的共同生活中才获致意识，在这些社会集团中他才能作为有意识的生物而生活，因此，这些社会集团的物质基础决定着他的思想意识，这些基础的进步发展则是人类向上运动的规律。

……

现在我们再来看一看对于历史唯物主义的另一些反驳和非难，这些非难说它否认一切观念力量，把人说成为机械发展的无生命的玩具，否认一切道德尺度。

历史唯物主义并不是一个封闭的、以最后真理为其终点的体系；它只是研究人类发展过程的科学方法。它从人类并不只生活在自然界里而且也生活在社会里这一无可争辩的事实出发。与世隔绝的人是从来也没有过的；如果偶然脱离了人类社会，任何人都会很快地衰竭而死去。由此知道，历史唯物主义是承认最广义的观念力量的。"在所发生的任何事情中……看得出……都没有任何事情是作为预期的自觉的目的发生的。反之，在社会历史领域内进行活动的，全是具有意识的、经过思虑或凭激情行动的、追求某种目的的人；任何事情的发生都不是没有自觉的意图，没有预期的目的的。……愿望是由激情或思虑来决定的。而直接决定激情或思虑的杠杆是各式各样的。有的可能是外界的事物，有的可能是精神方面的动机，如功名心、'对真理和正义的热忱'、个人的憎恶，或者甚至是各种纯粹个人的怪癖。"这是自然界这一方面的发展史与社会那一方面的发展史之间本质的区别之点。但是，历史上个别行动和个别意志的无数冲突，看来好像与自然界中的那些无意识的、盲目的因素一样，都导致同样的结果；因为：在历史的表面上一如在自然界的表面上一样，统治着的好像是同样的偶然。"人们所期望的东西很少如愿以偿，许多预期的目的在大多数场合都彼此冲突，互相矛盾，或者是这些目的本身一开始就是实现不了的，或者是缺乏实现的手段的。"正由于在这一切似乎支配着无意识的自然界的盲目偶然事件的交互作用中，也贯穿着一种普遍的运动规律，我们也就有权利询问，有意识地行动着的人类的思想和意志是否也受这样一种规律支配呢。

如果我们进行探讨，人的观念动机是由什么驱使的，那就可以发现这个规律。人只有处身在社会组织中才能够获得意识、有意识地思维和行动；以人为成员的社会组织唤醒了并支配着他的精神力量。但每一个社会组织的基础是物质生活的生产方式，因此，最终还是生产方式决定着精神生活过程的多种多样的表现形式。历史唯物主义完全不否认观念力量，只不过要把它追究到底，要弄明白观念是从那里汲取力量的。当然，人们创造他们的历史，但是，人是怎样创造他们的历史的，那在每个个别场合都依赖于在他们的头脑里所反映的事物的物质关系如何清楚或如何不清楚，而在每一个别场合都各不相同了。因为观念不是从无中产生，而是社会生产过程的产物，所以，一个观念愈精确反映这个过程，这个观念就愈有力量。人的精神并不超乎人类社会的历史发展之上，而是在其中；人的精神是从物质生产里成长的，随着物质生产并和物质生产一同成长的。要到这种物质生产从复杂到极点的机构开始发展为一些简单而巨大的对立物时，人的精神才能认识它的全部关系；要在这种最后的对立死灭或被排除之后，人的精神才能掌握社会生产的统治权，"人类社会的史前时期就以这种社会形态而告终。"（马克思语）人们才能完全有意识地创造他们的历史，人类"从必然王国进入自由王国的飞跃"才会实现（恩格斯语）。

……

　　当然，历史唯物主义在这个意义上是否认一切道德标准的，但是也仅以这个意义为限。它把道德标准从整个历史研究范围中排斥出去，就因为道德标准使任何科学的历史研究成为不可能。但是，如果在提出这一指摘的同时认为历史唯物主义根本否认道德推动力在历史中的影响作用，那末又正好与事实相反。历史唯物主义不但不否认道德力量，甚至还是最先使人能够解释道德力量的。它采用"生产的经济条件方面所发生的物质的、可以用自然科学的精确性指明的变革"为唯一可靠的标准，来研究时而较慢、时而较快的道德观的改变。道德观本身归根结底也是生产方式的产物，理查·瓦格纳想把《尼贝龙根之歌》歌剧中的爱情故事按照现代方式加入一些血族通奸来弄得更加富于刺激性，马克思对这个剧本作了恰当的批评："在原始时代，姊妹曾经是妻子，而这是合乎道德的。"历史唯物主义根本地澄清了创造历史的伟大人物，也澄清了那种为党派的爱憎心所迷惑在历史书中对于历史人物的摇摆不定的描述。它对于每一个历史人物都公平对待，因为它懂得怎样去认识决定那些人物的作为的推动力，它因此也就能够细致地、有差别地描写这些作为的道德性，那是唯心主义历史学的粗陋的道德标准绝对办不到的。

　　选自《保卫马克思主义》，吉洪译，人民出版社 1982 年版，第 16—41 页。

五、进一步阅读的文献

　　1.［德］梅林：《马克思传》，罗稷南译，生活·读书·新知三联书店 1956 年版。

　　2.［德］约·施拉夫斯基：《梅林传：他的马克思主义创作（1891－1919）》，邓仁娥等译，人民出版社 1989 年版。

　　3. Glen R. MacDougall, *Franz Mehring：politics and history in the making of radical German social democracy，1869—1903*，Univ. Microfilms Int.，1981.

第二十章　马克思主义哲学批判本性的阐发

——《关于历史唯物主义》

一、写作背景

19 世纪末 20 世纪初，对历史唯物主义的理解存在着两种流行的观点：一种观点是把历史唯物主义看作经济决定论，虽然恩格斯晚年批判了这种观点，但并没有真正消解这种观点；另一种观点是把历史唯物主义看作同孔德、斯宾塞开创的社会学相同的学说，从而把历史唯物主义实证化，变成了一种实证哲学。这就必然导致两个问题：一是如果历史唯物主义只是一种经济决定论，那么，历史发展的过程就是与人无关的过程，具有与自然界一样的规律；二是如果历史唯物主义就是社会学，那么，就需要从哲学上以康德哲学来"补充"，即"回到康德"。这两个基本问题又直接涉及如何看待社会主义这一重大问题。正是在这样的历史情境中，拉布里奥拉（Antonio Labriola，1843—1904）于 1896 年出版了《关于历史唯物主义》，对历史唯物主义的基本思想进行了阐述。

二、篇章结构

《关于历史唯物主义》由四个部分构成：第一部分是《纪念〈共产党宣言〉》（1895 年），对《共产党宣言》产生的原因、背景和过程进行了分析，指出了《共产党宣言》的历史意义；第二部分是《关于历史唯物主义》（1896 年），集中阐述了历史唯物主义的理论和方法，揭示了马克思思想发展过程中哲学、政治经济学与社会主义思想的内在关系；第三部分是《社会主义和哲学论丛》（1897 年），主要阐述马克思主义哲学的基础、实质和根本特征及其与旧哲学的根本区别；第四部分是《从一个世纪到另一个世纪》，原计划阐述 19 世纪 20 世纪之交资本主义的变化，但只完成前五章。

三、观点提示

第一，历史唯物主义是"批判的共产主义"的理论基础。历史唯物主义强调经济的基础性作用，强调社会发展的规律，但这并不意味着历史唯物主义只是"坚持一种抽象意义的原理"，或者力求证明社会发展的"目的合理性"。相反，历史唯物主义是"批判的共产主义"的理论基础，这种批判不是外在的价值评判，而是对事物内部自我批判的发现。历史唯物主义在理论内核上与无产阶级运动"浑然一体"，实现了理论与实践的统一，伦理学"从此以后就是使科学思想为无产阶级服务"。正是以历史唯物主义为基础，马克思在《共产党宣言》中才提出了区别于当时所有社会主义思潮的"批判的共产主义"。

第二，历史唯物主义"完整地考察历史及其整个总和"。首先，社会的经济结构即消费品的生产方式直接规定着社会成员的全部实际活动，以及这种活动在历史中的发展，包括阶级斗争、法和道德领域协调关系的发展，社会经济结构的改变总是与阶级斗争联系在一起；社会经济结构规定着艺术、宗教、科学领域中想象的与思想的方向，社会心理的直接实践性、虚假意识的历史真实性与经济生活中的利益、愿意、倾向联系在一起。这些因素通过一定的联系形成完整的、统一的历史过程。历史的核心和外壳构成一个整体，历史唯物主义就是要"完整地考察历史及其整个总和"。

第三，历史只能在人类活动的一定形式中发展。当社会矛盾和阶级对立构成整个历史的基础这一事实本身，说明了一定的人在一定的情况下具有决定性的影响。错综复杂的对立条件本身导致某些天才的、英雄的和罪恶的个人在危急的时刻应运而生，说出决定性的话。因此，人本身就是作为一定历史条件的原因与结果、创造者与被创造者而形成和发展的，历史只能在人类活动的一定形式中发展。

《关于历史唯物主义》不仅准确地解释了历史唯物主义的基本原理，而且在当时的理论语境中，做了一定的创造性的发挥。本书强调历史唯物主义的批判性、人在历史发展中的主体性，都是当时历史唯物主义研究中关注不够，但又是历史唯物主义非常重要的问题。拉布里奥拉的这些解释，直接影响到后来的意大利马克思主义研究。

四、文本节选

人类既不是在想象的发展中创造自己的历史，也不是在一条事先已规定好的发展路线上前进。人类创造了历史，同时他们也创造他们自己的条件，也就是通过自己的劳动创造一种人为的环境，他们逐逐发展自己的技能，并在这种新的环境中积累和改造自己的活动成果。我们只有一种历史，我们不能把另一种仅仅可能的历史同这种事实上已经产生的真正历史相提并论。在哪里才能找到这种形成和发展的规律呢？远古的形成过程并不是一眼就能看得清楚的。然而资产阶级社会是新生的，甚至还没有在整个欧洲得到充分的发展，所以带有它的起源和它的成长的萌芽痕迹，这种痕迹在日本那样一些目前刚刚出现资产阶级社会的国家里可以看得非常清楚。只要这个社会借助资本把人类劳动的全部产品变为商品，以无产阶级为前提或者创造出无产阶级，并且带来不安、混乱和不断革新的动荡局面，这种社会就在一定时期内以十分清晰的、虽然是不同的方式出现。事实上，它在不同的国家有不同的发展形式：例如在意大利，它开始得最早，而后来停顿了。在英国，它是三百年的产物，在这三百年中，旧的生产形式，或者用法律学家的话来说，旧的财产形式在经济上已被消灭。在一些国家，如在德国，它是逐步产生的，它同先于它而存在的各种力量交织在一起，它由于适应这些力量而受到它们的影响；在另一些国家，它用强力打碎了旧的外壳和反抗的力量，例如在法国就是这样，在那里大革命向我们提供了人所共知的、最强有力和最令人头晕目眩的历史活动的范例，于是建立起一个最大的社会学学派。

……

让**咬文嚼字者**去随意议论"物质"一词的意义吧，让他们说它是形而上学的臆造或者它令人想起这种臆造，或者它表现出自然经验的最终假定基质吧。我们在这里并不研究物理、化学或生物学的问题，而只是力图弄清楚与动物生存不同的人类生存的一定条件。问题不在于根据生物学的资料作出归纳的或演绎的结论，而在于首先弄清楚人在社会中的生活方式——它是借助于人本身在一定的和正在改变的条件中活动的继承性和完善化而形成和发展的——的特点，在于寻找构成意志和行动的基质的种种需要的协调和从属关系。问题不在于发现人的愿望和给它们以评价，而在于设法指出事实本身所包含的必然性。

人们不是由于自由选择而是因为他们不可能有别的办法最初满足于某些基本需要，后来满足于比较完备的、从最初的需要中发展起来的需要；为了满足某些需要，他们发现和使用一定的工具和手段，并以一定的方式联合起来。同样，唯物史观不是别的东西，而是试图借助一定的方式用思维来再现经历过若干世纪的社会生活的起源和复杂化。这个学说的新颖之处同所有在幻想中遨游而最终艰难地到达平淡的现实领域并始终停留在现实里的那些学说的新颖之处，别无二致。

……

有人说，必须完整地考察历史，考察它的整个总和；历史的核心和外壳构成一个整体，按歌德的看法，这是一切事物所固有的特点。从这种说法中显然可以引出三个结论。

首先，在历史社会决定论的领域内永远不可能一眼就看出原因和结果之间、条件和它所制约的现象之间、先前的现象和后来的现象之间的联系，同样，这些关系在个人心理的主观决定论中也永远不会一眼就看出来，这是显而易见的。很久以来，在主观决定论的领域内，抽象的和形式的哲学由于轻视关于宿命论和自由意志的一切胡说八道，倒是能够比较容易发现意志的每一个行为的决定性原因，因为意志的行为最终决定于由某种原因支配的决心。但是，在意志的行为及其原因的背后隐藏着它们的起源，而为了再现这个起源，必须跳出意识这个狭小的框框，分析人类的基本需要。这些需要一方面是社会条件造成的，另一方面却消失在人类本性所固有的生物特性（包括遗传性和返祖性）的黑暗深渊中。

在历史决定论中也可以看到同样的情景：在这里也同样是从宗教的、政治的、美学的、激情的等等动机开始的。但是，接着应当在构成这些动机的基础的物质条件中寻找这些动机的原因。在我们的时代，对这些条件的研究应当十分深入，以便不仅要彻底弄清楚它们是原因，而且还要彻底弄清楚它们怎么会具有那样一种形式，在这种形式下它们在人们的意识中表现为动机，而这些动机的起源却常常被人遗忘。

　　从这一点无疑还可以得出第二个结论：我们的学说不是要把历史发展的整个复杂的进程归结为经济范畴，而只是要用**构成历史事实的基础的经济结构**（马克思语）**来归根到底**（恩格斯语）解释每一个历史事实。这样的任务要求分析并找出最简单的因素，然后再把彼此相联系的单个因素连续起来，即综合法。

　　第三，由此可以得出这个结论：为了从构成基础的结构过渡到一定的具有各种各样形式的历史过程，必须求助于概念和知识的综合。由于找不到另外的术语，我们把这种综合称为**社会心理学**。我使用这个术语，既不是想暗示社会精神的虚幻存在，也不是想暗示关于所谓集体精神的臆造，这种集体精神在社会生活中显示和表现出来，似乎是遵循自己的规律而并不依赖个人的意识以及他们的物质的和被规定的关系。这是最地道的神秘主义。我也不是想暗示社会心理学论文所进行的概括，它们的主要思想是：把为个人的心理学而创造的范畴和形式移植并运用于被称为社会意识的虚构的客体上面。最后，我不是想暗讽那些众多的半生理学和半心理学的名称，人们像谢夫莱那样借助于这些名称把脑髓、感觉能力、感情、意识等等强加给社会机体。我想说的是比较质朴和平凡的东西：社会意识的具体的和一定的形式。如果考察一下这些形式，某个时代的罗马平民，爆发过昌皮运动那个时期的佛罗伦萨手工业者，或者产生出泰恩所说的 1789 年自发无政府主义的法国农民（他们后来成为自由劳动者和小所有者，或者希望得到少量财产，因而在短期内从在自己祖国之外获得胜利的人变成了反动派的盲目工具），所有这些人就会以本来的面貌出现在我们的面前。这种社会心理学谁也不能把它归结为抽象的教义，因为它在大多数场合十分明显和具体，记述型的历史学家、演说家、艺术家、小说家和各种思想家一直只把它看作是他们自己研究和思考的对象。各种思想的鼓动家、演说家和宣传家都求助和诉诸这种心理学，因为它在一定的社会条件下是人们的特殊意识。我们知道，它是派生的东西，即一定的、具体的社会条件的结果。一定的阶级所处的一定的地位决定于它所执行的职能、它的从属关系或它实行的统治。这一定的阶级和所有的阶级以及它们的职能，从属关系和统治——这一切都以生活资料的某种一定的生产方式和分配方式，即特殊的经济结构为前提。这种其本质总是决定于生存条件的社会心理学，不是所谓人类精神的发展的抽象过程和一般过程的表现；它始终是特殊条件的特殊产物。

　　所以，我们认为，不是人们的意识的形式决定他们的社会存在，而是相反，他们的存在决定他们的意识（马克思语），这一论点是无可争辩的。但是，这些意识形式既然决定于生活条件，也就构成了历史的一部分。历史——这不仅是社会的经济解剖，而且是蒙住和遮盖这种解剖的种种现象，包括它在幻想中的种种反映的总和。或者换言之，没有一个历史事实不是依赖于作为基础的经济结构的种种条件而产生的；同时，也没有一个历史事件不是以一定的社会意识形式为先导的、由它相伴随和由它所跟随的，而不论这种意识是以迷信或经验为基础，是以直接感受或反射为基础，是充分发展的或不彻底的，是心血来潮的或自我控制的，是幻想的或纯理论的。

......

所有这些局部的、片面的和不完善的批判形式实际上都被科学社会主义所吸收。科学社会主义已经不是从外部转向事物的主观批判，而是对那种包含在事物本身之内的**自我批判**的发现。对社会的真正的批判是社会本身。社会由于建立在对抗的基础之上，在本身内部就产生矛盾，然后通过向新的形式过渡来克服矛盾。这个矛盾注定要由无产阶级来解决，不管无产者本身是否意识到这一点。正像他们的贫困已经成为现代社会的生存的明显的条件一样，无产阶级本身和他们的贫困则是新的社会革命的基本原因。正是在这种过渡中，即从主观思想的批判（这是从外部考察事物并以为批判本身能够对事物进行纠正的批判）到对自我批判（这是社会在本身的内在发展过程中对自身进行的）的理解的过渡中，体现了马克思和恩格斯作为唯物主义者从黑格尔唯心主义哲学中吸取的**历史辩证法**。最后，如果那些只赋予"辩证法"一词以一种内容，即把它同诡辩术的巧妙手法混为一谈的著作家，以及那些本质上不能跳出只熟悉被经验主义方法所分解的个别事实的范围的学者和博学者，全都不能理解思想的这种隐蔽的和复杂的形式，那么这就不值一提了。

......

在这里，谈几条结论性的原理是适当的。

在发展劳动和与之相适应的生产资料的种种条件的基础上，第一，社会的经济结构即消费品的生产方式在这种人为的环境中直接规定着社会成员的全部其余的实际活动，以及这种活动在我们称之为历史的那个过程中的不同形式的发展。这就是阶级的形成、冲突、斗争和消灭，法和道德领域的协调关系的相应发展，以及一些人通过暴力和强力控制另一些人的种种原因和形式，也就是所有最终构成国家的基础和本质的东西。第二，经济结构规定着艺术、宗教和科学领域中想象的和思想的方向和（一定的程度上是间接的）对象。

第一级和第二级的产物，由于它们造成一定的利益，产生一定的习俗，把人们联合在一起并规定人们的愿望和倾向，所以具有作为独立的现象巩固下来和孤立起来的倾向；由此，开始出现了一种经验论的观点，它认为，具有自己有效力量和自己运动节奏的各种独立因素，似乎可以促进历史过程的发展，以及不断地从这个过程中产生的社会结构的种种形式的发展。

历史的真正的和肯定的因素——如果只应当使用"因素"这个词的话——从原始共产主义消亡时起到我们的时代止，始终是各种社会阶级，因为它们建立在不同利益的基础之上，而这些利益则在对抗（由此产生冲突、运动、发展过程和进步）的一定现象和形式中表现出来。

社会经济结构的这种或那种改变，初看起来明显地表现在群情激昂中，有意识地在争取或反对某种法的斗争中得到实现，并导致一定的政治制度的毁灭和崩溃，实际上它只是非常恰当地表现在各个社会阶级之间的关系的改变中。而这种关系是随着早已在劳动生产率和人们劳动过程的条件之间存在的各种关系的改变而改变的。

最后，劳动生产率和劳动参加者的平等地位之间的这些关系，随着生产所必要的工具（广义的）改变而改变。技术的发展和进步的过程同时也是任何另一种发展和进步的过程的显著标志和条件。

社会对我们来说是某种相当大的东西，我们只有通过把复杂的形式化为最简单的形式、把现代形式化为最古老的形式的分析方法，才能把它分解为若干组成部分；不过，我们这样做不能超出现存社会的范围。

历史不外是社会的历史，换言之，是从原始群体开始直到现代国家，从使用少量的和最简单的工具直接同自然斗争到以积累的劳动（资本）和活劳动（无产者）之间的两极对抗为特征的现代经济结构的人们共同活动变化的历史。把社会现象的整个综合体归结为简单的个人，然后在自由的和任意的思维活动的基础上重新建立它，换言之，把社会建立在推理的基础上，——这是不理解历史过程的客观本质和内在规律。

革命从广义来说，以及从具体意义来说，都意味着推翻某种政治制度，这是历史时代的真正界石。如果从远处来看，从革命的构成因素、它的酝酿过程和它的长期表现的后果来看革命，那么可以清楚地看到，它是有种种微小变化的不断演进的一些瞬间；但是，如果从本质上来看革命，那么它是一种表现非常明显的灾难，而它只有作为一种灾难才具有历史事件的性质。

选自《关于历史唯物主义》，杨启麟等译，人民出版社 1984 年版，第 42—121 页。

五、进一步阅读的文献

1. ［苏］柳·阿·尼基奇切：《拉布里奥拉传》，人民出版社 1987 年版。

2. Leszek Kolakowski，*Main Currents of Marxism：Its Rise，Growth and Dissolution*，Vol. Ⅱ，Oxford，1978.

3. Paul Piccone，*Italian Marxism*，University of California Press，1983.